世界の国旗・国章 歴史大図鑑

山川出版社

序　文

　　独立国を代表する旗が国旗で、紋章を国章という。

　　本書は197の独立国を対象として、各国の略史を記述しながら過去から現在にわたり使用された国旗・国章を可能なかぎり多く、正確な色、デザインで掲載し、旗章の由来、象徴するものを解説し、各国の歴史を旗章の変遷を通して概観する方針で編集されている。独立国を大陸別に五十音順に並べ、原則として国旗・国章の変遷を掲載しているが、国旗以外でも歴史上、有名な旗も同時に取り上げた。

　　歴史の長い国や紛争の多い国は旗章変遷も多いため、各国均等に旗章図版ならびに解説のスペースを割くことは意味がないので本書では行っていない。

　　国旗が変わった経験をもたない我々には気付きにくいことだが、海外の国旗は革命、政権交代により頻繁にデザインが変わっている。国旗デザインを変えることにより、自国民にまた世界に政治変化と新たな国の理念、目標を示すことが可能となる。

　　同様に政治変化に応じて国章のデザインも変化していく。日本はフランスとならび法制上国章をもたない世界でも稀な国である。十六弁表八重菊花紋章はあくまでも皇室紋章であって、国民が使える国章を日本人はもっていないので、国民の多くは国章自体を知らない。日本人には馴染みの薄い国章だが、国旗より複雑なデザインが多く、その国について政治、文化、歴史などをより多く表すことができる。

　　本書に掲載した図版数は類書を圧倒するおよそ15倍の3,000超で、筆者年来の旗章研究の集大成ともいえる規模となっている。読者の便宜を図り巻頭に国旗・国章の基本意匠と図解、国旗・国章の関連用語を、また巻末に各国の略史を掲載している。

　　この紙面を借り、画像製作とアラビア語校閲で多大な協力をいただいた日本旗章学協会会員の西浦和孝氏と桂田祐介氏に感謝申し上げる。また、筆者を書物を通して旗章研究に導いてくれた故久保照子氏、故高橋賢一氏、故藤沢優氏、故森譲氏など多くの先達に心から感謝申し上げたい。

　　国旗・国章を正しく知ることは国際理解の入口であり、海外でも活躍する国際人となる第一歩となる。本書により特に若い世代の人々に旗章学への関心が生まれることを期待したい。

　　さらに旗章に関心をもたれた読者や入会を希望する読者は筆者が所属する日本旗章学協会にお問い合わせいただきたい。

日本旗章学協会ホームページhttp://j-flags-java.jimdo.com/

2017年7月　苅安　望

INDEX

国旗・国章の基礎知識 ……………… 10

アジア

アゼルバイジャン共和国 ……………… 14
アフガニスタン・イスラム共和国 …… 16
アラブ首長国連邦 ……………………… 18
アルメニア共和国 ……………………… 18
イエメン共和国 ………………………… 20
イスラエル国 …………………………… 21
イラク共和国 …………………………… 22
イラン・イスラム共和国 ……………… 24
インド …………………………………… 25
インドネシア共和国 …………………… 27
ウズベキスタン共和国 ………………… 29
オマーン国 ……………………………… 32
カザフスタン共和国 …………………… 33
カタール国 ……………………………… 34
カンボジア王国 ………………………… 35
キプロス共和国 ………………………… 37
キルギス共和国 ………………………… 38
クウェート国 …………………………… 39
サウジアラビア王国 …………………… 40
ジョージア ……………………………… 42

シリア・アラブ共和国 ………………… 44
シンガポール共和国 …………………… 46
スリランカ民主社会主義共和国 ……… 47
タイ王国 ………………………………… 49
大韓民国 ………………………………… 50
タジキスタン共和国 …………………… 51
中華人民共和国 ………………………… 53
朝鮮民主主義人民共和国 ……………… 57
トルクメニスタン ……………………… 58
トルコ共和国 …………………………… 59
日本国 …………………………………… 61
ネパール連邦民主共和国 ……………… 62
パキスタン・イスラム共和国 ………… 63
バーレーン王国 ………………………… 65
バングラデシュ人民共和国 …………… 66
東ティモール民主共和国 ……………… 67
フィリピン共和国 ……………………… 68
ブータン王国 …………………………… 70
ブルネイ・ダルサラーム国 …………… 71
ベトナム社会主義共和国 ……………… 72
マレーシア ……………………………… 75
ミャンマー連邦共和国 ………………… 77
モルディヴ共和国 ……………………… 78
モンゴル国 ……………………………… 79

INDEX

ヨルダン・ハシェミット王国 …… 81
ラオス人民民主共和国 …… 82
レバノン共和国 …… 83

アフリカ

アルジェリア民主人民共和国 …… 86
アンゴラ共和国 …… 87
ウガンダ共和国 …… 88
エジプト・アラブ共和国 …… 90
エチオピア連邦民主共和国 …… 91
エリトリア国 …… 93
ガーナ共和国 …… 94
カーボヴェルデ共和国 …… 96
ガボン共和国 …… 97
カメルーン共和国 …… 98
ガンビア共和国 …… 99
ギニア共和国 …… 100
ギニア・ビサウ共和国 …… 102
ケニア共和国 …… 103
コートジヴォワール共和国 …… 104
コモロ連合 …… 105
コンゴ共和国 …… 106

コンゴ民主共和国 …… 107
サントメ・プリンシペ民主共和国 …… 109
ザンビア共和国 …… 110
シエラレオネ共和国 …… 111
ジブチ共和国 …… 112
ジンバブエ共和国 …… 113
スーダン共和国 …… 115
スワジランド王国 …… 116
赤道ギニア共和国 …… 117
セーシェル共和国 …… 118
セネガル共和国 …… 119
ソマリア連邦共和国 …… 121
タンザニア連合共和国 …… 122
チャド共和国 …… 124
中央アフリカ共和国 …… 125
チュニジア共和国 …… 126
トーゴ共和国 …… 128
ナイジェリア連邦共和国 …… 129
ナミビア共和国 …… 130
ニジェール共和国 …… 132
ブルキナファソ …… 133
ブルンジ共和国 …… 134
ベナン共和国 …… 135
ボツワナ共和国 …… 136

マダガスカル共和国	137	ウクライナ	172
マラウイ共和国	138	エストニア共和国	175
マリ共和国	140	オーストリア共和国	176
南アフリカ共和国	141	オランダ王国	178
南スーダン共和国	145	ギリシャ共和国	180
モザンビーク共和国	146	クロアチア共和国	182
モーリシャス共和国	148	コソヴォ共和国	184
モーリタニア・イスラム共和国	149	サンマリノ共和国	185
モロッコ王国	150	スイス連邦	186
リビア	152	スウェーデン王国	186
リベリア共和国	154	スペイン	188
ルワンダ共和国	155	スロヴァキア共和国	190
レソト王国	156	スロヴェニア共和国	191
		セルビア共和国	192
		チェコ共和国	194
		デンマーク王国	196
		ドイツ連邦共和国	198

ヨーロッパ

アイスランド共和国	160	ノルウェー王国	201
アイルランド	161	ハンガリー	202
アルバニア共和国	163	フィンランド共和国	205
アンドラ公国	165	フランス共和国	206
イギリス	166	ブルガリア共和国	209
イタリア共和国	168	ベラルーシ共和国	210
ヴァチカン市国	171	ベルギー王国	212

INDEX

ボスニア・ヘルツェゴヴィナ 214
ポーランド共和国 215
ポルトガル共和国 217
マケドニア旧ユーゴスラヴィア共和国 219
マルタ共和国 220
モナコ公国 222
モルドヴァ共和国 223
モンテネグロ 225
ラトヴィア共和国 226
リトアニア共和国 228
リヒテンシュタイン公国 230
ルクセンブルク大公国 231
ルーマニア 232
ロシア連邦 234

北アメリカ・中央アメリカ

アメリカ合衆国 240
アンティグア・バーブーダ 243
エルサルバドル共和国 244
カナダ 245
キューバ共和国 247
グアテマラ共和国 248
グレナダ 250
コスタリカ共和国 251
ジャマイカ 253
セントヴィンセント及び
　グレナディーン諸島 254
セントクリストファー・ネーヴィス 255
セントルシア 256
ドミニカ共和国 257
ドミニカ国 259
トリニダード・トバゴ共和国 260
ニカラグア共和国 261
ハイチ共和国 263
パナマ共和国 264
バハマ国 266
バルバドス 267
ベリーズ 268
ホンジュラス共和国 269
メキシコ合衆国 271

南アメリカ

アルゼンチン共和国 274
ウルグアイ東方共和国 275

エクアドル共和国	276
ガイアナ共和国	278
コロンビア共和国	279
スリナム共和国	281
チリ共和国	282
パラグアイ共和国	283
ブラジル連邦共和国	285
ベネズエラ・ボリバル共和国	287
ペルー共和国	290
ボリビア多民族国	291

ニュージーランド	305
パプアニューギニア独立国	306
パラオ共和国	308
フィジー共和国	309
マーシャル諸島共和国	310
ミクロネシア連邦	311

| 掲載国略史 | 313 |
| 参考文献 | 365 |

オセアニア

ヴァヌアツ共和国	294
オーストラリア連邦	295
キリバス共和国	296
クック諸島	297
サモア独立国	298
ソロモン諸島	300
ツヴァル	301
トンガ王国	302
ナウル共和国	303
ニウエ	304

国旗・国章の基礎知識

国旗の基本意匠とその例

横二分割旗 ポーランド共和国
横に2色に染め分けた旗

斜二分割旗 ブータン王国
斜めに2色に染め分けた旗

山形旗 ブラジル連邦共和国 カンピナグランデ市
上向きの山形をもつ旗

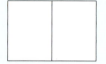 
縦二分割旗 マルタ共和国
縦に2色に染め分けた旗

斜三分割旗 コンゴ共和国
斜めに2色または3色に染め分けた旗

斜帯旗 ソロモン諸島
細い斜帯をもつ旗

横三分割旗 ドイツ連邦共和国
横に2色または3色に染め分けた旗

放射八分割旗 マケドニア旧ユーゴスラヴィア共和国
縦横斜めに8分割した旗

鋸形旗 バーレーン王国
縦にギザギザ線をもつ旗

縦三分割旗 ルーマニア
縦に2色または3色に染め分けた旗

市松模様旗 オランダ王国・北ブラバント州
縦横市松模様に分割した旗

十字旗 スウェーデン王国
旗の中央に十字が交差するギリシャ十字旗や、旗竿よりに十字が交差するスカンディナヴィア旗

四分割旗
縦横に4分割した旗（クォーター旗）

第一クォーター	第二クォーター
第三クォーター	第四クォーター

横T字旗 マダガスカル共和国
横T字に分割した3色旗

カントン旗 アメリカ合衆国
旗竿上部（左肩部）に特別な意匠を入れた旗

対角四分割旗 ジャマイカ
斜めに4分割した旗（サルタイヤー旗）

横Y字旗 フィリピン共和国
横Y字に分割した3色旗

縁取旗 モンテネグロ
3辺または4辺に縁取を入れた旗（ボーダー旗）

横V字旗 エリトリア国
横V字に分割した2色または3色旗

紋章旗 モロッコ王国
旗の中央に特別な意匠を入れた旗

国旗・国章の図解と関連用語

●国旗の各部位の名称

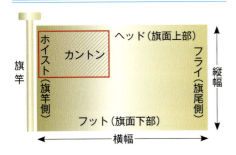

ホイスト(旗竿側)
旗竿に近い風上側

フライ(旗尾側)
旗竿側の反対の風下側

カントン
ホイスト上部の区画で、特別な意匠を入れる

ヘッド
旗面上部

フット
旗面下部

比率
旗の縦横の比率

●国章の各部位の名称

① **布リース**……通常、クレストの兜の上に置かれる2色の布をねじった輪。
② **盾**…………盾型紋章の主要部分で、主たるシンボルが入る。
③ **台座**………盾が置かれる紋章の底部。
④ **クレスト**……盾の上の飾り。
⑤ **植物リース**…通常、盾の両脇に配される植物で作られた輪。
⑥ **標語リボン**…国章の底部あるいは上部に見られるリボンで、中に国家の理念や目標を示すモットーを記したもの。
⑦ **チーフ**………盾型紋章の盾の上部3分の1を占める部分。
⑧ **位階服**………昔の王侯貴族が着た、長くてゆったりした外衣。
⑨ **サポーター**…両脇から盾を支えるもので、動物や人が多い。

●国旗・国章関連用語

国旗
独立国を代表する旗。

国章
独立国を代表する紋章。

域旗
その他地域を代表する旗。

域章
その他地域を代表する紋章。

政府旗
政府が使用する旗。国章を入れる場合が多い。

汎アラブ色
黒、白、赤、緑の4色で、1916年にオスマン帝国の支配に対する反乱旗に使われて以来、アラブ系諸国の国旗に使用されている。

汎アフリカ色
緑、黄、赤の3色で、アフリカ大陸で独立を維持したエチオピア国旗の色。エチオピアに敬意を表し、第二次世界大戦後に独立した多くのアフリカ諸国の国旗に使われている。

汎スラブ色
白、赤、青の3色で、ロシアのピョートル大帝が採用した国旗の色。スラブ系諸国でアイデンティティを示す目的で国旗に使われている。

ユニオン・フラッグ
イングランドの聖ジョージ十字、スコットランドの聖アンドリュース十字、アイルランドの聖パトリック十字を組み合わせた、陸上で使うイギリス国旗。

イギリス青色船舶旗
カントンにユニオン・フラッグを入れた青旗で、通常は特別な徽章をフライに描くイギリス官用船舶旗。

イギリス赤色船舶旗
カントンにユニオン・フラッグを入れた赤旗で、通常は特別な徽章をフライに描くイギリス民用船舶旗。

スカンディナヴィア十字旗
やや旗竿よりに十字を入れた旗で、おもに北欧諸国で使われている。

ギリシャ十字旗
旗の中央で十字が交差する旗。

サルタイヤー旗
斜めに十字を描いた旗。

ボーダー
旗のデザインの一種で、三辺ないし四辺の縁取り。

フリンジ
旗のデザインの一部ではないが、三辺に付く縁飾り。

クォーター
四分割旗や四分割盾型紋章を用いる場合、向かって左上を第一クォーター、右上を第二クォーター、左下を第三クォーター、右下を第四クォーターと呼ぶ。

12 タイトル部分の構成

凡例

＊本書は、アジア47カ国、アフリカ54カ国、ヨーロッパ45カ国、北アメリカ・中央アメリカ23カ国、南アメリカ12カ国、オセアニア16カ国を対象とし、地域ごとに50音順に配列した。

＊国名表記は、原則として外務省の公式表記に従ったが、bとvについては区別した。

＊「データ」欄(首都・面積・人口・人口密度・公用語・通貨)は、外務省のデータのほか、できうるかぎり最新のものを使用した。

＊読者の便を考慮して、巻末に各国の略史を掲載した。

世界の**国旗・国章**歴史大図鑑

アジア

- ●アゼルバイジャン共和国…14
- ●アフガニスタン・
  イスラム共和国…16
- ●アラブ首長国連邦…18
- ●アルメニア共和国…18
- ●イエメン共和国…20
- ●イスラエル国…21
- ●イラク共和国…22
- ●イラン・イスラム共和国…24
- ●インド…25
- ●インドネシア共和国…27
- ●ウズベキスタン共和国…29
- ●オマーン国…32
- ●カザフスタン共和国…33
- ●カタール国…34
- ●カンボジア王国…35
- ●キプロス共和国…37
- ●キルギス共和国…38
- ●クウェート国…39
- ●サウジアラビア王国…40
- ●ジョージア…42
- ●シリア・アラブ共和国…44
- ●シンガポール共和国…46
- ●スリランカ民主社会主義共和国…47

- ●タイ王国…49
- ●大韓民国…50
- ●タジキスタン共和国…51
- ●中華人民共和国…53
- ●朝鮮民主主義人民共和国…57
- ●トルクメニスタン…58
- ●トルコ共和国…59
- ●日本国…61
- ●ネパール連邦民主共和国…62
- ●パキスタン・イスラム共和国…63
- ●バーレーン王国…65
- ●バングラデシュ人民共和国…66
- ●東ティモール民主共和国…67
- ●フィリピン共和国…68
- ●ブータン王国…70
- ●ブルネイ・ダルサラーム国…71
- ●ベトナム社会主義共和国…72
- ●マレーシア…75
- ●ミャンマー連邦共和国…77
- ●モルディヴ共和国…78
- ●モンゴル国…79
- ●ヨルダン・ハシェミット王国…81
- ●ラオス人民民主共和国…82
- ●レバノン共和国…83

Asia

アゼルバイジャン共和国
Republic of Azerbaijan

国旗比率 1:2

データ	
首都	バクー
面積	8.7万km²
	（北海道よりやや広い）
人口	987万人
人口密度	114人/km²
公用語	アゼルバイジャン語
通貨	マナト

ロシアの支配

7世紀 アラブ人に支配されイスラム化が進む。
16世紀 サファヴィー朝（イラン）の支配下となりシーア派が広まる。
1826年 第2次ロシア・イラン戦争勃発。

1828～58 ロシア国旗

1828年 ロシアとカージャール朝のトルコマンチャーイ条約の結果、アゼルバイジャンをロシアが併合。

1858～1914 ロシア国旗   1914～17

アゼルバイジャン民主共和国

1918

1918年 ロシア革命後、イスラム教徒による世界最初の共和国としてアゼルバイジャン民主共和国が成立。**国旗**制定。中央に白い三日月と八角星を配した赤旗。

1918～20

同年**国旗**変更。ホイストに大きな白い三日月と八角星を配した青赤緑の横三色旗。現行国旗のモデルとなった旗。

1920～22

1920年 バクーにソヴィエト政権樹立。アゼルバイジャン民主共和国の**国旗**変更。カントンに白い三日月と五角星を配した赤旗。

ザカフカース社会主義連邦ソヴィエト共和国

1922～36

1922～23

1922年 アゼルバイジャン・ソヴィエト社会主義共和国成立。アルメニア、ジョージアとともにザカフカース社会主義連邦ソヴィエト共和国を形成、ソヴィエト連邦結成に参加。国旗・国章制定。**国旗**はカントンに黄色い鎌とハンマーを入れた輪郭線で描いた五角星、キリル文字で国名頭文字 ZSFSR を配した赤旗。
国章はピンクの円形紋章で白雪を抱くアララト山脈、光線を放つ赤い五角星、白い三日月、黄色い鎌とハンマー、周囲を民族模様で飾った五角星を配したもの。山脈はアルメニア、三日月と星はアゼルバイジャン、紋章の枠模様はジョージアのそれぞれ国章から取られたもの。

1923～25

1923年 ザカフカース社会主義連邦ソヴィエト共和国の国章変更。**国章**は従来のものから白い三日月と雪を取り除き、油井やぐら、工場、トウモロコシ、綿花の枝、葡萄の葉と房、小麦穂、稲穂を加えたもの。

1925～36

1925年 ザカフカース社会主義連邦ソヴィエト共和国の国章変更。**国章**は従来のものを赤黄の帯の付いた円形紋章に替えたもの。赤い帯には黄字で国名をアルメニア文字、キリル文字、ジョージア文字、ペルシャ文字で記し、底部の黄色い帯にキリル文字で「万国の労働者、団結せよ」という標語を黒字で配したもの。

アゼルバイジャン・ソヴィエト社会主義共和国

1922～23

1922年 アゼルバイジャン・ソヴィエト社会主義共和国の**国旗**制定。緑のカントンに黄字で国名をペルシャ文字で配した赤旗。

1923〜25

1923年 アゼルバイジャン・ソヴィエト社会主義共和国の**国旗**変更。緑のカントンに黄字で国名頭文字をキリル文字で配した赤旗。

1925〜31

1925年 アゼルバイジャン・ソヴィエト社会主義共和国の**国旗**変更。カントンに黄色い三日月、五角星、鎌とハンマー、国名頭文字をキリル文字とペルシャ文字で配した赤旗。

1931〜36

1931年 アゼルバイジャン・ソヴィエト社会主義共和国の国旗変更、国章制定。**国旗**はカントンの国名頭文字をラテン文字に替えた旗。**国章**は円形紋章で、黄色い三日月と五角星、鎌とハンマー、日の出、山、油井やぐら、赤いトラクター、工場設備、小麦の枝のリース、ラテン文字アゼルバイジャン語で「万国の労働者、団結せよ」という標語と国名を白字で配したもの。

1936〜40

1936年 ザカフカース社会主義連邦ソヴィエト共和国の解体により、アゼルバイジャン・ソヴィエト社会主義共和国としてソヴィエト連邦に加盟。国旗・国章変更。**国旗**はカントンにあったイスラムのシンボルである三日月と五角星を取り除き、共産主義のシンボルである黄色い鎌とハンマー、ラテン文字アゼルバイジャン語で国名頭文字を黄字で配した赤旗。**国章**は社

1936〜91

会主義国型紋章で、赤い五角星、黄色い鎌とハンマー、日の出とバクーの油井やぐら、小麦穂と綿花の枝のリース、リースにはキリル文字でロシア語とアゼルバイジャン語の国名と「万国の労働者、団結せよ」という標語を白字で記した赤いリボンを配したもの。

1940〜52

1940年 アゼルバイジャン・ソヴィエト社会主義共和国の**国旗**変更。カントンの国名頭文字をキリル文字に替えた赤旗。

1952〜91

1952年 アゼルバイジャン・ソヴィエト社会主義共和国の**国旗**変更。底部に青い横縞、カントンに黄色い輪郭線の五角星、鎌とハンマーを配した赤旗。

1989年 共和国主権宣言。ソ連構成共和国の中でもっとも早く主権宣言を行った。

アゼルバイジャン共和国

1991〜

1991年 ソヴィエト連邦の解体により、アゼルバイジャン共和国としてソヴィエト連邦から独立。**国旗**制定。中央に白い三日月と八角星を配した青赤緑の横三色旗。青はトルコ系民族、赤は近代化への決意、緑はイスラムを表す。八角星は国内の8つのトルコ系民族を象徴する。

1992年 国連に加盟。

1993〜

1993年 独立国家共同体（CIS）に遅れて参加。国章制定。**国章**は円形紋章で、新しい時代を表す八角星に入った国名の意「火の守護者」を表す炎、8つのトルコ系民族を表す8個の黄色い玉、国旗カラーの帯、底部に農業を表す小麦の穂と樫の枝のリースを配したもの。

アルツァフ共和国

1992〜

1991年 1988年に勃発したアルメニア・アゼルバイジャン間の戦争の結果、アゼルバイジャン西部地域のアルメニア人自治州ナゴルノ・カラバフで、アルメニア人はアルツァフ共和国としてアゼルバイジャン共和国からの分離独立宣言を行い、現在も同地域を実効支配している。首都はステパナケルト。翌年アルツァフ共和国の国旗・国章制定。**国旗**はアルメニア共和国国旗と同じ赤青オレンジの横三色旗でフライ両端よりホイスト中心に向かって白い階段状の矢型が付いている。赤は祖国防衛に流した血、青は自由、オレンジはパンを表す。白い矢型の意匠はこの国特有の絨毯模様であるが、先端がアルメニア共和国が位置する西方を向いており、アゼルバイジャン共和国からの分離、アルメニア共和国との併合の願いが示されている。アルツァフ共和国**国章**は円形紋章で、冠を被り翼を広げた鷲、上部に陽光、アルメニア語で「山地カラバフのアルツァフ共和国」と記した国名リボン、底部に綿花、葡萄、小麦穂、盾の中は雪を被ったアルツァフの山々、国旗意匠とアルツァフの男女を示す2本の石柱を配したもの。

アフガニスタン・イスラム共和国
Islamic Republic of Afghanistan

国旗比率 2:3

データ	
首都	カブール
面積	65.3万k㎡（日本の1.7倍）
人口	3337万人
人口密度	51人/k㎡
公用語	ダリ語（ペルシャ語）、パシュトゥー語
通貨	アフガニー

イギリス保護国

10世紀にガズナ朝、12世紀にゴール朝が起こり、イスラム化が進む。
1826年 バーラクザイ朝が成立。
1838～42年 第1次アフガン戦争。イギリスが侵攻したが敗退。

1880～1901 域旗

1880年 第2次アフガン戦争でイギリス保護国となる。イギリス保護国アフガニスタンの**域旗**制定。無地の黒旗。

1901～19 域旗・域章

1901年 イギリス保護国アフガニスタンの域旗変更、域章制定。**域旗**は中央に域章を配した黒旗。**域章**は中央にモスク、説教壇、2門の大砲、交差した剣と国旗、リボンで結んだ小麦穂のリースを配したもの。

アフガニスタン首長国

1919～21

1919年 第3次アフガン戦争の結果、イギリスよりアフガニスタン首長国として独立。国旗制定。**国旗**は中央の八角星の中に国旗を付けたモスク、説教壇、交差した剣、首長のターバンを配した黒旗。

1921～28

1921年 アフガニスタン首長国の国旗変更。**国旗**は中央の卵形の八角星の中に国旗を付けたモスク、説教壇、交差した剣、首長のターバンを配した黒旗。

アフガニスタン王国

1926年 アフガニスタン王国に改称。国旗は継続使用。

1928～29

1928年 アフガニスタン王国の国旗・国章変更。**国旗**は中央に国章を配した黒赤緑の縦三色旗。黒は過去、赤は独立闘争で流された血、緑は未来への希望を表す。**国章**は新しい始まりを表す2つの山から昇る太陽と黄色い五角星、国名を黒字で記した白いリボンで結んだ小麦穂のリースを配したもの。

1929～30

1929年 アフガニスタン王国の国旗変更。**国旗**は中央に白い卵形八角星の中に国旗を付けたモスク、説教壇、国王のターバン、交差した剣を配した黒赤緑の縦三色旗。

1930～73

1930年 アフガニスタン王国の国旗・国章変更。**国旗**は中央に国章を配した黒赤緑の縦三色旗。**国章**は国旗を付けたモスク、説教壇、ナディル・シャー国王の即位年であるアフガン暦1348年（西暦1929年）、国名をアラビア語で記したリボンで結んだ小麦穂のリースを配したもの。
1946年 国連に加盟。

アフガニスタン共和国

1973～74

1973年 王制が打倒され、共和制に移行。アフガニスタン共和国に改称。国旗制定。**国旗**は従来の旗にある国王即位年号を取り除いた旗。

1974～78

1974年 アフガニスタン共和国の国旗・国章変更。**国旗**はカントンに黄色い国章を配した黒赤緑の横三色旗。黒は暗い過去、赤は独立闘争で流された血、緑は豊かな農業。**国章**は翼を広げた鷲、モスク、説教壇、日の出、小麦穂のリー

ス、アラビア語の国名とアフガン暦1352年（西暦1973年）を記したリボンを配したもの。

アフガニスタン民主共和国

1978〜80

1978年 軍部クーデターにより人民民主党政権が成立。アフガニスタン民主共和国に改称。**国旗**はカントンに黄色い国章を配した赤旗。**国章**は社会主義国型紋章で、中央にアラビア文字で「人民」、五角星、小麦穂のリース、アラビア文字で国名とアフガン暦の革命年号1357年（西暦1978年）を黄字で記した赤いリボンを配したもの。

1979年 ソヴィエト連邦の軍事介入のもと、カルマル政権が成立。

1980〜87

1980年 アフガニスタン民主共和国の国旗・国章変更。**国旗**はカントンに国章を配した黒赤緑の横三色旗。黒は暗い過去、赤は独立闘争で流された血、緑はイスラム信仰を表す。**国章**は社会主義国型紋章で、幸運、勝利、社会主義を表す赤い五角星、人々の解放と新時代の始まりを表す日の出、科学と文化の豊かさを表す開かれた本、イスラムを表すモスクと説教壇、工業化を表す歯車、国旗カラーのリボン、小麦穂のリースを配したもの。

1986年 ナジブラ政権成立。

アフガニスタン共和国

1987〜92

1987年 アフガニスタン共和国に改称。国旗・国章制定。**国旗**はカントンに国章を配した黒赤緑の横三色旗。**国章**は従来のものから赤い五角星とコーランが取り除かれ、歯車は上部から底部へ移動、緑の野原は弧を描くよう修正されたもの。

1989年 駐留ソヴィエト連邦軍の撤退が完了。

アルカイダと北部同盟

タリバンが権力を握ったアフガニスタンでは、アメリカ・イギリスの支援を受けた北部同盟がタリバンと戦い、アルカイダはタリバンを支援した。**アルカイダ旗**（左）はタリバンの旗の色を反転させた白地のシャハーダを配した黒旗、**北部同盟旗**（右）は黒赤緑の横三色旗。

アフガニスタン・イスラム国

1992

1992年 ムジャヒディーン・ゲリラ勢力の軍事攻撃によりナジブラ政権崩壊。イスラム勢力各派の主導権争いで内戦状態が続く。アフガニスタン・イスラム国に改称。国旗制定。**国旗**はアラビア語で上段に「神は偉大なり」、中段にシャハーダ（信仰告白）「アッラーの他に神はなく、ムハンマドはアッラーの使徒なり」と金字で配した黒白緑の横三色旗。

1992〜96

1992年 国旗変更・国章制定。新**国旗**は中央に金色の国章を配した緑白黒の横三色旗。**国章**は国旗を付けたモスク、説教壇、日の出、アラビア語「神は偉大なり」の標語、小麦穂のリース、アフガン暦1371年（西暦1992年）、アラビア語の国名とシャハーダ、交差した2本の曲剣を配したもの。

アフガニスタン・イスラム首長国

1996〜97   **1996〜2002**

1996年 イスラム原理主義勢力タリバンが首都カブールを制圧。アフガニスタン・イスラム首長国に改称。国旗・国章制定。最初の**国旗**はタリバン使用の無地白旗。**国章**は円形紋章で、日の出、開かれたコーラン、説教壇、小麦穂のリース、タリバン誕生アフガン暦の1373年1月15日（西暦1994年6月24日）、パシュー

ト語の国名を記した歯車、白いリボン、交差した2本の曲剣を配したもの。

1997〜2002

1997年 アフガニスタン・イスラム首長国の**国旗**変更。従来の国旗の中央に黒字でシャハーダを入れた白旗。軍事テロ組織のアルカイダと共闘。

2001年 アメリカ・イギリスの軍事支援により北部同盟がタリバン支配地域を奪還。

2002〜04 移行政権

2002年 北部同盟のカルザイ大統領の移行政権成立。国旗・国章制定。アフガニスタン移行政権**国旗**は中央に金色の国章を配した黒赤緑の縦三色旗。**国章**は国旗の付いたモスク、説教壇、国名リボンを付けた小麦穂のリース、アラビア語「神は偉大なり」という標語とシャハーダ、暫定行政機構の成立したアフガン暦1380年（西暦2001年）を配したもの。

アフガニスタン・イスラム共和国

2004年 新憲法制定。アフガニスタン・イスラム共和国に改称。国旗・国章制定（冒頭の国旗・国章参照）。**国旗**は中央に白い国章を配した黒赤緑の縦三色旗。黒は外国に支配されていた暗い過去、赤はイギリスからの独立をめざした戦いで流された血、緑は達成した独立、平和とイスラムを表す。**国章**は国旗を付けたモスク、説教壇、上部に「アッラーの他に神はなく、ムハンマドはアッラーの使徒なり」と「神は偉大なり」という聖句、底部には独立したアフガン暦1298年（西暦1919年）と国名を記したリボン、小麦穂のリース、新生アフガニスタンを象徴する昇る太陽を加えたもの。

アラブ首長国連邦
United Arab Emirates

国旗比率　1：2

データ	
首都	アブダビ
面積	8.4万㎢
	（北海道程度）
人口	927万人
人口密度	111人/㎢
公用語	アラビア語
通貨	ディルハム

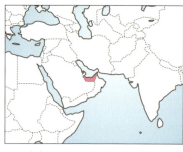

イギリス保護領

7世紀以降 ウマイヤ朝、アッバース朝の支配下でイスラム化し、その後はオスマン帝国、ポルトガル、オランダの支配を受ける。ヨーロッパ人への抵抗や海賊行為で、この地域は海賊海岸と呼ばれた。

18世紀 アラビア半島南部から移住してきたアラブ諸部族が7首長国の基礎を築く。

1853年 イギリスは北部首長国と恒久休戦協定を締結。以後トルシャル・オマーンと呼ばれる。

1892〜1968 域旗

1892年 イギリス保護領となる。イギリス保護領トルシャル・オマーンの**域旗**制定。中央に赤い正方形を配した白旗。

1968〜71 域旗

1968年 イギリスがスエズ以東からの撤退を宣言。独立機運が高まる。イギリス保護領トルシャル・オマーンの域旗変更。**域旗**は中央に7首長国を表す緑の七角星を配した赤白赤の横三分割旗。

アラブ首長国連邦

1971〜

1971年 当初はカタール、バーレーンを含む9首長国からなる連邦をめざしたが、一部が単独独立を選んだ結果、6首長国（1首長国は翌年加入）が統合し、イギリスよりアラブ首長国連邦として独立。国旗・国章制定。同年、国連に加盟。**国旗**はホイストに赤い縦縞を配した緑白黒の横三色旗。これら4色は汎アラブ色で、赤は犠牲者の血、緑は肥沃な国土、白は平和と純粋さ、黒は国に近代化をもたらす石油を表す。

1971〜2008

国章は預言者ムハンマドを生んだクライシュ族のシンボルである金色の鷹の胸に描かれたダウ船、底部の鷹の足がつかむ赤い銘板にはアラビア語で国名が白字で記されているもの。

2008年 アラブ首長国連邦の**国章**変更。従来の国章にあった鷹の胸に描かれたダウ船に替えて連邦構成7首長国を表す7個の五角星に囲まれた国旗意匠を配した円に変更（冒頭の国章参照）。

アルメニア共和国
Republic of Armenia

国旗比率　1：2

データ	
首都	エレバン
面積	3.0万㎢
	（中国地方よりやや狭い）
人口	303万人
人口密度	102人/㎢
公用語	アルメニア語
通貨	ドラム

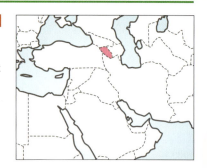

アルメニア

オスマン帝国・ロシア帝国の支配下

301年 世界最初のキリスト教を国教とした国家となる。その後、ローマ帝国、ビザンツ帝国、イスラム帝国の支配下に入る。

1826〜1918 オスマン帝国旗

1639年 オスマン帝国とサファヴィー朝（イラン）の支配下に入る。

1828〜58　ロシア国旗　1858〜1914

1914〜18 ロシア国旗

1828年 トルコマンチャーイ条約で、カージャール朝（イラン）アルメニアがロシア帝国領となる。

1914年 オスマン帝国領アルメニアでは民族政党ダナシクが解放運動を起こすが、虐殺・追放により多くの犠牲者を出す。

アルメニア共和国

1918〜22

1918年 ロシア革命後、アルメニア共和国として独立。国旗・国章制定。**国旗**は赤青黄の横三色旗。**国章**は盾型紋章で、中央に雪を抱くアララト山を入れた青い盾とアルメニアの古代王朝の4個の紋章、サポーターは白い鷲と黄色いライオン、底部に小麦、切れた鎖、羽根ペン、剣を配したもの。

ソヴィエト社会主義共和国

ザカフカース社会主義連邦

1922〜36　　　1922〜23

1923〜25　　　1925〜36

1922年 アゼルバイジャン、ジョージアとともにザカフカース社会主義連邦ソヴィエト共和国を結成し、これに参加。ザカフカース社会主義連邦ソヴィエト共和国の**国旗・国章**解説はアゼルバイジャンの項参照。

アルメニア・ソヴィエト社会主義共和国

1922年 アルメニア・ソヴィエト社会主義共和国成立。国旗・国章制定。**国旗**はカントンに黄字で国名頭文字をアルメニア文字で配した赤

1922〜36

旗。**国章**は赤い円形紋章で雪を抱くアララト山、黄色い鎌とハンマー、日の出、葡萄の房と葉、小麦穂、周囲の白い帯にアルメニア文字で国名を黄字で記し、「万国の労働者、団結せよ」という標語をアルメニア文字で黒く記した赤いリボンを配したもの。

1936〜40　　　1936〜91

1936年 ザカフカース社会主義連邦ソヴィエト共和国が解消。アルメニア・ソヴィエト社会主義共和国としてソヴィエト連邦に加盟。

1936年 アルメニア・ソヴィエト社会主義共和国の国旗・国章変更。**国旗**はカントンに黄色い鎌とハンマー、国名頭文字をアルメニア文字で配した赤旗。**国章**は従来の黄色い太陽を赤い五角星に替え、背景を赤から白に替えたもの。

1940〜52

1940年 アルメニア・ソヴィエト社会主義共和国の**国旗**変更。カントンにあった黄色い国名頭文字のアルメニア字体を修正した赤旗。

1952〜90

1952年 アルメニア・ソヴィエト社会主義共和国の**国旗**変更。カントンに黄色い鎌とハンマー、輪郭線で描いた五角星、中央に青い横縞を配した赤旗。

1988年 ナゴルノ・カラバフ帰属をめぐり、アゼルバイジャンと戦争開始。

連邦離脱・独立

アルメニア共和国

1990年 共和国主権宣言。アルメニア共和国の国旗制定。**国旗**は赤青オレンジの横三色旗。この旗が再び国旗に制定されたが、比率は1：2となった。赤はアルメニアの高地と独立、自由、キリスト教を守る国民の戦い、青は平和を希求する国民の意志、オレンジは勤勉で創造的な国民を表す（冒頭の国旗参照）。

1991年 ソヴィエト連邦よりアルメニア共和国として独立。

1992〜

1992年 アルメニア共和国の国章制定。**国章**は盾型紋章で、中央に白いアララト山を描いたオレンジの盾を置き、第一クォーターは赤地に黄色い十字を背に走るライオンで9世紀バグラト朝の紋章、第二クォーターは青地に翼を広げた黄色の双頭の鷲で1世紀アルシャクニ朝の紋章、第三クォーターは青地に黄色い菊の花と互いに振り返る2羽の鷲で紀元前1世紀アルタクシアス朝の紋章、第四クォーターは赤地に十字を持ち正面を向く黄色いライオンで11世紀ルーベン朝の紋章、サポーターは黄色い鷲とライオン、盾の下に自由と独立を表すちぎれた鎖、知性と文化を表す羽根ペン、国民の勤勉さを表す小麦束、リボンを配したもの。同年、国連に加盟。

1994年 ナゴルノ・カラバフ紛争に関しアゼルバイジャンと停戦協定を締結したが、紛争は以後も続いている。

イエメン共和国
Republic of Yemen

国旗比率 2：3

データ	
首都	サヌア
面積	52.8万㎢（日本の1.4倍）
人口	2748万人
人口密度	52人/㎢
公用語	アラビア語
通貨	イエメン・リアル

北イエメン

1174年 アイユーブ朝（エジプト）による支配。
1229年 ラスール朝が成立、イエメンからメッカまで支配。

オスマン帝国の支配

1844～1918 オスマン帝国旗

1538年 オスマン帝国が海岸部を支配する。

イエメン王国

1918～23

1918年 北部はオスマン帝国からイエメン王国として独立。国旗制定。イエメン王国の**国旗**は無地の赤旗。

1923～27

1923年 イエメン王国の国旗変更。**国旗**は中央にアラビア語白字でシャハーダを配した赤旗。

1927～62

1927年 国旗変更。**国旗**は中央に白い曲剣と5個の五角星を配した赤旗。5個の五角星はイエメンの5地区と信仰告白、礼拝、喜捨、断食、巡礼のイスラムの五行を表す。赤と剣は独立と国のために流した血を表す。

1934年 サウジアラビアにより、ハドラマウトの境界まで併合される。
1947年 国連に加盟。

1956～62

1956年 イエメン王国の国章制定。**国章**はグレーの盾型紋章で首都サヌアの100キロ東に位置するマリブの石造りの灌漑用ダム、コーヒーの木、湖、クレストに三日月を付けた王冠、背後に交差した国旗を配したもの。

イエメン・アラブ共和国

1962～90　　1962～65

1962年 共和派革命により王制廃止、イエメン・アラブ共和国に改称。国旗・国章制定。**国旗**は中央に緑の五角星を配した赤白黒の横三色旗。緑はイエメンの豊かさ、五角星は統一と独立を表す。**国章**は翼を広げ、胸に国旗意匠の盾を抱き、足でアラビア語の国名を黒字で記した緑の銘板をつかんだ12世紀に十字軍からイェルサレムを奪還したイスラムの英雄サラディンを象徴する鷲を配す。王制派と共和派の内戦が1969年まで続く。

1965～74

1965年 国章変更。**国章**はフライを向き、胸にマリブの灌漑用ダム、コーヒーの木、湖を描いた白い三角形を抱き、足でアラビア語の国名を黒字で記した緑のリボンをつかんだサラディンの鷲、自由を表すたいまつ、交差した国旗を配したもの。

1974～90

1974年 イエメン・アラブ共和国の国章変更。**国章**は鷲の向きをホイスト向きに替え、翼を大きく広げた形に修正したもの。

南イエメン

イギリス保護領／植民地

1839～1937 イギリス国旗

1839年 イギリスがアデンを占領。南イエメンはイギリス保護領となる。

1937～63 域旗・域章

1937年 南部はイギリスの直轄植民地となる。英領アデン域旗・域章制定。**域旗**はフライに域章を配したイギリス青色船舶旗。**域章**は船尾に白い縦縞を付けた赤旗を翻し、波を立てて航行する白い帆のダウ船を配したもの。

南アラビア連邦

1963～67 域旗・域章

1963年 前年に発足した南アラビア連邦にアデンが加盟。首都アデン。反英運動が始まる。南アラビア連邦の域旗・域章制定。域旗は中央に白い三日月と傾いた五角星、2本の黄色い輪郭線を配した黒緑青の横三色旗。黒は山、黄は砂、緑は農業、青は海、白い五角星と三日月はイスラムと国の統一を表す。域章はイスラムを表す白い五角星と国旗カラーのリボンを巻いた三日月、その間に伝統的な短剣を配したもの。

南イエメン人民共和国
イエメン民主人民共和国
1967~70/1970~90　　　1967~70

1967年 イギリスから南イエメン人民共和国として独立。国旗・国章制定。国旗は赤い五角星を入れた青い三角形をホイストに配した赤白黒の横三色旗。赤は革命、白は平和、黒は過去の植民地時代、五角星は南イエメン民族解放戦線、青い三角形は南イエメン民族解放戦線に導かれる国民を表す。国章は胸に国旗意匠の盾を抱き、足でアラビア語の国名を黒字で記した黄色い銘板をつかむホイストを向いたサラディンの鷲を配したもの。

1970~90

1970年 イエメン民主人民共和国に改称。国旗継続使用。国章変更。国章の銘板に記された国名をイエメン民主人民共和国に替えたもの。

1989年 アデン合意により南北イエメン統一機運高まる。

イエメン共和国
1990~

1990年 南北イエメン統合によりイエメン共和国が成立。国旗・国章制定。国旗は赤白黒の横三色旗。赤は自由と統一のために流された血、白は輝ける未来、黒は過去の暗黒時代を表す。国章は紀元前650年にマリブの山々に造られイエメン農業に貢献した石造りの灌漑用ダムと産物であるコーヒーの木、湖を描いた盾を胸に抱きホイストを向く黄色いサラディンの鷲、交差した2本の国旗、アラビア語で国名を黒字で記した黄色いリボンを配したもの。

イスラエル国
State of Israel

国旗比率　8:11

データ	
首都	イェルサレム
面積	2.2万㎢（併合地を含む。九州の半分程度）
人口	819万人
人口密度	371人/㎢
公用語	ヘブライ語、アラビア語、英語
通貨	新シェケル

アラブ人 / オスマン帝国の支配

7世紀 イスラム教が起こり、パレスティナはアラブ人の支配下となる。

16世紀以降 オスマン帝国がアラブ人を支配。

1826~44　オスマン帝国旗　1844~1918

1844~1905 商船旗

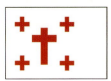

1844年 オスマン帝国領パレスティナ・イェルサレム商船旗を使用。赤いイェルサレム十字を配した白旗。

19世紀後半 離散したユダヤ人の国家をシオンの丘に建国しようとするシオニズム運動が起こる。

イギリス委任統治領

1918~27 イギリス国旗

1918年 第一次世界大戦（1914~18）で三国同盟側についていたオスマン帝国の敗北により、オスマン帝国による支配が終わり、イギリスの委任統治領パレスティナとなる。

1927~48 パレスティナ域旗

1927年 イギリス委任統治領パレスティナの域旗制定。域旗はフライに英語域名を黒字で記した白い円を配したイギリス赤色船舶旗。

1936年 パレスティナ独立戦争が勃発。パレスティナのアラブ人がイギリスの植民地支配に対して独立を求めた反乱。3年後に終息。

1939~48 パレスティナ・ユダヤ民族旗

1939年 パレスティナ・ユダヤ民族旗を使用。中央に黄色い「ダビデの盾」を配した青白の縦二色旗。

イスラエル国

1947年 国連はパレスチナをアラブ国家とユダヤ国家に分割する決議を採択。

1948～

1948年 イスラエル建国宣言。国旗制定。**国旗**は中央に青い六角模様、上下に2本の青い横縞を配した白旗。青と白はユダヤ教の祈祷用肩掛けの色で、青はパレスチナの空、白はシオニストの清い心を表す。中央の青い六角模様は、「ダビデの盾」と呼ばれる伝統的なユダヤ教徒のシンボル。第1次中東戦争勃発。

1949～

1949年 イスラエル国の国章制定。**国章**は青い盾型紋章で、中央の7枝の燭台はメノーラという。紀元前70年にイェルサレムを破壊したローマ人が持ち去ったもので、ローマ古墳から発見されたというユダヤのシンボル。底部にヘブライ語で国名、周囲にユダヤ民族の平和を表すオリーブの枝のリースを配したもの。同年、国連に加盟。

1956年 第2次中東戦争勃発。
1967年 第3次中東戦争勃発。
1973年 第4次中東戦争勃発。

パレスチナ自治政府

1988 パレスチナ旗／1993～ 国旗

1988年 **パレスチナ旗**制定。パレスチナ解放機構旗をモデルに、ホイストに赤い三角形を配した黒白緑の横三色旗。ヨルダンのハシェミット朝の赤、イラクのアッバース朝の黒、シリアのウマイヤ朝の白、北アフリカのファーティマ朝の緑を組みあわせた汎アラブ旗。赤はパレスチナ人の勇気、黒は暗い過去、白と緑はイスラムの純粋さと伝統を表す。1993年以降、**国旗**として使用されている。

1993～

1993年 オスロ合意により、アラブ人によるパレスチナ自治政府が発足。パレスチナ自治政府の国章制定。**国章**は胸に国旗デザインの盾を抱えたサラディンの鷲で、底部にアラビア語で国名を記したもの。サラディンは12世紀にイェルサレムを十字軍から奪還したイスラムの英雄。

イラク共和国
Republic of Iraq

国旗比率 2：3

データ	
首都	バグダード
面積	43.5万km²
	（日本の1.2倍）
人口	3755万人
人口密度	86人/km²
公用語	アラビア語、クルド語
通貨	イラク・ディナール

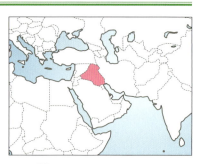

オスマン帝国の支配

750年 アッバース朝が成立。首都バグダード。
1258年 モンゴル帝国がアッバース朝を滅亡させる。メソポタミア地域はイル・ハン国が支配。
16世紀 オスマン帝国の支配下に入る。

1826～44 **オスマン帝国旗** **1844～1918**

イギリスのメソポタミア支配

1916年 イギリス・フランス・ロシア3国のサイクス・ピコ秘密協定で、イギリスの南メソポタミア領有を決定。

1918～21 国旗

1918年 第一次世界大戦（1914～18）でオスマン帝国が敗れ、イギリスが占領。

イラク王国（英委任統治／独立）

1921～22 **1921～58**

1921年 イギリス委任統治領メソポタミアとなるが、これによる反乱が起こり、ファイサルを国王とするイギリス統治下のイラク王国が誕生。国旗・国章制定。**国旗**は

ホイストに赤い三角形を配した黒緑白の横三色旗。アラブ解放の旗。赤は外敵の血、黒は外敵の運命、緑は肥沃な国土、白はアラブ人の忠節と高貴さを表す。**国章**は円形紋章で緑のヤシの木、チグリス川、ユーフラテス川、交差した黄色の剣と槍、サポーターはライオンと馬、2個の茶色の七角星、オリーブの枝と小麦穂、背後に王冠を載せた赤い位階服を配したもの。

1922〜24

1922年 イラク王国の国旗変更。**国旗**はホイストに赤い三角形を配した黒白緑の横三色旗。

1924〜58

1924年 イラク王国の**国旗**変更。ホイストに2個の白い七角星を持つ赤い台形を配した黒白緑の横三色旗。赤は敵の流した血、黒は外敵の運命、白は国民の勇気と忠誠、緑は豊かな国土、2つの七角星はアラブ人とクルド人、またはチグリス川とユーフラテス川を表す。
1932年 イギリスからファイサルを国王とするイラク王国として独立。国旗・国章は継続使用。
1945年 国連に加盟。

アラブ連邦

1958.2〜7

1958年 社会主義志向のエジプト、シリアのアラブ連合結成に対抗し、イラクは反共親米の同じハーシム家の王国ヨルダンとアラブ連邦を結成し、元首をイラク王国のファイサル2世とする。**連邦旗**制定。ホイストに赤い三角形を配した黒白緑の横三色旗。同年2月に成立したアラブ連邦は、7月のイラク革命で王制が崩壊し短期間で解消された。

イラク共和国①（カーシム政権）

1958年 王制打倒、共和制に移行し、カーシム政権が成立。イラク共和国に改称。

1959〜63

1959年 イラク共和国の国旗・国章制定。**国旗**は中央に白い輪郭線を持つ黄色い円と赤い8個の三角形を配した黒白緑の縦三色旗。黒はムハンマドの旗印、白はウマイヤ朝の旗印、緑はアラウィーン派の旗印、赤はアンダルシアの旗印、黄はアイユーブ朝サラディンの旗印、8本の赤い光は1958年7月14日の革命と8つのアラブ国家、黄色い円はメソポタミアの太陽と呼ばれアラブ人とクルド人の協調を表す。**国章**は白い円形紋章で、中に黄色い小麦穂が入った黒い輪郭線を持つ青い歯車、2本の黒い三日月刀、アラビア語の国名、黒字で共和国樹立日である1959年7月14日、周囲に赤い8個の三角形、8個の黄色い3つの波線を配したもの。

1963〜91

1963年 クーデターによりカーシム政権崩壊。イラク共和国の国旗・国章変更。**国旗**は中央に3個の緑の五角星を配した赤白黒の横三色旗。赤は勇気、白は寛大さ、黒はイスラムの勝利、緑はイスラムの伝統色を表す。3個の緑の五角星はイラク、シリア、エジプトの連合を意味したが、連合は実現されなかった。**国章**は胸に国旗意匠の盾を抱き、足でアラビア語の国名を黒字で記した緑の銘板をつかみ、翼を広げホイストを向くサラディンの鷲を配したもの。

イラク共和国②（バース党政権）

1968年 バース党政権樹立。汎アラブ主義、アラブの統一を目標に掲げるバース党は、3個の緑の五角星を党のシンボルとする。
1979年 サダム・フセイン大統領就任。バース党による一党独裁開始。
1980年 イラン・イラク戦争勃発。
1988年 イラン・イラク戦争終結。
1990年 クウェートに侵攻。傀儡国家「クウェート共和国」を樹立するが、国際社会から承認されず、クウェートをイラク1州として併合。

1991〜2004

1991年 湾岸戦争勃発。イラク共和国の国旗・国章変更。**国旗**は従来のものにアラビア語で「神は偉大なり」という標語を緑字でフセイン大統領が3個の星の間に書き加えた旗。**国章**の鷲が胸に抱く国旗意匠が同じく変更された。湾岸戦争に敗北し、クウェートから撤退。
2003年 大量殺戮兵器があると称して、アメリカ・イギリスがイラクに侵攻。フセイン政権崩壊。

イラク共和国③（暫定政府以降）

2004〜08

2004年 イラク暫定政府成立。イラク共和国の国旗・国章変更。**国旗**はアラビア語の標語「神は偉大なり」のフセイン大統領の字体をクーフィー体に替えた旗。**国章**の鷲が胸に抱く国旗意匠が同じく変更された。
2005年 移行政府発足。
2006年 イラク新政府発足。

2008〜

2008年 イラク共和国の国旗・国章変更。**国旗**は中央のバース党のシンボルであった3個の緑の五角星を除去した赤白黒の横三色旗。赤は闘争で流した血、白は明るい未来、黒は過去の抑圧を表す。**国章**の鷲が胸に抱く国旗意匠が同じく替えられた。

イラン・イスラム共和国
Islamic Republic of Iran

国旗比率　4：7

データ	
首都	テヘラン
面積	162.9万㎢ (日本の4.3倍)
人口	8004万人
人口密度	49人/㎢
公用語	ペルシャ語
通貨	リアル

イスラム・ザンド朝

651年 ササン朝ペルシャがアラブ人により滅ぼされる。
1258年 モンゴル勢力がイル・ハン国を樹立。同国はしだいにイスラム化する。
1501年 サファヴィー朝が成立、イランのイスラム教シーア派化が進む。

1750～94

1750年 南東部を本拠としたイスラム教のザンド朝が成立。国旗制定。**国旗**は中央に顔付きの太陽とホイスト向きのライオン、緑のボーダーを配した白い三角旗。

カージャール朝

1794～97

1794年 カージャール朝がザンド朝を倒し（1779年）、国旗を制定。**国旗**は中央の薄黄色の円に顔付き太陽とホイスト向きのライオンを配した赤旗。

1797～1848　　1797～1925

1797年 カージャール朝の国旗変更、国章制定。**国旗**は中央に黄色い顔なしの太陽、右手で剣を持ったホイスト向きのライオンを配した白旗。**国章**は中央に右手で剣を持ちホイスト向きのライオン、背後に顔なしの太陽、黄色の月桂樹と樫の葉のリースを配したもの。

1848～96　　1848～96 船舶旗

1848年 カージャール朝の国旗変更・船舶旗制定。**国旗**は中央に台座の上で右手で剣を持ったホイスト向きの黄色いライオンと顔付きの太陽、上下に緑と赤の細い横縞を配した白旗。**船舶旗**は中央に右手で剣を持ったホイスト向きの黄色いライオン、顔なしの太陽、周囲に月桂樹の枝のリース、四隅に赤い三角形を配した白旗。

1905年 国王の専制と列強の侵略に反対して、立憲革命が起こる。1911年にロシアの軍事介入で崩壊。

1925～32

1925年 パフレヴィー朝ペルシャ帝国が成立。国章変更。**国章**は中央に台座の上で右手で剣を持ったホイスト向きの黄色いライオン、顔付きの太陽、赤いリボンで結んだ緑の月桂樹と樫の葉のリース、上部に白い羽根飾りを付けた皇帝冠を配したもの。

1896～1907

1896年 カージャール朝の**国旗**変更。中央に台座の上で右手で剣を持ったホイスト向きの黄色いライオン、顔付きの太陽、三方に緑のボーダーを配した白旗。

1907～25／1925～32

1907年 カージャール朝の国旗変更。**国旗**は中央に台座の上で右手で剣を持ったホイスト向きの黄色いライオン、顔付きの太陽を配した緑白ピンクの横三色旗。

パフレヴィー朝ペルシャ帝国

1932～64

1932～79

1932年 ペルシャ帝国の国旗・国章変更。**国旗**は中央に台座の上で右手で剣を持ったホイスト向きの黄色いライオン、顔なしの太陽を配した緑白赤の横三色旗。縦横比率が1：3と横長の旗。緑はイスラム、白は平和、赤は勇気と犠牲の精神、太陽は古代ペルシャ、剣は征服した国土、ライオンは古代文明のあったバビロンの都

イラン／インド

を表す。国章は盾型紋章で、中央の青い円にパーレヴィー王朝のシンボルである白雪を被ったダマーヴァンド山と太陽、盾の第一クォーターは青地に黄色の剣を持ったライオンと太陽、第二クォーターは紫地に黄色い翼を広げた守護天使のファラバハル、第三クォーターは青地に黄色いペルシャ神話の不死鳥のシーマング、第四クォーターは茶色地に黄色い先端が二股に割れたズルフィカール剣、クレストは赤いパーレビ皇帝冠、下にパーレビ勲章、サポーターは三日月刀を持つ2頭の黄色いライオン、底部にペルシャ語で「我を審判し力を与えた」という標語を黒字で記した青いリボンを配したもの。

イラン帝国

1935年 国名をペルシャ帝国からイラン帝国に改称。国旗・国章は継続使用。
1945年 国連に加盟。
1951年 欧米資本が支配する石油の国有化を図るが、国際石油資本の圧力とクーデターにより2年で失敗。

1964〜79

1964年 イラン帝国の国旗変更。国旗の縦横比率を4:7に変更した。

イラン・イスラム共和国

1979〜80

1979年 ホメイニ師のもと、イスラム革命。国王は亡命し、共和制に移行。イラン・イスラム共和国に改称。国旗・国章制定。国旗は、従来の国旗から黄色い太陽と剣を持ったライオンを取り除いた緑白赤の横三色旗。国章は王冠と月桂樹と樫の葉のリースを取り除き、台座の上で右手で剣を持ったホイスト向きの黄色いライオンと顔なしの太陽を配したもの。

1980〜

1980年 イラン・イラク戦争勃発。イラン・イスラム共和国の国旗・国章変更。国旗は中央に赤い国章を配した緑白赤の横三色旗。緑はイスラム、白は平和、赤は勇気を表す。革命記念日のイラン暦1357年11月22日を示すように緑と赤縞の内側に「神は偉大なり」とアラビア語で22回書かれている。国章はアッラーに向かう人間の成長と変革を表し、垂直に立つ剣と2個ずつ対称に置かれた4個の三日月から構成される。剣は力と勇気、4個の三日月は月の4段階の進化を表す。

1988年 イラン・イラク戦争終結。
1989年 ハメネイ政権発足。
2013年 ロウハーニー政権発足。

インド
India

国旗比率 2:3

データ	
首都	ニューデリー
面積	328.7万㎢
	（日本の約8.5倍）
人口	13億2680万人
人口密度	404人/㎢
公用語	ヒンディー語
通貨	ルピー

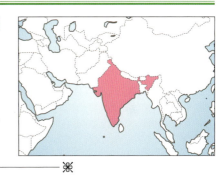

ムガール帝国と英仏の進出

1336年 南インドにヒンドゥー教国のヴィジャヤナガル王国が成立。
1510年 ゴアにポルトガル領インドが成立。

1526〜1858

1526年 北インドにイスラム勢力のムガール帝国が成立。首都はデリー。国旗は中央に黄色い三日月を配した緑の燕尾旗。
1600年 貿易と植民地経営のため、イギリス東インド会社設立。1602年にオランダも設立。
1640年 イギリスがマドラスを獲得。
1661年 イギリスがボンベイを獲得。
1673年 フランス東インド会社がベンガルのシャンデルナゴル、翌年に東海岸ポンディシェリーを獲得。フランス東インド会社旗は中央に3個の黄色いユリを描いた青い円と王冠を配した赤白赤の縦三分割旗。会社紋章は盾型紋章で青地に9個の黄色いユリ、王冠を被り水浴する男性、クレストに黄色い王冠、サポーターは弓

1673〜1769 仏東インド会社旗・紋章

矢を持った2人の先住民、ラテン語 "FLOREBO QUOCUMQUE FERAR"「花と家はいずこに」という標語を黒字で記した黄色いリボンを配したもの。

インド

1698〜1707 イギリス東インド会社旗

1698年 イギリスが新東インド会社を設立。**会社旗**はカントンに聖ジョージ十字を配した赤白の横13縞旗。

1702年 イギリス東インド会社がベンガル地方の現カルカッタの地に要塞を築く。

1707〜1801 イギリス東インド会社旗

1707年 イギリス東インド会社旗変更。**会社旗**はカントンに当時のイギリス国旗を配した赤白の横13縞旗。

1757年 プラッシーの戦いでイギリスはフランスを破り、インドでの覇権を確立。

1801〜27 イギリス東インド会社旗

1801年 イギリス東インド会社旗変更。**会社旗**はカントンにイギリス国旗を配した赤白の横13縞旗。

1827〜58 イギリス東インド会社旗

1827年 イギリス東インド会社旗変更。イギリス赤色船舶旗を使用。

1857年 反英インド大反乱が勃発。

イギリス領インド帝国

1858〜85 イギリス国旗

1858年 ムガール帝国滅亡、イギリス領となる。イギリス国旗を使用。

1877年 イギリスのヴィクトリア女王を皇帝とするイギリス領インド帝国が成立。

1885〜1943 域旗・域章

1885年 イギリス領インド帝国の域旗・域章制定。**域旗**は中央に皇帝冠と域章を配したイギリス国旗。**域章**は黄色い32光線を放つ陽光の中に英語"HEAVENS LIGHT OUR GUIDE"「天が我らの道しるべ」という標語を白字で記した青いリボン、中にダイヤモンドの白い五角星「インドの星」を配したもの。

1920年 ガンディーらの反英「非協力」運動開始。

1943〜45

1943年 日本の支援を受け、自由インド臨時政府成立。**国旗**制定。中央に反英闘争のシンボルである青い糸車を配したオレンジ白緑の横三色旗。

1945〜47 域旗

1945年 日本敗戦。インドはイギリス領として**域旗**を使用。域章をフライに配したイギリス赤色船舶旗。同年、国連に加盟。

*インド帝国時代の藩王国は84頁。

インド

1947〜

1947年 イギリスよりイギリス連邦の一員として独立。ヒンドゥー教徒中心のインドと、イスラム教徒中心のパキスタンとに分離する。インド**国旗**を制定。中央に古代インドのアショカ王が建てた柱頭に由来するチャクラ（法輪）を配したサフラン色白緑の横三色旗。サフラン色は勇気と犠牲、白は平和と真理、緑は忠誠と礼節を表す。チャクラは仏教のシンボルで、24本の軸は1日24時間を示し、終わりなき人生と進歩を表す。青は空と海を表す。

1947年 インドとパキスタン間でカシミール帰属をめぐる武力紛争が勃発し、両国の停戦合意で東南部のカシミールがジャム・カシミールとしてインド帰属が決まった。

1950〜

1950年 憲法施行により共和国に移行。インドの国章制定。**国章**は柱の上に立つ3頭の獅子像をかたどった記念柱で、アショカ王の古都サルナート遺跡から発掘された。台座中央にチャクラ、その両側に馬と牛が描かれ、柱の下にヒンドゥー語で「真の勝利」と黒字で記されている。

ポルトガル領インド

1510〜78 ポルトガル国旗

1510年 ポルトガルがゴアを占領する。

1935〜51 域章

1935年 ポルトガル領インドの域章制定。**域章**は盾型紋章で黄色い天球儀を背景に第一クォーターは白地に白い5個の玉を置いた5個の青い盾、第二クォーターは黄地に黒い水車と赤い塔、第三クォーターは白地に植民地を示す5本の緑の波線を描いた盾、クレストに天球儀と修道会十字を配した黄色い城塞冠、底部にポルトガル語で「ポルトガル植民地インド」と記した白いリボンを配したもの。

1951〜61 域章

1951年 ポルトガル海外州インドの域章制定。**域章**は従来の「植民地」を「海外州」へ域章のリボンを替えたもの。

1961年 ポルトガル領インドをインドが併合。

ジャム・カシミール

1953〜 域旗

1953年 ジャム・カシミールの域旗制定。ジャム・カシミール**域旗**はホイスト寄りに3本の白い縦縞と中央に鋤を配した赤旗。赤は労働、3本の白縞はジャム、カシミール、ラダクの3地区、鋤は決意と繁栄を表す。

1955〜 域章

1955年 ジャム・カシミールの域章制定。**域章**は楕円形紋章で中に3本の黄色い横縞と左右の鋤で構成される花瓶を表し、それに入った赤い蓮の花、底部に域名を英語で記した赤いリボン、周りに赤い小枝のリースを配したもの。花瓶はカシミールの渓谷、鋤は地域の伝統と繁栄への決意、蓮は域花を表す。

インド／インドネシア

1967〜75

シッキム王国国旗

1877〜1975

シッキム王国国章

1975年 イギリスの利権を継承しインドの保護国であったヒマラヤ南麓のシッキム王国の国政の乱れに乗じ、インドは軍を侵攻させ、国民投票をへて28番目の州として併合した。1967年制定のシッキム王国**国旗**は中央に仏教の変化と進歩を示す黄色い法輪、周囲に国を囲む高い山々を表す赤いボーダーを配した白旗。1877年制定の**国章**はヒンドゥー教のシンボル蓮の8枚の青い花弁の周りに12個の茶色の輪を配した金色の盾型紋章で、クレストに銀色の兜と金色の兜飾り、信仰心を表す青い巻貝、底部にシッキム語で「蓮の中から生まれる創造」という標語、サポーターに2頭の赤いドラゴンを配したもの。

インドネシア共和国
Republic of Indonesia

データ	
首都	ジャカルタ
面積	191.1万km²（日本の約5倍）
人口	2億6058万人
人口密度	136人/km²
公用語	インドネシア語
通貨	ルピア

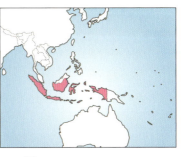

国旗比率 2：3

マジャパヒト王国

1293〜1520

1293年 ジャワ島にヒンドゥー教のマジャパヒト王国成立。滅亡後はイスラム化。**国旗**は金色の太陽と9つのヒンドゥーの神を配した赤白の縦二色三角旗。**国章**は黒、青、白、桃、赤、橙、黄、緑地と中心の虹色の円に合わせて9つのヒンドゥーの神を描いた金色の8つの光線を放つ太陽を配したもの。

＊15世紀以降のイスラム国家群は84頁。

オランダの支配

1619〜1799 東インド会社旗

1619年 オランダ東インド会社がバタヴィア（現ジャカルタ）を建設。オランダ東インド**会社旗**は中央に社名"Vereengde Oostindische Compagnie"の頭文字VOCを配した赤白青の横三色旗。

1623年 モルッカ諸島のアンボイナ島で、オランダ人がイギリス人を襲い、インドネシアでの覇権をにぎる。

1777〜1884 蘭芳公司

1777年 ボルネオ島西部の現在のポンティアナクに移住した広東省出身の客家華人による共和政権である蘭芳公司が樹立される。アジア初の共和国といわれる。**国旗**は国名を黒字漢字で記した黄旗。交易によって栄え、周辺のスルタン国とも親交を深め、107年間存続した。

1799〜1942 オランダ総督旗

1799年 オランダ、東インド会社を解散し、インドネシアをオランダ領東インドとして直接統治下に置く。オランダ領東インドは、統一した域旗を制定せず国旗のカントンに2個の白丸を配した**総督旗**を使用。

1803〜63 バタヴィア域旗

1803年 オランダ領東インド・バタヴィア**域旗**制定。中央に直剣、月桂樹のリースを配した赤白青の横九縞旗。1863年まで使用。

1884年 オランダに攻撃され蘭芳公司が滅亡し、オランダ領東インドに編入される。

独立運動

1927年 スカルノを党首にインドネシア国民党が結成され、独立運動が進められる。

1942〜45 日本国旗

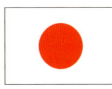

1942年 太平洋戦争で、日本軍により占領される。

1943〜45 義勇軍旗

1943年 日本軍指導のもと、3万8000人のインドネシア人が反オランダの義勇軍＝インドネシア祖国防衛義勇軍PETAを結成。**軍旗**は中央に16本の光線を放つ赤い太陽とイスラムのシンボル白い三日月と五角星を組み合わせた緑旗で、周囲に紫のフリンジを配した旗。右下の白地には部隊名を入れていた。

インドネシア

インドネシア共和国／連邦共和国／共和国

1945～49／49～50／50～

1945年 インドネシア共和国独立宣言。スカルノを初代大統領に選出。独立を承認しないオランダと独立戦争を開始。インドネシア共和国の国旗制定。**国旗**は赤白の横二色旗。赤は勇気、白は純潔を表す。13世紀のマジャパヒト王国も赤白の旗を使ったといわれる。1922年、オランダ統治下で学生組織のインドネシア協会がこの二色旗を採用した。
1949年 ハーグ円卓会議で、オランダがインドネシアの独立を承認し、インドネシア連邦共和国が成立。ジャカルタを拠点とするインドネシア共和国と、オランダから主権を委譲されて成立した東インドネシア国ほか15土侯国から構成される連邦国家である。インドネシア連邦共和国の国旗は、1945年に制定された赤白横二色旗。

1950～

1950年 東インドネシア国を含めたオランダの傀儡国家が、インドネシア共和国に次々と合流して事実上消滅し、単一国家となった。インドネシア共和国の国章制定。**国章**は伝説の鳥ガルーダで、胸の盾の第一クォーターは赤地に民主主義を示す黄色い雄牛の頭、第二クォーターは白地に国の統一を表す緑の菩提樹の木、第三クォーターは白地に公正を表す黄色い稲と緑の綿の枝、第四クォーターは赤地に人道主義を表す金の鎖、中央に神への信仰を表す金の五角星を入れた黒い盾、赤道を表す盾を横切る黒い線、独立記念日の8月17日を表すガルーダの8枚の尾翼と17枚の両翼の羽根、ガルーダの足がつかむインドネシア語 "BHINNEKA TUNGGAL IKA"「多様の中の統一」という標語を黒字で記した白いリボンを配したもの。盾の意匠に表現された建国五原則は「パンチャ・シラ」と呼ばれる。同年、国連に加盟。

地域国家と内戦

1961年 ニューギニア島西半分のパプア（西イリアン）で西パプア共和国が独立を志向、これを宗主国オランダが承認した。首都はジャヤプラ。西パプア共和国の**国旗**はホイストに白い五角星を置く赤い縦縞を配した青白横13スト

1961 西パプア共和国

ライプ旗。赤は独立闘争で流した血、青は海、白は国土、13縞は部族数、五角星は新しい時代と希望を表す明けの明星を表す。**国章**は国旗デザインの盾型紋章でサポーターは極楽鳥、底部にインドネシア語 "SETIA DJUDJUR MESRA"「忠誠, 正直, 友愛」の標語を記した青いリボン、周りに蘭の花環を配したもの。
1962年 インドネシア軍が西パプアに侵攻。
1969年 インドネシアが西パプアを併合。西パプアでは自由パプア運動が結成され、独立運動が激化。

1975 東ティモール

1975年 ポルトガルが植民地東ティモールの支配を放棄すると、東ティモール独立革命戦線が結成され独立運動を開始。**党旗**は白い五角星を付けた黒の縦縞をホイストに付け、中央に黒字で党名 FRETILIN を記した赤黄赤の横三分割旗。

1976 アチェ・スマトラ国

オランダの傀儡国家

1945～49 オランダ国旗

1945年 オランダは第二次世界大戦終結後、オランダ領東インドの支配を継続。各地に傀儡国家を樹立。

1946～50 東インドネシア国

1946年 12月セレベス島に東インドネシア国成立。首都はマカッサル。スカワティ代表。**国旗**は黄赤白緑の横四色旗。**国章**は黒い盾型紋章で、翼を広げた神の乗物といわれる黄色いガルーダ、周囲に月桂樹の枝のリースを配したもの。

1947～50 東スマトラ国

1947年 12月スマトラ島東部に東スマトラ国成立。首都メダン。マレー系スルタンのテング・マンソールが代表。東スマトラ国**国旗**は黄白緑の横三色旗。

1948～50 マドゥラ国

1948年 1月スラバヤ沖合のマドゥラ島にマドゥラ国成立。首都はパメカサンで、ジャクラニングラトが代表。
マドゥラ国**国旗**は緑白の横二色旗。

1948～50 西ジャワ国

1948年 2月ジャワ島西部にスンダ人による西ジャワ国成立。首都バンドンで、ウィナタクスマが代表。西ジャワ国**国旗**は緑白緑の横三分割旗。

1948～50 南スマトラ国

1948年 8月スマトラ島南部に南スマトラ国成立。首都はパレンバンで、アブドル・マリクが代表。南スマトラ国**国旗**は黄緑の横二色旗。

1948～50 東ジャワ国

1948年 11月ジャワ島東部に東ジャワ国成立。首都はスラバヤ。東スマトラ国**国旗**は緑白の横二色旗。

1976年 インドネシア軍が東ティモールに侵攻するが、独立派が抵抗。2002年に独立。

1976年 スマトラ島北西部のシーア派イスラム教徒が多いアチェで、インドネシア共和国憲法がイスラム国家であると明記していないとして、イスラム国アチェの分離独立を求め自由アチェ運動が結成され、アチェ・スマトラ国の独立を宣言。これを認めない政府軍と内戦状態に入った。首都はバンダ・アチェ。アチェ・スマトラ国の**国旗**は中央に白い三日月と五角星、上下に白い輪郭線を持つ黒縞を配した赤旗。赤は勇気、忠誠、真実、犠牲心、白は純粋さ、黒は独立闘争の犠牲者、三日月と五角星はイスラムを表す。**国章**は盾型紋章で、中に交差するリンコングと呼ばれる短剣を描いた青黄黒の盾、サポーターは金色のライオンと翼を持った人面馬、クレストに三日月と五角星、底部に小枝とアチェ語とアラビア語で国名を記した黄色いリボンを配したもの。

2002 東ティモール民主共和国

2002年 長い独立闘争の末、東ティモール民主共和国（左は**国旗**）がインドネシアから独立。

2005年 アチェ・スマトラ国とインドネシア政府で和平協定が結ばれ、内戦終結。

ウズベキスタン共和国
Republic of Uzbekistan

データ	
首都	タシケント
面積	44.7万km²
	（日本の約1.2倍）
人口	3030万人
人口密度	68人/km²
公用語	ウズベク語
通貨	スム

国旗比率　1：2

ティムール帝国〜ロシア帝国

1370〜1507 ティムール帝国

1370年 ティムール帝国成立、イスラム化が進む。**国旗**は、中央に西部バルカン、東部インド、北部ヴォルガの3領土を表す3個の白円を配した青旗を使用。青はチュルク系の民族色。

1507年 ティムール帝国滅亡、ブハラ・ハン国成立。首都はブハラ。

1512年 ヒヴァ・ハン国成立。首都はヒヴァ。

1710年 コーカンド・ハン国成立で、ウズベク系の3ハン国に分裂。首都はコーカンド。

1867〜1914 ロシア帝国旗　　1914〜18

1867年 ロシア帝国が3ハン国を併合、タシケントにトルキスタン総督府を設置、植民地統治開始。

ロシア革命後の3ハン国

1917年のロシア帝政崩壊後、ソヴィエトに編入される前。

1917〜18 コーカンド・ハン国

1917年 コーカンド・ハン国（現フェルガナ州）では、**国旗**の中央に白い三日月と五角星を配した赤青の横二色旗を使用。ヒヴァ・ハン国（現ホレズム州）では、**国旗**のカントンに青い三日月を配した白旗使用。ブハラ・ハン国（現ブハラ州）では、中央にイスラムを表す黄色い三日月と五角星、イスラ

1917〜18 ヒヴァ・ハン国

1917〜20 ブハラ・ハン国首長旗

ムの五行と幸福を表すファティマの右手、フライにシャハダ、ホイストに「スルタンは神の影」とアラビア語で書かれた銘文、周りに赤いボーダーを配した緑の**首長旗**を使用。また、白い三日月と3個の五角星、ファティマの右手、赤いボーダーを配した青い**軍旗**を使用。

1917〜20 ブハラ・ハン国軍旗

1918〜20 ヒヴァ・ハン国

1918年 ヒヴァ・ハン国では、中央に黄色い三日月と五角星、上下に緑の横縞を配した黒い**国旗**に変更。

ソヴィエト共和国

1918〜19 トルキスタン

1918年 トルキスタン自治ソヴィエト社会主義共和国が成立。国旗制定。**国旗**はカントンに黄字でアラビア文字とキリル文字で国名略号を配した赤旗。

1919〜21 トルキスタン

1919年 トルキスタン自治ソヴィエト社会主義共和国の国旗変更。**国旗**はカントンに黄字でアラビア文字とキリル文字で国名略号を配した赤旗。

1919〜20 ブハラ

1919年 ブハラ人民ソヴィエト共和国が成立、国旗制定。**国旗**は中央に白い三日月、カントンに白字でキリル文字で国名略号を配した赤旗。

1920〜21 ブハラ

1920年 ブハラ人民ソヴィエト共和国の国旗変更。**国旗**は中央に白い三日月と八角星、カントンにアラビア文字で国名を配した緑赤の横二色旗。

1920.1〜4 ホレズム

1920年 ホレズム人民ソヴィエト共和国が成立、首都はヒヴァ。1月に国旗制定。**国旗**は中央に黄色い三日月と五角星、周りに緑のボーダーを配した赤旗。

1920.4〜1922 ホレズム

1920年4月 ホレズム人民ソヴィエト共和国の国旗変更。**国旗**は緑のカントンに黄色い三日月と五角星を配した赤旗。

1921〜23 ブハラ

1921年 ブハラ人民ソヴィエト共和国の国旗変更。**国旗**は中央に黄色い三日月と五角星、カントンに黄字でキリル文字の国名略号を配した緑赤の横二色旗。

1921〜22 トルキスタン

1921年 現サマルカンド州でトルキスタン・イスラム共和国が成立、国旗制定。**国旗**はホイストのオレンジ地に白い三日月と五角星と周りに青いボーダーを配した赤白の横9縞旗。赤はトルコ民族、オレンジはウイグル民族、青はモンゴル民族を表す。9縞はウズベク、カザフ、キルギス、タジク、トルクメン、カラカラパク、カシュガル、ヘラート、ウイグルのチュルク系9部族を表す。

1921〜24 トルキスタン

1921年 トルキスタン自治ソヴィエト社会主義共和国の国旗変更。**国旗**はカントンに黄字でキリル文字で国名略号と黄色い二重輪郭線を配した赤旗。

1922〜23 ホレズム　1922〜23/1924

1922年 ホレズム人民ソヴィエト共和国の国旗変更。国章制定。**国旗**は緑のカントンに黄色い三日月と五角星、鎌、鍬、モロコシの茎を配した赤旗。**国章**は緑の円形紋章で、黄色い三日月、2個の八角星と1個の五角星、鎌、鍬、2本のモロコシの茎、底部に黄色い2本の小麦穂を置いた赤い帯を配したもの。

1923〜24 ホレズム

1923年 ホレズム社会主義ソヴィエト共和国に改称、国旗変更。**国旗**はホイストに黄色い輪郭線の五角星、その下にキリル文字で「万国の労働者、団結せよ」の標語と国名を黄字で配した赤旗。

1923〜24 ブハラ

1923年 ブハラ人民ソヴィエト共和国の国旗変更。国章制定。**国旗**は中央に黄色い三日月と五角星、カントンにキリル文字黄字で国名略号を配した赤旗。**国章**は緑の円形紋章で中に黄色い三日月と五角星、鎌、モロコシの束、底部にアラビア文字で国名を記した赤い帯を配したもの。

1924.9〜10 ブハラ

1924年 ブハラ人民ソヴィエト共和国がブハラ社会主義ソヴィエト共和国に改称、国旗変更。**国旗**はカントンの国名略号を替えた赤旗。

ウズベク・ソヴィエト社会主義共和国

1924〜27

1924年 中央アジア民族共和国の境界を画定、ウズベク・ソヴィエト社会主義共和国成立。国旗制定。**国旗**はカントンに黄字でアラビア文字とキリル文字で国名略号と黄色い輪郭線を配した赤旗。ホレズム社会主義ソヴィエト共和国がウズベク・ソヴィエト社会主義共和国に編入。ブハラ社会主義ソヴィエト共和国もウズベク・ソヴィエト社会主義共和国に編入。

1927〜29

1927年 ウズベク・ソヴィエト社会主義共和国の国旗変更。**国旗**はカントンにあった黄色い輪郭線を取り除いた赤旗。

1929〜31

1929年 ウズベク・ソヴィエト社会主義共和国の国旗変更。**国旗**はカントンに黄字で、ラテン文字ウズベク語、キリル文字ウズベク語、ラテン文字タジク語で国名略号を配した赤旗。ウズベク・ソヴィエト社会主義共和国の国章制定。**国章**は円形紋章で、交差した黄色い鎌とハンマー、地球と日の出、白い五角星、綿花の枝と小麦穂のリース、国名略号をキリル文字とアラビア文字黒字で記した赤いリボン、「万国の労働者、団結せよ」という標語をキリル文字とアラビア文字黒字で配したもの。

1929〜33

1931〜35

1931年 ウズベク・ソヴィエト社会主義共和国の**国旗**変更。タジク・ソヴィエト社会主義共和国がウズベクより分離したので、1929年の国旗からタジク語を削除した赤旗。

1933〜46

1933年 ウズベク・ソヴィエト社会主義共和国の国章変更。**国章**は社会主義国型紋章で、交差した黒い鎌とハンマー、黄色い縁取りの赤い五角星、地球北半球と黄色い昇る太陽、小麦穂と綿花の枝のリース、アラビア文字とキリル文字で「万国の労働者、団結せよ」という標語とキリル文字の国名略号を白字で記した赤いリボンを配したもの。

1935〜37

1935年 ウズベク・ソヴィエト社会主義共和国の国旗変更。**国旗**はカントンに黄字でラテン文字とキリル文字で国名略号を配した赤旗。

1937〜41

1937年 ウズベク・ソヴィエト社会主義共和国の国旗変更。**国旗**はカントンに黄字でラテン文字とキリル文字で国名すべてを配した赤旗。

1941〜52

1941年 ウズベク・ソヴィエト社会主義共和国の国旗変更。**国旗**はカントンに黄字キリル文字でウズベク語（ウズベキストン）とロシア語（ウズベクスカヤ）で国名を配した赤旗。

1946〜91

1946年 ウズベク・ソヴィエト社会主義共和国の国章変更。**国章**は1933年の国章の小麦穂と綿花の枝のリース位置を反対に替え、「万国の労働者、団結せよ」という標語のアラビア文字を削除し、キリル文字でロシア語とウズベク語で表現したもの。

1952〜91

1952年 ウズベク・ソヴィエト社会主義共和国の国旗変更。**国旗**は中央に2本の白い輪郭線を付けた青い横縞、カントンに黄色い鎌とハンマー、輪郭線で描いた五角星を配した赤旗。赤は革命、青は空、白は産物の綿花を表す。

ソヴィエトからの離脱

1989年 東ヨーロッパ諸国に非共産党政権が次々に誕生。
1990年 共和国主権宣言を出す。

ウズベキスタン共和国

1991〜

1991年 ソヴィエト連邦の解体により、ウズベキスタン共和国として独立。国旗制定。ウズベキスタン共和国の**国旗**は、カントンに白い三日月、12個の五角星、中央に2本の赤い細縞を配した青白緑の横三色旗。青は水と空を表し、14世紀のティムール帝国の旗にも使われた色、白は平和、緑は新しい生活と自然、赤は民衆の生命力を表す。三日月はイスラムと独立の象徴、12個の五角星は1年を構成する12カ月と十二宮図を表す。

1992〜

1992年 ウズベキスタン共和国の国章制定。**国章**は社会主義国型紋章で、天山山脈、アムダリア川、シルダリア川、日の出を背景に翼を広げた伝説の鳥であるフモ、小麦穂と綿花の枝のリース、底部にキリル文字ウズベク語の国名を黄字で記した国旗カラーのリボン、上部に白い三日月と五角星を入れた青いルブ・エル・ヒズブというイスラムのシンボルの八角星模様を配したもの。同年、国連に加盟。

オマーン国
Sultanate of Oman

国旗比率　1：2

データ	
首都	マスカット
面積	31万km²
	（日本の約8割）
人口	465万人
人口密度	15人/km²
公用語	アラビア語
通貨	オマーン・リアル

マスカット・オマーン ヤアーリバ朝／サイード朝

8世紀　イスラム教イバード派系の王朝が成立する。
1509年　ポルトガルが沿岸部を占領し、アジア進出の中継地とする。

1650〜1868

1650年　ポルトガル人を追放し、マスカット・オマーンにヤアーリバ朝が成立。国旗制定。**国旗**は無地の赤旗。
1741年　アフマドが現代まで続くブー・サイード朝を樹立する。
1832年　東アフリカに勢力を拡大し、ザンジバルに遷都し、全盛期を迎える。
1856年　ザンジバルを分離。

1868〜71

1868年　マスカット・オマーンの**国旗**変更。無地の白旗。

1871〜91 国旗／1891〜70 域旗

1871年　マスカット・オマーンの**国旗**変更。無地の赤旗。

イギリス保護領 マスカット・オマーン／オマーン

1891年　イギリス保護領マスカット・オマーンとなる。国旗は域旗となる。

1962〜76 ドファール独立運動旗

1962年　オマーン南部のドファール州で、共産勢力による分離独立を求める内戦が勃発。赤白黒の横三色旗のドファール独立**運動旗**を使用。

1970〜71／1971〜85

1970年　子が父を追放する宮廷革命で、現カブース国王が即位。マスカット・オマーンからオマーン国に改称。オマーン国の国旗・国章制定。**国旗**はカントンに国章を配した赤白緑の横T字旗。**国章**は交差した剣の上にハンジャールという伝統的な短剣と飾り付きベルトを配したもの。

オマーン国

1971年　イギリスよりオマーン国として独立。国旗・国章は継続使用。国連に加盟。
1976年　ドファール内戦終結。

1985〜95　　1985〜

1985年　オマーン国の国旗・国章変更。**国旗**はカントンに国章を配した赤白緑の横T字旗。**国章**は従来のものを簡素化し、白い部分が増えたもの。

1995〜

1995年　オマーン国の国旗変更。**国旗**の赤縞の幅を広げ、国旗比率を2：3から1：2へ替えた旗。

赤は外部からの侵略者との戦い、白は繁栄と平和、緑は肥沃な国土を表す。

カザフスタン共和国
Republic of Kazakhstan

国旗比率　1：2

データ	
首都	アスタナ
面積	272.5万km² (日本の約7倍)
人口	1786万人
人口密度	7人/km²
公用語	カザフ語、ロシア語
通貨	テンゲ

ロシア帝国の支配

18世紀前半 モンゴル系ジュンガルからの庇護をロシア帝国に求める。
1820年 ロシア帝国が北部カザフスタンを支配する。

1854～58　ロシア帝国旗　　1858～1914

1914～17 ロシア帝国旗

1854年 カザフスタン全域をロシア帝国が併合する。

アラシュ自治国

1917～20

1917年 ロシア革命時は北部は白軍支配下に入り、アラシュ自治国が成立。首都はアラシュ・クァラ（現東カザフスタン州セメイ）。国旗制定。**国旗**は中央に黄色い三日月と五角星を配した赤旗。

ソヴィエト社会主義共和国

1920～25

1920年 赤軍が白軍を破り、アラシュ自治国は崩壊。カザフ（キルギス）自治ソヴィエト社会主義共和国が成立。国旗制定。**国旗**はカントンにキリル文字で黄字国名略号と黄色い二重輪郭線を配した赤旗。
1924年 中央アジアの民族・共和国境界が画定され、キルギスを分離。

1925～36

1925年 カザフ自治ソヴィエト社会主義共和国に改称。国旗制定。**国旗**はカントンにアラビア文字とキリル文字で黄字国名略号を配した赤旗。

1936～40

1936年 ソヴィエト連邦を構成するカザフ・ソヴィエト社会主義共和国へ昇格。国旗制定。**国旗**はカントンに黄色い鎌とハンマー、ラテン文字カザフ語国名（カザフ）とキリル文字ロシア語国名（カザフスカヤ）を黄字で配した赤旗。

1937～91

1937年 カザフ・ソヴィエト社会主義共和国の国章制定。**国章**は社会主義国型紋章で、黄色い交差した鎌とハンマー、黄色い縁取りの赤い五角星、昇る太陽、両側に小麦穂のリース、標語「万国の労働者、団結せよ」と国名略号を黄字キリル文字カザフ語とロシア語で記した赤いリボンを配したもの。

1940～52

1940年 カザフ・ソヴィエト社会主義共和国の国旗変更。**国旗**はカントンに黄色い鎌とハンマー、キリル文字カザフ語国名（カザフ）とロシア語国名（カザフスカヤ）を黄字で配した赤旗。

1952～91

1952年 カザフ・ソヴィエト社会主義共和国の国旗変更。**国旗**はカントンに黄色い鎌とハンマー、黄色輪郭線の五角星、下部に青い横縞を配した赤旗。

カザフスタン共和国

1990年 共和国主権宣言を出す。
1991年 ソヴィエト連邦の解体によりカザフスタン共和国として独立。

1992～

1992年 カザフスタン共和国の国旗・国章制定。**国旗**はホイストに黄色い固有な装飾模様、中央に黄色い太陽と翼を広げた鷲を配した青旗。青は何世紀にもわたり遊牧を行ってきたトルコ系民族とモンゴル系民族の伝統色で、空を象徴する。青は平和と幸福、黄は希望、32本の光線を放つ太陽は高い理想、鷲は自由を表す。**国章**は円形紋章で、カザフ遊牧民が使う伝統的な移動式テント「ユルト」の上部内側、青空、ユルトを支えるように太陽光線が伸び、上部に黄色い五角星、底部にキリル文字で国名を記し、サポーターは2頭の翼と角を持つ馬を配したもの。同年、国連に加盟。
1997年 首都をアルマティよりアスタナに移す。

カタール国
State of Qatar

国旗比率　11：28

データ	
首都	ドーハ
面積	1.2万㎢
	（秋田県程度）
人口	229万人
人口密度	197人/㎢
公用語	アラビア語
通貨	カタール・リヤル

カタール

1670～1783／1783～1820

1670年 オマーンのバニ・ハリード家の支配下となる。**国旗**は無地の赤旗使用。

1783年 バーレーンのハリーファ家の支配下となる。

1820～55

1820年 イギリスと海事条約を締結。**国旗**は、海賊船と区別するため赤旗に白を加える。

1855～1916

1855年 カタールの**国旗**変更。ホイストに白いジグザグを配した赤い鋸形旗。

1868年 カタールはサーニー家の支配下となる。
1871年 オスマン帝国領となる。

イギリス保護領

1916～36 域旗

1916年 第一次世界大戦（1914～18）でオスマン帝国が敗れ、カタールはイギリスの保護領となる。イギリス保護領カタールの域旗制定。**域旗**はカントンに黄色い三日月、中央に赤い正方形を配した白旗。

1936～49 域旗

1936年 イギリス保護領カタールの域旗変更。**域旗**はホイストに白いジグザグと10個の海老茶色の菱形、ホイストにアラビア語国名を白字で配した海老茶色旗。この年より、域旗が赤から海老茶色に替わった。

1949～71 域旗

1949年 イギリス保護領カタールの**域旗**変更。従来の域旗から10個の菱形と国名を除去した旗。縦横比率は11：30。

1966～71 域章／1971～76 国章

1966年 イギリス保護領カタールの域章制定。**域章**は向かい合った2本の三日月刀、その先端に帆立貝、黒字で記されたアラビア語国名、周囲に海老茶色のヤシの葉のリースを配したもの。

カタール国

1971～

1971年 イギリスよりカタール国として独立。国連に加盟。カタール国の国旗制定。**国旗**はホイストに9個の白いジグザグを配した海老茶色の鋸形旗。縦横比率は11：28。現在使用されている世界の国旗の中で最も横長な旗である。9個のジグザグは1916年にイギリスと保護条約を締結した時点でカタールが9番目の海岸首長国であったことを表す。白は平和、海老茶色は過去の戦いで流した血を表す。国章は域章を継続使用。

1976～

1976年 カタール国の国章変更。**国章**は黄色い円形紋章で、交差した三日月刀の中の海を白い帆を張って航海するダウ船、緑のヤシの木、周りの国旗カラーの帯に英語とアラビア語で国名を白字と黒字で配したもの。

カンボジア王国
Kingdom of Cambodia

データ	
首都	プノンペン
面積	18.1万㎢（日本の約半分）
人口	1583万人
人口密度	87人/㎢
公用語	カンボジア語（クメール語）
通貨	リエル

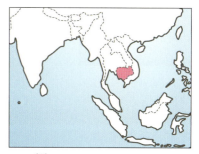

国旗比率 2：3

カンボジア王国

1618～1863

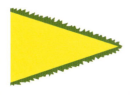

1618年 タイのアユタヤ朝の支配下にあったカンボジアが独立し、ウドンへ遷都。カンボジア王国の**国旗**は緑のフリンジを配した黄色い三角旗。

フランスの支配

1863～1923 域旗・域章

1863年 国王がフランスの総督に条約締結を強要され、保護領となる。フランス保護領カンボジアの域旗・域章制定。**域旗**は中央に白いアンコールワット、青のボーダーを配した赤旗。**域章**は青い盾型紋章で、金色の儀式用椀が2個、聖剣、月桂樹のリース、カンボジア勲章のメダル、オーム（聖音）の印、クレストに光を放つ王冠、盾の背後に交差した2本の剣と白い位階服を配したもの。

1887年 アンナン保護領、トンキン保護領、コーチシナ直轄植民地、保護国ラオス王国とともに、保護国カンボジア王国はフランス領インドシナ連邦に編入される。カンボジア王国は保護国で、北西部バッタンバン、シェムリアップ、シソポン3州はフランス直轄植民地と異なるステータスであった。

1923～42 フランス領インドシナ連邦域旗

1923年 フランス領インドシナ連邦の域旗制定。**域旗**はカントンにフランス国旗を配した黄旗。

日本の占領／カンプチア王国

1940年 日本軍が進駐する。

反仏独立運動

1942～45

1942年 日本軍の占領下で、反仏運動を展開。中央に上部から見下ろしたアンコールワットを白線で描いた赤旗が、反仏独立**運動旗**として使用された。

1945.3～10 カンプチア王国国旗
1945.10～1948 フランス保護領域旗

1945年 3月、日本の支援のもと、カンプチア王国の独立宣言。**国旗**は中央に白いアンコールワット、周囲に青いボーダーを配した赤旗とする。第二次世界大戦（1939～45）の日本の敗北で再びフランス保護領となる。国旗は**域旗**として継続使用。

フランス保護領

1948～53 域旗

1948年 フランス保護領カンボジア**域旗**変更。中央に白いアンコールワットを配した青赤青の横三分割旗。

1951～53 域章

1951年 フランス保護領カンボジアの域章制定。**域章**は青い盾型紋章で、中に金色の重ねた儀式用椀、その上に国王の力を示す聖剣、神聖なオーム（聖音）、緑の月桂樹のリース、カンボジア勲章のメダル、クレストに陽の光を放つ王冠、マント、金色のローブ、5層の日傘を持って左に象の鼻をしたガジャシンハと右に獅子のシンハ、底部にクメール語で「カンボジア王国の国王」と白字で記した青いリボンを配したもの。この域章は、1993年の王制復活時に国章として再採用されている。

カンボジア王国

1953～70

1953年 フランスからシハヌーク国王を擁するカンボジア王国として独立。**国旗**は域旗を、**国章**は域章を継続使用。

1955年 国連に加盟。

カンボジア

クメール共和国

1970〜75　　　　1970〜72

1970年 反中親米派ロン・ノルによるクーデターで王制廃止。クメール共和国に改称。親中共産勢力クメール・ルージュと内戦が勃発。クメール共和国の国旗・国章制定。国旗は赤いカントンに白いアンコールワット、フライに3個の白い五角星を配した青旗。青はクメール人の正義、幸福、正直さ、赤は決断と勇気、白は仏教を表す。3個の星は国民、宗教、共和国政府を表す。国章は中央に黄色いアンコールワット、手前に2個の儀礼用椀を入れたカンボジア勲章のメダル、両脇に憲法の護持を表す2匹の龍、上部にクメール人が国土、宗教、共和制を守る決意を表す3個の白い五角星と太陽光線、クメール語の国名を青字で記した黄色いリボンで結んだ稲穂のリースを配したもの。

1972〜75

1972年 クメール共和国の国章変更。1970年に制定した国章のアンコールワットと3個の五角星を白に、勲章を青に、リボンを赤に替えたもの。

民主カンプチア

1975〜79

1975年 カンプチア共産党ポルポト派（クメール・ルージュ）が内戦に勝利し、民主カンプチア（ポル・ポト政権）樹立。原始共産制をめざすクメール・ルージュのもと、自国民を大量虐殺。民主カンプチア国旗・国章制定。国旗は中央に3塔の黄色いアンコールワットを配した赤旗。赤は革命運動、カンプチア人民の解放、国家建設、防衛のための断固たる勇敢な闘争、

黄色の3塔の寺院はかつてない繁栄した国家を建設し防衛しつつあるカンプチア人民の民族的伝統を表す。国章は社会主義国型紋章で、煙突から煙を吐く工業を象徴する工場、近代農業を表す稲田、堤防と灌漑水路、周囲にクメール語で国名を黄字で記した赤いリボンを巻いた稲穂のリースを配したもの。

カンプチア人民共和国

1979〜89

1979年 ベトナム軍の侵攻により、クメール・ルージュ政権崩壊。親ベトナムのヘン・サムリン政権樹立。カンプチア人民共和国に改称。ヘン・サムリン政権とタイ国境地帯を拠点とする民主カンボジア三派連合（クメール・ルージュ、王党シハヌーク派、ソン・サン共和派）の内戦。

カンボジア国

1989〜91

1989年 ベトナム軍が撤退。カンボジア国に改称。カンボジア国の国旗・国章制定。カンボジア国の国旗は中央に黄色い5塔のアンコールワットを配したカンボジア国カラーの赤青を使った横二分旗。赤は繁栄の達成のために祖国を防衛し、建設するカンボジア人民の意志と勇気を表す。青は民族の血を受け継ぐ人民の喜びを表す。表土、底土、水流、水中の豊かさをも表す。黄はカンボジア民族の古代文明と宗教を表す。国章は赤い円形紋章で、中に黄色い5塔のアンコールワット、底部に7つの突起を持つ歯車の上半分と開かれた憲法典、昇る太陽、クメール語の国名を黄字で記した赤いリボンを巻いた稲穂のリースを配したもの。

1991〜93 最高国民評議会旗・紋章

カンプチア共産党党旗	クメール・ルージュ旗

カンプチア共産党党旗は中央に黄色い鎌とハンマーを配した赤旗。	ポル・ポト派＝クメール・ルージュ旗は中央に白い先端がT字型の十字を配した青赤の斜二分割旗。

カンプチア人民共和国の国旗・国章制定。国旗は中央に5塔の黄色いアンコールワットを配した赤旗。赤は幸福な将来を願う国民の希望、黄はカンプチアの伝統、5つの塔は社会主義国家建設に必要な平和、独立、民主主義、中立、非同盟を表す。国章は赤い円形紋章で、中に黄色い五塔のアンコールワットと歯車、周囲にクメール語で国名を黄字で記した赤いリボンを巻いた稲穂のリースを配したもの。

1991年 パリ和平協定締結。カンボジア最高国民評議会が成立。評議会旗・紋章制定。評議会旗は中央に白いカンボジア地図、中にクメール語で国名を配した国連旗と同じ青旗。評議会紋章は青い円形紋章で黄色い陽光の中に白い3塔のアンコールワット、クメール語で黄字で記された国名、周囲に緑の若い稲穂のリースを配したもの。

1992年 国連カンボジア暫定統治機構ＵＮＴＡＣが活動を開始する。

カンボジア王国

1993〜

1993年 ＵＮＴＡＣ監視下で制憲議会選挙。王党派フンシンペック党勝利。新憲法で王制復活。カンボジア王国成立。1948年制定のカンボジア王国国旗復活。アンコールワットはカンボジアの象徴、青は王室、赤は国家、白は仏教を表す。国章は1953年に制定されたものが復活。

1998年 フン・セン首班連立政権が樹立。

キプロス共和国
Republic of Cyprus

データ	
首都	ニコシア
面積	9251km²
	（四国の約半分）
人口	118万人
人口密度	127人/km²
公用語	現代ギリシャ語、トルコ語
通貨	ユーロ

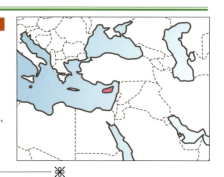

国旗比率　2：3

イギリスの支配

13世紀 ヨハネ騎士団本部が設営される。
1489年 ヴェネチア共和国が領有する。
1571年 オスマン帝国領となる。

1878～81 イギリス国旗

1878年 イギリスがオスマン帝国より租借権を獲得、統治を開始。

1881～1992 域旗

1881年 イギリス領キプロスの域旗制定。域旗はフライにCHCと黒字で記した白い円を配したイギリス青色船舶旗。CHCはCyprus High Commissionerの略語。

1901～10 域章

1901年 イギリス領キプロスの域章制定。域章は中央に黄色い王冠を被って立ち上がった赤いライオンを配した、青白の横10縞盾型紋章。

1910～60 域章

1910年 イギリス領キプロスの域章変更。域章は白い円形紋章で、中に2頭のホイストを向いた赤いライオンを配したもの。

1922～60 域旗

1922年 イギリス領キプロスの域旗変更。域旗はフライに赤い2頭のホイストを向いたライオンを配したイギリス青色船舶旗。
1955年 トルコ系住民とギリシャ系住民の紛争が激化。

キプロス共和国

1960.4～8

1960.8～2006

1960～2006

1960年 8月にイギリスよりキプロス共和国として正式に独立。国連に加盟。4月に国旗制定。**国旗**は中央に金色の輪郭線でキプロス地図と緑のオリーブの枝のリースを配した白旗。8月に国旗変更。**新国旗**はキプロス地図を金色に塗りつぶした旗。この国のギリシャ系住民とトルコ系住民は独立に際し、国旗はギリシャ（青）、トルコ（赤）のどちらの色も用いない双方の友好協力姿勢を示す意匠にすると取り決めた。オリーブの枝は平和、金色は銅の産地であるキプロスの富を表す。国章制定。**国章**は金色の盾型紋章で、中に平和のシンボル白鳩が緑のオリーブの枝をくちばしにくわえた意匠で盾の周囲にオリーブの枝のリース、鳩の下に独立した1960年が黒字で記されたもの。

内戦とキプロス共和国
北キプロス・トルコ共和国

1964年 多数派のギリシャ系住民と少数のトルコ系住民の対立が激化し、内戦が勃発する。国連平和維持軍が駐留し、南北に分断される。
1974年 ギリシャ軍事政権の指導によるクーデターが勃発。トルコ系住民の保護を名目に、トルコ軍がキプロス島の北部を占領する。
1983年 トルコの占領地域で一方的に北キプロス・トルコ共和国が独立宣言を行う。首都はレフコシャ。トルコ以外の国からは国家として承認を受けていないが、北部にはキプロス共和国の実効支配は及んでいない。

1984～ 北キプロス 1984～2007

1984年 北キプロス・トルコ共和国の国旗・国章制定。**国旗**は中央に赤い三日月と五角星、上下に2本の赤い横縞を配した白旗。トルコ国旗の色を反転させた旗。三日月と五角星はイスラム、2本の赤い横縞はトルコ、キプロス両政府を表す。**国章**はキプロス共和国とよく似ており、平和を表すオリーブの枝をくわえた白鳩を配した金色の盾型紋章で、周囲にオリーブの枝のリース、上部にイスラムを表す三日月と五角星、北キプロス・トルコ共和国成立の年「1983」を黒字で配したもの。盾の金色はキプロス産出の銅を表す。
2004年 南部ギリシャ系のキプロス政府は単独でEUに加盟。

2006〜 キプロス

2006年 キプロス共和国の国旗・国章変更。**国旗**は、地図を詳しく描き、オリーブの枝を大きく修正し、国旗比率を3:5から2:3へ替えた旗。**国章**は全体にモダンに修正され、白鳩がくわえるオリーブの枝と1960年の独立年が白に替えられた。

2007〜 北キプロス

2007年 北キプロス・トルコ共和国の国章変更。**国章**の年号が黒から緑に、盾の中の鳩が正面向きに替えられた。

キルギス共和国
Kyrgyz Republic

国旗比率　3 : 5

データ	
首都	ビシュケク
面積	20.0万km² （日本の約半分）
人口	603万人
人口密度	30人/km²
公用語	キルギス語、ロシア語
通貨	ソム

ロシア帝国領

8世紀 アッバース朝の支配下でイスラム化が進む。
18世紀 コーカンド・ハン国の支配下となる。

1876〜1914　　ロシア国旗　1914〜18

1876年 ロシア帝国領となる。

自治ソヴィエト社会主義共和国

1918〜19

1918年 ロシア革命によりソヴィエト政権が生まれ、トルキスタンはロシア・ソヴィエト連邦社会主義共和国の一員としてトルキスタン自治ソヴィエト社会主義共和国が成立する。トルキスタン自治ソヴィエト社会主義共和国の**国旗**解説は、ウズベキスタン共和国の項参照。

1919〜21

1919年 トルキスタン自治ソヴィエト社会主義共和国の**国旗**変更。

1921〜24

1921年 トルキスタン自治ソヴィエト社会主義共和国の**国旗**変更。

1924〜26／1926〜36

1924年 中央アジアの民族・共和国境界画定により、ロシア・ソヴィエト連邦社会主義共和国内のカラ・キルギス自治州となる。ロシア・ソヴィエト連邦社会主義共和国の**国旗**を使用。黄色の輪郭の縁のカントンに、古いスタイルのキリル文字で国名略号を配した赤旗。
1926年 キルギス自治ソヴィエト社会主義共和国が成立。国旗は継続使用。

キルギス・ソヴィエト社会主義共和国

1936〜40

1936〜91

1936年 ロシア・ソヴィエト連邦社会主義共和国から分離、ソヴィエト連邦を構成するキルギス・ソヴィエト社会主義共和国に昇格。キルギス・ソヴィエト社会主義共和国の国旗・国章制定。**国旗**はカントンに黄字で、ラテン文字キルギス語とキリル文字ロシア語で国名を配した赤旗。**国章**は盾型紋章で雪を被った天山山脈から昇る太陽、盾の青い枠には黄色いキルギス民族模様、底部の円には赤い鎌とハンマー、キリル文字のキルギス語とロシア語で「万国の労働者、団結せよ」という標語を白字で記した赤いリボン、小麦穂と綿花の枝のリース、黄色いキルギス民族模様を描いた赤いリボン、国名をキリル文字キルギス語で白字で記した赤いリボン、黄色い輪郭線を付けた赤い五角星を配したもの。

キルギス／クウェート 39

1940〜52

1940 年 キルギス・ソヴィエト社会主義共和国の国旗変更。**国旗**はカントンに黄字でキリル文字キルギス語とキリル文字ロシア語で国名を配した赤旗。

1952〜91

1952 年 キルギス・ソヴィエト社会主義共和国の国旗変更。**国旗**は中央に白い細い横縞と2本の青い太い横縞、カントンに黄色い鎌とハンマー、黄色い輪郭線の五角星を配した赤旗。

キルギスタン共和国 / キルギス共和国

1990 年 国家主権宣言を出す。
1991 年 ソヴィエト連邦の解体により、キルギスタン共和国として独立。

1992〜93／1993〜

1992 年 キルギスタン共和国の国旗制定。**国旗**は、中央に黄色い太陽と、キルギス人の使うユルトと呼ばれる移動式テントを真上から見た形に描いた赤旗。太陽は英雄マナス公によって統一されたキルギスの部族数を表す40本の光線を放っている。赤は勇敢さと勇気、黄は平和と豊かさを表す。同年、国連に加盟。

1993 年 キルギス共和国に改称。国旗は継続使用。

1994〜

1994 年 キルギス共和国の国章制定。**国章**は青い円形紋章で、中に翼を広げた白鷲、天山山脈から昇る太陽、小麦穂と綿花の枝のリース、上部にキリル文字キルギス語で「キルギス」、底部に「共和国」と白地で配したもの。空色は勇気と寛大さを表す。

クウェート国
State of Kuwait

国旗比率 1：2

データ	
首都	クウェート
面積	1.8万㎢（四国程度）
人口	401万人
人口密度	225人/㎢
公用語	アラビア語
通貨	クウェート・ディナール

オスマン帝国の支配

1844〜1914 オスマン帝国旗

1783 年 オスマン帝国支配下のバスラ州として、サバーフ家による統治開始。

イギリス保護領

1914〜21 域旗

1914 年 第一次世界大戦でイギリスが敵国のオスマン帝国領だったバスラ地方を占領、イギリス保護領となる。クウェート域旗制定。**域旗**は中央に白字でアラビア語国名を配した赤旗。右ホイスト。

1921〜40 域旗・域章

1921 年 イギリス保護領クウェートの域旗変更、域章制定。**域旗**は中央に白字でアラビア語国名、右ホイストに縦にシャハーダ（信仰告白）と白い2本の縦線を配した赤旗。**域章**は交差した域旗を配したもの。

1940〜56 域旗・域章

1940 年 イギリス保護領クウェートの域旗・域章変更。**域旗**は中央に白字でアラビア語国名、右ホイストに白字でシャハーダを配した赤旗。**域章**は交差した国旗、翼を広げヤシの葉を足でつかんだ白いハヤブサ、背後に首長冠を載せた金色のフリンジを付けた緑の位階服を配したもの。

クウェート／サウジアラビア

1956〜61 域旗

1956〜62 域章

1956年 イギリス保護領クウェートの域旗・域章変更。**域旗**は中央に白字でアラビア語国名とハヤブサの足の指を表す矢印模様、右ホイストに白字でシャハーダを配した赤旗。**域章**は青い盾型紋章で、中に赤い旗を翻し航行する大型ダウ船バガラ、クレストに戦闘用ヘルメットと翼を広げたハヤブサ、背後に交差した国旗を配したもの。

クウェート国

1961〜

1961年 イギリスよりクウェート国として独立。クウェート国の国旗制定。**国旗**は左ホイストに黒い台形を配した緑白赤の横三色旗。汎アラブ色の国旗の4色は13世紀の詩からとられたもので黒は戦場、緑はアラブの土地、白は戦士の純粋さ、赤は敵の血を表す。

1963〜

1963年 クウェート国の国章制定。**国章**は青い円形紋章で、航行するバガラと呼ばれる大型ダウ船、上部にアラビア語国名を黒字で記した白いリボン、底部に翼を広げた黄色いハヤブサと国旗カラーの盾を配したもの。同年、国連に加盟。

1990年 イラクによるクウェート侵攻。
1991年 湾岸戦争でイラクが敗北し、クウェートが解放される。

サウジアラビア王国
Kingdom of Saudi Arabia

データ	
首都	リヤド
面積	220.7万km²
	（日本の約5.7倍）
人口	3216万人
人口密度	15人/km²
公用語	アラビア語
通貨	サウジアラビア・リヤル

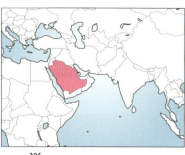

国旗比率 2:3

610年頃 ムハンマドがイスラム教を開く。
630年 ムハンマド軍がメッカに入城。
633年 イスラム軍がアラビア半島を統一。
10世紀 イスラム帝国は西アジアから北アフリカ、イベリア半島にいたる大帝国を築く。

ディルイーヤ首長国

1744〜1822

1744年 アラビア半島でサウード家が興隆し、ディルイーヤ首長国が成立。国旗制定。**国旗**は中央に白い大きな三日月を配した緑旗。

1818年 ディルイーヤ首長国は、ムハンマド・アリー朝（エジプト）に敗れ滅亡。

ネジド首長国

1822〜1921

1822年 ネジド首長国が成立。ネジド首長国の国旗制定。**国旗**は、ホイストに白い縦縞、中央に白字でシャハーダを配した緑旗。

1826〜44 オスマン帝国旗 1844〜1916

1826年 オスマン帝国の領土となる。
1902年 サウード家のアブドゥル・アズィーズ・イブン・サウードがリヤドを奪還。

ヒジャーズ王国

1916〜17

1916年 オスマン帝国支配下から離れ、ヒジャーズ王国が成立。首都はメッカ。国旗制定。ヒジャーズ王国**国旗**は無地の赤旗。

1917〜20

1917年 ヒジャーズ王国の国旗変更。**国旗**はホイストに赤い三角形を配した黒緑白の横三色旗。オスマン帝国支配からのアラブ解放旗と呼ばれた旗。

サウジアラビア

1920～26

1920年 ヒジャーズ王国の国旗変更・国章制定。国旗は従来の国旗の緑と白の色順を替えた旗。国章は緑の盾型紋章で、中に交差した柄が黄色い2本の三日月刀、赤い房の付いた2本の槍、黒と黄の指揮棒、クレストに貴族の被り物と赤と黄のベルト、サポーターは白いリボンで結ばれた2本のヤシの木、背後に内側がテン模様の赤い位階服、上部に2個のドームを持つ黄色いアカバ城塞冠、交差した2本の国旗を配したもの。

1926～27

1926年 ヒジャーズ王国の国旗変更。国旗はホイストに赤い三角形を配した黒緑黄の横三色旗。

アラブの盟主へ

ヒジャーズ＝ネジド王国

1927～32

1927年 現在の領域を統一し、ヒジャーズ＝ネジド王国が成立。国旗はネジド王国の国旗を使用。

サウジアラビア王国

1932～34

1932年 サウジアラビア王国に改称。国旗変更。国章は1929年制定のヒジャーズ＝ネジド王国のものを継続使用。国旗はホイストに白い縦縞、中央に白字でシャハーダとホイストに先を向けた白い剣を配した緑旗。

ネジド王国

1921～26

1921年 アラビア半島中部高原にネジド王国が成立。首都はリヤド。国旗制定。国旗は白字でシャハーダ（信仰告白）とフライに先を向けた白い剣を配した緑旗。

1926～27

1926年 ネジド王国の国旗変更。国旗は中央に白字のシャハーダ、周囲に白いボーダーを配した剣なしの緑旗。

1929～32

1929年 ヒジャーズ＝ネジド王国の国章制定。国章は白い円形印章で、黒字で「ヒジャーズ及びネジドとその周辺の王」と記し、ヤシの木、2本の三日月刀、上部に国王の飾り署名（トゥグリ）を配したもの。

1906～34 アスィール首長国

1934年 イドリス朝アスィール首長国がサウジアラビア王国に併合される。アスィール首長国では国旗として、中央に白字でシャハーダ、白いフリンジを配した緑旗が1906～34年の間使われていた。

1934～38

1934年 サウジアラビア王国の国旗変更。従来の国旗の白い縦縞を細く修正した緑旗。

1938～73

1938年 サウジアラビア王国の国旗変更。国旗は従来の国旗から、左の白い縦縞を取り除いた緑旗。

1945年 国連に加盟。

1950～

1950年 サウジアラビア王国の国章を1929年のものから変更。国章は、中央に生命力と成長を表す緑のヤシの木、その下にネジド王国とヒジャーズ王国を表す交差した2本の三日月刀を配したもの。

1973～

1973年 サウジアラビア王国の国旗変更。国旗は中央に「アッラーの他に神はなく、ムハンマドはアッラーの使徒なり」というシャハーダ、その銘文の下に左に先を向けた白い直剣を配した緑旗。緑はムハンマドの娘ファティマに由来する色ともムハンマドのターバンの色ともいわれ、イスラムを象徴する色。剣はイスラムの力と聖地メッカの守護を表す。旗は表裏両方からシャハーダが正しく読めるように、2枚張り合わせて作られる。

ジョージア
Georgia

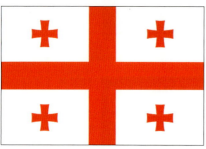

データ	
首都	トビリシ
面積	7.0万㎢
	（東北地方程度）
人口	398万人
人口密度	57人/㎢
公用語	ジョージア語
通貨	ラリ
(旧称)	グルジア

国旗比率　2：3

カルトリ・カヘティア王国

1540年　イランを本拠とするイスラム王朝サファヴィー朝がカフカ～スに進出し、その支配下に置かれる。

1578年　オスマン帝国のサファヴィー朝攻撃により、その支配下に。

1762～1804

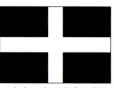

1762年　カルトリ王国とカヘティア王国が合併し、カルトリ・カヘティア王国が成立。国旗制定。**国旗**は中央に白い十字を配した黒旗。

ロシアの支配

1783年　ロシア帝国と友好条約を結び、カルトリ・カヘティア王国がロシアの保護国となる。

1804～58 ロシア帝国旗

1804年　1801年から各地域がしだいに併合され、04年に全域がロシア帝国に併合される。

1844年　ロシア帝国が、チフリスにカフカース総督府を設置。

1858～1914　ロシア帝国旗　　**1914～18**

1878年　ロシアとトルコの露土戦争（1877～78）の結果、アジャリアがロシアに併合され、ロシア帝国のジョージア制圧が完了。

ジョージア民主共和国

1918～21

1918年　ロシア革命でロシア帝国が倒され、ジョージア民主共和国として独立。国旗・国章を制定。**国旗**はカントンに黒白二色横縞を配した海老茶色旗。**国章**は海老茶色の円形紋章で中にエルブルス山を背景に白馬にまたがり槍を構える聖ゲオルギ、上部に2つの顔付き太陽、5個の月を配したもの。

ソヴィエト社会主義共和国

ジョージア・ソヴィエト社会主義共和国

1921～22

1921年　ソヴィエト赤軍が侵攻、ジョージア・ソヴィエト社会主義共和国が成立。国旗制定。**国旗**はカントンに黄字で国名略号をジョージア語で配した赤旗。

ザカフカース社会主義連邦ソヴィエト共和国

1922～36　　**1922～23**

1922年　アルメニア、アゼルバイジャンとともにザカフカース社会主義連邦ソヴィエト共和国を結成。国旗・国章制定。ザカフカース社会主義連邦ソヴィエト共和国の**国旗**・**国章**の解説はアゼルバイジャンの項を参照。

1923～25

1923年　ザカフカース社会主義連邦ソヴィエト共和国の**国章**変更。

1925～36

1925年　ザカフカース社会主義連邦ソヴィエト共和国の**国章**変更。

ジョージア・ソヴィエト社会主義共和国

1936～41　　**1936～91**

1936年　ザカフカース社会主義連邦ソヴィエト共和国を解消。ソヴィエト連邦を構成するジョージア・ソヴィエト社会主義共和国が成

立。国旗・国章制定。**国旗**はカントンに黄字で国名をジョージア語で配した赤旗。**国章**は赤い円形紋章で、雪を被ったエルブルス山、白い光線を放つ赤い五角星、黄色い鎌とハンマー、黄色い小麦と葡萄、周囲に海老茶色の民族模様を描いた帯、2個の黄色い五角星とジョージア文字ジョージア語とキリル文字ロシア語で「万国の労働者、団結せよ」という黒字標語を配したもの。

1941〜51

1941 年 ジョージア・ソヴィエト社会主義共和国の国旗変更。**国旗**はカントンに黄字のジョージア語で国名略号を記した赤旗。

1951〜90

1951 年 ジョージア・ソヴィエト社会主義共和国の国旗変更。**国旗**は赤い五角星、鎌とハンマー、太陽光線を描いた青い正方形のカントンと上部に青い横縞を配した赤旗。青は黒海を表す。

社会主義国から離脱

ジョージア

1990〜2004

1990 年 ソヴィエト連邦より離脱、主権宣言。ジョージア国旗制定。**国旗**は黒白二色横縞のカントンを配した海老茶色旗。黒はロシアの支配時代、白は平和と未来への希望、海老茶色は国の過去と現在の喜びを表す。

1991〜2005

1991 年 ソヴィエト連邦の解体に伴い、ジョージアとして独立。国章を制定。**国章**は中央に白馬にまたがり槍を持ったジョージアの守護聖人ゲオルギィ、上部に昔のジョージア王国のシンボルである月と太陽、周囲に伝統絨毯模様で飾った七角形を配したもの。七角はジョージア人、アゼルバイジャン人、アルメニア人、ロシア人、オセット人、アブハジア人、アジャール人のジョージアの主要7民族を表す。

1992 年 国連に加盟。
2003 年 バラ革命勃発。サーカシュヴィリ率いる野党国民運動による、保守的なシュワルナゼ大統領を辞任に追い込んだ非暴力革命。

2004〜

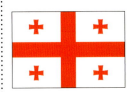

2004 年 サーカシュヴィリ大統領が就任。2004 年の政変で、新国旗が採用された。**国旗**は、12世紀から14世紀にかけて使われた中世ジョージア王国の国旗を原型にした旗で、赤い大きな十字と四隅に小さな十字を配した白旗。この十字はイェルサレム十字と呼ばれ、十字軍に由来する。

2005〜

2005 年 ジョージアの国章変更。**国章**は赤い盾型紋章で、中に白馬にまたがり、槍でドラゴンを退治するジョージアの守護聖人ゲオルギィ、クレストに主権を表す冠、サポーターは黄色い2頭のライオン、底部にジョージア語で「団結は力なり」という標語を黒字で記した2個の赤い十字入りの白いリボンを配したもの。

民族紛争と内乱

ジョージアが成立した際、民族の自立を求めて武力衝突が発生した。

南オセチア共和国

1990〜

1990 年 ジョージア中北部に位置し異なる民族であるオセット人が多い南オセチアが、南オセチア共和国としてジョージアからの独立を一方的に宣言し、ジョージアと武力衝突が勃発。首都はツヒンヴァリ。南オセチア共和国の国旗・国章制定。**国旗**は白赤黄の横三色旗。白は知恵、赤は力、黄は富を表す。**国章**は円形紋章で赤い空、7つの白いカフカース山脈、黄色い大地に前足を上げて立つ黄色いユキヒョウ、これらは国旗カラーになっており、外側が波形模様になった白い帯に永遠の命を表す2個の国旗カラーの巴、上半分はキリル文字ロシア語、下半分はキリル文字オセット語で国名を黒字で配したもの。

2008 年 ジョージア軍と南オセチア軍が軍事衝突。ロシアが南オセチア共和国とアブハジア共和国の独立を一方的に承認。

アブハジア共和国

1992〜

1992 年 ジョージア北西部に位置する民族の異なるアブハジア人が多く住む地域が、アブハジア共和国としてジョージアからの一方的な独立を宣言し、ジョージアと武力衝突を起こした。首都はスフミ。アブハジア共和国の国旗・国章制定。**国旗**は赤いカントンに白い7個の五角星と右手を配した緑白の横七縞旗。緑はイスラム、白はキリスト教を表す。右手と五角星は主要政党の国民フォーラムのシンボル。7本の縞は1918年5月11日アブハジアを含めカフカース地方の7カ国が山岳共和国の独立を宣言したことを示す。**国章**は黄色で縁取りされた白緑の盾型紋章で、中央にアラシュという伝説上の軍馬に乗り、星に向かって弓を射るアブハジアの英雄ナルツと3個の八角星を配したもの。白は精神性、緑は若さと生命を表す。八角星はアブハジアの東西地区の融合を表す。

シリア・アラブ共和国
Syrian Arab Republic

データ	
首都	ダマスカス
面積	18.5万㎢（日本の半分）
人口	1856万人
人口密度	100人/㎢
公用語	アラビア語
通貨	シリア・ポンド

国旗比率　2：3

オスマン帝国などの支配

661年 ダマスカスを首都に、イスラム勢力のウマイヤ朝が成立。
750年 アッバース朝が成立、首都がバグダードに移る。以後、11世紀末から一時期、十字軍国家が樹立されたほか、イスラム諸王朝がシリアで興亡した。
1516年 オスマン帝国領となる。

1700~93　オスマン帝国旗　1793~1808

1808~26　オスマン帝国旗　1826~31

1831~40 ムハンマド・アリー朝旗

1831年 ムハンマド・アリー朝（エジプト）による支配。

1840~44　オスマン帝国旗　1844~1918

1840年 再びオスマン帝国領となる。
1916年 トルコ系のオスマン帝国支配に対して、アラブ人の反乱が勃発。

シリア王国

1918~20

1918年 第一次世界大戦でオスマン帝国敗退。ファイサルがダマスカス入城。国旗制定。**国旗**はホイストに赤三角形を配した黒緑白の横三色旗。アラブ解放旗と呼ばれた旗。
1920年 ファイサルがシリア王国として独立を宣言。

1918~20 フランスの占領

1918年 イギリス、フランスは独立を承認せず。イギリス・フランス・ロシアの密約（サイクス・ピコ協定）により、シリアはフランス領とされる。

1920.3~7

1920年 3月、シリア王国の国旗変更。**国旗**は白い七角星を描いた赤い三角形を配した黒緑白の横三色旗。赤はハワーリジュ派、黒はアッバース朝、緑はファーティマ朝、白はウマイヤ朝を表す。七角星はコーランの第1章マッカ啓示7節を示す。①慈悲あまねく慈愛深きアッラーの御名において。②万有の主、アッラーにこそ凡ての称讃あれ、③慈悲あまねく慈愛深き御方、④最後の審きの日の主宰者に。⑤わたしたちはあなたにのみ崇め仕え、あなたにのみ御助けを請い願う。⑥わたしたちを正しい道に導きたまえ、⑦あなたが御恵みを下された人々の道に、あなたの怒りを受けし者、また踏み迷える人々の道ではなく。この国旗は7月に廃止。

フランスの委任統治領

仏委任統治領シリア連邦

1920.7~22 シリア連邦域旗

1920年 7月、フランスはダマスカス国、アレッポ国、アラウィー国から構成される委任統治領シリア連邦を形成。シリア連邦**域旗**はカントンにフランス国旗、中央に白い三日月を配した水色旗。

1920~24 ダマスカス国域旗

1920年 ダマスカス国**域旗**はカントンにフランス国旗、中央に白い円を配した青旗。

1920~24 アレッポ国域旗

1920年 アレッポ国**域旗**はカントンにフランス国旗、フライに3個の黄色い五角星を配した白旗。

1920～33 アラウィー国域旗
1933～36 ラタキア国域旗

1920年 イスラム教アラウィー教徒が住むアラウィー国の**域旗**は、カントンにフランス国旗、中央に黄色い12光線を放つ太陽、3隅に赤い三角形を配した白旗。

1922～24 ジュベル・アル・ドルーズ国域旗

1922年 シリア連邦からアラウィー国が分離。首都はラタキア。イスラム教ドルーズ派がダマスカス国からジュベル・アル・ドルーズ国として分離。首都はマルジューン。ジュベル・アル・ドルーズ国の**域旗**は、ホイストの白い縦縞に13個の黄色い五角星を配した緑赤黄青白の横五色旗。

1922～24 シリア連邦域旗
1924～32 シリア国域旗

1922年 シリア連邦域旗を変更。**域旗**はカントンにフランス国旗を配した緑白緑の横三分割旗。

1924～36 ジュベル・アル・ドルーズ国域旗

1924年 ジュベル・アル・ドルーズ国の域旗変更。**域旗**はカントンにフランス国旗、ホイストに白い縦縞を配した緑赤黄青白の横五色旗。ドルーズの5色は5人の聖職者を表す。ランク上位からハムザ（緑）、タミーミー（赤）、カラシー、（黄）サムーリー（青）、バッハディーン（白）。

シリア国

1924年 シリア連邦解体。ダマスカス国とアレッポ国は統合しシリア国を形成。シリア国域旗は旧シリア連邦域旗を使用。

1932～46 シリア国域旗
1946～58 シリア共和国国旗
1961～63 シリア・アラブ共和国国旗

1932年 シリア国の域旗変更。**域旗**は中央に3個の赤い五角星を配した緑白黒の横三色旗。緑はファティーマ朝、白はウマイヤ朝、黒はアッバース朝、中央の3個の五角星はアレッポ、ダマスカス、デリ・ゾール（北東部）のシリア3地区を表す。
1933年 アラウィー国はラタキア国に改称。国旗はアラウィー国域旗を継続使用。
1936年 ラタキア国、ジュベル・アル・ドルーズ国がシリア国に併合。
1945年 国連に加盟。

シリア共和国／アラブ連合共和国

シリア共和国

1946年 フランスよりシリア共和国として独立。国旗は1932年制定のシリア国域旗を継続使用。

1947～58 シリア共和国
1961～63 シリア・アラブ共和国

1947年 シリア共和国国章制定。**国章**はムハンマドの出身部族であるクライシュ族のシンボルであるフライを向いて翼を広げたグレーの鷹が胸に3個の赤い五角星と緑色の枠の付いた白い盾を抱き、アラビア語の国名を黒字で記した黄色いリボンを足でつかみ、黄色の植物リースを配したもの。

アラブ連合共和国

1958～61

1958年 エジプトとアラブ連合共和国を結成。国旗・国章制定。**国旗**は中央に2個の緑の五角星を配した赤白黒の横三色旗。赤は革命、白は平和、黒は過去の圧政、緑の五角星はアラブの統一を表す。**国章**は胸に国旗意匠の盾を抱き、ホイスト向きで翼を広げた黄色いサラディンの鷲が足でアラビア語の国名を黒字で記した緑の銘板をつかんだもの。

シリア・アラブ共和国

1961年 アラブ連合共和国を解消、シリア・アラブ共和国として再独立。緑白黒の横三色旗の国旗と1947年制定の国章が復活。

1963～72

1963年 バース党政権樹立。国旗・国章を変更。**国旗**は中央に3個の緑の五角星を配した赤白黒の横三色旗。3個の五角星はシリア、エジプト、イラクを表す。**国章**はフライを向いたクライシュ族の鷹で、胸に3個の緑の五角星と赤い枠の付いた白い盾を抱き、足でアラビア語の国名を黒字で記した黄色いリボンをつかみ、黄色い植物のリースを配したもの。

アラブ共和国連邦

1972～80

1971年 ハーフィズ・アサド大統領就任。バース党を基盤に独裁体制を確立。エジプト、リビアとアラブ共和国連邦を結成。国旗・国章を制定。**国旗**は中央にムハンマドの出身部族クライシュ族のシンボル金色の鷹を配した赤白黒の横三色旗。**国章**はフライを向いた金色のクライシュ族の鷹が胸に白い枠を付けた金色の盾を抱き、足でアラビア語の国名を金字で記した白いリボンをつかみ、白い植物のリースを配したもの。

1980～

1980年 アラブ共和国連邦解消。シリア・アラブ共和国に戻る。国旗・国章を変更。**国旗**は中央に2個の緑の五角星を配した赤白黒の横三色旗。赤は自由への戦い、白は平和、黒は暗い

植民地時代、2個の緑の五角星は美しいアラブの大地と統一を表す。**国章**はムハンマドを生んだクライシュ族のシンボルである黄色のフライを向いた鷹で胸に国旗意匠をあしらった盾を抱き、その下に緑の植物の枝のリース、アラビア語の国名を黒字で記した緑のリボンを足でつかんでいる。

1991年 湾岸戦争ではシリアは多国籍軍に参加しイラクと戦う。
2000年 バッシャール・アサド大統領就任。アサド親子2代の独裁政治が始まる。
2011年 シリア内戦始まる。国内諸勢力の対立に加え、列強の干渉や民族対立もからみ、紛争は泥沼化。

反政府組織

自由シリア軍

2011〜 自由シリア軍旗

2011年 シリア反政府運動開始。自由シリア軍創設、内戦となる。自由シリア**軍旗**は、中央に3個の赤い五角星を配した緑白黒の旧国旗使用。

ＩＳＩＳ

2014〜 ＩＳＩＳ旗

2014年 シリア・イラクにまたがり活動する過激派組織ＩＳＩＳがシリア・イラク国土の多くを支配。Ｉ**ＳＩＳ旗**は上部に白字アラビア語で「アッラーの他に神はなし」という標語を記し、下部白い円の中に黒字で「神」「使徒」「ムハンマド」という文字を配した黒旗を使用。

シンガポール共和国
Republic of Singapore

国旗比率 2：3

データ	
首都	シンガポール
面積	716㎢（岡山県の10分の1）
人口	570万人
人口密度	7934人/㎢
公用語	英語、中国語、マレー語、タミル語
通貨	シンガポール・ドル

イギリスの植民地

1819〜26 イギリス東インド会社旗

1819年 イギリス東インド会社が進出、ジョホール王国より商館建設の許可を受ける。
1824年 イギリスはオランダとの協約で、シンガポールとマラッカを勢力圏とする。

1826〜42／1945〜46 イギリス領海峡植民地域旗

1826年 ペナン、マラッカとともにイギリス領海峡植民地に編入。総督府はシンガポールに置かれた。イギリス領海峡植民地の域旗制定。**域旗**はフライに白い逆Y字の中に3個の王冠を描いた赤い菱形を配したイギリス青色船舶旗。

1867〜1942 域旗

1867年 イギリス領直轄植民地となる。イギリス領シンガポール域旗制定。**域旗**はフライにホイスト向きのライオン、緑のヤシの木、白い輪に黒字で域名を記した白い円を配したイギリス青色船舶旗。イギリス領海峡植民地域章制定。**域章**は赤い盾型紋章で、白い逆Y字の中にシンガポール、ペナン、マラッカを表す3個の王冠を配したもの。

1867〜1911 域章

1911〜42／1945〜46 海峡植民地域章

1911年 イギリス領海峡植民地の域章変更。**域章**は四分割盾型紋章で、第一クォーターはシンガポールを表す赤地に白い銃眼付き胸壁のある塔の上に立つ黄色いライオン、第二クォーターはペナンを表す白地に緑のビンロウヤシの木、第三クォーターはマラッカを表す白地にリンコスティリスの枝、第四クォーターはラブアン島を表す青地に航行する帆船とキナバル山から昇る太陽、クレストに赤黄の布のリース、3個の黄色い王冠を入れた青旗を持つ黄色いライオンを配したもの。

シンガポール／スリランカ　47

1942〜45 日本国旗

1942年 日本軍が占領。昭南島と改称し、軍政の中心地とした。

1945年 日本の敗戦により、シンガポールは再びイギリス領となる。域旗は海峡植民地の域旗にもどる。

1946〜59 シンガポール域旗

1946年 イギリス領シンガポールの域旗変更。域旗はフライの白い円の中に王冠を入れた赤い逆Y字を配したイギリス青色船舶旗。

1948〜59 シンガポール域章

1948年 イギリス領シンガポールの域章制定。域章は赤い盾型紋章で、白い銃眼胸壁付きの塔の上の黄色いライオン、クレストは赤黄の布のリースの上で王冠と赤い逆Y字を配した白旗を持つ黄色いライオンを配したもの。

シンガポール自治領／マレーシア

1959〜63 シンガポール自治領域旗・域章
1965〜 シンガポール共和国国旗・国章

1959年 自治権を獲得し、シンガポール自治領となる。イギリス自治領シンガポールの域旗・域章制定。域旗はカントンに白い三日月と5個の五角星を配した赤白の横二色旗。赤は平等と世界人類、白は純粋さと美徳を表す。三日月は若い国家の発展、5個の五角星は平等、正義、進歩、平和、民主主義を表す。域章は赤い国旗意匠の盾型紋章で、サポーターは国名の獅子の町を表すライオンとマレーシアとの関係を表すマレー虎、底部にマレー語で"MAJULAH SINGAPURA"「前進せよシンガポール」という標語を黄字で記した青いリボンを配したもの。独立時、国旗・国章となる（冒頭参照）。

1963〜65 マレーシア国旗・国章

1963年 マレーシア成立に伴い、その1州として参加。マレーシアの国旗・国章を使用。

シンガポール共和国

1965年 マレーシアよりシンガポール共和国として分離独立。国旗・国章は1959年制定の自治領旗・自治領紋章を復活させた。同年、国連に加盟。

スリランカ民主社会主義共和国
Democratic Socialist Republic of Sri Lanka

国旗比率　1:2

データ	
首都	スリジャヤワルダナプラコッテ（立法府、司法府）、コロンボ（行政府）
面積	6.6万km²（ほぼ東北地方程度）
人口	2081万人
人口密度	317人/km²
公用語	シンハラ語、タミル語、英語
通貨	ルピー

ポルトガル領セイロン

1017 チョーラ朝国旗

1017年 南インドのタミル人のチョーラ朝がセイロン島に侵入。国旗はホイストに向いた虎を配した赤い燕尾旗。

1469年 シンハラ人のキャンディ朝成立。

1505年 ポルトガルのアルメイダが来航、1517年に商館を建設。ポルトガル領セイロン成立。

1597〜1658 ポルトガル国旗・セイロン域章

1597年 ポルトガル領セイロンの域章制定。域章は白い盾型紋章で、高い山々を背景に6本のヤシの木の間、緑の草地を前向きに歩く象を配したもの。

オランダ領セイロン

1658〜1796 オランダ国旗

1658年 ポルトガルとオランダの抗争の末、オランダ東インド会社がポルトガル人に替わり植民地化。オランダ領セイロン成立。

1658〜1796 オランダ領セイロン域章と紋章

1658年 域章制定。域章は白い盾型紋章で、高い山々を背景に6本のヤシの木の間を当時のセイロンの主要輸出産物であった桂皮を鼻で持ち上げている力の象徴である象、手前に3個の桂皮の俵がある。象の右足には、緑の木と鳩を描いたコロンボの盾型紋章、岩山に立つ鶏を描いたゴールの盾型紋章、ヤシの木を描いたジャナフの盾型紋章、インド茜を描いたマナの盾型紋章、象の左足には、槍を持った兵士を描いたトリンコマリーの盾型紋章、マルテロ要塞と橋を描いたマータラの盾型紋章、トウモロコシを描いたバッティカロアの盾型紋章、2隻のオランダ帆船を描いたカルペンティンの盾型紋章が配され、域章のクレストに黄色い十字の付いた赤い王冠が配されている。

オランダ領セイロン域章

ジャナフ紋章

マナ紋章

トリンコマリー紋章

マータラ紋章

コロンボ紋章

ゴール紋章

バッティカロア紋章

カルペンティン紋章

イギリス領セイロン

1796〜1801 イギリス国旗 **1801〜75**

1796〜1875 域章

1796年 イギリスがコロンボを占拠し、植民地化を開始。域章制定。域章は白い盾型紋章で高い山々を背景に8本のヤシの木の間、緑の草地を前に歩く象を配したもの。

1802年 海岸部分がイギリスの直轄植民地となる。

1815 キャンディ王国国旗

1815年 15世紀の後半から南部で独立を保っていたキャンディ朝が滅亡し、全島がイギリスの植民地となる。キャンディ王国の国旗は、現在のスリランカ国旗の原型となった旗で、中央にシンハラ人のシンボルである右手で剣を握ったライオン、四隅に仏塔、黄色のボーダーを配した暗赤色旗。

1875〜1948 セイロン域旗・域章

1875年 イギリス領セイロンの域旗・域章制定。域旗はフライに域章を配したイギリス青色船舶旗。域章は青い円形紋章で中に仏塔、緑の草地に立つ象、周囲の赤い帯に16個の黄色い円盤模様と16個の菱形を配したもの。

セイロン

1948〜51

1948年 イギリス連邦の一員セイロンとして独立。セイロンの国旗制定。キャンディ王国時代の国旗の地色を赤に替えた旗。

1951〜72

1951年 セイロンの国旗変更。旗の地色をキャンディ王国時代の暗赤色に替え、ホイストにイスラム教徒を表す緑とヒンドゥー教徒タミル人を表すオレンジの縦縞を配した旗。

1954〜58

1954年 セイロンの国章制定。国章は茶色い円形紋章で、右手で剣を握るシンハラ人のシンボルである黄色いライオン、周囲に黄色い仏教のシンボルである蓮の花、緑とオレンジの盾の帯、底部にタミル語、シンハラ語、英語国名セイロンを白字で記した国旗カラーのリボン、クレストにキャンディ王国王冠を配したもの。

1955年 国連に加盟。

1958〜72

1958年 セイロンの国章変更。底部リボンのシンハラ語を「スリランカ」から「ランカ」に替え、クレストのキャンディ王国王冠を回転させたもの。

スリランカ共和国
スリランカ民主社会主義共和国

1972〜78　　**1972〜**

1972年 スリランカ共和国に改称。国旗・国章変更。**国旗**は従来の旗の四隅にあった仏塔の替わりに、仏教を表す4枚の菩提樹の葉を配した焦げ茶色旗。黄色は仏教による国家と国民の加護を表す。**国章**は赤い円形紋章で、中にシンハラ人のシンボルである右手で剣を握った黄色いライオン、周囲に青い円と、仏教を表し国花である黄色い蓮の花、永遠の生命を表す月と太陽の間にある幸福と富を表す壺から出て周囲に伸びる国の繁栄を表す稲穂、上部にあったキャンディ王国王冠の替わりに仏教国を表す青い法輪を配したもの。

1978〜

1978年 ジャヤワルダナ大統領就任、スリランカ民主社会主義共和国に改称。国旗変更。**国旗**は地色を焦げ茶色から暗赤色に替えた旗。国章は継続使用。

1983年 仏教系シンハラ人とヒンドゥー教タミル人の民族対立で、タミル・イーラム解放の虎との内戦激化。**党旗**はシンハラ人のシンボル

1983 タミル・イーラム党旗

獅子に対し、13世紀に南インドから侵攻したチョーラ朝のシンボルである虎をデザインした赤旗。旗は中央の赤い円に前足を出して牙をむく虎、周囲に33個の銃弾、背後に交差した銃剣を配した赤旗。

1987年 タミル人とシンハラ人の和解をめざすスリランカ・インド平和協定が成立。インド平和維持軍がスリランカへ派遣される。
1990年 インド平和維持軍が完全撤退。
2009年 政府軍が北部を制圧し、タミル・イーラム解放の虎との内戦終結。

タイ王国
Kingdom of Thailand

データ	
首都	バンコク
面積	51.3万km²
	（日本の約1.4倍）
人口	6815万人
人口密度	133人/km²
公用語	タイ語
通貨	バーツ

国旗比率　2：3

13世紀 最初の統一王朝スコータイ朝が成立。
1351年 アユタヤ朝が成立。

1656〜1782

1656年 アユタヤ朝シャムの国旗制定。**国旗**は無地の赤旗。

1767年 トンブリー朝成立。

ラタナコーシン朝シャム王国

1782〜1817

1782年 現在に続くラタナコーシン（チャクリ）朝シャム王国が成立。国旗変更。**国旗**は中央にヴィシュヌ神の力のシンボルである円盤状の武器チャクラムを白く描いた赤旗。

1817〜55

1817年 シャム王国**国旗**変更。中央の白いチャクラムの中にホイスト向きの白象を入れた赤旗。ラーマ2世が採用。

1855〜1916

1855年 シャム王国の**国旗**変更。国旗中央のチャクラムを取り白象を大きくした赤旗。ラーマ4世が採用。

1873〜1910

1873年 シャム王国の国章制定。ラーマ5世が採用。**国章**は盾型紋章で、中央の盾にはタイ北部中部南部を表す黄地に胴体に3つの頭の付いた白象、ラオス支配地域を表す赤地に左向きの白象、マレー半島支配地域を表すピンク地に交差した鞘に入った短剣クリスと抜き身の短剣クリス、クレストに光り輝く戦勝王冠、三又剣、円盤状武器のチャクラム、サポーターは金色の7層の日傘を持つ獅子ラジャシハと象の鼻をした獅子ガジャシハ、背後に交差した剣と杖、国王の位階服、盾の周りにチュラチョームクラーオ勲章と九宝石勲章、底部にタイ文字パーリ語で「統一

は幸福をもたらす」という標語を黄字で記した緑黄の輪郭線を持つ赤いリボンを配したもの。

1910〜39/1939〜

1910年 シャム王国の国章変更。**国章**は翼を広げた赤いガルーダを配したもの。ラーマ6世が採用したガルーダとよばれる鳥類の王は、インド神話にあるヴィシュヌ神の乗物とされる半人半鳥の霊鳥で、伝説の勇猛なプラ・ナライ王の従者として邪悪に敢然と立ち向かう鳥とされる。

1916〜17

1916年 シャム王国の国旗変更。**国旗**は白象が上下逆に掲揚されることのないように、白象の替わりに白い横縞を採用、赤白赤白赤の横5縞旗。

1917〜39/1939〜

1917年 シャム王国の国旗変更。**国旗**中央の赤縞を青縞に替えた旗。ラーマ6世が採用。赤は国民の血、白は信仰に守られた国民の純粋さ、青はタイ王室を表す。第一次世界大戦時の連合国国旗に合わせ青を加えたといわれる。

1932年 立憲革命により立憲君主制となる。

タイ王国

1939年 シャム王国からタイ王国に改称。国旗・国章は継続使用。
1946年 国連に加盟。

2016〜 ラーマ10世個人旗

2016年 ラーマ10世即位。**国王の個人旗**を制定。タイには曜日の色があり、現国王は月曜日生まれなので中央に光線を放つ王冠と黄白青の装飾頭文字を配した黄旗。

大韓民国
Republic of Korea

国旗比率 2：3

データ	
首都	ソウル
面積	10.0万㎢（東北と関東地方を合わせた程度）
人口	5050万人
人口密度	504人/㎢
公用語	韓国語
通貨	ウォン

朝鮮（李朝）／大韓帝国

1392年 高麗国滅亡、朝鮮（李朝）が成立。
1876年 江華島事件を経て開国。

1882〜97 国王旗

1882年 朝鮮（李朝）の国王旗制定。**国王旗**は中央に黄白の太極、周囲に黄色い八卦、黄色のボーダーと緑のフリンジを配した暗赤色旗。

1894〜95年 朝鮮をめぐり日清戦争勃発。清国が敗れる。

1897〜1910

1897年 朝鮮が国号を大韓帝国とする。国旗・国章制定。**国旗**は中央に青赤の太極、周囲に黒の四卦を配した白旗。太極の形と四卦の配置が現在の国旗と異なる旗。**国章**は胸に青赤の太極と白い円に入った黒い八卦、広げた翼の内側に8個の青赤の太極、右足で剣、左足で青い地球儀をつかむ茶色の不死鳥を配したもの。

日本の支配

1905年 日本が大韓帝国を保護国とし、韓国統監府を置く。

1906〜10 韓国統監府旗

1906年 韓国統監府旗を制定。**統監府旗**はカントンに日本国旗を配した水色旗。水色は正義、公明、博愛を表す。

1910〜45 日本国旗・総督府紋章

1910年 日本が韓国を併合し、朝鮮総督府を設置。朝鮮総督府の紋章を制定。**朝鮮総督府紋章**は青い印章型円形紋章で、中央に白い五七の桐

大韓民国

の花、周囲に英語と日本語で「朝鮮総督府」と記したもの。

1945年 日本の敗戦で、朝鮮半島は南北に分断される。
1948年 大韓民国成立。

1950〜

1950年 朝鮮戦争が勃発。韓国国旗を制定。白は青、赤とともに韓国の伝統的な色で平和を、中央の赤青の太極は陰陽、善悪、新旧、男女など万物が相反するものからなるという中国古来の思想に由来。四隅の卦は四季、方角、天地火水などで国の和合と国家の発展を表す。白地で国土、太極で国民、四卦で政府を表す。

1963〜

1963年 韓国国章を制定。国章は中心に青赤の太極を入れた国花のムクゲ、周囲に国名を朝鮮語白字で記した青白のリボンを配したもの。

1991年 国連に加盟。

統一オリンピック旗

2000年 シドニー・オリンピック大会に、南北朝鮮が統一チームで出場し、オリンピック旗を使用。中央に水色で朝鮮半島地図を配した白旗。

2000年 シドニー・オリンピック統一旗

タジキスタン共和国
Republic of Tajikistan

国旗比率　1：2

データ	
首都	ドゥシャンベ
面積	14.3万km²
	（日本の約3分の1）
人口	867万人
人口密度	61人/km²
公用語	タジク語
通貨	ソモニ

ロシアの支配

875年 イスラム王朝のイラン系のサーマーン朝が成立。その後、トルコ系民族が来住する。
1868年 北部タジクや南部のブハラ・ハン国がロシア帝国の保護国とされる。

1893〜1914　　ロシア国旗　　**1914〜18**

トルキスタン・自治ソヴィエト

1918〜19

1918年 ロシア革命でロシア帝国が倒れ、この地域はトルキスタン自治ソヴィエト社会主義共和国に編入される。国旗制定。トルキスタン自治ソヴィエト社会主義共和国の国旗解説はウズベキスタン共和国の項参照。

1919〜21

1919年 トルキスタン自治ソヴィエト社会主義共和国の国旗変更。

1921〜24

1921年 トルキスタン自治ソヴィエト社会主義共和国の国旗変更。

タジク・自治ソヴィエト

1924〜29

1924年 中央アジアの民族・共和国の境界を画定し、ウズベク・ソヴィエト社会主義共和国内にタジク自治ソヴィエト社会主義共和国が成立。国旗制定。国旗はカントンに白い五角星、国名略号をキリル文字タジク語黒字で記した赤いリボン、青空に昇る太陽、黄色い鎌とハンマー、小麦穂と綿花の枝のリース、「万国の労働者、団結せよ」という標語をキリル文字ロシア語とペルシャ文字タジク語を黒字で記した、茶色円形紋章を配した赤旗。

タジキスタン

タジク・ソヴィエト社会主義共和国

1929〜31

1929〜37

1929年 タジク・ソヴィエト社会主義共和国に昇格。国旗・国章を制定。**国旗**はカントンに国章を配した赤旗。**国章**はオレンジの円形紋章で、中に小麦穂と綿花の枝のリース、黄色い鎌とハンマー、青空から昇る太陽、緑の草地と雪山を描いた五角星、五角星の周りにペルシャ文字タジク語とキリル文字ロシア語を黒字で「万国の労働者、団結せよ」という標語、底部の黄色い三日月にペルシャ文字、ラテン文字タジク語とキリル文字ロシア語で国名を配したもの。

1931〜35

1931年 タジク・ソヴィエト社会主義共和国の国旗変更。**国旗**はカントンに黄字ラテン文字タジク語国名を配した赤旗。

1935〜37

1935年 タジク・ソヴィエト社会主義共和国の国旗変更。**国旗**はカントンに黄色い鎌とハンマー、黄字ラテン文字タジク語にキリル文字ロシア語国名を加えた赤旗。

1937〜40

1937〜46

1937年 タジク・ソヴィエト社会主義共和国の国旗・国章変更。**国旗**はカントンに黄字ラテン文字タジク語とキリル文字ロシア語国名に黄色い鎌とハンマーを加えた赤旗。**国章**は社会主義国型紋章で、黄色い鎌とハンマーのある赤い五角星、昇る太陽、小麦穂と綿花の枝のリース、ラテン文字タジク語とキリル文字ロシア語を白字で「万国の労働者、団結せよ」という標語と国名を記した赤いリボンを配したもの。

1940〜53

1940年 タジク・ソヴィエト社会主義共和国の国旗変更。**国旗**はカントンに黄字のキリル文字タジク語とキリル文字ロシア語で国名と黄色い鎌とハンマーを配した赤旗。

1946〜91

1946年 タジク・ソヴィエト社会主義共和国の国章変更。**国章**の赤いリボンに記された標語と国名がキリル文字タジク語とキリル文字ロシア語に替えられた。

1953〜91

1953年 タジク・ソヴィエト社会主義共和国の国旗変更。**国旗**はカントンに黄色い鎌とハンマー、輪郭線の五角星、中央に白い横縞と緑の細い横縞を配した赤旗。

タジキスタン共和国

1990年 共和国として主権宣言。

1991〜92

1991年 ソヴィエト連邦の解体により、タジキスタン共和国として独立。タジキスタン共和国の国旗制定。**国旗**は従来の国旗から黄色い鎌とハンマーを取り除いた旗。

1992〜 **1992〜93**

1992年 保守派とイスラム原理主義者の改革派の抗争でタジキスタンが内戦状態となる。タジキスタン共和国の国旗変更、国章制定。**国旗**は中央に黄色い7個の五角星と冠を配した赤白緑の横三色旗。タジク人はイラン系民族で、イラン国旗の三色を国旗に使用している。赤は国家主権、白は主要産業である綿花、緑はその他農産物を表す。7個の五角星は天国にあると伝えられる7つの果樹園、冠は国民を表す。**国章**は緑の社会主義国型紋章で、中にパミール高原の雪山から昇る太陽、フライ向きの白いライオン、上部に黄色い7個の五角星と冠、国旗カラーのリボンを巻いた小麦穂のリースを配したもの。同年、国連に加盟。

1993〜

1993年 タジキスタン共和国国章変更。**国章**は社会主義国型紋章で、パミール高原の3つの雪山から昇る太陽、黄色い7個の五角星と冠、国旗カラーのリボンを巻いた小麦穂と綿花の枝のリース、底部に開かれた本を配したもの。

1997年 内戦終結の和平合意がなる。

中華人民共和国
People's Republic of China

国旗比率 2:3

データ	
首都	北京
面積	959.7万km²
	(日本の25倍以上)
人口	13億8232人
人口密度	144人/km²
公用語	漢語(中国語)
通貨	人民元

清

1368年 明朝成立。
1636年 清朝成立。
1840〜42年 アヘン戦争でイギリスに敗北、香港島を割譲する。

1862〜81　　　1862〜1912

1862年 清朝の国旗・国章制定。**国旗**は、中央に5本爪を持った青龍と幸運・繁栄を表す赤い真珠を配した黄色の三角旗。黄龍旗と呼ばれる。**国章**は国王の権威を表す龍を配したもの。

1881〜1912

1881年 清朝の**国旗**を変更。欧米の国旗にならい三角旗を長方形旗に替える。

1894〜95年 日清戦争で日本に敗北。

台湾民主国

1895.5〜10

1895年 5月、下関条約で日本領とされた台湾に、清国の画策により台北に台湾民主国が成立。10月に日本軍に占拠され消滅。台湾民主国の国旗制定。**国旗**は中央に黄色い虎、赤い炎、青い雲を配した青地で藍地黄虎旗と呼ばれる。

1895年 日清戦争後の下関条約により、台湾及び澎湖列島が日本に割譲される。日本は台湾総督府を設置し、1945年の終戦まで台湾を統治。

1895〜1945 台湾総督府紋章

台湾総督府**紋章**は左右に2本の直立する花序につく7枚ずつの桐花と中央に3枚の桐花、上部に台湾の頭文字「台」を表す2個の三角形を配したもの。

1900〜01年 義和団事件で日露など8カ国が出兵。敗れた清は巨額の賠償金の支払い、外国軍隊の北京駐屯を認める。
1905年 日露戦争でロシアが敗北し、満州から撤退。
1911年 孫文らによる辛亥革命が起こる。

列強による中国侵略

清朝の衰えに乗じ、列強諸国は中国各地に租借地の設置などを清に認めさせた。

1898〜1930 英租借地威海衛域旗

1898年 イギリスは山東省最東部にある威海衛を25カ年期限で租借地とする(1930年返還)。**域旗**はフライに岸辺に戯れる2羽のオシドリを描いた円形紋章を配したイギリス青色船舶旗。

1898〜1914 独租借地膠州湾総督旗

1898年 ドイツも山東省にある膠州湾を99カ年期限で租借地とした。中央に黒い翼を広げた冠なしのプロイセン鷲を配した黒白赤の横三色旗の**総督旗**を使用。

1899〜1923 フランス国旗

1923〜45 仏・インドシナ連邦広州湾域旗

1899年 フランスは雷州半島に進出、広州湾を99カ年期限で租借し、バヤール要塞を構築。1990年にフランス領インドシナ連邦に組み込んだ。第二次世界大戦終戦後、中華民国に返還。

列強の中国侵略

中華民国と地方政権

中華民国

1912〜15／1916〜28

1912年 清朝が滅亡し、中華民国が成立。国旗制定。**国旗**は赤黄青白黒の横五縞旗で五色旗と呼ばれる。赤は漢族、黄は満州族、青は蒙古族、白はウイグル族、黒はチベット族を表す。また中国古来の五行思想を表すともいわれる。

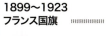

植民地　香港とマカオ

16世紀から中国のマカオに進出してアジア貿易の拠点としたポルトガルは、19世紀には領有。イギリスはアヘン戦争を清にしかけ、香港を植民地として中国侵略の拠点とした。(74頁参照)

イギリス領香港

1842〜70 イギリス国旗

1842年 アヘン戦争後の南京条約で、清国が香港島をイギリスへ割譲。
1860年 アロー戦争後の北京条約で、清国は九龍半島南部をイギリスへ割譲。

1870〜76 香港域旗

1870年 イギリス植民地香港の域旗制定。域旗は、フライに白円に入ったイギリス王冠と頭文字H.K.を黒字で記したバッジを配したイギリス青色船舶旗。

1876〜1941／1945〜57 香港域旗

1876年 域旗変更。域旗はフライにイギリス船と香港のジャンク船を背景にイギリス人と香港人が握手している光景を描いた円形バッジを配したイギリス青色船舶旗。
1898年 清国・イギリス間で九龍半島全域、周辺諸島の99年間の租借成立。
1941年 日本軍による占領。
1945年 第二次世界大戦の敗戦により、日本軍が撤退。域旗は1876年制定のものに戻る。

1957〜59 香港域旗

1957年 域旗変更。円形バッジの図がより写実的となり、イギリス人と香港人が積荷の前で商談している姿を描いたイギリス青色船舶旗。

1959〜97 香港域旗

1959年 域旗変更。域旗は、フライに白円に入った域章を配したイギリス青色船舶旗。円形バッジ中の域章はチーフの赤地に船と帆の飾りを付けた黄色いイギリス海軍冠、その下に2隻の香港ジャンク船を描いた白い盾、クレストに青白の布リースの上に王冠を被り香港の別称「東方の珠」を示す真珠を持つライオン、サポーターは王冠を被ったイギリスのライオンと香港の龍、台座は波打つ海水に囲まれた緑の小島・香港島と赤字で域名を英語で記した黄色いリボンを配したもの。

1997〜 中国返還後の香港域旗・域章

1997年 香港が中国に返還される。1990年コンペにより採択された新域旗・域章の使用開始。域旗は、中央に香港を表す白いバウヒニアの花弁と中に中国を表す5個の赤い五角星を配した赤旗。赤白2色は1国2制度を示し、中国の一部として香港が繁栄発展する姿を表す。域章は円形紋章で、域旗と同じ白いバウヒニアの花弁と5個の赤い五角星、周囲に赤い2個の五角星と英語と中国語で域名を赤字で記したもの。

ポルトガル領マカオ

1887〜1910 ポルトガル王国旗

1887年 清国がポルトガル王国にマカオの領有を認める。

1910〜35 ポルトガル共和国旗

1910年 ポルトガルが王国から共和国となり、ポルトガル共和国マカオ植民地となる。

1935〜51 マカオ域旗

1935年 マカオ植民地の域旗制定。中央に域章を配した青旗。域章は盾型紋章で、黄色い天球儀を背景に第一クォーターは白地に白い5個の玉を置いた5個の青い盾、第二クォーターは青地に白い5個の玉を置いた青い盾を持つ黄色い龍、第三クォーターは白地に植民地を示す5本の緑の波線を描いた盾。クレストに天球儀と修道会十字を配した黄色い城塞冠、底部にポルトガル語でポルトガル植民地マカオと黒字で記した白いリボンを配したもの。

1951〜76 マカオ域旗

1951年 ポルトガル海外州となる。域旗は「植民地」から「海外州」へ域章のリボンを変更したもの。

1976〜90 マカオ政庁旗

1976年 大幅な自治を与えられポルトガル特別領。「海外州」から「政庁」へ域章のリボンを変更した政庁旗。

1990〜99 マカオ市政庁旗

1990年 マカオ市政庁旗制定。中央にポルトガルの白い5個の玉を置いた5個の青い盾、周囲に7個の黄色い城を描いた赤い枠を付けた白い盾、サポーターは修道会十字と天球儀を頭上に付けた天使、底部にポルトガル語"CIDADE DO NOME DE DEUS DE MACAU NAO HA OUTRA MAIS LEAL"「最も忠貞なる主の街マカオ」と黒字で記したリボンを配した青旗。

1999〜 中国返還後のマカオ域旗・域章

1999年 マカオが中国に返還され、1993年コンペにより採択された新域旗・域章の使用開始。域旗は中央に3枚の葉を持つ白い蓮の花、橋、海が描かれ、その上に1個の黄色い大きな五角星と4個の小さな五角星をアーチ状に並べた緑旗。蓮はマカオのシンボル、3枚の葉はマカオ半島とタイパ島、コロアネ島の2つの島、その下の山形はタイパ橋でマカオと中国の架け橋、4本の白い横線は海、5個の五角星は中国の五星紅旗にならい中国との一体感を表す。域章は円形紋章で、域旗と同じく5個の黄色い五角星、白い蓮の花、タイパ橋、海をあしらい、周りに中国語と英語で域名を緑字で記したもの。

チベット国

1912〜51

1912年 チベット国成立。国旗制定。白い雪山の前で3つの宝石を支える雪獅子と太陽光線を描いた旗で雪山獅子旗と呼ばれる。ダライ・ラマ13世により制定された。首都はラサ。

1913〜28

1913年 中華民国国章制定。中国皇帝の礼服に付けられる伝統文様である十二章から龍、キジ、太陽、水草、火、斧、祭祀礼器、明晰を表す亞形を配したもの。

1913〜15 中華民国
1915〜16 中華帝国
1916〜28 中華民国

中華帝国

1915〜16

1915年 北京で袁世凱が皇帝を称する。翌年に崩壊した短命政権。国旗制定。国旗は赤いX字で黄青白黒の対角四分割旗。満州族、蒙古族、ウイグル族、チベット族の上に漢族が立つことを表す。国章は継続使用。

1921年 中国共産党創立。

1928〜

1928年 中華民国の国旗・国章変更。国旗は白い太陽を入れた青いカントンを配した赤旗。赤白青は孫文が唱えた三民主義すなわち民族の独立、民権の伸長、民生の安定を表す。青天白日満地紅旗と呼ばれる。国章は中国国民党党章に由来する青地に12本の光を持つ白い太陽で、12本の光は12カ月、十二支、12刻を意味し、終わりなき進歩を示す。

1931年 満州事変が勃発。

中華ソヴィエト共和国

1931〜36

1931年 江西省瑞金に毛沢東による中華ソヴィエト共和国成立。国旗・国章制定。国旗は中央に白い地球、黄色い五角星、黒い鎌とハンマー、黄色い小麦穂と稲穂のリースを配した赤旗。国章は白い円形紋章で、中に国旗意匠、外の帯に2個の黄色い五角星、中国語赤字で国名と「万国の労働者、団結せよ」という標語を配したもの。なお、中国共産党軍は1934〜36年に長征を行い、延安に移る。

日本の傀儡政権

1931年の満州事変以降、15年間にわたって中国侵略を続けた日本は、各地に傀儡政権を設立したが、いずれも実権はなかった。

1935〜38 冀東防共自治政府（通州）
1937〜40 中華民国臨時政府（北京）
1938〜40 中華民国維新政府（南京）

1935年 河北省通州に親日・冀東防共自治政府成立。国旗は五色旗を使用。

1936〜37 蒙古軍政府

1936年 内モンゴル徳化に親日・蒙古軍政府成立。国旗はカントンに赤黄白の縦縞を配した青旗。青はモンゴル人、赤は日本人、黄は中国人、白はムスリムを表す。

1937年 7月、盧溝橋事件勃発、日中戦争に発展。

1937〜38 上海大同政府

1937年 親日・上海大同政府成立。国旗は中央に2個の目を持つ緑赤の巴を配した黄旗。

1937年 北京に親日・中華民国臨時政府成立。五色旗を使用。

1937〜39 察南自治政府

1937年 内モンゴル張家口に親日・察南自治政府成立。国旗はカントンに赤白青の縦縞を配した黄旗。赤は日本人、白はムスリム、青はモンゴル人、黄は中国人を表す。

1937〜39 晋北自治政府

1937年 内モンゴル大同に親日・晋北自治政府成立。国旗はカントンに赤青白の縦縞を配した黄旗。赤は日本人、青はモンゴル人、白はムスリム、黄は中国人を表す。

1937〜45 蒙古聯盟自治政府

1937年 内モンゴル厚和豪特に親日・蒙古聯盟自治政府成立。国旗はカントンに赤青黄白の横縞を配した青旗。蒙古軍政府合体。

1938年 冀東防共自治政府、中華民国臨時政府に合体。

1938年 南京に親日・中華民国維新政府成立。国旗は五色旗使用。上海大同政府が中華民国維新政府に合体。

1939〜45 蒙古聯合自治政府

1939年 内モンゴル張家口に親日・蒙古聯合自治政府成立、察南自治政府、晋北自治政府、蒙古聯盟自治政府が合体。国旗は横七縞旗。

1940〜45 中華民国国民政府（南京）

1940年 臨時政府（北京）と維新政府（南京）が合体して、南京に汪兆銘による親日・中華民国国民政府成立。国旗制定。国旗は青天白日満地紅旗の上部に黒字で「和平反共建国」と記した黄色い三角旗を付けた旗。

中華人民共和国

満州国・満州帝国
1932〜34／1934〜45

1932年 日本の傀儡国家、満州国を建国。首都は新京。国旗制定。**国旗**はカントンに赤青白黒の横縞を配した黄旗（紅藍白黒満地黄旗）。制定当初は黄が満州、赤は情熱と情誠、青は青春澄渕、白は純真公平、黒は堅忍不抜を示すとされたが、1933年の国務院布告第3号国旗の意義解釈で、黄は中央、赤は南方、青は東方、白は西方、黒は北方を表し、中央政府が四方を治める意味を持つとされた。

中華共和国
1933〜34

1933年 福州に国民革命軍により中華共和国成立。国旗制定。1934年、国民政府中央軍に敗れ消滅。中華共和国**国旗**は中央に黄色い五角星を配した赤青の横二色旗。
1934年 満州帝国成立。国旗は満州国旗を継続使用。1945年の日本敗北で消滅。

東トルキスタン・イスラム共和国
1934.1〜5

1934年 1月、カシュガルにウイグル人による東トルキスタン・イスラム共和国が成立するが、5月に国民政府軍に敗れ消滅。**国旗**は中央に青い三日月と五角星、その下にシャハーダ（信仰告白）を配した白旗。
1937年 7月、盧溝橋事件が勃発、日中戦争に発展。9月、第2次国共合作。中華ソヴィエト共和国消滅。
1945年 中ソ友好同盟条約締結。
1945年 太平洋戦争で日本が敗北。汪兆銘の中華民国国民政府消滅。蒙古聯合自治政府消滅。

内モンゴル人民共和国
1945.9〜11　　　1945〜47 連合会旗

1945年 9月、蒙古聯合自治政府の後身として張家口に内モンゴル人民共和国が成立するが、中ソ友好同盟条約で中国国内独立問題に関与しないという取り決めによりソ連・モンゴル人民共和国の支援がなく11月に消滅。**国旗**は中央に白い三角星と青いソヨンボ模様を配した赤旗。替わりに中国共産党員ウランフによる内モンゴル自治運動連合会が張家口に成立。**連合会旗**は中央に赤い五角星、交差した白い馬の鞭と鍬、周囲に黄色いボーダーを配した青旗。
1945年 10月、国民党と共産党の内戦が激化。

東トルキスタン民主共和国
1945〜46

1945年 1月、ジョージアにウイグル人の東トルキスタン民主共和国成立。**国旗**は黄色い三日月と五角星を配した緑旗。1946年に新疆省政府に合流し消滅。

東モンゴル自治政府

1946年 1月、内モンゴル人民革命党により葛根廟に東モンゴル自治政府成立。**国旗**はカントンに黄色い輪郭線の五角星、交差した鞭と鍬を

中華人民共和国の成立

中華人民共和国
1949〜

1949年 中華人民共和国が成立。国旗・人民解放軍旗制定。**国旗**はカントンに黄色い大きな五角星と4個の小さな五角星を配した赤旗。赤は共産主義の象徴であり、漢民族の伝統色、黄は光明を表す。大きな星は中国共産党の指導力、小さな4個の星は中国人民の団結を表す。この旗は五星紅旗と呼ばれる。

1949〜 人民解放軍旗・共産党旗

1949年 **人民解放軍旗**はカントンに黄色い五角星と漢字の八一を配した赤旗。数字は人民解放軍創設日1927年8月1日を表す。**中国共産党旗**制定。カントンに黄色い鎌とハンマーを配した赤旗。
1949年 12月、国民政府、台湾に逃れる。
1950年 人民解放軍、東トルキスタンに侵攻、中国領新疆ウイグル自治区となる。

1946〜47　　　1946 人民革命党旗

配した赤旗。党旗は赤字で蒙古と記した円を入れた白い五角星を配した青旗。

内モンゴル自治政府
1947〜49

1947年 5月、内モンゴル自治運動連合会と東モンゴル自治政府を吸収し共産党系の内モンゴル自治政府成立。国旗制定。**国旗**は、中央に黄色い五角星と交差した鞭と鍬を配した赤青赤の横三分割旗。内モンゴル自治政府は、1949年の中華人民共和国の成立により、中国・内モンゴル自治区に改組。

1950〜

1950年 中華人民共和国国章制定。**国章**は赤い社会主義国型紋章で、黄色い大きな五角星と4個の小さな五角星、天安門、農業を表す麦束と米穂、工業を表す歯車、共産主義を表す赤い布を配したもの。
1950年 人民解放軍がチベットに侵攻、チベット国消滅。チベット自治区となる。
1971年 中華民国（台湾政府）が国連から追放され、中華人民共和国が招請され、安保理事会常任理事国になる。

タイペイ・オリンピック旗

1984年 中国の一地域として台湾選手団はチャイニーズ・タイペイ・オリンピック旗を使用開始する。中央に台湾域章、五輪マークを入れた青白赤の縁取りのある梅の花を配した白旗。梅花旗と呼ばれ、サラエボ冬季大会から使用。

朝鮮民主主義人民共和国
Democratic People's Republic of Korea

国旗比率 1：2

データ	
首都	ピョンヤン
面積	12.1万km²
	（日本の3分の1）
人口	2528万人
人口密度	210人/km²
公用語	朝鮮語
通貨	ウォン

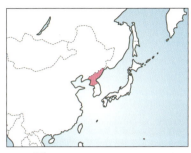

朝鮮（李朝）／大韓帝国

1392年 朝鮮（李朝）が成立。

1897〜1910

1897年 朝鮮が国号を大韓帝国とする。国旗・国章を制定。1945年までの**国旗・国章**の解説は大韓民国の項参照。

日本の支配

1905年 日本が韓国を保護国とし、韓国統監府を置く。

1906〜10 韓国統監府旗

1906年 韓国**統監府旗**を制定。

1910〜45 日本国旗・総督府紋章

1910年 日本が韓国を併合し、朝鮮総督府を置く。**総督府紋章**を制定。

朝鮮民主主義人民共和国

1945年 日本の敗戦で朝鮮半島は南北に分断される。

1946〜48 朝鮮臨時人民委員会旗

1946年 **朝鮮臨時人民委員会旗**を制定。2年間は北朝鮮も太極旗を使用していた。中央に赤青の太極、四隅に黒い卦を配した白旗。四卦の位置が現在の韓国国旗と異なる旗。

1948〜 1948〜1993

1948年 朝鮮民主主義人民共和国が成立。国旗・国章を制定。**国旗**はホイストに赤い五角星を入れた白円と2本の細い白線を配した青赤青の横三分割旗。青は自主、平和、白は輝ける歴史的文化を持つ朝鮮民族、英知、勤勉、勇敢さ、愛国心、潔白、強靭な闘志を持つ人民、赤は革命で流された血、不屈の闘争精神、赤い五角星は社会主義社会の建設、明るい未来を表す。**国章**は社会主義国型紋章で、共和国が受け継いだ革命伝統と朝鮮人民の明るい未来を表す光を放つ赤い五角星、水豊ダムと強力な重工業を軸とする自立的な近代工業と労働者階級を表す水力発電所、発展した農業と農民を表す稲穂のリース、底部に朝鮮語で国名を黄字で記した朝鮮人民の統一団結とその威力の不変性を表す赤いリボン、背景に湖と雪を抱く山を配したもの。

1949 朝鮮労働党旗

1949年 朝鮮労働党結成。**党旗**は中央に黄色い鎌、ハンマー、筆を配した赤旗。党旗は農民、労働者、知識人の団結を表す。

1950〜53年 朝鮮戦争。

1991年 韓国と同時に国連加盟。

1993〜

1993年 朝鮮民主主義人民共和国の国章変更。**国章**の山の形を修正し、金日成が生まれたとされる革命の聖山・白頭山に替えたもの。

1994年 金日成が死去、金正日が後継者となる。

2011年 金正日が死去、金正恩が後継者となる。

2000年 シドニー・オリンピック 南北朝鮮統一オリンピック旗

2000年 シドニー・オリンピック大会に、南北朝鮮が統一チームで出場し、オリンピック旗を使用。中央に青い朝鮮半島を配した白旗。

トルクメニスタン
Turkmenistan

国旗比率 2：3

データ	
首都	アシガバット
面積	48.8万km²
	（日本の1.3倍）
人口	544万人
人口密度	11人/km²
公用語	トルクメン語
通貨	マナト

ロシアの支配

19世紀半ば トルクメン諸部族はヒヴァ・ハン国、イランのカージャール朝から事実上の独立を果たす。

1869年 ロシア帝国が侵攻。

1885～1914　ロシア国旗　1914～18

1885年 ロシア帝国がトルクメンを支配下に置く。

トルキスタン自治ソヴィエト社会主義共和国

1918～19

1918年 ロシア連邦ソヴィエト社会主義共和国の一部として、トルキスタン自治ソヴィエト社会主義共和国成立。国旗を制定。トルキスタン自治ソヴィエト社会主義共和国の**国旗**の解説はウズベキスタンの項参照。

1919～21

1919年 トルキスタン自治ソヴィエト社会主義共和国の**国旗**を変更。

1921～24

1921年 トルキスタン自治ソヴィエト社会主義共和国の**国旗**を変更。

トルクメン・ソヴィエト社会主義共和国

1924～27

1924年 ソヴィエト連邦の民族共和国の境界画定により、トルクメン・ソヴィエト社会主義共和国成立。国旗を制定。**国旗**は黄色い線を持つカントンに、ラテン文字トルクメン語で国名略号を黄字で配した赤旗。

1926～37

1926年 トルクメン・ソヴィエト社会主義共和国の国章を制定。**国章**は四分割された円を持つ社会主義国型紋章で、第一クォーターはイランとの国境にそびえるコペトダグ山脈、羊飼いと羊の群れ、第二クォーターは草地に立つラクダとトラクター、第三クォーターは薄緑地に葡萄の房、第四クォーターは白地に綿花の枝、円の中心にバラをかたどった民族絨毯模様、円の上に赤い五角星、下に黄色い昇る太陽と黒い金床、底部に交差した鎌とハンマーを付けた小麦穂のリース、キリル文字ロシア語とアラビア文字トルクメン語で「万国の労働者、団結せよ」という標語を白字で記した赤いリボンを配したもの。

1927～37

1927年 トルクメン・ソヴィエト社会主義共和国の国旗を変更。**国旗**はカントンに黄色の輪郭線で五角星、鎌とハンマーを配した赤旗。

1937～40

1937年 トルクメン・ソヴィエト社会主義共和国の国旗・国章を変更。**国旗**はカントンに黄字でラテン文字トルクメン語で国名略号を配した赤旗。**国章**は社会主義国型紋章で、黄色い輪郭線を持った赤い五角星、黄色い鎌とハンマー、昇る太陽、油井やぐら、綿花の花2本、底部に伝統的な絨毯模様と葡萄の房、小麦穂と綿花の枝のリース、キリル文字ロシア語とキリル文字トルクメン語で「万国の労働者、団結せよ」という標語を白字で記した赤いリボンを配したもの。

1937～91

1940〜53

1940 年 トルクメン・ソヴィエト社会主義共和国の国旗を変更。**国旗**はカントンに黄字でキリル文字ロシア語で国名略号を配した赤旗。

1953〜92

1953 年 トルクメン・ソヴィエト社会主義共和国の国旗を変更。**国旗**はカントンに黄色い輪郭線の五角星、鎌とハンマー、中央に２本の青い横縞を配した赤旗。２本の青縞は国を流れるアムダリア川とエトレク川を表す。

トルクメニスタン

1990 年 共和国主権宣言。
1991 年 ソヴィエト連邦の解体により、トルクメニスタンとして独立。
1992 年 トルクメニスタンの国旗・国章制定。**国旗**はカントンに白い三日月と５個の五角星、ホイスト寄りに主要５部族のグルという伝統的な絨毯模様を配した緑旗。緑はイスラムの色、三日月は明るい未来、５個の五角星は５州を表す。**国章**は円形紋章で、中央の青い円に速度と耐久力で有名なトルクメニスタン白馬、黄色い帯に主要５部族を表す絨毯模様、外の赤い帯に主要産物である小麦穂と綿花の枝のリース、上部に白い三日月とアハル、バルカン、ダショグズ、レバプ、マルの５州を表す５個の五角星を配したもの。
1992 年 国連に加盟。
1995 年 国連総会で「永世中立国」として承認される。

1992〜97

1992〜2000

1997〜2001

1997 年 トルクメニスタンの国旗を変更。**国旗**は 1995 年に国連でトルクメニスタンの永世中立が決議された記念に、グルの下に平和を表すオリーブの枝が加えられた旗。

2000〜03

2000 年 トルクメニスタンの国章を変更。**国章**の馬の色が白から茶色に、帯の色がトルメニスタンの国旗カラーである赤と緑に替わった。

2001〜

2001 年 トルクメニスタンの国旗を変更。**国旗**の縦横比率が１：２から２：３へ替わった。

2003〜

2003 年 トルクメニスタンの国章を変更。**国章**の形が円形からイスラムを表すルブ・エル・ヒズブという八角星に替えられた。グルは主要５部族のテケ族、ヨムト族、アルサリ族、チョウドル族、サリク族の伝統的な絨毯模様。

トルコ共和国
Republic of Turkey

データ	
首都	アンカラ
面積	78.4万㎢
	（日本の約2倍）
人口	7962万人
人口密度	102人/㎢
公用語	トルコ語
通貨	トルコ・リラ

国旗比率　2：3

オスマン帝国

1299 年 アナトリア西部の小君侯（オスマン１世）がビザンツ帝国を侵し、オスマン帝国が成立する。

1307〜1453

1307 年 オスマン帝国の国旗を制定。**国旗**は無地の赤旗を使用。

1453〜99

1453 年 オスマン帝国がビザンツ帝国を滅ぼす。国旗変更。**国旗**は黄色い三日月を配した赤旗。

トルコ

アジア

1499〜1517

1499年 オスマン帝国の国旗を変更。**国旗**は中央に白い3個の三日月を配した赤旗。

1500〜1793 オスマン帝国軍旗

1500年 オスマン帝国の軍旗を制定。**軍旗**は中央に黄色い二股剣ズルフィカール、6個の赤い三日月と丸を入れた黄色い円、黄色のボーダーを配した横盾型旗。

1517〜1793

1517年 エジプトのマムルーク朝を滅ぼし、イスラム・スンニ派が主導的地位を獲得。オスマン帝国の国旗を変更。**国旗**は中央の緑円に3個の黄色い三日月を配した赤旗。

1529年 バルカン半島を制したオスマン帝国がウィーンを包囲（第1次）。

1793〜1808

1793年 オスマン帝国の国旗変更。**国旗**は中央に白い三日月と八角星を配した赤旗。

1798〜1844 オスマン帝国カリフ旗

1798年 オスマン帝国カリフ旗を制定。**カリフ旗**は中央に黄色い三日月と八角星を配した緑旗。

1808〜26

1808年 オスマン帝国の国旗を変更。**国旗**は中央に白い三日月を配した赤旗。

1826〜44

1826年 オスマン帝国の国旗を変更。1793年制定の**国旗**が復活。

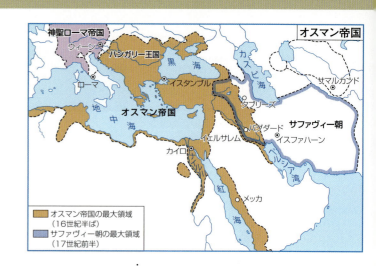

1844〜1923

1844年 オスマン帝国の国旗を変更。**国旗**は中央に白い三日月と五角星を配した赤旗。現行国旗に比べ三日月と五角星が太い。

1876〜82

1876年 オスマン帝国の国章を制定。**国章**は盾型紋章で、中に白い三日月を入れた緑の楕円、背後に黄色の位階服と国王の帽子、交差した赤い杖を配したもの。

1882〜1922

1882年 オスマン帝国の国章を変更。**国章**は盾型紋章で、中央に黄色い光線を放つ太陽、赤い帯に16個の五角星と2個の三日月、背後に交差した赤いスルタン旗と緑のカリフ旗、交差した7本の槍、サーベル、銃、大砲、花束、秤、2冊の本、上部に緑の円盤にスルタンの飾り署名トゥグラ、その下にシャハーダを記した緑の三日月、底部にカフカト勲章、オスマン勲章、イムティヤズ勲章、メシディエ勲章、名誉勲章の5種類の勲章を配したもの。

1918年 三国同盟側で参戦した第一次世界大戦（1914〜18）で敗北。
1919〜22年 ギリシャ・トルコ戦争。
1922年 オスマン帝国滅亡。

トルコ共和国

1923〜

1923年 ギリシャ軍を撃退したケマル・アタテュルクらによりトルコ共和国が樹立される。トルコ共和国の準国章を制定。**準国章**は赤い楕円形紋章で、中に白い上向きの三日月と五角星、白字でトルコ語で国名を配したもの。

1936〜

1936年 トルコ共和国の国旗を制定。**国旗**は中央に白い三日月と五角星を配した赤旗。赤は勇気を表し、三日月と五角星はイスラムのシンボルであると同時に守護で、月の女神ディアナの三日月と聖母マリアの明けの明星を示し、古くからコンスタンチノープルで使われてきた。1922〜23年のトルコ革命で共和国になり、国旗の三日月と五角星が細身になった。

1945年 国連に加盟。

日本国
Japan

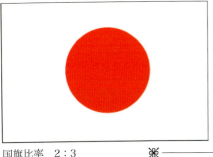

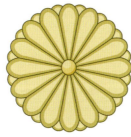
皇室紋章

データ	
首都	東京
面積	37.8万km²
人口	1億2589万人
人口密度	333人/km²
公用語	日本語
通貨	円

国旗比率　2：3

日本国

1853年 アメリカのペリーが来航。
1854年 江戸時代に幕府の船の旗印とされていた日の丸（日章旗）が、すべての日本船の惣船印とされる。
1868年 戊辰戦争、明治維新。

1870〜

1870年 明治政府の太政官布告で、日の丸を法制化。比率7：10の**商船旗**と2：3の**軍艦旗**の2つの規格の日の丸が定められた。

1889〜1945（海軍）／1954〜（自衛艦）

1889年 **海軍軍艦旗**を制定。ホイスト寄りに中心から16本の光を放つ赤い太陽を配した白旗。旭日旗と呼ばれる。第二次世界大戦後も、再び**海上自衛艦旗**として採用される。
1894〜95年 日清戦争。
1904〜05年 日露戦争。
1914〜18年 第一次世界大戦。

1926〜 十六弁八重表菊花紋章

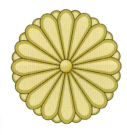

1926年 皇室儀制令で、皇室菊花紋章様式細則を定める。日本に国章を定めた法令はないが、皇室紋章である**十六弁八重表菊花紋章**が準国章扱いとなっている。

1945〜49 日本民用船舶旗

1945年 太平洋戦争に敗戦。連合国軍総司令部により、日の丸の使用が禁止される。日本民用船舶に、国際信号旗E旗をモデルに青赤の横二色燕尾旗を使用。

1945〜67 琉球民用船舶旗

1945年 太平洋戦争敗戦後、琉球民用船舶に、国際信号旗D旗をモデルに黄青黄の横三分割燕尾旗を使用。

1947年 国会、皇居、最高裁、首相官邸に限り、日の丸の使用が許可される。
1949年 日の丸の使用制限が撤廃される。
1951年 サンフランシスコ平和条約締結、主権回復。
1956年 国連に加盟。

1965〜 パスポート用菊花紋章

1965年 パスポート用に**十六弁一重表菊花紋章**の使用を開始。

1967〜72 琉球政府旗

1967年 **琉球政府旗**制定。日の丸の上に日本語・英語名を赤字で記した白い三角旗を付けた旗。

1972年 沖縄が返還される。

1999〜

1999年 国旗及び国歌に関する法律第127号で、2：3比率の日の丸が正式な**国旗**に制定される。日の丸や日章旗と呼ばれる。赤丸は太陽、白は純粋さや正直さ、赤は情熱や忠誠心の意味を持つ。

2003〜 内閣総理大臣紋章

2003年 **内閣総理大臣紋章**に五七桐紋章を導入。3枚の葉と3本の直立した花房に5個・7個・5個の花を付けた桐紋章。

ネパール連邦民主共和国
Federal Democratic Republic of Nepal

データ	
首都	カトマンズ
面積	14.7万km²
	（北海道の1.8倍）
人口	2885万人
人口密度	196人/km²
公用語	ネパール語
通貨	ネパール・ルピー

国旗比率　11：9

ムスタン藩王国

1450～2008

1450年 13世紀頃から存続したマッラ王朝がこの頃分裂し、中西部にムスタン王国が成立。2008年までムスタン藩王国として存続。**国旗**として中央に16光線を放つ白い太陽を描き、青いボーダーを付けた赤旗を使用。

ネパール王国

1769～1928

1769年 グルカ王国シャハ王がネパールを統一、ネパール王国シャハ王朝を建てる。**国旗**として白い太陽と三日月を描いた赤い三角旗を使用。
1792年 清・ネパール戦争で敗北し、清国の朝貢国となる。
1814～16年 グルカ戦争でイギリスに敗れ、シッキムなど領土の一部を失う。
1846年 宰相ラナ家による専制政治が始まる。

1920～35

1920年 ネパール王国の国章制定。**国章**は緑の盾型紋章で、中に交差したグルカ刀、3個の伝統的な武闘用盾を配したもの。

1928～39

1928年 ネパール王国国旗制定。**国旗**は顔の付いた白い月と太陽、緑のボーダーを配した赤い二重三角旗。

1935～46

1935年 ネパール王国の国章変更。**国章**はヒマラヤ山脈を背景にシバ神の化身パシュパチ守護神を描いた盾型紋章で、クレストにネパール王冠、尊師ゴラクナの足跡、「輝かしいネパール政府」と記された白いリボン、白い三日月と太陽の間に交差したグルカ・ナイフ、盾の周囲に「母と母国は天国に勝る」のネパール語標語と「祖国のために死ぬことは名誉なること」というラテン語標語 "DULCE ET DECORUM EST PRO PATRIA MORI" の白いリボン、サポーターは草地に立ち銃を持った赤い制服の護衛兵と弓矢を持った白衣の現地人、底部に「たとえ金で出来ていても、天国や弟のもとには戻らない。

母と母国は天国に勝る」と記した白いリボンと国王のモノグラムを配したもの。

1939～62

1939年 ネパール王国の国旗変更。**国旗**はボーダーの色を緑から青に二重三角旗の形を修正した旗。月は王家、太陽はラナ家を表す。青はヒマラヤの空、赤は国民を表す。2つの三角形は高く聳えるヒマラヤ山脈を表す。

1946～62

1946年 ネパール王国の国章変更。**国章**は1935年の国章から王冠、底部の長い標語と国王のモノグラムを取り除き、サポーターの赤い制服の護衛兵を第二次世界大戦用制服を着たグルカ兵に替えたもの。
1951年 反ラナ勢力による王政復古、立憲君主制を宣言。
1955年 国連に加盟。
1959年 マヘンドラ国王が全権を握り、新憲法を発布。

ネパール／パキスタン

1962~2006 ネパール王国
2006~08 ネパール
2008~ ネパール連邦民主共和国

1962〜2006

1962年 ネパール王国の国旗・国章変更。**国旗**は月と太陽の顔がなくなった旗。太陽と月は古くからのシンボルで装飾美術品にも多く見受けられ、国家の長期間にわたる繁栄を表す。2つの三角形は高く聳えるヒマラヤ山脈、青は平和と調和、赤は勇気を表す。**国章**はガンダック川を中心に右岸に岩の上にいるネパールの国鳥であるニジキジ、弓矢を持ったネパール兵、左岸は緑の草地にいる白い牛、黄色い寺院と大きな木、ライフル銃を持った猟師、後方に雪を抱いたヒマラヤ山脈、白い顔付きの太陽と月の間に交差した国旗とグルカ・ナイフ、尊師ゴラクナの足跡と王冠、底部に国花の赤いシャクナゲのリースが2つ、サンスクリット語で「母と母国は天国に勝る」という標語を黒字で記した赤いリボンを配したもの。

毛派共産党

1996年 毛派共産党が武装闘争を開始。

2001 毛派共産党旗

2001年 毛派共産党使用旗。**党旗**は上部に黄色い五角星を配した2個の三角形を合わせた旗。

1990年 ビレンドラ国王による民主化。

ネパール
ネパール連邦民主共和国

2006〜08／2008〜

2006年 ネパールに改称。国旗は継続使用。国章変更。**国章**は国花である赤いシャクナゲの花のリースで囲んだ円形紋章で、上部に国旗、中央にエベレスト山、丘と白いネパール地図、男女同権を示す男女の握手、底部にサンスクリット語で「母と母国は天国に勝る」という標語を白字で記した赤いリボンを配したもの。

2008年 制憲議会選挙実施。王制廃止。連邦民主共和制へ移行。ネパール連邦民主共和国に改称。国旗・国章は継続使用。

パキスタン・イスラム共和国
Islamic Republic of Pakistan

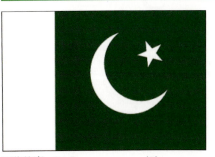

国旗比率 2：3

データ	
首都	イスラマバード
面積	79.6万㎢（日本の約2倍）
人口	1億9283万人
人口密度	242人/㎢
公用語	ウルドゥー語、英語
通貨	パキスタン・ルピー

11世紀 トルコ系ガズナ朝が侵入。
12世紀 イラン系ゴール朝が成立し、13世紀初めには北インドの大半を征服、イスラム化が進む。

ムガール帝国

1526〜1858

1526年 イスラム勢力のムガール帝国が成立。首都デリー。**国旗**は中央に黄色い三日月を配した緑の燕尾旗。

1600年 イギリスの東インド会社設立。

イギリス東インド会社の進出

1698〜1707 イギリス東インド会社旗

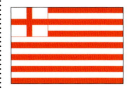

1698年 イギリスの新東インド会社が設立される。東インド**会社旗**の解説はインドの項参照。

1702年 イギリス東インド会社がベンガル地方やカルカッタ地方に要塞を築く。

1707〜1801 イギリス東インド会社旗

1707年 イギリス東インド**会社旗**を変更。

1757年 フランスとのプラッシーの戦いで、イギリスはベンガルにおける覇権を確立。

パキスタン

1801〜27 イギリス東インド会社旗

1801年 イギリス東インド会社旗を変更。

1827〜58 イギリス東インド会社旗

1827年 イギリス東インド会社旗を変更。

1857年 反英シパーヒーの大反乱勃発。

イギリス領インド帝国

1858〜77/1877〜85 イギリス国旗

1858年 ムガール帝国が滅亡。イギリスは東インド会社を解散して、直接統治とする。

1877年 イギリスのヴィクトリア女王を皇帝とするイギリス領インド帝国が成立。

1885〜1943 域旗・域章

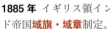

1885年 イギリス領インド帝国域旗・域章制定。

1885年 イギリス植民地政府への請願のため、国民会議派が結成される。

1906〜58 全インド・ムスリム連盟党旗

1906年 全インド・ムスリム連盟結成。党旗は白い三日月と五角星を描いた緑旗。

1942年 全インド会議派がイギリスのインドからの退去要求を決議、反英闘争開始。

自由インド臨時政府

1943〜45 自由インド臨時政府国旗

1943年 日本の支援を受け、自由インド臨時政府が成立。国旗制定。中央に反英闘争のシンボルである青い糸車を配したサフラン色白緑の横三色旗。

1945〜47 インド帝国域旗

1945年 日本敗戦。インドはイギリス領として、域旗を使用。域章をフライに配したイギリス赤色船舶旗。

パキスタン／パキスタン・イスラム共和国／パキスタン共和国

1947〜56 パキスタン
1956〜62 パキスタン・イスラム共和国
1962〜73 パキスタン共和国
1973〜 パキスタン・イスラム共和国

1947〜56 パキスタン

1947年 イギリス領インド帝国よりイギリス連邦の一員として、主としてムスリム居住地域がインドと分離してパキスタンとして独立。国旗・国章制定。国旗は1906年に結成された全インド・ムスリム連盟党旗をモデルにした旗で、フライに白い三日月と五角星、ホイスト側に少数派の非ムスリムを表す白い縦パネルを配した緑旗。緑はイスラムの神聖な色で国の繁栄、白は平和、三日月は進歩、五角星は光明と知識を表す。国旗は、国名が変更されても継続使用され、現在も同じ。国章は、イスラムを表す五角星と国名をウルドゥー語黒字で記した上向きの三日月、交差した6本の国旗、英語黒字でパキスタン政府と記した白いリボンを配したもの。同年、国連に加盟。

1947〜 アザド・カシミール域旗・域章

1947年 カシミールの領有をめぐって、第1次インド・パキスタン戦争勃発。パキスタン軍、北カシミールへ侵攻。ムスリムの多いアザド・カシミールが成立、現在もパキスタンによる実効支配。アザド・カシミールの域旗は、パキスタン国旗と同じく緑と白を基調に、少数派のヒンドゥー教徒、シーク教徒、仏教徒を表すオレンジのカントン、その右にイスラムのシンボル白い三日月と五角星、下にカシミールの主要な4つの川を表す4本の白い横縞を配した緑旗。域章は円形紋章で、パキスタンとイスラムを表す緑地に白い三日月と五角星、少数民族を表す白地に赤いハイビスカス、雪山と4本の川を配したもの。

1956〜62 パキスタン・イスラム共和国
1962〜73 パキスタン共和国
1973〜 パキスタン・イスラム共和国

1956年 パキスタン・イスラム共和国に改称。国章制定。国章は緑の盾型紋章で、第一クォーターは緑地に菱形の中に白い綿花の花、第二クォーターは白地に緑の茶の花、第三クォーターは白地に緑の麦束、第四クォーターは緑白地にジュート麻、クレストに緑の三日月と五角星、周囲に国花のソケイの枝のリース、底部にウルドゥー語で「信頼、統一、規律」という標語を白字で記した緑のリボンを配したもの。以降、国名が変更されても継続使用され、現在も同じ。

1962年 パキスタン共和国に改称。

1965年 第2次インド・パキスタン戦争勃発。

1971年 第3次インド・パキスタン戦争勃発。東パキスタンがバングラデシュとして分離独立。

1973年 パキスタン・イスラム共和国に改称。

バーレーン王国
Kingdom of Bahrain

国旗比率　3：5

データ	
首都	マナーマ
面積	770㎢（奄美大島よりやや広い）
人口	140万人
人口密度	1812人/㎢
公用語	アラビア語
通貨	バーレーン・ディナール

ハリファ家バーレーン

16世紀以降　イランのイスラム教シーア派のサファヴィー朝、スンナ派のオスマン帝国が支配。1521年から一時期、ポルトガルが進出。

1783〜1820

1783年　現王家のスンナ派ハリファ家がカタールから移住し、支配権を確立。**国旗**は無地の赤旗を使用。少数派のスンナ派支配層が多数派のシーア派を統治する。

1820〜67

1820年　イギリスと海賊行為の放棄をうたった海事条約を締結。友好国の印に、赤旗に白色を加えることが求められ、ホイストに白い縦縞を加えた旗を**国旗**に制定。

イギリス保護領

1867〜1932 域旗

1867年　イギリス保護領となる。旧国旗を**域旗**として継続使用。

1932〜71 域旗・域章

1932年　イギリス保護領バーレーンの域旗・域章制定。**域旗**はホイストの白い縦縞に27個のジグザグを加えた赤旗。**域章**は赤い盾型紋章で、4個の白いジグザグを上部に入れ、クレストに黄色い冠、周囲に赤とグレーの盾飾りを配したもの。

バーレーン国／バーレーン王国

1971年　イギリスよりバーレーン国として独立。国連に加盟。

1972〜2002

1972年　バーレーン国の国旗・国章制定。**国旗**はホイスト寄りに8個の白いジグザグを配した白赤の鋸形旗。8個のジグザグは国を構成する8地区と部族を表す。赤は純潔と自由、白は純粋さと気品を表す。**国章**は1932年制定の域章から黄色い王冠を取り除いたもの。

2002〜

2002年　バーレーン王国に改称。立憲君主制へ移行。国旗・国章制定。**国旗**はホイスト寄りにイスラムの五行に基づき白い5個のジグザグを配した赤旗。白は純粋さと気品、赤は自由を表す。**国章**は赤い盾型紋章で、上部に5個の白いジグザグ、周囲に赤とグレーの盾飾りを配したもの。

バングラデシュ人民共和国
People's Republic of Bangladesh

国旗比率　3：5

データ	
首都	ダッカ
面積	14.8万㎢（北海道・四国・九州の計）
人口	1億6291万人
人口密度	1104人/㎢
公用語	ベンガル語
通貨	タカ

ムガール帝国／ベンガル大守国

1576年 イスラム・ムガール帝国領となる。

1727～57

1727年 ベンガル太守国成立。国旗制定。国旗は赤い三日月刀と3個の楕円を配した白い燕尾旗。

イギリス領インド帝国

1757~1877 イギリス東インド会社ベンガル旗

1757年 イギリス東インド会社がベンガル地方で覇権確立。同会社ベンガル旗は、イギリス国旗を配した赤白青の横九縞旗。インド・パキスタンの項参照。

1877～85 イギリス国旗

1877年 イギリス領インド帝国が成立し、その一地方となる。

1885～1943 インド帝国域旗

1885年 イギリス領インド帝国の域旗制定。域旗の解説はインドの項参照。

1930～33 チッタゴン臨時革命政府国旗

1930年 チッタゴンでイギリスからの独立を求める革命が勃発。チッタゴン臨時革命政府を樹立したが、1933年にイギリス軍に鎮圧され消滅。国旗は中央に白い三日月と五角星、上下に10個の白い五角星を配した赤緑赤の横三分割旗。

1943～45 自由インド臨時政府国旗

1943年 日本軍に支援された自由インド臨時政府が成立。国旗の解説はインドの項参照。

1945～47 インド帝国域旗

1945年 日本が敗れ、再びイギリス領となる。域旗としてフライに域章を配したイギリス赤色船舶旗を使用。

パキスタン

1947～56／1956～62／1962～71

1947年 イギリスよりイスラム教徒地域がパキスタンとして独立。ベンガル地方東部は東パキスタン州となる。国旗の解説は、パキスタン・イスラム共和国の項参照。

アワミ連盟党

1949年 アワミ連盟結成。パキスタンからの独立を実現した政党。党旗はホイストに赤い縦縞、フライに4個の赤い五角星を配した緑旗。現在の国旗と同じカラー。

1956年 パキスタン・イスラム共和国に改称。国旗は継続使用。

1962年 パキスタン共和国に改称。国旗は継続使用。

バングラデシュ人民共和国

1971～72

1971年 第3次インド・パキスタン戦争時に、バングラデシュ独立戦争が勃発。バングラデシュとしてパキスタン共和国より独立、バングラデシュ人民共和国となる。国旗・国章制定。国旗はホイスト寄りの赤い円に黄色いバングラデシュの地図を配した緑旗。国章は赤い円形紋章で、黄色いバングラデシュの地図、外の白帯に緑字ベンガル語の国名とチッタゴン、ダッカ、クルナ、ランジャヒの4州を表す4個の赤い五角星を配したもの。

1972年 バングラデシュ人民共和国の国旗・国章変更。国旗はホイスト寄りに赤い円を配した緑旗。緑は国の若さと活力を表す。赤い円は暗いパキスタン支配時代に終止符を打ち、独立日の夜明けに昇った太陽を表す。国章は白い円形紋章で、国にある多くの川と国花である黄色いスイレンの花、両脇に農業国を示す水稲の穂のリース、民族主義、民主主義、社会主義、世俗主義を表す4個の黄色い五角星、ジュートの葉を配したもの。国旗・国章とも冒頭参照。

1974年 国連に加盟。

東ティモール民主共和国
The Democratic Republic of Timor-Leste

国旗比率　1：2

データ	
首都	ディリ
面積	1.5万km²
	（岩手県程度）
人口	121万人
人口密度	81人/km²
公用語	テトゥン語、ポルトガル語
通貨	米ドル

ポルトガルの支配

1859〜1910　ポルトガル国旗　1910〜42

1859年 ポルトガルとオランダでティモール島を東西に分割。東部はポルトガル領になる。

1935〜51 東ティモール域章

1935年 ポルトガル領東ティモールの域章制定。**域章**は盾型紋章で、黄色い天球儀を背景に、第一クォーターは白地に白い5個の玉を置いた5個の青い盾、第二クォーターは黒白の放射8分割地に黒白のドミニカ十字と5個の白玉を置いた青い盾、第三クォーターは白地に植民地を示す5本の緑の波線を描いた盾。クレストに天球儀と修道会十字を配した黄色い城塞冠、底部にポルトガル語で「ポルトガル植民地ティモール」と記した白いリボンを配したもの。

1942〜45 日本国旗

1942年 第二次世界大戦中に、日本軍に占領される。

1945年 日本の敗戦で、ポルトガルによる支配が復活。

1951〜75 東ティモール域章

1951年 ポルトガル海外州東ティモールの域章制定。**域章**の白いリボンの域名を植民地から海外州に替えたもの。

1967 東ティモール提案旗

1967年 ポルトガル海外州東ティモール提案旗。**提案旗**はポルトガル国旗のフライに域章盾部分を配した旗。

東ティモール独立革命戦線

1974年 ポルトガル本国でクーデター発生、東ティモール独立革命戦線（フレテリン）率いる独立運動が活発化。独立革命戦線の**党旗**は、ホイストに白い傾いた五角星を入れた黒い縦縞とフライに党略号を黒字で配した赤黄赤の横三分割旗。

1975〜76 東ティモール民主共和国

1975年 東ティモール独立革命戦線（フレテリン）が東ティモール民主共和国の独立を宣言。国旗・国章を制定。**国旗**は東ティモール独立革命戦線党旗をモデルにした旗で、ホイストに黄色い輪郭線を持つ黒い三角形に白い五角星を配した赤旗。**国章**は赤い盾型紋章で、交差したスリックという伝統的な黒い剣、黄色いサトウモロコシ3束、黄色い五角星、盾の下にポルトガル語"PATRIA POVO"「祖国と国民」という標語を黒字で記した白いリボンを配したもの。同年、インドネシア軍が東ティモールに侵攻。

インドネシアの支配

1976〜99 インドネシア国旗・東ティモール州紋章

1976年 インドネシア共和国が東ティモールを27番目の州として併合。インドネシア共和国の**国旗**を使用。東ティモール州紋章制定。**紋章**は黄色い盾型紋章で、青地に黄色いカイバウクという伝統的な冠、交差した剣と笏、稲穂と綿花の枝のリース、底部にインドネシア語の州名を赤字で記した黄色い三日月、上部に黄色い五角星を入れた青い盾を配したもの。

1998〜2001 東ティモール国民抵抗会議旗

1998年 インドネシアのスハルト大統領退陣、ハビビ大統領就任。東ティモール問題の方針転換。各党派が集結し、東ティモール国民抵抗会議を結成する。**抵抗会議**

東ティモール／フィリピン

旗は黒いカントンに白い五角星、交差したスリック、弓矢、槍を描いた赤い盾、「祖国と国民」という標語リボン、フライに会議略号を黒字で配した青白緑の横三色旗。

1999〜2002 国際連合旗

1999年 国際連合の東ティモール暫定行政機構が設置され、国際連合旗が使用される。

立革命戦線党章と東ティモール国民抵抗会議紋章をモデルにしている。

2007〜

2007年 東ティモール民主共和国の国章変更。国章は白い円形紋章で、最も高いラメラウ山を表す国旗カラーの盾の中に平和を表す白い五角星、工業を表す黄色い歯車、農業を表すトウモロコシと稲穂の間に教育文化を表す赤い開かれた本、独立、主権、名誉を守る国民の戦いを表す弓矢、自動小銃、盾の下にポルトガル語 "UNIDADE, ACCAO, PROGRESSO"「統一、行動、進歩」という標語を赤字で記した白いリボン、外の白い帯にポルトガル語国名と略号を赤字で配したもの。

東ティモール民主共和国

2002〜　　　　**2002〜07**

2002年 インドネシア共和国より東ティモール民主共和国として独立。国連に加盟。東ティモール民主共和国の国旗・国章制定。**国旗**は、ホイストに白い傾いた五角星を黄色い輪郭線を付けた黒い三角形に配した赤旗。黒い三角形は克服すべき困難、黄は植民地時代の痕跡、赤は独立闘争、白い五角星は平和を表す。**国章**は、白い円形紋章で、白い五角星、黒い槍、交差したスリック剣と弓矢を入れた黄色い輪郭線を付けた赤い盾を配した黒い盾、背後に14本の黄色い光線、周囲の青い帯に2個の白い五角星、ポルトガル語の国名と略号を黒字で記し、底部にポルトガル語 "HONRA, PATRIA E POVO"「名誉、祖国、国民」という標語を黒字で記した赤いリボンを配したもの。この国章は東ティモール独

フィリピン共和国
Republic of Philippines

国旗比率　1：2

データ	
首都	マニラ
面積	30.0万㎢（北海道を除いた日本の面積）
人口	1億225万人
人口密度	341人/㎢
公用語	フィリピーノ語（タガログ語）、英語
通貨	ペソ

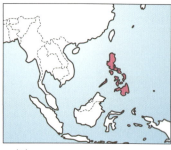

スペインの支配

1571〜80　スペイン国旗　**1580〜1700**

1700〜85　スペイン国旗　**1785〜1898**

1571〜1898 総督紋章

1571年 スペインのレガスピ遠征隊がマニラを占領。スペイン領東インドの統治を開始。スペイン領東インド・フィリピン総督の紋章制定。**総督紋章**は四分割盾型紋章で、第一・第四クォーターは赤地にカスティリャを表す黄色い城、第二・第三クォーターは白地にレオンを表すライオン、底部は白地にグラナダを表すザクロ、中央にブルボン朝を表す3個の黄色いユリの花を描いた青い楕円形。クレストに黄色い王冠、下に黄色い金羊毛騎士団勲章、黄色い盾飾りに黒字スペイン

語で "GOBIERNO GENERAL DE FILIPINAS"「フィリピン総督」と記したもの。

カティプナン旗

1892年 ボニフォシオにより、独立をめざす秘密結社カティプナンが結成される。

1897 カティプナン旗

1897年 カティプナン旗制定。中央に顔付き白い太陽を配した赤旗。

一時独立とアメリカの支配

フィリピン共和国

1898年 米西戦争でスペインが敗北する。アギナルド将軍による独立宣言。アメリカはマニラを占領、全土で軍政を開始。

1899～1901

1899年 初代フィリピン共和国大統領にアギナルドが就任するが、アメリカ軍の攻撃で山岳地帯に逃れる。フィリピン共和国の国旗・国章制定。**国旗**はホイストに3個の黄色い五角星とカチプナンのシンボルである顔付き自由の太陽を配した白青赤の横Y字旗。**国章**は白い円形紋章で、中央に黄色い3個の五角星と顔付き自由の太陽を描いた黄色輪郭線を持つ赤い三角形、背後にオリーブの枝のリース、外に黄色と茶色の円形帯を配したもの。

1901～35 アメリカ国旗

1901年 アギナルドが逮捕され、完全にアメリカの植民地となる。

1905～35 アメリカ領フィリピン域章

1905年 アメリカ領フィリピン域章制定。**域章**は上部に青地、下部に13本の赤白の縦縞というアメリカ国旗意匠の盾型紋章で、中に赤地に黄色い城、青地に右手に剣を持つ白いアシカのマニラ市楕円形紋章。クレストに国旗カラーの布リースに乗って翼を広げホイストを向いている白頭鷲を配したもの。

1915 スル王国国旗

1915年 アメリカはフィリピン南部のスル諸島のイスラム王国、スル王国を支配下に置き、全土を掌握。スル王国首都はパラワン。当時の**スル王国国旗**は青いカントンに5個の白い五角星、ホイストにイスラムを表す白い三日月と五角星、中央に槍と短剣を配した赤旗。

1935～42 自治領政府域旗

1935年 フィリピン独立準備政府（自治領政府）発足。アメリカ自治領フィリピン政府の域旗・域章制定。**域旗**は1899年制定の国旗の青を星条旗の青に近づけ濃くし、カチプナンのシンボルである黄色い太陽から顔を取り除いた旗。**域章**は盾型紋章で、アメリカ国旗意匠からフィリピン国旗意匠に替え、盾の下に英語国名を黒字で記した白いリボンを加えたもの。

1935～40 域章

1940～43 域章

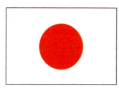

1940年 アメリカ自治領フィリピンの域章変更。**域章**は、フィリピンの国旗意匠の盾型紋章で、中にあったマニラ市章の替わりに、フィリピンのシンボルとなった8本の光線を放つ黄色い太陽を描いた白い楕円形を置き、クレストにオリーブの枝と矢を足でつかみ、翼を広げホイストを向いた白頭鷲、盾の下に黄字英語で域名を記した白いリボンを配したもの。

日本の占領と第二共和国

1942～45 日本国旗

1942年 第二次世界大戦中、日本軍が占領。

1943～45

1943年 日本の支援を受け、ラウレル大統領率いるフィリピン第二共和国成立。国旗・国章制定。**国旗**はアメリカ星条旗の青から1899年制定の独立国旗に近い青に修正した旗。**国章**はフィリピン国旗意匠の盾型紋章で、中に黄色い太陽を描いた白い三角形、盾の下にフィリピン語"PILIPINAS"「フィリピン」と国名を黒字で記した白いリボンを配したもの。ここで白頭鷲、星条旗といったアメリカのシンボルが排除された。

1945年 日本の敗北で、アメリカ自治領政府が復活。国連に加盟。

フィリピン共和国

1946～85

1946～78

1946年 フィリピン共和国としてアメリカより独立。国旗・国章制定。**国旗**はホイストに3個の黄色い五角星と8本の光を放つ太陽を配した白青赤の横Y字旗。青をアメリカ自治領時代の域旗に近い色に修正した旗。**国章**は黄色い縁取りをしたフィリピン国旗カラーの盾型紋章で、チーフは白地に3個の黄色い五角星、下部青地にオリーブの枝と矢を足でつかみ翼を広げホイストを向いた白頭鷲、赤地に前足を立てた黄色いライオン、それぞれアメリカとスペインとの歴史を表す。盾の下に英語国名を黒字で記した白いリボンを配したもの。

1978～85

1978年 フィリピン共和国の国章変更。**国章**は当時のマルコス大統領によって、盾型紋章の下にある白いリボンにあった英語国名に替えて黒字のフィリピン語で"ISANG BANSA ISANG DIWA"「一つの国家、一つの精神」という標語に替えられたもの。

1985〜86

1985年 フィリピン共和国の国旗・国章変更。**国旗**は青を明るい青に替えた旗。**国章**も明るい青に修正したもの。

1986〜97

1986年 フィリピン共和国の国旗・国章変更。エドゥサ革命により、マルコス大統領が失脚してアキノ大統領となり、**国旗**は1946年制定の旗が復活した。**国章**からもマルコス大統領が採用した標語が取り除かれ、替わりに英語国名となった。

1997〜

戦時国旗

1997年 フィリピン共和国の国旗・国章変更、冒頭参照。**国旗**は再度、青を明るく修正した旗。ホイストの白い三角形は自由の象徴で、8本の光を放つ太陽は1898年にスペインに反乱を起こしたパンパンガ、ブラカン、リサール、カビデ、バタンガス、ラグナ、タルラック、ケソンの8州、3個の黄色い五角星はルソン、ビサヤ、ミンダナオの主要3島を表す。青は平和と正義、赤は勇気、白は平等を表す。戦時には旗の天地を逆にし、赤を上にして国民の勇気を奮い立たせる（**戦時国旗**）。**国章**は盾型紋章の下の白いリボンにあった英語国名がフィリピン語 "REPUBLIKA NG PILIPINAS" に替えられた。

ブータン王国
Kingdom of Bhutan

国旗比率　2：3

データ	
首都	ティンプー
面積	3.8万㎢（北海道の約半分）
人口	78万人
人口密度	20人/㎢
公用語	ゾンカ語
通貨	ニュルタム

イギリスの支配

1616年 チベット高僧ガワンが初代法王となり聖俗両権を掌握。
1864〜69年 ブータン戦争により、イギリスが南部領土を獲得。
1907年 現王家のワンチュック朝ブータン王国が成立。

1910年 イギリスが支配するインド帝国の保護領となる。域旗の解説はインドの項参照。ブータン王国の域章制定。**域章**は中央に赤い十字に組み合わせた金剛杵、上部に赤い宝珠、サポーターは2頭の龍を配したもの。

1910〜45　インド帝国域旗　　1945〜47

1947〜49
イギリス国旗

1910〜69
ブータン王国域章

ブータン王国

1949〜56

1949年 インド・ブータン友好条約を締結。インドが外交権を握る条件でブータン王国が独立。ブータン王国の国旗制定。**国旗**は中央にフライを向いた緑の龍を配した黄と赤の斜二分割旗。黄は国王を表し、緑の龍は平和と繁栄を表す。

1956〜69

1956年 ブータン王国の国旗変更。**国旗**中央にある龍の色が白に替えられた旗。

1969〜72

1969〜80

1969年 ブータン王国の国旗・国章変更。**国旗**は正方形の国旗を長方形に、白い龍をホイスト向きに替えた旗。**国章**は白い円形紋章で、十字に交差した黄色い金剛杵、中心に赤青緑の宝玉、上部に同色の傘、雌雄の龍、青い雲、外側にゾンカ語と英語でブータン王国政府と黒字で配したもの。

1971年 国連に加盟。

1972〜

1972年 ブータン王国の国旗変更。**国旗**は中央にフライを向いた白い龍を配した黄オレンジの斜二分割旗。黄は国王の指導力、オレンジは仏教、白は純粋さと忠誠心を表す。国名のブータンは雷龍の国を意味し、山々に響きわたる雷は龍の鳴き声であると信じられてきた。龍がつかんでいる玉は国の富と成熟を表す。

1980〜

1980年 ブータン王国の国章変更。**国章**は赤い円形紋章で、中央に世俗の権力と宗教の権力を表す十字に交差した黄色い金剛杵、中心にグレーと赤の宝玉、国名を表す雌雄2頭の龍、下に清浄を表すグレーとピンクの蓮の花、上部にチャットラと呼ばれる赤い日傘を配したもの。

2008年 立憲君主制へ移行。

ブルネイ・ダルサラーム国
Brunei Darussalam

国旗比率 1：2

データ	
首都	バンダルスリブガワン
面積	5800km² （三重県程度）
人口	43万人
人口密度	74人/km²
公用語	マレー語
通貨	ブルネイ・ドル

ブルネイ王国

13世紀 ブルネイ王国成立。カリマンタン（ボルネオ）島北部からスル諸島、ルソン島の一部を支配。

14世紀 ジャワのマジャパヒト王国の支配下となる。

1520年 マジャパヒト王国が滅亡し、ブルネイ王国の主権回復。

イギリスの支配

1888〜1906 イギリス保護領域旗

1888年 イギリスと保護協定を締結、外交をイギリスが担当。イギリス保護領ブルネイの域旗制定。**域旗**は無地の黄旗。

1906〜41／1945〜59 イギリス保護領域旗

1906年 内政を含めイギリス保護領となる。域旗変更。**域旗**は首相を表す白とその他大臣を表す黒の斜め縞を加えた黄旗。

1932〜50 イギリス保護領域章

1932年 イギリス保護領ブルネイの域章制定。**域章**は燕尾旗、黄色い傘、両翼、柱の下にジャウィ文字マレー語で国名を配したもの。

1941〜45 日本国旗

1941年 日本軍が終戦まで占領。1945年の日本敗戦後は旧域旗が復活。

1950〜59 イギリス保護領域章

1950年 イギリス保護領ブルネイの域章変更。**域章**は白い円形紋章で、中に黄色い燕尾旗、日傘、両翼、柱の下に上向きの三日月を配したもの。

ブルネイ・ダルサラーム／ベトナム

イギリス自治領から独立へ

1959〜

1959年 イギリス自治領となる。国旗・国章制定。**国旗**は中央に赤い国章、白黒の斜め縞を配した黄旗。黄は国王、白は総理大臣、黒はその他の大臣を表す。**国章**は国家を表す赤い燕尾旗、国王の日傘、正義、平穏、繁栄、平和を表す片翼4枚からなる翼、不動の政府を表す柱、2本のかざす手は政府への忠誠と国民の福祉、繁栄を実現する国の義務を表す。底部にイスラムを表す上向きの三日月、中にジャウイ文字マレー語で「常に神の導きに従え」という標語が黄字で記され、赤いリボンに国名が黄字で記されている。

1962年 スルタン制およびブルネイのマレーシア連邦参加に対するアザハリの反乱勃発。
1967年 イギリスとの独立交渉を開始。
1971年 ブルネイ内政自治権を獲得。
1984年 イギリスからブルネイ・ダルサラーム国として完全独立。国連に加盟。

ベトナム社会主義共和国
Socialist Republic of Viet Nam

データ	
首都	ハノイ
面積	33.1万㎢（九州を除いた日本の面積）
人口	9444万人
人口密度	285人/㎢
公用語	ベトナム語
通貨	ドン

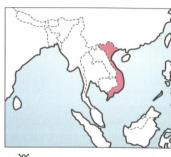

国旗比率 2：3

大越国／西山朝／越南国

1054年 ベトナム北部に最初の長期政権、大越国（李朝）が成立。
15世紀 黎朝大越国が中国の明から独立し、ついで南部のチャンパー王国を制圧。

1778〜1802 西山朝

1778年 ベトナム南中部に西山朝成立。国旗制定。**国旗**は中央に黄色い円、周囲に黄色いフリンジを配した赤旗。

1802〜85 越南国

1802年 阮福暎により西山朝が倒され、阮朝越南国が成立。**国旗**は中央に赤い円、周囲に青いフリンジを配した黄旗。赤い円は南を表し、黄は国王を表す。青いフリンジは海と龍の鱗を示す。

フランスによる支配

仏領インドシナ連邦

1862年 ベトナムに侵攻していたフランスが第1次サイゴン条約でコーチシナを獲得。

1885〜87／1887〜1923 フランス国旗

1885年 清仏戦争で敗退した清国が、ベトナムに対する宗主権を放棄し、ベトナムはフランス保護国となる。阮朝は清国の前では越南国、その他の国には大南国と称した。大南国**国旗**は中央に赤地で大南と記した縦長黄旗。

1885〜90 大南国

1887〜1912 インドシナ連邦域章

1887年 ベトナムとフランス保護国のカンボジア王国で、フランス領インドシナ連邦を形成（1899年にラオスを加える）。フランス領インドシナ連邦の総督府はハノイ。フランスはベトナムを南部直轄植民地コーチシナ、中部アンナン保護領、北部トンキン保護領の3地区に分割統治した。アンナン保護領の首都はフエ。トンキン保護領の首都はハノイ。植民地コーチシナの首都はサイゴン。フランス領**インドシナ連邦域章**を制定。フラン

1887〜1923 トンキン域旗

コーチシナ域旗

ベトナム

ス国旗意匠の盾型紋章で、中にフランス共和国を表す黄字頭文字ＦＲを配したもの。フランス保護領**トンキン域旗**制定。中央に赤い円を配した黄旗。フランス植民地**コーチシナ域旗**制定。周囲に黒い鋸形ボーダーを配した黄旗。

1890～1920 アンナン域旗

1890 年 フランス保護領**アンナン域旗**制定。中央に３本の赤い横縞を配した黄旗。３本の横縞は国の北部、中部、南部を表す。

1912～41 インドシナ連邦域章

1912 年 フランス領**インドシナ連邦域章**変更。域章は黄色い古代ローマ執政官のシンボルで正義を表す束桿斧、ライオンの頭、フランス共和国を表すモノグラムFR、勝利を表す月桂樹の枝と知恵を表す樫の葉を配したもの。

1920～23 アンナン域旗

1920 年 フランス保護領**アンナン域旗**変更。黄赤黄の横三分割旗。黄赤の二色は国の北部と中部を表す。

阮朝皇帝旗

1802 年に成立した阮朝は、フランスの保護国下でも存続し、1945 年にバオダイ帝の退位で滅亡した。

1916～25

1916 年 阮朝**皇帝旗**制定。中央に赤い真珠と青龍、周囲に赤い二重線と黄色いフリンジを配した黄旗。

1925～45

1925 年 阮朝**皇帝旗**変更。赤い炎、青龍、周囲に赤いボーダー、黄色いフリンジを配した黄三角旗。

独立への動き

植民地として支配されるなかで、独立への動きも強まった。

1930 ベトナム共産党旗

1930 年 ベトナム共産党結成。**党旗**は中央に黄色い鎌とハンマーを配した赤旗。

1923～41 インドシナ連邦域旗

1923 年 フランス領**インドシナ連邦域旗**制定。カントンにフランス国旗を配した黄旗。

ベトナム民主共和国 ベトナム帝国／コーチシナ共和国

1945～55 ベトナム民主共和国

1945 年 フランスよりホー・チ・ミン率いるベトナム民主共和国が独立を宣言。ベトミン党旗を**国旗**に制定。

1945 ベトナム帝国

1945 年 日本に支援された阮朝皇帝バオダイを元首とするベトナム帝国が成立するが、日本の敗戦とともに崩壊。ベトナム帝国の国旗制定。**国旗**は中央に南を表す赤い卦を配した黄旗。この卦は現在の韓国国旗にも使われている。

1946.6～10 コーチシナ共和国

1946.10～1948

1941 ベトナム独立同盟旗

1941 年 ベトナム独立同盟（ベトミン）結成。ベトナム共産党が合流する。**ベトミン党旗**は中央に黄色い丸みを帯びた五角星を配した赤旗。４年後にベトナム民主共和国初代国旗となる旗。

1940～45 日本国旗

1940 年 太平洋戦争に先立ち、日本軍が北部ベトナムに進駐。翌年、南部にも進駐。

インドシナ戦争とベトナム戦争

1946.10～1948 コーチシナ国章

1946 年 インドシナ戦争勃発。フランスはサイゴンを首都とする傀儡政権コーチシナ共和国を樹立。ベトナム民主共和国と対立する。国旗・国章制定。６月制定の**国旗**は中央に３本の青い横縞を配した黄旗。10月に青い横縞の間に２本の白い横縞を加えた**国旗**に変更。**国章**は国旗意匠を配した盾型紋章。青は平和、白は繁栄を表す。

ベトナム国

1949～55

1949 年 コーチシナ共和国の後身として、阮朝最後の皇帝バオダイを元首としたフランスの傀儡政権ベトナム国が成立。国旗・国章制定。**国旗**は中央に３本の赤い横縞を配した黄旗。**国章**は国旗意匠を配した盾型紋章で、中央に青龍を入れたもの。

ベトナム

ベトナム共和国／ベトナム民主共和国

1954年 ディエンビエンフーの戦いでフランス軍が敗北。ベトナムは17度線で南北に分離される。

1955~75 ベトナム共和国　　1955~57

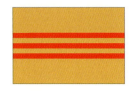

1955年 フランスのベトナム撤退により、ベトナム国は崩壊し、南にゴ・ディン・ジエムを初代大統領とするベトナム共和国樹立。国旗・国章制定。国旗はベトナム国の国旗を引き継いだ。3本の横縞はトンキン、アンナン、コーチシナを表す。赤は成功と幸運、黄は国土、稲穂、貴金属を表す。ベトナム共和国の国章は白い円形紋章で、中に丘に生える竹、外の白い帯にベトナム語国名を黒字で配したもの。

1955~76 ベトナム民主共和国

1955年 ベトナム民主共和国の国旗変更、国章制定。国旗は従来の国旗中央の丸みを帯びた五角星を修正した旗。1976年以降は、ベトナム社会主義共和国の国旗となった。赤は独立闘争で流れた血、黄は革命を表す。五角星は労働者、農民、兵士、知識人、商人を表す。国章は社会主義国型紋章で、社会主義を表す黄色い五角星、工業化を表す歯車、農業を表す稲穂のリース、ベトナム語で国名を黄字で記した革命を表す赤いリボンを配したもの。

1957~63 ベトナム共和国

1957年 ベトナム共和国の国章変更。国章は赤い輪郭線を付けた黄色い三角紋章で中に緑の竹、剣と槍を付け英語国名を黒字で記した白いリボンを配したもの。

南ベトナム解放民族戦線

1960

1960年 親米政権の打倒をめざして南ベトナム解放民族戦線が結成される。党旗は中央に黄色い五角星を配した赤青の横二色旗。アメリカが支援するベトナム共和国政府に対する内戦を開始（ベトナム戦争）。

1963~75 ベトナム共和国

1963年 ベトナム共和国の国章変更。国章は国旗意匠の盾型紋章。

1965年 アメリカ軍による北爆が開始される。アメリカは地上軍も投入し、戦争はベトナム全土に拡大。

1968年 ベトナム和平に向けたパリ和平会議開始。

1969~76 南ベトナム臨時革命政府

1969年 南ベトナム臨時革命政府が成立。国旗・国章制定。国旗は南ベトナム民族解放戦線党旗で、黄は昔からのベトナム民族色、赤は革命闘争、青は平和を表す。山岳民族をはじめ南ベトナムには青をシンボルに取り入れた人々が多かった由。国章は赤い社会主義国型紋章で、中に黄色いベトナム地図、稲穂のリース、ベトナム語で国名を黄字で記した赤いリボンを配したもの。

ベトナムの統一

ベトナム社会主義共和国

1973年 アメリカ軍が撤退。

1975年 サイゴンが陥落してベトナム戦争が終結し、南北統一なる。

1976~

1976年 統一選挙をへて統一国会が開かれ、ベトナム社会主義共和国が成立。国旗はベトナム民主共和国の国旗を継続使用。国章制定。国章は従来の国章の赤いリボンに記したベトナム語国名を改名したもの。

1977年 国連に加盟。

1979年 中越戦争勃発。

1995年 アメリカとの国交正常化。

香港・マカオの新域旗候補

香港とマカオは、中国市場への進出をはかるイギリスとポルトガルの拠点植民地であった。20世紀末、香港は155年ぶりに、マカオは112年ぶりに返還され、「一国二制度」のもと発展を遂げている。返還にあたって、両地はそれぞれ新しい域旗を決めるコンペを行った。当選作は54頁に掲載したが、ここでは最終候補の2作ずつを紹介する。

1990年 香港 新域旗最終候補A

1990年 香港 新域旗最終候補B

1990年 マカオ 新域旗最終候補A

1990年 マカオ 新域旗最終候補B

マレーシア
Malaysia

国旗比率　1：2

データ	
首都	クアラルンプール
面積	33.0万km²（九州を除いた日本の面積）
人口	3075万人
人口密度	93人/km²
公用語	マレー語
通貨	リンギ

マラッカ王国

13世紀　ジャワのヒンドゥー教国、マジャパヒト王国の支配下に。

14世紀　マラッカ海峡を支配する港市国、マラッカ王国が成立。

1511年　ポルトガルに占領される。

イギリスの支配

イギリス領海峡植民地

1786年　イギリス東インド会社がペナン島、マラッカを領有。

1824年　マレー半島、ボルネオ島西北部がイギリス植民地となる。

1826〜1942 域旗

1826年　ペナン、マラッカ、シンガポールよりなるイギリス領海峡植民地が成立。イギリス領インドの管轄下となる。イギリス領海峡植民地域旗制定。域旗はフライに3個の黄色い王冠を置いた白い逆Y字を持つ赤い菱形を配したイギリス青色船舶旗。

1867年　シンガポール在住のイギリス商人の不満もあり、海峡植民地はイギリス領インド管轄を離れ、イギリス植民地省に移管され、シンガポールに知事が置かれる。

1886年　ココス島とクリスマス島が編入される。

イギリス領マレー連合州

1896〜1942 マレー連合州域旗・域章

1896年　イギリス保護国から構成されるイギリス領マレー連合州が発足。イギリス領マレー連合州の域旗・域章制定。**域旗**は中央にホイストに向かって走る虎を描いた白い楕円を配する白赤黄黒の横四色旗。虎はマレーのシンボル、4色はイギリス領マレー連合州を構成する保護国であるペラ、セランゴール、ヌグリ・スンビラン、パハンが使用している旗の色。ペラは白黄黒、セランゴールは赤黄白、ヌグリ・スンビランは赤黒黄、パハンが白黒。**域章**は四分割盾型紋章で、第一クォーターは白、第二クォーターは赤、第三クォーターは黒、第四クォーターは黄。クレストに黄色い王冠、サポーターは2頭のマレー虎、盾の下にジャウイ文字マレー語で「神の庇護の下で」という標語を黒字で記したグレーのリボンを配したもの。

1896 マレー連合州内の州旗

◆ペラ州　　　　◆セランゴール州

◆ヌグリ・スンビラン州　◆パハン州

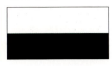

1906年　ボルネオ島北東のラブアン島が編入される。

1942〜45 日本国旗

1942年　第二次世界大戦中、日本軍が占領。

1945〜46 イギリス領海峡植民地域旗

1945年　日本の敗戦で、再びイギリス領海峡植民地となる。

マラヤ連合／マラヤ連邦

1946〜48 マラヤ連合 域旗・域章

1946年　イギリス領海峡植民地が解体。ココス島とクリスマス島はシンガポール管轄となる。マレー連合州にジョホール、ケダ、プルリス、クランタン、トレンガヌ5州が加わり、イギリス領マラヤ連合が成立。旧海峡植民地のペナンとマラッカは同連合に吸収され、シンガポールはイギリス直轄植民地となる。イギリス領マラヤ連合は**域旗・域章**として旧マレー連合州域旗・域章を2年間使用。

マレーシア

連合マレー人国民組織

1946 連合マレー人国民組織党旗

1946年 ジョホールバルで連合マレー人国民組織が結成され、独立運動を開始。**党旗**は中央の黄色い円に緑の短剣を配した赤白の横二色旗。

1948年 イギリス直轄支配であったマラヤ連合を解体し、スルタンの地位を回復させて新たに11州でマラヤ連邦を結成。

1950年 マラヤ連邦の域旗・域章制定。**域旗**は青いカントンに黄色い三日月と十一角星を配した赤白11本の横縞旗。三日月と十一角星はイスラム、星の11光線と11本の横縞はマラヤ連邦構成州を表す。黄はスルタン、赤白青の

1950～57 マラヤ連邦域旗・域章

3色はイギリスを表す。**域章**はマレー連合州時代の盾型域章の王冠を黄色い三日月と十一角星に替え、チーフは赤地にジョホール、ケダ、プルリス、クランタン、トレンガヌ5州を表す5本の黄色い短剣クリス、下部左右にペナンを表す城壁上部にリボンで結んだダチョウの羽根と波、マラッカを表す赤いサンチャゴ砦の門、底部にラテン文字英語とジャウイ文字マレー語で「団結は力」という標語を黒字で記した黄リボンを加えたもの。

1955年 インド洋のココス島はオーストラリアへ移管される。

独立後の変遷

マラヤ連邦

1957～63

1957年 イギリスよりイギリス連邦一員のマラヤ連邦として独立。独立後もイギリス領マラヤ連邦の域旗・域章を**国旗・国章**として使用。同年、国連に加盟。

マレーシア

1963～

1963年 シンガポール、サバ、サラワク3州を加え、マレーシア連邦が成立。ラブアン島はサバ州に編入される。マレーシアの国旗・国章制定。**国旗**はマラヤ連邦国旗を、構成14州を表す14横縞と十四角星に修正した旗。**国章**はマラヤ連邦国章の2頭のマレー虎の立ち位置を替え、旧マレー連合州を表す赤黒白黄地を横1列に並び替え、マラッカを表すサンチャゴ砦を緑の草地に立つアムラの木に替え、底部に新たにサバ州を表す白地に旗を持つ2本

1963～65

の腕、シンガポール州を表す赤地に白い5個の五角星と三日月、サラワク州を表す黄地に王冠、黒赤十字を配し、底部の黄色い標語リボンの文字をラテン文字英語からラテン文字マレー語 "BERSEKUTU BERTAMBAH MUTU" 「団結は力」に替えたもの。

1965～73

1965年 シンガポールが分離独立。マレーシア**国章**変更。国章盾下部にあったシンガポール州を表す赤地に白い三日月と5個の五角星を国花の赤いハイビスカスに替えたもの。

1973～82

1973年 マレーシア**国章**変更。国章盾下部右のサラワク州紋章が胸に青赤白のY字盾を抱いたサイチョウに替えられた。

1982～88

1982年 マレーシア**国章**変更。国章盾下部左のサバ州紋章が、胸に赤青白のY字盾を抱いたカワセミに、ペナン州紋章がビンロウの木とペナン橋に替えられた。

1984年 ラブアン島はサバ州から離脱、連邦領となる。

1988～

1988年 マレーシア**国章**変更。国章盾下部左のサバ州紋章が旗を持つ腕に、盾下部右のサラワク州紋章が胸に黒赤の斜め帯と黄色い星の盾に替えられた。

ミャンマー連邦共和国
Republic of the Union of Myanmar

データ	
首都	ネーピードー
面積	67.7万km² (日本の1.8倍)
人口	5436万人
人口密度	80人/km²
公用語	ビルマ語
通貨	チャット

国旗比率 2：3

統一王朝の成立

1044年 最初の統一王朝パガン朝が成立。
1551年 タウングー朝が成立。

1754～1886

1754年 アラウンパヤーによりコンバウン朝が成立。ビルマ人最初の王朝。国旗制定。**国旗**はビルマのシンボルで幸福をもたらすといわれる翼を広げた孔雀を中央に配した白旗。

イギリスの支配

1852年 第2次ビルマ戦争が勃発。イギリス軍がペグー地方の合併を宣言する。

1886～1939 インド帝国ビルマ州域旗・域章

1886年 コンバウン朝滅亡、イギリス領インド帝国にビルマ州として編入される。**域旗**の解説はインドの項参照。イギリス領インド帝国ビルマ州の域章制定。**域章**はベージュの盾型紋章で翼を広げた孔雀を配したもの。
1930年 タキン党結成、イギリスからの独立運動を開始。
1937年 ビルマはインド帝国から分離され、イギリス直轄の自治領となる。

1939～42 イギリス自治領ビルマ域旗・域章

1939年 イギリス自治領ビルマ域旗・域章制定。**域旗**はフライに域章を配したイギリス青色船舶旗。**域章**は円形紋章で翼を広げた孔雀を配したもの。

日本の占領下／ビルマ国

1942～43 暫定政府国旗・防衛軍旗

1942年 日本軍がラングーンを占領。アウン・サンがビルマ独立義勇軍を率い、日本軍とともにイギリス軍を駆逐し、ビルマ暫定政府を樹立。暫定政府の国旗制定。**国旗**は上部に赤い円を配した緑の横縞の黄旗。暫定政府が成立するとビルマ独立義勇軍は解散となり、2800人からなるビルマ防衛軍が日本軍指導の下に組織された。**ビルマ防衛軍旗**は中央に金色の孔雀を配した黄緑赤の三色旗。

1943～45 ビルマ国旗

1943年 日本の支援でビルマ国を建国。国旗制定。**国旗**は中央に翼を広げた孔雀を描いた白円を配した黄緑赤の横三色

反ファシスト人民自由連盟

1944 連盟旗

1944年 抗日運動の秘密組織として反ファシスト人民自由連盟が結成される。**連盟旗**はカントンに白い五角星を配した赤旗を使用。

旗。黄は仏教、緑は農業、赤は勇気を表す。孔雀は古くからの国のシンボル。

イギリス自治領／ビルマ連邦

1945～48 イギリス自治領ビルマ域旗

1945年 日本の敗戦により、再びイギリス自治領ビルマとなる。**域旗**が復活。

1948～74 ビルマ連邦

1948年 イギリスよりビルマ連邦として独立。国旗・国章制定。国連に加盟。**国旗**は青いカントンに白い大きな五角星と周りに5個の小さな五角星を配した赤旗。赤は勇気、団結、目的の堅持、青は星の輝く夜の深さ、白

は清浄、真実、不抜の精神を表す。大きな五角星は連邦、5個の小さな五角星は主要5民族であるミャンマー族、アラカン族、シャン族、カレン族、カチン族を表す。ビルマ連邦**国章**は

盾型紋章で、中心に白いビルマ地図と青い海、外側にビルマ語で「幸福、繁栄、団結」という標語を白字で記したグレーのビルマ獅子を乗せた赤い帯、サポーターは2頭の外側を向いたグレーのビルマ獅子、黄色い盾飾り、底部にビルマ語で国名を黒字で記したオレンジのリボンを配したもの。

1962年 ネ・ウィン将軍による軍事クーデター、ビルマ式社会主義を掲げる。

ビルマ連邦社会主義共和国

1974〜89／1989〜2010

1974〜89

1974年 軍政を廃止。ビルマ連邦社会主義共和国に改称。国旗・国章制定。国旗は青いカントンに労働者を表す歯車、農民を表す稲穂、14の行政区を表す14個の白い五角星を配した赤旗。赤は勇気、青は平和と忍耐、白は純粋さと名誉を表す。国章は青い盾型紋章で、赤いビルマ地図と白い歯車、周囲に黄色い稲穂のリース、サポーターは2頭の外を向いた青いビルマ獅子、上部に白い五角星、底部にビルマ語で国名を黒字で記した薄紫のリボンを配したもの。

ミャンマー連邦

1989〜2010

1989年 再び軍部がクーデターを起こし、ミャンマー連邦に改称。国旗は継続使用。ミャンマー連邦国章制定。1974年制定の国章をすべて黒と黄色に塗り替え、底部リボンの国名を替えたもの。

ミャンマー連邦共和国

2010〜

2010年 ミャンマー連邦共和国に改称。国旗・国章制定。国旗は中央に白い五角星を配した黄緑赤の横三色旗。黄は団結、緑は平和と安らかさ、赤は勇気と決意を表す。白い五角星は永続する連邦を表す。国章は中央にあった歯車が取り除かれ、ミャンマー全土の地図と稲穂のリースだけとなった。底部に国名リボン、サポーターは知恵と勇気を表す黄色い2頭の外を向いたビルマ獅子を配したもの。

ミャンマー国民民主連盟党

1989 国民民主連盟党旗

1989年 ミャンマー国民民主連盟党首アウンサン・スーチー氏が自宅に軟禁される。国民民主連盟党旗はカントンに大きな白い五角星、フライに黄色い孔雀を配した赤旗。

2011 連邦団結発展党旗

2011年 翼賛政党のミャンマー連邦団結発展党の党首テイン・セインが大統領に就任、民主化の促進をはかる。党旗は赤いカントンに白い五角星を配した緑旗。

2012年 国民民主連盟が選挙で大勝、スーチー氏も当選し政治活動を再開。

モルディヴ共和国
Republic of Maldives

国旗比率 2：3

データ	
首都	マレ
面積	298㎢（淡路島の半分）
人口	37万人
人口密度	1233人/㎢
公用語	ディヴェヒ語
通貨	ルフィア

ポルトガル・オランダの支配

15世紀 ポルトガルが占領。

1645〜1796 オランダ保護領

1645年 オランダの保護領となる。モルディヴでは域旗として赤い二重三角旗を使用。

◆オランダ国旗　◆モルディヴ域旗

イギリスの支配

1796〜1903 イギリス保護領モルディヴ域旗

1796年 イギリス保護領となる。イギリス保護領モルディヴ域旗制定。無地の赤旗。
1887年 イギリス領セイロンに編入される。

1903〜32 モルディヴ域旗

1903年 イギリス保護領モルディヴ域旗変更。域旗はホイストに黒白の斜縞を配した赤旗。

1932〜53 モルディヴ域旗

1932年 イギリス保護領モルディヴ域旗変更。域旗は中央に白い三日月が加えられた赤旗。

1953〜65 モルディヴ域旗

1953年 イギリス保護領モルディヴ域旗変更。域旗は中央に白い向きを替えた三日月を入れた緑の四角が加えられた赤旗。

スバディバ連合共和国

1959〜63

1959年 南部でスバディバ連合共和国が一方的に独立宣言。スバディバ連合共和国の**国旗**は中央に白い三日月と五角星、ホイスト下部とフライ上部に2個の白い五角星を配した青緑赤の横三色旗。
1963年 政府軍に鎮圧され、スバディバ連合共和国は消滅。

モルディヴ・スルタン国

1965〜68　　**1965〜**

1965年 イギリスからモルディヴ・スルタン国として独立。国連に加盟。国旗・国章制定。**国旗**は中央の緑の四角に白い三日月を配した赤旗。赤は自由のために流された血、緑は平和と繁栄、白い三日月はイスラムを表す。**国章**は中央にイスラムを表す黄色い三日月と五角星、緑のヤシの木、交差した国旗、底部にアラビア文字ディベヒ語で16世紀に使われた国名「マハル・ディビヤット国」と黒字で記したグレーのリボンを配したもの。

1965〜68 スルタン旗

1965年 モルディヴ・スルタン国のスルタン旗制定。**スルタン旗**は国旗の緑の四角に白い五角星を加えた赤旗。

モルディヴ共和国

1968〜

1968年 共和制に移行、モルディヴ共和国に改称。**国旗・国章**（冒頭参照）はモルディヴ・スルタン国旗・国章を継続使用。

モンゴル国
Mongolia

国旗比率 1：2

データ	
首都	ウランバートル
面積	156.4万km²
	（日本の4倍）
人口	301万人
人口密度	2人/km²
公用語	モンゴル語
通貨	トグログ

モンゴル帝国

1206年 チンギス・ハンがモンゴルを統一し、大ハンとなりモンゴル帝国を建国。チンギス・ハン**皇帝旗**は九尾旗と呼ばれ、モンゴル9部族を表すヤクの毛でできた9個の青い房と金色のボーダーを付け、中央に聖霊であるハヤブサを青い輪郭線で配した白旗。竿頭は炎の三又で下

1203〜
チンギス・ハン
皇帝九尾旗

に4束の白馬の毛が結ばれている。

1227 モンゴル帝国軍旗

1227年 モンゴル帝国の**軍旗**を使用。白馬の毛で作られ、竿頭は炎の三又形。帝国の誇りを表す平時軍旗で9部族を表す

9本構成の軍旗。戦時は黒馬の毛の軍旗を使用する。13世紀には史上最大の大帝国を築く。

1271年 フビライ・ハンが大都を都とし、国号を元とする。

1371年 3年前に建国された明に追われ、モンゴル高原に退く。

清の支配／モンゴル国

1757年 モンゴル系のジュンガルが清に滅ぼされ、内外モンゴル全域が清の支配下に置かれる。

1881～1911 清国旗

1881年 清国旗を使用。国旗の解説は中華人民共和国の項参照。

1911～19 モンゴル国

1911年 辛亥革命が勃発。ロシア帝国の支援により、モンゴルは清国より分離し、自治政府を樹立。ラマ教の活仏ボグド・ハンを皇帝とするモンゴル国成立。国旗・国章制定。**国旗**は中央に国章を配した織り柄の入った黄旗で赤い3本の足が付いた旗。**国章**は蓮の花の上にモンゴル固有の模様であるソヨンボを配したもの。

1919～21 中華民国領蒙古

1919年 ロシア革命によるロシア帝国の崩壊で、後ろ盾を失ったモンゴル国は消滅する。中国軍閥の支配となる。五色旗使用。五色旗の解説は中華人民共和国の項参照。

1921～24 モンゴル国

1921年 ソヴィエト連邦の支援を受け、活仏を元首とする立憲君主国として中華民国から独立。モンゴル国の**国旗**復活。

モンゴル人民共和国

1924～30　1924～40

1924年 活仏の死去に伴い共和制となり、モンゴル人民共和国に改称。国旗・国章制定。モンゴル人民共和国の**国旗**は中央に国章、モンゴル文字モンゴル語で左に「国旗」、右に「モンゴル人民共和国」と白字で縦書きした3本の足の付いた赤旗。**国章**は緑の蓮の葉の上に黄色いソヨンボを配したもの。

1930～40

1930年 モンゴル人民共和国の国旗変更。**国旗**は中央のベージュの円に国章を配した赤青赤の燕尾旗。

1939年 満州国との国境で、モンゴル軍・ソ連軍と日本軍が戦うノモンハン事件が勃発。

1940～45

1940年 モンゴル人民共和国の国旗・国章変更。**国旗**は中央に国章、左右に「国旗」と国名をモンゴル文字モンゴル語白字で記した赤旗。**国章**は円形紋章で、中央に緑の草原を投げ縄棒を持ち馬に乗って走るモンゴル人、黄色い陽光、4種類の家畜の頭、黄色い輪郭線を持つ赤い五角星と黄色い帯飾の入った赤い帯、底部にモンゴル文字モンゴル語黄字で国名を記した赤いリボンを配したもの。

1940～55

1945～92

1945年 モンゴル人民共和国の国旗変更。**国旗**はホイストに共産主義のシンボルである黄色い五角星とモンゴル固有の模様ソヨンボを配した赤青赤の縦三分割旗。

1955～60

1955年 モンゴル人民共和国の国章変更。**国章**は1940年制定の国章にある赤いリボンに記された国名が、モンゴル文字からキリル文字国名略号に替わったもの。

1960～92

1960年 社会主義国としての憲法を公布。モンゴル人民共和国の国章変更。**国章**は青い社会主義国型紋章で、白馬に乗って投げ縄棒を持たずに走るモンゴル人、雪山から昇る太陽、工業化を表す白い歯車、農民を表す黄色い小麦穂のリース、底部にキリル文字モンゴル語黄字で国名略号を記した国旗カラーのリボン、中に黄色い五角星とソヨンボを入れた黄色い輪郭線を持つ赤い五角星を配したもの。

1961年 国連に加盟。

1990年 複数政党制を導入。

モンゴル国

1992～

1992年 社会主義を放棄し、モンゴル国に改称。国旗・国章制定。**国旗**は1945年制定の国旗から共産主義のシンボルである黄色い五角星を取り除いた旗。赤は進歩と繁栄、黄は永遠の友情、青はモンゴル伝統色で国民を表す。ソヨンボは過去、現在、未来の国の繁栄を表す炎、宇宙と永遠を示す太陽と三日月、敵を倒す気持ちを表す弓矢と槍を示す2個の三角形、前進、正直さを表す2個のヨコの長方形、城壁で国の守りを表す2個のタテの長方形、雌雄の眠らない魚で警戒心と陰陽を表す巴から構成される。**国章**（冒頭参照）は大空を表す青い円形紋章で、中央に黄色いソヨンボを組み込んだ独立、主権を表すヒーモリという風の中を走る馬、緑の山並み、青いハダクと呼ばれるスカーフを巻いた黄色い法輪、白い蓮の花、周囲にツメン・ナサンと呼ばれる永遠を表す黄色い連続模様、過去、現在、未来を表す赤青緑の三宝を配したもの。

ヨルダン・ハシェミット王国
Hashemite Kingdom of Jordan

国旗比率　1:2

データ	
首都	アンマン
面積	8.9万km²
	（北海道程度）
人口	775万人
人口密度	87人/km²
公用語	アラビア語
通貨	ヨルダン・ディナール

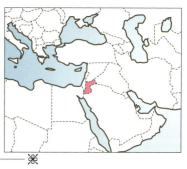

イスラム諸王朝の支配

661年 イスラム国家ウマイヤ朝の支配下となる。
750年 アッバース朝の支配下となる。その後、アイユーブ朝、マムルーク朝などイスラム諸王朝の支配下となる。
16世紀 オスマン帝国の支配下となる。

1867～1919 オスマン帝国旗

1867年 エジプトのムハンマド・アリー朝からオスマン帝国領になる。

イギリスの支配

1919～23 イギリス国旗

1919年 第一次世界大戦（1914～18）でオスマン帝国が敗れ、イギリス委任統治領パレスティナに編入される。
1923年 イギリスはパレスティナを東のヨルダンと西のパレスティナに分割し、ヨルダンにヒジャーズ王国のアブド・アッラーフ・ブン・アルフサイン（フサイン）を迎え、トランス・ヨルダン首長国を設立。

1924～28 トランス・ヨルダン首長国域旗

1924年 イギリス委任統治領トランス・ヨルダン首長国の域旗制定。**域旗**はホイストに赤い三角形を配した黒白緑の横三色旗。

1928～39 トランス・ヨルダン首長国域旗

1928年 トランス・ヨルダン首長国の域旗変更。**域旗**は赤い三角形に白い七角星を加えた旗。

1939～46 トランスヨルダン首長国域旗
1946～50 トランスヨルダン王国
1950～ ヨルダン・ハシェミット王国域旗・国旗

1939年 域旗変更。**域旗**はホイストの赤い三角形を修正して大きくした旗。赤はハシェミット朝、黒はアッバース朝、白はウマイヤ朝、緑はファーティマ朝を表す。白い七角星はコーラン第一章の1節から7節を意味する。1920年制定のシリア王国の国旗解説を参照。

トランス・ヨルダン王国

1946～49／1949～52

1946年 トランス・ヨルダン王国としてイギリスより独立。域旗を国旗として継続使用。国章制定。**国章**は黄色い盾型紋章で、半円球のイスラム文明の発生を表す青い地球にのって翼を広げる力、堅忍、高潔さを表す茶色の鷲、その下に最初のジハードに使われた菊の花を描いた金の円形盾、盾の下に小麦穂3本とヤシの葉のリース、緑のリボン、盾の背後に交差した2本の国旗、槍、弓矢、剣、6個の白い大きな七角星と18個の小さな七角星を付けた赤い位階服、上部に黄色い王冠、下部にアルナダ第一勲章を配したもの。

1948年 第1次中東戦争。35万人のパレスティナ難民を受け入れる。

ヨルダン・ハシェミット王国

1949年 ヨルダン・ハシェミット王国に改称。国旗・国章は継続使用。ヨルダン川西岸地域を統合。

1952～99

1952年 ヨルダン・ハシェミット王国の国章変更。**国章**は従来の国旗と位階服に付いていた白い七角星を除去し、緑のリボンの替りにアラビア語で「ヨルダン・ハシェミット王国国王は幸運と神の加護を祈る」という標語を黒字で記した黄色いリボンを配したもの。
1955年 国連に加盟。
1967年 第3次中東戦争。ヨルダン川西岸地域をイスラエルに占領される。

1999～

1999年 ヨルダン・ハシェミット王国の国章変更。**国章**は従来の交差した旧国旗を赤い三角形と黒緑白の「アラブ反乱旗」に、底部の黄色いリボンに記された標語を「ヨルダン・ハシェミット王国国王は神の助けと導きを求める」に替えたもの。

ラオス人民民主共和国
Lao People's Democratic Republic

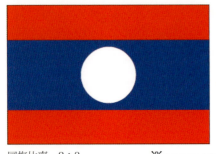

国旗比率 2：3

データ	
首都	ヴィエンチャン
面積	23.7万km²
	（本州程度）
人口	692万人
人口密度	29人/km²
公用語	ラオス語
通貨	キープ

ランサン王国と3王国時代

14世紀 ランサン王国が成立。

1707～1893 ルアンプラバン王国　**1707～1828 ヴィエンチャン王国**

1707年 ランサン王国がルアンプラバン王国とヴィエンチャン王国に分裂。ルアンプラバン王国はメコン川流域。**国旗**は中央に1層の日傘の下に5段の階段の上に立つ3つの頭を持った白象アイラーヴァタを配した赤旗。この国旗は1949年に成立したラオス王国国旗のモデルとなる。ヴィエンチャン王国はラオス中部。**国旗**は赤いカントンに白象を配した黄旗。

1713～1899 チャンパーサック王国

1713年 ヴィエンチャン王国からラオス南部にチャンパーサック王国が分立。ラオスは3王国時代となる。**国旗**は中央に白い蓮の花の台の上に7層の日傘の下に立つ翼のある獅子を配した青旗。

1828年 ヴィエンチャン王国が滅亡、シャム王国の領土となる。

フランスの支配

1893～1923 フランス領ラオス域旗

1893年 フランスは、シャム王国領となっていた旧ヴィエンチャン王国とルアンプラバン王国を併合し、フランスの保護国とする。フランス保護国ラオスの域旗制定。**域旗**は中央に光を放つ7層の日傘の下、5段の階段の上に立つ3つの頭を持つ白象アイラーヴァタ、カントンにフランス国旗を配した赤旗。

1899年 フランス領ラオスおよびチャンパーサック王国がフランス領インドシナ連邦に編入される。

1923～45 フランス領インドシナ連邦域旗

1923年 フランス領インドシナ連邦域旗制定。**域旗**はカントンにフランス国旗を配した黄旗。

ラオス王国

1949～75

1949年 旧ルアンプラバン王国のシーサワーンウォン国王を元首とするラオス王国としてフランスからフランス連合内で独立。国旗・国章制定。**国旗**は中央に7層の日傘の下、5段の階段の上に立つ3つの頭を持つ白象アイラーヴァタを配した赤旗。赤はラオス民族の血、3つの象の頭はルアンプラバン、ヴィエンチャン、チャンパーサック3王国、日傘は知恵と王室、5段の階段は仏教が教える人間のしてはならない五戒（不殺生、不邪淫、不妄語、不飲酒、不偸盗）を表す。**国章**は赤い円形紋章で、8段の階段の上、白い7層の日傘と黄色い神器の間に頭上に後光を放つ黄色いパゴダ冠を載せた3つの頭の白象アイラーヴァタを配したもの。

1945 日本国旗

1945年 日本軍が侵攻、ラオス王国がフランスより独立宣言。

1946～49 フランス領ラオス域旗

1946年 再びフランス軍がラオスを制圧。1893年制定**域旗**が復活。

1950年 左派の自由ラオス戦線（のちのラオス愛国戦線、パテト・ラオ）結成。のちアメリカが支援する右派政府と内戦となる。
1953年 フランスから完全独立。
1954年 インドシナ戦争でフランスが敗北。
1955年 国連に加盟。

ラオス人民民主共和国

1975～　**1975～91**

1975年 ラオス愛国戦線が内戦に勝利。ラオス人民民主共和国に改称。国旗・国章制定。**国旗**はラオス愛国戦線党旗をモデルとし、中央に白

い円を配した赤青赤の横三分割旗。赤は自由と独立を求めて戦った国民の血、青は国の繁栄とメコン川、白い円はメコン川の上に出る満月を表す。**国章**は社会主義国型紋章で、赤い五角星、鎌とハンマー、ナムグムダムと水力発電所、道路、米畑、森林、日の出と歯車、稲穂のリース、底部にラオ文字ラオ語で向かって左に「平和、独立、民主主義」、右に「統一、繁栄」という標語と、中央に国名を黄字で記した赤いリボンを配したもの。

1991年 新憲法を発布し、ラオス人民革命党の一党独裁体制確立。ラオス人民民主共和国の国章変更。**国章**（冒頭参照）は1975年制定国章の赤い五角星、鎌とハンマーをヴィエンチャンのタートルアン仏塔に替えたもの。

レバノン共和国
Republic of Lebanon

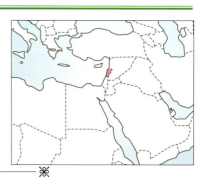

データ	
首都	ベイルート
面積	1.0万km²
	（岐阜県程度）
人口	599万人
人口密度	573人/km²
公用語	アラビア語
通貨	レバノン・ポンド

国旗比率　2：3

イスラム王朝時代

1109年 十字軍の侵攻があり、トリポリ伯領が成立。
12世紀以降 イスラム王朝のエジプトを中心に繁栄したアイユーブ朝、マムルーク朝の支配下に置かれる。

オスマン帝国の支配

16世紀以降 オスマン帝国領シリアとなる。

1840〜44　オスマン帝国旗　1844〜61

1861〜1918 レバノン自治区旗

1861年 オスマン帝国領レバノン自治区。**自治区旗**は中央にレバノン杉を配した白旗。マロン派キリスト教徒、ドルーズ派イスラム教徒も多く、オスマン帝国もレバノンの自治を容認。

1917〜18 フランス軍レバノン軍団旗

1917年 第一次世界大戦（1914〜18）で、フランス軍内にレバノン軍団が組織され、オスマン帝国と戦う。レバノン**軍団旗**は中央に黒いレバノン杉と赤いサルタイヤーを配した白旗。

フランスの支配

1918〜20 フランス国旗

1918年 第一次世界大戦でオスマン帝国敗退、フランス軍が占拠。

1920〜43 フランス委任統治レバノン域旗

1920年 シリアの一部の大レバノン国としてフランスの委任統治領となる。フランス委任統治領大レバノン域旗制定。**域旗**は中央にレバノン杉を配したフランス国旗。
1926年 行政上、シリアから分離される。

レバノン共和国

1943〜1990初頭

1943年 フランスよりレバノン共和国として独立を宣言。国旗・国章制定。**国旗**は中央に緑のレバノン杉を配した赤白赤の横三分割旗。レバノン軍団旗がモデルで、レバノン杉はこの国のシンボルで富と力を表す。赤は犠牲心と勇気、白は平和と純粋さを表す。かつて国旗のレバノン杉の幹や枝は茶色で採色されていたが、1990年初頭から緑のシルエットに変更された。**国章**は国旗意匠の赤い盾型紋章で中央に緑のレバノン杉を描き、白い斜め帯を配したもの。レバノン杉は古代イスラエル王ソロモンが神殿に、また古代フェニキア人が造船用に使ったといわれる。1990年初頭からの国旗・国章は冒頭参照。
1945年 国連に加盟。
1975年 イスラム勢力と親西欧キリスト教マロン派勢力で内戦が勃発。
1976年 シリア軍がレバノンに侵攻（〜2006）。
1978年 イスラエル軍がレバノンに侵攻（〜2000）。2006年に再侵攻。
1982年 アメリカなどが多国籍軍を派遣。
1990年 レバノン内戦が終結。

アジア補遺

インドの藩王国

1877年、イギリスはヴィクトリア女王を盟主とするインド帝国を成立させ、ベンガル、マドラス、ボンベイ、パンジャブ、アッサム、ベラール、連合、ビルマ（現ミャンマー）の主要8州に分割統治を行う。しかし、その直接支配地域は、当時のインドの面積で45%、人口で24%を占めるに過ぎず、残りは550余りのイスラムあるいはヒンドゥー諸国であった。イギリスの宗主権のもとで限定した立法、行政、軍事権を持つ王侯が支配する半独立国で、藩王国と総称される。1947年のインドの独立に伴い多くはインドに併合されたが、住民の宗教が異なるジャム・カシミール藩王国や、最大の領土を持ちインドからの独立を図ったハイデラバード藩王国では、帰属をめぐって紛糾し、カシミール地方は現在でも領有をめぐってパキスタン、中国と争っている。当時の主要10藩王国の国旗を示す。

ジャム・カシミール藩王国

1846〜1952年
現ジャム・カシミール州。中央に農業で使う鋤を白く染め抜いた赤旗。

ハイデラバード藩王国

1724〜1948年
現テランガーナ州。上下にウルドゥー語銘文シャハーダと濃緑・白の横縞、中央に盾型紋章を配したサフラン色旗。

バローダ藩王国

1721〜1947年
現グジャラート州。中央に白い王冠と曲がった剣を配した赤旗。

マイソール藩王国

1399〜1947年
現カルナータカ州。赤と茶の横二分割旗。

グワーリヤル藩王国

1731〜1947年
現ラジャスターン州。サフラン色の燕尾旗。

バラトプル藩王国

1722〜1947年
現ラジャスターン州。サフラン色、白、青の横三分割旗。

ジャイプル藩王国

1877〜1943年
現ラジャスターン州。上部に顔付き黄色い太陽を配した赤、緑、白、青、黄の横五縞旗。

ジョードプル藩王国

1877〜1947年
現ラジャスターン州。サフラン色、白、赤、黄、緑の横五縞旗。

トラヴァンコール藩王国

1729〜1947年
現ケーララ州。中央に白いホラ貝を配した赤旗。

コーチン藩王国

1150〜1947年
現ケーララ州。ピンク、黄、青の横三分割旗。

インドネシアのイスラム諸国家

多くの島嶼からなるインドネシアの地域は、世界最大の香辛料産地であった。13世紀末にジャワ島に成立したヒンドゥー教王国のマジャパヒト王国は、14世紀に大王国を築いたが、15世紀後半からイスラム勢力が進出し、各地に国を作った。17世紀になると、オランダが次々に植民地にしていった。インドネシアのイスラム国家群のうち3国の国旗を示す。

アチェ王国

15世紀末〜1912年
スマトラ島北部。中央にイスラムを表す白い三日月と五角星、曲がった剣を配した赤旗。1912年にアチェ戦争に敗れ、オランダの支配となる。

マタラム王国

16世紀末〜1755年
ジャワ島中央部。ホイストに白い三日月、フライに交差した青い曲がった剣、周囲に白いボーダーを配した赤旗。1755年滅亡、オランダの支配となる。

バンテン王国

1527〜1813年
ジャワ島西部。ホイストに柄を置いた白い交差した剣を配した黄旗。1813年滅亡、オランダが支配。

インド帝国と藩王国

アフリカ

世界の**国旗・国章**歴史大図鑑

- ●アルジェリア民主人民共和国…86
- ●アンゴラ共和国…87
- ●ウガンダ共和国…88
- ●エジプト・アラブ共和国…90
- ●エチオピア連邦民主共和国…91
- ●エリトリア国…93
- ●ガーナ共和国…94
- ●カーボヴェルデ共和国…96
- ●ガボン共和国…97
- ●カメルーン共和国…98
- ●ガンビア共和国…99
- ●ギニア共和国…100
- ●ギニア・ビサウ共和国…102
- ●ケニア共和国…103
- ●コートジヴォワール共和国…104
- ●コモロ連合…105
- ●コンゴ共和国…106
- ●コンゴ民主共和国…107
- ●サントメ・プリンシペ民主共和国…109
- ●ザンビア共和国…110
- ●シエラレオネ共和国…111
- ●ジブチ共和国…112
- ●ジンバブエ共和国…113
- ●スーダン共和国…115
- ●スワジランド王国…116
- ●赤道ギニア共和国…117
- ●セーシェル共和国…118

- ●セネガル共和国…119
- ●ソマリア連邦共和国…121
- ●タンザニア連合共和国…122
- ●チャド共和国…124
- ●中央アフリカ共和国…125
- ●チュニジア共和国…126
- ●トーゴ共和国…128
- ●ナイジェリア連邦共和国…129
- ●ナミビア共和国…130
- ●ニジェール共和国…132
- ●ブルキナファソ…133
- ●ブルンジ共和国…134
- ●ベナン共和国…135
- ●ボツワナ共和国…136
- ●マダガスカル共和国…137
- ●マラウイ共和国…138
- ●マリ共和国…140
- ●南アフリカ共和国…141
- ●南スーダン共和国…145
- ●モザンビーク共和国…146
- ●モーリシャス共和国…148
- ●モーリタニア・イスラム共和国…149
- ●モロッコ王国…150
- ●リビア…152
- ●リベリア共和国…154
- ●ルワンダ共和国…155
- ●レソト王国…156

Africa

アルジェリア民主人民共和国
People's Democratic Republic of Algeria

国旗比率 2:3

データ	
首都	アルジェ
面積	238.2万km²
	（日本の6倍強）
人口	4038万人
人口密度	17人/km²
公用語	アラビア語、ベルベル語
通貨	アルジェリアン・ディナール

1056年 西サハラにベルベル人のイスラム系ムラービト朝（〜1147）が成立。

1130年 ベルベル人のイスラム系ムワッヒド朝（〜1269）が成立。のちムラービト朝を滅ぼす。

オスマン帝国の支配

1574〜1671 オスマン帝国旗

1574年 オスマン帝国支配下のアルジェ州となる。中央に3個の黄色い三日月を入れた緑円を配した赤旗を使用。

1671〜1793 アルジェ州船舶旗

1671年 この頃からカントンにアラブ人の顔を描いた赤旗の**船舶旗**が使われる。

1793〜1830 オスマン帝国旗

1793年 白い三日月と八角星を配したオスマン帝国の赤旗を使用。

フランスの支配

1830〜1962 フランス国旗・アルジェリア域章

1830年 フランス軍に征服される。フランス国旗と3個の黄色い五角星と三日月を配した緑の盾型の**域章**が使われる。

1832〜47 マスカラ首長国

1832年 アブド・アルカディールによる反乱が勃発、マスカラ首長国成立。首都はマスカラ（アルジェリア北部マスカラ州）。**国旗**は中央に繁栄を表すムハンマドの末娘ファティマの手、周囲に「神と光により近く勝利がもたらされる。アブド・アルカディール・イブン・モヒディーンの勝利」のアラビア語の銘文を配した緑白緑の横三分割旗を使用。これら2色は現行国旗にも使われている。

1847年 フランスにより反乱が制圧される。

1848〜1910 アルジェリア船舶旗

1848年 フランス直轄植民地となり、白青赤の横七縞の旗がフランス領アルジェリア**船舶旗**として使われる。

1926 民族運動旗

1926年 メサーリー・ハージュによるフランスへの抵抗運動が始まり、現国旗の原型ともいえる**民族運動旗**が考案される。この旗は、1954年にアルジェリア民族解放戦線（FLN）党旗となり、1962年の独立時には国旗のベースとなった。緑は繁栄、白は純粋さ、赤は独立闘争で流された血、三日月と五角星はイスラムを表す。

1957年 アルジェリア民族解放戦線によるアルジェの戦いが始まる。

1958〜62 アルジェリア臨時政府旗

1958年 アルジェリア臨時政府樹立。カイロに亡命した政府の**国旗**は緑部分が小さい縦二色旗。

アルジェリア民主人民共和国

1962〜　　1962〜71

1962年 アルジェリア民主人民共和国として独立。国連に加盟。国旗・国章制定。この**国旗**は19世紀のマスカラ首長国国旗の2色を取り入れ、1926年にフランスへの抵抗運動の指導者メサーリー・ハージュにより作られた旗をベースにしている。運動旗は赤い星と三日月がこの国旗よりも小さいものであった。**国章**は国旗の図柄を配した盾型紋章で、上部に赤色でアラビア語の国名の頭文字が入ったもの。

1971〜76

1971年 **国章**をリースを用いた社会主義型国章に変更。中央に赤い五角星と三日月、その上に小麦の穂が3つ、ブドウの葉が2枚、交差する国旗、さらにオリーブの枝の上に幸福のシン

ボルであるムハンマドの末娘ファティマの手、底部に黄色いリボン、周囲にオリーブの枝と月桂樹の枝のリースを配したもの。

1976〜

1976 年 憲法改正とともに円形印章型国章に変更された。赤い五角星と三日月の右脇に白い投票箱、中央に工業を表す煙突を持つ建物、農業を表すヤシの葉、オリーブの葉、樫の葉、小麦、オリーブの枝の上にファティマの手、背後にアトラス山脈と新時代を示す日の出、周囲に赤字でアラビア語の国名を配したもの。

アンゴラ共和国
Republic of Angola

データ	
首都	ルアンダ
面積	124.7万㎢（日本の3倍強）
人口	2583万人
人口密度	21人/㎢
公用語	ポルトガル語
通貨	クワンザ

国旗比率 2：3

1482 年 ポルトガルの探検家ディオゴ・カンが来航。以後、ポルトガルの奴隷貿易の拠点として栄える。

ポルトガル・スペイン同君連合領

1580〜1640 ポルトガル国旗

1580 年 ポルトガル・スペイン同君連合領となる。

オランダの支配

1641〜48 オランダ国旗

1641 年 オランダ領となる。

ポルトガルの支配

1648〜1975 アンゴラ総督旗

1648 年 再びポルトガル領となり、中央に王冠を配した青旗の総督旗を使用。

1935〜51 アンゴラ域章

1935 年 ポルトガル領アンゴラ域章制定。域章は盾型紋章で、黄色い天球儀を背景に第一クォーターは白地に白い5個の玉を置いた5個の青い盾、第二クォーターは紫地に黄色い象とシマウマ、第三クォーターは白地に植民地を示す5本の緑の波線を描いた盾。クレストに天球儀と修道会十字を配した黄色い城塞冠、底部にポルトガル語で「ポルトガル植民地アンゴラ」と記した白いリボンを配したもの。

1951〜75 海外州アンゴラ域章

1951 年 ポルトガル海外州となる。域章のリボンの文字が「植民地」から「海外州」に変更される。

1956 アンゴラ解放人民運動党旗

1956 年 アンゴラ解放人民運動（MPLA）が結成され、党旗が作られる。

1967 海外州アンゴラ提案旗

1967 年 ポルトガル領アンゴラ域旗を提案。提案旗は域章の盾部分をポルトガル国旗のフライ下部に配した旗。

アンゴラ人民共和国 / アンゴラ共和国

1975〜92/1992〜　　1975〜92

1975年 アンゴラ人民共和国としてポルトガルから独立し、国旗・国章が制定される。**国旗**は中央に国際連帯と進歩を表す黄色い五角星、農民、農業、闘争武器を表す山刀、労働者、工業を表す歯車を描いた赤黒の横二色旗。赤は独立闘争に流された血、黒はアフリカ大陸、黄は国の富みを表す。この国旗は1956年のアンゴラ解放人民戦線党旗をモデルに考案された。**国章**は円形紋章で、青地を背景に労働と武力闘争を表す中央に交差した鍬と山刀、上部に国際連帯と進歩を表す黄色の五角星、下部に新しい国を表す日の出と教育、文化を示す開かれた本、周囲に労働者と工業を表す歯車、農民と農業を表す綿花の葉、コーヒーの葉、トウモロコシのリース、底部にポルトガル語の国名を記した黄色いリボンを配したもの。

1976年 国連に加盟。
1991年 キューバ軍が撤退、内戦の停止が合意される。

1992〜

1992年 初の民主的議会選挙を実施、アンゴラ共和国に改称。国旗は1975年制定のものを継続使用。**国章**は1975年制定国章の底部の国名を変更。

1993年 内戦再発。
2002年 三党で停戦合意となり、長い内戦が終結。
2008年 初の総選挙を実施。
2010年 新憲法を公布。

アンゴラ内戦（1975〜2002）

1975年 反政府親米組織で南部を支配するアンゴラ全面独立民族同盟（UNITA）および北部を支配するアンゴラ民族解放戦線（FNLA）と、アンゴラ解放人民運動（MPLA）の間で内戦が勃発した。アンゴラ解放人民運動は、キューバ軍の支援を受けた。

アンゴラ全面独立民族同盟旗

UNITAの結成は1966年。**党旗**は中央に夜明けを示す太陽と黒い鶏を配した赤緑赤の横三分割旗。赤はポルトガルおよびMPLAとの闘争、緑は希望、勝利、農業、黒い鶏はアフリカ人の復活、16の光線は当時の州の数を表す。

アンゴラ民族解放戦線党旗

FNLAの結成は1962年。**党旗**は中央に白い五角星を配した白赤黄の斜三分割旗。赤は闘争、黄は祖国愛、白い星は団結を表す。

ウガンダ共和国
Republic of Uganda

データ	
首都	カンパラ
面積	24.2万km²
	（本州程度）
人口	4032万人
人口密度	167人/km²
公用語	英語、スワヒリ語
通貨	ウガンダ・シリング

国旗比率　2：3

ブガンダ王国

17世紀 現ウガンダ中南部にブガンダ王国が栄える。首都はカンパラ。奴隷や象牙の交易で栄える。

1884年 イギリスが勅許会社のイギリス東アフリカ会社を設立。

1890〜94 イギリス東アフリカ会社旗・社章

1890年 イギリス東アフリカ会社がウガンダを支配する。社旗はフライに社章を配したイギリス青色船舶旗を使用。社章は王冠と24の光芒を持つ太陽。

1891〜94

1891年 ブガンダ王国で、中央に白い盾と交差した槍を配したえんじ色の国旗を使用。

イギリス保護領

1894〜1914 イギリス国旗

1894年 東アフリカ会社がブガンダ国王の抵抗にあい、イギリス政府に統治責任を求めたため、ブガンダ王国はイギリス保護領に移行される。

1914〜62 ブガンダ域旗・域章

1914年 イギリス領ブガンダの域旗・域章制定。域旗はフライに域章を配したイギリス青色船舶旗。域章は円形紋章で、地面に立つ冠鶴。

1962.3〜10 独立国旗

1962年 ウガンダ独立前、与党民主党により党旗カラーを反映した独立国旗制定。中央に冠鶴を描き黄色い輪郭線を入れた緑青緑の縦三分割旗。3月から7カ月使用されたが、独立直前にウガンダ国民会議が与党となり、党旗カラーを反映させた新国旗に替えられた。民主党党旗は白緑の横二色旗。

1962 民主党旗

ウガンダ／ウガンダ共和国

1962.10〜1967／1967〜

1962年 イギリス連邦の一員のウガンダとしてイギリスから独立。国連に加盟。国旗制定。国旗は中央に国鳥の冠鶴を配した白い円を付けた黒黄赤の横六縞旗。黒はアフリカ人、黄は太陽、赤は他のアフリカ諸国との兄弟愛を表す。

1962 国民会議党旗

1962年 ウガンダ国民会議の党旗は黒黄赤の横三色旗。

1962〜67／1967〜

1962年 国章制定。国章は盾型紋章でチーフに豊富な降雨を表す3本の青い波線、中央に赤道直下の国を示す太陽と文化遺産を表す伝統的な太鼓、国土防衛を表す伝統的な盾の背後に交差した槍、台座に豊富な湖と川を示す青い波線、緑の台地には今日重要な換金作物であるコーヒーと綿花の枝、国の英語標語 "FOR GOD AND MY COUNTRY" 「神と祖国のために」を記した白いリボン、サポーターには国鳥の冠鶴と豊富な自然を示すウガンダ・コーブを配したもの。

1966年 ブガンダ王国がウガンダから独立宣言するが、ウガンダ軍に鎮圧されて王国は消滅。

1967年 共和制に移行。ウガンダ共和国に改称。国旗・国章は継続使用。

1971年 軍部クーデターでアミン政権成立。人権侵害などで対外関係が悪化する。

1979年 ウガンダ民族解放戦線がアミン政権を打倒。

1986年 ムセベニ大統領が就任し、内政が安定。

エジプト・アラブ共和国
Arab Republic of Egypt

国旗比率 2：3

データ	
首都	カイロ
面積	100.2万km²
	（日本の約2.7倍）
人口	9338万人
人口密度	93人/km²
公用語	アラビア語
通貨	エジプト・ポンド

909年 イスラム系のファーティマ朝（〜1171）が成立。以後、エジプトの地域には、アイユーブ朝（1169〜1250）、マムルーク朝（1250〜1517）が成立。カイロは交易の中心として繁栄。

オスマン帝国の支配

1517〜1793 オスマン帝国旗

1517年 オスマン帝国領となる。中央に3個の黄色い三日月を入れた緑の円を配した赤旗を使用。

1793〜1844 オスマン帝国旗

1793年 白い八角星と三日月を配した赤旗を使用。

ムハンマド・アリー朝

1805年 オスマン帝国のエジプト総督ムハンマド・アリーの王朝が成立、オスマン帝国から事実上独立。

1844〜67

1844年 国旗は、中央に白い五角星と長い三日月を配したオスマン帝国旗に似た赤旗を使用。

1867〜81

1867年 ムハンマド・アリー朝の国旗変更、国章制定。国旗は中央に白い三日月と3個の五角星を配した赤旗に変更。3個の星はアジア、アフリカ、ヨーロッパでの戦を勝利する願望を表す。国章は王冠を付けた国旗デザインの盾型紋章。

1869年 スエズ運河が完成。
1875年 イギリスがスエズ運河会社株を買収。

イギリス保護領

1882〜1922 域旗　**1882〜1914 域章**

1882年 1881年からのウラービーの反乱を鎮め、イギリス保護領とする。域旗・域章制定。域旗はホイスト寄りに白い3個の五角星と3個の三日月を配した赤旗を使用。3個の星と三日月はエジプト、スーダン、ヌビアに対する主権を表す。域章は王冠付き同じ意匠の盾型紋章を使用。

1914〜22 域章

1914年 域章変更。三日月と五角星を上向きに盾の形を修正した紋章を使用。

エジプト王国

1922〜53 / 1953〜58　**1922〜53**

1922年 イギリスよりエジプト王国として独立。国旗・国章制定。国旗は中央に白い三日月と3個の五角星を配した緑旗。3個の星はエジプト、スーダン、ヌビアに対する主権またエジプトに住むイスラム教徒、キリスト教徒、ユダヤ教徒を表す。白は平和、緑は農業、三日月はイスラムを表す。国章は円形紋章で、青地に白い上向きの三日月と3個の五角星を描き、上部に王冠、底部にムハンマド・アリー勲章、背後に王冠を載せた赤い位階服を配したもの。
1945年 国連に加盟。

エジプト共和国

1952年 ナセル率いる自由将校団によるクーデターで共和制に移行。エジプト共和国に改称。

1953〜58 革命旗・解放旗　**1953〜58 国章**

1953年 国旗は1922年制定のものを継続使用。さらに、中央に国旗意匠を付けた、12世紀アイユーブ朝初代スルタンでイェルサレムを十字軍から奪還した英雄サラディンの黄色い鷲を配

した赤白黒の横三色旗であるエジプト**革命旗**・アラブ**解放旗**が、緑の国旗と併用された。同時にサラディンの黄色い鷲が新**国章**となる。鷲が胸に抱く円形徽章の地色は王国時代の青から緑に替わった。

アラブ連合共和国
1958～72

1958 年 シリアとともにアラブ連合共和国を結成。**国旗**は中央にエジプトとシリアを表す 2 個の緑の五角星を配したアラブ解放旗と同じ赤白黒の横三色旗。赤は 1952 年の革命、白は平和、黒は過去の圧政を表す。1961 年のシリアの連合脱退後は 2 個の緑の星は全アラブ諸国の統一を表す。**国章**は胸に国旗意匠の盾を抱き、

アラブ共和国連邦
1972～77

1972 年 1971 年にシリア、リビアとともに結成したアラブ共和国連邦の正式調印がなされる。2 個の緑の五角星の替わりにムハンマドの出身部族であるクライッシュ族の象徴である金色の鷹の紋章を配した**国旗**。**国章**の鷹がつかむ白いリボンには、アラビア語で「アラブ共和国連邦」、その下には「エジプト・アラブ共和国」と記された。鷹が胸に抱く盾も金色であった。
1977 年 連邦解消。国旗は 1984 年まで使用された。

アラビア語の国名「アラブ連合」を記した銘板をつかむ黄色と黒で描かれたサラディンの鷲。

1961 年 シリアが連合を離脱するが、エジプトは 1972 年までアラブ連合共和国を名乗り続けた。

エジプト・アラブ共和国

1984 年 新国旗を制定。**国旗**（冒頭参照）は金色の鷹の替わりにアラビア語の国名「エジプト・アラブ共和国」を記した白い銘板をつかむ金色のサラディンの鷲を配した旗。赤は 1952 年革命以前の王制時代、白は 1952 年の無血革命の到来、黒はイギリス植民地時代と王制時代の抑圧を表す。**国章**（冒頭参照）の金色の鷲が胸に抱く国章意匠の盾は国旗と異なり、赤白黒に染め分けられている。
2011 年 アラブの春、民主化革命でムバラク独裁政権が打倒される。国旗・国章は継続使用。

2012 ムスリム同胞団旗

2012 年 ムスリム同胞団を基盤とする民選大統領を選出。**団旗**は中央の白い輪郭線の円の中に、交差した剣と下部に政党名を記した緑旗。

エチオピア連邦民主共和国
Federal Democratic Republic of Ethiopia

国旗比率 1：2

データ	
首都	アディスアベバ
面積	110.4万㎢（日本の約3倍）
人口	1億185万人
人口密度	92人/㎢
公用語	アムハラ語
通貨	ブル

エチオピア帝国

紀元前 1000 年頃 シバの女王と古代イスラエル・ソロモン王の子メネリク 1 世によりエチオピア帝国が建国されたといわれる。
紀元前後 アクスム王国（～12 世紀頃）が成立したといわれる。
320 年頃 キリスト教（コプト派）がエジプトから伝来。
13 世紀～19 世紀半ば イスラム教徒の勢力台頭や国王権力の衰えなどにより、小国家に分裂する。
1855 年 テオドロス 2 世が国家を再統一する。

1875～81

1875 年 エチオピア帝国の**国旗**制定。中央にリボンで飾られたキリスト教十字架を持つ、旧約聖書に登場する「ユダのライオン」を配した赤白紫の横三色旗を使用。

1881～89

1881 年 この頃から**国旗**に赤黄緑の三角旗を使用。

エチオピア

1883年　イタリアがエチオピアに進出、通商友好条約を締結。
1887年　イタリア・エチオピア戦争（トガリの戦い）でイタリア敗北。

1889～97

1889年　この頃から国旗に赤黄緑の横三色旗を使用。
1896年　イタリア・エチオピア戦争（1895～）（アドワの戦い）で再びイタリア敗北。

1897～1936

1897年　国旗の色順が緑黄赤に変更される。
1931年　ハイレ・セラシエ皇帝により立憲君主制が確立。

イタリア領東アフリカ

1935年　イタリア軍がエチオピアに侵攻。

1936～41 イタリア国旗・東アフリカ域章

1936年　エリトリア、ソマリランドとともにイタリア領東アフリカに編入される。イタリア領東アフリカの総督府はアディスアベバ（エチオピア）に置かれた。イタリア国旗を使用。イタリア領東アフリカ域章制定。域章は盾型紋章で、第一クォーターはエリトリアを表す白地に肩に白い五角星を付けた赤ライオンと3本の青い波線、第二クォーターはアムハラを表す金地に腕とローマの短剣と金地に金のエチオピア十字、第三クォーターはソマリアを表す青地に白い五角星と豹と白い柵と赤地に2個の白い六角星、第四クォーターはガラシダを表す金地に青の波線と鋤。中央は赤地に白十字のイタリア・サヴォイ王家紋章、上部はシェワを表す青地に白い5つの頂きを持つ山上に置かれた金色の古代ローマ時代の鷲のベキシロイド、下部はハラリを表す白地に緑の上向きの三日月。クレストに王冠、両脇には古代ローマ執政官が使った束桿斧、サポーターは2頭のライオン、下部には聖アヌンツィアータ騎士団勲章とラテン語 "FERT" は "Fotitudo Ejus Rodium Tulir"「ロードス島は彼により保たれり」という標語の頭文字を黄字で記した青いリボンを配したもの。これは1300年にイスラム帝国よりロードス島を奪取したサヴォイ家アーマデオ4世の故事を表す。

エチオピア帝国

1941～74

1941年　第二次世界大戦（1939～45）でイギリス軍の支援を受けてイタリア軍を破り、エチオピア帝国が独立を回復。国旗は中央に皇帝冠を被り緑黄赤のリボンを付けた、キリスト教十字架を持ち歩く金色のユダのライオンを配した緑黄赤の横三色旗。緑は国土と希望、黄は教会、平和と愛、赤は力と忠誠心を表す。国章はソロモン朝エチオピアの象徴であるソロモン王の印章と、ユダのライオンと十字架で飾られた皇帝座で、上部に開かれた聖書とアムハラ語で "ALEF WAU ALEF" の文字、前方には十字架を持って歩くライオン、両脇には羽根と胸に赤い十字を付け剣と最後の審判を表す天秤を持った大天使ガブリエルと、剣と勝利の象徴であるヤシの葉を持った大天使ミカエル、背後にはエチオピア皇帝冠とオリーブの枝を付けた赤い位階服を配したもの。
1945年　国連に加盟。

エチオピア

1974～75

1974年　軍部革新派による革命で、帝制を廃止し、社会主義国家建設を宣言。臨時軍事行政評議会を設立。エチオピアに改称。国旗のライオンから皇帝冠が取られ、十字架が槍に替わった。
1975年　新国旗・国章制定。国旗は国章を中央に配した緑黄赤の横三色旗。国章は青い円形紋章で、国の地区数を示す14の光線を放つ太陽、農業を示す鋤、工業を表す赤い歯車、伝統的な投石器、周囲には主要農産物であるパーム油を

1975～87

表すヤシの葉と建設に用いられるシルバークラスターの葉のリース、それらの中心に国の防衛を表す伝統的な盾と交差した槍とライオンを配したもの。

1984年　エチオピア労働者党（書記長はメンギスツ）が結成される。

エチオピア人民民主共和国

1987～91

1987年　エチオピア人民民主共和国に改称。エチオピア労働者党による一党独裁体制。新国旗・新国章制定。国旗は国章を中央に配した緑黄赤の横三色旗。国章は青い円形紋章で、新国家建設への国民の努力を表す39の光線を放つ赤い円に入った黄色い五角星、工業を表す歯車、伝統的な盾と背後に交差したライフル銃と槍、エチオピアのシンボルであるライオンの頭を描いた赤いリボン、中央には1世紀のアクスム帝国の都にあったアクスムの塔、上部にアムハラ語で国名、周囲にヤシの葉とシルバークラスターの葉のリースを配したもの。

エチオピア暫定政府

1991～96

1991年　エチオピア人民革命民主戦線によりメンギスツ政権が崩壊し、暫定政府成立。暫定政府旗・紋章制定。政府旗は緑黄赤の横三色旗。政府紋章は天秤

を計る白い鳩を描いた緑の円形紋章で、周囲は半分が歯車、半分がシルバー・クラスターの葉のリース、英語とアムハラ語で政府名を記したもの。

エチオピア連邦民主共和国

1995年 エチオピア連邦民主共和国に改称。

1996.2〜10

1996年 2月に新国旗、国章制定。国旗は中央に国章を配した緑黄赤の横三色

1996〜

旗。国旗の緑は労働、肥沃さ、発展、黄は希望、正義、平等、赤は自由と平等を求めた犠牲を表す。国章は青い円形紋章でソロモン王の印章をモチーフとし、黄色い輪郭線で書いた五角星と5本の光線を配したもの。ソロモン王とシバの女王の息子メネリク1世がエチオピアを建国した伝説に基づく。青は平和、五角星は国民の団結、黄色の光線は輝ける繁栄、等間隔にある光線は民族、宗教上の平等を表す。

1996.10〜

1996年 10月に国旗の中央の青い円形紋章が大きく替わった。

エリトリア国
State of Eritrea

国旗比率 1：2

データ	
首都	アスマラ
面積	11.8万㎢（九州と北海道を合わせた程度）
人口	535万人
人口密度	46人/㎢
公用語	ティグリニャ語、アラビア語
通貨	ナクファ

エジプトの支配

1867〜82 エジプト国旗

1867年 オスマン帝国エジプトの総督が始祖のムハンマド・アリー朝（1805〜1952）の支配下に置かれる。

イタリアの支配

1882〜1936 イタリア国旗・エリトリア域章

1882年 イタリアの植民地とされる。域章制定。盾型域章で、クレストに王冠、グレー地に肩にグ

レーの五角星を付けた赤いライオンと3本の青い波線を配したもの。

1936〜42 東アフリカ総督旗・エリトリア域章

1936年 イタリア領東アフリカに編入される。中央に王冠と盾の周りに青い帯を付けた赤地に白十字のサヴォイ王家紋章を配し、四隅に黄色の束桿斧を配した青いボーダーを付けた白旗の東アフリカ総督旗を使用。エリトリアの域章は王冠の替わりに赤地に束桿斧とオリーブの枝と樫の枝のリースを加えたもの。

イギリス保護領

1942〜52 イギリス国旗

1942年 第二次世界大戦（1939〜45）中、イタリア軍が敗れイギリスの保護領となる。

エチオピア・エリトリア連邦 エリトリア自治州

1952〜62 自治州旗・州章

1952年 国連の決議によりエチオピアとの連邦を形成。エチオピア・エリトリア連邦エリトリ

ア自治州となる。**自治州旗**は中央に緑のオリーブの小枝とそれを囲むリースを配した青旗。オリーブの枝と青は国連旗から取られたもの。**州章**はオリーブの枝とリース。

エチオピアの支配

1962～93 エチオピア国旗

1962年 エチオピアがエリトリアを併合し、エチオピア領エリトリ

エリトリア人民解放戦線

1972 人民解放戦線党旗

1972年 エリトリア人民解放戦線結成。黄色い五角星を配した赤い三角形と緑青の横V字旗の**党旗**を制定。

ア州とする。国旗についてはエチオピアの項参照。

エリトリア国

1991年 エリトリア臨時政府を樹立。

1993～95　　　　**1993～**

1993年 国連の監視下で、エリトリアの分離独立を問う住民投票が実施される。エチオピアよりエリトリア国として独立。国連に加盟。国旗・国章制定。**国旗**はエリトリア人民解放戦線党旗をモデルに、黄色い星をオリーブの小枝とリースに替えた旗で、緑は農業資源と豊饒を表し、青は海洋資源と豊かさ、黄は鉱物資源と豊かさ、赤は祖国防衛のため倒れていった英雄的な男女を表す。**国章**は円形紋章で、独立戦争時の主要な運搬手段であったラクダとオリーブの枝から

構成され、中央のラクダはヒトコブラクダ、周りを囲むのはオリーブの枝で、底部の青いリボンに国名が左よりティグリニャ語、英語、アラビア語で書かれたもの。

1995～

1995年 国旗の比率を2：3から1：2に変更。中央のオリーブの小枝を長く、リースの葉も多くなった。中央の徽章は3つに枝分かれした若いオリーブの枝で、15枚の葉を付けた左右の枝が、6枚の葉を持つ中央の枝に向かってしなっている。外周のオリーブの枝は計30枚の葉を持ち、これは解放に費やされた独立戦争の30年を表す。

1998年 国境問題からエチオピアとの戦争が勃発。

2000年 アフリカ統一機構の調停で和平協定が成立。

ガーナ共和国
Republic of Ghana

国旗比率 2：3

データ	
首都	アクラ
面積	23.9万km²
	（日本の3分の2）
人口	2803万人
人口密度	118人/km²
公用語	英語
通貨	ガーナセディ

1482年 ギニア湾岸にポルトガル人が来航し、「黄金海岸」と名付ける。

イギリス・ドイツの支配

17世紀後半 中央部で部族国家のアシャンティ王国が成立。

1672～98 ロイヤル・アフリカ会社旗・社章

1672年 イギリスのロイヤル・アフリカ会社が黄金を求めて進出。**会社旗**は中央に赤い聖ジョージ十字、市松模様のボーダーを配した旗を使用。**社章**は錨と翼をクレストに付けた盾型紋章で、黄地に城塞と赤色船舶旗を乗せた象とカントンにユリとライオンの旗、矢を持った黒人のサポーターを配したもの。

1682～1701 ブランデンブルク・アフリカ会社旗

1682年 ドイツのブランデンブルク・アフリカ会社が西部黄金海岸に進出。その後1701年にプロイセン植民地となり、1720年にオランダに売却された。**社旗**は選帝侯冠を被り、胸に金色の笏を描いた青盾、背後に交差した剣と笏を付けたブランデンブルクの赤鷲を配した白旗。

1698〜1801 イギリス国旗

1698年 イギリスのロイヤル・アフリカ会社からイギリスに権限が移譲。

1701〜1896 アシャンティ王国旗

1701年 アシャンティ王国（首都はガーナ・アシャンテ州のクマシ）が国旗制定。**国旗**は中央に赤い山嵐を配した黄旗を使用。

1801〜70 イギリス国旗

1801年 イギリスの国旗変更。

1821〜77 イギリス領西アフリカ域旗・域章

1821年 イギリス領西アフリカ植民地に組み込まれる。**域旗**はフライに域章を配したイギリス青色船舶旗。**域章**は山、ヤシの木や象、域名を記した円形域章。
1824年 イギリス・アシャンティ戦争が勃発。
1874年 イギリス軍がアシャンティ軍を破る。イギリス領ゴールドコーストが成立。

1877〜1957 イギリス領ゴールドコースト域旗・域章

1877年 イギリス領ゴールドコーストの域旗・域章制定。**域旗**はフライに域章を配したイギリス青色船舶旗。**域章**は山、ヤシの木や象、域名の頭文字 G.C. を記したもの。

1901年 アシャンティ王国が滅亡。イギリスはアシャンティを保護領とし、ゴールドコーストに併合する。

ガーナ

1947年 ゴールドコースト会議、会議人民党が結成され、エンクルマが書記長に就任。
1956年 イギリス信託統治領のトーゴランドを併合。

1957〜60

1957年 イギリスからイギリス連邦の一員ガーナとして独立。国連に加盟。国旗・国章制定。**国旗**は中央にアフリカの自由を表す黒い五角星を配した赤黄緑の横三色旗。赤は独立闘争に流した血、黄は鉱物資源、緑は豊かな森林を表す。**国章**は青い盾型紋章で、黄色い縁取りのある緑十字で仕切られ、中央に黄色いライオンが描かれている。第一クォーターは地方行政を示す交差した黄色い剣と杖、第二クォーターは昔のクリスチャンボーグ要塞と今日の中央政府を表す海に浮かぶ城、第三クォーターは国の主要産物であるカカオの木、第四クォーターは国の

西アフリカ諸国連合

1958〜63 諸国連合旗

1958年 西アフリカ諸国連合を結成。ガーナのエンクルマ首相とギニアのセク・トゥーレ大統領が経済の安定化などをめざし、国家連合を結成。中央に3個の黒い五角星を配した赤黄緑の横三色の**連合旗**を制定。この諸国連合に1961年にケイタ大統領率いるマリも参加したが、1963年のマリのクーデターによりケイタ政権が崩壊し、連合も解散した。

富である金鉱山の建物。クレストに赤黄緑の布のリースの上にアフリカの自由を表す黒い五角星、台座は草原と英語で "FREEDOM AND JUSTICE"「自由と正義」の黄色い標語リボン、サポーターは首に黒い五角星の付いた緑黄赤のリボンを下げた2羽の黄色い鷲を配したもの。

ガーナ共和国

1960〜64

1960〜

1960年 共和制に移行し、ガーナ共和国となる。初代大統領にエンクルマ。1957年独立時の**国旗**（1964年まで）・**国章**（現在まで）を継続使用。

1964〜66

1964年 大統領のエンクルマが、党首である会議人民党党旗の色である赤白緑に**国旗**の色を替える。

1966〜

1966年 軍部のクーデターにより、建国の父エンクルマが失脚する。1957年の独立時の**国旗**が復帰。

カーボヴェルデ共和国
Republic of Cabo Verde

国旗比率 10：17

データ	
首都	プライア
面積	4033km²
	（滋賀県程度）
人口	53万人
人口密度	131人/km²
公用語	ポルトガル語
通貨	カーボヴェルデ・エスクード

ポルトガルの支配

1460年 ポルトガルの探検家ディアゴ・ゴメスが来航。

1495年 ポルトガルが入植を開始。

1830～1911 ポルトガル国旗　**1911～51/1951～75**

1830年 ポルトガル国旗を使用。

1911年・1951年 ポルトガルの国旗変更。

1935～51 カーボヴェルデ域章

1935年 ポルトガル植民地カーボヴェルデの域章を制定。域章は盾型紋章で、黄色い天球儀を背景に、第一クォーターは白地に白い5個の玉を置いた5個の青い盾、第二クォーターは緑地にカラベル船、第三クォーターは白地に植民地を示す5本の緑の波線を描いた盾。上部に天球儀と修道会十字を配した黄色い城塞冠、底部にポルトガル語で「ポルトガル植民地カーボヴェルデ」と記した白いリボンを配したもの。

1951～75 海外州域章

1951年 ポルトガル海外州カーボヴェルデに昇格。域旗・域章を制定。域旗に1911年制定国旗を使用。域章は域名を植民地から海外州に変更したもの。

ギニア・カーボヴェルデ独立アフリカ党

1956 独立アフリカ党旗

1956年 ギニア・カーボヴェルデ独立アフリカ党結成、独立運動を開始。党旗は黒い五角星と党略名を配した赤黄緑の横T字旗。この旗は、独立当初のカーボヴェルデ共和国国旗とギニア・ビサウ共和国国旗のモデルとなった。

1967 海外州カーボヴェルデ提案旗

1967年 ポルトガル海外州カーボヴェルデの提案旗が作られる。域章の盾部分をポルトガル国旗のフライ下部に配した旗。

カーボヴェルデ共和国

1975～92

1975年 ポルトガルよりカーボヴェルデ共和国として独立。国連に加盟。国旗・国章制定。国旗はホイストに独立に

より回復したアフリカ人の尊厳を表す黒い五角星、主要作物のトウモロコシ、国が大西洋に位置することを表す帆立貝を配した赤黄緑の横T字旗。赤は独立闘争で流れた血、黄は幸福と労働の成果、緑は希望を表す。国章は赤い円形紋章で、産業文化の向上を示す開かれた本と歯車、独立により回復したアフリカ人の尊厳を示す黒い五角星、周囲にポルトガル語"UNIDADE TRABALHO PROGRESSO"「統一、労働、進歩」という標語を黒字で記した黄色い帯、底部に帆立貝、トウモロコシと葉のリースを配したもの。

1980年 独立当初、ギニア・ビサウとカーボヴェルデは統一国家建設をめざしていたが、ギニア・ビサウの反カーボヴェルデ勢力によるクーデターにより計画は挫折し、カーボヴェルデ独立アフリカ党と改称。

1991年 初の総選挙で野党「民主運動」が圧勝し与党となった。

1992年 新憲法を制定し、新国旗・国章制定（現在に至る）。国旗（冒頭参照）は白赤白の横縞と10個の黄色い五角星を配した青旗。青は海と空、白は平和、赤は国民の努力、10個の黄色い五角星は国を構成する島々、星の輪は国の統一と開かれた世界、横縞は国家建設への道筋を表す。国章（冒頭参照）は円形紋章で、自由を表す黄色いたいまつを描いた平等を示す青い三角形、周囲に黒字でポルトガル語の国名、海を表す3本の青い横線、上部に公正さを表す黄色いおもり、底部に独立闘争を表すヤシの枝のリース、連帯と友情を表す3個の黄色い鎖、国を構成する島々を表す10個の黄色い五角星を配したもの。

ガボン共和国
Gabonese Republic

データ	
首都	リーブルビル
面積	26.8万km²
	（日本の約3分の2）
人口	176万人
人口密度	7人/km²
公用語	フランス語
通貨	CFAフラン

国旗比率 3：4

1482年 ポルトガルの探検家ディエゴ・カンが来航。以後、奴隷貿易の拠点となる。

フランス保護領

1839～1910 フランス国旗

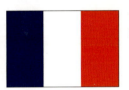

1839年 フランス保護領ガボンとなる。

1890年 フランス領中央コンゴに編入される。
1903年 ガボンは個別のフランスの植民地となる。

1910～59 赤道アフリカ域旗

1910年 中央コンゴ、チャドなどとともにフランス領赤道アフリカに編入される。域旗は、カントンにフランス国旗、フライに白い三日月と五角星を配した赤旗を使用。
1958年 フランス共同体内の自治国に昇格。

1959～60 フランス自治国ガボン国旗

1959年 ガボン自治国の国旗制定。**国旗**はカントンにフランス国旗を配し、中央に黄色の横線を入れた緑青横二色旗。緑は森林、黄は赤道、青は海を表す。

ガボン共和国

1960～

1960～63

1960年 フランスからガボン共和国として独立。国連に加盟。**国旗**は緑黄青の横三色旗で緑は森林、黄は赤道と太陽、青は大西洋を表す。**国章**は円形印章で、母子を描き、上部にフランス語国名、下部にフランス語で"UNION TRAVAIL JUSTICE"「統一、労働、正義」の標語を配したもの。

1963～

1963年 国章変更。**国章**は黄色の盾型紋章で、チーフに緑地に鉱物資源を表す3個の黄玉、中央に海の重要性を表すガボン国旗を掲げ海を航海する黒い帆船、盾の背後に重要な輸出品であるオクメ材とフランス語 "UNITI PROGREDIEMUR"「団結し前進」と記した白いリボン、底部にフランス語で "UNION TRAVAIL JUSTICE"「統一、労働、正義」と記した青いリボン、サポーターに勇気と慎重さを表す2頭の黒豹を配したもの。
1968年 ガボン民主党による独裁政権が成立。
1990年 憲法を改正し、複数政党制に移行。

列強によるアフリカ分割

カメルーン共和国
Republic of Cameroon

データ	
首都	ヤウンデ
面積	47.6万km² (日本の約1.3倍)
人口	2392万人
人口密度	50人/km²
公用語	フランス語、英語
通貨	CFAフラン

国旗比率 2：3

1470年 ポルトガル人が来航。

ドイツの支配

1868年 ドイツ人が入植を開始。

1885～1903 ドイツ西アフリカ会社旗

1885年 ドイツ西アフリカ会社がハンブルクに設立されカメルーンとトーゴランドで活動後、1903年解散。社旗は黒白の輪郭線を付けた赤い十字の中央に黒鷲を描いた黄色い円、四隅に黒字で会社名 "DEUTSCH WEST AFRIKANISCHE GESELLSCHAFT COMPAGNIE" の頭文字を配した白旗を使用。

1903～14 ドイツ国旗

1903年 ドイツ国旗が使用される。

1911年 全土がドイツ保護領となる。

1914 カメルーン域章・提案旗

1914年 域章制定。域章はクレストに皇帝冠を付けた盾型紋章で赤地に白い象、黄地にプロイセンの黒鷲を配したもの。盾の赤地白象の部分を中央に配した黒白赤横三色の提案旗が考案された。

仏英の委任・信託統治領

1919～46／1946～57 フランス国旗

1919～46／1946～54 イギリス国旗

1919年 第一次世界大戦（1914～18）でドイツが敗れ、東部はフランス、西部はイギリスの委任統治領として東西に分割される。

1946年 第二次世界大戦（1939～45）後、フランス、イギリスの信託統治領となる。イギリス信託統治領カメルーンの総督府はブエア（カメルーン南西州）。

1954～61 イギリス信託統治領カメルーン域旗

1954年 イギリス信託統治領南部カメルーンで域旗使用。域旗はフライに域名とバナナの葉と房を描いた白い円の域章を配したイギリス青色船舶旗。

カメルーン自治国

1957～60

1957年 フランス領カメルーンが自治権を獲得し、国旗・国章制定。自治国の国旗は汎アフリカ色を使い、緑赤黄の縦三色旗。緑は希望、赤は統一、黄は繁栄を表す。国章は円形印章型紋章で、中央にカメルーンの若者と主要産物であるコーヒーの小枝とカカオ豆、周囲に英語・フランス語で国名と「平和、労働、祖国」の標語を配したもの。

カメルーン共和国

1960～61

1960年 東部カメルーンがフランスからカメルーン共和国として独立。国連に加盟。国旗は1957年制定のものを継続使用。国章制定。国章は盾型紋章で、国旗同様に緑赤黄で三分割し緑と黄地に2個の青い五角星、中央赤地に平等を表す黒い天秤と青い国土、背後に交差した黄色い束桿斧、上部にフランス語で独立年と国名を記した黄色いリボン、底部にフランス語 "PAIX TRAVAIL PATRIE"「平和、労働、祖国」という標語を記した黄色いリボンを配したもの。

カメルーン連邦共和国

1961〜72／1972〜75

1961〜72

1961年 イギリス信託統治領が住民投票により、北部がナイジェリアと併合、南部が旧フランス領東部カメルーンと合体し、カメルーン連邦共和国に改称。新国旗・国章制定。**国旗**はカントンに連邦を構成する南北カメルーンを表す2個の黄色い五角星を配した緑赤黄の縦三色旗。緑は南部の森林地帯、赤は南北の団結、黄は北部のサバンナ地帯を表す。**国章**は、上部のフランス語国名がカメルーン連邦共和国に変更された。

カメルーン連合共和国

1972〜75

1972年 連邦体制下ではつねに北部優位で連邦体制が形骸化したので連邦制を廃止、カメルーン連合共和国に改称。国旗は連邦共和国国旗を継続使用。**国章**は、上部のフランス語国名がカメルーン連合共和国に変更された。

1975〜84／1984〜　　**1975〜84**

1975年 国旗・国章変更。**国旗**の2個の五角星が1個となり国旗中央に置かれた。**国章**の青い五角星も1個となった。

カメルーン共和国

1984〜86

1984年 国名をカメルーン共和国に改称。国旗は連合共和国国旗を継続使用（現在に至る）。国章変更。**国章**は、上部のフランス語国名がカメルーン共和国に、五角星の色が青から黄色に替わり位置が左に変更された。

1986〜

1986年 国章変更。**国章**の五角星の位置が中央に、標語と国名がフランス語・英語の2か国語になり、国名と標語の位置が逆になり、標語を記した黄色いリボンが取り除かれた。

ガンビア共和国
Republic of The Gambia

データ	
首都	バンジュール
面積	1.1万㎢（岐阜県程度）
人口	206万人
人口密度	182人/㎢
公用語	英語
通貨	ダラシ

国旗比率　2：3

13〜15世紀 ニジェール川上流に建国されたイスラム系のマリ王国領となる。
15世紀中頃 ポルトガル人がガンビア川下流域に商業拠点を置く。

クールランド公国領

1651年 バルト海東岸のクールランド公国（現ラトヴィア）が聖アンデレ島を領有。**域旗**はホイストに黄色い蟹を配した暗赤色旗を使用。

1651〜64 聖アンデレ島域旗

1664年 クールランド公国が撤退。
1765年 イギリスが進出。

フランスの支配

1779〜83 フランス国旗

1779年 フランスの植民地となる。その後イギリスとフランスで争う。

ガンビア／ギニア

イギリスの支配

1783〜1801 イギリス国旗

1783年 イギリスが支配権を確立。

1801〜21 イギリス国旗

1801年 イギリスが国旗変更。

1821〜89 西アフリカ植民地域旗・域章

1821年 イギリス西アフリカ植民地に編入される。域旗・域章制定。域旗はフライに域章を配したイギリス青色船舶旗。域章は中央に象、ヤシの木、山、底部に域名を赤字で記した円形域章。

1889〜1965 ガンビア域旗・域章

1889年 イギリス領ガンビア域旗・域章制定。域旗・域章とも域名の頭文字がG.に替えられた。

ガンビア／ガンビア共和国

1965〜

1965年 イギリスよりイギリス連邦の一員ガンビアとして独立。国連に加盟。国旗・国章制定。国旗は2本の白い輪郭線を加えた赤青緑の横三色旗。赤は太陽とサバンナ、青はガンビア川、緑は森林、白は平和と純粋さを表す。国章（独立の前年に制定）は盾の周りに緑白の帯を付けた青い盾型紋章で、中央に二大民族であるマンディンゴ人の鍬とフラニ人の斧を交差させ、クレストに兜飾り、青と黄色の布のリースとヤ

1964〜

シの葉、サポーターは斧と鍬を持ったライオン、底部に英語 "PROGRESS PEACE PROSPERITY"「進歩、平和、繁栄」という標語を記した白いリボンを配したもの。

1970年 共和制に移行。ガンビア共和国に改称。国旗・国章は継続使用。
2015年 ガンビア・イスラム共和国に改称。国旗・国章は継続使用。現在に至る。
2017年 ガンビア共和国に改称。

セネガンビア国家連合

1982〜89 連合旗

1982年 セネガルとセネガンビア国家連合を結成。連合旗は中央に白い五角星と2本の白い輪郭線を配した緑青赤の縦三色旗を使用。
1989年 セネガンビア国家連合解体。

ギニア共和国
Republic of Guinea

データ	
首都	コナクリ
面積	24.6万km²
	（本州と同じ程度）
人口	1295万人
人口密度	53人/km²
公用語	フランス語
通貨	ギニア・フラン

国旗比率　2：3

ギニア

13〜15世紀 イスラム系のマリ王国領となる。

フータジャロン王国

1735〜1898

1735年 ギニア中部にイスラム国家フータジャロン王国が成立。フータジャロン王国の首都はティンボ（ギニア中部マムー州）。**国旗**はアラビア語・緑字で「神への感謝」と書かれた白い三角形旗を使用。

1849〜95 フランス国旗

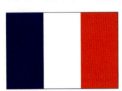

1849年 フランスが植民地化を開始。

サモリ帝国

1870年 ギニア高地とマリ南部を含むサモリ帝国が成立。サモリ帝国の首都はビザンドゥグゥ（ギニア南西部）。

1878〜98

1878年 サモリ帝国の**国旗**はホイストに中心に赤い菱形を持つ白い七角星を入れた赤い三角形を持つ青水色白の横三色旗を使用。

フランス領西アフリカ

1890年 フランスの植民地となる。

1895〜1958 西アフリカ総督旗

1895年 フランス領西アフリカに組み込まれる。カントンにフランス国旗を配した青い燕尾旗が**総督旗**として使われる。
1898年 フランスによりギニア諸王国・帝国が征服される。
1947年 ギニア民主党が結成され、独立運動が開始される。

ギニア共和国／ギニア人民革命共和国

1958〜78／1978〜84

1958年 フランスからギニア共和国として独立。国連に加盟。国旗・国章制定。**国旗**は赤黄緑の汎アフリカ色を使用した縦三色旗。赤は反植民地闘争で流した血、黄は太陽と鉱物資源、緑は農業と繁栄を表す。**国章**は盾型紋章で、赤緑に縦に染め分けた地に力を表す黄色い象。クレストに平和を表すオリーブの枝をくわえた白鳩、底部にフランス語"TRAVAIL JUSTICE SOLIDARITE"「労働、正義、連帯」という標語を黄字で記した緑のリボンを配したもの。

西アフリカ諸国連合

1958〜63 諸国連合旗

1958年 ガーナとともに西アフリカ諸国連合を結成。**連合旗**の解説はガーナの項参照。
1961年 西アフリカ諸国連合にマリも参加。
1963年 クーデターでマリ政権が崩壊、西アフリカ諸国連合は解消。

1978年 社会主義化をめざし、国名をギニア人民革命共和国に改称。国旗・国章は継続使用。

ギニア共和国

1984〜　　　　1984〜93

1984年 軍部のクーデターが勃発。国名をギニア共和国に戻す。**国旗**は継続使用、現在に至る。国章変更。**国章**は盾型紋章で、赤黄に縦に染め分けた地に象の替わりに交差する剣とライフル銃、台座に国旗の3色。クレストにオリーブの枝をくわえた白鳩、底部にフランス語"TRAVAIL JUSTICE SOLIDARITE"「労働、正義、連帯」という標語を黒字で記した白いリボンを配したもの。

1993〜

1993年 初の大統領選挙が実施される。国章変更。**国章**は盾にあった剣とライフル銃を取り除き、盾とオリーブの枝の色を白に変更した。

アフリカ諸国（16世紀まで）

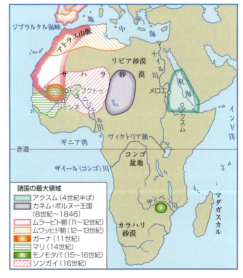

ギニア・ビサウ共和国
Republic of Guinea-Bissau

国旗比率　1：2

データ	
首都	ビサウ
面積	3.6万㎢（九州よりやや狭い）
人口	189万人
人口密度	52人/㎢
公用語	ポルトガル語
通貨	CFAフラン

アフリカ

1446年 ポルトガルの探検家ヌーノ・トリスタンが来航する。
17～18世紀 奴隷貿易の中継地点として栄える。

ポルトガルの支配

1879～1911 ポルトガル国旗

1879年 ポルトガルの植民地となる。

1911～1951／1951～73 ポルトガル国旗

1911年 ポルトガルが国旗変更。

1935～51 ギニア・ビサウ域章

1935年 ポルトガル領ギニア・ビサウの域章制定。**域章**は盾型紋章で、黄色い天球儀を背景に第一クォーターは白地に白い5個の玉を置いた5個の青い盾、第二クォーターは黒地に15世紀のポルトガル・アヴィス朝アフォンソ5世が使ったといわれるムーア人の頭の付いた金色の笏、第三クォーターは白地に植民地を示す5本の緑の波線を描いた盾。クレストに天球儀と修道会十字を配した黄色い城塞冠、底部にポルトガル語で「ポルトガル植民地ギニア・ビサウ」と記した白いリボンを配したもの。

ポルトガル領海外州

1951～73 海外州域章

1951年 ポルトガル領海外州ギニア・ビサウに昇格。域章変更。「植民地」から「海外州」へ**域章**のリボンが変更された。

ギニア・カーボヴェルデ独立アフリカ党

1956 独立アフリカ党旗

1956年 ギニア・カーボヴェルデ独立アフリカ党（PAIGC）が結成される。PAIGCによる、植民地支配に対する反対運動が展開される。**党旗**はホイストに黒い五角星と"PAIGC"の文字を配した赤黄緑の横T字旗。

1967 海外州提案旗

1967年 ポルトガル海外州ギニア・ビサウの**提案旗**が考案される。域章の盾部分をポルトガル国旗のフライ下部に配した旗。

ギニア・ビサウ共和国

1973～

1973年 ポルトガルよりギニア・ビサウ共和国として独立。国旗・国章制定。**国旗**はホイストに黒い五角星を配した赤黄緑の横T字旗。赤は独立闘争で流した血、黄は太陽と鉱物資源、緑は農産物、黒い五角星はアフリカの自由と尊厳を表す。独立時の与党であるギニア・カーボヴェルデ独立アフリカ党旗をモデルにしている。一時は国家併合を計画していたのでカーボヴェルデ共和国旧旗にもよく似ている。**国章**は赤い円形紋章で中央にアフリカ人の自由と尊厳を表す黒い五角星、平和を表すヤシの葉のリースがこれを囲み、下部にポルトガル語"UNIDADE LUTA PROGRESSO"「統一、闘争、進歩」という標語を黒字で記した白いリボン、底部には大西洋を表す黄色い帆立貝を配したもの。

1974年 国連に加盟。
1980年 クーデターで政権交代。カーボヴェルデとの統合が挫折する。
1991年 複数政党制を導入。

ケニア共和国
Republic of Kenya

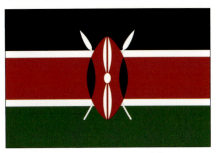

データ
首都	ナイロビ
面積	59.2万km²
	（日本の約1.5倍）
人口	4725万人
人口密度	80人/km²
公用語	スワヒリ語・英語
通貨	ケニア・シリング

国旗比率　2：3

17世紀　オマーンのアラブ勢力が沿岸部を支配する。

ドイツの支配

1885〜90 ドイツ海軍旗

1885年　ドイツがザンジバルのスルタンからウィトゥランド（現ラム港）を割譲され、保護領とする。ドイツ海軍旗とともに、白い五角星を配した白赤の縦二色のシンバ・スルタン旗を使用。

1885~90 シンバ・スルタン旗

イギリスの支配

1888〜96 東アフリカ会社旗・社章

1888年　イギリスの東アフリカ会社が進出。社旗はフライに社章を配したイギリス青色船舶旗を使用。社章は王冠と24の光芒を持つ太陽を表したもの。
1890年　北海にあるイギリス領ヘルゴランド島とケニア沿岸のドイツ領ウィトゥランドを交換し、イギリス領となる。

1893〜1920 ウィトゥ域旗

1893年　イギリス国旗に赤いボーダーを配したイギリス領ウィトゥ域旗を使用。
1895年　イギリス保護領となる。

1895〜1920 東アフリカ域旗・域章
1920〜63 ケニア域旗・域章

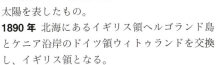

1895年　イギリス領東アフリカ植民地が成立。1896〜1905年の総督府はケニアのモンバサ、1905〜20年の総督府はナイロビ（ケニア首都）に置かれた。域旗としてフライに域章を配したイギリス青色船舶旗を制定。域章は、立ち姿の赤いライオン。
1920年　イギリス領ウィトゥは、イギリス領ケニアに併合され、イギリス領ケニア植民地および保護領が成立。引き続きフライに赤いライオンの立ち姿を配したイギリス青色船舶旗を使用。
1950年　秘密結社マウマウ団の反乱が起こるが、イギリスの武力によりおさえられた。

ケニア・アフリカ民族同盟

1960 党旗

1960年　ケニア・アフリカ民族同盟結成。党旗は中央に斧を持った白い雄鶏を配した黒赤緑の横三色旗。

ケニア／ケニア共和国

1963〜64／1964〜

1963年　イギリス連邦の一員のケニアとしてイギリスから独立。国連に加盟。国旗・国章制定。国旗はケニア・アフリカ民族同盟党旗をモデルに作られ、中央に自由防衛を表すマサイ族の伝統的な交差した槍と盾、2本の白い輪郭線を配した黒赤緑の横三色旗。黒は国民、赤は独立闘争に流した血、緑は自然の豊かさ、白は平和と統一を表す。国章は盾型紋章で、国旗の色に染め分けた中央にケニア・アフリカ民族同盟のシンボルである斧を持った白い雄鶏、背後に交差した赤い槍、台座にコーヒー、茶、トウモロコシ、パイナップル、除虫菊、サイザルアサとケニア山、底部にスワヒリ語"HARAMBEE"「共に働かん」という標語を白字で記した赤いリボン、サポーターに黄色いライオンを配したもの。
1964年　共和制に移行。ケニア共和国に改称。国旗・国章は継続使用、現在に至る。

コートジヴォワール共和国
Republic of Côte d'Ivoire

データ	
首都	ヤムスクロ
面積	32.2万km²
	（日本の9割）
人口	2325万人
人口密度	72人/km²
公用語	フランス語
通貨	CFAフラン

国旗比率 2：3

15世紀以降 ポルトガル、イギリス、オランダなどのヨーロッパ人が来航。象牙が多く取引されたことから「象牙海岸」（現国名の意味）と呼ばれるようになった。

フランスの支配

1844年 フランスが入植を開始。

1893～95 フランス国旗

1893年 フランスの植民地となる。

1895～1959 西アフリカ総督旗

1895年 フランス領西アフリカに組み込まれる。カントンにフランス国旗を付けた青い燕尾旗の西アフリカ総督旗を使用。

1946年 コートジヴォワール民主党が結成され、独立運動が開始される。

コートジヴォワール自治国
コートジヴォワール共和国

1958年 フランス共同体内で自治権を獲得し、コートジヴォワール自治国となる。

1959～60／1960～

1960～64

1960年 フランスからコートジヴォワール共和国として独立。国連に加盟。国章制定。前年に制定された**国旗**はオレンジ白緑の縦三色旗。オレンジは豊かな国土と解放闘争を行った若者の血、白は正義ある平和、緑は将来への希望を表す。国章は正式な変更に加え、さまざまなバージョンが登場した。独立当初の**国章**は青い盾型紋章で、中央に国名由来の黄色い象の頭、背後に黄色い日の出と9本の国旗、両脇に黄色いヤシの木が2本、底部にフランス語で国名を黒字で記した黄色いリボンを配したもの。象の頭は独立に導いた与党コートジヴォワール民主党のシンボル。

1964～97

1964年 国章変更。**国章**の盾の色が青から緑に、象の頭が黄色から白に替わり9本の国旗が取り除かれた。

1990年 コートジヴォワール民主党の独裁政治から、複数政党制導入。

1997～2001

1997年 軍部によるクーデターが勃発。国章変更。**国章**の盾の色がオレンジ・緑のグラデーションに、国名リボンが国旗カラーに、2本のヤシの木が緑と茶に替えられた。

2001～11

2001年 **国章**の色がすべて金色に替えられた。

2011～

2011年 **国章**の盾の色が再び緑に、象の頭が金色に、国名が白字に替えられた。

コモロ連合
Union of Comoros

国旗比率　3：5

データ	
首都	モロニ
面積	2236㎢（コモロ諸島4島で東京都程度）
人口	81万人
人口密度	361人/㎢
公用語	フランス語、アラビア語、コモロ語
通貨	コモロ・フラン

フランス保護領

1843年 マヨット島がフランスの保護領となる。

1886～1947／1947～63 フランス国旗

1886年 グランコモル、モヘリ、アンジュアンの各島がフランスの保護領となり、マダガスカル属領コモロ諸島となる。
1912年 フランス植民地マダガスカルに編入される。第二次世界大戦（1939～45）中はイギリスが海軍基地として使用。戦後、フランスに返還される。
1947年 マダガスカルからフランスの海外領土として分離し、フランス領コモロ諸島となる。
1958年 フランス共同体内の自治領となる。

1963～75 フランス海外県コモロ域旗

1963年 フランス海外県となる。域旗制定。域旗はカントンに白い三日月、ホイスト下部からフライ上部に4個の五角星を並べた緑旗。フランスの紋章学者スザンヌが考案し、当時コモロは唯一固有の旗を持つフランス海外県であった。緑と三日月はイスラム、4個の白い五角星はコモロ諸島を構成するグランコモル島、アンジュアン島、モヘリ島、マヨット島を表す。

コモロ共和国

1975～78

1975 コモロ統一友愛党旗

1975年 マヨット島を除く3島がフランスよりコモロ共和国として独立。国連に加盟。国旗・国章制定。国旗はカントンに白い下向きの三日月と4個の五角星を配した赤緑の横二色旗。この国旗は与党の統一友愛党党旗をモデルにしている。赤は革命、緑は農業、三日月はイスラム、4個の五角星はコモロ諸島を構成する4島を表す。コモロ共和国の国章は円形印章型紋章で、中央に五角星と上向きの三日月、周囲に51個の五角星を配し、フランス語で「コモロ外務省」と記されたもの。

コモロ・イスラム連邦共和国

1978～92　　　**1978~2001/2001~05**

1978年 新憲法を採択し、コモロ・イスラム連邦共和国に改称。国旗・国章制定。国旗は中央に白い右下向きの三日月と4個の五角星を配した緑旗。緑と三日月はイスラム、斜めに並んだ4個の五角星はコモロの4島を表す。国章は円形紋章で、中央に緑の8本の光線を放つ太陽と4島を表す白い4個の五角星を入れた上向きの三日月、周囲にフランス語とアラビア語の国名、外周にオリーブの枝のリースとフランス語"UNITÈ JUSTICE PROGRÈS"「統一、正義、進歩」の標語を黒字で記した白いリボンを配したもの。
1992年 憲法改正。

1992～96

1992年 国旗変更。国旗は白い4個の五角星が横一列に並び、三日月が上向きに替わった。

アンジュアン国／モヘリ国

1997～2001

1997年 アンジュアン島が独立宣言。首都はムツアムド。アンジュアン国の国旗（左）は中央に白い三日月とファティマの右手を配した赤旗で、ファティマの手は幸福のシンボル。赤は東アフリカ沿岸やインド洋のイスラム国家で古くから旗に使われた色。
1997年 モヘリ島が独立宣言。首都はフォンボニ。モヘリ国の国旗（右）は黄赤の縦二色旗。

1996〜2001

1996年 国旗変更。**国旗**の4個の五角星が縦一列に並び、三日月がフライ向きになった。アラビア語でフライ上部に「アッラー」、ホイスト下部に「ムハンマド」と白字で記された。

コモロ連合

2001年 新憲法を採択、アンジュアン島、モヘ

2001〜

リ島が復帰し、コモロ連合に改称。国旗変更。国章は1978年制定のものを継続使用。**国旗**は白い三日月と4個の五角星を配した緑の三角形を持つ黄、白、赤、青の横四色旗。4個の五角星はコモロの4島、緑と三日月はイスラム。黄はモヘリ島、白はマヨット島、赤はアンジュアン島、青はグランコモル島を表す。

2005〜

2005年 国章変更。**国章**のフランス語とアラビア語の国名をコモロ連合に替え、底部にあるフランス語の標語を"Unité Solidarité Développement"「統一、連帯、開発」に替えた。

コンゴ共和国
Republic of Congo

国旗比率 2:3

データ	
首都	ブラザヴィル
面積	34.2万km²
	（日本の9割程度）
人口	474万人
人口密度	14人/km²
公用語	フランス語
通貨	CFAフラン

1482年 ポルトガルの探検家ディオゴ・カンが来航。

フランスの支配

1884〜1910 フランス国旗

1884年 フランスの植民地となる。

1903年 フランス領中央コンゴと呼ばれる。

1910〜58 赤道アフリカ域旗

1910年 フランス領赤道アフリカに編入される。フランス領赤道アフリカの総督府は、中央コンゴのブラザヴィルに置かれた。**域旗**としてカントンにフランス国旗、フライに白い三日月と五角星を配した赤旗を使用。

1940〜41 自由フランス軍旗

1940年 第二次世界大戦（1939〜45）中、親ドイツのヴィシー政権に対抗したド・ゴールは、領土と国民を確保するため、フランス領植民地に目を付けた。フランス領赤道アフリカ4カ国とカメルーンを取り込み、人口600万人の自由フランス最初の首都をフランス領コンゴのブラザヴィルに置いた。同年、ロンドンに自由フランス政府を樹立。自由フランス**軍旗**は中央に赤い二重十字（ロレーヌ十字）を配したフランス国旗。

中央コンゴ自治共和国

1958年 フランス共同体内の中央コンゴ自治共和国となり、自治国**提案旗**が考案される。カントンにフランス国旗を配した緑黄の横二色旗。実際には使用されなかった。

1958 提案旗

コンゴ共和国

1959〜69

1960〜63

1960年 コンゴ共和国としてフランスより独立。国連に加盟。国旗・国章制定。**国旗**は独立の前年に制定され、左から緑黄赤の汎アフリカ色を使った斜三分割旗。緑は農業と森林、黄は友情と国民の誇り、赤は独立闘争に流した血を表す。**国章**は円形印章型紋章でフランス語"UNITE TRAVAIL PROGRES"「統一、労働、進歩」という標語が記された白い盾を婦人が抱いているもの。

1963〜69

1963年 国章を変更。**国章**は黄色い盾型紋章で、中央に自由な国民を表す赤いたいまつを右手で持ち緑の舌と爪を持つ赤いライオン、中央にコンゴ川を表す緑の波線。クレストに主権を表す緑の密林冠、冠には7本の黄色い木の幹とフランス語国名を記した飾り輪が付いている。サポーターは力と尊厳を表す赤い台座に乗った2頭の黒象。底部にフランス語 "UNITE TRAVAIL PROGRES"「統一、労働、進歩」という標語を黒字で記した黄色いリボンを配したもの。

1968年 軍事クーデターを経て憲法を改正し、社会主義国となる。コンゴ労働党の独裁政権が成立。

コンゴ人民共和国

1969〜91

1970年 コンゴ人民共和国に改称。前年に国旗・国章を変更する。**国旗**はカントンに労働者と農民を表す交差したハンマーと鍬、唯一の合法政党コンゴ労働党の指導力を表す黄色い五角星、平和を表すヤシの葉のリースを配した赤旗。赤は独立闘争と反植民地主義闘争に流した血を表す。**国章**は社会主義国型紋章で、底部にフランス語 "TRAVAIL DEMOCRATIE PAIX"「労働、民主主義、平和」という標語を黒字で記した白いリボンを配したもの。

コンゴ共和国

1991〜

1991年 一党制を放棄し、国名をコンゴ共和国に戻す。あわせて1959年制定**国旗**と1963年制定**国章**に戻した。

2002年 新憲法発布。約10年ぶりに大統領選挙を実施。

コンゴ民主共和国
Democratic Republic of the Congo

国旗比率 3：4

データ	
首都	キンシャサ
面積	234.5万㎢（日本の6倍強）
人口	7972万人
人口密度	34人/㎢
公用語	フランス語
通貨	コンゴ・フラン

14世紀 コンゴ王国（〜19世紀）が成立。

15世紀末 ポルトガル人が進出して奴隷貿易を行う。それに伴い、コンゴ王国は衰退。

ベルギー領コンゴ

1876〜77年 イギリス人ヘンリー・スタンリーがコンゴ川の水系を探検する。

1879年 ベルギーのレオポルド2世がスタンリーをコンゴに派遣。現地首長と協定。

1885〜1908 コンゴ自由国/1908〜60 コンゴ域旗

1885年 コンゴ自由国が成立（レオポルド2世の私有地）し、国旗・国章制定。**国旗**は中央に黄色い五角星を配した青旗。レオポルド2世に雇われた

1885〜1908

イギリス人スタンリーが考案し、「暗黒大陸アフリカに輝く文明の光」を表す。**国章**は青い盾型紋章で、カントンに黄色い五角星、中央に領土のコンゴ川を表す白い波線、その上にレオポルド2世の個人紋章で、出身のドイツ・ザクセン王国国章である黒黄横10縞と緑の斜め帯を配した盾を胸に抱くベルギー国章の黒い盾、盾の中には赤い舌と爪を持つ黄色いライオン。クレストに王冠、サポーターは2頭の黄色いライオン。底部にフランス語 "TRAVAIL ET PROGRES"「労働と進歩」という標語を黄色文字で記した白いリボン、背後に王冠を載せた赤い位階服を配したもの。

1908〜60 コンゴ域章

1908年 国王は私有地を国に譲り、ベルギー領コンゴとなる。域旗は自由国旗が引き継がれる。**域章**は自由国国章の盾を左に、右にベルギー国章盾を並べ、上部に王冠、底部に黄色い五角星とフランス語 "TRAVAIL ET PROGRES L'UNION FAIT LA FORCE"「労働と進歩、団結は力なり」の標語を黒字で記した白いリボンを配したもの。

コンゴ民主共和国

コンゴ共和国

1960～67

1960 年 ベルギーよりコンゴ共和国として独立。何の準備もなく独立させたため、国内は混乱。国連に加盟。国旗・国章制定。**国旗**はコンゴ自由国国旗のホイストに 6 個の黄色い小さな五角星を配した旗。当時国を構成する赤道州、東部州、レオポルドヴィル州、カサイ州、カタンガ州、キブ州を表す。**国章**は青い盾型紋章で大小 7 個の黄色い五角星を配したもの。

コンゴ動乱

カタンガ国

1960～63

 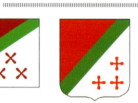

1960 年 鉱物資源をめぐり、コンゴ動乱が勃発。資源の多いカタンガ国が分離独立。首都はエリザベートヴィル（現ルブンバシ）。**国旗**は緑の斜帯で赤と白に染め分け、白地に 3 個の赤い十字を配した旗。赤は国民の力と主権、緑は希望、白は平和を表す。赤十字は 14 世紀にザンベジ川の中流および北部地域で流布した銅を精錬して作ったクロイセッツという通貨で、繁栄を表す。カタンガ国の**国章**は国旗デザインの盾型紋章。

南カサイ鉱山国

1960～62

1960 年 カサイ州南部でコンゴからの分離独立を求め南カサイ鉱山国が独立宣言をする。首都はバクワンガ（現ムブジマイ）。**国旗**は中央に勝利を表す黄色の V 字を配した赤と緑の横二色旗。

1962 年 コンゴ政府軍に敗れ、南カサイ鉱山国は消滅。

1963～67 / **1963～67/1967～71**

1963 年 カタンガ国がコンゴに復帰し動乱は終結。新国旗・国章制定。**国旗**は黄色い輪郭線を持つ赤い斜帯とカントンに黄色い五角星を配した青旗。黄は繁栄、赤は国の統一のために戦った犠牲者の血、青は希望、五角星は統一を表す。**国章**は青い盾型紋章で、中央に交差した槍の上に豹の頭、周囲に月桂樹の枝と象牙のリース、底部の緑の丘の上にフランス語 "JUSTICE PAIX TRAVAIL"「正義、平和、労働」という標語を黒字で記した白いリボンを配したもの。

コンゴ民主共和国

1965 年 軍部クーデターによりモブツ政権（～97）が成立。

1967～71

1967 年 コンゴ民主共和国に改称。国旗変更。**国旗**はカントンの五角星と斜帯の大きさを修正。国章は継続使用。

ザイール共和国

1971～97

1971 ザイール革命人民運動党旗

1971 年 ザイール共和国に改称。ザイールはコンゴ川のポルトガル語名称である。革命人民運動の一党独裁体制をしいた。国旗・国章変更。**国旗**は中央に赤いたいまつを掲げる黒人の腕を描いた黄色い円を配した緑旗。緑は希望と自信、黄は鉱物資源、赤は名誉と犠牲心、円は統一、たいまつは革命の精神を表す。与党の**革命人民運動党旗**をモデルにした旗。**国章**はコンゴ民主共和国国章から青い盾と緑の丘を取り除き、底部の標語を白いリボンに記したもの。

1996 年 反政府勢力のコンゴ・ザイール解放民主連合が結成される。

コンゴ民主共和国

1997～2006 / **1997～99**

1997 年 モブツ政権が崩壊、コンゴ・ザイール解放民主連合議長のカビラが政権を握り、コンゴ民主共和国に改称。国旗・国章変更。**国旗**は 1960 年独立当時の旗に戻った。青は繁栄、黄は国の富み、中央の五角星は統一への希望を表す。**国章**は標語を記したリボンの替わりに岩を配したもの。

1998 年 カビラ政権の独裁色が強まり、周辺国を巻き込んでコンゴ内戦が勃発。

1999～2003

1999 年 国章変更。**国章**は青い盾型紋章で国旗意匠を配したもの。

2001 年 カビラ大統領が暗殺される。

2003～06

2003 年 周辺国の合意により、暫定政権が成立。国章変更。**国章**は結ばれた 3 人の黒人の腕の上に黄色いライオンの頭、両脇には月桂樹のリース、底部にフランス語 "DEMOCRATIE JUSTICE UNITE"「民主主義、正義、統一」という標語を黒字で記した白いリボンを配したもの。

2006〜

2006年 新憲法公布。国旗・国章を変更。**国旗**は1967年当時の国旗に似た新国旗が制定された。青が薄くなる。青は平和、赤は国のために流した犠牲の血、黄は国の富み、五角星は光り輝く国の未来を表す。**国章**は独立のシンボルである豹の頭、左右に象牙と槍、岩の上にフランス語"JUSTICE PAIX TRAVAIL"「正義、平和、労働」という標語を黄字で記した赤いリボンを配したもの。2003年の制定の暫定政権国章のライオンからコンゴの伝統的なシンボルである豹に戻った。

サントメ・プリンシペ民主共和国
Democratic Republic of Sao Tome and Principe

国旗比率　1：2

データ	
首都	サントメ
面積	960km²
	(東京都の約半分)
人口	19万人
人口密度	202人/km²
公用語	ポルトガル語
通貨	ドブラ

1470年代 ポルトガル人が来航する。
1522年 ポルトガルの植民地となる。アフリカとブラジルを結ぶ奴隷貿易の中継拠点となる。
1641年 オランダの植民地となる。

ポルトガルの支配

1740年 再びポルトガルの植民地となる。

1830〜1911 ポルトガル国旗

1830年 ポルトガルの国旗を使用。

1911〜51／1951〜75 ポルトガル国旗

1911年 ポルトガル海外州となる。ポルトガルの国旗変更。

1935〜51 サントメ・プリンシペ域章

1935年 ポルトガル領サントメ・プリンシペ域章制定。**域章**は盾型紋章で、黄色い天球儀を背景に第一クォーターは白地に白い5個の玉を置いた5個の青い盾、第二クォーターは赤地に水滴を飛ばす黄色い水車の15世紀アフォンソ5世の紋章、第三クォーターは白地に植民地を示す5本の緑の波線を描いた盾。クレストに天球儀と修道会十字を配した黄色い城塞冠、底部にポルトガル語で「ポルトガル植民地サントメ・プリンシペ」と記した白いリボンを配したもの。

1951〜75 海外州サントメ・プリンシペ域章

1951年 ポルトガル海外州となる。域章変更。域名を「植民地」から「海外州」に変更した**域章**。

サントメ・プリンシペ独立運動党

1960 党旗

1960年 サントメ・プリンシペ独立運動党が結成され、独立運動が本格化。この**党旗**は1975年の国旗のモデルとなる。

1967 海外州サントメ・プリンシペ提案旗

1967年 海外州**提案旗**が考案される。域章の盾部分をポルトガル国旗のフライ下部に配した旗。

サントメ・プリンシペ民主共和国

1974年 ポルトガルでファシズム政権が倒れ、暫定政府を樹立。

1975〜

1975年 ポルトガルからサントメ・プリンシペ民主共和国として独立。国連に加盟。国旗・国章制定。**国旗**はホイストに赤い三角形を付け、中央に2個の黒い五角星を配した緑黄緑の横三分割旗。緑は農業、黄は太陽と主要作物のカカオ、赤は独立闘争で流された血、黒い2個の五角星はサントメ島とプリンシペ島を表す。この国旗は当時の与党サントメ・プリンシペ独立運動党旗がモデルとなっていた。党旗は緑黄の縞幅が等しい。**国章**は黄色いカカオの実の形をした盾型紋章で、主要作物コプラを表すヤシの木、クレストに青と黄色の布のリース、アフリカの自由を示す黒い五角星、ポルトガル語国名を黒字で記した黄色いリボン、サポーターは右にオオム、左にハヤブサ、底部にポルトガル語 "UNIDADE DISCIPLINA TRABALHO"「団結、統制、労働」という標語を黒字で記した黄色いリボンを配したもの。

1990年 複数政党制を導入。

ザンビア共和国
Republic of Zambia

国旗比率 2：3

データ	
首都	ルサカ
面積	75.3万km²
	（日本の2倍）
人口	1672万人
人口密度	22人/km²
公用語	英語
通貨	ザンビア・クワチャ

イギリスの支配

1851年 イギリスの宣教師ディヴィド・リヴィングストンが来着する。
1889年 政治家のセシル・ローズにより特許会社のイギリス南アフリカ会社が設立される。

1892〜1924 南アフリカ会社旗・社章

1892年 イギリス南アフリカ会社がザンビアへ進出。**社旗**は中央に赤黄の花環の上で象牙を右手で持つ黄色いライオン、底部に会社頭文字 B.S.A.C. を黒字で記した白い円を配したイギリス国旗。**社章**は赤い盾型紋章で、交易を表す3隻のガレー船を描いたザンベジ川、リンポポ川を表す白い波帯で区切られ、上部に畜産を表す2頭の牛とマタベレランドで産出される金を表す金貨、下部に白象と豊かな農業を表す黄色い麦束。クレストに赤白の布のリースの上で右手で象牙を持つ黄色いライオン、サポーターは2頭のトビカモシカ、底部に英語 "JUSTICE COMMERCE FREEDOM"「正義、商業、自由」という標語を黒字で記した白いリボンを配したもの。

1911年 セシル・ローズの名前を取り、イギリス領北ローデシアとなる。

1924〜39 イギリス国旗

1924年 イギリス直轄植民地となる。

1939〜53/1964.1〜10 北ローデシア域旗・域章

1939年 イギリス領北ローデシアの域旗・域章制定。
域旗はフライに北ローデシア域章を配したイギリス青色船舶旗。**域章**は盾型紋章で、チーフは青地に魚をつかんだ黄色いサンショクウミワシ、下部にビクトリア滝を表す黒地に6本の波線を配したもの。

イギリス領中央アフリカ連邦

1953〜63

1953年 南ローデシア（現ジンバブエ）、ニヤサランド（現マラウイ）とともにイギリス領中央アフリカ連邦（イギリス領ローデシア・ニヤサランド連邦）を結成。連邦首都はソールズベリ（ジンバブエのハラレ）に置かれた。域旗・域章制定。**域旗**はフライに域章盾部分を配したイギリス青色船舶旗。**域章**は青い盾型紋章で、赤いライオンを描いた白帯で区切られ、チーフは青空に昇る黄色い日の出、下部はヴィクトリア滝を表す黒地に6本の白い波線。クレストに青と黄色の布のリースの上で魚をつかんでいるサンショクウミワシ、台座の緑の丘の上にラテン語 "MAGNI ESSE MEREAMUR"「偉業を成し遂げよ」という標語を黒字で記した白いリボンを配したもの。

統一民族独立党

1959 党旗

1959年 統一民族独立党が結成され、独立運動が本格化。**党旗**はフライに赤黒黄の縦縞を配した緑旗。

- 1963年 中央アフリカ連邦が解体する。
- 1964年 1〜10月、イギリス領北ローデシア域旗・域章は1939年制定のものが復活。

ザンビア共和国

1964年 10月、イギリスより北ローデシアがザンビア共和国として独立。国連に加盟。国旗・国章制定。**国旗**はフライに黄色のサンショクウミワシ、赤黒オレンジの縦縞を配した緑旗。緑は農業と森林資源、赤は独立闘争で流し

1964〜

た血、黒は国民、オレンジは銅、サンショクウミワシは自由と困難に打ち勝つ力を表す。独立当時の与党統一民族独立党党旗をモデルにしている。東京オリンピック大会閉会式で新国旗が初掲揚された。**国章**は黒い盾型紋章で、ヴィクトリア滝を表す6本の白い波線、クレストに自由と困難に打ち勝つ力を表す黄色いサンショクウミワシ、農業と鉱業を示す鍬とツルハシ、台座は緑の丘に鉱業を表す鉱山立坑、国土を表すシマウマ、農業を表すトウモロコシ、英語"ONE ZAMBIA ONE NATION"「一つのザンビア、一つの国家」という標語を黒字で記した白いリボン、サポーターにアフリカ人家族を表す黒人男女を配したもの。

バロツェランド王国

1964

1964年 北ローデシア西部に住むバロツェ族は1890年にイギリスから一定の自治権を獲得したため、独立に際し分離独立をはかったが政府に制止された。王国の**国旗**は白の斜帯を配した赤旗。**国章**は国旗意匠を配した盾型紋章で、クレストに赤白の布のリースに乗った白象、背後に2個の盾と交差した槍と棍棒、底部に英語で国名を茶色字で記した白いリボンを配したもの。首都はレアルイ。

- 1973年 統一民族独立党による一党体制が確立。
- 1991年 複数政党制を導入。

シエラレオネ共和国
Republic of Sierra Leone

国旗比率 2:3

データ	
首都	フリータウン
面積	7.2万km²（北海道よりやや狭い）
人口	659万人
人口密度	91人/km²
公用語	英語
通貨	レオン

1447年 ポルトガルの探検家アルヴァロ・フェルナンデスが来航する。

イギリスの支配

1787〜1801 イギリス国旗

1787年 アメリカからイギリスへ逃亡した解放奴隷などがフリータウンへ入植を開始する。

1801〜21 イギリス国旗

1801年 イギリス国旗を変更。

1808年 海岸地帯がイギリスの植民地となる。

1821〜89 西アフリカ域旗・域章

1821年 イギリス領西アフリカに編入される。イギリス領西アフリカ植民地の総督府はフリータウン（シエラレオネ）に置かれた。域旗・域章制定。**域旗**はフライに域章を配したイギリス青色船舶旗。**域章**は赤字で英語の域名と象、山、

シエラレオネ／ジブチ

1889〜1914 シエラレオネ域旗・域章

1889年 イギリス領西アフリカが解体し、イギリス領シエラレオネとなる。域旗・域章制定。**域旗**はフライに域章を配したイギリス青色船舶旗。**域章**は赤字で国名の頭文字 S.L. と象、山、ヤシの木を描いた円形域章。

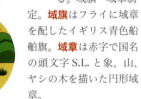

1914〜1961 シエラレオネ域旗・域章

ヤシの木を描いた円形域章。

1914〜60

1914年 域旗・域章変更。**域旗**はフライに、白い円形域章を配したイギリス青色船舶旗。**域章**は盾型紋章で、海辺で大型帆船を見つめる黒人戦士とヤシの木、チーフはイギリス国旗、底部にラテン語 "AUSPICE BRITANNIA LIBER"「イギリスの下での自由」という標語を黒字で記した白いリボンを配したもの。

1950年 シエラレオネ人民党が結成され、独立運動が開始される。

シエラレオネ
シエラレオネ共和国

1960〜71／1971〜

1960年 国章制定。**国章**は白い盾型紋章で、国名を示す黄色いライオンと緑の3つの山形で仕切られ、チーフは自由、知識を表す3本の赤いたいまつ、下部に海岸と海洋交易を表す2本の青い波線。サポーターは緑の丘で主要作物のヤシの木を持つ2頭の黄色いライオン、底部に英語 "UNITY FREEDOM JUSTICE"「団結、自由、正義」という標語を黒字で記した白いリボンを配したもの。

1961〜71／1971〜

1961年 イギリスからイギリス連邦の一員シエラレオネとして独立。国連に加盟。国旗制定。**国旗**は緑白青の横三色旗。緑は農業と山々、白は正義と団結、青は良港フリータウンを表す。

1971年 新憲法発布、共和制に移行。シエラレオネ共和国に改称。国旗は1961年制定のものを、国章は1960年制定のものを継続使用、現在に至る。

1978年 全人民会議による一党体制に移行。
1991年 複数政党制を導入。
1997年 クーデターにより軍事政権が成立。
1998年 ナイジェリア軍中心の監視団による軍事介入で軍事政権が崩壊。内戦が勃発。
2001年 和平が合意し、内戦が終結。

ジブチ共和国
Republic of Djibouti

国旗比率 2：3

データ	
首都	ジブチ
面積	2.3万㎢
	（四国の1.3倍弱）
人口	90万人
人口密度	39人/㎢
公用語	フランス語
通貨	ジブチ・フラン

フランスの支配

1862年 フランスがタジュラ（現ジブチの港町）を支配下に置いていたスルタン国よりオボク地方を租借。タジュラ・スルタン国の**国旗**は無地の赤旗。

1862〜96 フランス国旗　タジュラ・スルタン国旗

1889.1〜3 ロシア帝国旗

1889年 1月、インド洋方面に軍港を求めるロシアがこの地にテレク・コサック（ロシア・テレク州

に存在した騎兵軍隊)を進出させ、海岸にニューモスクワを設営、ロシア領ソマリランドと主張したが、フランスに領土侵害と攻撃され、2カ月後に降伏。黄色いサルタイヤーを配したロシア帝国の国旗を使用。

1896~1946/1946~67/1967~77 総督旗

1896年 フランス領ソマリ海岸となる。カントンにフランス国旗を配した青い燕尾旗の**総督旗**を使用。
1946年 フランス海外領土となる。総督旗を継続使用。
1967年 フランス領アファール・イッサと改称。総督旗を継続使用。アファールはエチオピア北部に住む部族名、イッサはジブチ、エチオピア、ソマリランドに住む部族名による。

独立アフリカ人民連盟

1972 党旗

1972年 独立アフリカ人民連盟が結成される。独立運動が本格化。**党旗**は白い五角星を配した赤青緑の横Y字旗。

ジブチ共和国

1977~

1977年 フランスよりジブチ共和国として独立。国連に加盟。国旗・国章を制定。**国旗**は赤い五角星を配した白青緑の横Y字旗。青はイッサ人、緑はアファール人、白は平和、赤は独立闘争、五角星は統合を表す。当時の与党独立アフリカ人民連盟党旗がモデル。**国章**は中央に文化と伝統を表す短剣を持つアファール人とイッサ人を表す2本の腕と盾、背後に主権の防衛を表す槍、上部に赤い五角星、周囲に平和を表す月桂樹のリースを配したもの。
1991年 アファール人反政府勢力による武力闘争が開始される。
1994年 和平協定に調印。

ジンバブエ共和国
Republic of Zimbabwe

国旗比率　1:2

データ	
首都	ハラレ
面積	39.1万km²（日本よりやや広い）
人口	1597万人
人口密度	41人/km²
公用語	英語
通貨	アメリカ・ドル

11世紀~15世紀 モノモタパ王国が成立。ザンベジ川流域を支配。巨大石造建築を築く。
19世紀 ンデベレ王国が成立。

イギリスの支配

1870~93 イギリス国旗

1870年 イギリスがマタベレランド（現ジンバブエ西部~南西部）に入植、ザンベジアと名付ける。

1893~1923 南アフリカ会社旗・社章

1889年 政治家セシル・ローズがイギリス南アフリカ会社を創設する。
1890年 イギリス南アフリカ会社がマタベレランド、マショナランド（北部から東部）の鉱山開発権を獲得。イギリスの保護領となる。

1893年 イギリス南アフリカ会社旗・社章制定（**社旗**・**旗章**の解説はザンビアの項参照）。

1911年 南北のローデシアが区分され、ローズの名からローデシアと名付けられる。ジンバブエの地は南ローデシアとなる。

ジンバブエ

自治領南ローデシア

1923〜53 域旗・域章

1884 セシル・ローズ家紋章

1923年 イギリス自治領南ローデシア成立。域旗・域章制定。**域旗**はフライに域章盾部分を配したイギリス青色船舶旗。**域章**は農業を表す緑の盾型紋章で、中央に鉱業を表す金色のツルハシ、クレストにセシル・ローズ家の**紋章**から2本のアザミと赤いライオンが取られ、兜飾りは緑と黄色の布リースに乗った遺跡から発見された金色の大ジンバブエ鳥と国花のキツネユリ、緑の丘の上にサポーターとして2頭のアンテロープ、底部にラテン語"SIT NOMINE DIGNA"「名に相応しからんことを」という標語を黒字で記した白いリボンを配したもの。

イギリス領中央アフリカ連邦

1953〜63 域旗・域章

1953年 北ローデシア（現ザンビア）、ニヤサランド（現マラウイ）とともに中央アフリカ連邦（イギリス領ローデシア・ニヤサランド連邦）が成立。連邦の総督府はソールズベリ（ジンバブエのハラレ）に置かれた。域旗・域章制定（**域旗・旗章**の解説はザンビアの項参照）。
1963年 イギリス領中央アフリカ連邦が解体。

ジンバブエ・アフリカ民族同盟愛国戦線

1963 党旗

1963年 ジンバブエ・アフリカ民族同盟愛国戦線が結成される。**党旗**は汎アフリカ色を使用したボーダー旗。

1964年 北ローデシアがザンビア共和国として独立する。

自治領南ローデシア

1964〜65／1965〜68 域旗

1964年 イギリス自治領南ローデシア域旗変更。1923年制定の域旗の地色を薄い青に替えた**域旗**。

ローデシア共和国

1965年 白人入植者政権のスミス政権が、ローデシア共和国としてイギリスから一方的に独立宣言をする。アフリカ人に対する人種差別政策はさらに強化され、国際的な非難を浴び、承認は得られず。

1968〜79

1968年 ローデシア共和国の国旗制定。**国旗**は中央に旧南ローデシア域章を配した緑白緑の縦三分割旗。緑と白は紋章盾の色から取られたもの。緑は農業、ツルハシは鉱業を表す。**国章**は1923年制定の域章が引き継がれた。
1968年 国連が対ローデシア経済制裁を決議。

ジンバブエ・ローデシア

1979.6〜12

1979年 6月、白人優位体制のジンバブエ・ローデシアが発足。国旗制定。**国旗**はホイストに黄色の大ジンバブエ鳥を描いた黒と細い白の縦縞を配した赤白緑の横三色旗。黒は多数決の達成、黄は鉱物資源、赤は独立闘争、白は平和、緑は農業と天然資源、細い白縞は白人社会を表す。

1979.12〜1980.4 イギリス国旗

1979年 12月、イギリス政府などがジンバブエ・ローデシア発足に伴う総選挙の無効などについて合議。イギリスの暫定的統治とする。

ジンバブエ共和国

1980〜

1980年 4月、ジンバブエ共和国としてイギリスから正式に独立。国連に加盟。国旗制定。**国旗**は赤い五角星とジンバブエ遺跡から発見された大ジンバブエ鳥の彫刻から取られた紋章を配した白い三角形を持つ緑黄赤黒の7縞旗。緑は農業、黄は鉱物資源、赤は武力闘争で流れた血、黒は黒人、白は平和、五角星は希望、鳥はジンバブエのシンボルで過去の栄光を表す。国旗は当時の与党ジンバブエ・アフリカ民族同盟愛国戦線党旗がモデル。

1981〜

1981年 国章制定。**国章**は肥沃な土地を表す緑の盾型紋章で、中央にジンバブエ遺跡、チーフは繁栄をもたらす水資源を表す青白の15本

の波線、盾の背後に戦争から平和への移行を示す交差したライフル銃と鍬。クレストは農業と鉱業を表す緑と黄色の布のリースの上に希望を表す赤い五角星と大ジンバブエ鳥、台座には主要作物である綿花、小麦、トウモロコシ、英語 "UNITY FREEDOM WORK"「統一、自由、労働」という標語を記した白いリボン、サポーターはさまざまな民族の融合を表す2頭の黒茶白で描かれた鹿の一種のクードゥーを配したもの。

スーダン共和国
The Republic of the Sudan

国旗比率 1：2

データ	
首都	ハルツーム
面積	184.7万km² （日本の5倍弱）
人口	4118万人
人口密度	22人/km²
公用語	アラビア語、英語
通貨	スーダン・ポンド

4世紀 エチオピアのアクスム王国が進出。そのもとで、キリスト教文化が栄える。
1250年 マムルーク朝（～1517）が成立し、エジプトのカイロを中心に栄える。
14世紀 マムルーク朝が進出し、イスラム化がすすむ。

ムハンマド・アリー朝エジプトの支配

1821〜44 オスマン帝国旗

1821年 オスマン帝国の支配下にあるエジプトの総督ムハンマド・アリー朝エジプトの支配下に置かれる。

1844〜67 ムハンマド・アリー朝国旗

1844年 星が五角星で三日月が長い赤旗を使用。エジプトの項参照。

1867〜81 ムハンマド・アリー朝国旗

1867年 星が3個の赤旗を使用。

マハディー国

1881〜98

1881年 ムハンマド・アフマドによる反乱が起き、マハディー（救世主）国家が建設される。**国旗**は中央に白い槍と上向きの三日月を配した黒赤緑の横三色旗を使用。
1885年 スーダン全土がマハディー政権の統治下に入る。
1898年 イギリスによりマハディー国が滅ぼされる。

イギリス・エジプト共同統治

1899〜1956 スーダン総督旗

1899年 イギリスとエジプトが共同統治を開始する。中央にスーダン総督と英語で記した花環を付けた白い円形紋章を配したイギリス国旗のスーダン**総督旗**を使用。

国民統一党

1953 党旗

1953年 国民統一党が結成され、独立運動が本格化する。**党旗**は青黄緑の横三色旗。

1954年 スーダン自治政府が成立。
1955年 北部のアラブ系と南部の非アラブ系の間で第1次内戦が勃発。

スーダン共和国

1956〜69

1956年 イギリス・エジプトの共同統治よりスーダン共和国として独立。国連に加盟。国旗・国章制定。**国旗**は青黄緑の横三色旗。青はナイル川、黄は砂漠、緑は肥沃な地方を表す。当時の与党国民統一党党旗と同じデザイン。**国章**は円形紋章で、中央にアフリカの力のシンボルである茶色のサイ、周囲に

月桂樹とヤシの葉のリースと黄色の留め金、底部にアラビア語で国名を黒字で記した白いリボンを配したもの。

スーダン民主共和国

1969年 軍事クーデターによりニメイリ軍事政権が成立。

1970〜85/1985〜

1970年 スーダン民主共和国に改称。国旗・国章制定。**国旗**はホイストに緑の三角形を配した赤白黒の横三色旗で汎アラブ色使用。緑は繁栄と農業、赤は闘争と犠牲者、白は平和、光、愛、黒はスーダンを表す。アラビア語でスーダンは黒いという意味。**国章**は翼を広げたヘビクイワシ、上部にアラビア語で「勝利は我らに」という標語、底部に国名のスーダン民主共和国を黒字で記した白いリボンを配したもの。ヘビクイワシの紋章は19世紀のマハディー反乱の頃からスーダンで使われている。

1970〜85

1972年 第1次内戦が終結。
1983年 北部イスラム勢力と南部非イスラム勢力の第2次内戦が勃発。

スーダン共和国

1985〜

1985年 ダッハーブ軍政権が成立。国名をスーダン共和国に戻す。国旗は継続使用。**国章**の国名リボンが変更される。

2006年 スーダン西部のダルフール地帯での政府軍と反政府軍との内戦に和平合意が成立。
2011年 南部スーダンが南スーダン共和国として独立。

スワジランド王国
Kingdom of Swaziland

国旗比率 2:3

データ	
首都	ムババーネ
面積	1.7万㎢（四国よりやや狭い）
人口	130万人
人口密度	75人/㎢
公用語	スワジ語、英語
通貨	リランゲーニ

スワジ王国

19世紀初め スワジ人がオランダ系ブール（ボーア）人とアフリカ系ズールー人との衝突を逃れて現在の地に移住し、スワジ王国を建てる。
1880年 第1次南アフリカ（ブール）戦争（トランスヴァール独立戦争、〜81）が勃発。

1890〜94

1890年 スワジ王国の国旗制定。**国旗**は中央にスワジ人の伝統的な白黒の戦闘用盾、カントンに交差した武器を配した青と水色の斜二分割旗。

トランスヴァール共和国保護領

1894〜1907 域旗

1894年 トランスヴァール共和国保護領となる。域旗制定。**域旗**は中央に白黒のスワジ人の戦闘用盾を配した青と水色の11縦縞旗。
1899年 第2次南アフリカ（ブール）戦争（〜1902）が勃発。

イギリス保護領

1902年 イギリス保護領となる。
1907年 南アフリカ高等弁務官旗・紋章を使用。**高等弁務官旗**は中央に紋章を配したイギリス国旗。**紋章**は中央に王冠、花環を配し、SOUTH

1907〜31 南アフリカ高等弁務官旗・紋章

AFRICA HIGH COMMISSIONER の頭文字の S.A.H.C. を黒字で記したもの。

1931〜67 スワジランド高等弁務官旗・紋章

1931年 スワジランド、バストランド、ベチュアナランドを、スワジランド高等弁務官が統治

スワジランド／赤道ギニア　117

を開始。スワジランド高等弁務官旗・紋章を使用。**高等弁務官旗**は中央に紋章を配したイギリス国旗。**紋章**は中央に王冠、周囲に花環を配し、HIGH COMMISSIONER の頭文字の H.C. を黒字で記したもの。

スワジランド王国

1967〜

1967年 自治権を獲得。国旗制定。独立前年に制定した**国旗**は中央に黒白の盾と2本の槍と天人鳥の羽の付いた国王の杖を配し、2本の黄色輪郭線を持つ青赤青の横三分割旗。青は平和と安定、黄は国の天然資源、赤は過去の戦いで流した血を表す。盾と武器は国の防衛を示す。

1968〜

1968年 イギリスよりスワジランド王国として独立。国連に加盟。国章制定。**国章**は青い盾型紋章で、国の防衛を表す黒白のングニ族の戦闘用盾と背後に2本の槍と天人鳥の羽の付いた国王の杖。クレストには青と黄色の布のリースと緑の羽の付いた収穫祭で使う王冠、サポーターは国王を表すライオンと女王の母を表す象、底部にスワジ語 "SIYINQABA" 「私は要塞」という標語を黒字で記した白いリボンを配したもの。盾の色は国王の連隊旗に由来する。

1973年 反政府活動に対し国王が憲法を廃止し、非常事態宣言を出す。
1993年 20年ぶりに議会選挙を実施。
2006年 基本的人権を盛り込んだ新憲法を発布。

赤道ギニア共和国
Republic of Equatorial Guinea

国旗比率　2：3

データ	
首都	マラボ
面積	2.8万㎢ (四国の1.5倍)
人口	87万人
人口密度	31人/㎢
公用語	スペイン語、フランス語
通貨	CFAフラン

1472年 ポルトガルの探検家フェルナン・ド・ポーが現ビオコ島に来航する。
1778年 ポルトガルよりスペインに割譲される。
1823年 一時、イギリスが租借する。

スペインの支配

1843〜1968
リオ・ムニ州章

1843〜1968
フェルナン・ド・ポー州章

1843年 再びスペイン領となる。大陸部のムビニ（旧リオ・ムニ）地区と併合し、スペイン領ギニアが成立。リオ・ムニの**州章**はクレストに王冠を配した盾型紋章で、海に浮かぶパンヤの木と海岸を配したもの。フェルナン・ド・ポー（ビオコ）の**州章**はクレストに王冠を配した盾型紋章で、青空にサンタ・イサベラ山（現マラボ山）、下部に王冠と13世紀のポルトガル女王サンタ・イサベラのYのモノグラム、海に浮かぶ錨とビアフラ湾の文字。盾の周りの帯は赤いライオンのレオン紋章と黄色い城のカスティリャ紋章を配したもの。

1958〜68 スペイン国旗

1958年 スペイン海外州となる。

1964年 自治政府樹立。

赤道ギニア共和国

1968年 スペインより赤道ギニア共和国として独立。国連に加盟。国旗・国章制定。**国旗**はホイストに青い三角形を持ち、中央に国章を配し

1968〜73／1979〜

た緑白赤の横三色旗。青は大陸部と島々を結ぶ海、緑は農業、天然資源、ジャングル、白は平和、赤は独立闘争を表す。**国章**はグレーの盾型紋章で、パンヤの木を描く。1843年にバタ（ギニア湾に面する港）のボンコロ王がこの木の下でスペイン王に忠誠を誓ったといわれる。クレストにこの国を構成するリオ・ムニ、ビオコ島、アンノボン島、コリスコ島、大エロベイ島、小エロベイ島を表す6個の黄色い六角星、底部にスペイン語 "UNIDAD PAZ JUSTICIA" 「統一、平和、正義」という標語を黒字で記した白いリボンを配したもの。

1972 年　マシアス・ンゲマが終身大統領に就任し独裁体制をしく。

1973～79

1973 年　国旗・国章変更。国旗の中央にある国章が変更された。新国章は交差した戦闘用斧と棍棒、直立した短剣、ツルハシ、シャベルと水平に置かれた剣、上部にマシアス・ンゲマ大統領が党首であった労働国民統一党のシンボルの鶏、底部にスペイン語"TRABAJO"「労働」と"UNIDAD PAZ JUSTICIA"「統一、平和、正義」という標語を黒字で記した黄色いリボンを配したもの。

1979 年　クーデターによりマシアス・ンゲマ失脚。オビアン・ンゲマが大統領に就任。独立当時の国旗・国章に戻る（現在に至る）。

1987 赤道ギニア民主党章

1987 年　赤道ギニア民主党による一党体制がしかれる。党章の政党ロゴには国旗カラーが使用されている。

1991 年　複数政党制を導入する。

セーシェル共和国
Republic of Seychelles

国旗比率　1：2

データ	
首都	ヴィクトリア
面積	460㎢
	（種子島程度）
人口	10万人
人口密度	212人/㎢
公用語	クレオール語、英語、フランス語
通貨	セーシェル・ルピー

1502 年　ポルトガルの探検家ヴァスコ・ダ・ガマが来航する。

1756 年　フランス領となる。当時の蔵相の名からセーシェルと命名される。

イギリスの支配

1815～1903 イギリス国旗

1815 年　ナポレオン戦争（1796～1815）にフランスが敗れ、イギリス領モーリシャス属領となる。

1903～61 セーシェル域旗・域章

1903 年　イギリス領モーリシャスから分離し、イギリスの直轄植民地となる。イギリス領セーシェル域旗・域章制定。域旗はフライに円形域章を配したイギリス青色船舶旗。域章は円形紋章で、マヘ島の海岸風景を描き、低木とヤシの木のそばにセーシェル大亀、底部にラテン語"FINIS CORONAT OPVS"「最後に事は報われる」という標語を黒字で記した白いリボンを配したもの。

1961～76 セーシェル域旗・域章

1961 年　イギリス領セーシェル域旗・域章変更。域旗は域章をフライに配したイギリス青色船舶旗。域章は楕円形紋章で、114 の群島を表す島

とスクーナー船を加え、盾の周りの黄色い帯に緑青の波飾りと黒字の標語に加え、赤字で域名を配したもの。

1964 セーシェル民主党旗

1964 年　セーシェル民主党が結成される。党旗は中央に青字で頭文字DPと記した白い楕円、白いサルタイヤーと旗竿側に白い縦線を配した青旗。

1970 年　自治政府成立。

セーシェル／セネガル

セーシェル共和国

1976〜77

1976〜96

1976年 イギリスよりセーシェル共和国として独立。国連に加盟。国旗・国章制定。**国旗**は白いサルタイヤーで青と赤を染め分けた対角四分割旗。二大政党であったセーシェル民主党党旗の青と白、セーシェル人民統一党党旗の赤と白を組み合わせた旗。また、歴史的関係を持つイギリスとフランス両国との友好をはかり国旗の色を取り込んだといわれる。**国章**は盾型紋章で、盾の中は植民地時代の意匠を引き継ぎ、クレストは青白赤

の飾りと同色の布のリースを付けた銀色の兜、その上には青白3本の波の上を飛ぶ国鳥のシラオネッタイチョウ、サポーターはメカジキ、底部にラテン語 "FINIS CORONAT OPVS"「最後に事は報われる」という標語を黒字で記した白いリボンを配したもの。

1977〜96

1977 セーシェル人民統一党旗

1977年 クーデターが勃発、ルネ首相が大統領

となる。国旗変更。**国旗**は白い波線で赤と緑に染め分けた旗。赤は進歩と革新、白はインド洋の海洋資源、緑は国土と農業を表す。ルネ大統領率いるセーシェル人民統一党**党旗**の中央にある黄色い日の出を取り除いたデザイン。

1978年 セーシェル人民統一党の一党制を宣言。

1991年 複数政党制に移行。

1996〜

1996年 国旗・国章変更。**国旗**は5つの斜線で構成される。青は空と海、黄は光と生命を与える太陽、赤は国民と統一をめざしともに働く決意、白は社会正義と調和、緑は国土と自然環境を表す。**国章**はクレストにある布リースを国旗の5色に変更した。

セネガル共和国
Republic of Senegal

データ	
首都	ダカール
面積	19.7万㎢（日本の約半分）
人口	1559万人
人口密度	79人/㎢
公用語	フランス語
通貨	CFAフラン

国旗比率 2：3

13世紀 イスラム系のマリ王国（1240〜1473）の支配下に置かれる。
1444年 ポルトガルの探検家ディニス・ディアスが来航する。

フランスの支配

1659年 フランスがセネガル川河口にサンルイの町を建設する。
1783年 フランスが領有宣言をする。
1814年 イギリスとの争奪戦に勝利し、フランスがサンルイ、ゴレ島などを獲得する。

1817〜30 フランス国旗

1817年 フランスの白旗が使用される。

1830〜95 フランス国旗

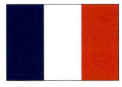

1830年 フランスの植民地として確定する。

1895〜1958 西アフリカ総督旗

1895年 フランス領西アフリカに編入される。総督府はセネガルのサンルイ（1895〜1902）、のちダカール（1902〜58）に置かれた。カントンにフランス国旗を配した青い燕尾旗の、フランス領西アフリカ**総督旗**が使用される。

セネガル

1958〜59 セネガル自治国国旗・国章

1958 年 セネガル自治国となる。自治国国旗・国章制定。**国旗**は中央に黄色い五角星を配した緑旗。**国章**は盾型紋章で、セントルイス島を表す黒いパネルを中に入れたセネガル川を表す白い波線で仕切られ、上部はセネガルに向かい船が出航したフランス・アルク川河口の港町ディエップ市の市章で縦の青赤地に白い帆船、下部はヴェルデ岬を表す緑のV字とセネガルの古代からの富の源泉である金と落花生を表す金色の鍬を配した黒い三角形。クレストはフランス領西アフリカにおけるセネガルの重要性を示す黄色い日の出、その上に国名を黒字で記した白いリボン、サポーターは海の重要性を表す青い海から起き立つ三叉鉾を持った白人人魚と黒人人魚を配したもの。

セネガル社会党

1958 党旗

1958 年 セネガル社会党が結成され、独立運動が本格化する。**党旗**は中央に赤い五角星を配した緑旗。

マリ連邦

1959〜60

1959 年 フランス領スーダン (現マリ) とマリ連邦を結成する。国旗制定。**国旗**は中央にカナガという両腕を天に突き上げた黒人像を配した緑黄赤の汎アフリカ色を使った縦三色旗。緑は希望と農業、黄は金など鉱物資源、赤は独立闘争で流した血を表す。カナガは、14 世紀マリ王国以来の人間の生命を表す由緒ある象徴模様で、現在も民族舞踊用仮面として使われている。マリ連邦議会議長サンゴール (のちのセネガル共和国大統領) の提案でカナガを国旗に取り入れた。

セネガル共和国

1960   1960〜65

1960 年 4月、マリ連邦としてフランスより独立するが、8月、連邦から分離し、セネガル共和国が単独国家となる。国連に加盟。セネガル社会党党首サンゴールが大統領に就任。国旗・国章制定。**国旗**は中央に緑の五角星を配した緑黄赤の汎アフリカ色を使った縦三色旗。緑は発展への希望、黄は国の富、赤は独立闘争で流した血、緑の五角星は希望と統一を表す。**国章**は黄色の盾型紋章で、緑の丘に立つ赤いライオンと4つの光線を放つ緑の五角星。周囲に緑のオリーブの枝のリースとフランス語 "UN PEUPLE UN BUT UNE FOI" 「一つの国民、一つの目標、一つの信念」という標語を赤字で記した黄色いリボンを配したもの。

1965〜

1965 年 国章変更。**国章**は盾型紋章で、赤地に力の象徴である黄色いライオン、黄地にセネガル領土を表す緑のバオバブの木とセネガル川を表す緑の波線。クレストは共和国のシンボルである緑の五角星、周囲にヤシの枝のリースとフランス語 "UN PEUPLE UN BUT UNE FOI" 「一つの国民、一つの目標、一つの信念」という標語を黒字で記した白いリボン、盾の下に星型の国民獅子勲章を配したもの。

セネガンビア国家連合

1982〜89 連合旗

1982 年 セネガルは、ガンビアとセネガンビア国家連合を結成する。**連合旗**は中央に白い五角星と2本の白い輪郭線を配した緑青赤の縦三色旗。
1989 年 セネガンビア国家連合を解消する。

カザマンス独立運動

1982〜2004 運動旗

1982 年 ジョラ人が多い南西部カザマンスで、分離独立を求めるカザマンス民主勢力運動が武装闘争を開始する。カザマンス独立**運動旗**は中央に白い五角星を配した白緑赤の縦三色旗。白は平和、正義、自由、統一、緑は森林、農業、赤は流された血、五角星はカザマンス人を表す。
2004 年 カザマンス民主勢力運動と和平協定に調印する。

縦断政策と横断政策

19 世紀半ば、リヴィングストンやスタンリーの探検によりアフリカ内陸部の事情が明らかになると、列強はこの地域の植民地化に関心を示すようになった。その先頭を切ったのがイギリスとフランスであった。

イギリスは北のエジプトから南の南アフリカへの縦断政策をとり、フランスは西アフリカ・サハラから東部のジブチへの横断政策を掲げた。1898 年、フランス軍がエジプトの統治下にあったスーダンのファショダを占領すると、対立は頂点に達した。軍事衝突は回避されたが、スーダンはイギリスとフランスの共同統治下に置かれることになった。

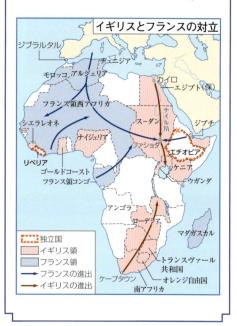

ソマリア連邦共和国
Federal Republic of Somalia

国旗比率 2：3

データ	
首都	モガディシュ
面積	63.8万km² (日本の約1.7倍)
人口	1108万人
人口密度	17人/km²
公用語	ソマリ語、アラビア語
通貨	ソマリア・シリング

18世紀 南部はオマーンの支配下となる。

イギリス・イタリア保護領

1887～1903 イギリス国旗

1887年 北部はイギリス保護領ソマリランドとなる。

1889～1936 イタリア国旗

1889年 南部はイタリア保護領ソマリアとなる。

1903～50 イギリス領ソマリランド域旗・域章

1903年 イギリス領ソマリランド域旗・域章制定。**域旗**はフライに域章を配したイギリス青色船舶旗。**域章**は白い円形紋章で、右を向いている鹿の一種クードゥーの上半身を配したもの。

1919～36 イタリア領ソマリア域章

1919年 イタリア領ソマリア域章制定。**域章**は黄色い縁飾りを付けた盾型紋章で白い波線で仕切られ、青地に白い五角星を頭に付けた豹、赤地に2個の白い六角星を配したもの。

1936～41 イタリア領東アフリカ総督旗・ソマリア域章

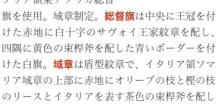

1936年 イタリア領東アフリカに編入される。イタリア領東アフリカ総督旗を使用。域章制定。**総督旗**は中央に王冠を付けた赤地に白十字のサヴォイ王家紋章を配し、四隅に黄色の束桿斧を配した青いボーダーを付けた白旗。**域章**は盾型紋章で、イタリア領ソマリア域章の上部に赤地にオリーブの枝と樫の枝のリースとイタリアを表す茶色の束桿斧を配したもの。

1941～50 イギリス国旗

1941年 イタリア領ソマリアをイギリス軍が占領。イギリス国旗を使用。

1948年 第二次世界大戦（1939～45）後、北部に加え、南部イタリア領ソマリアをイギリスが統治。

1950～54 イタリア国旗

1950年 イタリアが南部を10年間の期限付きで国連信託統治下のイタリア信託統治領ソマリアとした。

角星を配したもの。

1950～60 イギリス領ソマリランド域旗・域章

1950年 イギリス領ソマリランド域旗・域章変更。**域旗**はフライに白い円に入った域章を配したイギリス青色船舶旗。**域章**は盾型紋章で、チーフは黄地に盾と交差した槍、下部は緑地にイスラム住人を表す黄色いモスクの礼拝塔、青地にアデン湾の交易を表すダウ船と黄色い錨。クレストは青と緑の布のリースの上にクードゥーの頭、角の間に王冠を配したもの。

ソマリア共和国／ソマリア民主共和国／ソマリア連邦共和国

1954～69/1969～2012/2012～

1960年 イタリア信託統治領およびイギリス領ソマリランドが独立し、合併してソマリア共和国として独立。国連に加盟。国旗は1954年、国章は1956年制定。**国旗**は中央に白い五角星を配した青旗。青と白は国連旗にちなみ平和を表す。五角星はソマリ人が住む5地域（旧イギリス領ソマリランド、

1956～69/1969～2012/2012～

旧イタリア領ソマリア、ジブチ、エチオピアの

122 ソマリア／タンザニア

オガデン地方、北ケニア）を表す。**国章**は盾型紋章で、クレストに冠を付け、国旗の意匠を入れ、白いリボンを付け交差したヤシの葉と槍の上に立つ２頭の豹をサポーターに配したもの。
1969年 軍事クーデターでバーレ独裁政権が発足、国名をソマリア民主共和国に改称。国旗・国章は継続使用。
1977年 オガデンの領有をめぐり、隣国エチオピアと全面戦争が勃発、敗北。
1988年 エチオピアとのオガデン戦争が終結。
2005年 周辺諸国の仲介により暫定連邦政府が成立。
2012年 新暫定憲法が採択され、ソマリア連邦共和国に改称。国旗・国章はソマリア民主共和国のものを継続使用。現在に至る。

ソマリア内戦

ソマリランド共和国
1996～

1991年 バーレ大統領が追放され、全武装勢力間の内戦状態に突入。北部がソマリランド共和国と自称し独立宣言。首都はハルゲイサ。1996年に制定された**国旗**は、中央に共和国を表す黒い五角星、上部に「アッラーの他に神はなく、ムハンマドはアッラーの使徒なり」と記した聖句を配した緑白赤の横三色旗。緑はイスラム、繁栄、白は平和、赤は独立運動で流した血、黒はソマリア統一という夢の消失を表す。国連平和維持軍が派遣されたが失敗。

プントランド共和国
2009～

1998年 北東部がプントランド共和国と自称し、自治領宣言。首都はガローウェ（北部ヌガール州）。2009年に制定された**国旗**は、青縞の中央に白い五角星を配した青白緑の横三色旗。白い星の付いた青はソマリア国旗のデザインでプントランドがソマリアに存在することを示し、白は平和と地域の安定、緑は自然の恵みを表す。

アル・シャバブ
2009～

2009年 イスラム武装組織アル・シャバブが南部を実効支配。**旗**は上部にアラビア語で「アッラーの他に神はなし」下部に「ムハンマドはアッラーの使徒なり」と記されたムハンマドが使ったといわれる円形印章を配した白旗。色を反転させると戦闘旗となり、イラク・シリアの過激派組織ISISと同じ旗になる。

タンザニア連合共和国
United Republic of Tanzania

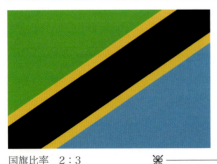

国旗比率　2：3

データ	
首都	ドドマ
面積	94.7万km² （日本の2.5倍）
人口	5516万人
人口密度	58人/km²
公用語	スワヒリ語、英語
通貨	タンザニア・シリング

内陸部（タンガニーカ）

ドイツ・イギリスの支配

19世紀半ば オマーンのスルタンがザンジバル島に移住し、沿岸部を支配する。
1858年 イギリスの探検家スピークとバートンがタンガニーカ湖に到着。
1884年 ドイツが現タンザニアの内陸部に進出を始める。

1885～88 ドイツ東アフリカ会社旗

1885年 ドイツ東アフリカ会社の最初の**社旗**は黒い二重線の枠と四隅に黒十字、赤地に白い丘の上に立つライオン、ヤシの木、白い南十字星を配した白旗。
1886年 イギリス・ドイツ間の境界線協定で、内陸部はドイツ領と定められる。

1888～91 ドイツ東アフリカ会社社章

1888年 ドイツ東アフリカ会社が**社章**制定。黄色い飾りの付いた赤い盾型紋章で、ピンクの台座の上を歩く黄色いライオンと緑のヤシの木を配したもの。

タンザニア

1888～91 ドイツ東アフリカ会社旗

1888 年 ドイツ植民協会創設者カール・ペーターズ考案のドイツ東アフリカ会社旗を制定。2番目の社旗は黒い十字、赤いカントンに白い南十字星を配した白旗。
1890 年 ドイツ領となる。ドイツ領東アフリカの総督府はカールペーターズ（タンザニア・プワニ州バガモヨ）に置かれた。

1891～1914 ドイツ東アフリカ総督旗

1891 年 ドイツ東アフリカ総督旗を使用。王冠なしで翼を広げたプロイセンの黒鷲を配した黒白赤の横三色旗。ドイツ植民地の中で王冠なしの鷲を使用したのは東アフリカ総督旗のみ。

1914 ドイツ領東アフリカ提案旗・域章

1914 年 ドイツ領東アフリカ域旗を提案、域章制定。提案旗は域章の盾部分を中央に配した黒白赤の横三色旗。域章は赤地に白いライオンの頭、チーフは黄地に胸に黒白の四分割盾を抱いたプロイセンの翼を広げた黒鷲、クレストは黄色の皇帝冠を配したもの。

1920～61 イギリス領タンガニーカ域旗・域章

1920 年 第一次世界大戦（1914～18）でドイツが敗れ、終戦後はイギリス委任統治領タンガニーカとなる。第二次世界大戦（1939～45）後は引き続きイギリス信託統治領となる。域旗・域章制定。域旗はフライに域章を配したイギリス赤色船舶旗。域章はキリンの頭を描いた白い円形紋章。

タンガニーカ・アフリカ人民族同盟

1954 党旗

1954 年 タンガニーカ・アフリカ人民族同盟を結成。独立運動が本格化する。ニエレレ党首（のちの大統領）率いるタンガニーカ・アフリカ人民族同盟党旗は、緑黒緑の横三分割旗。

タンガニーカ／タンガニーカ共和国

1961～62／1962～64

1961 年 イギリスよりタンガニーカとして独立。国連に加盟。国旗・国章制定。国旗は2本の黄色い輪郭線を配した緑黒緑の横三分割旗。緑は国土、黒は国民、黄は鉱物資源を表す。この国旗は当時の与党タンガニーカ・アフリカ民族同盟党旗がモデル。国章は盾型紋章で国旗意匠で仕切られ、チーフは赤地、下部が青白6本の波線、中央にニエレレ大統領が1961年の独立宣言で希望の光をもたらすと言及した4個の黄色い輪で飾られたオレンジ色のたいまつ、台座のキリマンジャロ山には産物のコーヒーと綿花。サポーターは象牙を持つ緑の服を着た黒人男性と緑の服を着てオレンジ色のスカーフをした黒人女性、底部にスワヒリ語 "UHURU NA UMOJA"「自由と統一」という標語を赤字で記した裏が緑の白いリボンを配したもの。
1962 年 共和制に移行。タンガニーカ共和国に改称。国旗・国章は継続使用。

島嶼部（ザンジバル）

19 世紀半ば オマーンのスルタンがザンジバル島に移住し沿岸部を支配する。

ザンジバル・スルタン国

1856 年 ザンジバル・スルタン国が成立。首都はザンジバル・シティ（ザンジバル西部州）。国旗は8個の緑の三日月を配した赤白緑黄の横13縞旗。

1856～96

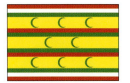

イギリス保護領

1890 年 イギリス保護領となる。

1896～1955 域旗・域章

1896 年 イギリス保護領ザンジバルで域旗・域章を制定。域旗は無地の赤旗。域章は円形紋章で中にトゥグラというスルタンのアラビア文字による署名、背後に交差した赤い域旗、サポーターは2頭の紫のライオンとヤシの枝のリース、底部に英語で上部にアラビア語で域名を白字で記した紫のリボンを配したもの。

1955～63 域旗・域章

1955 年 イギリス保護領ザンジバルの域旗・域章を変更。域旗は花環で囲まれた域章を中央に配したイギリス国旗。域章は赤い旗を掲げた海に浮かぶダウ船で上部に王冠を配したもの。

アフロ・シラジ党

1957 党旗

1957 年 アフロ・シラジ党が結成される。党首はカルメ（のちの大統領）。党旗は中央に黄色の鍬を配した青黒緑の横三色旗。

ザンジバル・スルタン国

1963～64

1963年 イギリスからザンジバル・スルタン国として独立。国旗・国章制定。**国旗**は中央に緑の円形国章を配した赤旗。**国章**は主要産物である2個の黄色い丁子を配したもの。

ザンジバル人民共和国

1964.1.12～1.29

1964年 1月12日、アラブ人に不満を持つアフリカ人がクーデターを起こし、ザンジバル人民共和国に改称。**国旗**制定。黒黄青の横三色旗。

1964.1.29～6

1964年 1月29日、ザンジバル人民共和国の国旗変更。新**国旗**はホイストに白い細い縦縞を配した青黒緑の横三色旗。青は国を取り巻く海、黒は国民、緑は農業と天然資源、白は人種間の融和と平和を表す。国旗は当時の与党アフロ・シラジ党党旗がモデル。

合邦成立

タンザニア連合共和国

1964～

1964年 6月、タンガニーカとザンジバルの合邦が成立し、タンザニア連合共和国成立。国旗・国章制定。**国旗**は2本の黄色い輪郭線を持つ緑黒青の斜三分割旗。タンガニーカとザンジバル両国の国旗の色を組み合わせた旗で、緑は国土、黄は鉱物資源、黒は国民、青は海を表す。**国章**は盾型紋章で、タンガニーカ国章を修正し、盾は4つに仕分けられ、タンガニーカを表す黄地にオレンジ色のたいまつ、タンザニア国旗、赤い地にザンジバルを表す黄色い交差した鍬と斧、青と白の6本の波線、中央に垂直に立つ黄色い槍を配したもの。台座、標語リボン、サポーターは変わらず。

ザンジバル革命政府

2005～

1964年 ザンジバル革命政府成立。広範囲な自治権が認められる。
2005年 政府旗・政府紋章制定。**政府旗**はカントンにタンザニア国旗を配した青黒緑の横三色旗。青黒緑は旧ザンジバル人民共和国国旗の色。**政府紋章**は円形章で、中にヤシの木と丁子の木の間のザンジバル海峡に浮かぶザンジバル島とペンバ島、底部にスワヒリ語"SERIKALI YA MAPINDUZI ZANZIBAR"「ザンジバル革命政府」、クレストはその頭文字SMZを黒字で記した黄色いリボン、サポーターは斧と山刀を配したもの。

チャド共和国
Republic of Chad

国旗比率 2：3

データ	
首都	ンジャメナ
面積	128.4万km² （日本の3.4倍）
人口	1450万人
人口密度	11人/km²
公用語	フランス語、アラビア語
通貨	CFAフラン

16世紀 チャド湖を中心にカネム・ボルヌ帝国が繁栄。

フランスの支配

1900年 フランスがこの地の支配者ラービフを倒し、占領。

1900～10 フランス国旗

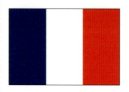

1910～59 赤道アフリカ域旗

1910年 フランス領赤道アフリカに編入される。**域旗**はカントンにフランス国旗、フライに白い三日月と五角星を配した赤旗。

チャド／中央アフリカ

チャド自治国

1958年 フランス共同体内の自治国に昇格。

1959～60/1960～　　1959～60/1960～70

1959年 チャド自治国の国旗・国章制定。**国旗**は青黄赤の縦三色旗でルーマニア国旗と酷似しているが、青が若干濃い。青は空、希望、水、黄は太陽、砂漠、赤は進歩、統一、犠牲者を表す。**国章**は円形紋章で、中に右を向く黒人女性、周囲の帯に2個の五角星とフランス語の国名と"UNITE TRAVAIL PROGRES"「統一、労働、進歩」という標語を黒字で記したもの。

チャド共和国

1960年 フランスよりチャド共和国として独立。国連に加盟。国旗・国章は継続使用。

1970～

1970年 国章変更。**国章**は盾型紋章で、国旗カラーを使用し、8本の青黄の波線はチャド湖、クレストは新たな始まりを表す赤い日の出、底部に十字形のチャド共和国勲章、フランス語"UNITE TRAVAIL PROGRES"「統一、労働、進歩」という標語を黒字で記した黄色いリボン、サポーターは北部地方を表すヤギと南部地方を表すライオン、サポーターと標語リボンに付いた6個の赤い矢印は岩塩を表す。

1980年 大統領派と国防相派の内戦が再発。大統領の要請でリビア軍が侵攻。
1987年 フランス軍に支援された政府軍によりリビア軍は撤退。
2006年 反政府勢力と停戦合意、長い内戦が終結した。

チャド民族解放戦線

1966 党旗

1966年 北部イスラム勢力がチャド民族解放戦線を結成、反政府の内戦を開始。**党旗**はホイストに緑の三日月と五角星を配した白赤青の横Y字旗使用。

中央アフリカ共和国
Central African Republic

データ	
首都	バンギ
面積	62.3万km² （日本の1.7倍弱）
人口	500万人
人口密度	8人/km²
公用語	サンゴ語、フランス語
通貨	CFAフラン

国旗比率 2：3

フランスの支配

1894～1910 フランス国旗

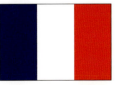

1894年 フランス領ウバンギ・シャリが成立。ウバンギ、シャリは域内を流れる2つの河川名。

1910～58 赤道アフリカ域旗

1910年 フランス領赤道アフリカに編入される。域旗の解説はチャドの項参照。

黒人アフリカ社会革命運動

1949 党章

1949年 黒人アフリカ社会革命運動が結成され、独立運動を開始。**党章**は黄色い輪郭線を付けた赤い五角星を指さす黒人の手と政党頭文字のMESANを黄色字で配し、盾の周りに黄色い縁取りを配した青い盾。

中央アフリカ自治国

1958～60/1960～76　1958～60
1976～79/1979～　　1960～63

1958年 フランス共同体内の自治国となり、国名を中央アフリカに改称。国旗・国章制定。**国旗**は中央に赤い縦帯とカントンに黄色い五角星を配した青白緑黄の横四色旗。フランスとアフ

リカの融合を理想と考えたボガンダ自治国首相により考案され、フランス国旗の3色と汎アフリカ色を組み合わせた旗。赤は独立闘争で流した血、青は空と自由、白は平和と尊厳、緑は希望と信念、黄は忍耐、五角星は活力ある未来への願望を表す。また、4色については青は中央コンゴの海、白はチャドの綿花、緑はガボンの森林、黄はウバンギ・シャリの鉱物で、旧フランス領赤道アフリカを構成した4カ国を表すともいわれる。**国章**は盾型紋章で、国旗意匠を配したもの。

中央アフリカ共和国

1960年 フランスより中央アフリカ共和国として独立。国旗・国章は継続使用。国連に加盟。

1963～76/1979～

1963年 国章変更。**国章**は盾型紋章で、中央に国の位置を示す黒いアフリカ大陸と黄色い五角星を入れたアフリカの自由を表す赤い盾、第一クォーターは緑地に国を代表する動物の白象の頭、第二クォーターは白地に代表的な植物の緑のバオバブの木、第三クォーターは黄地に国の鉱物を表す3個の白いダイヤモンド、第四クォーターは青地に中央の星を指さす黒人の手、これは独立当時の与党黒人アフリカ社会革命運動の党章の意匠。クレストは1958年12月1日と自治国昇格日を記した自由を表す黄色い日の出、その上にサンゴ語"ZO KWE ZO"「人間は皆、平等」という標語を黒字で記した白いリボン、底部にマルタ十字形の国民功績勲章、フランス語"UNITE DIGNITE TRAVAIL"「統一、尊厳、労働」という標語を黒字で記した白いリボン、盾の背後に交差した2本の国旗を配したもの。

中央アフリカ帝国

1966年 クーデター(1965)によりボカサ大統領が就任。
1972年 ボカサ大統領が終身大統領となる。
1976年 帝制宣言によりボカサ大統領が皇帝に即位、中央アフリカ帝国に改称。国旗は継続使用。国章を変更し、皇帝旗を制定。**国章**はクレストに自治国昇格日の替わりに帝制宣言日の1976年12月4日を黒字で記した白いリボンと国名、皇帝冠、黄色い太陽に翼を広げた皇帝

1976～79 国章・皇帝旗

のシンボルである鷲が追加されたもの。
皇帝旗は中央に黄色い太陽と翼を広げた鷲を配した緑旗。

中央アフリカ共和国

1979年 クーデターによりボカサが失脚し、共和制が復活。中央アフリカ共和国に改称。国旗は継続使用。国章は1963年制定国章が復活。
1986年 中央アフリカ民主会議の一党独裁体制となる。
1992年 複数政党制を導入。

チュニジア共和国
Republic of Tunisia

国旗比率 2:3

データ	
首都	チュニス
面積	16.4万k㎡
	(日本の約5分の2)
人口	1138万人
人口密度	70人/k㎡
公用語	アラビア語
通貨	チュニジア・ディナール

909年 エジプトのファーティマ朝(～1171)の支配下に入る。
1229年 ベルベル人のハフス朝(～1574)の支配下となる。

オスマン帝国の支配

1574～1793 チュニス域旗

1574年 オスマン帝国領チュニスとなる。**域旗**は青赤緑赤青の横五縞旗を使用。

1793～1835 オスマン帝国旗

1793年 オスマン帝国の国旗を使用。中央に白い三日月と八角星を配した赤旗。

1835〜81 チュニジア域旗

1835年 白円を配したオスマン帝国の国旗を導入した**域旗**を使用。赤い三日月と六角星を入れた白い円を中央に配した赤旗。

フサイン朝チュニス君侯国

1861〜1957

1861〜81

1861年 オスマン帝国から事実上独立したフサイン朝チュニス君侯国（1705〜1957）のサドク・ベイが憲法を発布し、立憲君主国となる。首長旗・国章制定。**首長旗**は中央のイスラムの色である緑縞にズルフィカールという先端が二股に分かれた剣、六角星と円形紋章を配した黄赤の横八縞旗。**国章**は緑の帯を盾の周りに付けた青い盾型紋章で、中にズルフィカールと赤緑赤緑の横四縞旗、周囲に植物のリース、背後に交差した6本の赤緑の旗、6本の槍、2門の大砲、上部に金色の三日月と五角星、底部にチュニジア熱血勲章を配したもの。

フランス保護領

1881〜1956 チュニジア域旗・域章

1881年 フランス保護領となる。域旗・域章制定。**域旗**はカントンにフランス国旗、中央に白い円に入った赤い三日月と五角星を配した赤旗。**域章**は域旗意匠を配した盾型紋章。

チュニジア王国

1934年 新憲自由党が結成され、独立運動を開始。

1956〜57　　　1956〜57
1957〜99　1957〜63

1956年 フランスよりチュニジア王国として独立。国連に加盟。国旗・国章制定。**国旗**は中央の白い円に入った赤い三日月と五角星を配した赤旗。白い円は太陽、三日月はカルタゴ（紀元前3〜2世紀にローマと覇を争ったフェニキア人の植民国家）を建設したフェニキアの女神タニスのシンボルで幸福を表す。白は平和、赤は犠牲者の血を表す。**国章**は盾型紋章で、チーフは青地に自由を表す海に浮かぶカルタゴのガレー船、下部は赤地に剣を持って立つ秩序を表す黒いライオン、黄地に正義を表す黒い天秤、背後に交差した槍と緑の旗。クレストは赤い三日月と五角星を配した白い円、底部に小麦とオリーブの枝のリース、国民功績勲章、アラビア語で「自由、秩序、正義」という標語を黒字で記した黄色いリボンを配したもの。

チュニジア共和国

1957年 共和制に移行、チュニジア共和国に改称。ブルギバ大統領が就任。国旗・国章は継続使用。

1959年 共和国憲法を発布。

1963〜89

1963年 **国章**変更。共和国になったので、王制のシンボルであった緑の旗、槍、勲章、植物リースを取り除いた。盾の中は金色となりライオンと天秤の位置が逆になり、黄色いリボン内のアラビア語の標語も「秩序、自由、正義」に順が替わった。

1989〜

1989年 **国章**変更。アラビア語の標語が再び「自由、秩序、正義」に戻された。

1999〜

1999年 **国旗**変更。三日月の角が五角星を包み込むように長くなった。

2010年 反政府デモによりベン・アリ大統領が失脚（ジャスミン革命）。

チュニジア　127

トーゴ共和国
Republic of Togo

国旗比率 3:5

データ	
首都	ロメ
面積	5.7万㎢（四国の3倍）
人口	750万人
人口密度	132人/㎢
公用語	フランス語
通貨	CFAフラン

15世紀末 ポルトガル人が来航。16世紀以降、奴隷海岸の一部となる。
1847年 ドイツのブレーメン宣教団が活動を開始。

ドイツの支配

1885〜1903 西アフリカ会社旗

1885年 ドイツ西アフリカ会社がトーゴランドに進出。**社旗**の解説はカメルーンの項参照。

1903〜14 ドイツ国旗

1903年 ドイツ領となる。

1914 トーゴランド提案域旗・域章

1914年 ドイツ領トーゴランドの提案域旗・域章制定。**提案域旗**は域章の盾中心部を中央に配した黒白赤の横三色旗。**域章**は盾型紋章で、2匹の蛇の間に立つヤシの木、チーフは胸に白黒の四分割盾を抱いて翼を広げたプロイセンの黒鷲、クレストに金色の皇帝冠を配したもの。

フランス・イギリスの支配

1922〜46/1946〜57 フランス国旗
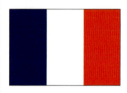

1922〜46/1946〜56 イギリス国旗

1922年 第一次世界大戦（1914〜18）でドイツが敗れ、東部はフランスの委任統治領、西部はイギリスの委任統治領となる。
1946年 第二次世界大戦（1939〜45）後、東部はフランス信託統治領、西部はイギリス信託統治領となる。西部はのちにガーナに併合される。イギリス信託統治領トーゴランドの総督府はホ(ガーナ・ヴォルタ州)。

トーゴ自治国

1956年 自治国となる。

1957〜58

1957年 トーゴ自治国の**国旗**制定。カントンにフランス国旗、フライとホイストに2個の白い五角星を配した緑旗。2個の星はフランス信託統治領トーゴとイギリス信託統治領トーゴランドを表す。西部のイギリス信託統治領トーゴランドがガーナの一部として分離独立する。

1958〜60

1958年 トーゴ自治国の**国旗**変更。カントンのフランス国旗が取り除かれた。

トーゴ共和国

1960〜

1960〜62

1960年 フランスよりトーゴ共和国として独立。国連に加盟。国旗・国章制定。**国旗**は赤いカントンに白い五角星を配した緑黄の横五縞旗。緑は希望、農業、森林、黄は国民の団結と鉱物資源、赤は独立闘争で流した血、白は平和、尊厳、知恵、五角星は自由と生命を表す。5つの縞は海岸、プラトー、カラ、サバンナ、中部の国を構成する5地区を表す。**国章**は盾型紋章で国旗意匠を配したもの。

1962〜80

1962年 国章変更。**国章**は楕円形紋章で、中心に国名頭文字RTを黒字で記した黄色の盾、背後に交差した2本の国旗、上部にフランス語"TRAVAIL LIBERTE PATRIE"「労

働、自由、祖国」という標語を黒字で記した白いリボン、サポーターは伝統的な武器である弓矢を持ち外を向いて立つ2頭の赤いライオンを配したもの。弓矢は自由を愛する象徴、ライオンは独立を守る国民の警戒心を表す。

1967年 クーデターが勃発、陸軍のエヤデマが大統領となり軍政をしく。

1980～

1980年 国章変更。フランス語の標語が"UNION PAIX SOLIDARITE"「統一、平和、連帯」に替えられた。

1991年 複数政党制を導入。
2003年 大統領選でエヤデマが3選された。
2005年 エヤデマが急死し、息子のニャシンベが大統領になる。

ナイジェリア連邦共和国
Federal Republic of Nigeria

国旗比率　1:2

データ	
首都	アブジャ
面積	92.4万km² (日本の2.5倍)
人口	1億8699万人
人口密度	202人/km²
公用語	英語
通貨	ナイラ

ベニン王国

1170～1893

1170年 南部ナイジェリアにベニン王国が成立。エドを首都とし奴隷貿易、パーム油の交易をポルトガルと開始。**国旗**は敵の首を刀で切る姿を描いた赤旗を使用。

1472年 ポルトガル人がラゴスを建設。

イギリスの支配

1886～1906 ラゴス植民地域旗

1886年 イギリス領ラゴス植民地が成立。域旗・域章制定。**域旗**は、イギリス西アフリカ植民地域旗の流れを汲む意匠で、フライに象、ヤシの木、山、赤字で域名頭文字Lを配した円形紋章を付けたイギリス青色船舶旗。

1893～1900 ニジェール海岸イギリス保護領域旗

1893年 ニジェール海岸イギリス保護領が成立。域旗・域章制定。**域旗**は、フライに王冠とイギリス略式紋章と域名を黒字で記したガーター勲章を付けた白い円形紋章を配したイギリス青色船舶旗。ベニン王国は消滅し、イギリスにより保護領に組み込まれる。

1900～06 南部ナイジェリア・イギリス保護領域旗

1900年 南部ナイジェリア・イギリス保護領に改称。域旗・域章制定。**域旗**は、フライに王冠とイギリス略式紋章と域名を緑字で記したガーター勲章を付けた緑の円形紋章を配したイギリス青色船舶旗。

1900～14 北部ナイジェリア・イギリス保護領域旗

1900年 北部ナイジェリア・イギリス保護領が成立。域旗・旗章制定。**域旗**は、フライに王冠とイギリス略式紋章と域名を赤字で記したガーター勲章を付けた赤い円形紋章を配したイギリス青色船舶旗。

1906～14 南部ナイジェリア域旗

1906年 南部ナイジェリア・イギリス保護領とラゴス植民地が合体し、南部ナイジェリアとなる。域旗・域章制定。**域旗**は、イギリス領ラゴス植民地域旗フライにある域名頭文字をNに替えた旗。

ナイジェリア／ナミビア

1914〜60 ナイジェリア域旗・域章

1914年 南部ナイジェリアと北部ナイジェリア・イギリス保護領が合体し、イギリス領ナイジェリアが成立。域旗・域章制定。**域旗**はフライに域章を配したイギリス青色船舶旗。**域章**は赤い円形紋章で、中に王冠と白字で域名を入れた緑の六線星形のソロモン印章を配したもの。

ナイジェリア

1960〜63／1963〜

1960年 イギリスからイギリス連邦の一員のナイジェリアとして独立。国連に加盟。国旗・国章制定。**国旗**は緑白緑の縦三分割旗。緑は農業、森林、白は平和と統一を表す。**国章**は黒い盾型紋章で、中にニジェール川とベヌエ川の合流点を表す白いY字曲線、クレストに緑と白の布の

1960〜63／1963〜78

リースにのった力のシンボルである赤い鷲、台座は草地に領土を表す国花である黄色いアヤメ科コスタス・スペクタビリス、英語 "UNITY AND FAITH"「統一と信頼」という標語を黒字で記した黄色いリボン、サポーターに国民の尊厳を表す2頭の白馬を配したもの。
1961年 イギリス信託統治領北部カメルーンを併合。

ナイジェリア連邦共和国

1963年 連邦制共和国に移行。ナイジェリア連邦共和国に改称。国旗・国章は継続使用。

1978〜

1978年 国章変更。**国章**の英語標語が "UNITY AND FAITH, PEACE AND PROGRESS"「統一と信頼、平和と進歩」に修正された。

ビアフラ共和国

ナイジェリアには200以上の部族がおり、イスラム教徒とキリスト教徒の対立もあって独立後も抗争が絶えなかった。

1967〜70

1967年 教育レベルが比較的高く、商才もあり「黒いユダヤ人」といわれるイボ族を主体とした東部州がビアフラ共和国として分離独立を宣言し、ナイジェリア内戦が勃発。首都はエヌグ(ナイジェリア南部エヌグ州)。ビアフラ共和国の国旗制定。**国旗**は中央に当時のビアフラを構成する11州を表す11光線を放つ黄色い日の出を配した赤黒緑の横三色旗。赤は北部で虐殺された同胞の血、黒は死者への哀悼、緑は輝かしい繁栄を表す。
1970年 政府軍に鎮圧されてビアフラ戦争終結。

ナミビア共和国
Republic of Namibia

国旗比率 2：3

データ	
首都	ウィントフック
面積	82.4万km²
	(日本の2.2倍)
人口	251万人
人口密度	3人/km²
公用語	英語
通貨	ナミビア・ドル

1485年 ポルトガルの探検家ディエゴ・カンが来航。

ドイツ保護領

1884年 ドイツ保護領南西アフリカが成立。

1884〜1914 ドイツ国旗

1914 提案域旗・域章

1914年 ドイツ領南西アフリカの域旗提案・域章制定。**提案域旗**は域章の盾部分を中央に配した黒白

ナミビア

赤の横三色旗。域章は青い盾型紋章で、中に頭上に白く輝くダイヤモンドを置いた角のある白い雄牛、チーフは黄地に胸に白黒の四分割盾を抱き翼を広げた黒いプロイセン鷲、クレストに黄色い皇帝冠を配したもの。

南アフリカの支配

1914〜20/1920〜28

1914年 第一次世界大戦（1914〜18）中、南アフリカ軍により占領される。**国旗**は、フライに白い円の中に盾型国章を配したイギリス赤色船舶旗（当時の南アフリカ国旗）を使用。盾は第一クォーターに赤地に白い岩に腕をかけ手に錨を持つ女性、第二クォーターに黄地に2頭の茶色のヌー、第三クォーターに黄地に実を付けたオレンジの木、第四クォーターに緑地に白い幌馬車を配したもの。

1920年 第一次世界大戦でドイツが敗れ、南アフリカ連邦が国際連盟委任統治領として南西アフリカの統治を開始。国旗は継続使用。

1928〜45/1945〜61/1961〜68/1968〜90

1928年 南アフリカ連邦で国旗変更。中央にイギリス、オレンジ自由国、トランスヴァール共和国の国旗を配したオレンジ白青の横三色旗。この**国旗**は1990年の独立まで継続使用された。

1945年 南アフリカ連邦は、南西アフリカを国連信託統治領に移行させることを拒否し、不法統治を行い、アパルトヘイト政策を導入。

1960 南西アフリカ人民機構党旗

1960年 南西アフリカ人民機構が結成され、武力闘争開始。**党旗**は青赤緑の横三色旗。

1961〜68/1968〜90

1961年 南アフリカ共和国領南西アフリカの域章制定。**域章**は白い盾型紋章で、牧畜業を表す盾の上部グレー地に黒いカラクール羊、茶色のアフリカンダー牛、下部の赤地に鉱業を表す交差した鉱山ハンマーと3個の白いダイヤモンド、チーフは赤地にドイツの歴史を表す白いナムトニ要塞、十字石碑、白地にプロイセンの翼を広げた黒鷲、台座はナミブ砂漠に分布する植物ウェルウィッチア、ラテン語 "VIRIBUS UNITIS"「団結せよ」という標語を黒字で記したベージュのリボン。クレストは赤と白の布のリースに立つ茶色のウシ科オリックス、サポーターはスプリングボックと角の長いクードゥーを配したもの。1990年の独立まで継続使用。

1966年 国連は南西アフリカを国連管理下に置くことを決議。

1968年 国連総会、南西アフリカをナミビアに改称。

1988年 ナミビアをめぐり戦闘状態にあった南アフリカ、アンゴラ、キューバ間で和平協定が成立。

1989年 南アフリカ共和国からの独立過程で、すべてのバントゥースタン（自治区域、下のカコミ参照）が解体された。

南西アフリカ自治区域

南西アフリカでも南アフリカ同様にバントゥースタン（自治区域）を設置し、黒人に自治権を与え隔離する政策が取られた。

ヘレロ自治国 1970〜89

1970年 ヘレロ自治国成立。北西部ヘレロ人集団、首都オカハンジャ。**国旗**は緑白黒の横三色旗。緑は農業、白は平和、黒は国民を表す。

カバンゴ自治国 1973〜89

1973年 カバンゴ自治国成立。北西端カバンゴ人集団、首都ルンドゥ。**国旗**は中央にオレンジ白青の横縞を配した緑旗。緑は豊かな国土、オレンジ白青は南アフリカ共和国の国旗の色を表す。

オバンボ自治国 1973〜89

1973年 オバンボ自治国成立。北端オバンボ人集団、首都オシャカチ。**国旗**は中央に7個のオリーブ色の縦パネルを配した青白オリーブ色の横三色旗。青は空、白は平和、オリーブ色は農業資源、7個の縦パネルは国内のクワニマ、ンドンガ、クワンビ、ンガジェラ、ムバラントゥ、クワルジ、コロンカチの7部族を表す。

東カプリビ自治国 1976〜89

1976年 東カプリビ自治国成立。北東部ロジ人集団、首都カティマ・ムリロ。**国旗**は中央に黒い2頭の象を配した黒白緑青の横四縞旗。黒は国民、白は平和、緑は農業、青は水、2頭の象はマフエ、バスビアの2部族を表す。

バスターランド自治国 1979〜89

1979年 バスターランド自治国成立。北部バスター人（オランダ系フランス系白人）集団、首都リホボス。**国旗**は赤黒のボーダーを配した白旗。黒は戦争、赤は血、白は平和を表す。

ダマラランド自治国 1980〜89

1980年 ダマラランド自治国成立。北中部ダマラ人集団、首都コリクサス。**国旗**はホイスト寄りの8つの枝で染め分けた白茶の四分割旗。茶は大地、白は平和、8つの枝は8部族を表す。

ナミビア共和国

1990〜

1990年 南アフリカからナミビア共和国として独立。国連に加盟。国旗・国章制定。**国旗**は2本の白い輪郭線とカントンに12本の黄色い光を放つ太陽を配した青赤緑の斜三分割旗。青は大西洋と重要な水、白は平和と統一、赤は国民と平等な社会を建設する決意、緑は農業と天然資源、黄色い太陽は生命と活力を表す。国旗は当時の与党の南西アフリカ人民機構党旗がモデル。**国章**は盾型紋章で国旗意匠を配し、クレストは6個の黄色い菱形を入れた緑の布のリースに立つナミビアの未来を表すサンショクウミワシ、台座は黄色いナミブ砂漠に分布する緑のウェルウィッチア、英語 "UNITY LIBERTY JUSTICE"「統一、自由、正義」という標語を黒字で記した白いリボン、サポーターに勇気と気品を表す2頭のオリックスを配したもの。
1994年 南アフリカが、中部海岸のウォルヴィス・ベイをナミビアに返還。

ニジェール共和国
Republic of Niger

国旗比率 6：7

データ	
首都	ニアメ
面積	126.7万㎢
	（日本の3.3倍）
人口	2072万人
人口密度	16人/㎢
公用語	フランス語
通貨	CFAフラン

フランスの支配

1898〜1922 フランス国旗

1898年 フランス領となる。

1922〜58 西アフリカ総督旗

1922年 フランス領西アフリカに編入される。**総督旗**はカントンにフランス国旗を配した青色燕尾旗。

ニジェール自治国

1958年 フランス共同体内の自治国に昇格する。

1959〜60 / 1960〜

1959年 国旗制定。**国旗**は中央に太陽を表すオレンジの円を配したオレンジ白緑の横三色旗。オレンジは北部のサハラ砂漠、白は希望と純粋さ、緑はニジェール川に接する南西部の草地を表す。

ニジェール共和国

1960年 フランスよりニジェール共和国として独立。国連に加盟。国旗は継続使用（現在に至る）。

1962〜

1962年 国章制定。**国章**は緑の盾型紋章で中心に、黄色い太陽、周囲にトゥアレグ族の交差した剣と垂直に立てた槍、トウモロコシ、水牛の頭、底部にフランス語で国名を黒字で記した白いリボン、背後に交差した4本の国旗を配したもの。
1974年 軍事政権が成立。
1990年 複数政党制を導入。
1996年 軍部によるクーデターが勃発。

ニジェール人正義運動

2007 トゥアレグ民族旗

2007年 北部サハラ砂漠に住むベルベル人系遊牧民トゥアレグ人が、ニジェール人正義運動を結成し、反政府武装闘争を開始。トゥアレグ**民族旗**はホイストに緑の三角形、上部に7個の白い五角星を配した青縞、中央に人間を表すティフィナク文字を赤字で記した黄旗。緑はオアシス、黄はサハラ砂漠、青は空、7個の星は7地区を表す。

＃ ブルキナファソ
Burkina Faso

国旗比率 2：3

データ	
首都	ワガドゥグー
面積	27.3万km²
	（日本の約7割強）
人口	1863万人
人口密度	68人/km²
公用語	フランス語
通貨	CFAフラン

15世紀 マリ帝国の支配下となる。

フランスの支配

1898～1904 フランス国旗

1898年 フランス領オートヴォルタ（ヴォルタ川上流流域）となる。

1904～59 西アフリカ総督旗

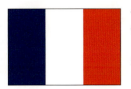

1904年 フランス領西アフリカに編入される。カントンにフランス国旗を配した青い燕尾旗の**総督旗**を使用。

オートヴォルタ自治国

1958年 フランス共同体内のオートヴォルタ自治国に昇格する。

1959～60／1960～84

1959年 国旗制定。**国旗**は黒白赤の横三色旗。国内を流れる黒ヴォルタ川、白ヴォルタ川、赤ヴォルタ川を表す。

オートヴォルタ共和国

1960年 フランスよりオートヴォルタ共和国として独立。国連に加盟。国旗は継続使用。

1961～67

1961年 国章制定。**国章**は青い盾型紋章で、中央に国旗意匠の盾とその上に黄字で国名の頭文字RHV、盾の背後に交差した黄色い槍、上部はフランス語 "UNITE TRAVAIL JUSTICE"「統一、労働、正義」という標語を黒字で記した白いリボン、サポーターは2頭の白馬、底部に2本の割り斧の間にサトウモロコシを配したもの。

1967～84

1967年 国章変更。単純化された。青い盾と国名の頭文字が取り除かれ、盾は伝統的なものに替えられ、背後に交差した槍とサトウモロコシ、標語リボンは盾の上から底部に移動した。

ブルキナファソ

1983年 軍事クーデターが発生。

1984～

1984年 ブルキナファソに改称。国旗・国章制定。**国旗**は中央に黄色い五角星を配した赤緑の横二色旗。赤は革命、緑は農業と豊かな天然資源、黄は国の富、五角星は革命を導く光を表す。**国章**は、黄色い社会主義型円形紋章で、中央に交差したライフル銃とツルハシ、上部に赤い五角星、下部に開かれた本、周囲に赤い歯車とサトウモロコシのリース、底部にフランス語 "LA PATRIE OU LA MORT NOUS VAINCRONS"「祖国か死か 我々は勝利する」という標語を黒字で記したグレーのリボンを配したもの。

1984～97

1997～

1997年 国章変更。**国章**は白い盾型紋章で、中に国旗意匠の盾、背後に国家の防衛を表す2本の交差した黒い槍、盾の上に黄字で記された国名を記したグレーのリボン、盾の下に国の進歩に必要な知識・教育を表す開かれた本、サポーターは国民の気品を表す2頭の白馬、底部にフランス語 "Unite Progres Justice"「統一、進歩、正義」という標語を黄字で記したグレーのリボン、2本のサトウモロコシを配したもの。

ブルンジ共和国
Republic of Burundi

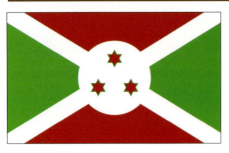

データ	
首都	ブジュンブラ
面積	2.8万km²
	（福島県の約2倍）
人口	1155万人
人口密度	415人/km²
公用語	キルンジ語、フランス語
通貨	ブルンジ・フラン

国旗比率 3：5

14世紀 牧畜民のツチ族が先住農耕民のフツ族の地域に侵入し、ツチ王国を形成。

ドイツの支配

1890〜1914 東アフリカ総督旗

1890年 ドイツ領東アフリカの一部となる。中央に黒い翼を広げた王冠なしのプロイセン鷲を配した黒白赤の横三色旗のドイツ領東アフリカ**総督旗**を使用。

1914 東アフリカ提案域旗・域章

1914年 ドイツ領東アフリカの域旗提案、域章制定。**提案域旗**は中央に域章の盾部分を配した黒白赤の横三色旗。**域章**は盾型紋章で、赤地に白いライオンの頭、チーフは黄地に胸に黒白の四分割盾を配した黒い翼を広げたプロイセン鷲、クレストに皇帝冠を配したもの。

ベルギーの支配

1916〜24 コンゴ域旗

1916年 第一次世界大戦（1914〜18）でドイツが敗れ、ベルギー領コンゴの属領ルアンダ・ウルンディとなる。

1924〜46/1946〜59 ベルギー国旗

1924年 ベルギー委任統治領ルアンダ・ウルンディとなる。ベルギー国旗を使用。

1946〜62 ルアンダ・ウルンディ域章

1946年 第二次世界大戦（1939〜45）後、ベルギー信託統治領ルアンダ・ウルンディとなる。域章制定。**域章**は赤い盾型紋章で、中に鶴と黄色いライオンの頭、背後に4本の交差した槍を配したもの。鶴はルアンダ、ライオンはウルンディのシンボル。

1959〜62 ルアンダ・ウルンディ域旗

1959年 民族運動が高まり、ベルギー信託統治領ルアンダ・ウルンディ**域旗**制定。中央にカリエンダという伝統的な赤白の太鼓と黄色い小麦を配した紫旗。

ブルンジ王国

1962年 ベルギーよりブルンジ王国として独立。国連に加盟。国旗・国章制定。**国旗**は中央の白い円にカリエンダ太鼓とサトウモロコシ、白いX字を配した赤緑の対角四分割旗。赤は独立への闘争、緑は希望、白は平和、サトウモロコシは農業、カリエンダ太鼓は国王の権威を表

1962〜66

す。**国章**は黄色い縁を付けた赤い盾型紋章で、中に黄色いライオン、背後に交差した4本の槍とサトウモロコシ、クレストにカリエンダ太鼓、底部にキルンジ語で"GANZA SABWA"「規則と統治」という標語を黒字で記した白いリボンを配したもの。

ブルンジ共和国

1966〜67　　1966〜

1966年 軍部のクーデターで共和制に移行。ブルンジ共和国に改称。国旗・国章変更。**国旗**は王国のシンボルであるカリエンダ太鼓が取り除かれた旗。**国章**は赤い盾型紋章で、中に黄色いライオンの頭、盾の背後に3本の槍、底部にフランス語"UNITE TRAVAIL PROGRES"「統一、労働、進歩」という標語を黒字で記した白いリボンを配したもの。

1967〜82

1967年 国旗変更。中央の白い円のサトウモロコシの替わりに緑の輪郭線を持つ3個の赤い六角星となった。3個の六角星は主要民族であるフツ族、ツチ族、トゥワ族を表す。また国の標語である統一、労働、進歩を表す。

1972年 ツチ族に対するフツ族の反乱が勃発。以後も混乱が続く。

1976年 軍部クーデターが勃発。

1982〜

1982年 国旗変更。縦横比率を2：3から3：5に変更。

1992年 複数政党制を導入。

2005 民主主義擁護国民会議党旗

2005年 新憲法を発布。議会選挙で民主主義擁護国民会議が勝利。党旗は青赤緑の横三色旗。

ベナン共和国
Republic of Benin

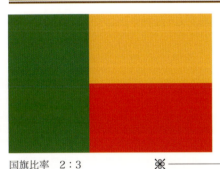

データ	
首都	ポルトノボ
面積	11.5万km²
	（日本の3分の1）
人口	1117万人
人口密度	97人/km²
公用語	フランス語
通貨	CFAフラン

国旗比率　2：3

ダホメ王国

17世紀 南部にダホメ王国が成立。18世紀〜19世紀前半に栄える。首都はアボメイ（ベナン・ズー県）。

1818〜59 ゲゾ国王旗

1818年 ダホメ王国のゲゾ国王旗が制定される。国王旗は中央に王冠を被った象と赤いボーダーを配した白旗。

1894年 ダホメ王国が消滅。

フランスの支配

1894〜99 フランス国旗

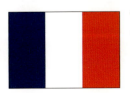

1894年 フランス領ダホメとなる。

1899〜1959 西アフリカ総督旗

1899年 フランス領西アフリカに編入される。カントンにフランス国旗を配した青い燕尾旗のフランス領西アフリカ総督旗を使用。

ダホメ自治国

1958〜60

1958年 フランス共同体内のダホメ自治国に昇格。国章制定。国章は印章型紋章で海に浮かぶボートの上に伝統的な弓矢と交差した棍棒、底部にフランス語 "FRATERNITE JUSTICE TRAVAIL"「同胞、正義、労働」という標語を黒字で記した白いリボンを配したもの。ボートには6個の五角星が付いているが、ダホメを構成する当時のアタコラ、アトランティック、ボルゴウ、モノ、オーメ、ゾウの6州を表す。

1959〜60／1960〜75

1959年 国旗制定。国旗は汎アフリカ色を使った緑黄赤の横T字旗。緑は希望と再生、黄は国の富、赤は祖先の勇気を表す。

ダホメ共和国

1960〜64

1960年 フランスよりダホメ共和国として独立。国連に加盟。国旗は継続使用。国章変更。国章は盾型紋章で、自治国国章意匠を盾に入れ、周囲にヤシの葉のリース、底部にフランス語標語を白字で記した黒いリボンを配したもの。

1964〜75

1964年 国章変更。**国章**は白い盾型紋章で、第一クォーターにダホメの歴史を表す黄色いダホメ王国ソンバ城、第二クォーターに1889年にトホ王により作られた最高勲章であるベナン黒星勲章、第三クォーターに主要作物であるヤシの木、第四クォーターにヨーロッパ人の到来を表すダホメに近づく黒い帆船、盾は赤線で四等分に仕切られ、中心にダイヤモンドを表す赤い菱形を付けている。クレストに国の繁栄を表すパンノキの実を入れた2本の黒い豊饒の角、サポーターに国を代表する動物である2頭の豹、底部にフランス語"FRATERNITE JUSTICE TRAVAIL"「同胞、正義、労働」という標語を黒字で記した白いリボンを配したもの。

ベナン人民共和国
1975〜90

1975年 ベナン人民共和国に改称。社会主義政権が発足。国旗・国章変更。**国旗**はカントンに赤い五角星を配した緑旗。緑は農業、赤は革命、五角星は革命勢力の団結、人民の統一を表す。**国章**は社会主義型円形紋章で、中央に国旗意匠、下部に白い歯車、周囲に赤いリボンを巻いたトウモロコシのリース、リボンには緑字で国名頭文字であるRPBを配したもの。

1975 ベナン人民革命党旗

1975年 マチュー・ケレク大統領を党首とするベナン人民革命党結成。**党旗**は国旗の色を反転させた旗。

1989年 マルクス・レーニン主義を放棄。

ベナン共和国
1990〜

1990年 複数政党制導入。ベナン共和国に改称。1959年制定の**国旗**、1964年制定の**国章**に戻る。

ボツワナ共和国
Republic of Botswana

データ	
首都	ハボローネ
面積	58.2万km² (日本の1.5倍)
人口	230万人
人口密度	4人/km²
公用語	ツワナ語、英語
通貨	プラ

国旗比率 2:3

ゴセン共和国
1882〜83

1882年 オランダ系ボーア人が入植し、ゴセン共和国が成立。首都はローイグロンド（南アフリカ共和国南西州）。国旗制定。ゴセン共和国の**国旗**はホイストに緑の縦帯を配した黒白赤の横三色旗。

ステラランド共和国
1882〜83

1882年 ステラランド共和国が成立。首都はブリバーグ（南アフリカ共和国南西州）。国旗制定。ステラランド共和国の**国旗**は中央に白い五角星と国章を配した緑旗。中央の国章は盾型紋章で、第一クォーターは白地にハジロショウノガンの足を持つ腕、第二クォーターは緑地に白い五角星、第三クォーターは青地に黄色い天秤、第四クォーターは赤地に2匹の白い魚を突き刺す白い剣を配したもの。

ステラランド連合共和国
1883〜84

1883年 ゴセン、ステラランド両国を併合し、ステラランド連合共和国が成立。国旗制定。**国旗**は中央に白い八角星を配した緑赤の縦二色旗。この国も短命で、翌年イギリス領となる。

イギリスの支配

1885〜1910 英国旗・ベチュアナランド域章

1885年 イギリス領ベチュアナランドとなる。域章制定。域章はイギリス略式紋章と域名を黒字で配した楕円形紋章。

1910~31 南アフリカ連邦高等弁務官旗・紋章

1910年 イギリス領南アフリカ連邦高等弁務官統治となる。高等弁務官旗・高等弁務官紋章制定。弁務官旗は中央に紋章を配したイギリス国旗。弁務官紋章は王冠、域名役職名の頭文字 S.A.H.C. と花環を配した円形紋章。

1931~66 ベチュアナランド高等弁務官旗・紋章

1931年 イギリス領ベチュアナランド高等弁務官統治となる。高等弁務官旗・高等弁務官紋章制定。弁務官旗は中央に紋章を配したイギリス国旗。弁務官紋章は王冠、役職名の頭文字 H.C. と花環を配した円形紋章。

1965年 自治権を獲得。

ベチュアナランド民主党

1962 党旗

1962年 ベチュアナランド民主党結成、独立運動開始。党旗は白赤黒の横三色旗。

ボツワナ共和国

1966〜

1966年 イギリスよりボツワナ共和国として独立。国連に加盟。国旗・国章制定。国旗は2本の白い輪郭線を配した青黒青の横三分割旗。青は水と雨、黒と白は人種の融合を表す。国章はカラハリ砂漠の砂を表す白い盾型紋章で、中に工業を表す3個の歯車、川を表す3本の青い波線、牧畜を表す牛の頭、底部に水の重要性を示すツワナ語"PULA"「雨」という標語を黒字で記した青いリボン、サポーターは国の代表的な植物と動物であるモロコシと象牙を持つ2頭のシマウマを配したもの。

マダガスカル共和国
Republic of Madagascar

国旗比率 2:3

データ	
首都	アンタナナリボ
面積	58.7万㎢（日本の約1.6倍）
人口	2492万人
人口密度	42人/㎢
公用語	マダガスカル語、フランス語
通貨	アリアリ

メリナ王国

1540年 中央高地にメリナ王国が成立。

1817〜85

1817年 メリナ王国国旗は白赤の横二色旗。マダガスカル人は人種的にはマレー・ポリネシア系で、同地域と同じく白と赤が伝統的な色。国旗の白は王室の色、赤は庶民の色。また、死者を埋葬するまとい布の白と現世に生きる者の血の色を表す。

1883年 国章制定。国章は青い盾型紋章で、太陽光線を背景に赤い王冠を被り翼を広げた茶色の鷲、下部に5個の黄色い五角星と白い輪郭線を付けた黄色い五角星を中心に緑の月桂樹の枝のリースを配したもの。

1883〜96

フランス保護領

1885～96 域旗

1885年 フランスがメリナ王国を保護国とする。フランス保護領マダガスカル域旗は赤い三日月を配した青白赤の横三色旗。

1896～1958 フランス国旗

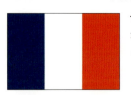

1896年 メリナ王国が滅亡、フランス領となる。

マダガスカル自治国

1958~60/1960~75/1975~92/1992~

1958年 フランス共同体内の自治国に昇格。国旗制定。ホイストに白い縦帯を配した白赤緑の横T字旗。白と赤はメリナ王国の国旗の色、これに海岸地方に住むホヴァ平民を表す緑を加えた旗。白は純粋さ、赤は主権、緑は希望を表す。

マダガスカル共和国

1959～60／1960～75

1959年 マダガスカル共和国として独立する1年前に国章制定。国章は赤い帯を付けた白い円形紋章で、マダガスカル固有の緑のタビビトノキを頭上に付け、稲穂のリースの間に黒いコブウシの頭、赤い帯にマダガスカル語で、"REPOBLIKA MALAGASY FAHAFAHANA TANINDRAZANA FANDROSOANA"「マダガスカル共和国、自由、祖国、進歩」という標語を黒字で記したもの。米はマダガスカルの主食で、牛の頭は国のシンボル。

1960年 フランスよりマダガスカル共和国として独立。国旗・国章は継続使用。国連に加盟。

マダガスカル民主共和国

1975～93

1975年 ラツィラカ社会主義政権が誕生。国名をマダガスカル民主共和国に改称。国旗は継続使用。国章変更。国章はオレンジの円形紋章で、青い海から昇る太陽、3本の矢印とライフル銃、鍬、ペンを垂直に立て、下部に黒い歯車、上部に赤い五角星とマダガスカル語の国名を黒字で記し、底部にマダガスカル語"TANINDRAZANA TOLOM-PIAVOTANA FAHAFAHANA"「祖国、革命、自由」という標語を黒字で記した白いリボン、周囲の黄色い帯に茶の稲穂のリースを配したもの。

マダガスカル共和国

1992年 新憲法発布。マダガスカル共和国に国名を戻す。国旗は継続使用、現在に至る。

1993～98

1993年 国章変更。国章は黄色い円形紋章で、中央の白い円に赤い地図、背後に7枚の緑のタビビトノキと8本の赤い太陽光線、下部に赤いコブウシの頭と稲田、緑の稲穂のリースとマダガスカル語の国名を黒字で記し、底部には、"TANINDRAZANA FAHAFAHANA FAHAMARINANA"「祖国、自由、正義」という標語を黒字で記した白いリボンを配したもの。

1998～

1998年 国章変更。国章は底部の標語がマダガスカル語"TANINDRAZANA FAHAFAHANA FANDROSOANA"「祖国、自由、進歩」に再び変更された。

マラウイ共和国
Republic of Malawi

国旗比率　2：3

データ	
首都	リロングウェ
面積	11.8万㎢（北海道と九州を合わせた程度）
人口	1775万人
人口密度	150人/㎢
公用語	チェワ語、英語
通貨	クワチャ

19世紀半ば イギリスのリヴィングストンがニアサ湖（現マラウイ湖）に到着（1859）。以後、イギリスのアフリカ湖沼会社、スコットランド伝道協会などが入植・開発に乗り出す。

イギリス保護領

1891〜93 イギリス国旗

1891年 イギリスのシーレ高地保護領が成立。

1893〜1907 中央アフリカ保護領域旗・域章／1907〜14 ニヤサランド保護領域旗・域章

1893年 イギリスの中央アフリカ保護領に改称。イギリスの中央アフリカ保護領の総督府はゾンバ（マラウイ南部州）に置かれた。域旗・域章制定。**域旗**は、フライにコーヒーの木を描いた黄白黒の斜めに染め分けた円形バッジを配したイギリス青色船舶旗。**域章**は、中央に略式のイギリス紋章を描いた青い盾、赤い輪郭線を持つ白十字を配した黒黄黒の盾、サポーターはツルハシとシャベルを持つアフリカの地図の上に立つ2人の黒人。底部に英語で"LIGHT IN DARKNESS"「暗闇に光を」と黒字で書いた白いリボン。クレストは黒黄の布リースの上にコーヒーの木、その上に赤字で英語域名を記した黒白黄の二重燕尾を持つ白いリボンを配したもの。

1907年 イギリスのニヤサランド保護領に改称。域旗・域章は継続使用。

1914〜53 ニヤサランド保護領域旗

1914年 ニヤサランド保護領の域旗・域章を変更。**域旗**にはフライに域章を配したイギリス青色船舶旗を使用。**域章**は盾型紋章で、領土を表

イギリス領中央アフリカ連邦

1953〜63 域旗・域章

1953年 ローデシアとともにイギリス中央アフリカ連邦（ローデシア・ニヤサランド連邦）に編入される。域旗・域章制定。**域旗**は、フライに域章盾部分を配したイギリス青色船舶旗。**域章**は青い盾型紋章で、赤いライオンを描いた白帯で区切られ、チーフは青空に昇る黄色い日の出、下部はヴィクトリア滝を表す黒地に6本の白い波線。クレストに青と黄色の布のリースの上で魚をつかんでいるサンショクウミワシ、サポーターはレイヨウと豹、台座の緑の丘の上にラテン語"MAGNI ESSE MEREAMUR"「偉業を成し遂げよ」という標語を黒字で記した白いリボンを配したもの。

1963年 中央アフリカ連邦が解体。

す岩山に立つ豹、暗黒大陸アフリカを照らす文明の光を表すニヤサ湖を示す白い波から昇る黄色い日の出を配したもの。

1962年 イギリスから自治権を獲得。

マラウイ会議党

1959 党旗

1959年 マラウイ会議党結成、独立運動本格化。**党旗**は中央の白い円に鶏を配した黒赤緑の横三色旗。

マラウイ

1964〜66　　1964〜66
1966〜2010　1966〜

1964年 イギリスよりイギリス連邦の一員マラウイとして独立。国連に加盟。国旗・国章制定。**国旗**は、アフリカの自由と希望の夜明けを表す赤い半分の太陽を配した黒赤緑の横三色旗。黒はアフリカ人、赤は自由闘争に流した犠牲者の血、緑は国土の自然を表す。バンダ初代大統領率いる当時の与党マラウイ会議党党旗がモデル。**国章**は盾型紋章で、チーフはマラウイ湖を表す青白4本の波線、赤い地に黄色いライオン、黒地にアフリカの自由の夜明けを表す黄色の昇る太陽。クレストの兜飾りに赤と黄色の布のリース、日の出と国民の不屈の精神を表す魚をくわえたサンショクウミワシ、底部に英語"UNITY and FREEDOM"「統一と自由」という標語を黒字で記した黄色のリボン、サポーターは台座のムランジェ山に立つイギリス連邦を表すライオンと過去の植民地時代を表す豹を配したもの。

マラウイ共和国

1966年 共和制に移行、マラウイ共和国に改称。国旗（〜2010年まで）・国章（現在まで）は継続使用。マラウイ会議党による独裁体制。

1993年 複数政党制に移行。

2010〜12

2010年 国旗変更。**国旗**は、独立時に制定された赤い半円の太陽から独立後の国の発展を示す白い円の太陽に、色順も赤黒緑に替えられた。赤は独立に命を捧げた人々の血、黒は国民、緑は自然に恵まれた国土を表す。

2012〜

2012年 国旗変更。**国旗**の変更を推進したムタリカ大統領が急死。国旗変更に反対した野党により旧旗が復活した。

マリ共和国
Republic of Mali

データ	
首都	バマコ
面積	124.0万km²
	（日本の3.3倍）
人口	1814万人
人口密度	15人/km²
公用語	フランス語
通貨	CFAフラン

国旗比率　2：3

1240年 マリ王国（〜1473）成立。
1464年 ソンガイ王国（〜1591）成立。

サード朝モロッコ領

1549〜1659 モロッコ国旗

1549年 サード朝（〜1659）モロッコ王の領土となる。国旗の解説はモロッコの項参照。

サモリ帝国領

1878〜92 サモリ帝国旗

1878年 西アフリカ内陸部に建設された広大なイスラム国家のサモリ帝国（ギニアの項参照）の領土となる。

フランスの支配

1892〜1920 フランス国旗

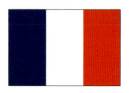

1892年 フランス軍がセネガル沿岸から内陸部に進出、この地域をフランス領スーダンとして植民地化。

1920〜50 西アフリカ総督旗

1920年 フランス領西アフリカに編入される。**総督旗**を使用。

スーダン自治国

1950〜59

1958年 フランス共同体内のスーダン自治国に昇格。**国旗**制定。中央に黒いカナガという人像を配したフランス国旗。カナガの説明はセネガルの項を参照。

マリ連邦

1959〜60

1959年 隣国セネガルとマリ連邦を結成。**国旗**制定。カナガを中央に配した緑黄赤の縦三色旗。

マリ共和国

1960年 マリ連邦としてフランスから独立。国連に加盟。セネガルが連邦を離脱し、単独のマリ共和国となる。

1961〜　　　　1961〜73

1961年 国旗・国章制定。
国旗は汎アフリカ色を使った、緑黄赤の縦三色旗。緑は肥沃な土地、黄は鉱物資源、赤は独立闘争で流した血を表す。**国章**は赤い円形紋章で黄色い日の出、2個の弓矢、15世紀ソンガイ

西アフリカ諸国連合

1961〜63 諸国連合旗

1961年 ガーナ、ギニアの国家連合である西アフリカ諸国連合に参加する。

西アフリカ諸国**連合旗**は参加3カ国を表す3個の黒い五角星を中央に配した赤黄緑の汎アフリカ色を使った横三色旗。

王国の中心都市ジェンネのモスク、上部に白いハゲタカ、緑の帯の中は上部にフランス語国名、底部にフランス語 "UN PEUPLE-UN BUT-UNE FOI"「一つの国民、一つの目標、一つの信念」という標語を黒字で配したもの。
1963年 社会主義路線をとるが、経済は行きづまり、西アフリカ諸国連合も解体。
1968年 クーデターでケイタ政権が崩壊し、軍事政権が成立。
1973年 **国章**（冒頭参照）変更。円形国章の色が赤から青に、ハゲタカとモスクもグレーに色が替わった。
1992年 複数政党制へ移行、民政移管。

2012 アザワド民族解放運動党旗

2012年 マリ北部（アザワド）で、分離独立を求めアザワド民族解放運動が結成される。武装闘争開始。**党旗**はホイストに黄色い三角形を配した緑赤黒の汎アフリカ色で構成された横三色旗を使用。
2013年 フランス軍がアザワド紛争に介入。

南アフリカ共和国
Republic of South Africa

データ	
首都	プレトリア
面積	122.1万㎢
	（日本の3.2倍）
人口	5498万人
人口密度	45人/㎢
公用語	英語、コイサン語など
通貨	ランド

国旗比率 2：3

植民地時代

1488年 ポルトガルの航海者バルトロメオ・ディアスが喜望峰に到達。

オランダの支配

1652～1797 東インド会社旗

1652年 オランダ東インド会社が入植開始。ケープタウンを建設。オランダ東インド会社**社旗**は中央に会社名 Vereengde Oostindische Compagnie の頭文字 VOC を黒字で記した赤白青の横三色旗。

1688年 フランスで迫害されたユグノー（新教徒）が入植。入植オランダ人とともにブール（ボーア）人と呼ばれる（次頁参照）。

イギリスの支配

1797～1801　イギリス国旗　1801～03

1797年 イギリスがケープを占領し、ケープ植民地が成立。イギリス人とブール人の対立が先鋭化する。

オランダの支配

1803～06 バタヴィア共和国旗

1803年 ナポレオン支配下のバタヴィア共和国（オランダ）領ケープ植民地となる。

イギリスの支配

1806～76 イギリス国旗

1806年 ナポレオンによるイギリス攻略戦争でフランスが敗れ、再びイギリス領ケープ植民地となる。

1817年 ケープ植民地の東部にズールー王国が成立。

1834年 東ケープのブール人が新天地を求め北方へ大移動を開始（グレート・トレックという）。

1843～70 イギリス国旗

1843年 イギリス軍の侵攻でブール人の国ナタール共和国が崩壊。イギリス領ナタール植民地に併合される。ブール人は内陸部へ移動。

1870～75 ナタール植民地域旗

1870年 イギリス領ナタール植民地の域旗制定。**域旗**はフライに域章を配したイギリス青色船舶旗。域章は円形紋章で、山に向かい走る2頭のヌー、上部にイギリス王室紋章、周囲にラテン語 "VICTORIA DEI GRATIA BRITTANIAR RG F.D. COLONYOF NATAL" 「イギリスの恩恵と勝利によるナタール植民地」という標語が黒字で記されたもの。

1875～1910 ナタール植民地域旗

1875年 イギリス領ナタール植民地の**域旗**変更。フライに簡略化した域章と王冠を配したイギリス青色船舶旗。

1876～1910 ケープ植民地域旗・域章

1876年 イギリス領ケープ植民地の域旗・域章制定。**域旗**は、フライの白い円に域章を配したイギリス青色船舶旗。**域章**は赤い盾型紋章で、イギリスとオランダを表す金色のライオンとケープ植民地創始者であるオランダ人ヤン・ファン・リーベックの紋章から3個の金色の輪、チーフは白地にケープ植民地に多いフランス人ユグノー植民者を表す金色のユリを描いた3個の青い円、クレストは喜望峰を表す岩に腕をかけ港を表す錨を手にする女性、底部にラテン語 "SPES BONA"「喜望」という標語を黒字で記した白いリボン、サポーターにヌーとオリックスを配したもの。

1879年 イギリスとのズールー戦争に敗れ、ズールー王国が滅亡。イギリス領ナタール植民地となる。ブール人の国グリカランド滅亡、イギリス領ケープ植民地に併合される。

南アフリカ

ブール人の国々

17世紀中葉、オランダ人（ブール人・ボーア人と呼ばれた）が入植を開始。フランスからのユグノーらとともに、のち内陸部へ移動して国を建てていった。

ポチェフストルーム国 1837〜60

1837年 ヨハネスブルク西南西にブール人によりポチェフストルーム国が成立。**国旗**は白い輪郭線を付けた赤いサルタイヤーを配した青旗。

ナタリア共和国 1839〜43

1839年 ナタールにブール人によりナタリア共和国建国。首都はピーターマリッツバーク（クワズールー・ナタール州）。**国旗**制定。オランダ国旗の赤白青を使い3個の三角形から構成される旗。1843年に崩壊。

オレンジ自由国 1854〜1902

1854年 ブール人によるオレンジ自由国建国。首都はブルームフォンテーン（フリーステート州）国旗・国章制定。**国旗**はオランダ国王ウィレム3世が考案し、カントンにオランダ国旗を配した白オレンジの横七縞旗。オレンジの縞はオレンジ川を表す。**国章**は白い盾型紋章で、3個の角笛、白い円の中に3頭の羊と1頭のライオンが支えるオレンジの木、幌馬車、オランダ語で上部に"VRYHEID"「自由」、下部に"IMMIGRATIE"「移民」と黒字で記し、木の根元に"GEDULD EN MOED"「忍耐と勇気」という標語が黒字で記された白いリボン、盾の背後に2本の交差した国旗を配したもの。

トランスヴァール共和国 1857〜1902

1852年 ブール人によるトランスヴァール共和国建国。正式名は南アフリカ共和国。首都はプレトリア。
1857年 トランスヴァール共和国・南アフリカ共和国の国旗・国章制定。**国旗**はホイストにトランスヴァールの豊かさを表す緑の縦帯

を配した赤白青の横三色旗。赤は自由のために流された血、白は純潔、純粋な目的、青は青空、緑は希望を表す。**国章**は黄色い帯を付けた盾型紋章で、第一クォーターは赤地に黄色いライオン、第二クォーターは青地に白い服を着て銃を持った男、第三・第四クォーターは緑地に白い幌馬車、盾の中央に黒い錨を入れた白い盾。クレストは茶色の翼を広げた鷲、底部にオランダ語"EENDRAGT MAAKT MAGT"「団結は力なり」という標語を黒字で記した白いリボン、盾の背後に交差した6本の国旗を配したもの。
1860年 ポチェフストルーム国をトランスヴァール共和国が併合する。

グリカランド 1862〜79

1862年 ケープ州東北部にブール人によるグリカランド建国（1879年滅亡）。首都はコクスタッド（クワズールー・ナタール州）。**国旗**制定。フライに緑の縦縞を配した赤白青の横三色旗。

ゴセン国 1882〜85

1882年 トランスヴァールの西、ベチュアナランドにブール人のゴセン国が成立。**国旗**制定。ホイストに緑の縦縞を配した黒白赤の横三色旗。
1885年 ゴセン国滅亡。

ニュー共和国 1884〜88

1884年 ベリヘイドにブール人のニュー共和国成立。**国旗**制定。ホイストに青い縦縞を配した赤白緑の横三色旗。
1888年 ニュー共和国がトランスヴァール共和国へ併合される。

1880年 第1次南アフリカ（ブール）戦争（〜81）でトランスヴァール共和国軍がイギリス軍に勝利。

1890 ケープからカイロ旗

1890年 ケープからカイロ旗を制定。ケープ植民地の首相セシル・ローズの事業理念を示した**ケープからカイロ旗**。中央にイギリス国旗、フライにケープ植民地を表す緑地に黄色い錨、ホイストにエジプトのカイロを表す赤地に白い三日月と五角星を配した旗。イギリスの縦断政策を示す。セネガルの項参照。
1899年 第2次南アフリカ（ブール）戦争勃発。

1902〜06・07 イギリス国旗

1902年 南アフリカ戦争でイギリスが勝利する。トランスヴァール共和国、オレンジ自由国が滅亡。イギリス領トランスヴァール植民地、イギリス領オレンジ・リバー植民地が成立。トランスヴァール植民地は1906年まで、オレンジ・リバー植民地は1907年までイギリス国旗を使用。

1906〜10 トランスヴァール植民地域旗

1906年 イギリス領トランスヴァール植民地の域旗・域章制定。**域旗**はフライに域章を配したイギリス青色船舶旗。域章は円形紋章で草地に座るライオンを配したもの。

1907〜10 オレンジ・リバー植民地域旗・域章

1907年 イギリス領オレンジ・リバー植民地の域旗・域章制定。**域旗**はフライに域章主要部分を配したイギリス青色船舶旗。**域章**は白い盾型紋章で、草地に立つトピカモシカとチーフは青地に王冠を配したもの。

南アフリカ

イギリス連邦内自治領から独立へ

南アフリカ連邦

1910～12

1910年 南アフリカ連邦成立。国旗・国章制定。**国旗**は、フライに国章盾部分を配したイギリス赤色船舶旗。

1910～30

国章は盾型紋章で、第一クォーターはケープ植民地を表す赤地に白い岩に腕をかけ右手に錨を持つ女性、第二クォーターはナタール植民地を表す黄地に走る2頭の茶色いヌー、第三クォーターはオレンジ・リバー植民地を表す黄地に実を付けたオレンジの木、第四クォーターはトランスヴァール植民地を表す緑地に白い幌馬車、盾中央に国を貫通するオレンジ川を表す波線。クレストに赤と白の布のリースの上で4地区を表す束ねた4本の杖を持つ赤いライオン、底部にラテン語 "EX UNITATE VIRES"「団結は力なり」という標語を黒字で記した白いリボン、サポーターにトビカモシカとオリックス、周囲にオジギソウの枝のリースを配したもの。

1912～28

1912年 南アフリカ連邦**国旗**変更。国旗のフライにある国章盾部分を白い円に入れた。

アフリカ人民族会議

1912 党旗

1912年 アフリカ人民族会議（ANC）が結成され、独立運動を開始。**党旗**は黒緑黄の横三色旗。

1928～61

1928年 南アフリカ連邦国旗変更。**国旗**は、中央に国の歴史を表すイギリス、オレンジ自由国、トランスヴァール共和国の国旗を並べたオレンジ白青の横三色旗。オランダ系国民の強い希望でイギリス国旗をカントンに付けない旗が選ばれた。しかも最初のオランダ国旗の3色が使われており、イギリス系国民とオランダ系国民の妥協の産物といえる。

1930～32

1930年 南アフリカ連邦国章変更。**国章**は周囲のオジギソウの枝のリースが取られ、サポーター用に草地が加えられた。

1932～61

1932年 南アフリカ連邦**国章**変更。クレストに白い兜と赤と白の兜飾りと同色の布のリースが加えられた。

1945年 国連に加盟。
1948年 白人を優位に置き、黒人などを差別するアパルトヘイト政策が本格化する。

南アフリカ共和国

1961～94

1961～2000

1961年 イギリス連邦から脱退して、共和制に移行。南アフリカ共和国に改称する。**国旗**は1928年制定のもの、**国章**は1932年制定のもの

を継続使用。
1991年 デクラーク大統領がアパルトヘイトの終結を宣言。

1994～

1994年 マンデラ大統領による黒人政権発足。国旗制定。**国旗**は白と黄の輪郭線を配した黒、赤、緑、青の横Y字旗。これら6色はアフリカ人民族会議党旗など過去に南アフリカの旗に使われたもの。色に固有の意味は規定されていないが、Y字は多様な南アフリカ社会の統一と過去および現在の勢力を結集させることによる国家の前進を表す。政変によりすべてのバントゥースタン共和国・自治国（次頁参照）が解体された。

2000～

2000年 南アフリカ共和国の国章制定。**国章**はベージュの盾型紋章で太鼓の形をしており、中にコイサン岩絵に見られる手を取り向き合う人物、クレストに国の防衛と権威を表す交差した槍と投げ棒、緑の国花プロテア、翼を広げたヘビクイワシ、知識、判断力、再生を表す日の出、周囲に成長を表す小麦穂のリース、知恵と国力を示す4本の象牙、底部にコイサン語 "KE E XARRA KE"「皆で団結」という標語を白字で記した緑のリボンを配したもの。

南アフリカ・オリンピック旗

1992

1992年 アパルトヘイト政策を取る南アフリカは、オリンピックで国旗の使用を禁じられ、バルセロナ大会で南アフリカ・**オリンピック旗**を使用した。鉱物資源を表すグレーのダイヤモンド、雨と海を表す青、国土を表す茶、農業を表す緑、五輪を配した白旗。

バントゥースタン（自治区域）

1972年、少数派の白人が多数派の黒人を支配するため、アパルトヘイト政策の一環としてバントゥー・ホームランド市民権法を制定。すべての黒人を部族ごとにバントゥースタン（自治区域）を創設し、共和国ないし自治国として自治を与え、外国人として独立させた。1994年のマンデラ政権の発足で、すべて解体された。

レボワ自治国 1972〜94

1972年 レボワ自治国成立。東北部現リンポポ州ソト人集団、首都セシェゴ。国旗は、中央に黄色い日の出を配した青白緑の横三色旗。青は空と進歩発展、白は平和、緑は大地、日の出はソト人国家の夜明けを表す。

トランスカイ共和国 1976〜94

1976年 トランスカイ共和国成立。現東ケープ州東部コーサ人集団、首都ウムタタ。国旗は、黄土色白緑の横三色旗。黄土色は国土、白は平和、緑は起伏のある丘を表す。

ヴェンダ共和国 1979〜94

1979年 ヴェンダ共和国成立。現リンポポ州内ヴェンダ人集団、首都シバサ。国旗は、ホイストに青い縦縞、中央に茶色のV字を配した緑黄茶の横三色旗。青は天国、緑は農業、黄は美しい国土、茶はヴェンダの土壌、これら4色は伝統的なビーズの色。

ガザンクル自治国 1973〜94

1973年 ガザンクル自治国成立。東北部現リンポポ州ツォンガ人集団、首都ギヤニ。国旗は、中央に儀式で使う伝統的な黒い交差し鎖でつないだ木製スプーンを配した青白青の横三分割旗。青は空、白と黒は白人と黒人の調和、2つのスプーンは友情と調和を表す。

ボプタツワナ共和国 1977〜94

1977年 ボプタツワナ共和国成立。現北ケープ州南西州内ツワナ人集団、首都ムマバソ。国旗は、カントンに白い円に豹の頭、ホイスト下部からフライ上部にオレンジの斜縞を配した青旗。青は空と進歩発展、オレンジは発展をめざし国民が進む道、豹は権威を表す。

シスカイ共和国 1981〜94

1981年 シスカイ共和国成立。現東ケープ州東部コーサ人集団、首都ズウェリシャ。国旗は、中央にインドウェ鶴、ホイスト下部からフライ上部に白い斜縞を配した青旗。青は空と進歩発展、白は平和、鶴は勇敢で忠実勤勉でありたいとのコーサ人の願望を表す。

クワクワ自治国 1974〜94

1974年 クワクワ自治国成立。現オレンジ自治州内ソト人集団、首都プチャデジハバ。国旗は、中央に黒いポニー、両脇にオレンジ横縞を配した緑旗。緑は大地、オレンジ縞はバコエナ、バティオコアの2部族、黒いポニーは国民の進歩を表す。

クワズールー自治国 1977〜94

1977年 クワズールー自治国成立。現ナタール州内ズールー人集団、首都ウルンディ。国旗は、ホイストの赤い縦縞にズールー伝統の盾、中央に黒緑黄の横縞を配した白旗。黒は国民、緑は国土、黄は天然資源、白と赤はクワズールーの主要政党インカタ自由党のカラー。

クワンデベレ自治国 1981〜94

1981年 クワンデベレ自治国成立。現ムプマンガ州内ンデベレ人集団、首都シヤブスワ。国旗は、中央に4本の戦闘用斧を付けた杖を配した青黄緑の横三色旗。杖は政府の権威、青は空、黄は太陽の光、緑は植物で全体で成長と前進を表す。

南スーダン共和国
The Republic of South Sudan

国旗比率　1:2

データ	
首都	ジュバ
面積	65.9万㎢
	(日本の1.7倍)
人口	1273万人
人口密度	19人/㎢
公用語	英語
通貨	南スーダン・ポンド

コンゴ自由国飛び地ラド

1894〜1910 域旗・域章

1894年 現在の南スーダンの一部をなすコンゴ自由国飛び地ラドは、コンゴ自由国の東境界線とナイル川上流西岸との間の地域。1890年の英独協定を承認するのと引き換えに、ベルギー国王レオポルド2世は、この地域を存命中を条件にイギリスから飛び地として1894年に租借し、死去後、1910年にイギリスに返還した。**域旗**は黄色のX十字と4個の黄色い五角星を配した青旗。コンゴ自由国と同じ配色。**域章**は域旗と同じ意匠の盾型紋章で、中央にレオポルド2世の個人紋章である、出身のドイツ・ザクセン王国国章である黒黄横10縞と緑の斜め帯を配した盾を胸に抱く赤い舌と爪を持つ黄色いライオンを描いた黒い盾、クレストに王冠、サポーターは2頭の象を配したもの。

イギリス・エジプトの共同統治

1899〜1956 スーダン総督旗

1899年 イギリスとエジプトによるスーダンの共同統治開始。スーダン**総督旗**を使用。
1955年 南部スーダンの自治・独立を求め、武装蜂起。第1次スーダン内戦（〜72）勃発。

スーダン共和国

1956〜70

1956年 南部を含むスーダンがイギリスから独立。スーダン共和国となる。**国旗**の解説はスーダンの項参照。

スーダン民主共和国

1970〜85 / 1985〜2011

1970〜85

1970年 スーダン民主共和国が成立。国旗・国章制定。**国旗・国章**の解説はスーダンの項参照。

1972年 南部スーダン政府が設置され、部分的自治権が付与された和平が合意。

1983 スーダン人民解放運動党旗

1983年 和平合意が反故にされ、第2次スーダン内戦（〜2005）勃発。スーダン人民解放運動結成。独立運動が本格化。**党旗**は独立後の国旗となる。

スーダン共和国

1985〜2005

1985年 スーダン共和国に改称。国旗は継続使用。**国章**変更。国章の解説はスーダンの項参照。

2005〜11 南部スーダン自治政府紋章

2005年 停戦合意。南部スーダン自治政府が成立。自治政府の紋章制定。**紋章**はスーダン国章周囲に白い帯を加え、英語で「南部スーダン政府」とその頭文字GOSSを配したもの。

南スーダン共和国

2011〜 非公式国章

2011年 南部独立を問う住民投票の結果、スーダンより南スーダン共和国として独立。国連に加盟。独立前に南スーダン共和国の**非公式国章**を使用。盾型紋章で、スーダン人民解放運動党旗意匠を持つ伝統的な盾、盾の背後に交差した2本の槍、台

座に南スーダン固有の植物とナイル川、底部に英語"JUSTICE EQUALITY DIGNITY"「正義、平等、尊厳」という標語を黒字で記した黄リボン、サポーターはハシビロコウと黒サイを配したもの。スーダンからの独立を支援している隣国ケニアとウガンダの国章に似ている。

2011〜

2011年 南スーダン共和国国旗・国章制定。**国旗**は、ホイストの青い三角形に黄色い五角星と2本の白い輪郭線を配した黒赤緑の横三色旗。黒は国民、赤は自由のために流された血、白は独立闘争で勝ち取った自由、緑は国土、青はナイル川、黄は国家と国民を導く星を表す。**国章**は、胸に茶色の盾と国家防衛と勤勉さを表す交差した槍とスコップ、足元に英語国名を黒字で記した茶色リボンと英語"JUSTICE PROSPERITY LIBERTY"「正義、繁栄、自由」という標語を黒字で記した白いリボンを付けた洞察力、力強さ、回復力、尊厳を表す南スーダンに生息するサンショクウミワシを配したもの。

2012年 スーダンとの間に国境紛争。

2013年 大統領派と副大統領派で紛争。以後も内戦状態が続く。

モザンビーク共和国
Republic of Mozambique

データ	
首都	マプト
面積	79.9万km²
	（日本の2.1倍）
人口	2875万人
人口密度	36人/km²
公用語	ポルトガル語
通貨	メティカル

国旗比率 2:3

15世紀 ザンベジ川流域を支配したモノモタパ王国の支配下に置かれる。

1489年 ポルトガルの航海者ヴァスコ・ダ・ガマが来航。

1544年 ポルトガルの貿易商ロレンソ・マルケスがマプトに入植。

ポルトガルの支配

1629年 ポルトガルが支配権を確立。ポルトガル領東アフリカ成立。

1891〜1941 モザンビーク会社旗・社章

1891年 イギリス資本の勅許会社モザンビーク会社に自治権を授与。社旗・社章制定。モザンビーク**社旗**はカントンに当時のポルトガル国旗を配した青白の横七縞旗。**社章**は盾型紋章で、第一クォーターは白地に白い5個の玉を置いた5個の青い盾、第二クォーターは白赤の対角四分割地に黄の天球儀、第三クォーターは白地に植民地を示す5本の緑の波線を描いた盾を配したもの。

1935〜51 モザンビーク域章

1935年 ポルトガル領モザンビーク域章制定。**域章**は盾型紋章で、黄色い天球儀を背景に第一クォーターは白地に白い5個の玉を置いた5個の青い盾、第二クォーターは白地に弓矢で射殺された聖セバスチャンを表す赤いリボンで束ねた7本の矢、第三クォーターは白地に植民地を示す5本の緑の波線を描いた盾。クレストに天球儀と修道会十字を配した黄色い城塞冠、底部にポルトガル語で「ポルトガル植民地モザンビーク」と記した白いリボンを配したもの。

1941〜51／1951〜74 ポルトガル国旗

1941年 ポルトガル領モザンビークならびに海外州モザンビークはポルトガル国旗を使用。

1951〜75 海外州モザンビーク域章

1951年 ポルトガル海外州モザンビークとなる。**域章**制定。底部の域名を、植民地から海外州へ替えた。

モザンビーク　　147

モザンビーク解放戦線

1962 党旗

1962 年 モザンビーク解放戦線が結成され、独立運動が本格化。モザンビーク解放戦線党旗は、ホイストに赤い三角形と2本の白い輪郭線を配した緑黒黄の横三色旗。

1967 モザンビーク提案旗

1967 年 ポルトガル領モザンビーク提案旗制定。ポルトガル国旗のフライ下部に域章盾部分を配した旗。

モザンビーク人民共和国

1974～75

1974 年 独立前年に国旗制定。旗竿側に赤い三角形と2本の白い輪郭線を配した緑黒黄の横三色旗。モザンビーク解放戦線党旗と同じ意匠の旗。

1975～83　　1975～85

1975 年 ポルトガルよりモザンビーク人民共和国として独立。国連に加盟。国旗・国章制定。国旗は、カントンに開かれた本の上に交差した黒いライフル銃と鍬、赤い五角星を入れた白い歯車と3本の白い輪郭線を配した緑、赤、黒、黄の斜帯旗。緑は国土の豊かさ、赤は自由を求める武装闘争、主権防衛、植民地主義への抵抗、黒はアフリカ大陸、黄は豊かな鉱物資源、白は平和と正義、本は教育、ライフル銃は国の防衛、鍬は農業生産、赤い五角星は社会主義、歯車は工業と労働者を表す。国章は青い社会主義国型紋章で、工業と労働者を表す黄色い歯車の中に茶色いモザンビークの地図と海、教育を表す開かれた本と交差した防衛と警戒心を表すライフル銃と農民と農作物を表す鍬、社会主義を表す赤い五角星、革命と新生活を表す赤い日の出、底部にポルトガル語で国名を黄字で記した赤いリボン、豊かな農業を表すトウモロコシとサトウキビのリースを配したもの。

1977 モザンビーク民族抵抗運動党旗

1977 年 白人政権のローデシアおよび南アフリカに支援された反共反政府組織であるモザンビーク民族抵抗運動 (RENAMO) との内戦が勃発。RENAMO 党旗は、ホイストに党章を配した青赤の横二色旗。青はアフリカの空、赤は自由のため流された血。党章は白黒の輪郭線を付けた白い円に下向きの5本の赤い矢、中心に8個の白い円を持つ黒い円を入れた黄色い五角星を付けた白黒の輪郭線を持つ青い円を配したもの。

1983～90

1983 年 国旗変更。国旗は、ホイストの黄色い五角星の上に開かれた本、交差した黒いライフル銃と鍬を入れた赤い三角形と2本の白い輪郭線を配した緑黒黄の横三色旗。黄色い五角星は国民の国際連帯を表す。

1984 年 南アフリカとたがいの反政府勢力を援助しないという不可侵条約を結ぶ。しかし内戦は続き、100 万人以上の死者、国民の3分の2以上が難民といわれる事態となった。

1985～90

1985 年 国章変更。円形紋章の青い地を取り除き、赤いリボンを長くリースに巻き付けるよう修正された。

モザンビーク共和国

1990～

1990 年 憲法を改正し、モザンビーク共和国に改称。国旗は継続使用。国章変更。国章のポルトガル語国名が「モザンビーク人民共和国」から「モザンビーク共和国」に替わった。

1992 年 ヨーロッパ諸国の仲裁で、両勢力間で和平協定を締結。内戦が終結。

モーリシャス共和国
Republic of Mauritius

データ	
首都	ポートルイス
面積	1970km²
	（東京都と同程度）
人口	128万人
人口密度	649人/km²
公用語	英語
通貨	モーリシャス・ルピー

国旗比率 2：3

1507年 ポルトガルの探検家ペドロ・デ・マスカレーニャスが来航。

フランスの支配

1715年 フランス領フランス島となる。

1767〜90 フランス国旗

1767年 フランス国旗（ブルボン朝）を使用。

1790〜92 フランス国旗

1790年 フランスの国旗変更。フランス共和国の国旗を使用。

1792〜1810 フランス国旗

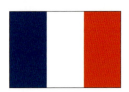

1792年 フランスの国旗変更。

イギリスの支配

1810〜69 イギリス国旗

1810年 イギリスに占領される。
1814年 イギリス領モーリシャスとなる。

1869〜1906 モーリシャス域旗・域章

1869年 イギリス領モーリシャスの域旗・域章制定。**域旗**は、フライに域章を配したイギリス青色船舶旗。**域章**は白い円に入った黄色い縁取りを付けた盾型紋章で、第一クォーターは海に浮かぶ3本マストの帆船、第二クォーターは黄地に3本の緑のサトウキビ、第三クォーターは黒地に黄色い鍵、第四クォーターは海に輝く六角星、周囲に黄色い盾枠、底部にラテン語 "Stella Clavisque Maris Indici"「インド洋の星と鍵」という標語を黒字で記した白いリボンを配したもの。

1906〜23 モーリシャス域旗・域章

1906年 イギリス領モーリシャスの域旗変更・域章制定。**域旗**は、フライに白い円に入れた域章を配したイギリス青色船舶旗。**域章**は従来のものを修正した盾型紋章で、西洋紋章学の規則に基づいた配色。第一クォーターは青地に黄色の1本マストのガレ船、第二クォーターは黄地に3本の緑のヤシの木、第三クォーターは黄地に赤い鍵、第四クォーターは青地に白い五角星と三角形、サポーターが加えられ、それぞれ

1906〜68／1968〜92／1992〜

サトウキビを持ったドードーという18世紀に絶滅した鳥と水鹿、底部にラテン語 "STELLA CLAVISQUE MARIS INDICI"「インド洋の星と鍵」という標語を黒字で記した赤いリボンを配したもの。現在も国章として使われている。

1923〜68 モーリシャス域旗

1923年 イギリス領モーリシャスの域旗変更。**域旗**はフライにあった白円を取った旗。

モーリシャス／モーリシャス共和国

1967年 イギリスからの自治権を獲得。

1968〜92／1992〜

1968年 イギリスからイギリス連邦の一員モーリシャスとして独立。国連に加盟。国旗制定。**国旗**は赤青黄緑の横四色旗。赤は独立闘争、青はインド洋、黄は独立による新しい光、緑は農業を表す。国章は継続使用。
1992年 憲法を改正して、共和制に移行、モーリシャス共和国に改称。国旗・国章は継続使用。

アフリカ

モーリタニア・イスラム共和国
Islamic Republic of Mauritania

国旗比率 2：3

データ	
首都	ヌアクショット
面積	103.1万km²
	（日本の2.7倍）
人口	417万人
人口密度	4人/km²
公用語	アラビア語
通貨	ウギア

13世紀 モロッコのイスラム系ムワッヒド朝（1130〜1269）支配下に置かれる。
1902年 フランス人が入植を開始。

フランスの支配

1904〜20 フランス国旗

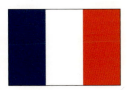

1904年 フランスの植民地となる。

1920〜58 西アフリカ総督旗

1920年 フランス領西アフリカに編入される。フランス領西アフリカ総督旗を使用。カントンにフランス国旗を配した青い燕尾旗。

モーリタニア自治国

1958年 フランス共同体内の自治国に昇格。

1959〜1960

1959年 自治国の国旗制定。国旗は中央に黄色い五角星と上向きの三日月を配した緑旗。五角星と三日月はイスラムのシンボル、緑は明るい未来への希望、黄はサハラ砂漠を表す。国土の大半を占めるサハラ砂漠を緑化したい強い希望を示す。

モーリタニア・イスラム共和国

1960〜

1960年 フランスよりモーリタニア・イスラム共和国として独立。国旗は継続使用。国章制定。国章は円形印章型紋章で、中に黄色い五角星と上向きの三日月、白いナツメヤシの木とキビの穂、周囲の白い帯にアラビア語とフランス語国名を緑字で配したもの。

1961年 国連に加盟。憲法を制定。
1965年 人民党の一党制が規定され、フランス政策を基調とする政治が行われた。
1968〜70年 干ばつによる社会不安。政府批判勢力が台頭。
1974年 フランス資本の国有化など民族化政策に転じる。
1978年 軍部のクーデターにより、軍事政権が成立。
1989年 隣国セネガルとの紛争が拡大。
1991年 憲法改正、複数政党制を導入。

2017

2017年 フランス植民地からの独立闘争で流した血を表す赤い横縞を上下に加えた国旗変更案が国民投票にかけられる。

モロッコ王国
Kingdom of Morocco

データ	
首都	ラバト
面積	44.7万km²（日本の約1.2倍）
人口	3482万人
人口密度	78人/km²
公用語	アラビア語、ベルベル語
通貨	モロッコ・ディルハム

国旗比率 2：3

サード朝モロッコ王国

1549〜1660

1549年 サード朝が成立。**国旗**は、中央にルブ・エル・ヒズブという2つの正方形を重ねたイスラムのシンボルと黄色のボーダーを配した赤旗。

アラウィー朝モロッコ王国

1666〜1912

1666年 アラウィー朝が国家を統一。無地の赤旗が**国旗**として使用された。

1666〜1750 モロッコ軍旗

1666年 モロッコ**軍旗**を使用。ズルフィカールと呼ばれる先端が二股に分かれた白い剣と白い三角形を26個配した赤旗。ハサミに似ているが剣である。

1879 イギリス領サハラ・スース域旗・船舶旗

1879年 イギリス商人ドナルド・マッケンジーにより開拓されたサハラ・スースは、現在の西サハラ・タルファで、一時的にイギリス領となっていた。**域旗**は中央に白い三日月と炎の中から生まれるフェニックスを描き、周りの飾りベルトにラ

テン語標語 "RENATI CONJUNCTI INVICTI"「再生し、反対側に入る」と記した青い楕円形盾、背後に2本のヤシの木、底部に域名を黒字で記した青いリボン、サポーターは横たわるライオンとラクダを配した域章を付けた白旗。**船舶旗**はフライに域章を配したイギリス白色船舶旗。

モロッコ事件

20世紀初め、モロッコへの進出を狙うドイツのヴィルヘルム2世が、フランスのモロッコ支配に異を唱え、紛争が起こった。植民地獲得をめぐる帝国主義的対立。
1904年 英仏協商でイギリスはフランスにモロッコにおける優先権を認める。
1905年〔第1次〕ドイツのヴィルヘルム2世は、フランスのモロッコ進出に対し、自らタンジールに上陸して反対を表明。翌年の国際会議で、ドイツの要求は退けられた。
1911年〔第2次〕ドイツが砲艦をアガディールに派遣してフランスを牽制。ドイツはモロッコへの進出はならず、フランス領コンゴの一部を得た。

スペイン・フランスの分割統治

1912〜15 フランス国旗

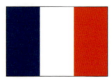

1912〜37 スペイン国旗

1912年 フェズ条約により、モロッコはフランスとスペインの分割統治となる。フランス領モロッコ総督府はラバト、スペイン領モロッコ総督府はテトゥアン。それぞれフランス国旗・スペイン国旗を使用。

1915〜19 モロッコ王国　**1915〜57 国章**

1915年 モロッコ王国の国旗・国章制定。**国旗**は中央に緑の五線星形を配した赤旗。従来の赤旗に古代に由来する幸福のシンボルであるソロモンの印章を付け加えた旗。**国章**は盾型紋章で国旗意匠を配したもの。

リーフ共和国

1921〜26

1921年 リーフ共和国が成立。首都はアジール。モロッコ最北部リーフ地区で、ベルベル人アブド・アルカリームがスペインからの独立を宣言し樹立した共和国。**国旗**は白い菱形の中に緑の三日月と六角星を配した赤旗。1926年、スペイン・フランス連合軍の攻撃により消滅した。

モロッコ

1919～56 フランス領モロッコ域旗

1919年 フランス領モロッコの域旗制定。域旗はカントンにフランス国旗、中央に緑のソロモン印章を配した赤旗。

1937～56 スペイン領モロッコ域旗

1937年 スペイン領モロッコの域旗制定。域旗は白い輪郭線を持った緑のカントンに白いソロモンの印章を配した赤旗。

1953～56 タンジール商船旗

1953年 国際管理都市とされていたタンジールの商船旗使用。カントンに盾型紋章、中央にソロモンの印章を配した赤旗。域章は盾型紋章で、黒地に黄色いフェニキア人の頭、青地に2本の麦穂、クレストに王冠、周囲にオリーブの枝のリース、底部にラテン語"TINGS"「タンジール」と黒字で記された黄色いリボンを配したもの。

モロッコ王国

1956～

1956年 フランス・スペインよりモロッコ王国として独立を回復。国連に加盟。1915年制定の国旗が回復。

1957～

1957年 モロッコ王国の国章制定。国章は黄色い縁飾りの付いた赤い盾型紋章で、中に領土を表すアトラス山脈を背景に青空から昇る王国を表す黄色い太陽、緑の五線星形。クレストに黄色い五線星形を付けた王冠、底部にアラビア語で「神を助ければ、神も汝を助ける」という標語を黒字で記した黄色いリボン、サポーターは国王の権威を表す2頭の茶色のライオンを配したもの。

西サハラ問題

1975年 スペインが西サハラの領有権を放棄。翌年、モロッコとモーリタニアが西サハラ分割協定に調印すると、住民であるサハラウィ人はポリサリオ戦線を結成し、独立運動を開始。

サハラ・アラブ民主共和国

1976

1976年 ポリサリオ戦線がサハラ・アラブ民主共和国の一方的な樹立を宣言。首都はアイウン。国旗制定。国旗はホイストに赤い三角形、中央に赤い三日月と五角星を配した黒白緑の横三色旗。赤は独立闘争の犠牲者の血、黒は植民地時代、白は自由、緑は進歩、三日月と五角星はイスラムを表す。

1991

1991年 国連の仲介でモロッコとポリサリオ戦線の停戦が合意。独立を問う住民投票は何度も延期されている。サハラ・アラブ民主共和国の国章制定。国章は、中央に国旗を付けた2丁の交差したライフル銃、上部にイスラムを表す赤い三日月と五角星、周りにオリーブの葉、底部にアラビア語で「自由、民主主義、団結」と書かれた赤いリボンを配したもの。

1958～69 スペイン国旗

1958年 スペイン領イフニはモロッコ独立後もスペイン領のままであった（スペイン国旗を使用）が、モロッコ軍が侵攻し、スペインと交渉の結果、1969年、モロッコに返還された。
1962年 立憲君主制に移行。
1971年 軍部のクーデター未遂事件。
1972年 ハッサン国王の暗殺未遂事件。

アラブ・マグリブ連合

1989～2010 連合旗

1989年 アラブ・マグリブ連合条約に調印。モロッコの首都ラバトを本部として北アフリカ5か国（モロッコ、チュニジア、リビア、アルジェリア、モーリタニア）が連合を結成。EUに似た地域共同体。連合旗は参加国の当時の国旗の色を使い、中央に黄色い上向きの三日月、上部に参加国を表す5個の白い五角星、白い細線を配した赤緑の横二色旗。2010年まで使われた。

リビア
Libya

国旗比率　1：2

データ	
首都	トリポリ
面積	167.6万km²
	（日本の4.5倍）
人口	633万人
人口密度	4人/km²
公用語	アラビア語
通貨	リビアン・ディナール

1250年 キレナイカがイスラム系マムルーク朝（〜1517）の支配下に置かれる。
1574年 トリポリがハフス朝（1228〜1574）の支配下に置かれる。

オスマン帝国の支配

1835〜42 オスマン帝国旗

1835年 トリポリがオスマン帝国（1299〜1922）の支配下に置かれる。オスマン帝国の国旗を使用。

1842〜76 トリポリ域旗

1842年 オスマン帝国領トリポリの域旗制定。赤緑白の横七縞旗。

1876〜1912 オスマン帝国旗

1876年 オスマン帝国の国旗が使用される。

イタリアの支配

1912〜18 イタリア国旗

1912年 トリポリタニア、フェザン、キレナイカ地方がイタリア領となる。

トリポリタニア共和国

1918〜23

1918年 第一次世界大戦後、トリポリタニア共和国が成立。国旗制定。**国旗**は中央に緑のヤシの木と白い五角星を配した青旗。1923年まで存続した共和国。

キレナイカ首長国

1920〜29

1920年 キレナイカ首長国が成立。**国旗**制定。中央に白い三日月と五角星、周囲に黒いボーダーを配した赤旗。

1949〜51

1949年 キレナイカ首長国の**国旗**変更。中央に白い三日月と五角星を配した黒旗。

1923〜43 イタリア国旗

1923年 ゲリラ的な反イタリア運動を鎮圧して、再び全土がイタリア領となる。

1940〜43 リビア域章

1940年 イタリア領リビアの域章制定。**域章**は盾型紋章で、チーフに暗赤色地に緑の月桂樹枝のリースとイタリア・ファシスト党シンボルである束桿斧、下部はトリポリタニアを表す黄地に夜空に現れる白い五角星、緑のヤシの木、キレナイカを表す赤地に白い五角星と黄色いシルフィウムを配したもの。

フランスの支配

1943〜47 フランス国旗

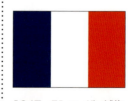

1943年 第二次世界大戦後、フェザンがフランス領となる。

1947〜51 フェザン域旗

1947年 フランス領フェザンの**域旗**制定。中央に白い三日月と輪郭線の五角星を配した赤旗。

リビア連合王国／リビア王国

1951～63／1963～69

1951年 イタリアからリビア連合王国として独立。国旗・国章制定。**国旗**は、中央に白い三日月と五角星を配した赤黒緑の横三色旗。赤はフェザン地方、黒はキレナイカ地方、緑はトリポリタニア地方を表す。白い三日月と五角星はイスラムを表す。**国章**は黄色い縁飾りを付けた暗赤色の盾型紋章で、中に黄色い三日月と五角星を先端に付けた王冠、9個の白い五角星、黄色の輪郭線を付けた黒い円に白い三日月と五角星、クレストにも同じ王冠を配したもの。
1955年 国連に加盟。
1963年 リビア王国に改称。国旗・国章は継続使用。

リビア・アラブ共和国

1969～72

1969年 カダフィによるクーデター。王制を廃止し、リビア・アラブ共和国に改称。国旗・国章変更。**国旗**は、汎アラブ色を使った赤白黒の横三色旗。アラブ解放旗の色で、赤は革命、白は明るい未来、黒は抑圧されていた時代を表す。**国章**は胸に国旗意匠の盾を抱いた黄色いサラディンの鷲で、かつてのアラブ連合国章と同じ意匠。底部にアラビア語の国名が黒字で記された黄色い銘板を鷲がつかんでいる。

アラブ共和国連邦

1972～77

1972年 リビアは1971年にエジプト、シリアとアラブ共和国連邦を結成、その正式調印がなされる。国旗・国章制定。**国旗**は中央にムハンマドの出身部族クライシュ族の象徴である金色の鷹の**国章**を配した赤白黒の横三色旗。国章の鷹の胸にある盾も金色。底部にアラビア語で「アラブ共和国連邦」と金字で記した白いリボンとその下に金字で「リビア・アラブ共和国」と配したもの。このアラブ共和国連邦は、1977年にエジプトとイスラエルの停戦協定締結により解体された。

社会主義リビア・アラブ国／大リビアアラブ社会主義人民ジャマーヒリーヤ国

1977～2004／2004～11

1977年 人民主権確立宣言。社会主義リビア・アラブ国に改称。国旗・国章制定。**国旗**は、緑一色の珍しい旗。カダフィの理想とする「緑の革命」を表す。**国章**は、胸に緑の国旗意匠の盾を抱き、底部にアラビア語でアラブ共和国連邦と白字で記した金色のリボンをつかむ金色の鷹。鷹の向きがホイスト向きに替わった。エジプトが個別にイスラエルと停戦協定を締結するという予想外のこの年の出来事で、連邦は解体した。激怒したカダフィは一夜にして国旗・国章を変えたと伝えられる。カダフィは国章に新しい国名を入れずに、アラブ統一を目指すアラブ共和国連邦という夢を残した。また東に位置する裏切ったエジプトを二度と見ないよう、鷹の向きをホイストに替えたとの推測は無理があるだろうか。

2004年 大リビア・アラブ社会主義人民ジャマーヒリーヤ国に改称。国旗・国章は継続使用。

リビア

2011～

2011年 チュニジアに始まる民主化運動が波及して内戦化し、アメリカなどの多国籍軍も軍事介入して、カダフィ政権崩壊。リビアに改称。国旗制定。**国旗**を王制時代の赤黒緑の横三色旗に戻す。

2011～12 国民評議会紋章

2011年 リビア**国民評議会紋章**制定。暫定政権は正式国章を制定しておらず、国旗の三色と五角星を使った円形紋章を使用。2012年、評議会は解散。

2011～15 パスポート用仮国章

2011年 リビアのパスポートに**仮国章**が使用された。盾型紋章で国旗意匠と上部の白地に英語、アラビア語の国名を黒字で配したもの。

2015～ パスポート用仮国章

2015年 リビアのパスポートに新たな**仮国章**が登場。金色の三日月と五角星を配したもの。

リベリア共和国
Republic of Liberia

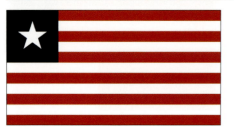

国旗比率 10：19

データ	
首都	モンロヴィア
面積	11.1万㎢
	（日本の3分の1）
人口	462万人
人口密度	41人/㎢
公用語	英語
通貨	リベリア・ドル

1462年 ポルトガルの航海者ペロ・デ・シントラが来航。

アメリカ植民協会 リベリア連邦

1822年 アメリカ植民協会が、アメリカ解放奴隷の帰還入植地を建設。

1827～39 植民協会旗
1839～47 リベリア連邦国旗

1827年 アメリカ**植民協会旗**制定。青いカントンに白い十字を配した赤白の横13縞旗。アメリカ国旗の星を十字に替えた旗。

1839年 リベリア連邦成立。アメリカ植民協会旗を継続使用。

リベリア共和国

1847～

1847年 アフリカ最初の黒人共和国リベリア共和国が誕生。国旗制定。**国旗**は青いカントンに白い五角星を配した赤白の横11縞旗。11の縞は独立宣言署名者の人数、青はアフリカ大陸、白い五角星は独立、赤は勇気、白は純粋さを表す。アメリカ国旗がモデルであることは明らか。

メリーランド共和国

1854～57

1854年 アメリカのメリーランド州植民協会が地域貿易の独占を図り、メリーランド共和国を建設。首都はハーパー（メリーランド郡）。**国旗**制定。青いカントンに白い十字を配した黒黄の横13縞旗。黒と黄は解放奴隷の出身地であるメリーランド州旗の色。

1857年 メリーランド共和国が、リベリアに統合される。

1889～1905

1889年 リベリア共和国の国章制定。**国章**は盾型紋章で、国旗意匠を配したもの。

20世紀初頭 アフリカで独立国だったのは、リベリアとエチオピア帝国のみで、他はすべて列強の支配下に置かれた。

1905～21

1905年 リベリア共和国の国章変更。**国章**は盾型紋章で、海に浮かぶ解放奴隷をアメリカから乗せて来た白い帆船、アメリカ植民協会からの放棄宣言書をくわえた平和の白鳩、国家の誕生を表す日の出、海岸には繁栄を表す緑のヤシの木、繁栄をもたらす労働者と労働への尊厳を表す鋤、シャベル、英語 "THE LOVE OF LIBERTY BROUGHT US HERE"「自由への熱愛が我らをここに導いた」という標語を黒字で記したリボンを底部に配したもの。

1921～63

1921年 リベリア共和国の**国章**変更。盾の背後に交差した2本の国旗とクレストに英語の国名を黒字で記した白いリボンが加わった。

1945年 国連に加盟。

1963～

1963年 リベリア共和国の**国章**変更。国章の盾の背後にあった2本の国旗が取られ、標語リボンと国名リボンの位置が逆に日の出の位置も左から右に移動した。

1980年 軍部によるクーデターが勃発。

1984年 新憲法を発布。

1989年 リベリア愛国国民戦線が蜂起、内戦勃発。

2003年 和平合意。

ルワンダ共和国
Republic of Rwanda

国旗比率 2:3

データ	
首都	キガリ
面積	2.6万㎢
	（四国よりやや広い）
人口	1188万人
人口密度	451人/㎢
公用語	ルワンダ語、英語、フランス語
通貨	ルワンダ・フラン

15世紀頃 ツチ族による王国が成立。

ドイツの支配

1890～1914 東アフリカ総督旗

1890年 ドイツ領東アフリカとなる。中央に黒い翼を広げた王冠なしのプロイセン鷲を配した黒白赤の横三色旗のドイツ領東アフリカ**総督旗**を使用。

1914 東アフリカ提案旗・域章

1914年 ドイツ領東アフリカの域旗提案、域章制定。**提案旗**は中央に域章の盾部分を配した黒白赤の横三色旗。**域章**は盾型紋章で、赤地に白いライオンの頭、チーフは黄地に胸に黒白の四分割盾を配した黒い翼を広げたプロイセン鷲、クレストに皇帝冠を配したもの。

ベルギーの支配

1916～24 コンゴ域旗

1916年 第一次世界大戦でドイツが敗れ、ベルギー領コンゴの属領となる。コンゴ属領域旗を使用。

1924～46／1946～61 ベルギー国旗

1924年 ベルギー委任統治領ルアンダ・ウルンディとなる。

1946～59 ルアンダ・ウルンディ域章

1946年 ベルギー信託統治領ルアンダ・ウルンディとなる。**域章**制定。赤い盾型紋章で、中に冠鶴と黄色いライオンの頭、背後に4本の交差した槍を配したもの。冠鶴はルアンダ、ライオンはウルンディのシンボル。

ルワンダ王国

1959～61

1959年 ルワンダ王国は自治権を獲得し、事実上のフツ族主体の独立王国となる。ルワンダ王国の国章制定。**国章**は中央にカリンガと呼ばれる黄色い太鼓、その上に白い頭飾りと2個の黄色い五角星、ルワンダ語 "INGOMA Y'U RWANDA" 国名「ルワンダ王国」と黒字で記された黄色いリボン、サポーターはライオンとカンムリツル、4個の黄色いカリンガ太鼓と青いマルタ十字を付けた太鼓十字勲章、黄色い五角星、底部にルワンダ語 "IMBAGA Y' INYABUTATU IJYAMBERE" 「3人で力を合わせれば繁栄する」という標語を黒字で記した黄色いリボンを配したもの。3人とは主要民族であるツチ族、フツ族、トゥワ族を意味する。

ルワンダ共和国

1961～62

1961年 国民投票で王制を廃止し、ルワンダ共和国に改称。国旗制定。最初の**国旗**は汎アフリカ色を使った緑黄赤の縦三色旗。この意匠は1961年1月に考案されたが、2か月後の3月にマリが突然国旗から人像を取ったため、同じ国旗になってしまい、独立に際し国旗の色順を赤黄緑に替えた。

1962～2001

1962年 ベルギーよりルワンダ共和国として独立。国連に加盟。国旗・国章制定。**国旗**は中央に黒いRを配した赤黄緑の縦三色旗。赤は自由を求める闘争で流された血、黄は平和、緑は希望と信頼を表す。Rは国名頭文字であり、革命 revolution, 国民投票 referendum, 共和国 republic を表す。**国章**は黄色い盾型紋章で、三角形盾の中に民主主義と自由の防衛を表す弓矢、労働を表す鍬、ナタ鎌、周囲にフランス語国名「ルワンダ共和国」と "LIBERTE COOPERATION PROGRES"「自由、協力、進歩」という標語を黒字で記し、クレストに平和を表す翼を広げた鳩と下に緑のオリーブの枝を入れた黄色いリボン、盾の背後に交差した2本の国旗を配したもの。

ルワンダ／レソト

ツチ族系ルワンダ愛国戦線

1990 党旗

1990 年 1987 年結成のツチ族系ルワンダ愛国戦線が北部侵攻、内戦勃発。**党旗**は頭文字ＦＰＲを黒字で配した赤白青の縦三色旗。

ルワンダ解放民主勢力

1994 党旗

1994 年 フツ族系ルワンダ解放民主勢力などによるツチ族系に対するルワンダ虐殺発生。**党旗**は、中央に黄色い円を配した赤緑の縦二色旗。

1973 年 軍部によるクーデターでフツ族のハビャリマナ政権が成立。ツチ族との融和政策を進める。
1990 年 隣国ウガンダで難民生活をしていたツチ族系ルワンダ愛国戦線が侵攻、内戦となる。
1994 年 ハビャリマナ暗殺をきっかけに、フツ族によるツチ族の虐殺が始まる。ルワンダ愛国戦線の首都制圧により終結。
2000 年 ツチ族のカガメ大統領が就任。

2001〜

2001 年 ルワンダ共和国の国旗・国章変更。**国旗**はフライ上部に金色の 24 の光線を持つ太陽を配した青黄緑の横三色旗。青は幸福と平和、黄は労働による経済成長、緑は繁栄への希望、太陽は統一、透明性、忍耐を示し国民を啓蒙する光を表す。**国章**は円形紋章で、中央に籠と青い歯車、主要産物のサトウモロコシとコーヒー、両脇に国家主権の防衛と正義を表す2個の部族盾、上部に黄色い太陽とルワンダ語 "REPUBULIKA Y'U RWANDA"「ルワンダ共和国」と黒字で記された黄色リボン、底部に "UBUMWE UMURIMO GUKUNDA IGIHUGU"「統一、労働、祖国、国家」という標語を黒字で記した黄色いリボン、産業発展を示す緑の輪と結び目を配したもの。

レソト王国
Kingdom of Lesotho

国旗比率 2:3

データ	
首都	マセル
面積	3.0万㎢
	（四国の1.6倍）
人口	216万人
人口密度	71人/㎢
公用語	英語、ソト語
通貨	ロチ

1818 年 モシェシェ1世が統一国家であるバソト王国を樹立。

イギリスの支配

1868〜71／1871〜1951 イギリス国旗

1868 年 南アフリカ・オレンジ自由国からのブール人の侵攻に対抗するためイギリスの保護を求め、イギリス保護領バストランドとなる。
1871 年 イギリスの植民地バストランドとなる。

1951〜66 バストランド域旗・域章

1951 年 イギリス領バストランドの域旗・域章制定。**域旗**はフライに白い円に入った域章盾部

分を配したイギリス青色船舶旗。**域章**は緑の盾型紋章で、国王の出身地北部バクウェナ地方を表すワニ、農業を表す黄色い小麦2束の間に羊。クレストに黄色と緑の布のリースの上に王冠を入れたバソト王国の盾、背後に弓矢と交差したトゲ槍とこぶ杖、底部にソト語 "KHOTSO KE NALA"「平和と繁栄」という標語を黒字で記した白いリボンを配したもの。

バストランド国民党

1963 党旗

1963年 バストランド国民党が結成される。独立運動が本格化。**党旗**は青白赤緑の横四色旗。

1959年 自治権を獲得。

レソト王国

1966〜87

1966〜2006

1966年 イギリスからレソト王国として独立。国連に加盟。国旗・国章制定。**国旗**は、フライに白い伝統的なバソト帽、ホイストに緑赤の縦縞を配した青旗。青は空と雨、白は平和、緑は国土、赤は信義を表し、バソト帽は国のシンボル。国旗は独立当時のバストランド国民党党旗の色を使用。**国章**は植民地時代の域章要素を残した黄色い盾型紋章で、中に王家を表す茶色いワニ、盾の背後に交差したトゲ槍とこぶ杖、駝鳥の羽根飾り、サポーターは2頭のポニー、台座は緑のターバプトソア山でソト語 "KHOTSO PULA NALA"「平和、雨、繁栄」という標語が赤字で記された黄色いリボンを配したもの。

1986年 クーデターで軍事政権が成立。

1987〜2006

1987年 国旗変更。**国旗**はカントンに茶色の伝統的な盾、交差した槍と棍棒を配した白青緑の斜三分割旗。白は平和、青は雨、緑は繁栄、盾と武器は国の防衛を表す。平和、雨、繁栄は国章に登場する国の標語となっている。

1993年 民政に移管。

1994年 国王によるクーデターが勃発。

レソト民主会議

1997 党旗

1997年 レソト民主会議が結成され、与党となる。**党旗**は黒緑赤の横三色旗。

2006〜

2006年 国旗・国章変更。**国旗**は中央に黒いバソト帽を配した青白緑の横三色旗。青は雨、白は平和、緑は繁栄、黒はアフリカ大陸を表す。**国章**の意匠は替わらず、黄色い盾と標語リボンを茶色、王家のシンボルである茶色のワニを青に、赤い標語文字を白に替えたもの。

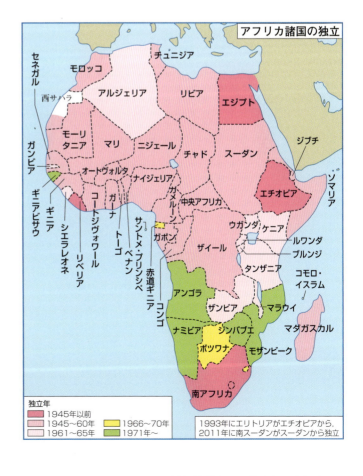

アフリカ諸国の独立

1993年にエリトリアがエチオピアから、2011年に南スーダンがスーダンから独立

ヨーロッパ

世界の**国旗・国章**歴史大図鑑

- アイスランド共和国…160
- アイルランド…161
- アルバニア共和国…163
- アンドラ公国…165
- イギリス…166
- イタリア共和国…168
- ヴァチカン市国…171
- ウクライナ…172
- エストニア共和国…175
- オーストリア共和国…176
- オランダ王国…178
- ギリシャ共和国…180
- クロアチア共和国…182
- コソヴォ共和国…184
- サンマリノ共和国…185
- スイス連邦…186
- スウェーデン王国…186
- スペイン…188
- スロヴァキア共和国…190
- スロヴェニア共和国…191
- セルビア共和国…192
- チェコ共和国…194
- デンマーク王国…196

- ドイツ連邦共和国…198
- ノルウェー王国…201
- ハンガリー…202
- フィンランド共和国…205
- フランス共和国…206
- ブルガリア共和国…209
- ベラルーシ共和国…210
- ベルギー王国…212
- ボスニア・ヘルツェゴヴィナ…214
- ポーランド共和国…215
- ポルトガル共和国…217
- マケドニア 旧ユーゴスラヴィア共和国…219
- マルタ共和国…220
- モナコ公国…222
- モルドヴァ共和国…223
- モンテネグロ…225
- ラトヴィア共和国…226
- リトアニア共和国…228
- リヒテンシュタイン公国…230
- ルクセンブルク大公国…231
- ルーマニア…232
- ロシア連邦…234

Europe

アイスランド共和国
Republic of Iceland

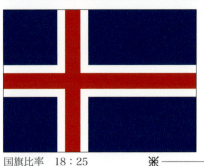

データ	
首都	レイキャヴィク
面積	10.3万km²（北海道よりやや広い）
人口	33万人
人口密度	3人/km²
公用語	アイスランド語
通貨	アイスランド・クローナ

国旗比率　18：25

アイスランド共同体

874年 ノルウェーのヴァイキングがアイスランドへの植民を始める。

930年頃 立法と司法の機能をもつ世界初の民主議会アルシング設立。アイスランド共同体の成立。

1258～65

1258年 アイスランド共同体の**紋章**制定。共同体紋章は銀青の横12縞の盾型紋章。12縞はアイスランドの12の共同体を表す。

ノルウェー領アイスランド

1262～1380 域旗

1262年 ノルウェーによる統治開始。ノルウェー領アイスランドの域旗制定。**域旗**は中央に銀色の斧を持って立ち上がる王冠を被った黄色いライオンを配した赤旗。

1265～1380 域章

1265年 ノルウェー領アイスランドの域章制定。**域章**は、中央に赤い斧を持って立ち上がるライオン、チーフに金色地を配した銀青の横12縞盾型紋章。ノルウェー国王ホーコン4世からアイスランド総督に贈られた紋章。

デンマーク領アイスランド／デンマーク自治領アイスランド

1380～1809 デンマーク国旗

1380年 デンマーク王がノルウェー王を兼ねることになり、デンマークによる統治開始。

1593～1904 域章

1593年 デンマーク領アイスランドの域章制定。**域章**は赤い盾型紋章で、中に黄色い王冠を被ったグレーの干しタラを配したもの。当時干し魚、とりわけ干しタラはアイスランドの重要な輸出品であった。

1809～74 域旗

1809年 デンマーク領アイスランドの域旗制定。**域旗**はカントンに3匹のグレーの干しタラを逆三角形に並べた青旗。アイスランドを代表する最初の旗。

1874～97 域旗

1874年 デンマーク領アイスランドの域旗変更。**域旗**は中央に白いハヤブサを配した青旗。

1897～1904／1904～18 域旗

1897年 デンマーク領アイスランドの非公式旗を使用。**域旗**は白いスカンディナヴィア十字を配する青旗。自治権獲得後、1918年まで同旗を使用。

1904～18 域章

1904年 自治権獲得。デンマーク自治領アイスランドの域章変更。**域章**は青い盾型紋章で、中央に白いハヤブサを配したもの。ハヤブサは1944年までアイスランド国王を兼ねていたデンマーク国王クリスチャン10世の時代まで使用された。

アイスランド王国

1918～44

1918年 デンマークとの同君連合の枠内でアイスランド王国として独立。アイスランド王国の国旗・国章制定。**国旗**は白い輪郭線を付けた赤いスカンディナヴィア十字を配した青旗。現在の国旗に比べ明るい青を使用。**国章**は国旗意匠

の盾型紋章で、国旗カラーの台の上の黄色く染められたサポーターは赤い杖を持った南東部の守護神である巨人、南西部の守護神雄牛、北東部の守護神ドラゴン、北西部の守護神大鳥、クレストに王国を表す王冠を配したもの。

1920〜44 国王旗

1920年 アイスランド王国の国王旗制定。国王旗は中央に黄色い王冠を被った白いハヤブサを配した青旗。

アイスランド共和国

1944〜

1944年 国民投票により、アイスランド共和国としてデンマークから完全独立。アイスランド共和国の国旗・国章制定。1918年に制定された国旗の青を修正し濃くした国旗で、青は国を取り囲む海、赤は活火山と溶岩、白は氷山と雪を表す。国章は1918年制定の国章から王冠を取り除き、守護神のドラゴンと雄牛をグレー、大鳥と巨人を白で彩色し、盾の台座を白いバホイホイ溶岩に替えたもの。
1946年 国連に加盟。
1949年 NATOに加盟。

アイルランド
Ireland

国旗比率　1：2

データ	
首都	ダブリン
面積	7.0万km²
	（北海道よりやや狭い）
人口	471万人
人口密度	68人/km²
公用語	アイルランド語、英語
通貨	ユーロ

イングランド王国領アイルランド

1171年 イングランド王国のヘンリ2世が侵入し、イングランドの支配下に入る。
1542年 イングランドのヘンリ8世が初めてアイルランド王の称号を名乗る。

1552〜1606 イングランド王国旗

1552年 イングランド王国領アイルランドで聖ジョージ旗使用。国旗の説明はイギリスの項参照。

イングランド・スコットランド同君連合領アイルランド

1606〜49 同君連合旗

1606年 イングランド王国とスコットランド王国が同君連合国となり、アイルランドは同君連合領となる。同君連合の国旗は1606年制定。イギリスの項参照。

1641 アイルランド民族旗

1641年 イングランドのピューリタン革命のさなか、アイルランドで反乱。アイルランド民族旗使用。民族旗は中央に黄色い天使の飾りの付いた堅琴（オニール・ハープ）を配した緑旗。

イングランド共和国領アイルランド

1649～51 域旗

1649年 ピューリタン革命でチャールズ1世処刑、共和国となる。革命の中心人物クロムウェルのアイルランド侵攻。反革命派の拠点であったアイルランドのカトリック教徒の土地が没収された。イングランド共和国領アイルランドの域旗制定。域旗はホイストにイングランド旗、フライに黄色いオニール・ハープを付けた青旗を配した旗。

1651～53 域旗

1651年 イングランド共和国領アイルランドの域旗変更。域旗は四分割旗で第一・第四クォーターにイングランド旗、第二・第三クォーターにスコットランド旗を配した旗。

1653～58 域旗

1653年 イングランド共和国領アイルランドの域旗変更。域旗は四分割旗で第一・第四クォーターにイングランド旗、第二クォーターにスコットランド旗、第三クォーターにアイルランドのオニール・ハープを付けた青旗、中央に前足を上げて立つ白いライオンのクロムウェル卿の黒い盾型紋章を配した旗。

1658～60 域旗

1658年 イングランド共和国領アイルランドの域旗変更。域旗は中央に黄色いオニール・ハープを入れた青い盾を配したイングランド・スコットランド同君連合国旗。

グレートブリテン領 連合王国

1660～1801 イングランド王国旗

1660年 イングランドで王制が復古する。国旗も復活。域旗から盾を取る。

1688年 イングランドで名誉革命。

1707年 イングランドとスコットランドが合同して、グレートブリテン王国が成立する。

1798年 アイルランドで反乱。すぐに鎮圧。

1801～1919

1801年 グレートブリテン王国がアイルランドを併合して、グレートブリテン及びアイルランド連合王国（イギリス）成立。イギリス領アイルランドでは国旗としてフライに黄色いオニール・ハープ、カントンにイギリス国旗を配した緑旗を使用。

アイルランド自由国／エール共和国

1919年 第1回アイルランド国民議会が独立を宣言し、独立戦争が始まる。

1922～37／1937～49

1922年 イギリス連邦の自治領に昇格。アイルランド自由国が成立するが、北部6州はイギリスの自治領にとどまる。国旗採用。国旗は緑白オレンジの縦三色旗を採用。

1937年 アイルランド憲法制定。エール共和国に改称。国旗制定。1922年採用の国旗を公式に国旗として制定した。緑はケルトの伝統、カトリック教徒、オレンジはオレンジ公ウィリアム支持者、プロテスタント、白は両者の融合、平和を表す。

1945～49

1945年 エール共和国の国章制定。国章は青い盾型紋章で、中に金色の竪琴を配したもの。

アイルランド反乱旗

1867～

1867年 イギリスに対するアイルランド反乱旗。反乱旗は、独立戦争を経てイギリスから独立したアメリカの星条旗の影響を受けた、32個の黄色い八角星を配した緑旗。

1916～

1916年 アイルランド義勇軍によるイースター蜂起勃発。反乱旗は白字とオレンジ字で「アイルランド共和国」と記した緑旗。

アイルランド共和国

1949～

1949年 完全独立の共和国に移行。イギリス連邦を離脱し、アイルランド共和国に改称。国旗・国章は継続使用。

1955年 国連に加盟。

1973年 ヨーロッパ共同体（現EU）に加盟。

1998年 北部6州で長年争っていたプロテスタント系とカトリック系武装組織アイルランド共和国軍が和平に合意。

アルバニア共和国
Republic of Albania

国旗比率 5:7

データ	
首都	ティラナ
面積	2.9万㎢
	（四国の1.5倍）
人口	290万人
人口密度	101人/㎢
公用語	アルバニア語
通貨	レク

オスマン帝国の支配

14世紀後半 オスマン帝国支配下に入る。

1841～44 オスマン帝国旗　**1844～1912**

（オスマン帝国旗の説明はトルコの項参照）

アルバニア国

1912～14

1912年 第1次バルカン戦争でオスマン帝国が敗れると、オスマン帝国からアルバニア国として独立。国旗制定。**国旗**は中央に白い六角星と黒い翼を広げた双頭の鷲を配した暗赤旗。

アルバニア公国

1914～20

1914年 ドイツからヴィルヘルム・ヴィート公を迎え、アルバニア公国が成立。アルバニア公国の国旗・国章制定。**国旗**は中央に国章を配した暗赤旗。**国章**は暗赤の盾型紋章で、中に白い五角星と翼を広げ両足で黄色い雷電をつかむ黒い双頭の鷲を配したもの。

1914年 第一次世界大戦の混乱の中で、ヴィルヘルム公が亡命し、無政府状態となる。

1920～25

1920年 アルバニア公国の国旗・国章変更。**国旗**は中央に国章を配した暗赤旗。**国章**は1914年国章の白い五角星と黄色い雷電を取り除いた翼を広げた黒い双頭の鷲。

アルバニア共和国

1925～28

1925年 アフメト・ベイ・ゾグが共和制への移行を宣言。アルバニア共和国が成立。**国旗**は中央に黒い双頭の鷲を配した暗赤旗。

アルバニア王国

1928～39

1928年 ゾグ大統領が憲法改正し、自ら国王になりアルバニア王国に改称。国旗・国章制定。**国旗**は中央に頭上に15世紀オスマン帝国軍を破ったアルバニアの英雄スカンデルベグの山羊の角を付けた戦闘用ヘルメットを被り、翼を広げた黒い双頭の鷲を配した赤旗。**国章**は赤い盾型紋章で、中に翼を広げた黒い双頭の鷲、背後に金色のスカンデルベグの戦闘用ヘルメットを載せた赤い位階服を配したもの。

イタリアの占領下

1939～43

1939年 ファシスト政権のイタリア軍がアルバニア全土に進駐し、イタリアに併合される。国王ゾグは国外亡命し、アルバニアとの同君連合の形でアルバニア国王にはイタリアのエマヌエーレ3世が即位。国旗・国章を変更。**国旗**は中央にイタリア王家のサヴォイ家の王冠を取った黒いシルエットの国章を配した赤旗。**国章**は赤い盾型紋章で、中に金色の15世紀のアルバニアの英雄スカンデルベグの戦闘用ヘルメットを被った黒い双頭の鷲、クレストにサヴォイ家の白十字赤盾の入った王冠、サポーターは古代ローマの執政官のシンボル束桿斧、底部のラテン語"FERT"は"Fotitudo Ejus Rodium Tulir"「ロードス島は彼により保たれり」という標語の頭文字でこれを黄字で記した青いリボンを配したもの。これは1300年にイスラム帝国よりロードス島を奪取したサヴォイ家アーマデオ4世の故事を表す。

アルバニア

ドイツ軍の占領下

1943〜44

1943年 第二次世界大戦中、イタリアが降伏すると、ドイツ軍がアルバニアに進駐。国旗変更。**国旗**はホイストに黄色いスカンデルベグの戦闘用ヘルメットを被り、翼を広げた黒い双頭の鷲を配した赤旗。

社会主義臨時政府

1944〜46

1944年 パルチザンとソ連の赤軍によってドイツ軍を破る。共産党を中心とする社会主義の臨時政府が成立する。国旗変更。**国旗**はカントンに黄色い鎌とハンマー、中央に翼を広げた戦闘用ヘルメットを被らない黒い双頭の鷲を配した赤旗。

アルバニア人民共和国
アルバニア社会主義人民共和国

1946〜76／1976〜91

1946年 王制を廃止して、社会主義体制となる。アルバニア人民共和国に改称。国旗・国章を制定。**国旗**は中央に社会主義を表す黄色い輪郭線の五角星、翼を広げた黒い双頭の鷲を配した赤旗。**国章**は社会主義国型紋章で、スカンデルベグの戦闘用ヘルメットを被らない黒い双頭の鷲、頭上に社会主義を表す黄色い輪郭線を付けた赤い五角星、周囲に小麦穂のリース、底部に第1回反ファシスト民族解放会議の開催日1944年5月24日が黄字で記された赤いリボンを配したもの。

1955年 国連に加盟。
1961年 中国とソ連の路線対立の中で、ソヴィエト連邦と国交断絶。
1968年 ワルシャワ条約機構を脱退。
1976年 アルバニア社会主義人民共和国に改称。
1990年 複数政党制を導入。
1991年 アルバニア共和国に改称。
1992年 初の非共産党政権が誕生。

アルバニア共和国

1992〜

1992年 アルバニア共和国の国旗・国章制定。**国旗**は1946年制定国旗の黄色い輪郭線の五角星を除いた旗。**国章**は1946年制定の国章から黄色い輪郭線を付けた赤い五角星と赤いリボンを除いたもの。

1992〜93

1993〜98

1993年 アルバニア共和国の国章変更。**国章**は赤い盾型紋章で、中に翼を広げた黒い双頭の鷲を配したもの。

1998〜2002

1998年 アルバニア共和国の**国章**変更。1993年制定国章のクレストに、金色のスカンデルベグの戦闘用ヘルメットを加えたもの。

2002〜

2002年 アルバニア共和国の国章変更。**国章**は黄色い縁取りをした赤い盾型紋章で、金色のスカンデルベグの山羊の角を付けた戦闘用ヘルメットを盾の中に入れ、鷲の頭上に配したもの。

2009年 北大西洋条約機構（NATO）に加盟。欧州連合（EU）に加盟申請。

アンドラ公国
Principality of Andorra

データ	
首都	アンドラ・ラ・ベリャ
面積	470km²（金沢市程度）
人口	7万人
人口密度	148人/km²
公用語	カタルニア語
通貨	ユーロ

国旗比率 7：10

アンドラ公国

819年 フランク王国からスペインのウルヘル司教の主権が割譲される。

1278年 ウルヘル司教とフランスのフォア伯爵が対等の封建領主権を有する宗主契約を締結。

1589年 フォア伯爵は権利をフランスに譲渡。

1607年 フランスのアンリ4世が、フランス王とウルヘル司教を共同大公とする勅令を出し、アンドラ公国が成立する。

1806～66

1806年 総評議会による変則的な共和制を導入。アンドラ公国の国旗制定。**国旗**は黄赤の縦二分割旗。

1866～1931

1866年 アンドラ公国の国旗変更、国章制定。**国旗**は青を加え青黄赤の縦三色旗。**国章**は盾型紋章で、チーフの白地にウルヘル司教を表す黄と赤の司教冠と黄色い司教杖、下部左はフランスのベアルン子爵家の紋章で、黄地に角と首にかけたカウベルと蹄は青く彩色された2頭の赤牛、下部右は共同元首であったフランスのフォア家の紋章で、黄地に3本の赤い縦縞、クレストに黄色い公爵冠、黄色い縁取りをした緑の盾飾りを配したもの。

1931～34

1931年 アンドラ公国の国旗・国章変更。**国旗**は青黄赤の横三色旗。**国章**は盾型紋章で、第一クォーターは白地に黄赤の司教冠、第二クォーターは黄地に3本の赤い縦縞、第三クォーターは赤地に黄色い司法杖、第四クォーターは黄地に2頭の赤牛、クレストに黄色い公爵冠、周囲に黄色の盾飾り、底部にラテン語で"VIRTUS UNITA FORTIOR"「団結は力」という標語を黒字で記した白いリボンを配したもの。

1931～39

1934～39

1934年 アンドラ公国の国旗変更。**国旗**は中央に王冠を配した青黄赤の横三色旗。

1939～96

1939年 アンドラ公国の国旗・国章変更。**国旗**は中央に国章を配した青黄赤の縦三色旗。**国章**は盾型紋章で、第一クォーターは青地に黄色の司教冠と司教杖、第二クォーターは黄地に赤い3本の縦縞、第三クォーターは黄地に赤い4本の縦縞、第四クォーターは赤地に2頭の黄牛、底部に黒字で記したラテン語で「団結は力」という標語、茶色の縁取りをした黄色い盾飾りを配したもの。

1970年 普通選挙制を導入。

1982年 立法と行政を分離、首相を選出。

1993年 新憲法を制定、議会制民主主義を採用したアンドラ公国として独立国家となる。国家元首はフランス大統領とウルヘル司教の共同元首。国連に加盟。

1996年 アンドラ公国の国旗・国章変更（現在に至る）。**国旗**は中央に国章を配した青黄赤の縦三色旗。青はフランス、赤はスペイン、黄はローマ・カトリックを表す。**国章**は盾型紋章で、第一クォーターは共同元首であるウルヘル司教を表す赤地に白と黄の司教冠と黄色い司教杖、第二クォーターは共同元首であったフランスのフォワ伯爵家の紋章から黄地に3本の赤い縦縞、第三クォーターはスペイン・カタルーニャ州紋章である黄地に4本の赤い縦縞、第四クォーターはフランスのベアルン子爵家の紋章で黄地に角、蹄、首にかけたカウベルを青く彩色した2頭の赤牛、ベージュの盾飾り、底部にラテン語"VIRTVS UNITA FORTIOR"「団結は力」という標語を茶色で記したもの。（冒頭の国旗と国章）

イギリス（グレートブリテン及び北アイルランド連合王国）

United Kingdom of Great Britain and Northern Ireland

国旗比率　1：2

データ	
首都	ロンドン
面積	24.2万km²
	（日本の3分の2）
人口	6511万人
人口密度	269人/km²
公用語	英語
通貨	スターリング・ポンド

ノルマン征服から市民革命まで

イングランド王国

1066年 ノルマンディ公ウィリアムがイングランドを征服、ウィリアム1世として即位し、ノルマン朝を建てる。
1154年 ヘンリ2世が即位し、プランタジネット朝成立。
1215年 王権を制限するマグナ・カルタ発布。

1277〜1606

1277年 イングランド王国が聖ジョージ旗を使用。**国旗**は中央に赤十字を配した白旗。

1284年 イングランドがウェールズを併合。
1339年 フランスとの百年戦争が始まる。1453年の終結までに、大陸にあった領土をほとんど失う。

イングランド・スコットランド同君連合

1603年 エリザベス1世が没し、スコットランド王がイングランド王ジェームズ1世となり、イングランドとスコットランドの同君連合を形成する。

1606〜49

1606年 イングランド・スコットランド同君連合の国旗制定。**国旗**はイングランドの聖ジョージ旗とスコットランドの聖アンドリュース旗を組み合わせたユニオン・フラッグ旗。

イングランド共和国

1640年 ピューリタン革命が起こる。クロムウェル率いる議会派が長老派を追放する。

1649〜51

1649年 チャールズ1世を処刑し、共和制となる。クロムウェルがアイルランドを攻略。イングランド共和国の国旗制定。**国旗**はホイストに白地に赤十字のイングランド旗、フライに青地に黄色の天使付き竪琴のアイルランド旗の組合せ。

1651〜53

1651年 イングランド共和国の国旗変更。**国旗**は四分割旗で第一・第四クォーターにイングランド旗、第二・第三クォーターにスコットランド旗を配したもの。

1653〜58

1653年 イングランド共和国の国旗変更。国章制定。**国旗**は四分割旗で第一・第四クォーターにイングランド旗、第二クォーターにスコットランド旗、第三クォーターにアイルランド青旗、中央にクロムウェル家紋章で白い立ち上がったライオンを描いた黒い盾を配した旗。**国章**は国旗デザインの盾型紋

1953〜60

章で、クレストに金色兜、黒白の兜飾り、王冠、その上に王冠を被ったライオン、サポーターは王冠を被ったライオンと翼を付けた赤い龍（ワイヴァーン）、底部にラテン語で"PAX QUAERITUR BELLO"「平和、問題、戦争」と黒字で記した白い標語リボンを配したもの。

1658〜60

1658年 イングランド共和国の国旗変更。**国旗**は中央に黄色い天使付き竪琴を入れた青い盾を配したユニオン・フラッグ旗。

王政復古から現代まで

イングランド王国

1660〜1707

1660年 クロムウェルの死後、王政復古。イングランド王国の**国旗**はユニオン・フラッグが復活。復活

1660〜89

したステュアート朝の紋章を制定。紋章は四分割盾型紋章で、第一クォーターがさらに四分割され、第一・第四クォーターはブルボン朝を表す青地に3個の黄色いユリ、第二・第三クォーターはイングランドを表す赤地に3頭の黄色いライオン。第二クォーターはスコットランドを表す黄地に立ち上がる赤いライオン、第三クォーターはアイルランドを表す青地に黄色い竪琴、第四クォーターは第一クォーターと同じ模様。クレストに兜と王冠の上に王冠を被った黄色いライオン、サポーターはイングランドを表す王冠を被った黄色いライオンとスコットランドを表す鎖につながれた白いユニコーン、黄色い台座にイングランドのバラとスコットランドのアザミ、アイルランドのクローバー、盾の周りにフランス語 "HONI SOIT QUI MAL Y PENSE"「悪意を抱く者に災いあれ」という標語を黄字で記した、1348年にエドワード3世により創始された青いガーター勲章とフランス語 "DIEV ET MON DROIT"「神とわが権利」という標語を配したもの。

1688年 名誉革命勃発。国王を廃し、オランダから新国王を迎える。

1689〜94

1689年「権利の章典」を発布。立憲君主国となる。イングランド王国の王室紋章変更。紋章は1660年制定紋章の四分割盾にある第一・第二クォーターと第三・第四クォーターの意匠をそれぞれ合体させて第一・第二クォーターと第三・第四クォーターに連ねて配し、第一・第三クォーターの境に旧国王の娘メアリ女王の夫ウィリアム3世のナッソー家家紋である立ち上がる黄色いライオンを入れた青い盾を配したもの。

1694〜1702

1694年 イングランド王国の王室紋章変更。メアリ女王の死後、ウィリアム3世は紋章を1660年制定の紋章盾の意匠に戻し、盾の中央にナッソー家の家紋を置いた。青いガーター勲章底部の標語をフランス語 "JE MAIN TIENDRAI"「我は擁護する」というオランダ王国国章と同じ標語に替えたもの。

1702〜07

1702年 イングランド王国の王室紋章変更。紋章はステュアート朝ウィリアム3世の死後、ナッソー家家紋を取り除き、1660年制定紋章盾を復活させ、青いガーター勲章底部のオランダ国章と同じ標語をラテン語 "SEMPER EADEM"「常に変わらぬもの」という標語に替えたもの。

グレートブリテン王国

1707〜1801

1707年 ステュアート朝アン女王（在位1702〜14）の治世中、イングランド王国とスコットランド王国が合同して、グレートブリテン王国が成立。国旗は1660年制定のものを継続使用（1801年まで）。グレートブリテン王国の王室紋章制定。紋章はイングランド王国とスコットランド王国の合体を表し、盾の第一・第四クォーターに赤い地に3頭の黄色いライオンのイングランド紋章と黄地に立ち上がる赤いライオンのスコットランド紋章を組み合わせ、第二クォーターは青地に黄色ユリ三花弁のフランス・ブルボン朝紋章、第三クォーターは青地に黄色竪琴のアイルランド紋章を配したもの。

1707〜14

1714〜1801

1714年 ハノーヴァー朝に替わり、ジョージ1世（1714〜27）治世に王室紋章変更。ジョージ2世（1727〜60）継続使用。ジョージ3世（1760〜1801）継続使用。紋章はアン女王死後、王になったジョージ1世の出身地ドイツ・ハノーヴァーの紋章である赤地に白馬、黄地に青ライオンと11個の赤いハート、赤地に黄色い神聖ローマ帝国皇帝冠を盾の第四クォーターに、底部の標語をフランス語 "DIEU ET MON DROIT"「神とわが権利」に替え、水色のリボンに配したもの。

グレートブリテン及びアイルランド連合王国

1801〜1922

1801年 アイルランドを併合して、グレートブリテン及びアイルランド連合王国が成立。国旗・王室紋章を制定。国旗はイングランドの聖ジョージ旗、スコットランドの聖アンドリュース旗、アイルランドの聖パトリック旗を組み合わせた旗。国王ジョージ3世によって制定された王室紋章は、革命により共和国になったフランスの旧ブルボン朝の紋章を取り除き、第一・第四クォーターはイングランド紋章、第二クォーターはスコットランド紋章、第三クォーターはアイルランド紋章、中央に王冠を付けたハノーヴァー盾型紋章を配したもの。ハノーヴァー朝のジョージ3世（1801〜20）治世中に制定。ジョージ4世（1820〜30）継続使用。ウィリアム4世（1830〜37）継続使用。

1801〜37

1837〜1922

1837年 ヴィクトリア女王（1837〜1901）となり、王室紋章を変更。紋章は、王室紋章からハノーヴァー盾型紋章を取り除いた。

1901年 サクス＝コバーグ＝ゴータ朝成立。エドワード7世（1901〜10）継続使用。ジョージ5世（1910〜17）継続使用。

1917年 ウィンザー朝成立。ジョージ5世（1917〜36）継続使用。

グレートブリテン及び北アイルランド連合王国

1922〜

1922〜52

1922年 アイルランドの大部分が独立したため、グレートブリテン及び北アイルランド連合王国に改称。ウィンザー朝エドワード8世(1936)が継続使用。ジョージ6世(1936〜52)も継続使用。**国旗**は現在まで。**紋章**は1952年まで。

1931年 海外植民地とイギリス連邦を形成。
1945年 国連に加盟。

1952〜

1952年 グレートブリテン及び北アイルランド連合王国の王室紋章を変更。**紋章**は、王室紋章の盾第三クォーターのアイルランド紋章の竪琴から天使が除かれ、フランス語標語が水色リボンから白いリボンに記すよう替えたもの。エリザベス2世による。

1973年 ヨーロッパ共同体(現EU)に加盟。
2016年 国民投票の結果、イギリスはEUからの離脱を決定。

2014 スコットランド

2014年 9月、スコットランドでイギリスからの分離独立を問う住民投票が行われた。独立した場合は国旗として**聖アンドリュース旗**が使われる予定だったが、55％の反対票により否決された。

イタリア共和国
Italian Republic

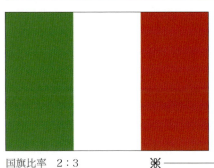

国旗比率 2：3

データ	
首都	ローマ
面積	30.2万km²
	(日本の5分の4)
人口	5980万人
人口密度	198人/km²
公用語	イタリア語
通貨	ユーロ

ローマ帝国〜18世紀初め

B.C.753〜A.D.476 軍団旗

B.C.753年 ローマ建設の伝説年。ローマ**軍団旗**は、槍先に横棒を付け、そこに赤い正方形の布を垂らし、その上に軍団シンボルの金属製鷲などを配し、ヴェキシラムと呼ばれる。西洋ではこれが旗の起源と考えられており、旗章学 vexillology という語の元になった。植物リースの中に記された SPQR はラテン語の Senatus Populusque Romanus「元老院とローマ人民」、すなわちローマ帝国主権者の意味。

B.C.27年 ローマが帝制となる。
395年 ローマ帝国が東西に分裂。
476年 西ローマ帝国が滅亡。
14〜15世紀 ルネサンス、文化が興隆。
1494年 フランス王がイタリアに侵入、神聖ローマ皇帝と争うイタリア戦争開始(〜1559)。フランスはイタリアから手を引くことで終結。イタリアのルネサンスは荒廃。
1714年 スペイン継承戦争後、オーストリアのハプスブルク家がイタリアの支配勢力となる。
1720年 サルデーニャ王国が成立する。

ナポレオン時代とサルデーニャ王国

チスパダーナ共和国

1796〜97

1796年 ナポレオンが北イタリアに侵攻。オーストリア支配下のモデナ、ボローニャ、フェラーラ、レッジョ・エミーリアの4州は結集し、親フランスのチ

スパダーナ共和国を樹立。首都はボローニャ。国旗制定。**国旗**は中央に4州を表す4本の矢を入れた矢筒、交差した武器、国旗、国名頭文字RC、太鼓、勝利を表す月桂樹の枝のリースを配した赤白緑の横三色旗でフランス国旗をモデルとした旗。

トランスパダーナ共和国
1796～97

1796年 ナポレオンは、ミラノ公国を廃しトランスパダーナ共和国を樹立。トランスパダーナ共和国の首都はミラノ。トランスパダーナ共和国の国旗制定。**国旗**はフランス国旗をモデルに緑白赤の縦三色旗。

チザルピーナ共和国
1797～1802

1797年 チスパダーナとトランスパダーナを統合し、首都をミラノとするチザルピーナ共和国成立。国旗制定。**国旗**は緑白赤の正方形旗。

イタリア共和国
1802～05

1802年 チザルピーナ共和国はナポレオンを大統領としイタリア共和国に改称。国旗制定。**国旗**は白い正方形中に緑の正方形を配した赤旗。

イタリア王国
1805～14

1805年 フランス第一帝政の成立に伴い、ナポレオンを国王とするイタリア王国へ移行。イタリア王国の**国旗**は、共和国国旗の緑の四角の中に金色のナポレオンのシンボルである鷲と足元に雷電を配した旗。

1814年 ナポレオン退位でイタリア王国消滅。

サルデーニャ王国
1814～16

1814年 サルデーニャ王国は、ナポレオン没落後ジェノヴァを併合し強大化。国旗制定。首都はトリノ（ピエモンテ州）。**国旗**は白十字で四分割したカントンを持つ青旗で、カントンの第一クォーターは白地赤十字とムーア人の頭4個、第二・第三クォーターは赤地、第四クォーターは白地に赤十字を配した旗。

1816～48

1816年 サルデーニャ王国の国旗変更。**国旗**は赤いカントンに白い輪郭線を持った赤十字を二重に配した青旗。ちなみにサッカーなどイタリアのナショナル・チームのユニフォームが青いのはこの国旗が起源の由。

1848～61

1848年 サルデーニャ王国の国旗変更。国章制定。**国旗**は中央にサヴォイ家紋章である白十字を配した青い縁取りをした赤い盾を入れた緑白赤の縦三色旗。**国章**は赤い盾型紋章で、サヴォイ家の白十字紋章、クレストに王冠、周囲に聖マリア勲章、背後に交差した4本の王冠付きの政府旗を配したもの。

マルタ騎士団
1834～

1834年 12世紀の十字軍時代に発祥した聖ヨハネ騎士団を起源とするマルタ騎士団は、ロードス島、マルタ島の領土を失いローマに本拠地を移した。国土を持たない主権実体として現在104カ国と外交関係を持ち、1994年には国連オブザーバーの出席資格を得ている。**国旗**は中央に白い十字を配した赤旗で、このデザインは第一・第四クォーターに赤地白十字、第二・第三クォーターに白い綿花の花を配した聖ヨハネの個人盾型紋章に由来する。**国章**は盾型紋章で、中央に白十字を配した赤い楕円、背後に白いマルタ十字、4本の国旗、周りにマルタ騎士団長勲章、冠を付けた位階服を配したもの。

イタリア統一前の諸国

ルッカ公国
1847

1847年 ルッカ公国の国旗制定。首都はルッカ（トスカーナ州）。**国旗**は黄赤の横二色旗。

ヴェネチア共和国
1849

1849年 ヴェネチア共和国の国旗制定。首都はヴェネチア（ヴェネト州）。**国旗**は国旗カラーのボーダーを付け剣を持った聖マルコのライオンを描いた白いカントンを配した緑白赤の縦三色旗。

モデナ公国
1859

1859年 モデナ公国の国旗制定。首都はモデナ（エミリア・ロマーニャ州）。**国旗**は中央に青白青の縦ストライプを配した赤白赤の横三分割旗。

イタリア

パルマ公国

1859

1859年 パルマ公国の国旗制定。首都はパルマ（エミリア・ロマーニャ州）。**国旗**は赤いボーダーを付けた黄青の放射八分割旗。

トスカーナ大公国

1860

1860年 トスカーナ大公国の国旗制定。首都はフィレンツェ（トスカーナ州）。**国旗**は王冠を被った黄色い盾型紋章と4本の国旗を配した緑白赤の縦三色旗。盾の中はオーストリア帝国を表す赤白赤の横縞、メディチ家を表す6個の赤丸と3個のユリを入れた青い円、エルバ公国を表す黄色い3匹の蜂を描いた赤帯を配したもの。

両シチリア王国

1860～61

1860年 両シチリア王国の国旗制定。首都はナポリ（カンパニア州）。**国旗**は、中央に王冠を付けた国章を配した緑白赤の縦三色旗。

1861

1861年 両シチリア王国の国旗変更。**国旗**はホイスト寄りに同国を支配していたブルボン朝スペイン王国の領土を表すシンボルを付けた複雑な国章を配した白旗。赤地に黄城と白地に赤ライオンはカスティリャ・レオン王国、黄赤の8本縦縞はアラゴン王国、黄赤の6本縦縞と2羽の黒鷲は両シチリア王国、赤白赤の横縞はオーストリア大公国、青地に9個のユリはアンジュー家ナポリ王国、青地に3個のユリはブルボン家、黄青斜縞と黒ライオンはフランドル伯領、黄青斜縞と8個の青ユリはブルゴーニュ公国、黒地黄ライオンはブラバント公国、白地赤鷲はチロル伯領、白地黒ザクロはグレナダ王国、白地金イェルサレム十字はイェルサレム王国、7城、5玉の赤白盾はポルトガル王国、3個のユリの入った青円と5個の赤玉はメディチ家、黄地に6個の青いユリはファルネーゼ家、盾の周りに向かって左から聖霊最高勲章、聖フェルナンド勲章、聖ヤヌアリス勲章、金羊毛勲章、聖ジョージ・コンスタンチン勲章、聖ジョージ・レユニオン勲章を配したもの。

1859～70年 イタリア統一戦争
小国分立のイタリアの統一を阻害していたオーストリアに、サルデーニャ王国が主導して統一戦争を展開。各地を併合し、1870年に教皇領を占領して終結した。

統一イタリア

イタリア王国

1861～1943 **1861～70**

1861年 サルデーニャ王国のヴィットーリオ・エマヌエーレ2世のもとでイタリア王国が成立。**国旗・国章**は1848年制定のサルデーニャ王国の国旗・国章を継続使用。国旗の赤と白はサヴォイ家の紋章の色、緑は祖国統一の大事業を祈る希望の色。また緑は国土の美観、白は平和を慕う正義の精神、赤は独立のために流した愛国の熱血を表す。国章は盾型紋章。

1870～90

1870年 イタリアの統一が完成。イタリア王国の国章変更。**国章**は盾型紋章で、クレストに王冠と兜を付けたサヴォイ家の白十字を入れた赤い盾、サポーターは国旗を持った2頭のライオン、盾の周りに聖マリア勲章、聖モーリシャス・ラサロ勲章、イタリア冠勲章、サヴォイ軍務勲章、背後にグレーの五角星の付いた青白の天幕を配したもの。

1890～1929

1890年 イタリア王国の国章変更。**国章**は1870年制定の国章にあった兜に付いた王冠を天幕トップに付け、さらにその上にサヴォイ家盾紋章意匠のペナントと青いリボン、金色の鷲で飾り、クレストには替りにロンバルディアのシンボルである金色の翼のあるライオンの頭、天幕にはサヴォイ家の白十字とバラの花を配したもの。
1915年 第一次世界大戦では連合国側に加わりオーストリア＝ハンガリー帝国に宣戦布告。
1922年 ムッソリーニがファシスト党を率いてローマに進軍、国王の指示で政権を獲得。

1929～43

1929年 イタリア王国の国章変更。**国章**は赤い盾型紋章で、中にサヴォイ家の白十字、周囲に聖マリア勲章、クレストに王冠、背後に2本の束桿斧、底部にラテン語"FERT"は"Fotitudo Ejus Rodium Tulir"「ロードス島は彼により保たれり」という標語の頭文字を黄字で記した青いリボンを配したもの。これは1300年にイスラム帝国よりロードス島を奪取したサヴォイ家アーマデオ4世の故事を表す。
1937年 日独伊三国防共協定を締結。
1940年 第二次世界大戦（1939～45）で、イギリス、フランスに宣戦布告。

イタリア社会共和国

1943～45

1943年 ムッソリーニ政権が崩壊。イタリアが降伏したため、ナチス・ドイツが北部中部を占領し、ムッソリーニが第二のファシズム政権としてイタリア社会共和国（サロ共和国）を樹立。国旗・国章制定。**国旗**は中央に束桿斧を足でつかんで翼を広げた鷲を配する緑白赤の縦三色旗。**国章**は国旗カラーの盾型紋章で中央に束桿斧、クレストに翼を広げた鷲を配したもの。

イタリア／ヴァチカン

イタリア王国

1945～46

1945年 パルチザンによりムッソリーニが処刑される。イタリア社会共和国消滅。イタリア王国復活。以前の**国旗・国章**が復活。

イタリア共和国

1946～

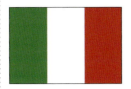

1946年 国民投票より王制を廃止。イタリア共和国が成立する。国旗制定。**国旗**は緑白赤の縦三色旗。緑は美しい国土、白は雪、赤は熱血を表す。

1948～

1948年 イタリア共和国の国章制定。**国章**は中央に国家を表す赤い縁取りの付いた白い五角星、労働を表すグレーの歯車、周囲に力と平和を表す樫の葉とオリーブの枝のリース、底部にイタリア語白字で国名を記した赤いリボンを配したもの。
1955年 国連に加盟。
1967年 ヨーロッパ共同体（現EU）に加盟。

ヴァチカン市国
State of the City of Vatican

データ	
首都	ヴァチカン
面積	0.44㎢ （東京ドーム面積の10倍）
人口	801人
人口密度	1821人/㎢
公用語	ラテン語、外交用はフランス語、業務用はイタリア語
通貨	ユーロ

国旗比率 1：1

ローマ教皇領

756年 フランク王国のピピン王がローマ周辺の領地を教皇に献上。「ピピンの寄進」と呼ばれ、以後の教皇領の基礎となる。

1316～1670

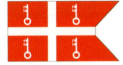

1316年 教皇領旗を制定。**教皇領旗**は、中央に白十字、四隅に4個の白い鍵を配した赤い燕尾旗。

1670～1770

1670年 教皇領旗を変更。**教皇領旗**は、十字架に磔になったイエスと聖ペトロ、聖パウロを描いた赤い正方形旗。

1770～97

1770年 教皇領旗を変更。**教皇領旗**は赤黄の縦二色旗。

1797～98 チザルピーナ共和国旗

1797年 フランス軍の侵攻により、チザルピーナ共和国領土となる。チザルピーナ共和国の**国旗**は、緑白赤の縦三色正方形旗。

1798～1800 ローマ共和国旗

1798年 フランスにより樹立されたローマ共和国の領土となる。ローマ共和国の**国旗**は黒白赤の縦三色旗。

1800～08

1800年 教皇領が復活する。**教皇領旗**は中央に交差した金銀の鍵と教皇冠を配した白旗。

1808～14 フランス帝国旗

1808年 ヨーロッパ諸国の対フランス戦争中、フランスがローマを占領し、教皇領は再びフランス帝国領となる。国旗もフランス帝国国旗を使用。

1814～25

1814年 ナポレオン体制が崩壊し、教皇領が復活。1800年制定の**教皇領旗**が復活。

1825～70

1825年 教皇領旗を変更。新しい**教皇領旗**は、フライに交差した金銀の鍵と教皇冠を配した黄白の縦二色旗。

1870～1929 イタリア王国旗

1870年 イタリア統一を進めるイタリア王国軍が教皇領に侵攻し、ローマを占領、統一完成。教皇領消滅。イタリア王国旗を使用。

ヴァチカン市国

1929～

1929年 イタリア王国のムッソリーニ政府とローマ教皇庁がラテラノ条約を締結し、独立主権国家としてのヴァチカン市国が成立。国旗・国章制定。**国旗**はフライに交差した金銀の鍵と、教皇冠を配した黄白の縦二色正方形旗。これら2色は十字軍遠征時代のイェルサレム王国の銀色の盾に金色の十字の紋章に由来する。**国章**は赤い盾型紋章で、赤い房の付いた交差した金銀の鍵と教皇冠を配したもの。金銀のペテロの鍵は使徒ペテロがイエスから授かったキリスト代理人の印で、聖俗両面にわたる教皇の力を表す。3段の教皇冠は立法、司法、行政の3つの権力を表す。

ウクライナ
Ukraine

データ	
首都	キエフ
面積	60.4万km²
	(日本の1.6倍)
人口	4462万人
人口密度	74人/km²
公用語	ウクライナ語
通貨	フリヴニャ

国旗比率 2：3

大公国時代からロシア領時代まで

9世紀 ノヴゴロドのオレーグがキエフを占領してキエフ公国を建国。

ガーリチ・ヴォルイニ公国

1199～1349

1199年 西ウクライナにガーリチ・ヴォルイニ公国が成立。国旗・国章制定。**国旗**は中央に立ち上がった黄色いライオンを配したフライ上部に三角形が付いた青旗。**国章**は国旗意匠を配した青い盾型紋章。

1240年 モンゴルのバトゥがキエフを占領。キプチャク・ハン国がウクライナ地方を支配する。

ポーランド王国領ウクライナ

1349～1569

1349年 ポーランドがウクライナ西部のガリツィアを占領。ポーランド王国領ウクライナ旗を使用。**旗**は中央に黄色い王冠を被り翼を広げたポーランド白鷲を配したフライ上部に三角形を付けた赤旗。

ウクライナ

リトアニア大公国領ウクライナ
1362〜1569

1362年 リトアニアがキエフを占領。リトアニア大公国領ウクライナ旗を使用。旗は中央に白馬にまたがり青い盾を持って剣を振り上げる騎士を配したフライ上部に三角形を付けた赤旗。

ポーランド・リトアニア連合国領ウクライナ
1569〜1795

1569年 ポーランド・リトアニア連合国成立。ポーランドがウクライナ全土を支配する。国旗は中央に赤い盾型紋章と王冠、金羊毛騎士団勲章を配した赤白赤の横二重燕尾旗。四分割盾の第一・第四クォーターは赤地に白鷲のポーランド国章、第二・第三クォーターは赤地に騎士のリトアニア国章、中央に1558年のリヴォニア戦争を機にポーランド王家と婚姻関係を持ったスウェーデンのヴァーサ王家を表す3個の黄色い王冠、ライオン、壺を配した青い盾を配したもの。

ロシア帝国領ウクライナ
1795〜1858　ロシア帝国旗　1858〜1914

1914〜17

1795年 第3次ポーランド分割でロシア帝国領となる。1917年までロシア国旗を使用。
1853〜56年 クリミア戦争でロシアはイギリス・フランスに敗れる。
1914年 第一次世界大戦勃発。
1917年 大戦末期にロシアで革命が起こり、2月に帝制が倒れる。

内戦から社会主義体制へ

ウクライナ人民共和国
1917〜21

1917年 ロシア革命後、旧ロシア帝国領ウクライナにウクライナ人民共和国成立。ドイツ軍の協力を得てボリシェヴィキ派と戦いウクライナ独立をめざす。国旗・国章制定。国旗は黄青の横二色旗。国章は青い円形紋章で、中に10世紀のキエフ大公ウラジミール1世の紋章の黄色い三叉鉾と周囲に装飾模様を配したもの。

ウクライナ・ソヴィエト共和国
1917〜18

1917年 ウクライナ人民共和国に対抗し、ボリシェヴィキ派の受け皿として、ウクライナ・ソヴィエト共和国が成立。国旗制定。国旗は黄青の横縞をカントンに配した赤旗。

ウクライナ国
1918.4〜12

1918年 ドイツの軍事力を背景に、4月、反社会主義のコサックを中心にウクライナ国が成立するが、12月、ドイツ軍の敗退とともに消滅。国旗・国章制定。国旗は青黄の横二色旗。国章は青い八角形紋章で、中に黄色い服を着て黄色い帽子を被り、銃を肩にかけ、剣を腰に下げたサポロージャ・コサック兵士、周囲に白赤の装飾模様、上部に黄色い三叉鉾を配す。

西ウクライナ人民共和国
1918〜19

ヘーチマン国
1648〜1764

1648年 ザポロージャ・コサックの長老ヘーチマンによりヘーチマン国が成立。ヘーチマン国の首都はチヒルィーン（チェルカースィ州）。国旗・国章制定。国旗は中央に国章、武器、交差した旗を配し、黄色いボーダーを付けた青い逆台形旗。国章は青い盾型紋章で、中に銃を肩に担ぎ、剣を腰に下げたサポロージャ・コサック兵を配したもの。
1764年 ヘーチマン国消滅。

1918年 第一次世界大戦敗北によるオーストリア＝ハンガリー帝国の解体に伴い、西ウクライナのガリツィア地方で西ウクライナ人民共和国が成立。首都はリヴィウ（西部リヴィウ州）。国旗・国章制定。国旗は青黄の横二色旗。国章は青い盾型紋章で、中に黄色い冠を被り岩山に手をかける黄ライオン、周囲にベージュの盾飾り、上部に黄色い三叉鉾を入れた黄色い縁取りを持つ青い盾を配したもの。

ウクライナ社会主義ソヴィエト共和国
1919〜29

1919年 ポーランド軍がガリツィア地方に侵入、西ウクライナ人民共和国消滅。ウクライナ地方を奪還したロシア赤軍の支援を受け、ウクライナ社会主義ソヴィエト共和国が成立。国旗制定。国旗はカントンにウクライナ語黄字で国名略号Y.C.C.P.を配した赤旗。
1920年 西ウクライナの領有をめぐりポーランド・ソヴィエト戦争が勃発。
1921年 リガ条約により、西ウクライナのポーランド支配が確定。
1922年 ウクライナ社会主義ソヴィエト共和国が、ロシア、白ロシア、ザカフカースの3共和国とともにソヴィエト連邦を形成する。

ウクライナ

1923～37

1923年 ウクライナ社会主義ソヴィエト共和国の国章制定。**国章**は社会主義国型紋章で、赤地に黄色い鎌とハンマー、黄色い昇る太陽、ウクライナ語の新国名略号 Y.C.P.P.、小麦穂のリース、向かって左にウクライナ語で、右にロシア語で「万国の労働者、団結せよ」という標語を黒字で記した白いリボンを配したもの。従来の国名のロシア語ソヴィエトCをウクライナ語ラーダPに替えたもの。

1929～37

1929年 ウクライナ社会主義ソヴィエト共和国国旗変更。**国旗**はカントンに黄字で新しい国名略号 Y.C.P.P. を配した赤旗。

ウクライナ・ソヴィエト社会主義共和国

1937～41／1945～49

1937年 ウクライナ・ソヴィエト社会主義共和国に改称。国旗・国章変更。**国旗**はカントンに黄色い鎌とハンマー、黄字で新しい国名略号 YPCP を配した赤旗。**国章**は社会主義国型紋章で、赤い盾の中に黄色い鎌とハンマー、黄色い昇る太陽、白字で新しい国名略号 YPCP を入れ、小麦穂のリース、ウクライナ語白字で「万国の労働者、団結せよ」という標語を記した赤いリボンを配したもの。

1939年 第二次世界大戦勃発。

1941～44 ナチス・ドイツ国旗

1941年 ドイツ軍がウクライナ占領。

1945年 ドイツ敗戦。国旗・国章は1937年制定のものが復活。

1945年 白ロシア・ソヴィエト社会主義共和国とともに国連加盟。

1949～91

1949年 ウクライナ・ソヴィエト社会主義共和国の国旗・国章変更。**国旗**はカントンに黄色い輪郭線の五角星と鎌とハンマー、底部に水色の横帯を配した赤旗。赤は国民の団結、ウクライナの伝統色でもある水色はウクライナ人とロシア人の団結を表す。**国章**は赤い盾型紋章で、中に黄色い鎌とハンマー、昇る太陽、盾の上に社会主義を表す赤い五角星、周囲に黄色い小麦穂のリース、向かって左にウクライナ語、右にロシア語で「万国の労働者、団結せよ」という標語と中央に国名略語を黄字で記した赤いリボンを配したもの。

1954年 クリミアをロシア・ソヴィエト連邦社会主義共和国よりウクライナ・ソヴィエト社会主義共和国に編入。

1986年 チェルノブイリ原発事故発生。

ソ連崩壊以後

ウクライナ

1991年 ソヴィエト連邦の解体に伴い、ウクライナとして独立。

1992～

1992年 ウクライナの国旗・国章制定。**国旗**は青黄の横二色旗。青は空、黄は小麦を表す。**国章**は黄色い縁取りのある青い盾型紋章で、中に黄色い三叉鉾を配したもの。三叉鉾はギリシャ神話に登場する海神ポセイドンの武器で権力の象徴、歴代のウクライナ王朝で使われてきたもの。

2004年 大統領選挙で親ロシア派と反ロシア派が激突（オレンジ革命）、反ロシア派が勝利。

東ウクライナ紛争

2014年 東ウクライナ紛争が発生。3月、ロシアおよび親ロシア派はクリミア自治共和国をクリミア共和国として、同じくクリミア半島南西部にある黒海に面した特別都市セヴァストポリをロシア連邦に編入し、実効支配を続けている。4月に、親ロシア派がドネツク人民共和国、ルガンスク人民共和国の一方的な独立を宣言し、5月に両国でノヴォロシア人民共和国連邦を結成。

2014～　クリミア共和国

クリミア共和国の首都はシンフェロポリ。**国旗**はロシア国旗と同じ色を使い、青白赤の横三色旗。青は未来、白は現在、赤は痛ましい過去を表す。**国章**は赤い盾型紋章で、手に真珠貝を持った鷲とライオンを合体させた空想上の動物である白いグリフィン、盾の背後に黄色い太陽、サポーターは2本の大理石の柱、ロシア語で「団結による繁栄」という標語を黒字で記した国旗カラーのリボンを2本の柱の間に配したもの。

2014～　セヴァストポリ特別市

セヴァストポリ特別**市旗**は中央に白地に軍功を讃える金星勲章、青地に遭難船記念碑、黄色い月桂樹の枝を描いた盾を配した赤旗。

2014～　ドネツク人民共和国

国旗は中央に盾と剣を持つ守護聖人ミハイルを描いた赤い盾を胸に付けた白い双頭の鷲、上下の縞にロシア語国名を配した黒青赤の横三色旗。

2014～　ルガンスク人民共和国

国旗は中央に炎を上げる工場煙突と黒いハンマーを描いた黄色い盾、交差したツルハシを付けた黄色い双頭の鷲、上下にロシア語国名を配した水色青赤の横三色旗。

2014～　ノヴォロシア人民共和国連邦

連邦旗は白黄黒の横三色旗で1858年制定のロシア帝国国旗を逆さまにした旗。

エストニア共和国
Republic of Estonia

データ	
首都	タリン
面積	4.5万㎢
	（日本の9分の1）
人口	131万人
人口密度	29人/㎢
公用語	エストニア語
通貨	ユーロ

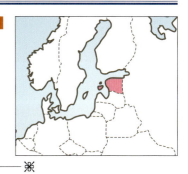

国旗比率　7：11

13世紀 ドイツ騎士団が入植し、デンマークの協力で支配する。
17世紀 デンマークを破ったスウェーデンに編入される。

ロシア帝国領エストニア

1721～1858 ロシア帝国旗　1858～1914

1914～18

1721年 北方戦争でスウェーデンがロシアに敗れ、エストニアはロシア帝国領となる。
1917年 ロシア革命が勃発すると、独立を宣言する。

エストニア共和国

1918～40

1918年 ロシア革命によりロシア帝国が倒れたのち、第一次世界大戦中にドイツ軍の援助でソヴィエト勢力を排除し、エストニア共和国として独立。国旗・国章制定。**国旗**は青黒白の横三色旗。**国章**は金色の盾型紋章で、中に前足を上げた3頭の青いライオン、周囲に樫の葉のリースを配したもの。
1920年 ソヴィエト連邦と和解、ソヴィエト連邦は独立を認める。

エストニア・ソヴィエト社会主義共和国

1940～41 ソヴィエト連邦国旗

1940年 親独、反共政策の政府に、ソヴィエト連邦が軍隊を送りこみ、議会決議を経て、6月、ソヴィエト連邦に併合。ソヴィエト連邦軍占領下の旗は黄色い鎌とハンマー、五角星を配す赤旗。

1940～41／1944～53

1940年 8月、エストニア・ソヴィエト社会主義共和国が成立。国旗・国章制定。**国旗**はカントンに黄色い鎌とハンマー、黄字でエストニア語国名略号を配した赤旗。**国章**は社会主義国型紋章で、社会主義を表す黄色い輪郭線を持つ赤い五角星、黄色い鎌とハンマー、昇る太陽、小

1940～41／1944～90

麦穂とモミの枝のリース、エストニア語国名略号、向かって左にエストニア語、右にロシア語で「万国の労働者、団結せよ」という標語を白字で記した赤いリボンを配したもの。

1941～44 ナチス・ドイツ国旗

1941年 第二次世界大戦で、ドイツ軍により占領される。
1944年 ソヴィエト軍がドイツ軍を掃討。

1953～90

1953年 エストニア・ソヴィエト社会主義共和国の国旗変更。**国旗**は、カントンに社会主義を表す黄色い鎌とハンマー、黄色い輪郭線の五角星、下部に白青白青の波線を配した赤旗。

エストニア共和国

1990～

1990年 エストニアのほかラトヴィア、リトアニアのバルト3国が主権回復を宣言。エストニア共和国の国旗・国章制定。**国旗**は1918年制定の国旗が復活。青黒白の横三色旗。青は空、黒は国土、白は自由への願望を表す。**国章**も1918年制定の国章が復活。中央に3頭の青いライオンを描いた金色の盾で、周りを樫の葉のリースで囲んだもの。樫の葉は国力と自由、ライオンは勇気を表す。この紋章は、デンマーク王ワルデマール2世がエストニアのタリンを統治していた12世紀に作られ、デンマーク国章にも同じ3頭の青いライオンを配している。
1991年 ソヴィエト連邦よりエストニア共和国として独立。国連に加盟。
2004年 欧州連合（EU）に加盟。

オーストリア共和国
Republic of Austria

データ	
首都	ウィーン
面積	8.4万km² (北海道とほぼ同じ)
人口	857万人
人口密度	102人/km²
公用語	ドイツ語
通貨	ユーロ

国旗比率 2:3

公国時代

神聖ローマ帝国支配下

962〜1156 神聖ローマ帝国旗

962年 神聖ローマ帝国が成立。領土は現在のドイツが中心で、オーストリアは東の辺境とされた。神聖ローマ帝国の**国旗**は中央に翼を広げた黒い双頭の鷲を配した黄旗を使用。
976年 バーベンベルク家のレオポルトが辺境伯に任命され、オーストリアを統治する。

オーストリア公国

1156〜1457/1457〜1804　1156〜1457

1156年 ハインリヒ2世が神聖ローマ皇帝からオーストリアの地を与えられ、オーストリア公国が成立する。ハインリヒ2世はウィーンに居を構える。国旗・国章制定。**国旗**は赤白赤の横三分割旗。**国章**は国旗意匠の盾型紋章。
1273年 ハプスブルク家のルドルフ1世が、神聖ローマ帝国の皇帝となる。
1276年 ルドルフ1世がボヘミア王を破り、オーストリア公国の国王に就任。ハプスブルク家のオーストリア支配が始まる。
1438年 ハプスブルク家のアルブレヒト2世が神聖ローマ帝国の皇帝となる。以後、ハプスブルク家が神聖ローマ皇帝を世襲。

ハプスブルク家による支配

オーストリア大公国

1457〜1804

1457年 フリードリヒ5世（神聖ローマ帝国皇帝としてはフリードリヒ3世）により、オーストリア大公国が成立。国旗は1156年制定のオーストリア公国国旗を継続使用。**国章**は国旗意匠の盾型紋章で、クレストに大公冠を配したもの。
1526年 ボヘミアとハンガリーの一部を併合。
1529年 オスマン帝国による第1次ウィーン包囲を撃退。
1683年 オスマン帝国による第2次ウィーン包囲を撃退。
1699年 カルロヴィッツ条約でトルコからハンガリーの東部・南部を獲得。
1714年 スペイン継承戦争後のラシュタット条約で、スペイン領ネーデルラント、ミラノ公国、ナポリ王国を獲得。
1792年 フランス革命後、断続的にフランスと戦う。

オーストリア帝国

1804〜67

1804年 神聖ローマ帝国皇帝フランツ2世が、オーストリア皇帝フランツ1世を称する。オーストリア帝国が成立。国旗・国章を制定。**国旗**はハプスブルク家の色を使い、黒黄の横二色旗。**国章**は、胸に金色の盾を抱き右手に宝珠、左手に剣と皇帝笏を持ち首から金羊毛騎士団勲章を下げ、冠を被った黒い双頭の鷲、さらに頭上に皇帝冠を配したもの。盾は、左はハプスブルク家の青い冠を被り立ち上がった赤いライオン紋章、真中はオーストリア大公国の赤白赤の横縞紋章、右は1736年の婚姻によりオーストリア皇帝が公爵を兼ねるロートリンゲン公国紋章で3羽の白鷲を配した赤い斜帯紋章を配したもの。
1806年 フランツ2世が退位し、神聖ローマ帝国が消滅。
1848年 フランスの二月革命が波及し、ウィーンで蜂起。
1866年 普墺戦争でプロイセンに敗れる。

1867〜1915

1867年 オーストリア帝国の国章変更。**国章**は1804年制定の国章に11の領土紋章とマリア・テレジア勲章、セントシュテファン勲章、レオポルド勲章を加えたもの。左上から反時計回りで、赤白横縞と二重十字のハンガリー、烏と3個の冠のガリツィア、5羽黄鷲のニーダーエステライヒ、黒ライオンのザルツブルク、炎を吐く白い豹のスティリア、赤鷲のチロル、3頭黒ライオンのケルンテンと青鷲のクラインの合体盾、赤市松模様鷲のモラビアと黒鷲のシレジア合体盾、黒鷲と太陽月のトランシルヴァニア、ボートのイリリア、白ライオンのボヘミアの紋章を配したもの。

1915〜18

1915年 オーストリア帝国の国章変更。**国章**は領土紋章を取り除き胸にオーストリア大公国国旗意匠の盾を配したもの。

オーストリア＝ハンガリー帝国

1867〜1918

1867年 オーストリア＝ハンガリー帝国が成立。オーストリア帝国とハンガリー王国が、共通の君主と共通の外務・陸軍・財政の3省が結びついた二重帝国。国旗・国章を制定。**国旗**は紋章付きオーストリア国旗とハンガリー国旗を組み合わせた旗。**国章**はオーストリア帝国国章の盾を中央に、左がオーストリア領土を示す皇帝冠の付いた金色の盾型紋章、右がハンガリー領土を示す聖ステファン王冠の付いた盾型紋章で、サポーターは鷲とライオンが合体した想像上の動物グリフィンと翼を付けた天使、底部にラテン語 "INDIVISIBILITER AC INSEPARABILITER"「分離分割不能」という標語が黒字で記された白いリボン、中央盾の周りに上から順に金羊毛騎士団勲章、マリア・テレジア勲章、セントシュテファン勲章、レオポルド勲章を配したもの。ハンガリー領土は向かって左上から反時計回りに青地に3頭の黄色いライオンのダルマチア、走るテン模様のスラボニア、腕と剣のボスニア、黒鷲と水瓶のフィウメ、黒鷲のトランシルヴァニア、赤白市松模様のクロアチアの紋章を配したもの。オーストリア領土は、左上から反時計回りに烏と3個の冠のガリツィア、黒鷲のシレジア、赤黄鷲のモラヴィア、黒牛のブコヴィナ、黒双頭鷲のトリエステ、腕と剣のボスニア、赤鷲のチロル、黒ライオンのザルツブルク、3頭ライオンのダルマチア、白ライオンのボヘミア、中央の盾は左上から反時計回りに5羽鷲のニーダーエスタライヒ、白ドラゴンのシュタイアーマルク、青鷲のクライン、3頭黒ライオンのケルンテン、黄鷲のオーバーエスタライヒ、中央がオーストリア大公国紋章を配したもの。

第一次世界大戦後

ドイツ＝オーストリア共和国

1918〜19

1918年 第一次世界大戦（1914〜18）で同盟国側に参戦して敗北、オーストリア帝国崩壊。同じ敗戦国であるドイツとの合邦をめざしドイツ＝オーストリア共和国が成立。ハンガリー、チェコスロヴァキアなどは独立。ドイツ＝オーストリア共和国の国旗・国章制定。**国旗**は赤白赤の横三分割旗。**国章**は社会主義国型紋章で、交差した赤いハンマー、黒い工場建物、黄色い小麦穂のリースを配したもの。

オーストリア共和国

1919〜34

1919年 オーストリア共和国に改称。国旗・国章を制定。**国旗**は中央に国章を配した赤白赤の横三分割旗。**国章**は黄色い城塞冠を被り足で黄色い鎌とハンマーをつかみ、胸に国旗意匠の盾を抱き、翼を広げた単頭の黒鷲を配したもの。

オーストリア連邦国

1934〜38

1934年 ナチス・ドイツの影響下、ファシズムが台頭しドルフス首相による独裁体制が確立するが暗殺される。オーストリア連邦国に改称。国旗・国章制定。**国旗**は中央に国章を配した赤白赤の横三分割旗。**国章**は胸に国旗意匠の盾を抱き、翼を広げ、後光を付けた黒い双頭の鷲を配したもの。

ドイツ併合下オーストリア

1938〜45 ナチス・ドイツ国旗・国章

1938年 ナチス・ドイツにより併合される。

オーストリア共和国

1945〜84

1945年 第二次世界大戦（1939〜45）終結。英米仏ソ4カ国により、10年間共同統治される。オーストリア共和国の国旗・国章制定。**国旗**は赤白赤の横三分割旗。**国章**は黄色い城塞冠を被り胸に国旗意匠の盾を抱き、断ち切られた鎖の付いた足で黄色い鎌とハンマーをつかみ、翼を広げた黒い単頭の鷲を配したもの。
1955年 永世中立を宣言。オーストリア共和国の独立回復。国連に加盟。

1984〜

1984年 オーストリア共和国の国旗・国章変更。**国旗**は赤白赤の横三分割旗を継続使用。この国旗のデザインは、1191年のイスラムの英雄アイユーブ朝の始祖サラディンとのイェルサレム王国アッコンの戦いで、第3次十字軍ドイツ人部隊を指揮したオーストリア公国のレオポルト5世が、ベルト部分のみ白く残して返り血を浴びて真っ赤だったとの故事に基づく。**国章**は黒鷲の羽の形を修正したもの。鷲が被っている城塞冠は自治都市、鎌とハンマーは工業労働者と農民を表す。足の断ち切られた鎖はナチスからの解放を表す。
1995年 EUに加盟。

オランダ王国
Kingdom of the Netherlands

データ	
首都	アムステルダム
面積	3.7万km² (九州よりやや狭い)
人口	1698万人
人口密度	455人/km²
公用語	オランダ語
通貨	ユーロ

国旗比率 2:3

ブルゴーニュ家・ハプスブルク家の支配

8世紀 フランク王国の支配下に入る。
13世紀 現在のオランダの中心部にホラント伯領が成立したほか、周辺に公領が形成される。

1384〜1477 ブルゴーニュ公国旗

1384年 ブルゴーニュ家がホラント伯領などを受け継ぎ、ブルゴーニュ公国領ネーデルラントとなる。**国旗**は四分割正方形旗で、第一・第四クォーターはブルグント王国を表す赤白ボーダー付き青地黄色ユリの花、第二・第三クォーターはブルゴーニュ公国を表す赤ボーダー付き青黄6本斜帯を配した旗。

1477〜1581 ハプスブルク領

1477年 ブルゴーニュ公国が、婚姻によりオーストリア・ハプスブルク領ネーデルラントとなる。**国旗**は1384年のブルゴーニュ公国国旗の中央にフランドルの黒ライオンの黄盾、第二クォーターにブラバントの黒地黄ライオン、第三クォーターにルクセンブルクの白地赤ライオンを配した正方形旗。
1556年 オーストリア・ハプスブルク家のネーデルラントが、スペイン・ハプスブルク家に移る。

州連合と連邦共和国

17州連合

1556〜79

1556年 フェリペ2世がスペイン国王に就任し、ネーデルラントの統治を開始。オランダ、ベルギー、ルクセンブルクにフランスとドイツの一部伯領も加わり、ネーデルラント17州連合が結成されていたが、17州**連合旗**は、ホイストに17州を表す黄色いリボンで結んだ17本の矢を左手でつかみ、右手で剣を振りかざし、青い舌を出した赤ライオンを配した黄旗。
1568年 ネーデルラントには、宗教改革によりプロテスタントのカルヴァン派が浸透していたが、カトリックのスペイン王はプロテスタント派貴族を迫害したため、独立戦争（八十年戦争）が勃発。八十年戦争が終結した1648年のウェストファリア条約で独立を果たす。

7州連合

1579〜81

1579年 スペインに対する軍事同盟、ユトレヒト同盟が北部の7州により結成される。一方、カトリックの強い南部10州はスペインと和約して離脱、のちにベルギーとなる。ホラント、ゼーラント、ユトレヒト、フロニンヘン、フリースラント、ゲルベルラント、オーベルアイセルによる7州の連合。7州**連合旗**はホイストに向かって左手で青いリボンで結んだ7州を表す7本の矢をつかみ、右手で剣を振りかざし、青い舌を出した黄ライオンを配した赤旗。7州連合の**紋章**は赤い盾型紋章で、黄色い冠を被り、左手で7本の矢をつかみ、右手で剣を振りかざし、青い舌を出し、青い爪を持った黄ライオン、クレストに冠、背後に交差した青赤8本の旗、武器、4門の大砲、砲丸、盾の周りにラテン語 "CONCORDIA RES PARVAE CRESCUNT" 「調和を生み出す」という標語を赤字で記したグレーのリボンを配したもの。

ネーデルラント連邦共和国

1581〜1630 **1581〜1665**

1581年 7州連合にドレンデ準州、ブラバント、リンブルクなども加わりネーデルラント連邦共和国として独立を宣言する。国旗・国章を制定。**国旗**はオレンジ白青の横三色旗。**国章**は赤い盾型紋章で、7州連合紋章をモデルに冠を被り正面を向く2頭の黄ライオン、底部に1579年紋章と同じラテン語標語を黄字で記した赤いリボンを加えたもの。
1602年 オランダ東インド会社が設立される。以後、アジアや西インド諸島に進出し、「17世紀はオランダの世紀」といわれるほど繁栄した。
1609年 スペインとの八十年戦争が休戦。スペインは北部7州の独立を認める。

1630〜1795

1630年 ネーデルラント連邦共和国の国旗変更。**国旗**は、海上でオレンジは識別し難いため赤に替えられた。

1665〜1795

1665年 ネーデルラント連邦共和国の国章変更。**国章**は1581年制定国章から盾の上の冠、2頭のライオン、赤い標語リボンを取り除いた盾型紋章。

ナポレオン時代

バタヴィア共和国

1795〜1806

1795年 バタヴィア共和国が成立。フランス革命軍がネーデルラントを占領し、フランスに亡命していたオランダ人革命派によるフランス衛星国であるバタヴィア共和国を樹立させたもの。国旗・国章を制定。**国旗**はカントンに国章を配した赤白青の横三色旗。**国章**は緑の草地に腰掛け、右手で古代ローマ執政官のシンボルである束桿斧を描いた赤い盾を持ち、左手でそばに座ったライオンに支えられながら自由の帽子を上に載せた棒を持った女性の姿を配したもの。

オランダ王国

1806〜10

1806年 オランダ王国が成立。ナポレオンが弟ルイ・ボナパルトを国王としてオランダに送り込み、成立させた王国。オランダ王国の国旗制定。**国旗**は赤白青の横三色旗。

フランス併合下

1810〜15

1810年 フランスにより併合される。ルイ・ボナパルトが思ったようにオランダを統治できないため、兄ナポレオンはオランダをフランスに併合。**国旗**は青白赤の縦三色旗。域章を変更。**域章**は四分割盾型紋章で、第一・第四クォーターはオランダを表す赤地に7本の矢と剣を振り上げた冠を被った黄ライオン、第二・第三クォーターは青地にナポレオンのシンボルである雷電を足でつかんだ黄鷲。クレストに兜と帝王冠、背後に交差した先端に右手を付けた正義の手の棒と先端に皇帝像を付けた帝王笏、盾の周りにオランダ勲章、ナポレオンの好んだ黄色い蜂を描いた赤い位階服を配したもの。

オランダ王国

ネーデルラント連合王国

1815〜30

1815年 ネーデルラント連合王国が成立。ナポレオン帝国が消滅すると、独立戦争に尽くしイギリスに亡命していたオラニエ・ナッサウ家一族が1813年に帰国し、ウィレム1世が即位した。南ネーデルラント（ベルギー、ルクセンブルク）を含むネーデルラント連合王国が成立。**国旗**は赤白青の1806年制定の横三色旗が復活。国章を制定。**国章**は青い盾型紋章で、オラニエ・ナッサウ家の青地に黄ライオンとネーデルラント紋章である独立当時の7州を表す7本の矢を持ち剣をかざす黄ライオンを組み合わせたもの。クレストに王冠、サポーターは、王冠を被り正面を向いた2頭の黄ライオン、背後に王冠を載せた赤い天幕、底部にフランス語"JE MAINTIENDRAI"「我は擁護する」という標語を黄字で記した青いリボンを配したもの。

オランダ王国

1830〜1940

1830年 南ネーデルラントがベルギーとして分離独立したため、単独でオランダ王国成立。**国旗**は、1806年制定・1815年復活のものを継続使用。**国章**は1815年制定のものを継続使用。

1830〜1907

1890年 ルクセンブルク大公国との同君連合解消。

1907〜40 / 1945〜

1907年 オランダ王国の国章変更。**国章**は1815年制定の、国章のサポーターである2頭のライオンを正面向きから互いに顔を見合わせる形に、また天幕の色を赤から海老茶色に替えたもので、現在に至る。

1940〜45 ナチス・ドイツ国旗

1940年 第二次世界大戦でナチス・ドイツ軍により占領される。

1945〜

1945年 ドイツが敗退し、オランダは解放される。国連に加盟。赤白青の三色**国旗**が復活。オランダ国歌に謳われる国民が持つ勇気は赤、信仰心は白、忠誠心は青で表現される。

1967年 ヨーロッパ共同体（現EU）に加盟。

ギリシャ共和国
Hellenic Republic

データ	
首都	アテネ
面積	13.2万km² (日本の3分の1)
人口	1092万人
人口密度	83人/km²
公用語	現代ギリシャ語
通貨	ユーロ

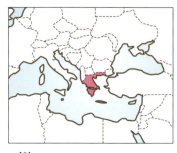

国旗比率　2：3

オスマン帝国の支配

395年 ローマ帝国が東西に分裂し、ギリシャはビザンツ（東ローマ）帝国領となる。
1453年 ビザンツ帝国が滅亡、オスマン帝国領となる。

1793～1808 オスマン帝国旗

1793年 オスマン帝国の国旗変更。三日月と星の赤旗はトルコ国旗の標準。

1800～07 イオニア七島連邦国国旗

1800年 オスマン帝国からの独立機運が高まるイオニア諸島のケルキラ、パクシ、レフカダ、イタキ、ケファロニア、ザキントス、ストロファデスの7島で構成されたイオニア七島連邦国が成立。首都はケルキラ。オスマン帝国が宗主権、ロシア帝国が保護権を持つ。国旗制定。**国旗**は右手に聖書と7島を表す7本の矢、連邦国成立年号1800年を記したリボンを持つ聖マルコの翼のあるライオンを配した青旗。
1807年 ナポレオン皇帝のフランス軍がイオニア諸島に侵攻、イオニア七島連邦国が消滅。

1808～22 オスマン帝国旗・ギリシャ商船旗

1808年 オスマン帝国の国旗変更。さらに帝国領ギリシャの商船旗を使用。**商船旗**は赤青赤の横三分割旗。

1821～22 ギリシャ独立運動旗

1821年 オスマン帝国からの独立戦争を開始。**独立運動旗**は中央に青十字を配した白旗。

ギリシャ国

1822～32

1822～28

1822年 ギリシャ国が独立を宣言。国旗・国章制定。ギリシャ国**国旗**は中央に白十字を配した青旗。**国章**は印章型紋章で女神アテナとアテナのシンボルであるフクロウ、「ギリシャ臨時政府」と黒字で配したもの。

1828～32

1828年 ギリシャ国の国章変更。**国章**は印章型紋章で、翼を広げた不死鳥、十字架、周囲に黒字で「ギリシャ国」と独立戦争が開始された「1821年」がギリシャ数字で記されているもの。
1829年 ロシアに敗北したオスマン帝国がギリシャの自治を認める。ギリシャ独立戦争終結。

サモス公国

1832～1912

1832年 サモス公国成立。首都はヴァシー。サモス島は東部エーゲ海に位置し、ギリシャ独立戦争後もオスマン帝国領に留まったが、独立を宣言。**国旗**はキリスト教を示す白い十字で上下を赤青に染め分けた旗。**国章**は盾型紋章で、チーフは赤地に黄ライオン、下部は白地に牛、青地に鳥、背後に公爵冠を載せた赤い位階服（マント）を配したもの。
1912年 イタリア・トルコ戦争でオスマン帝国が隙を見せた間に、ギリシャが併合し消滅した。

クレタ公国

1898～1913

1898年 クレタ公国が成立。首都はイラクリオン。欧州列強の圧力でオスマン帝国宗主権の下で、自治権を有した。クレタ公国の**国旗**は赤いカントンに白い五角星、中央に白十字を配した青旗。**国章**は青い盾型紋章で国旗意匠の盾、クレストに公爵冠、サポーターは棍棒を持った2人の野人、背後に公爵冠を載せた赤い天幕を配したもの。
1913年 第1次バルカン戦争の結果、オスマン帝国はクレタを放棄したため、クレタ公国は消滅してギリシャに併合された。

ギリシャ王国

1832〜62

1832年 ドイツのバイエルン王国ウィッテルスバッハ家オットーをオソン1世として国王に迎えてギリシャ王国が成立する。ギリシャ王国の国旗・国章制定。国旗は、中央にバイエルン王国の王冠を付けた青白菱形連続模様の盾型紋章と白十字を配した青旗。国旗の青はバイエルン王国国旗の明るい青に替えられた。国章は青い盾型紋章で、白いギリシャ十字の中央にバイエルン王国の青白菱形連続模様の紋章、クレストに王冠、サポーターは冠を被った2頭の黄ライオン、王冠を載せた赤い天幕、底部にギリシャ王国勲章を配したもの。
1843年 親英派・親露派による無血革命で、国民議会が開催される。
1844年 新しい憲法が制定され、立憲君主制となる。

1862〜1924

1862年 クーデターにより、専制政治を行ったオソン1世が廃位される。デンマークのグリュックスブルク王家から国王の次男を迎え、ゲオルギオス1世としてギリシャ国王とする。ギリシャ王国の国旗・国章変更。国旗は中央に黄色い王冠を付けた白十字を配した青旗。国章は青い盾型紋章で、中に白いギリシャ十字、クレストに王冠を配したもの。
1913年 オスマン帝国との第2次バルカン戦争で勝利し、領土を拡大。

1920〜45 イタリア領ドデカニス諸島域旗

1920年 第一次世界大戦終結後、セーヴル条約でイタリアはロードス島を含む12の島々から構成されるドデカニス諸島を獲得、1945年まで領有した。域旗はカントンにイタリア国旗を配した青旗を使用。
1922年 ギリシャ・トルコ戦争に敗れ、一部の領土を失う。

ギリシャ共和国

1924〜35

1924年 王制廃止、共和制に移行。ギリシャ共和国に改称。国旗・国章を制定。国旗と国章は王国時代のシンボル黄色い王冠を取ったもの。

ギリシャ王国

1935〜41

1935年 国民投票により王制が復活する。ギリシャ王国に改称。国旗・国章を変更。1862年制定の国旗・国章が復活。

1941〜43 イタリア国旗

1941年 第二次世界大戦でイタリア軍に占領される。

1943〜45 ナチス・ドイツ国旗

1943年 ナチス・ドイツ軍により占領される。

1945〜70

1945年 ドイツ敗退後、ギリシャ王国が復活（国王は国民投票の結果、1946年に帰国）。国連に加盟。国旗・国章を制定。国旗は中央に白十字を配した青旗。国章は盾型紋章で、国旗意匠の盾の中に国王の出身デンマーク・グリュックスブルク家紋章、サポーターは2人の野人、クレストに王冠、背後に白十字を入れた青い位階服、底部にギリシャ語で「民衆は私の力を愛する」という標語を黒字で記したベージュのリボンを配したもの。国章

1945〜73

の中央のグリュックスブルク家紋章は大変複雑なもので、デンマーク国旗の赤白の十字で仕切られた盾は、第一クォーターがデンマークを表す黄地に3頭の青ライオンと9個の赤いハート、第二クォーターがシュレスウィヒを表す黄地に2頭の青ライオン、第三クォーターは4つに仕切られ、中世カルマル連合を表す青地に3個の黄王冠、アイスランドを表す赤地に冠を被った白い干しタラ、フェロー諸島を表す青地白い雄羊、グリーンランドを表す青地シロクマ、第四クォーターは1361年に征服したゴットランド島を表す黄地9個の赤いハートとゴート族の青ライオン、北ドイツ・ヴェンド地方を表す赤地黄ドラゴン、中央の赤盾は、第一クォーターはホルシュタインを表す赤地に白いイラクサの葉、第二クォーターがドイツ・シュトルマルンを表す赤地白鳥、第三クォーターはドイツ・ディットマルシェンを表す赤地馬上の騎士、第四クォーターがリューネブルクを表す赤地黄馬の頭、真中の盾は向かって左がデンマーク王家の起源であるオルデンブルク朝の黄地赤横縞紋章、右はオルデンブルク朝の支配下にあったデルメンホルストを表す青地黄十字紋章、盾の周りに救世主勲章を配したもの。
1967年 国政の混乱が続く中で、クーデターにより軍事政権が成立。

1970〜73

1970年 ギリシャ王国の国旗変更。国旗は青いカントンに白十字を配した青白九横縞旗。

ギリシャ共和国

1973〜75

1973年 王制廃止、共和制へ移行するが、軍事政権が1974年まで続く。ギリシャ共和国に改称。国旗は1970年制定のものを継続使用。国章制定。国章は再生を表す炎の中から翼を広げて誕生するフェニックス。

ギリシャ／クロアチア

1975〜78　　**1975〜**

1975年 ギリシャ共和国の国旗・国章変更。**国旗**は中央に白十字を配した青旗。**国章**は青い盾型紋章で、中に白いギリシャ十字、周囲に勝利を表す月桂樹の枝のリースを配したもの。

1978〜

1978年 ギリシャ共和国の国旗変更。**国旗**は1970年制定の国旗が復活したが、少し明るい青に修正された。青は海と空、白は自由と独立を求めて戦う国民の純粋さを表す。9本の縞は独立戦争時の「自由か死か」という勝鬨の9音節を表す。
1981年 EUに加盟。

2010年 ギリシャの財政危機が明らかとなり、EU諸国に混乱が広がる。
2015年 ギリシャの債務不履行とユーロ離脱の危機に、ギリシャ政府の改革を条件に、ユーロ加盟国の支援が合意。

クロアチア共和国
Republic of Croatia

国旗比率　1：2

データ	
首都	ザグレブ
面積	5.7万㎢（九州の1.3倍）
人口	423万人
人口密度	75人/㎢
公用語	クロアチア語
通貨	クーナ

ラグーザ共和国

1358〜1667　　**1358〜1808**

1358年 クロアチア南部ドゥブロヴニクにラグーザ共和国成立。国旗・国章制定。**国旗**は中央に守護聖人である聖ブラシウスとその頭文字SBをグレーで記した白旗。**国章**は盾型紋章で、赤白8本の横縞、クレストに冠を配したもの。

1526〜1804 オーストリア大公国旗

1526年 ハンガリーがオスマン帝国に敗れ、クロアチアはラグーザ共和国を除き、オーストリアのハプスブルク家のフェルディナント1世の統治が始まる。

1667〜1804

1667年 ラグーザ共和国の国旗変更。**国旗**は中央にラテン語LIBERTAS「自由」という標語を黒字で記した白い盾を配した白旗。
1699年 クロアチアの地域はオスマン帝国とヨーロッパ諸国の境界にあるため、支配は転々とするが、この年のカルロヴィッツ条約により、クロアチアはオスマン帝国からオーストリア領となる。

1804〜48 オーストリア国旗

1804年 オーストリア帝国国旗が黒黄の横二色旗に制定される。

1808年 フランスのナポレオン軍が侵攻し、ラグーザ共和国滅亡。後にダルマチア王国に編入される。

クロアチア王国

1848〜52

1848年 クロアチア王国が成立。国旗制定。**国旗**は中央にクロアチアを表す赤白市松模様、ダルマチアを表す青地に3頭の黄ライオンの頭、スラヴォニアを表す青地に六角黄星と白い2本の輪郭線を付けた赤地に走る黒テン、クレストに王冠を配した赤白青の横三色旗。

1852〜68

1852年 クロアチア王国の国旗変更。国章制定。**国旗**は赤白の横二色旗。**国章**は盾型紋章で、赤白の市松模様、クレストに黄色い王冠を配したもの。

クロアチア

クロアチア・スラヴォニア王国
1868〜1918

1868年 クロアチア・スラヴォニア王国が成立。国旗・国章を制定。**国旗**は中央に国章を配した赤白青の横三色旗。**国章**は盾型紋章で、ダルマチアを表す青地に3頭の黄ライオンの頭、クロアチアを表す赤白市松模様、スラヴォニアを表す青地に六角黄星、走る黒テン、クレストにハンガリーを表す聖ステファン王冠を配したもの。

セルビア人・クロアチア人・スロヴェニア人王国／ユーゴスラヴィア王国
1918〜29／1929〜39

1918年 第二次世界大戦が終結し、セルビア人・クロアチア人・スロヴェニア人王国が成立。国旗・国章を制定。**国旗**は青白赤の横三色旗。**国章**は赤い盾型紋章で、胸にセルビアを表す白十字と黄色いオシラ章を入れた赤盾、クロアチアを表す赤白市松模様の盾、中央クロアチア=スロベニアを表す3個の六角黄星と白い上向き三日月を入れた青盾を抱く白い双頭の鷲、クレストに王冠、背後に王冠を付けた赤い位階服を配したもの。
1929年 ユーゴスラヴィア王国に改称。国旗・国章は1918年制定のものを継続使用。

1939〜41 クロアチア自治州

1939年 国内で権力を拡大するセルビア人に反発し、クロアチア自治州が成立。クロアチア自治州の州旗・州章制定。**州旗**は赤白青の横三色旗。**州章**は胸に黄色い縁取りをした赤白の市松模様の盾を抱き冠を被った白い双頭の鷲を配したもの。

クロアチア独立国
1941〜45

1941年 第二次世界大戦中、クロアチアの独立を掲げるドイツ傀儡国家クロアチア独立国が成立。国旗・国章を制定。**国旗**はカントンと中央に国章を分割して配した赤白青の横三色旗。**国章**は盾型紋章で、赤白25個の市松模様、クレストに赤い巻いた編み枝の中に政党ウスタシャの頭文字Uを青字で記したもの。

クロアチア人民共和国／クロアチア社会主義共和国
1945〜63／1963〜90

1945年 バルカン半島6カ国から構成されるユーゴスラヴィア連邦人民共和国が成立。クロアチア人民共和国として加盟。国旗・国章を制定。**国旗**は中央に黄色い輪郭線を付けた赤い五角星を配した赤白青の横三色旗。**国章**は社会主義国型紋章で、赤白の市松模様の盾、海から昇る黄色い太陽、白い輪郭線を付けた赤い五角星、黄色の小麦穂のリース、底部にグレーの金床を配したもの。
1963年 ユーゴスラヴィア社会主義連邦共和国、クロアチア社会主義共和国に改称。国旗・国章は1945年制定のものを継続使用。
1980年 チトー大統領の死後、民族紛争が激化する。

クロアチア共和国
1990.6〜12

1990年 新憲法制定で国名変更。6月、クロアチア共和国の国旗・国章を制定。**国旗**は中央に国章を配した赤白青の横三色旗。**国章**は盾型紋章で赤白25個の市松模様を配したもの。

ユーゴスラヴィア
1945〜92

多くの民族と宗教が混在していたユーゴスラヴィア（1945〜63年は連邦人民共和国、1963〜93年は社会主義連邦共和国）は、第二次世界大戦中、ナチス・ドイツに抵抗したチトー大統領の強い指導力で統一を保っていた。1980年のチトー没後、民族問題が噴出し、社会主義陣営の崩壊を受け、91年以降、民族ごとの独立の動きとともに、激しい内戦となった。最終的には、スロヴェニア、クロアチア、ボスニア・ヘルツェゴヴィナ、セルビア、モンテネグロ、コソヴォ、マケドニアの7国に分かれた。詳細と**国旗・国章**の解説はセルビアの項を参照。

1990.12〜

1990年 12月、国旗・国章を変更。**国旗**は中央に国章を配した赤白青の横三色旗。**国章**は、シャホヴニツァと呼ばれる伝統的な赤白の市松模様で、クレストに5個の歴史的な青い小盾が載っている。向かって左から中央クロアチアを表す六角黄星と白い三日月、ラグーザを表す2本の赤い横縞、ダルマチアを表す3頭の黄ライオンの頭、イストリアを表す黄色い山羊、スラヴォニアを表す六角黄星と走る黒テンを配したもの。市松模様の赤は海岸部、白は内陸部を表す。
1991年 ユーゴスラヴィア社会主義連邦共和国より連邦を離脱、クロアチア共和国として独立。5年に及ぶセルビアとの内戦が始まる。
1992年 国連に加盟。
2001年 EU加盟。

コソヴォ共和国
Republic of Kosovo

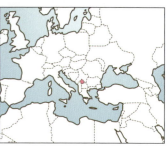

データ	
首都	プリシュティナ
面積	1.1万km² （岐阜県程度）
人口	187万人
人口密度	172人/km²
公用語	アルバニア語、セルビア語
通貨	ユーロ

国旗比率 2：3

セルビア王国領・オスマン帝国領

12世紀 セルビア王国の支配下。
1389年 コソヴォの戦いでセルビア王国がオスマン帝国に敗退。イスラム教徒アルバニア人の入植が始まる。
1455年 オスマン帝国領コソヴォ州となる。

1844〜1913 オスマン帝国旗

1844年 オスマン帝国が白い三日月と五角星の国旗に変更。

ユーゴスラヴィア王国領

1913〜18

1913年 第2次バルカン戦争でオスマン帝国に勝利したセルビア王国（**国旗**は左）がコソヴォを奪還。

1918〜29／1929〜41

1918年 セルビア人・クロアチア人・スロヴェニア人王国（**国旗**は左）の一部となる。
1929年 ユーゴスラヴィア王国の一部となる。

アルバニア王国領

1941〜43

1941年 第二次世界大戦で対独降伏。アルバニア王国領（**国旗**は左）となる。

1943〜45

1943年 アルバニア王国の**国旗**変更。ホイストに黒い双頭の鷲を配した赤旗。

セルビア人民共和国 セルビア社会主義共和国

1945〜46／1963〜92

1945年 第二次世界大戦後、ユーゴスラヴィア連邦人民共和国セルビア人民共和国（**国旗**は上）コソヴォ・メトヒヤ自治区となる。
1963年 ユーゴスラヴィア社会主義連邦共和国セルビア社会主義共和国コソヴォ自治州となる。

内戦期

1989年 東ヨーロッパの自由化に伴いアルバニア系住民とセルビア系住民の対立が激化。

コソヴォ解放軍旗

1991年 コソヴォ共和国の独立を宣言。コソヴォ解放軍を創設し、武力闘争開始。コソヴォ**解放軍旗**は中央に黒いアルバニア双頭の鷲、上部に黄横線と解放軍頭文字を黄字で配した赤旗。

1992〜2003／2003〜06

1992年 ユーゴスラヴィア連邦共和国（**国旗**は上）コソヴォ州となる。
1998年 セルビア治安部隊がコソヴォ解放軍を攻撃、コソヴォ紛争は泥沼化。

コソヴォ州からコソヴォ共和国へ

1999年 国連がコソヴォの暫定統治を開始。
2003年 セルビア・モンテネグロ（**国旗**は1992年制定のものを継続使用）のコソヴォ州となる。

2006〜08

2006年 モンテネグロが独立し、セルビア共和国（**国旗・国章**は上）コソヴォ州となる。
2008年 セルビア共和国からコソヴォ共和国として独立を宣言。国旗・国章を制定（冒頭参照）。**国旗**は中央に黄色のコソヴォ地図、その上に6個の白い五角星をアーチ状に配した青旗。青は欧州連合と同じ色で欧州との協調を表す。白は平和、黄は豊かな国土を表す。**国章**は黄色縁取りのある青い盾型紋章で、中は国旗と同じ意匠。アーチ状の6個の白い五角星は国内のアルバニア系、セルビア系、ボシュニャク系、トルコ系、ロマ系、マケドニア・ゴラニ系の6民族を表す。

サンマリノ共和国
Republic of San Marino

データ	
首都	サンマリノ
面積	61.2k㎡
	（八丈島と同程度）
人口	3万人
人口密度	528人/k㎡
公用語	イタリア語
通貨	ユーロ

国旗比率 3：4

サンマリノ共和国

301年 ローマ皇帝によるキリスト教徒迫害を逃れ、マリヌスという石工がこの地で信徒を集め、共同体をつくり建国したという。

1263年 ローマ教皇の庇護のもとで、世界最古の共和制国家を樹立。

1465～1503

1465年 サンマリノ共和国の国旗制定。**国旗**はティタノ山頂に立つダチョウの羽根を付けた3つの塔、ラテン語"LIBERTAS"「自由」という標語を黒字で配したオレンジ白紫の横三色旗。

ローマ教皇領

1503～1631 教皇領旗

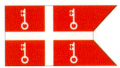

1503年 ローマ教皇領となる。**教皇領旗**は中央に白十字、四隅に白い鍵を配した赤い燕尾旗。

サンマリノ共和国

1631～1862

1631年 ローマ教皇より独立を承認される。サンマリノ共和国の国旗制定。**国旗**は白青の横二色旗。

1815年 ウィーン会議でサンマリノの独立が再確認される。

1859年 イタリア統一戦争に義勇軍を派遣。

1862～1944

1862年 イタリアと友好善隣条約を締結、近代国家として主権の独立を確立。サンマリノ共和国の国旗変更・国章変更。**国旗**は中央に国章を配した白青の横二色旗。**国章**は青い盾型紋章で、中に緑のティタノ山頂に立つ白いダチョウの羽を付けた3つの白い塔、黄色の盾飾りの上に十字の付いた冠、向かって左に月桂樹の枝、右に樫の葉のリース、底部にラテン語"LIBERTAS"「自由」という標語を黒字で記した白いリボンを配したもの。

1941年 第二次世界大戦で中立を宣言。

1944～45 ナチス・ドイツ国旗

1944年 ドイツ軍により占領される。

1945～2011

1945年 第二次世界大戦でドイツが敗北し、国土と主権を回復する。**国旗・国章**は1862年に制定されたものが復活。

1992年 国連に加盟。

商船旗

1915年 周囲をイタリアに囲まれた山地に位置するサンマリノ共和国だが、商船旗を使用。外洋で使う**商船旗**は青白の七横縞旗。

2011～

2011年 サンマリノ共和国の国旗・国章変更。**国旗**は新しい国章を中央に配した白青の横二色旗。白はティタノ山にかかる雲、青は空を表す。**国章**は塔、リボン、月桂樹の枝と樫の葉のリースの形を修正したもの。標語の「自由」はサンマリノが自由を求めて逃げ込んでくる難民を受け入れてきた歴史を表す。第二次世界大戦のとき、人口の数倍にもなる約10万人の亡命者を受け入れている。共和国でありながら国章に冠を用いているが、この冠は王国ではなく主権の象徴を意味する。

スイス連邦
Swiss Confederation

国旗比率　1：1

データ	
首都	ベルン
面積	4万km² （九州と同程度）
人口	838万人
人口密度	203人/km²
公用語	ドイツ語、イタリア語、フランス語、レトロマン語
通貨	スイスフラン

神聖ローマ帝国領

1032～1291 神聖ローマ帝国旗

1032年 神聖ローマ帝国領となる。左の神聖ローマ帝国旗は15世紀から使われたもの。双頭の黒鷲の黄旗。
1273年 ハプスブルク家の支配下に置かれる。

1291～1339 スイス誓約同盟旗

1291年 ウーリ、シュウィーツ、ウンターヴァルデンの3地域が「永久同盟」を結ぶ。これは後にスイス誓約同盟となった。**誓約同盟旗**は、1240年に神聖ローマ帝国皇帝フリードリヒ2世がシュウィーツ州へ下賜した旗に由来する。カントンに白十字を配した赤い正方形旗。

1339～1798

1339年 チューリヒ・ギルド革命。誓約旗変更。**誓約旗**は中央に白十字を配した赤い正方形旗。
1499年 神聖ローマ帝国からの自立を達成。
1648年 三十年戦争のウェストファリア条約で、スイスの神聖ローマ帝国からの独立を承認。

ヘルヴェティア共和国

1798～1803

1798年 フランス革命後のフランス軍がスイスへ侵攻、傀儡国家ヘルヴェティア共和国成立。ヘルヴェティア共和国の国旗・国章を制定。**国旗**は中央に黄字でフランス語国名を記した緑赤黄の横三色旗。**国章**は八角形紋章で、中に木に弓矢を置いて少女と遊ぶ兵士、ドイツ語国名と「小さなラタ」という標語を黒字で配したもの。
1803年 ヘルヴェティア共和国が仏軍政下に。

スイス連邦

1803～48

1803年 19州によるスイス連邦成立。スイス連邦国旗制定。**国旗**は1339年制定の誓約同盟旗。
1815年 ウィーン会議でスイスの永世中立承認。
1848年 連邦憲法制定。**国旗**変更、冒頭参照。中央に白い短い十字を配した赤い正方形旗。赤は主権、白はキリスト教精神を表す。十字を構成する4本のアーム(腕)は長方形で長辺は6分の1だけ長い。
1889年 スイス連邦の国章制定。冒頭参照。**国章**は国旗意匠の盾型紋章。スイスは国章に限らず、州章もすべて盾の上部に王冠や上飾り、盾の両側にサポーターがないシンプルな盾型紋章が特徴。
2002年 国民投票の結果、国連に加盟。

スウェーデン王国
Kingdom of Sweden

国旗比率　5：8

データ	
首都	ストックホルム
面積	45万km² （日本の1.2倍）
人口	985万人
人口密度	22人/km²
公用語	スウェーデン語
通貨	クローナ

スウェーデン王国

9世紀 ノルマン系スヴェア人がスウェーデンの地に進出、王国を建設。

1157〜1397

1157年 スウェーデン国王エリク9世がフィンランドを征服。国旗制定。**国旗**は、フィンランドで青空に金十字を見たという故事から黄色いスカンディナヴィア十字を配した青旗。

1523〜1663

1523年 カルマル同盟よりスウェーデン王国として独立し、グスタフ1世が即位。国旗を制定。**国旗**は中央に黄色スカンディナヴィア十字を配した青い燕尾旗。

カルマル同盟

1397〜1523

1397年 デンマーク、ノルウェー、スウェーデン3国でカルマル同盟を結成。デンマーク、ノルウェーで、実権をもっていたマルグレーテ女王の主導で結ばれた3国の同君連合で、デンマーク王エーリク7世が即位。カルマル**同盟旗**は、赤いスカンディナヴィア十字を配した黄旗。**同盟紋章**は盾型紋章で、赤十字で仕切られ、第一クォーターはデンマークを表す黄地に国旗を持つ3頭の青ライオンと赤いハート、第二クォーターはカルマル同盟を表す青地3個の黄王冠、第三クォーターはスウェーデン・フォルクンガー王家を表す青白波帯に王冠を被った黄ライオン、第四クォーターはポメラニアを表す白地赤グリフィン、中央にノルウェーを表す斧を持ち王冠を被った黄ライオンを入れた赤盾を配したもの。

1562〜68

1562年 スウェーデン王国の国章制定。**国章**は盾型紋章で、第一クォーターはカルマル連合を表す青地3個の黄王冠、第二クォーターはスウェーデン王家を表す青白波帯に王冠を被った黄ライオン、第三クォーターはノルウェーを表す赤地王冠を被り斧を持つ黄ライオン、第四クォーターはデンマークを表す黄地3頭の青ライオンと赤ハート。中央にスウェーデン・ヴァサ王家を表す青白赤の斜帯に黄色い麦束を配したもの。

1611年 デンマークとのカルマル戦争が勃発。グスタフ2世（グスタフ・アドルフ）が即位。

1618年 三十年戦争に参戦、バルト海沿岸地域全体を制覇する強国となる。

1663〜1818

1663年 スウェーデン王国の国旗変更。**国旗**は中央に黄色スカンディナヴィア十字を配した青二重燕尾旗。

1700年 北方戦争が勃発。ロシアなどに敗れ、バルト海東岸を失う。

スウェーデン・ノルウェー同君連合

1814年 ナポレオン戦争でナポレオンと和睦したロシアにフィンランドを割譲。デンマークからノルウェーを獲得し、同君連合として支配。

1818〜44

1818年 ベルナドット将軍がカール14世として即位。国旗変更。**国旗**は赤いカントンに白いサルタイヤー、中央に黄色スカンディナヴィア十字を配した青旗。

1844〜1906　　1844〜1908

1844年 スウェーデン・ノルウェー同君連合の国旗・国章を変更。**国旗**はカントンにユニオン・マークと呼ばれるスウェーデン国旗とノルウェー国旗を組み合わせた意匠、中央に黄色スカンディナヴィア十字を配した青旗。**国章**は黄十字で仕切られた盾型紋章で、第一クォーターはカルマル同盟を表す青地3個の黄王冠、第二クォーターはノルウェーを表す赤地王冠を被り斧を持つ黄ライオン、第三クォーターはスウェーデン・フォルクンガー王家を表す青白波帯に王冠を被った黄ライオン。中央の小盾には左にスウェーデン・ウップランド地方ヴァサ王家を表す青白赤の斜帯に黄色麦束、右にベルナドット王家を表す青地黄色北斗七星とナポレオン鷲と3つのアーチと3塔を持つ橋、クレストにスウェーデン、ノルウェーを表す2個の王冠、サポーターは王冠を被った2頭の黄ライオン、背後に王冠を載せた赤い位階服を配したもの。

1905年 ノルウェーが同君連合より分離、独立。

スウェーデン王国

1906〜

1906年 スウェーデン王国の国旗変更。**国旗**は中央に黄色スカンディナヴィア十字を配した青旗。青は澄み切った空、黄は国教のキリスト教と同時に自由、独立を表す。

1908〜

1908年 スウェーデン王国の国章変更。**国章**は黄十字で仕切られた四分割盾型紋章で、第一・第四クォーターは元はカルマル同盟を表したが現在はスウェーデンを代表する青地に3個の黄王冠、第二・第三クォーターはフォルクンガー王家を表す青白波帯に王冠を被った黄ライオン、中央の小盾には、向かって左がヴァサ王家を表す青白赤の斜め帯に黄色麦束、右はベルナドッテ王家を表す青地に黄色北斗七星、ナポレオン鷲、3つのアーチと3塔を持つ橋、クレストに王冠、サポーターは王冠を被った2頭の黄ライオン、底部にセラフィン勲章、背後に王冠を載せたえんじ色の位階服を配したもの。

1946年 国連に加盟。

1995年 EUに加盟。

スペイン
Spain

国旗比率 2：3

データ	
首都	マドリード
面積	50.6万km²
	（日本の1.3倍）
人口	4607万人
人口密度	91人/km²
公用語	スペイン語
通貨	ユーロ

カスティリャ王国

1230～1516

1230年 カスティリャ王国がレオン王国を併合。国旗制定。**国旗**は四分割旗で第一・第四クォーターはカスティリャ王国を表す赤地に黄城、第二・第三クォーターはレオン王国を表す白地に王冠を被った紫ライオンを配した楕円形旗。

スペイン王国

1479年 カスティリャ王国とアラゴン王国が合体して、スペイン王国が成立。
1492年 イスラム勢力が大半を支配していたイベリア半島で、キリスト教勢力が国土回復運動（レコンキスタ）を進めていたが、イスラム勢力最後の拠点ナスル朝が滅亡。
1494年 スペインとポルトガルの植民地領域を決めるトルデシリャス条約により、南アメリカ東部を除くアメリカ大陸の支配権を得る。

コロンブス航海旗

1492年 コロンブスがアメリカに到達。航海旗使用。**航海旗**は中央に緑十字、両脇に王冠を付けたFとYの2文字を緑で記した白旗。Fは当時アラゴン王国とシチリア王国国王のフェルナンデス王、Yはカスティリャ王国女王イサベル女王の頭文字を表す。コロンブスの航海は4回に及ぶ。

スペイン王国（ハプスブルク朝／ブルボン朝／ボナパルト朝）

1516～80

1516年 カルロス1世が即位し、ハプスブルク朝スペイン王国が成立。国旗制定。**国旗**は中央に赤いブルゴーニュ十字を配した白旗。

1580～1700

1580年 スペイン王国の国旗変更、国章制定。**国旗**はホイスト寄りに国章を配した白旗。**国章**は四分割盾型紋章で、第一クォーターはカスティリャ王国を表す赤地黄城と白地紫ライオン、第二クォーターはアラゴン王国を表す黄地4本赤縦縞とシチリア王国を表す黄地4本赤縦縞と2羽の黒鷲、第三クォーターはオーストリア大公国を表す赤白赤横縞、ブルゴーニュ公国を表す赤ボーダー付き青黄斜帯、第四クォーターはブルグント王国を表す赤白ボーダー付き青地黄ユリの花弁とブラバント公国を表す黒地黄ライオン、第一・第二クォーターの境にポルトガル王国盾型紋章、第三・第四クォーターの境に黄地黒ライオンのフランドル伯紋章と白地赤鷲のチロル伯紋章、中央にグラナダ王国を表すザクロ、クレストに王冠、盾の周りに金羊毛騎士団勲章を配したもの。
1580年 スペイン王フェリペ2世がポルトガル王位を継承、同君連合となる。
1588年 スペインの無敵艦隊が英海軍に敗北。
1640年 ポルトガルがスペインから独立。
1648年 スペイン領だったオランダ独立承認。

1700～85

1700年 フェリペ5世が即位し、ブルボン朝スペイン王国が成立。国旗・国章変更。**国旗**はホイスト寄りに国章を配した白旗。**国章**は四分割盾型紋章で、第一・第四クォーターはカスティリャ王国を表す赤地黄城、第二・第三クォーターはレオン王国を表す白地赤ライオン、中央にフランス・ブルボン朝を表す3個の黄ユリの花を入れた赤い縁取りの青円、底部にグラナダ王国を表すザクロ紋章。クレストに王冠、周りに金羊毛騎士団勲章を配したもの。

1785～1873
1874～1931

1785～1808

1785年 国旗・国章変更。**国旗**はホイスト寄りに国章を配した赤黄赤の横三分割旗。**国章**は楕円形盾型紋章で、向かって左がカスティリャ王国を表す赤地黄城、右がレオン王国を表す白地に王冠を被った赤ライオン、クレストに王冠。
1805年 ナポレオン軍がスペインに侵攻。
1808年 ナポレオンの兄ジョセフがホセ1世としてスペイン国王に即位。ボナパルト朝となる。国章を変更。**国章**は六分割盾型紋章で、第一クォーターはカスティリャ王国を表す赤地黄城、第二クォーターはレオン王国を表す白地赤ライオン、第三クォーターはアラゴン王国を

スペイン

1808〜13

表す黄地3本赤縦縞、第四クォーターはナバラ王国を表す赤地黄鎖、第五クォーターはグラナダ王国を表す白地ザクロ、第六クォーターはスペイン領新大陸を表す赤地ヘラクレスの柱、中央に黄色ナポレオン皇帝鷲を入れた青い楕円。クレストに王冠、背後に交差した正義の手を先端に付けた棒とナポレオン皇帝鷲を先端に付けた皇帝笏、周りに金羊毛騎士団勲章とレジオンドヌール勲章を配したもの。

1813〜73

1813年 ブルボン朝に戻り、国章を変更。**国章**は1700年制定国章の中央にあるフランス・ブルボン家紋章をアマデオ1世出身のイタリア・サヴォイ家の白十字を入れた赤い円形紋章に替えたもの。
1814年 フランス勢はスペインから駆逐される。

スペイン共和国（第一共和制）

1873〜74

1873年 第一次共和制。スペイン共和国に改称。国旗・国章を制定。**国旗**はホイスト寄りに国章を配した赤黄赤の横三分割旗。**国章**は1785年制定国章から王冠を取り除いたもの。

スペイン王国

1874〜1931

1874年 ブルボン朝で王政復古。スペイン王国に改称。国旗・国章制定。国旗は1785年制定の国旗が復活。**国章**は四分割盾型紋章で、第一クォーターがカスティリャ王国を表す赤地黄城、第二クォーターがレオン王国を表す白地赤ライオン、第三クォーターはアラゴン王国を表す黄地4本赤縦縞、第四クォーターはナバラ王国を表す赤地黄鎖。底部がグラナダ王国を表す白地ザクロ、中央にフランス・ブルボン家を表す3個の黄ユリの花を入れた赤い縁取り付き青円、背後に金羊毛騎士団勲章、王冠を載せた赤い位階服を配したもの。

1898年 アメリカとの米西戦争で敗北し、フィリピン、キューバなどを失う。

スペイン共和国（第二共和制）

1931〜39

1931年 第二次共和制。スペイン共和国に改称。国旗・国章制定。**国旗**は中央に国章を配した赤黄紫の横三色旗。1820年代の反乱旗の紫色が取り込まれた旗。**国章**は四分割盾型紋章で、第一クォーターがカスティリャ王国を表す赤地黄城、第二クォーターがレオン王国を表す白地赤ライオン、第三クォーターがアラゴン王国を表す黄地4本赤縦縞、第四クォーターがナバラ王国を表す赤地黄鎖。底部がグラナダ王国を表す白地緑ザクロ、クレストに黄色城塞冠、サポーターは2本のヘラクレスの柱、ラテン語 "PLVS VLTRA"「より彼方の世界へ」という標語を黄字で記した赤いリボンを配したもの。
1936年 人民戦線内閣が成立。これに対し、フランコ将軍が反乱を起こす。

スペイン国

1939〜45

1939年 内戦終結、ナチス・ドイツの支援を受けたフランコ政権が成立。国旗・国章を制定。**国旗**はホイスト寄りに国章を配した赤黄赤の横三分割旗。**国章**は四分割盾型紋章で、第一・第四クォーターがカスティリャ・レオンを表す赤地黄城と白地赤ライオン、第二・第三クォーターがアラゴン、ナバラを表す黄地4本赤縦縞と赤地黄鎖。底部がグラナダを表す白地ザクロ、クレストに冠、背後に盾を足でつかみ、後光がさす14世紀スペイン王家トラスタマラ家のヨハネの黒鷲、鷲の背後にスペイン語 "UNA GRANDE LIBRE"「大きな自由」という標語を黒字で記した白いリボン、サポーターはラテン語 "PLVS VLTRA"「より彼方の世界へ」という標語を黒字で記した白いリボンを付けた2本のヘラクレスの柱と青い波、底部にフランコが創設したファシスト政党であるファランヘ党のシンボルであるリボンで束ねた赤い5本の矢束と雄牛の首にかけるくびきを配したもの。

1945〜77

1945年 スペイン国の国旗・国章を変更。**国旗**はホイストに国章を配した赤黄赤の横三分割旗。**国章**は1939年制定国章の鷲の背後のリボンとヘラクレスの柱に付いたリボンの色を白から赤に、底部の5本の弓矢とくびきの位置の上下を替え、クレストの冠とヘラクレスの柱に載せた冠の形を修正したもの。
1955年 国連に加盟。
1975年 フランコが死去し、王政が復古。ブルボン朝のファン・カルロス1世が即位。

スペイン

1977〜81

1977年 国称をスペインに改称。国旗・国章を変更。**国旗**はホイストに国章を配した赤黄赤の横三分割旗。**国章**は1945年制定国章の赤いリボンに記された黒字を黄字に、底部の5本の弓矢とくびきの位置を再度上下替え、ヘラクレスの柱を鷲の翼の内側に移動させたもの。
1978年 新憲法を制定。議会制君主国となる。
1981年 スペインの国旗・国章を変更。冒頭参照。**国旗**はホイストに国章を配した赤黄赤の横三分割旗。赤は祖先の勇気、黄は新大陸で発見した富を表す。**国章**は1977年制定国章からヨハネの黒鷲とファランヘ党シンボルである矢束とくびきを取り除いた四分割盾型紋章で、第一クォーターはカスティリャを表す赤地黄城、第二クォーターはレオンを表す白地赤ライオン、第三クォーターはアラゴンを表す黄地4本赤縦縞、第四クォーターはナバラを表す赤地黄鎖、底部にグラナダを表す白地ザクロ。クレストに王冠、サポーターは冠を載せ、ラテン語 "PLVS VLTRA"「より彼方の世界へ」という標語を黄字で記した赤いリボンを付けた2本のヘラクレスの柱と青い波を配したもの。
1986年 ヨーロッパ共同体（現EU）に加盟。
2014年 ファン・カルロス1世退位、フェリペ6世即位。

スロヴァキア共和国
Slovak Republic

国旗比率 2:3

データ	
首都	ブラチスラヴァ
面積	4.9万km²
	（日本の8分の1）
人口	543万人
人口密度	111人/km²
公用語	スロヴァキア語
通貨	ユーロ

9世紀 大モラヴィア王国が繁栄する。
10世紀 ハンガリー王国に編入される。
1526年 ハンガリー王国がオスマン帝国に敗れ、ハンガリーは3分されたが、スロヴァキアの地はオーストリア・ハプスブルク家の支配下となる。
1699年 カルロヴィッツ条約で、オスマン帝国はハンガリーを失い、スロヴァキアはハンガリー王国領となる。

オーストリア＝ハンガリー帝国領

1867～1918 オーストリア＝ハンガリー帝国旗

1867年 オーストリア＝ハンガリー帝国の二重帝国が成立し、その領土となる。

チェコスロヴァキア共和国

1918～20

1918年 第一次世界大戦（1914～18）でオーストリア＝ハンガリー帝国が敗れ二重帝国が解体。チェコと合体し、チェコスロヴァキア共和国を建国。国旗・国章を制定。**国旗**は白赤の横二色旗。**国章**は四分割盾型紋章で、第一クォーターはスロヴァキアを表す赤地青い山に白い二重十字、第二クォーターはルテニアを表す青黄7本横縞と赤い熊、第三クォーターはモラヴィアを表す青地赤白市松模様と鷲、第四クォーターはシレジアを表す黄地黒鷲、中央にボヘミアを表す赤地白ライオンの盾を配したもの。

1920～39

1920年 チェコスロヴァキア共和国の国旗・国章変更。**国旗**は青白赤の横Y字旗。ボヘミア紋章由来の白赤の二色旗に、スロヴァキアとモラヴィアを表す青い三角形を加えた旗。**国章**は盾型紋章で、第一クォーターはスロヴァキアを表す赤地青い山と白い二重十字、第二クォーターはルテニアを表す青黄7本横縞と赤い熊、第三クォーターはモラヴィアを表す青地赤白市松模様鷲、第四クォーターはシレジアを表す黄地黒鷲、第五クォーターはラチボールを表す青地黄鷲、第六クォーターはオパヴァを表す赤白縦縞、第七クォーターはテシンを表す青地黄鷲と白赤縦縞。中央にボヘミアを表す冠を被り立ち上がる白いライオンを入れた赤い盾、サポーターはシナノキの枝飾りの上に立つ冠を被った2頭の黄ライオン、底部にチェコ語 "PRAVDA VITEZI"「真実は勝つ」という標語を青字で記した黄色いリボンを配したもの。
1938年 ナチス・ドイツの強圧でドイツ系住民の多いズデーテン地方をドイツに割譲。

スロヴァキア共和国

1939～44

1939年 親ナチス・ドイツ勢力により、スロヴァキア共和国の独立宣言。国旗・国章を制定。**国旗**は白青赤の横三色旗。**国章**は赤い盾型紋章で、青い山と白い二重十字を配したもの。

1944～45 ナチス・ドイツ国旗

1944年 ドイツ軍によるスロヴァキア占領。

チェコスロヴァキア共和国

1945～60

1945年 ドイツが第二次世界大戦に敗れ、チェコスロヴァキア共和国が主権を回復。国旗・国章を制定。**国旗**は1920年制定の国旗が復活。**国章**は赤い盾型紋章で、黄色い冠を被り立ち上がるボヘミアの白いライオン、左肩にスロヴァキア二重十字の赤い盾型紋章を配したもの。
1948年 共産党によるクーデターで、社会主義体制が確立。

社会主義体制から連邦制へ

チェコスロヴァキア社会主義共和国

1960～90

1960年 チェコスロヴァキア社会主義共和国に改称。**国旗**は1945年制定

のものを継続使用。国章制定。**国章**は黄色と白の縁取りの付いた赤い五角形紋章で、黄色い輪郭線の赤い五角星、冠なしの立ち上がるボヘミアの白いライオン、左肩に青いタトラ山と黄色いパルチザン部隊の燃える火を描いた黄色い縁取りを付けた赤い小盾を配したもの。

1968年「プラハの春」と呼ばれる民主化運動が起こったが、ソ連などワルシャワ条約国軍の軍事介入により挫折。

スロヴァキア社会主義共和国

1969〜90

1969年 チェコスロヴァキアを連邦化し、スロヴァキア社会主義共和国が成立。国旗・国章を制定。**国旗**は白青赤の横三色旗。**国章**は1960年制定チェコスロヴァキア社会主義共和国国章の白いライオンの左肩の赤い盾型紋章。

1989年「ビロード革命」と呼ばれる反政府運動で、共産主義体制が終焉。

チェコスロヴァキア連邦共和国

1990〜93

1990年 チェコスロヴァキア連邦共和国に改称。**国旗**は1945年制定のものを使用。国章制定。**国章**は四分割盾型紋章で、第一・第四クォーターがチェコを表す赤地に冠を付けた白ライオン、第二・第三クォーターはスロヴァキアを表す赤地に青い山と白い二重十字を配したもの。

連邦解消・分離独立

スロヴァキア共和国

1990〜92　　　1990〜

1990年 スロヴァキア共和国の国旗・国章を制定。**国旗**は1969年制定国旗を使用。**国章**は1939年制定の赤い盾型紋章。伝統的なハンガリーの意匠である緑の3つの丘に立つ白い二重十字を青い3つの丘に替えたもので19世紀に考案された。3つの丘は国の象徴であるタトラ山、マトラ山、ファトラ山を表す。

1992〜

1992年 スロヴァキア共和国の国旗制定。**国旗**はホイストに国章を配した白青赤の横三色旗。ハンガリーに長い期間支配され、上部ハンガリーと呼ばれたスロヴァキア国旗は汎スラブ3色が使われている。

1993年 チェコとの連邦を解消し、スロヴァキア共和国として分離独立。国連に加盟。
2004年 EUに加盟。

スロヴェニア共和国
Republic of Slovenia

国旗比率　1:2

データ	
首都	リュブリャナ
面積	2.0万㎢（四国程度）
人口	207万人
人口密度	102人/㎢
公用語	スロヴェニア語
通貨	ユーロ

オーストリア帝国領

10世紀 神聖ローマ帝国支配下。
13世紀 ハプスブルク・オーストリア大公国領となる。

1804〜67 オーストリア帝国旗

1804年 神聖ローマ帝国のフランツ2世がオーストリア皇帝となり、オーストリア帝国領となる。

フランス領イリュリア諸州

1809年 ナポレオンはオーストリアからスロヴェニア、ダルマチア、ラグーサ、ゴリツィアなどの割譲を受け、フランス領イリュリア諸州を形成。州都リュブリャナ。1816年解体。

スロヴェニア／セルビア

オーストリア＝ハンガリー帝国領

1867〜1918 オーストリア＝ハンガリー帝国旗

1867年 オーストリアとハンガリーの二重帝国が成立。オーストリア＝ハンガリー帝国領となる。

セルビア人・クロアチア人・スロヴェニア人王国／ユーゴスラヴィア王国

1918〜29／1929〜43

1918年 オーストリア＝ハンガリー帝国が崩壊し、セルビア人・クロアチア人・スロヴェニア人王国が成立。国旗・国章を制定。**国旗**は青白赤の横三色旗。**国章**は赤い盾型紋章で、胸にセルビアを表す白十字と黄色いオシラ章を入れた赤盾、クロアチアを表す赤白市松模様の盾、中央クロアチア＝スロヴェニアを表す3個の六角黄星と白い上向き三日月を入れた青盾を抱く白い双頭の鷲。クレストに王冠、背後に王冠を載せた赤い位階服を配したもの。

1929年 ユーゴスラヴィア王国に改称。国旗・国章は1918年制定のものを継続使用。

1943〜45 ナチス・ドイツ国旗

1943年 第二次世界大戦で、ドイツ軍がスロヴェニアを占領。

スロヴェニア人民共和国／スロヴェニア社会主義共和国

1945〜63／1963〜90

1945年 ユーゴスラヴィア連邦人民共和国の一構成国としてスロヴェニア人民共和国が成立。国旗・国章を制定。**国旗**は中央に黄色い縁取りを付けた赤い五角星を配した白青赤の横三色旗。**国章**は社会主義国型紋章で、スロヴェニア海岸を表す3本の白い波線を持つ青いトリグラフ山、白い輪郭線を付けた赤い五角星、赤いリボンを巻いた小麦穂のリースとシナノキの葉を配したもの。

1963年 ユーゴスラヴィア社会主義連邦共和国、スロヴェニア社会主義共和国に改称。国旗・国章は1945年制定のものを継続使用。

スロヴェニア共和国

1991〜

1991年 ユーゴスラヴィアよりスロヴェニア共和国として独立。構成共和国の最初の独立。国旗・国章を制定。**国旗**はカントンに国章を配し、スロヴェニアの伝統的な紋章に使われた白青赤の横三色旗。**国章**は赤い縁取りのある青い盾型紋章で、3個の黄色い六角星はチュルエ伯爵紋章に由来する。スロヴェニア海岸を表す2本の青い波線を付けた白い山はこの国のシンボルである南アルプス連峰のトリグラフ山。

1992年 国連に加盟。

2004年 EUに加盟。

セルビア共和国
Republic of Serbia

国旗比率　2：3

データ	
首都	ベオグラード
面積	7.7万㎢（日本の5分の1程度）
人口	718万人
人口密度	93人/㎢
公用語	セルビア語
通貨	ディナール

オスマン帝国領

1168年 セルビア王国成立。

1389年 コソヴォの戦いで敗れ、オスマン帝国の支配下に置かれる。

1844〜78 オスマン帝国旗

1844年 オスマン帝国の国旗変更。オスマン帝国はトルコの項参照。

セルビア王国

1878〜82

セルビア

1878年 セルビア王国独立。国旗・国章を制定。国旗は赤青白の横三色旗。国章は赤い盾型紋章で、白い十字と四方に外側を向いたオシラ章と呼ばれる4個のキリル文字С字型模様から構成されるセルビア十字、周囲に国旗カラーのリボンで結ばれた向かって左に月桂樹の枝のリースと右に樫の葉のリース、背後に王冠を付けた赤い位階服を配したもの。С字はセルビアの守護神サヴァの頭文字とも、キリスト教を初めて公認したローマ皇帝コンスタンティヌス1世の紋章に由来するともいわれる。

1882～1918

1882年 セルビア王国の国旗・国章を変更。国旗は中央に国章を配した赤青白の横三色旗。国章は赤い盾型紋章で、白いセルビア十字を描いた赤盾を胸に、足元に12世紀ネマニッチ朝セルビア王国時代から使われている2個の黄色ユリの花を置いた白い双頭の鷲、クレストに王冠、背後に王冠を載せ黄色い樫の葉と東ローマ帝国の双頭の鷲紋章を入れた赤い位階服を配したもの。

セルビア人・クロアチア人・スロヴェニア人王国／ユーゴスラヴィア王国

1918～29／1929～41

1918年 第一次世界大戦の結果、オーストリア=ハンガリー帝国が解体、セルビア人・クロアチア人・スロヴェニア人王国成立。国旗・国章制定。国旗は青白赤の横三色旗。セルビア国旗（赤青白）クロアチア国旗（赤白青）スロヴェニア国旗（白青赤）の国内地域旗と区別できるよう、青白赤の並び方になった。国章は赤い盾型紋章で、胸にセルビアを表す白十字と黄色オシラ章を入れた赤盾、クロアチアを表す赤白25個の市松模様盾、スロヴェニアを表す3個の黄色六角星と白い上向きの三日月を入れた青盾を付けた白い双頭の鷲。クレストに王冠、背後に白い双頭の鷲の東ローマ帝国紋章を付けた赤い位階服を配したもの。

1929年 ユーゴスラヴィア王国に改称。国旗・国章は継続使用。

1941～45 ドイツ国旗　　セルビア国章

1941年 第二次世界大戦で、ドイツ軍がセルビアを占領。セルビアの国章は赤い盾型紋章で、胸に白いセルビア十字を描いた赤盾を付けた白い双頭の鷲を配したもの。

連邦制・社会主義体制

セルビア人民共和国／セルビア社会主義共和国

1945～63／1963～90

1945年 第二次世界大戦が終了し、連邦構成国のセルビア人民共和国が成立。国旗・国章を制定。国旗は中央に共産主義を表す黄色輪郭線を持つ赤い五角星を配した赤青白の横三色旗。国章は社会主義国型紋章で、キリスト教を表す十字をはずした白いオシラ章のみを描いた赤い盾、黄色輪郭線を持つ赤い五角星、向かって左に小麦穂のリース、右に樫の葉のリース、青空に昇る黄色い太陽、青い歯車、オスマン帝国支配に対する第1次セルビア蜂起の起きた1804年と、日独伊三国同盟に加盟するユーゴスラヴィア王国政府に対するクーデターを起こした1941年を、白字で記した赤いリボンを配したもの。

1963年 セルビア社会主義共和国に改称。国旗・国章は1945年制定のものを継続使用。

1980年 チトー大統領死後、民族問題が噴出。

セルビア共和国

1990～2006　　1990～2004

1990年 ユーゴスラヴィア解体への動きが始まる。セルビア共和国に改称。国旗を制定。国旗は中央の赤い五角星を取り除いた赤青白の横三色旗。国章は継続使用。

ユーゴスラヴィア

バルカン半島に位置するユーゴスラヴィア連邦は、「6つの共和国、5つの民族、4つの言語、3つの宗教」といわれるほど、複雑な構成であった。第二次世界大戦中。反ナチス・ドイツのパルチザン闘争の指導者チトーのもとに建国されたが、1980年のチトーの死とともに解体に向かった。

ユーゴスラヴィア連邦人民共和国

1945～63／1963～92　　1945～63

1945年 第二次世界大戦でドイツが敗れ、6つの共和国からなるユーゴスラヴィア連邦人民共和国が成立。国旗・国章を制定。国旗は中央に黄色輪郭線を持つ赤い五角星を配した青白赤の横三色旗。歴史的にオーストリア帝国とオスマン帝国の支配を嫌い独立を希求するスラブ系民族が支援を求めたロシア帝国国旗がこれら3色で、汎スラブ色と呼ばれる。青は空、白は光、赤は血で革命、赤い星はパルチザンのシンボルで共産主義を表す。五角星はセルビア、クロアチア、スロヴェニア、モンテネグロ、マケドニアの5民族を表す。国章は社会主義国型紋章で、5民族を表す5本の松明、共産主義を表す黄色輪郭線を持つ赤い五角星、小麦穂のリース、ヤイツェで開かれた連邦体制を採択した、第2回ユーゴスラヴィア解放反ファシズム会議開催日である1943年11月29日を白字で記した青いリボンを配したもの。

ユーゴスラヴィア社会主義連邦共和国

1963～92

1963年 ユーゴスラヴィア社会主義連邦共和国に改称。国章変更。国旗は1945年制定のものを継続使用。国章は、1945年制定国章の5民族を表す5本の松明を、セルビア、クロアチア、マケドニア、モンテネグロ、ボスニア・ヘルツェゴヴィナの連邦構成6共和国を表す6本の松明に替えたもの。

連邦解体後

ユーゴスラヴィア連邦共和国 / セルビア・モンテネグロ

1992～2003 / 2003～06

1992年 連邦構成の4共和国が分離独立し、ユーゴスラヴィア社会主義連邦共和国解体。前年のクロアチア独立に対するセルビアの攻撃に続いて、この年のボスニア・ヘルツェゴヴィナ独立にセルビアが攻撃し、内戦は泥沼化。モンテネグロとセルビアでユーゴスラヴィア連邦共和国を結成。国旗・国章を制定。**国旗**は1945年制定国旗から赤い五角星を取り除いた青白赤の横三色旗。**国章**は赤い盾型紋章で、胸に第一・第四クォーターがセルビアを表す赤地白のセルビア十字、第二・第三クォーターはモンテネグロを表す赤地黄ライオンを入れた赤い四分割盾を付けた白い双頭の鷲を配したもの。

2000年 国連に加盟。

2003年 セルビア・モンテネグロに改称。国旗・国章は1992年制定のユーゴスラヴィア連邦共和国時代のものを継続使用。

セルビア共和国

2004～06

2004年 セルビア共和国の国章変更。**国章**は赤い盾型紋章で、胸に白いセルビア十字を描いた赤盾を付け、足元に2個の黄色ユリの花を置いた白い双頭の鷲、クレストに冠を配したもの。

2006～10　　**2006～**

2006年 モンテネグロが独立し、単体のセルビア共和国になる。国旗・国章を制定。**国旗**はホイストに国章を配した赤青白の横三色旗。**国章**は赤い盾型紋章で、白いセルビア十字を描いた赤盾を胸に、足元に12世紀ネマニッチ朝セルビア王国時代から使われている2個の黄色ユリの花を置いた白い双頭の鷲。クレストに冠、背後に冠を載せ黄色い樫の葉と東ローマ帝国の双頭の鷲紋章を入れた赤い位階服を配したもの。

2008年 NATO軍のセルビアへの空爆を含む10年にわたる内戦を経て、セルビア共和国からコソヴォ共和国が独立を宣言。

2010～

2010年 セルビア共和国の国旗変更。**国旗**の色を修正し、濃い青に替えた。

チェコ共和国
Czech Republic

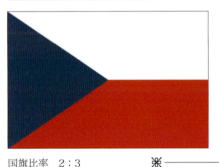

データ	
首都	プラハ
面積	7.9万km²
	（日本の5分の1程度）
人口	1055万人
人口密度	134人/km²
公用語	チェコ語
通貨	チェコ・コルナ

国旗比率　2：3

9世紀 大モラヴィア王国が繁栄。現在のチェコ、スロヴァキアのほか北方や東方まで支配。

10世紀 ボヘミア王国が形成される。

1419年 カトリック教会の改革を求め焚刑に処されたフスを支持する一派がプラハで蜂起、フス戦争が勃発（～36）。

1618年 三十年戦争（～48）勃発。ボヘミアを支配するハプスブルク家の反宗教改革に対し、新教徒の貴族が反発。

1804年 オーストリア帝国が成立し、その支配下となる。

1848年 ドイツで三月革命。その影響でオーストリアに対しチェコ人、スロヴァキア人、ハンガリー人など各民族が自治権を要求。

オーストリア=ハンガリー帝国領

1867～1918 オーストリア=ハンガリー帝国旗

1867年 オーストリア=ハンガリー帝国が成立し、その支配下となる。

チェコスロヴァキア共和国

1918～20

1918年 第一次世界大戦（1914～18）でオーストリア=ハンガリー帝国が敗れ、チェコスロヴァキア共和国成立。**国旗**は白赤の横二色旗。

国章は四分割盾型紋章で、第一クォーターはスロヴァキアを表す赤地青い山に白い二重十字、第二クォーターはルテニアを表す青黄7本横縞と赤い熊、第三クォーターはモラヴィアを表す青地赤白市松模様鷲、第四クォーターはシレジアを表す黄地黒鷲、中央にボヘミアを表す赤地白いライオンの盾を配したもの。
1920〜39

1920年 チェコスロヴァキア共和国の国旗・国章変更。国旗は青白赤の横Y字旗。ボヘミア紋章由来の白赤の二色旗に、スロヴァキアとモラヴィアを表す青い三角形を加えた旗。

国章は盾型紋章で、第一クォーターはスロヴァキアを表す赤地青い山と白い二重十字、第二クォーターはルテニアを表す青黄7本横縞と赤い熊、第三クォーターはモラヴィアを表す青地赤白市松模様鷲、第四クォーターはシレジアを表す黄地黒鷲、第五クォーターはラチボールを表す青地黄鷲、第六クォーターはオパヴァを表す赤白縦縞、第七クォーターはテシンを表す青地黄鷲と白赤縦縞。中央にボヘミアを表す冠を被り立ち上がる白いライオンを入れた赤い盾。サポーターはシナノキの枝飾りの上に立つ冠を被った2頭の黄ライオン、底部にチェコ語 "PRAVDA VITEZI" 「真実は勝つ」という標語を青字で記した黄色いリボン。

ボヘミア・モラヴィア保護国

1938年 ナチス・ドイツがドイツ人が居住するズデーテン地方の併合を要求、英仏独伊首脳のミュンヘン会議で認めさせ、軍を進駐する。

1939〜45

1939年 ナチス・ドイツの影響下で、チェコスロヴァキアが解体される。スロヴァキアは分権・独立。チェコはボヘミア・モラヴィアがドイツの保護国とされる。国旗・国章を制定。国旗は白赤青の横三色旗。国章は四分割盾型紋章で、第一・第四クォーターはボヘミアを表す赤地に冠を被った白いライオン、第二・第三クォーターはモラヴィアを表す青地赤白市松模様鷲を配したもの。

チェコスロヴァキア共和国

1945〜60

1945年 第二次世界大戦でドイツが敗れ、独立を回復し、チェコスロヴァキア共和国が復活。国連に加盟。国旗復活・国章制定。国旗は1920年制定の青白赤の横Y字旗が復活。国章は赤い盾型紋章で、黄色い冠を被り立ち上がるボヘミアの白いライオン、左肩にスロヴァキア二重十字の赤い盾型紋章を配したもの。

社会主義体制から連邦制へ

1948年 共産党によるクーデターで社会主義体制が確立。

チェコスロヴァキア社会主義共和国

1960〜90

1960年 チェコスロヴァキア社会主義共和国に改称。国旗は継続使用。国章制定。国章は黄色と白の縁取りの付いた赤い五角形紋章で、黄色い輪郭線の赤い五角星、王冠なしの立ち上がるボヘミアの白いライオン、左肩に青いタトラ山と黄色いパルチザン部隊の燃える火を描いた黄色い縁取りを付けた赤い小盾を配したもの。
1968年 「プラハの春」と呼ばれる民主化運動が起こったが、ソ連などの軍事介入により挫折。

チェコ社会主義共和国

1969〜90

1969年 連邦体制が確立。チェコスロヴァキア社会主義共和国内にチェコ社会主義共和国とスロヴァキア社会主義共和国が成立。チェコ社会主義共和国の国旗は1920年制定の国旗、国章は1960年制定国章を使用。

1989年 「ビロード革命」と呼ばれる反政府運動により、共産主義体制が終焉。

チェコスロヴァキア連邦共和国

1990〜93

1990年 チェコスロヴァキア連邦共和国に改称。国旗は継続使用。国章制定。国章は四分割盾型紋章で、第一・第四クォーターがチェコを表す赤地白いライオン、第二・第三クォーターはスロヴァキアを表す赤地青い山と白い二重十字を配したもの。

連邦解消・分離独立

1992〜

1992年 スロヴァキアとの分離1年前、チェコ共和国の国章制定。国章は四分割盾型紋章で、第一・第四クォーターはボヘミアを表す冠を被った白いライオン、第二クォーターはモラヴィアを表す赤白市松模様鷲、第三クォーターはシレジアを表す黄地黒鷲を配したもの。

チェコ共和国

1993〜

1993年 チェコスロヴァキア連邦共和国が解体し、スロヴァキア共和国が分離・独立。チェコ共和国となる。チェコとして国連に加盟。国旗は1920年制定の国旗。青は空、白は純粋さ、赤は独立闘争で流された血を表す。
2004年 EUに加盟。

デンマーク王国
Kingdom of Denmark

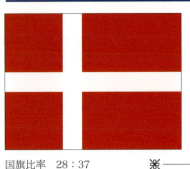

データ	
首都	コペンハーゲン
面積	4.3万㎢ (九州程度)
人口	570万人
人口密度	133人/㎢
公用語	デンマーク語
通貨	デンマーク・クローネ

国旗比率　28：37

11世紀　カヌート王による北海帝国成立、デンマーク、ノルウェー、イングランドを統治。

デンマーク王国
1219～1397／1523～1940

1219年　デンマーク王ワルデマール2世がエストニア征服。**国旗**は中央に白いスカンディナヴィア十字を配した赤旗。

カルマル同盟
1397～1523

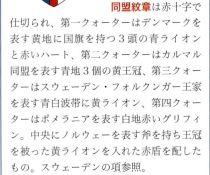

1397年　デンマーク、ノルウェー、スウェーデンの北欧3国によるカルマル同盟が成立。首都はコペンハーゲン。デンマーク王エーリク7世が3国の王を兼ねた。**同盟旗**は赤いスカンディナヴィア十字を配した黄旗。**同盟紋章**は赤十字で仕切られ、第一クォーターはデンマークを表す黄地に国旗を持つ3頭の青ライオンと赤いハート、第二クォーターはカルマル同盟を表す青地3個の黄王冠、第三クォーターはスウェーデン・フォルクンガー王家を表す青白波帯に黄ライオン、第四クォーターはポメラニアを表す白地赤いグリフィン。中央にノルウェーを表す斧を持ち王冠を被った黄ライオンを入れた赤盾を配したもの。スウェーデンの項参照。

1460年　ユトランド半島南半のシュレスヴィヒ公国およびホルシュタイン公国を併合。

1523～59

1523年　スウェーデン王国が独立し、カルマル同盟は解体。ノルウェーは引き続きデンマークが支配。デンマークの国旗は1219年制定国旗を使用（～1940年まで）。国章変更。**国章**は五分割盾型紋章で、デンマーク国旗カラーの赤白十字で仕切られ、第一クォーターはデンマークを表す黄地3頭の王冠を被った青ライオンと9個の赤ハート、第二クォーターはノルウェーを表す赤地王冠を被り斧を振りかざす黄ライオン、第三クォーターはカルマル同盟を表す青地3個の黄王冠、第四クォーターはゴットランド島を表す黄地青ライオンと9個の赤ハート、第五クォーターは北ドイツ・ヴェント地方を表す赤地王冠を被った黄ドラゴン。中央の小盾は第一クォーターはシュレスヴィヒを表す黄地2頭の青ライオン、第二クォーターはホルシュタインを表す赤地白イラクサの葉、第三クォーターはドイツ・シュトルマルンを表す赤地白鳥、第四クォーターは現デンマーク王国起源となるオルデンブルク王家を表す黄地2本赤横縞を配したもの。

1559～1699

1559年　デンマーク王国の国章変更。**国章**は1523年制定国章の、小盾第四クォーターのオルデンブルク王家紋章を、ドイツ・ディットマルシェンを表す赤地白馬にまたがり剣を振りかざす騎士に替え、中心にさらに小さな盾を設け、向かって左にオルデンブルク王家を表す黄地2本赤横縞、右にオルデンブルク王家支配下にあったデルメンホルストを表す青地黄十字を配したもの。

1625年　三十年戦争に新教徒陣営で参戦する。

1660年　フレデリック3世が平民・聖職者の支持を得て、貴族を抑えて絶対王政を開始する。

1699～1819

1699年　デンマーク王国の国章変更。**国章**は五分割から六分割盾に替え、1559年制定国章の、小盾第一クォーターにあったシュレスヴィヒを表す黄地2頭の青ライオンを、大盾の第五クォーターに移動させたもの。

1814年　ナポレオン戦争では、イギリスの攻撃を受け、フランス側に立って敗れる。スウェーデンにノルウェーを割譲し、ノルウェーとの同君連合は解消した。

1819～1903

1819年　デンマーク王国の国章変更。**国章**は1699年制定国章の、大盾第二クォーターにあったノルウェーを表す赤地黄ライオンを、ノルウェーがスウェーデンに割譲されたので取り除き、第五クォーターにあったシュレスヴィ

デンマーク　197

ヒを表す黄地２頭の青ライオンに替えて第五クォーターにアイスランドを表す赤地冠を被った白い干しタラ、フェロー諸島を表す青地白い山羊、グリーンランドを表す青地シロクマを入れ、さらに小盾を四分割し、第四クォーターにリューネンブルクを表す赤地黄色の馬の頭を入れた。盾の周りにダンネブロ勲章とデンマーク象勲章、サポーターは２人の棍棒を持った野人、盾の背後に王冠を載せた赤い位階服を配したもの。

1864年 第２次シュレースヴィヒ・ホルシュタイン戦争でプロイセン王国、オーストリア帝国に敗北、同地を失う。

1903～48

1903年 デンマーク王国の国章変更。**国章**は1819年制定国章の、第五クォーターにあったアイスランドを表す赤地白干しタラを、アイスランドを表す青地白いハヤブサに替えたもの。

1918年 デンマークよりアイスランドが独立し、同君連合。

1920年 住民投票の結果、北部シュレースヴィヒ地方がデンマーク領に復帰。

1940～45 ナチス・ドイツ国旗

1940年 第二次世界大戦（1939～45）で、ドイツ軍がデンマークを占領。

1945～

1945年 第二次世界大戦のドイツ敗北で、主権を回復。国連に加盟。デンマーク**国旗**復活。中央に白いスカンディナヴィア十字を配した赤旗。この国旗は1219年国王ワルデマール２世がエストニアと戦っていたときに空から降ってきたといわれる。赤は神聖ローマ帝国軍旗の色で白い十字はキリスト教を表す。「ダンネブロ」と呼ばれ、現存する世界の国旗のなかでも古い歴史を持ち、スカンディナヴィア十字旗のモデルになった旗。

1948～72

1948年 デンマーク王国の国章変更。**国章**は1903年制定国章の、第五クォーターにあったアイスランドを表す青地白いハヤブサを、アイスランドがデンマークから独立したので取り除いた。

1972～

1972年 デンマーク王国の国章変更。**国章**は黄色い盾型紋章で、1047～1375年にデンマーク王家であった、エストリズセン王家紋章に由来する３頭の王冠を被った青ライオンと９個

王室紋章

1972～

1972年 国章とは別に、**王室紋章**が制定された。1948年制定国章の、第四クォーターにあったゴットランド島を表す黄地青ライオンと９個の赤ハートと、第六クォーターにあった北ドイツ・ヴェント地方を表す赤地黄ドラゴンを取り除き、六分割盾から四分割盾に替え、さらに中央の小盾から５個の紋章を取り除き、デンマーク王国起源であるオルデンブルク王家の黄地２本の赤い横縞のみを残した紋章。

の赤いハート、クレストに王冠を配したもの。1219年にデンマーク王ワルデマール２世が戦いで打ち破ったエストニアの現在の国章にも、また首都タリンの市章にも王冠なしの３頭の青いライオンが使われている。

1973年 ヨーロッパ共同体（現ＥＵ）に加盟。

ドイツ連邦共和国
Federal Republic of Germany

データ	
首都	ベルリン
面積	35.7万㎢（日本よりやや狭い）
人口	8068万人
人口密度	226人/㎢
公用語	ドイツ語
通貨	ユーロ

国旗比率 3：5

神聖ローマ帝国

962年 神聖ローマ帝国が成立。皇帝は選挙制で、諸領邦の集合体であった。

1401～1806

1401年 15世紀から使われた国旗は翼を広げた双頭の黒鷲の黄旗。

プロイセン王国と諸連邦

プロイセン王国

1701～1871

1701年 北ドイツのプロイセン公国が王国に昇格。国旗制定。国旗はホイストに王冠を被り、足で王笏と宝珠をつかみ翼を広げる単頭の黒鷲、上下に黒の横縞を配した白旗。

ライン同盟

1806～15

1806年 ナポレオン戦争中に神聖ローマ帝国が滅亡。西南ドイツにライン同盟（連邦）が成立。首都はフランクフルト。フランスのナポレオン皇帝の保護下で成立した国家連合で、神聖ローマ帝国内のドイツ諸侯とフランス帝国の同盟。最大期には4王国、5大公国、13公国、17侯国、3自由都市が参加したが、ナポレオンの敗退とともに解体。ライン同盟の国旗は緑白青の横三色旗。

1814～90 イギリス領ヘルゴランド域旗

1814年 ナポレオン戦争により、ドイツ北西部の現シュレスヴィヒ・ホルシュタイン州に属するヘルゴ島を、イギリスがイギリス領ヘルゴランドとして1890年まで領有。域旗はカントンにイギリス国旗を配した緑赤白の横三色旗。緑は島の自然、赤は赤い崖、白は砂浜を表す。

ドイツ連邦

1815～66

1815年 ドイツ連邦成立。首都はフランクフルト。ライン同盟の解体を受け、オーストリア帝国、プロイセン王国など35の君主国と4自由都市が参加した国家連合。国旗・国章制定。国旗はカントンに国章を配した黒赤黄の横三色旗。国章は黄色い盾型紋章で、中に神聖ローマ帝国由来の翼を広げた双頭の黒鷲を配したもの。

1866年 オーストリアとの戦争に勝利したプロイセンにより、ドイツ連邦が解体される。

北ドイツ連邦

1867～71

1867年 北ドイツ連邦が成立。ついで南ドイツ諸侯も参加。排除されたオーストリアはハンガリーとの二重帝国を形成。プ

イセン王国がドイツ統一の主導権を握る。首都はベルリン。国旗・国章制定。国旗は黒白赤の横三色旗。この国旗は、プロイセンのビスマルク首相の指示で考案された。黒と白はプロイセン王国国旗の色、赤と白はハンザ同盟＝自由都市旗の色で、黒と白は武威、赤と白は通商の繁盛を表す。国章は国旗意匠の盾型紋章でクレストに冠、サポーターは棍棒を持つ2人の野人を配したもの。

統一後のドイツ

ドイツ帝国

1870年 普仏戦争が勃発。プロイセンがフランスに勝利。

1871～1918

1871～89

1871年 プロイセン王国を中心に統一国家ドイツ帝国が成立。国旗は1867年制定の北ドイツ連邦国旗を継続使用。黒は勤勉と労働、白は栄光と休息、赤は愛国心を表す。国章は黄色い盾型紋章で、胸に黒白四分割小盾を抱き、足で皇帝笏と宝珠をつかみ冠を被り翼を広げるプロイセン黒鷲を描いた白盾を付け、翼を広げる黒鷲、クレストに神聖ローマ帝国皇帝冠、

周囲にプール・ル・メリット勲章を配したもの。

1889〜1918

1889年 ドイツ帝国の国章変更。**国章**は1871年制定国章から黄色い盾を取り除き、プール・ル・メリット勲章を直接黒鷲の首にかけたもの。

ドイツ帝国海軍旗

1903〜18 海軍旗

1903年 ドイツ帝国海軍旗を制定。**海軍旗**はカントンに黒い鉄十字を入れた艦首旗、中央にプロイセン黒鷲を描いた白円と黒輪郭線を持つ白十字を配した白旗。アフリカ、太平洋のドイツ植民地でも使用。

ヴァイマール共和国

1919〜33

1919年 前年に第一次世界大戦で敗戦、皇帝が退位。共和国となり、1919年にヴァイマール憲法を公布。ヴァイマール共和国が成立。国旗・国章制定。**国旗**は黒赤黄の横三色旗。黒は勤勉、赤は熱血、黄は無上の名誉を表す。**国章**は黄色い盾型紋章で翼を広げた黒い単頭の鷲を配したもの。

1920〜35 国際連盟管理地域ザール旗

1920年 第一次世界大戦の戦後処理として、ヴェルサイユ条約に基づきザール地方の工業地帯と炭田が国際連盟の管理下に置かれた。15年後の1935年、住民投票によりドイツへ復帰。ザール国際連盟管理地域旗制定。**地域旗**は青白黒の横三色旗。もともとバイエルン王国とプロイセン王国に属していたので、青白のバイエルン国旗と黒白のプロイセン国旗を組み合わせた旗。

北ドイツ連邦とハンザ同盟

北ドイツ連邦成立時（1867）に生まれた主な領邦と、ハンザ同盟（14世紀）自由市の旗。

バイエルン王国

バイエルン王国は菱形連続模様の青白旗使用。首都はミュンヘン（バイエルン州）。

ハノーファー王国

ハノーファー王国はカントンに白馬とイギリス国旗を配した赤旗使用。首都はハノーファー（ニーダーザクセン州）。

ヴュルテンベルク王国

ヴュルテンベルク王国は黒赤の横二色旗使用。首都はシュトゥットガルト（バーデン・ヴュルテンベルク州）。

ザクセン王国

ザクセン王国は中央に緑の輪冠を付けた黒黄10縞模様の盾を配した白緑の横二色旗使用。首都はドレスデン（ザクセン州）。

オルデンブルク大公国

オルデンブルク大公国は赤十字を配した青旗使用。首都はオルデンブルグ（ニーダーザクセン州）。

メクレンブルク大公国

メクレンブルク大公国は青黄赤の横三色旗使用。首都はシュヴェリーン（メクレンブルク・フォアポンメルン州）。

シュレスヴィヒ・ホルシュタイン公国

シュレスヴィヒ・ホルシュタイン公国は青白赤の横三色旗使用。首都はシュレスヴィヒ（シュレスヴィヒ・ホルシュタイン州）。

ナッサウ公国

ナッサウ公国はオレンジ青オレンジの横三分割旗。首都はヴァイルブルク（ヘッセン州）。

バーデン公国

バーデン公国は黄赤黄の横三分割旗使用。首都はカールスルーエ（バーデン・ヴュルテンベルク州）。

リッペ侯国

リッペ侯国は黄赤の横二色旗使用。首都はデトモルト（ノルトライン・ヴェストファーレン州）。

ハンザ同盟

ハンブルク自由市

ハンブルク自由市は中央に白い三塔を持つ石門を配した赤旗使用。

フランクフルト自由市

フランクフルト自由市はカントンに白鷲を描いた赤い盾を配した赤白の横4縞旗使用。

ブレーメン自由市

ブレーメン自由市はホイストに赤白市松模様パネルを配した赤白横八縞旗使用。

リューベック自由市

リューベック自由市は白赤の横二色旗使用。

ドイツ国

1933〜35

1933年 ヒトラーが首相に就任、ナチスの一党独裁体制確立。ドイツ国に改称。国旗制定。**国旗**は1871年制定の黒白赤のドイツ帝国国旗が復活。

1935年 ドイツ国の国旗・国章変更。**国旗**は中央の白い円に黒いスワスチカ（カギ十字）を配した赤旗。赤は社会主義、白は民族主義、黒いスワスチカはアーリア民族を表す。**国章**は中に黒いス

1935〜45

ワスチカを入れた樫の葉の円形リースの上で翼を広げた単頭の黒鷲を配したもの。

1939年 ポーランドに侵攻、第二次世界大戦を招く。

1945年 ドイツ敗戦。英米仏ソが分割占領。

第二次大戦後のドイツ

1945年 敗戦により、英米仏ソの分割占領・共同管理となる。

ドイツ連邦共和国

1949〜

1949年 米英仏占領地域にドイツ連邦共和国（西ドイツ）成立。国旗制定。首都はボン。**国旗**は1919年制定のヴァイマール国旗が復活。黒は勤勉と力、赤は熱血、黄は名誉を表す。

1950〜

1950年 ドイツ連邦共和国の国章制定。**国章**は黄色い盾型紋章で、翼を広げた単頭の黒鷲を配したもの。

ドイツ民主共和国

1949〜59

1949年 ソ連占領地域にドイツ民主共和国（東ドイツ）成立。国旗制定。首都は東ベルリン。**国旗**はドイツ連邦共和国国旗と同じ黒赤黄の横三色旗。1959年まで使用。

1950〜53

1950年 ドイツ民主共和国の国章制定。**国章**は黄色いハンマーと周囲にライ麦穂のリースを配したもの。

1953〜55

1953年 ドイツ民主共和国の国章変更。**国章**は社会主義国型紋章で、工場労働者を表す黄色いハンマーと知識層を表すコンパスを交差させ、国旗カラーのリボンを巻いた黄色いライ麦穂のリースを配したもの。

1955〜90

1955年 ドイツ民主共和国の国章変更。**国章**は1953年制定国章の白地を赤地に替えたもの。

1959〜90

1959年 ドイツ民主共和国の国旗変更。**国旗**は国章を中央に配した黒赤黄の横三色旗。

1967年 西ドイツがヨーロッパ共同体（現EU）加盟。

1973年 東西ドイツが国連に加盟。

1989年 東欧社会主義圏の動揺の中で、ドイツ東西分割の象徴ベルリンの壁が崩壊。

ドイツ連邦共和国

1990年 西ドイツが東ドイツを吸収する形で、東西ドイツが再統一され、ドイツ連邦共和国となる。首都ベルリン。冒頭の国旗・国章参照。**国旗**は1949年制定、**国章**は1950年制定のものを継続使用。

第二次世界大戦後

1945〜49 ドイツ民用船舶旗

1945年 第二次世界大戦終結。敗戦国ドイツでは国旗の使用が4年間禁止され、ドイツ船舶は海上では国際信号旗C旗をモデルに作られた燕尾旗の**船舶旗**を使用。

1947〜57 フランス保護領ザール域旗

1947年 第二次世界大戦でドイツが敗れると、フランス保護領ザールが成立。ドイツ復帰の1957年まで10年間、フランスはザールを支配した。フランス保護領ザール域旗制定。フランス領ザールの首都はザールブリュッケン（ザールラント州）。**域旗**はフランス国旗の三色を用いた旗で白いスカンディナヴィア十字で青と赤を染め分けた旗。

統一ドイツ・オリンピック旗

1956/60/64

1956年 統一ドイツ・オリンピック旗制定。オリンピックに出場する東西統一ドイツ選手団用として作られた、中央に白いオリンピック・マークを配した黒赤黄の横三色旗。この旗は1956年メルボルン・オリンピック、1960年ローマ・オリンピック、1964年東京オリンピックと3度使用された。

ノルウェー王国
Kingdom of Norway

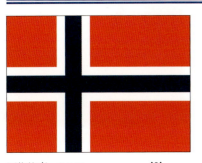
国旗比率 8：11

データ	
首都	オスロ
面積	32.4万km²
	（日本よりやや狭い）
人口	527万人
人口密度	16人/km²
公用語	ノルウェー語
通貨	ノルウェー・クローネ

ノルウェー王国

899年 ハーラル1世がノルウェー沿岸部を統一し、ノルウェー王を名乗る。

1280～1397

1280年 ノルウェー王国の国旗制定。**国旗**は中央に斧を持ち立ち上がる王冠を被った黄ライオンを配した赤旗。

カルマル同盟

1397年 デンマーク、スウェーデン、ノルウェー3国でカルマル同盟結成（～1523）。**同盟旗**は赤いスカンディナヴィア十字を配した黄旗。**同盟紋章**はデンマークの項参照。

デンマーク・ノルウェー連合王国

1523～1814

1523年 カルマル同盟解消、デンマーク・ノルウェー連合王国成立。デンマークとの同君連合だが、事実上ノルウェーはデンマークに支配される。デンマーク**国旗**を使用。国章制定。**国章**は五分割盾型紋章で、デンマーク国旗カラーの赤白十字で仕切られ、第一クォーターはデンマークを表す黄地3頭の王冠を被った青ライオンと9個の赤ハート、第二クォーターはノルウェーを表す赤地王冠を被り斧を振りかざす黄ライオン、第三クォーターはカルマル同盟を表す青地3個の黄王冠、第四クォーターはゴットランド島を表す黄地青ライオンと9個の赤ハート、第五クォーターは北ドイツ・ヴェント地方を表す赤地冠を被った黄ドラゴン。中央の小盾は、第一クォーターはシュレスヴィヒを表す黄地2頭の青ライオン、第二クォーターはホルシュタインを表す赤地白イラクサの葉、第三クォーターはドイツ・シュトルマルンを表す赤地白鳥、第四クォーターはドイツ・ディトマルシェンを表す赤地白馬にまたがり剣を振りかざす騎士、さらに中央に向かって左に現デンマーク王国起源のオルデンブルク王家を表す黄地2本の赤横縞とオルデンブルク王家の支配下にあったデルメンホルストを表す青地黄十字の小盾。盾の上に王冠、周囲にダンネブロ勲章とデンマーク象勲章を配したもの。

ノルウェー・スウェーデン同君連合

1814～21　1814～44

1814年 ナポレオン戦争の結果、デンマークがノルウェーをスウェーデンに割譲。ノルウェー・スウェーデン同君連合が成立。**国旗**はカントンに斧の付いた曲がった槍を持ち、王冠を被り立ち上がる黄ライオン、白いスカンディナヴィア十字を配した赤旗。**国章**は赤い盾型紋章で、王冠を被り斧の付いた曲がった槍を持つ黄ライオン、クレストに王冠を配したもの。

1821～44

1821年 ノルウェー・スウェーデン同君連合の国旗変更。**国旗**は赤いカントンに白いサルタイヤー、黄色いスカンディナヴィア十字を配した青旗。

1844～99

1844年 ノルウェー・スウェーデン同君連合の国旗・国章変更。**国旗**はカントンにノルウェー国旗とスウェーデン国旗を組み合わせた、ユニオン・マークと呼ばれる意匠と白い輪郭線を持つ青いスカンディナヴィア十字を配した赤旗。

1844～1905

国章は黄十字で仕切られた盾型紋章で、第一クォーターはカルマル同盟を表す青地3個の黄王冠、第二クォーターはノルウェーを表す赤地に王冠を被り斧を持つ黄ライオン。第三クォーターはスウェーデン・フォルクンガー王家を表す青白波帯に王冠を被った黄ライオン、中央の小盾には向かって左にスウェーデン・ウップランド地方ヴァサ王家を表す青白赤の斜帯に黄色麦束、右にベルナドッテ王家を表す青地黄色北斗七星とナポレオン鷲と3つのアーチと3塔を持つ橋、クレストにスウェーデン、ノルウェーを表す2個の王冠、サポーターは冠を被った2頭の黄ライオン。背後に王冠を載せた赤い位階服を配したもの。

1899〜1905/1905〜40

1899年 ノルウェー国内でノルウェー国旗を使用する。

ノルウェー王国

1905〜40/1945〜92

1905年 スウェーデンとの同君連合を解消、ノルウェー王国として独立。ノルウェー王国の国章制定。国旗は1899年制定のものを継続使用。国章は赤い盾型紋章で、王冠を被り斧を持ち立ち上がる黄ライオン、クレストに王冠を配したもの。

1940〜45 ナチス・ドイツ国旗

1940年 第二次大戦（1939〜45）でドイツ軍がノルウェーを占領。

1945〜

1945年 ドイツ軍が敗退。第二次世界大戦後、ノルウェー王国が復活。国連に加盟。国旗復活。国旗は白い輪郭線を持つ青いスカンディナヴィア十字を配した赤旗。赤は国民の熱情、青は海と国土、白は雪を表す。
1972年 EU加盟を問う国民投票は否決される。

1992〜

1992年 ノルウェー王国の国章変更。国章は赤い盾型紋章で、王冠を被り斧を持ち立ち上がる黄ライオン、盾の周囲に聖オラフ勲章、背後に王冠を付けた赤い位階服を配したもの。
1994年 EU加盟を問う国民投票は再び否決。

ハンガリー
Hungary

国旗比率　1：2

データ	
首都	ブダペスト
面積	9.3万km²
	（日本の4分の1）
人口	982万人
人口密度	106人/km²
公用語	マジャール語
通貨	フォリント

13世紀 モンゴル軍がハンガリーの地を席巻。
1526年 中南部がオスマン帝国領、北西部がハプスブルク家の支配となる。

ハンガリー王国

1541〜1804　　　1541〜1608

1541年 オスマン帝国がハンガリー中央部を直轄支配下に置く。ハンガリー王国の国旗・国章制定。国旗は赤白8本の横縞旗。13世紀アールパード王家の紋章に由来する。国章は国旗意匠の盾型紋章。

1608〜1804

1608年 ハンガリー王国の国章変更。国章は盾型紋章で、赤白8本横縞、赤地に緑の丘に立つ白い二重十字と黄色い王冠を加えたもの。

オーストリア帝国支配下

1804〜48/1849〜67　　1804〜48

1804年 オーストリア帝国が成立。その支配下となる。国旗・国章を制定。国旗は黒黄の横二色旗。国章は1608年制定の盾型国章の上に、曲がった十字を付けた王冠を配したもの。

革命旗

1848〜49

1848年 中・東欧の革命の波が及び、三月革命。オーストリアからの独立を目指す。革命旗は中央にマジャール語で「自由、平等、友愛」と黒字で標語を記した赤白緑の横三色旗。

ハンガリー

1848～67

1848年 三月革命で独立を宣言するが、敗北。帝国領ハンガリー国章変更。**国章**は1804年制定の盾型国章の王冠を月桂樹の枝のリースに替え、盾の周りに国旗カラーのリボンと10領土の紋章を配したもの。紋章は左上から反時計回りにダルマチアを表す3頭の黄ライオンの顔入り青盾、クロアチアを表す25個の赤白市松模様盾、スラボニアを表す黄色六角星と走るクロテンの青盾、ガリツィアを表す白鳥と3個の冠の青盾、ロドメリアを表す赤白市松模様の2本縞の青盾、ラスカを表す3頭の黄色馬蹄の青盾、セルビアを表す茶色猪の赤盾、コマニアを表す白い月星と赤ライオンの青盾、ブルガリアを表す走る白馬の青盾、トランシルヴァニアを表す太陽・月と黒鷲の青黄盾を配したもの。

オーストリアとの二重帝国

オーストリア＝ハンガリー帝国

1867～1918

1867年 オーストリア＝ハンガリー帝国が成立。オーストリア皇帝が皇帝を兼ねる。オーストリア＝ハンガリー帝国の国旗・国章制定。**国旗**は両国政府旗を組み合わせた横三分割旗。**国章**はオーストリア帝国国章の盾を中央に、向かって左がオーストリア領土を示す皇帝冠の付いた金色の盾型紋章、右がハンガリー領土を示す聖ステファン王冠の付いた盾型紋章で、サポーターは鷲とライオンが合体した想像上の動物グリフィンと翼を付けた天使。底部にラテン語 "INDIVISIBILITER AC INSEPARABILITER"「分離分割不能」という標語が黒字で記されたリボンを配したもの。ハンガリー領土は向かって左上から反時計回りに青地3頭の黄色いライオンのダルマチア、走るテン模様のスラボニア、腕と剣のボスニア、黒鷲と水瓶のフィウメ、黒鷲のトランシルヴァニア、赤白市松模様のクロアチア、中央に赤白8横縞と緑の丘に王冠と白い二重十字のハンガリー王国の盾を配したもの。オーストリア領土は左上から反時計回りに鳥と3個の冠のガリツィア、黒鷲のシレジア、赤白市松模様鷲のモラヴィア、黒牛のブコヴィナ、黒双頭鷲のトリエステ、腕と剣のボスニア、赤鷲のチロル、黒ライオンのザルツブルク、3頭ライオンのダルマチア、白ライオンのボヘミア、中央の盾は左上から反時計回りに5羽鷲のニーダーエスタライヒ、白いドラゴンのシュタイアーマルク、青鷲のクライン、3頭黒ライオンのケルンテン、黄鷲のオーバーエスタライヒ、中央がオーストリア大公国の紋章を配したもの。

ハンガリー王国

1867～1918　　**1867～90**

1867年 ハンガリー王国の**国旗**は、中央に天使のサポーターを付けた国章を配した赤白緑の横三色旗。**国章**は1804年制定の国章が復活。

1890～1915

1890年 ハンガリー王国の国章変更。**国章**は五分割盾型紋章で、第一クォーターはダルマチアを表す青地3個の黄ライオンの顔、第二クォーターはクロアチアを表す25個の赤白市松模様、第三クォーターはスラボニアを表す青地黄色六角星と走るテン、第四クォーターはトランシルヴァニアを表す青黄地太陽・三日月と黒鷲、第五クォーターはフィウメを表す赤地水瓶と双頭の黒鷲。中央にハンガリー盾型紋章、クレストに十字が曲がった王冠、サポーターは翼を付けた天使を配したもの。

1915～18

1915年 ハンガリー王国の国章変更。**国章**は1890年制定国章の五分割盾を六分割盾に替え、ボスニアを表す黄地剣を持った腕を加えたもの。

第一次世界大戦後

ハンガリー民主共和国

1918～19

1918年 第一次世界大戦（1914～18）敗北。ハンガリー民主共和国成立。国旗・国章制定。**国旗**は中央に国章を配した赤白緑の横三色旗。**国章**は1608年制定の王冠を除いた盾型紋章。

ハンガリー・ソヴィエト共和国

1919～20

1919年 ハンガリー・ソヴィエト共和国成立。ルーマニアの介入で打倒される。国旗・国章制定。**国旗**は無地の赤旗。**国章**は赤い五角星。

ハンガリー王国

1920～44／1944～45

1920～44

1920 年 反共産主義のホルティが摂政となり、国王空位のままハンガリー王国が成立。国旗・国章を制定。**国旗**は 1867 年制定の盾型国章を中央に配した赤白緑の横三色旗。赤は革命、白は平和、緑は希望を表す。**国章**は 1867 年制定盾型国章に、翼を付けた天使のサポーターを配したもの。

1939 年 ドイツ軍のポーランド侵攻で、第二次世界大戦が始まる。

1940 年 日独伊三国同盟に加入する。

ハンガリー国

1944～45

1944 年 枢軸国の敗勢をみて単独講和を目指したため、ドイツ軍の占領を受ける。ファシスト政党矢十字党によるハンガリー国が成立。国章制定。国旗は 1920 年制定のものを継続使用。**国章**は 1867 年制定の国章に、政党シンボルである緑の矢十字と赤い H を配したもの。

1945 年 1 月、連合国と休戦協定を結ぶ。

ハンガリー共和国

1946～49

1946 年 王制廃止。ハンガリー共和国となる。国旗・国章を制定。**国旗**は中央に国章を配した赤白緑の横三色旗。**国章**は盾の上に王冠のない盾型紋章で、1608 年制定国章の盾の形を修正したもの。

社会主義化と崩壊

ハンガリー人民共和国

1949～56

1949 年 共産化が進み、ハンガリー人民共和国に改称。国旗・国章を制定。**国旗**は中央に国章を配した赤白緑の横三色旗。**国章**は青い社会主義国型紋章で、共産主義を表す黄色輪郭線を付け光線を放つ赤い五角星、交差した工場労働者を表す黄色いハンマーと農民を表す小麦穂、国旗カラーのリボンを付けた小麦穂のリースを配したもの。

1955 年 国連に加盟。

ハンガリー動乱

1956～57

1956 年 共産党政権に対し、民衆が蜂起。ソ連軍が介入して鎮圧される。ハンガリー**革命旗**は、共産主義を表す国章をくりぬいた国旗を使用。革命軍**紋章**は 1946 年制定の盾型紋章を使用。

1957～89

1957 年 ハンガリー動乱鎮圧の後、ハンガリー人民共和国の国旗・国章変更。**国旗**は国章を付けない赤白緑の横三色旗。**国章**は青い社会主義国型紋章で、共産主義を表す黄色輪郭線を付けた光を放つ赤い五角星、黄色縁取りの国旗意匠の盾、赤いリボンと国旗カラーのリボンを巻いた小麦穂のリースを配したもの。

ハンガリー共和国

1989～2012

1989 年 東ヨーロッパの共産主義体制の崩壊が進む中、ハンガリー共和国に改称。国旗・国章を制定。**国旗**は赤白緑の横三色旗。縦横比率を 1：2 に替えた旗。赤は強さ、白は忠誠心、緑は希望を表す。**国章**は盾底部を修正した 1804 年制定の国章が復活。国章は 13 世紀アールパート王家のシンボル赤白 8 本の横縞、12 世紀からハンガリーで使われている緑の 3 つの丘に立つ王冠と白い二重十字、盾の上に曲がった十字を付けた 12 世紀聖ステファン王冠を配したもの。

2004 年 EU に加盟。

ハンガリー

2012～

2012 年 ハンガリーに改称。**国旗・国章**は 1989 年制定のものを継続使用、現在に至る。

フィンランド共和国
Republic of Finland

データ	
首都	ヘルシンキ
面積	33.8万km² (日本の約9割)
人口	552万人
人口密度	16人/km²
公用語	フィンランド語、スウェーデン語
通貨	ユーロ

国旗比率 11：18

スウェーデン王国領

1155年 スウェーデン王エーリク9世が北方十字軍の名目で侵入。
1284年 スウェーデン王国領となる。
1527年 スウェーデン王が宗教改革を断行、ルター派に改宗させる。

1523～1663 スウェーデン国旗

スウェーデン王国の**国旗**は黄色スカンディナヴィア十字を配した青い燕尾旗。

1663～1809 スウェーデン国旗

スウェーデン王国の国旗変更。**国旗**は中央に黄色スカンディナヴィア十字を配した青二重燕尾旗。

1709年 北方戦争でスウェーデン軍は、ロシア軍に大敗、フィンランドはロシアに蹂躙される。

フィンランド大公国

1809～58 ロシア国旗

1809年 スウェーデンとロシアの戦争の結果、スウェーデン王国がフィンランドをロシア帝国へ割譲。ロシア皇帝が大公を兼ねるフィンランド大公国が成立。ロシア皇帝アレクサンドル1世は、スウェーデン支配からのフィンランド解放者との立場を取り、フィンランドに大幅な自治権を認め、植民地ではなく大公国の地位を与えた。国旗・国章を制定。**国旗**はロシア帝国国旗と同じ旗。**国章**はクレストに冠を配した赤い盾型紋

1809～1917 フィンランド国章

章で、大公爵冠を被り曲剣を足で踏みつけ、右手で直剣を振り上げる黄ライオンと9個の白いバラを描いた盾を胸に付け、足で皇帝笏と宝珠をつかみ、皇帝冠を被った黒い双頭の鷲。その上にさらに皇帝冠と青いリボン、鷲の首に聖アンドレイ勲章を配したもの。

1858～1914 ロシア国旗

1858年 ロシア帝国の国旗変更。

1914～17 ロシア国旗

1914年 ロシア帝国の国旗変更。

フィンランド王国

1917～18

1917年 ロシア革命に乗じ、ロシア帝国よりフィンランド王国として独立。国旗・国章を制定。**国旗**は中央に黄色い王冠を被り曲剣を足で踏みつけ右手で直剣を振り上げる黄ライオンと、9個の白バラを配した赤旗。**国章**は赤い盾型紋章で、中は国旗意匠、クレストに王国を表す王冠を配したもの。

フィンランド共和国

1918～44

1918年 翌年の共和制移行、フィンランド共和国改称に先立ち、国旗・国章を制定。**国旗**は中央に青いスカンディナヴィア十字を配した白旗。**国章**は黄色い縁取りの赤い盾型紋章で、中に冠を被り足で曲剣を踏みつけ、右手で直剣を振り上げる黄ライオンと9個の白バラを配したもの。
1939年 カレリア地峡をめぐり、ソ連と戦う。
1941年 第二次世界大戦で枢軸国側に立ってソ連に宣戦布告。44年休戦。

1944～45 ナチス・ドイツ国旗

1944年 対独ラップランド戦争。ドイツ軍がフィンランドを占領。

1945～47 ソ連国旗

1945年 ソ連軍がフィンランドを占領。

1947〜78

1947年 連合国との講和条約に調印、主権を回復。1918年制定の国旗・国章が復活。
1955年 国連に加盟。

1978〜

1978年 フィンランド共和国の国旗・国章変更。国旗は中央のスカンディナヴィア十字の青を濃くした旗。白は雪、青は湖を表す。19世紀の詩人ザクリス・トペリウスが考案した旗を1918年国旗として採用。国章は1918年制定国章の盾の形を修正したもの。冠を被り、鎧を付けた腕で直剣を振り上げ、隣国ロシアの曲剣を足で踏みつける黄色いライオンと9つの旧地方を表す9個の白バラを配したもの。
1995年 EUに加盟。

フランス共和国
French Republic

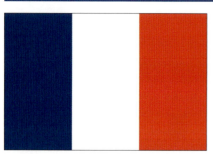   

データ	
首都	パリ
面積	55.2万㎢（日本の1.5倍）
人口	6467万人
人口密度	117人/㎢
公用語	フランス語
通貨	ユーロ

国旗比率　2：3

511年 フランク王国メロヴィング朝が成立。
751年 フランク王国カロリング朝が成立。
870年 西ヨーロッパの大半を支配したカール大帝の遺領がメルセン条約により3分割され、現在のフランス、ドイツ、イタリアの原形となる。西フランク王国がフランスとなる。

フランス王国

カペー朝・フランス王国

987年 ユグ・カペーがフランス王国カペー朝を開く（〜1328）。

1226〜1364

1226年 カペー朝フランス王国ルイ9世が国旗・国章制定。国旗は黄色いユリの花を配した青旗。国章は国旗意匠の盾型紋章で、クレストに王冠を配したもの。ユリの花はフランス王家のシンボルとしてブルボン王家まで代々使用される。

ヴァロワ朝・フランス王国

1328年 フィリップ6世がヴァロワ朝を開く（〜1589）。
1339年 フランスの王位継承をめぐって、イギリスと百年戦争が始まる。

ジャンヌ・ダルク軍旗

1428〜31

表

裏

1364〜1638　　1364〜1515

1364年 ヴァロワ朝のシャルル5世が国旗・国章を変更。国旗は黄色いユリの三花弁を配した

1428年 イギリスとの百年戦争（1339〜1453）に参加し、イギリスに占領されていたフランス領土を奪還したジャンヌ・ダルクが1431年まで使用した軍旗。表は主の両脇にひざまずく天使、"JHESUS MARIA"という標語、ヴァロワ朝フランス王国を表すユリの花をちりばめた白いペナント。裏は1364年制定のフランス王国国章である黄色ユリ三花弁を描き、王冠を付けた青盾と両側にひざまずく天使、フランス語 "DE PAR LE ROY DU CIEL"「天空の王から」という標語を金字で記し、ユリの花をちりばめた白いペナント。この旗が1638年のブルボン朝フランス王国国旗のモデルになったと考えられる。

青旗。中央のユリは信仰を表し、それを騎士道と学問を表すユリが左右から護るように配置されている。**国章**は国旗意匠の盾型紋章で、クレストに王冠を配したもの。
1453年 百年戦争終結。イギリスの大陸領土はカレー市を除きフランス領となる。

1515〜89

1515年 ヴァロワ朝のフランソワ1世が国章を変更。**国章**は青い盾型紋章で、中に黄色いユリの三花弁、クレストに王冠、周囲に聖霊勲章を配したもの。
1562年 ユグノー戦争勃発（〜98）。カルヴァン派プロテスタント（ユグノー）とカトリック教徒の紛争に有力貴族の政治闘争がからんだ内乱。

ブルボン朝・フランス王国

1589年 ブルボン朝初代国王アンリ4世が国章を変更。**国章**は盾型紋章でフランス王国を表す黄色ユリの三花弁の青盾とアンリ4世が国王を

1589〜1790

兼ねていたスペイン・ナバラ王国を表す金鎖の赤盾、クレストに王冠を被った兜、サポーターは両国の国旗を持ち胸に国章模様、背中に翼を付けた天使、盾の周りに聖霊勲章、背後にフランス語 "MONT SAINT DENIS"「丘の聖人デニ」という標語を黄字で記した青リボンと王冠を載せた青い天幕を配したもの。
1598年 アンリ4世が新旧両教徒にほぼ同等の権利を与え、信仰の自由を認めたナントの王令（勅令）を出す。ユグノー戦争は収束。

1638〜1790

1638年 ルイ13世が国旗を変更。**国章**は中央に王冠、黄色ユリの三花弁を描いた青盾、聖霊勲章、サポーターの天使、フライに黄色いユリの花をちりばめた白旗。

フランス革命と王政復古

フランス共和国

1789年 バスティーユ牢獄襲撃をきっかけに、フランス革命が勃発する。

1790〜92

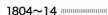

1790年 フランス共和国の国旗制定。**国旗**は赤白青の縦三色旗。

1792年 王権を停止し、共和政が樹立される（第一共和政）。革命に反対する諸国との対仏同盟戦争が始まる。

1792〜1804／1804〜14
1815／1830〜48

1792年 フランス共和国の国旗変更。**国旗**は青白赤の縦三色旗。

1793年 ルイ16世とマリ・アントワネット処刑。
1799年 ナポレオンがクーデターで権力を握る。

フランス帝国

1804〜14

1804〜14皇帝旗

1804年 ナポレオンが皇帝になり、フランス帝国に改称（第一帝政）。国旗は青白赤の縦三色旗を継続使用。国章・皇帝旗を制定。**国章**は青い盾型紋章で、足元に雷電を配し、左を向いた黄色い鷲、クレストに皇帝冠を載せた兜と黄リボン、盾の背後に交差した正義の手を先端に付けた棒と先端に皇帝像を付けた皇帝笏、底部にナポレオンのNを入れたレジオンドヌール勲章、背後に不滅復活を表すミツバチを付けた赤い位階服を配したもの。ミツバチはメロヴィング朝シルデリック王のシンボルで1653年王墓から発見され、ナポレオンはブルボン王家のユリに対抗してより古い王家のシンボルを採用したといわれる。**皇帝旗**は中央にフランス帝国シンボルである黄色い鷲と皇帝冠、周囲に赤青のボーダーを配した白い正方形旗。

ブルボン朝フランス王国

1814〜15／1815〜30

1814年 ナポレオンが失脚し、ブルボン朝が復活。フランス王国に改称。ルイ18世が国旗制定。**国旗**は無地の白旗。

1815〜30

1815年 ナポレオンが収監されたエルバ島から脱出するとルイ18世はパリから逃亡。ナポレオンがワーテルローの戦いに敗れるとルイ18世は帰国。1792年制定の三色国旗が復活するも再度王制に戻る。ブルボン朝フランス王国ルイ18世、国旗・国章を制定。国旗は1814年制定の白旗。**国章**は青い盾型紋章で、黄色いユリの三花弁、クレストに王冠を載せた兜、サポーターは1364年制定国旗を持つ翼を付けた天使、底部に聖霊勲章、背後に王冠を載せ、黄色ユリをちりばめた青いリボンと青い天幕を配したもの。

オルレアン朝フランス王国

1830〜31

1830年 オルレアン朝フランス王国が成立。初代国王ルイ・フィリップ1世が国旗・国章を制定。国旗は1792年の青白赤の縦三色旗。**国章**は青い盾型紋章で、中に黄色いユリの三花弁と白い3本足のレイブル（同族間紋章区別意匠）のオルレアン王家紋章、クレストに王冠、背後に交差した先端に宝珠を付けた国王笏と正義の手を先端に付けた棒、竿頭に黄色い鶏を付けた6本の国旗、王冠を載せ、黄色いユリを散りばめた青い天幕、底部にレジオンドヌール勲章を配したもの。

1831〜48

1831年 オルレアン朝フランス王国の国章変更。**国章**は1830年制定国章のオルレアン王家紋章を、1830年に制定した憲章に替えたもの。

第二共和政から現代

フランス共和国

1848

1848年 二月革命により第二共和政成立。国王ルイ・フィリップは亡命。フランス共和国に改称。国旗制定。**国旗**は青赤白の縦三色旗。

1848～52／1871～1940

1848年 5月、青白赤の縦三色旗の**国旗**が復活。

フランス帝国

1852～70／1871～1940

1852年 独裁権を握ったナポレオン1世の甥ルイ・ナポレオンが国民投票で皇帝となり、ナポレオン3世と称する。フランス帝国に改称（第二帝政）。**国旗**は青白赤の縦三色旗を継続使用。**国章**は1804年制定の国章が復活。フランス帝国皇帝旗制定。**皇帝旗**は中央に国章、黄色ミツバチを全面にちりばめた青白赤の縦三色旗。縦縞幅比率はホイストより30：33：37。

1852～71 皇帝旗

1870年 普仏戦争（～71）に敗れてナポレオン3世退陣（帝政が終わる）。

フランス共和国

1871～1940 非公式国章

1871年 パリ・コミューン。第三共和政成立。フランス共和国に改称。パリ市民が組織した政府で、史上初の労働者による自治政府。中央政府の弾圧で2カ月余で倒された。国旗は青白赤の縦三色旗を継続使用。非公式国章採用。**非公式国章**は古代ローマ執政官の正義のシンボルである束桿斧、国旗カラーのリボンを付け交差した国旗、フランス共和国を表すモノグラムＦＲ、フランス語"HONNEUR PATRIE"「名誉と祖国」という標語を黒字で記した白いリボン、勝利を表す月桂樹の枝のリースと知恵を表す樫の葉のリース、レジオンドヌール勲章を配したもの。

フランス国

1940～44 ナチス・ドイツ国旗

1940年 第二次世界大戦でドイツ軍占領。

1940～44 ヴィシー政府旗

1940年 フランス中部のヴィシーに、ドイツの傀儡国家フランス国が成立。**国旗**は青白赤の縦三色旗を使用。国章制定。**国章**はフランス語"TRAVAIL, FAMILLE, PATRIE"「労働、家族、祖国」という標語を黒字で記した白いリボンを付け国旗カラーと10個の黄色五角星で飾られたフランキスカと呼ばれるフランク族の戦斧を配したもの。

自由フランス軍旗

1940～44

1940年 フランスを占領したドイツ軍に対する抵抗組織である「自由フランス」が結成され、ロンドンに亡命したド・ゴール将軍により率いられた。自由フランス**軍旗**は、中央に赤いロレーヌ十字と呼ばれる二重十字を配した青白赤の縦三色旗。ロレーヌ十字はもともとはイギリスに占領されたフランス領土を奪還する戦いで有名なった15世紀のジャンヌ・ダルクのシンボル。自由フランスはこれをフランス愛国心発揚の象徴として使った。

フランス共和国

1944～

1944年 ドイツに抵抗するフランス臨時政府が成立。フランス共和国となる。フランス**国旗**が復活。もともとは白はブルボン王家の色で、青と赤はパリ市の色であった。青は自由、白は平等、赤は博愛を表す。非公式国章採用。**非公式国章**は青い楕円形紋章でフランス語"LIBERTE, FRATERNITE, EGALITE"「自由、博愛、平等」という標語を黒字で記した金色のリボンを付けた束桿斧、勝利を表す月桂樹の枝と知恵を表す樫の葉、周りにレジオンドヌール勲章を配したもの。

1944～53

1945年 ドイツ軍降伏。ド・ゴールが政府を主導。国連に加盟。
1946年 新憲法を制定し、第四共和政が発足。

1953～

1953年 フランス共和国非公式国章を変更。非公式**国章**はライオンの頭を載せフランス共和国を表すモノグラムＦＲを配した黄色い盾、背後に古代ローマ執政官が正義のシンボルとして使った束桿斧、月桂樹の枝と樫の葉を配したもの。
1958年 アルジェリア戦争の泥沼化にド・ゴールが再び登場し、第五共和政が発足。
1967年 ヨーロッパ共同体（現ＥＵ）に加盟。

ブルガリア共和国
Republic of Bulgaria

データ	
首都	ソフィア
面積	11.1万km² (日本の3分の1)
人口	710万人
人口密度	64人/km²
公用語	ブルガリア語
通貨	レフ

国旗比率 3：5

681年 第1次ブルガリア帝国が成立。
1018年 ビザンツ帝国に併合され、滅亡。
1187年 第2次ブルガリア帝国が成立。

オスマン帝国の支配

1396年 オスマン帝国領ルメリアとなる。

1844～77 オスマン帝国旗

1844年 オスマン帝国の国旗変更。トルコの項参照。

ロシア帝国の支配

1878～78 ロシア帝国旗

1878年 露土戦争でオスマン帝国が敗れ、ロシア帝国軍が占領。独立機運高まる。

ブルガリア公国

1879～1908

1879年 オスマン帝国よりブルガリア公国として1878年に独立。1879年に国旗・国章制定。**国旗**は白緑赤の横三色旗。**国章**は白十字で仕切った四分割盾型紋章でアレクサンドル公の出身であるバッテンベルク家を表す第一・第四クォーターは赤地黄

1879～87

ライオン、第二・第三クォーターは緑地黄三重十字を配した盾、中央にヘッセ大公国を表す赤白市松模様のライオンを描いた青盾、クレストに公爵冠、サポーターは国旗を持つ2頭のライオン、底部に国旗カラーのリボン、背後に公爵冠を載せた赤い天幕を配したもの。

1885年 オスマン帝国の自治州とされていた東ルメリアを併合。

1887～1908／1908～27

1887年 ブルガリア公国フェルディナンド公が国章を変更。**国章**は赤い盾型紋章で、公爵冠を被り立ち上がった黄ライオン、クレストに公爵冠、サポーターは国旗を持つ2頭の黄ライオン、盾の下は青い盾飾り、底部にブルガリア語で「団結が力となる」という標語を黒字で記した白いリボン、背後に公爵冠を載せた赤い天幕を配したもの。

ブルガリア王国

1908～44

1908年 オスマン帝国の革命（青年トルコ革命）を機に独立を宣言し、ブルガリア王国に改称。国旗を制定。**国旗**は赤いカントンに王冠を被り立ち上がる黄ライオンを配した白緑赤の横三色旗。国章は1887年制定のものを継続使用。
1912年 第1次バルカン戦争（～13）でセルビアなどとともにオスマン帝国に勝利。
1913年 領土の配分をめぐり、第2次バルカン戦争で敗北、領土縮小。
1918年 第一次世界大戦（1914～18）で敗北。エーゲ海沿岸をギリシャに割譲。

1927～44

1927年 国章を変更。**国章**は赤い盾型紋章で、王冠を被り立ち上がる黄ライオン、クレストに王冠、サポーターは王冠を被った2頭の黄ライオン、底部に知恵を表す樫の枝、ブルガリア語で「団結が力となる」という標語を黒字で記した白いリボンを配したもの。
1941年 第二次世界大戦（1939～45）に枢軸国側で参戦。

ブルガリア祖国戦線政府

1944～46

1944年 戦争離脱。労働者党・農民同盟などによるブルガリア祖国戦線政府成立、対独宣戦。**国旗**は中央に祖国戦線の黒いモノグラムを配した白緑赤の横三色旗。

ブルガリア人民共和国

1946～48

1946年 国民投票により王制廃止、ブルガリア人民共和国が成立。国旗・国章制定。**国旗**はカントンに国章を配した白緑赤の横三色旗。**国章**は赤い社会主義国型紋章で、立ち上がる王冠なしの黄ライオン、共産主義を表す赤い五角星、小麦穂のリース、祖国戦線政府成立日である1944年9月9日と黄字で記した赤いリボン。

1948〜67

1948年 ブルガリア人民共和国の国旗・国章を変更。**国旗**はカントンに国章を配した白緑赤の横三色旗。**国章**は青い社会主義国型紋章で、立ち上がる黄ライオン、小麦穂のリース、黄色い歯車、1944年9月9日と白字で記した赤いリボン、国旗カラーのリボン、赤い五角星を配したもの。

1955年 国連に加盟。

1967〜71

1967年 ブルガリア人民共和国の国旗・国章を変更。**国旗**はカントンに国章を配した白緑赤の横三色旗。**国章**は青い社会主義国型紋章で、立ち上がる黄ライオン、グレーの歯車、金色縁取りを付けた赤い五角星、1944年9月9日と金字で記した赤いリボン、国旗カラーのリボン、金色輪郭線で描いた小麦穂のリースを配したもの。

1971〜90

1971年 ブルガリア人民共和国の国旗・国章を変更。**国旗**はカントンに国章を配した白緑赤の横三色旗。**国章**は青い社会主義国型紋章で、金色縁取りを付けた赤い五角星、金色輪郭線で描いた立ち上がるライオン、小麦穂リースと白い歯車、国旗カラーのリボンとブルガール人による第1次ブルガリア帝国の建国年の681と祖国戦線政府が成立した年代の1944を金字で記した赤いリボンを配したもの。

1989年 東欧の社会主義国の崩壊が進む。

ブルガリア共和国

1990〜

1990年 ブルガリア共和国に改称。国旗制定。**国旗**は白緑赤の横三色旗。ロシア国旗の白青赤の青を緑に替えた旗。白は平和と自由、緑は農業と森林、赤は軍隊の勇気と闘争を表す。

1997〜

1997年 ブルガリア共和国の国章制定。**国章**は赤い盾型紋章で、冠を被り立ち上がる黄ライオン、クレストに冠、国旗カラーの盾飾り、サポーターは知恵を表す樫の枝に冠を被った2頭の黄ライオン、底部にブルガリア語で「団結が力となる」という標語を黒字で記した国旗カラーのリボンを配したもの。国章の3頭のライオンはモエシア、トラキア、マケドニアの3地方を表す。

2007年 EUに加盟。

ベラルーシ共和国
Republic of Belarus

国旗比率　1:2

データ	
首都	ミンスク
面積	20.8万㎢
	（日本の半分強）
人口	948万人
人口密度	46人/㎢
公用語	ベラルーシ語、ロシア語
通貨	ベラルーシ・ルーブル

9世紀 キエフ・ルーシの勢力下に入る。
13世紀 モンゴル帝国キプチャク・ハン国の支配下に。

リトアニア大公国領

1410年 リトアニア大公国領となる。リトアニア大公国の**国旗**は中央に白馬にまたがり、黄色二重十字の青盾を持ち剣を振り上げる騎士を配したフライ上部に赤い三角形を付けた赤旗。**国**

1410〜1569 リトアニア大公国旗・国章

章は赤い盾型紋章で、中は国旗意匠、背後に大公爵冠を載せた赤い位階服を配したもの。

ポーランド・リトアニア連合領

1569〜1772 ポーランド・リトアニア国旗・国章

1569年 同君連合のポーランド・リトアニア連合成立。国旗・国章を制定。ポーランド・リトアニア連合国旗は、中央に国章と金羊毛騎士団勲章を配した赤白赤の横三分割二重燕尾旗。国章は赤い四分割盾型紋章で、第一・第四クォーターはポーランドを表す赤地王冠を被り翼を広げた白鷲、第二・第三クォーターはリトアニアを表す白馬にまたがり剣を振り上げ黄色い二重十字を描いた青い盾を持つ騎士、中央にポーランドと同君連合のスウェーデンの四分割小盾があり、第一・第四クォーターはスウェーデンを表す青地3個の王冠、第二・第三クォーターはフォルクンガー王家を表す青白斜め帯に黄ライオン、さらに真中にスウェーデン・ウップランド地方のヴァサ王家を表す青白赤の斜め帯に黄色麦束、クレストに王冠を配したもの。

ロシア帝国領

1772～1858 ロシア帝国旗

1772年 オーストリア・プロイセン・ロシアによるポーランド分割では、ベラルーシ（白ロシア）はロシア帝国領となる。ロシア帝国の国旗を使用。

1858～1914

1840年 ベラルーシという地名が使用禁止され、ロシア化が進む。

ドイツ帝国領

1914～18 ドイツ帝国旗

1914年 第一次世界大戦勃発、ドイツ軍によるベラルーシ占領。ドイツ帝国の国旗を使用。

ベラルーシ人民共和国

1918～19

1918年 ドイツ軍撤退後、ベラルーシ人民共和国が成立。国旗・国章制定。国旗は赤白赤の横三分割旗。国章は赤い盾型紋章で、白馬にまたがり黄色い二重十字の付いた白い盾を持ち、剣を振り上げる騎士を配したもの。

ソヴィエト連邦構成国

リトアニア・白ロシア・ソヴィエト社会主義共和国

1919

1919年 ボルシェヴィキ勢力が台頭し、2～8月、リトアニア・白ロシア・ソヴィエト社会主義共和国が成立。国旗は無地の赤旗。

白ロシア・ソヴィエト社会主義共和国

1919～27

1919年 リトアニアは分離され、白ロシア・ソヴィエト社会主義共和国が成立。国旗・国章制定。国旗はカントンにキリル文字ベラルーシ語で国名略号を黄字で配した赤旗。国章は社会主義国型紋章で、赤い盾に黄色鎌とハンマー、昇る太陽、黒字国名略号、周囲に小麦穂のリース、キリル文字ベラルーシ語で「万国の労働者、団結せよ」という標語を黒字で記した赤いリボンを配したもの。
1921年 ポーランド・ソ連戦争（1920～21）の結果、白ロシアの西半分がポーランド領となる。
1922年 ソヴィエト連邦に加盟し、その構成共和国になる。

1927～37

1927年 白ロシア・ソヴィエト社会主義共和国の国旗・国章を変更。国旗は、黄色輪郭線で書かれたカントンに、キリル文字ベラルーシ語で国名略号を黄字で配した赤旗。国章は社会主義国型紋章で、共産主義を表す黄色縁取りを付けた赤い五角星、鎌とハンマー、ライ麦穂とシロツメクサの花のリース、樫の葉のリース、北半球の地図、昇る太陽、向かって左にベラルーシ語とイディッシュ語、右にロシア語とポーランド語で「万国の労働者、団結せよ」という標語と国名略号を白字で記した赤いリボンを配したもの。

1937～41/1944～51

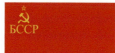

1937年 白ロシア・ソヴィエト社会主義共和国の国旗・国章変更。国旗は、カントンに黄字でキリル文字ベラルーシ語国名略号と黄色輪郭線の五角星、鎌とハンマーを配した赤旗。国章は、1927年制定国章の向かって右の樫の葉のリースをライ麦穂のリースに替えて亜麻のリースを加え、「万国の労働者、団結せよ」という標語は向かって左のベラルーシ語、右のロシア語のみに修正したもの。
1939年 ドイツ軍がポーランドに侵攻し、第二次世界大戦が開戦されたとき、ソ連軍がポーランドに侵攻。ポーランド西半分が白ロシアに返還される。

1941～44 ナチス・ドイツ国旗

1941年 ドイツ軍による占領。

1944年 主権回復。1937年制定の国旗・国章が復活。
1945年 ウクライナとともに国連加盟。

1951～91

1951～81

1951年 白ロシア・ソヴィエト社会主義共和国の国旗・国章を変更。国旗はホイストに赤白の民族衣装に使われる伝統模様、カントンに黄色輪郭線の五角星、鎌とハンマー、下部に森林を表す緑帯を配した赤旗。国章は1937年制定国章の亜麻に花を付け、陽光を銀色に修正したもの。

1981～91

1981年 白ロシア・ソヴィエト社会主義共和国の国章変更。国章は1951年制定国章の陽光を金色に、赤いリボンの標語を白字から黄字に替えたもの。

ソ連崩壊後

ベラルーシ共和国

1991～95

1991年 ソヴィエト連邦からベラルーシ共和国として独立。国旗・国章を制定。**国旗**は1918年制定のベラルーシ人民共和国国旗が復活。国旗の白は白ロシア、国土、自由、独立を表し、赤は白が表すものを国民の血で守る決意を表す。**国章**も1918年制定の国章が復活。

1995～2012 **1995～**

1995年 ベラルーシ共和国の国旗・国章変更。**国旗**はホイストに赤白の民族衣装に使われる伝統模様を配した赤緑の横二分割旗。赤は過去の戦い、緑は希望と森林を表す。**国章**は円形紋章で、地球、昇る太陽、ベラルーシ地図、赤い五角星、ライ麦穂のリース、シロツメクサの花と亜麻の花、キリル文字ベラルーシ語国名を黄字で記した国旗カラーのリボンを配したもの。

2012～

2012年 ベラルーシ共和国の国旗変更。**国旗**はホイストにある赤白の民族衣装に使われる伝統模様を修正した旗。

ベルギー王国
Kingdom of Belgium

国旗比率　13：15

データ	
首都	ブリュッセル
面積	3.1万㎢（日本の12分の1）
人口	1137万人
人口密度	373人/㎢
公用語	オランダ語、フランス語、ドイツ語
通貨	ユーロ

スペイン・オーストリア領ネーデルラント

ハプスブルク朝スペイン王国領

1543～1579

1543年 ネーデルラント（今のベルギー、オランダを含む地域）がハプスブルク朝スペイン王国領となる。ハプスブルク朝スペイン王国領ネーデルラント**国旗**は四分割正方形旗で、ブルグント王国を表す第一・第四クォーターは赤白ボーダー付き青地黄色ユリの花、ブルゴーニュ公国を表す第二・第三クォーターは赤ボーダー付き青黄6本斜帯、さらに第二クォーターにフランドル伯爵領を表す黒地黄ライオン、第三クォーターにルクセンブルク公領を表す白地赤ライオン、中央にブラバント公国を表す黒ライオンを入れた黄盾を配したもの。

ネーデルラント 17州連合領

1543～79

1543年 ベルギー、オランダ、ルクセンブルクにフランスとドイツの一部伯領も加わり、ハプスブルク朝に対立するネーデルラント17州連合成立。17州**連合旗**はホイストに17州を表す黄色いリボンで結んだ17本の矢を左手でつかみ、右手で剣を振りかざし、青い舌を出した赤ライオンを配した黄旗。

スペイン王国領南ネーデルラント

1579～81

1579年 スペイン王国領南部10州（現在のベルギー）の域旗制定。**域旗**は赤白黄の横三色旗。

1581～1713

1581年 ネーデルラント北部7州（現在のオランダ）がスペインからの独立を宣言。南部10州はスペイン領に留まる。スペイン王国領南ネーデルラント域旗変更。**域旗**は中央に赤いブルゴーニュ十字を配した赤白黄の横三色旗。

オーストリア大公国領 南ネーデルラント

1713～86

1713年 スペインの王位継承をめぐるフランス・スペイン対イギリス・オーストリア・オランダ間のスペイン継承戦争（1701～13）後のユトレヒト条約により、ネーデルラントはスペイン王国からオーストリア大公国へ引き継がれ、オーストリア大公国領南ネーデルラントが成立。域旗制定。**域旗**はホイストに、オーストリア大公国を表す赤白赤の横縞、ロートリンゲン公国を表す3羽の白鷲の赤い斜め帯、ブルゴーニュ公国を表す青黄斜め帯を配した盾を胸に付け、向かって右手に宝珠、左手に大公爵笏と剣を持ち、頭に大公爵冠を被った黒い双頭の鷲を配した赤白黄の横三色旗。

1786～89／1790～92 大公国旗

1786年 オーストリア大公国の国旗使用。**国旗**は赤白赤の横三色旗。

ベルギー合衆国

1789～90

1789年 ヨーゼフ2世の啓蒙専制政策に対して反乱が起こる。ベルギー合衆国が成立。国旗制定。**国旗**は中央に立ち上がる黄色ライオンを描いた黒盾、盾の上に冠、周囲に赤黒三角ボーダーを配した黄旗。

1790

1790年 ベルギー合衆国の国旗変更。**国旗**は赤黒黄の横三色旗。

1790年 オーストリア軍によりベルギー合衆国は鎮圧され、1786年制定のオーストリア大公国の国旗使用となる。

フランス・オランダ領

フランス共和国領 南ネーデルラント

1792～1814 フランス国旗

1792年 フランス革命軍がベルギーに侵攻。フランス共和国領南ネーデルラントとなる。

フランス王国領 南ネーデルラント

1814～15 フランス国旗

1814年 フランス王政復古により、フランス王国領ネーデルラントとなる。白旗を使用。

ネーデルラント連合王国

1815～30

1815年 ナポレオン戦争終結。ウィーン会議により、オランダと合わせネーデルラント連合王国となる。

国旗の解説はオランダの項参照。

独立後

ベルギー臨時政府

1830～31

1830年 独立革命を起こす。ベルギー臨時政府を樹立。ついで独立を宣言。国旗制定。ベルギー臨時政府の**国旗**は赤黄黒の横三色旗。

ベルギー王国

1831～1914／1918～40

1831年 ドイツ・ザクセン・コーブルク家からレオポルド1世を初代国王に迎える。オランダのベルギー侵攻を撃退する。国旗制定。**国旗**は黒黄赤の縦三色旗。

1837～

1837年 ベルギー王国の国章制定。現在に至る。**国章**は黒い盾型紋章で、赤い舌を出し立ち上がるブラバントの黄ライオン、クレストに王冠を載せた兜、盾の背後に交差した先端に正義の手を付けた棒と先端にライオンを付けた王笏、サポーターは2頭の国旗を持つライオン、盾の背後に王冠を載せた赤い位階服、その後に当時のベルギーを構成するアントウェルペン、西フランデルン、東フランデルン、リエージュ、ブラバント、エノー、リンブルフ、ナミュール、リュクサンブールの9州の旗、盾の周りにレオポルド勲章、底部にフランス語ないしオランダ語で「団結は力なり」という標語を黄字で記した赤いリボンを配したもの。

1839年 オランダがベルギーの独立を承認。

1914～18 ドイツ帝国旗

1914年 第一次世界大戦（1914～18）で中立政策を取るが、ドイツ帝国軍により占領される。

1918年 ドイツの敗戦により、ベルギー王国の主権回復。1831年制定のベルギー王国国旗が復活。

1940～44 ナチス・ドイツ国旗

1940年 第二次世界大戦（1939～40）でドイツにより占領される。

1944～

1944年 ドイツが敗れ、ベルギー王国の主権回復。国旗復活。現在に至る。**国旗**は黒黄赤の縦三色旗。黒は力、黄は充実、赤は勝利を表す。

1945年 国連に加盟。
1967年 ヨーロッパ共同体（現EU）に加盟。
1993年 連邦国家に正式移行。

ボスニア・ヘルツェゴヴィナ
Bosnia and Herzegovina

国旗比率 1:2

データ	
首都	サラエヴォ
面積	5.1万km²
	（九州の1.2倍）
人口	380万人
人口密度	74人/km²
公用語	ボスニア語、セルビア語、クロアチア語
通貨	兌換マルク。ユーロと連動

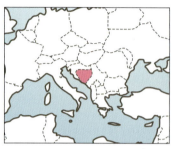

オスマン帝国領

12世紀 ボスニア王国が成立。
1376年 ボスニアのトゥヴルトコ1世が強国を築き、「セルビアとボスニアの王」を宣言。
1463年 ボスニアがオスマン帝国領となる。
1482年 ヘルツェゴヴィナがオスマン帝国領となる。

1844〜77 オスマン帝国旗

1844年 オスマン帝国の国旗変更。トルコの項参照。

ボスニア独立国

1877〜78

1877年 露土戦争（1877〜78）の結果、一時ボスニア独立国が成立。国旗制定。**国旗**は中央に黄色三日月と五角星を配した緑旗。

ハンガリー王国ボスニア州 ヘルツェゴヴィナ州

1878〜1908

1878年 ボスニア・ヘルツェゴヴィナは、オーストリア＝ハンガリー帝国の管理下に置かれ、ハンガリー王国ボスニア州となる。ボスニア州の州旗・州章制定。**州旗**は中央に州章を配した赤黄の横二色旗。**州章**は黄色盾型紋章で剣を持つ腕、クレストに王冠を配したもの。

1908〜18

1908年 オーストリア＝ハンガリー帝国がボスニア・ヘルツェゴヴィナを併合、セルビアが反発。ボスニア州からヘルツェゴヴィナ州分離。それぞれ州旗制定。**ボスニア州州旗**（上）は赤黄の横二色旗。**ヘルツェゴヴィナ州州旗**（下）は黄赤の横二色旗。
1914年 ボスニアのサラエヴォでオーストリア皇位継承者夫妻が暗殺され、この事件を契機に第一次世界大戦が勃発（〜18）。

セルビア人・クロアチア人・スロヴェニア人王国／ユーゴスラヴィア王国領

1918〜29／1929〜41

1918年 第一次世界大戦終結後、セルビア人・クロアチア人・スロヴェニア人王国が成立。ボスニア・ヘルツェゴヴィナ州となる。国旗制定。**国旗**は青白赤の横三色旗。
1929年 ユーゴスラヴィア王国に改称。国旗は継続使用。

クロアチア独立国領

1941〜45 クロアチア独立国旗

1941年 第二次世界大戦（1939〜45）で、親ドイツのクロアチア独立国領土となる。クロアチア独立国の**国旗**を使用。

ボスニア・ヘルツェゴヴィナ人民共和国／ボスニア・ヘルツェゴヴィナ社会主義共和国

1945〜63／1963〜92

1945〜92

1945年 第二次世界大戦でナチス・ドイツが敗れ、6共和国からなるユーゴスラヴィア連邦人民共和国が成立。その一構成国としてボスニア・ヘルツェゴヴィナ人民共和国が成立。国旗・国章制定。**国旗**はカントンにユーゴスラヴィア連邦人民共和国国旗を配した赤旗。**国章**は社会主義国型紋章で、社会主義を表す赤白縁取りを持つ赤い五角星、煙を出す工場煙突、小麦束、赤いリボン、広葉樹と針葉樹の枝のリースを配したもの。
1963年 ユーゴスラヴィア社会主義連邦共和国に改称されたのに伴い、ボスニア・ヘルツェゴヴィナ社会主義共和国と改称される。国旗・国章は継続使用。
1991年 主権宣言。

ボスニア・ヘルツェゴヴィナ

1991年 スロヴェニアとクロアチアがユーゴスラヴィア連邦から離脱。内戦が始まる。

1992〜98

1992年 ユーゴスラヴィア連邦共和国よりボスニア・ヘルツェゴヴィナとして独立。セルビア

が主体の連邦軍の攻撃が始まり、内戦は泥沼化する。国連に加盟。国旗・国章制定。ボスニア・ヘルツェゴヴィナ国旗は中央に国章を配した白旗。国章は青い盾型紋章で、14世紀のボスニア・トゥヴルトコ王の紋章。白い斜め帯で仕切られた盾に黄色ユリ六花弁を配したもの。ユリはフランス・アンジュー王家とつながるハンガリー王国との関係を表すもの。

ボスニア・ヘルツェゴヴィナ連邦／スルプスカ共和国

1995年 内戦終結。クロアチア人とボシュニャク人（ムスリム人）が主体のボスニア・ヘルツェゴヴィナ連邦と、セルビア人が主体のスルプスカ共和国の一国家二政府体制となる。国旗・国章制定。

1995 ボスニア・ヘルツェゴヴィナ連邦国旗・国章

ボスニア・ヘルツェゴヴィナ連邦**国旗**は中央に国章を配した赤白緑の縦三色旗。**国章**は金縁取りの白い盾型紋章で、ボシュニャク人を表す金色ユリ花弁を入れた緑盾、クロアチア人を表す25個の赤白市松模様盾、下部青地に連邦構成県の数を表す10個の白い六角星を配したもの。ボスニア・ヘルツェゴヴィナ連邦の首都はサラエヴォ。

1995 スルプスカ共和国旗・国章・大統領旗

大統領旗

スルプスカ共和国**国旗**はセルビア共和国国旗と同じ赤青白の横三色旗。スルプスカ共和国の首都はバニャルカ。**国章**は白い円形紋章で、国旗意匠とキリル文字黄字の国名頭文字を国旗カラーのリボンで結んだ。黄色いねじった葉は、昔からセルビア人に神聖な木と信じられている樫の葉のリース、上下に13世紀コトロマニク朝王冠とラテン文字とキリル文字で国名を黄字で記したもの。スルプスカ共和国大統領が使う**大統領旗**は、この国章を中央に配した赤旗でなかなかインパクトの強い旗。

ボスニア・ヘルツェゴヴィナ

1998〜

1998年 ボスニア・ヘルツェゴヴィナの国旗・国章変更。**国旗**は中央に黄色三角形と9個の白い五角星を配した青旗。青と黄と五角星はヨーロッパ連合旗に由来し、三角形は国土とボシュニャク人、クロアチア人、セルビア人の3民族の融和と共存を表す。黄は希望を示す。1998年2月7日の長野冬季オリンピック大会開会式で初掲揚された。**国章**は青い盾型紋章で、国旗より2個少ない7個の白い五角星と黄色三角形を配したもの。動物などのサポーターやクレストを付けないシンプルなスイス型紋章。

ポーランド共和国
Republic of Poland

データ	
首都	ワルシャワ
面積	31.2万km²
	（日本の5分の4）
人口	3859万人
人口密度	124人/km²
公用語	ポーランド語
通貨	ズロチ

国旗比率 5：8

ポーランド王国〜ポーランド分割

ピアスト朝ポーランド王国

9世紀後半 ミェシェコ1世即位、ピアスト朝ポーランドが成立。
1025年 ピアスト朝ポーランド王国の国旗・国章制定。**国旗**は中央に王冠を被り翼を広げた白鷲を配したフライ上部に赤い三角形を付けた赤旗。**国章**は赤い盾型紋章で、王冠を被り翼を広げた白鷲、黄色盾飾りを配したもの。

1025〜1386

1241年 モンゴル軍のバトゥにより、ワールシュタット（現レグニッツァ）でポーランド・ドイツ連合軍が敗れる。モンゴル軍は以後、東ヨーロッパを席巻。

ヤギェウォ朝ポーランド王国

1386〜1569

1386年 ヤギェウォ朝ポーランド王国が成立（〜1572）。国旗変更。**国旗**は王冠を被り翼を広げた白鷲を配した赤い二重燕尾旗。

ポーランド

ポーランド・リトアニア連合

1569〜1795

1569年 同君連合のポーランド・リトアニア連合が成立。国旗・国章を制定。**国旗**は中央に国章と金羊毛騎士団勲章を配した赤白赤の横三分割二重燕尾旗。**国章**はクレストに王冠を配した赤い四分割盾型紋章で、第一・第四クォーターはポーランドを表す赤地に王冠を被り翼を広げた白鷲、第二・第三クォーターはリトアニアを表す白馬にまたがり剣を振り上げ、黄色い二重十字を描いた青い盾を持つ騎士。中央にポーランドと同君連合のスウェーデンの四分割小盾があり、第一・第四クォーターはスウェーデンを表す青地3個の王冠、第二・第三クォーターはフォルクンガー王家を表す青白斜め帯に黄ライオン、さらに真中にスウェーデン・ウップランド地方のヴァサ王家を表す青白赤の斜め帯に黄色麦束を配したもの。

1592年 ポーランド王がスウェーデン王国の王位を兼ね、同君連合成立（1598解消）。

1795年 オーストリア大公国、ロシア帝国、プロイセン王国による第3次ポーランド分割で国家消滅。

ポーランドの分割

- ロシアへ
- オーストリアへ
- プロイセンへ

― 1771年の国境

ワルシャワ公国〜ロシア領

ワルシャワ公国

1807〜15

1807年 ナポレオン戦争中にフランス帝国衛星国としてワルシャワ公国を建国。**国旗**は白赤の横二色旗。**国章**は盾型紋章で、ワルシャワ公国君主を兼ねていたアウグスト1世のザクセン王国を表す緑の冠輪を入れた黒黄12本横縞、ポーランドを表す赤地冠を被り宝珠と笏を持つ白鷲、サポーターは赤い舌を出した黄ライオンと翼を持つ天使、クレストに公爵冠、背後に公爵冠を載せた赤い天幕、底部に聖スタニスワフ勲章を配したもの。

1815年 ウィーン会議でワルシャワ公国解体。南部はオーストリア帝国支配下のクラクフ共和国、西部はプロイセン王国支配下のポズナン大公国、国土の4分の3はロシア皇帝が国王を兼務するポーランド立憲王国となった。

クラクフ共和国

1815〜46

1815年 クラクフ共和国の**国旗**は白青の横二色旗。**国章**は冠を載せた赤い城塞、ユリ四花弁を付けた黄色い門、冠を被り翼を広げたポーランド白鷲を配したもの。

ポズナン大公国

1815〜48

1815年 ポズナン大公国の**国旗**は赤白の横二色旗。**国章**は白い盾型紋章で、胸に大公爵冠を被り翼を広げたポーランド白鷲を描いた赤盾を付け、足で宝珠と笏をつかみ王冠を被り翼を広げたプロイセン黒鷲、クレストに冠を載せた兜、その上に翼を広げたポーランド白鷲、サポーターはプロイセン国旗を持つ野人と白盾意匠の旗を持つ騎士を配したもの。

ポーランド立憲王国

1815〜67

1815年 ポーランド立憲王国の**国旗**は、赤いカントンに王冠を被り翼を広げたポーランド白鷲、中央にロシア帝国海軍旗と同じ青いサルタイヤーを配した白旗。**国章**は黄色い盾型紋章で、胸に王冠を被り翼を広げたポーランド白鷲を描いた赤盾を付け、足で宝珠と笏を持ち皇帝冠を被る黒いロシア双頭の鷲、クレストに皇帝冠、サポーターは剣を持つ天使ミハイルと杖を持つ天使ガブリエル、皇帝冠を載せた双頭の鷲模様をちりばめた黄色天幕、底部に聖スタニスワフ勲章を配したもの。

1846年 クラクフ共和国は、オーストリア帝国に併合される。

1848年 ポズナン大公国は、プロイセン王国に併合される。

ロシア帝国領

1867〜1914 ロシア帝国旗

1867年 ロシア帝国に併合され、ポーランド立憲王国解体。

1914〜16 ロシア帝国旗

1914年 第一次世界大戦（〜18）勃発。ロシア帝国の国旗変更。

ポーランド王国

1916〜18

1916年 大戦中、ロシア領ポーランドを占領したドイツ帝国とオーストリア帝国が共同で建国を提案したポーランド王国が成立。国旗・国章制定。**国旗**は白赤の横二色旗。**国章**は王冠を被り翼を広げた白鷲を配したもの。

独立後

ポーランド共和国

1918～39　　　　　**1918～27**

1918年 第一次世界大戦が終結し、ポーランド共和国成立。国旗・国章制定。**国旗**は白赤の横二色旗。**国章**は赤い盾型紋章で、冠を被り翼を広げた白鷲を配したもの。

1927～39／1989～

1927年 ポーランド共和国の国章変更。**国章**は1918年制定国章の白鷲の翼の形を修正し、赤い盾に黄色縁取りを加えたもの。

1939～45 ナチス・ドイツ国旗

1939年 ドイツ軍がポーランドを占領。第二次世界大戦（～45）が始まる。

ポーランド共和国／ポーランド人民共和国／ポーランド共和国

1945～52／1952～89／1989～

1945年 国民統一政府樹立。ポーランド共和国成立。国連に加盟。国旗・国章制定。**国旗**は白赤の横二色旗。白は喜び、赤は独立のために流された血を表す。**国章**は赤い盾型紋章で、王冠なしの翼を広げた白鷲を配したもの。

1945～52／1952～89

1952年 ポーランド人民共和国に改称。国旗・国章は継続使用。
1956年 反ソヴィエトの自由化を要求する蜂起が起こったが、ソヴィエト連邦軍により鎮圧。
1980年 自主労働組織「連帯」による抗議スト。
1989年 「連帯」主導の非社会主義政権が成立。ポーランド共和国に改称。ポーランド共和国の国旗・国章制定。冒頭参照。**国旗**は白赤の横二色旗で、継続使用。**国章**は1927年制定の冠付き白鷲の国章が復活。
2004年 EUに加盟。

ダンツィヒ自由市

1920～39

1920年 ダンツィヒ自由市が成立。現ポーランド北部港湾都市グダニスク。中世から自由都市で、バルト海貿易の窓口であった。ベルサイユ条約により両大戦間に存在し、国際連盟管轄下に置かれた1939年にドイツ軍が占拠し、1945年にポーランドに返還された。**市旗**はホイストに金色の冠と2個の白十字を配した赤旗。**市章**は赤い盾型紋章で、国旗意匠を配したもの。

ポルトガル共和国
Portuguese Republic

データ	
首都	リスボン
面積	9.2万㎞²（日本の約4分の1）
人口	1030万人
人口密度	112人/㎞²
公用語	ポルトガル語
通貨	ユーロ

国旗比率　2：3

8世紀 イベリア半島の大半はイスラム勢力の支配下に入る。
9世紀末頃 キリスト教徒が現在のポルトガル北部のポルト付近まで国土を回復。

ポルトガル王国

1095年 イスラム勢力に対抗して来援してきたポルトゥカレ伯がイベリア半島北西部に領地を得て、国旗・国章を制定。**国旗**は中央に青十字

1095～1143

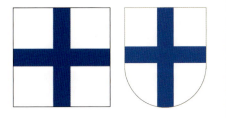

を配した白旗。**国章**は盾型紋章で国旗意匠を配したもの。

1143～85

1143年 ブルゴーニュ朝ポルトガル王国が、ローマ教皇の仲介によりカスティリャから独立。アフォンソ1世が即位。国旗制定。**国旗**は青十字に、11個ずつの白いコインを盾型に並べたものを5つ加えた白旗。コインは王権を表す。

ポルトガル

1185～1248

1185年 ブルゴーニュ朝ポルトガル王国サンシュ1世が国旗変更。**国旗**は青十字の替わりに、11個ずつのコインを入れた青盾を十字に配した白旗。5個の青盾はキナスと呼ばれる。

1248～1385

1248年 ブルゴーニュ朝ポルトガル王国アフォンソ3世が国旗変更。**国旗**は1185年制定国旗に、レコンキスタ（国土回復運動）で打ち破ったイスラム教徒の城を表す16個の黄城を付けた赤いボーダーを加えた旗。

1385～1485　　1385～1581

1385年 アヴィス朝ポルトガル王国がジョアン1世により開始。国旗・国章を制定。**国旗**は1248年制定国旗の黄城を12個に減らし、替わりにアヴィス王家を表す先端がユリの花になった緑十字を4個加えた旗。**国章**は盾型紋章で、中に国旗意匠、クレストに王冠、サポーターは翼を付けた天使を配したもの。

1485～95

1485年 アヴィス朝ポルトガル王国ジョアン2世が国旗変更。**国旗**はキナスのコインを11個から5個に、ボーダーの黄城を12個から7個に減らし、緑十字を取り除いた旗。

1495～1578

1495年 アヴィス朝ポルトガル王国マヌエル1世が国旗変更。**国旗**はボーダーの黄城を7個から11個に増やした盾と、王冠を中央に配した白旗。この時代から国旗は長方形になる。
1498年 ヴァスコ・ダ・ガマがインドのカリカットに到達。大航海時代が始まる。

1578～81／1581～1640／1640～66

1578年 アヴィス朝ポルトガル王国エンリケ1世が国旗変更。**国旗**は1495年制定国旗のボーダーにある黄城を、11個から7個に減らした白旗。黄城7個、コイン5個、キナス5個が固定される。
1580年 ハプスブルク家のスペイン王がポルトガル王位を継承、スペインと同君連合となる。

スペイン・ポルトガル同君連合

1581～1640

1581年 同君連合のポルトガル王国の国旗は継続使用。国章制定。**国章**は四分割盾型紋章で、第一クォーターはカスティリャ・レオン王国を表す赤地黄城と白地赤紫ライオン、第二クォーターはアラゴン王国を表す黄地4本赤縦縞とシチリア王国を表す4本赤縦縞と2羽の黒鷲、第三クォーターはオーストリア大公国を表す赤白赤横縞、ブルゴーニュ公国を表す赤ボーダー付き青黄斜帯、第四クォーターはブルグント王国を表す赤白ボーダー付き青地黄ユリの花とブラバント公国を表す黒地黄ライオン。第一・第二クォーターの境にポルトガル王国盾型紋章、第三・第四クォーターの境に黄地黒ライオンのフランドル伯紋章と白地赤鷲のチロル伯紋章、中央にグラナダ王国を表すザクロ。クレストに王冠を被り宝珠と剣を持つ赤紫のライオンを付けた城塞冠を載せた金色の兜、、盾の周りに金羊毛騎士団勲章、サポーターは2頭の黄ライオン、ラテン語"AD VTRUMQVE"「2つの王国のために」という標語を黄字で記した青い銘板を配したもの。

ポルトガル王国

1640～1816

1640年 スペインから独立。ブラガンサ朝ポルトガル王国がジョアン4世により開始。国旗は継続使用。国章制定。**国章**は白い盾型紋章で、白いコインを5個ずつ入れた5個の青いキナスを配した赤いサルタイヤー、クレストに王冠、盾の下部にキリスト騎士団勲章、サポーターに2頭の緑のドラゴンを配したもの。

1666～1706

1666年 ブラガンサ朝ポルトガル王国アフォンソ6世が国旗変更。**国旗**は1578年制定国旗の盾の底部を丸く修正した旗。

1706～50

1706年 ブラガンサ朝ポルトガル王国ジョアン5世が国旗変更。**国旗**は盾の形を四角に修正した旗。

1750～1816

1750年 ブラガンサ朝ポルトガル王国ジョゼ1世が国旗変更。**国旗**は盾に茶入りの盾飾りを加えた旗。

ポルトガル・ブラジル及びアルガルヴェ連合王国

1815～25／1825～30

1815年 ナポレオン戦争によりブラジルへ亡命したポルトガル王国の摂政ジョアン（のちのジョアン6世）により、ポルトガル・ブラジル及びアルガルヴェ連合王国が成立。翌年、国旗・国章を制定。**国旗**は国章を中央に配した白旗。**国章**は青い円形紋章で、7個の黄城の付いた赤いボーダー、5個の青いキナスを付けた白盾、背後に航海航路の発見を表す黄色天球儀、その上に王冠を配したもの。

1820年 自由主義革命により、立憲王政に移行。
1822年 ブラジルが独立し、ポルトガルは最大の海外植民地を失う。
1825年 ジョアン6世の王子ペドロを皇帝にブラジル帝国が成立。連合王国は解体。ブラガンサ朝ポルトガル王国の国旗・国章は1816年制定のものを継続使用。

1830～1911

1830年 ブラガンサ朝ポルトガル王国ミゲル1世が国旗・国章変更。**国旗**は中央に王冠を載せた白いポルトガル王国の盾を配した青白の縦二色旗。青白は1095年制定エンリケ王の国旗の色に由来する。**国章**は盾型紋章で、クレストに王冠を配したポルトガル王国の白い盾、盾の周りにキリスト騎士団勲章、サポーターに2頭の緑のドラゴンを配したもの。

1910年 王制廃止、ポルトガル共和国となる。

ポルトガル共和国

1911～

1911年 ポルトガル共和国の国旗・国章制定。現在に至る。**国旗**は国章のオリーブの枝のリースを取ったものをホイストに配した緑赤の縦二色旗。緑は未来への希望、赤は大海原に乗り出した勇気あるポルトガル英雄の血を表す。**国章**は7個の黄城を置いた赤いボーダーを付けた5個の青いキナスを配した白い盾、背後に航海術と航海航路の発見を表す黄色天球儀、周りに白いリボンで結んだ黄色オリーブの枝のリースを配したもの。

1932年 サラザールが独裁政権を擁立。
1955年 国連に加盟。
1974年 軍部のクーデターで、サラザールの後継カエタノ政権が倒される。
1986年 EUに加盟。

マケドニア旧ユーゴスラヴィア共和国
Former Yugoslav Republic of Macedonia

国旗比率 1：2

データ	
首都	スコピエ
面積	2.6万km²
	（九州の約3分の2）
人口	210万人
人口密度	81人/km²
公用語	マケドニア語
通貨	マケドニア・デナル

諸帝国・王国の支配下

395年 ローマ帝国の東西分割によりビザンツ（東ローマ）帝国に属す。
1168年 セルビア王国の支配下となる。
1430年 オスマン帝国領となる。

1844～1913 オスマン帝国旗

1844年 オスマン帝国の国旗変更。トルコの項参照。

1913～15 セルビア王国旗

1913年 第2次バルカン戦争でギリシャとセルビア、ブルガリアに分割されマケドニアの大半はセルビア王国領となる。

1915～18 ブルガリア王国旗

1915年 第一次世界大戦（1914～18）でブルガリア王国軍がマケドニアを占領。

セルビア人・クロアチア人・スロヴェニア人王国／ユーゴスラヴィア王国

1918～29／1929～43

1918年 第一次世界大戦で同盟国側のブルガリアが敗北。セルビア人・クロアチア人・スロヴェニア人王国（**国旗**は左）が成立、その一部となる。

1929年 セルビア人・クロアチア人・スロヴェニア人王国がユーゴスラヴィア王国に改称。国旗は継続使用。

1943～45 ナチス・ドイツ国旗

1943年 第二次世界大戦（1939～45）でドイツ軍により占領される。

マケドニア人民共和国

1945～46

1945年 マケドニア人民共和国が成立。**国旗**は中央に黄色輪郭線の五角星を配した赤旗。**国章**は社会主義国型紋章で、共産主義を表す黄色縁取りの赤い五角星、青空に昇る太陽、山川、湖、小麦穂とタバコの葉のリース、ケシのつぼみ、キリル文字マケドニア語国名を黒字で記した民族模様柄のリボンを配したもの。

マケドニア／マルタ

マケドニア人民共和国
マケドニア社会主義共和国

1946〜63／1963〜91

1946年 ユーゴスラヴィア連邦人民共和国の構成国の一員マケドニア人民共和国となる。国旗・国章制定。**国旗**はカントンに黄色輪郭線で描いた五角星を配した赤旗。**国章**は社会主義国型紋章で、共産主義を表す黄色縁取りの赤い五角星、自由を表す陽光、コラプ山、オフリド湖、ヴァルダル川、小麦穂とタバコの葉のリース、ケシのつぼみ、赤白の民族模様柄のリボンを配したもの。

1963年 ユーゴスラヴィア連邦人民共和国のユーゴスラヴィア社会主義連邦共和国への改称に伴い、構成国マケドニア社会主義共和国となる。国旗・国章は継続使用。

1991年 ユーゴスラヴィア社会主義連邦共和国よりマケドニア共和国として独立。ユーゴスラヴィアは、この年から分裂と内戦が始まる。

マケドニア旧ユーゴスラヴィア共和国

1992〜95　　　1992〜2009

1992年 マケドニア共和国の国旗・国章制定。**国旗**は中央に黄色16本の光線を放つ古代マケドニア王国紋章ヴェルギナの星を配した赤旗。古代マケドニア王国フィリッポス2世の黄金の石棺に付いている紋章で、ギリシャ中央マケドニア地方ヴェルギナで1977年に発見された。ギリシャ国内で発見されたヴェルギナの星を使わないようにとギリシャから強硬な抗議を受ける。**国章**は1946年制定国章のケシのつぼみの色、五角星の縁取りの色を替えたもの。

1993年 「マケドニア」がギリシャの地方名であると主張するギリシャの反対があり、暫定的名称としてマケドニア旧ユーゴスラヴィア共和国名で国連に加盟。

1995〜

1995年 国旗に対するギリシャの抗議、経済制裁を受け、国旗を変更。**国旗**は中央に8本の光を放つ黄色の太陽を配した赤旗。赤は自由と進歩を求める戦い、黄色の太陽は生命と喜びを表す。

2001年 国内に2割ほど居住するアルバニア人の武装勢力と政府軍の間に紛争が起こる。

2009〜

2009年 マケドニア旧ユーゴスラヴィア共和国の国章変更。**国章**は1992年制定の国章から共産主義を表す赤い五角星を外したもの。

旧ユーゴスラヴィアから独立した諸国

マルタ共和国
Republic of Malta

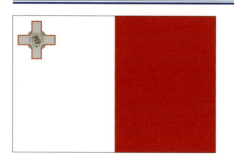

データ	
首都	バレッタ
面積	316km²
	（淡路島の半分強）
人口	42万人
人口密度	1328人/km²
公用語	マルタ語、英語
通貨	ユーロ

国旗比率　2：3

神聖ローマ帝国下

1530〜1798 マルタ騎士団旗

1530年 11世紀末にイェルサレムに組織された聖ヨハネ騎士団が、神聖ローマ帝国皇帝カール5世からマルタ島を与えられ移住し、マルタ騎士団と呼ばれる。**マルタ騎士団旗**は中央に白十字を配した赤旗。このデザインは聖ヨハネ紋章に由来する。

フランス共和国領

1798〜1800 フランス国旗

1798年 エジプト遠征途中のナポレオン軍が占領。騎士団はローマへ移動する。

イギリス領

1800〜01 イギリス国旗

1800年 イギリスが占領し、地中海における海軍基地とする。マルタ国民議会は騎士団の復帰を認めず。

1801〜15 イギリス国旗

1801年 イギリスが国旗変更。イギリスの項参照。

1815〜75 域旗

1815年 ウィーン議定書により正式にイギリス領となる。イギリス領マルタ域旗制定。**域旗**はカントンにイギリス国旗、中央に白十字を配した赤旗。

1814 マルタ騎士団総長旗

1814年 マルタ騎士団総長旗を制定。**騎士団総長旗**は中央に白いマルタ十字を配した赤旗。

1875〜98 域旗

1875年 イギリス領マルタ域旗変更。**域旗**はフライに、白いマルタ十字を入れ黄色縁取りの付いた白赤盾を入れた白円を配したイギリス青色船舶旗。

1898〜1923 域旗

1898年 イギリス領マルタ域旗変更。**域旗**はフライに、黄色縁取りの付いた白赤盾を入れた白円を配したイギリス青色船舶旗。

1923〜44 域旗

1923年 イギリス領マルタ域旗変更。**域旗**はフライに、黄色縁取りの付いた白赤盾を配したイギリス青色船舶旗。

1944〜64 域旗・域章

1944年 イギリス領マルタ域旗変更。域章制定。**域旗**は青いカントンにグレーの聖ジョージ勲章を配した白赤の縦二色旗。**域章**は盾型紋章で、国旗意匠を配したもの。
1947年 イギリスから自治権を獲得。

マルタ／マルタ共和国

1964〜74/1974〜　1964〜74

1964年 イギリス連邦の一員マルタとして独立。国連に加盟。国旗・国章制定。**国旗**は1944年制定域旗から青いカントンを取った旗。白赤二色旗は、イスラム人からマルタを解放した11世紀にシチリアを統治したルッジェーロ1世から授かったといわれる。聖ジョージ勲章は、第二次世界大戦でマルタ国民がドイツと勇敢に戦った栄誉を称え、1942年にイギリス国王ジョージ6世から贈られたもの。白は信仰心、赤は国民の純粋さを表す。**国章**は盾型紋章で、中に国旗意匠、クレストに赤と白の布リースを付けた城塞冠と兜、サポーターは新生海洋国家を表す2頭のイルカ、盾の周りにオリーブの枝とヤシの葉のリース、白いマルタ十字、底部に波とラテン語"VIRTUTE ET CONSTANTIA"「持続する力」という標語を黒字で記した白いリボンを配したもの。

1974〜88

1974年 マルタ共和国に改称。国旗は継続使用。国章変更。**国章**は円形紋章で、海に浮かぶエジプトの神オシリスの目をへさきに描いたボート、降り注ぐ太陽、緑のサボテンの木が生えた岸辺、シャベルとフォークを配したもの。
1979年 179年ぶりにイギリス軍基地撤去。

1988〜

1988年 マルタ共和国の国章変更。**国章**は盾型紋章で、中に国旗意匠、クレストに要塞都市バレッタを表す黄色城塞冠、盾の周りに平和を表すオリーブの枝のリースと祝福を表すヤシの葉のリース、マルタ語国名を黒字で記した国旗カラーのリボンを配したもの。
2004年 EUに加盟。

モナコ公国
Principality of Monaco

国旗比率 4：5

データ	
首都	モナコ
面積	2.02km²（日本の皇居面積の約1.5倍）
人口	4万人
人口密度	1万8932人/km²
公用語	フランス語
通貨	ユーロ

1297年 ジェノヴァの貴族グリマルディ家がジェノヴァの統治下のモナコの支配権を獲得。

モナコ公国

1419～1793

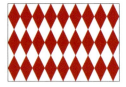

1419年 グリマルディ家は、南ヨーロッパに勢力を有するアラゴン王国からモナコを購入し、正式な支配者になる。モナコ公国の国旗制定。**国旗**は27個の赤菱を配した白旗。

1793～1804 フランス共和国旗
1804～15 フランス帝国旗

1793年 フランス革命軍により占領され、フランスに併合される。

1815～61 サルデーニャ国旗

1815年 ナポレオンが敗退しウィーン会議の結果、サルデーニャ王国の保護領となる。イタリアの項参照。

1858～

1858年 モナコ公国の国章制定。**国章**は盾型紋章で、グリマルディ家の赤白の菱形紋章、サポーターは剣を振り上げる2人のフランシスコ会修道士、盾の背後に公爵冠を載せた赤い位階服、盾の周りに聖シャルル勲章、底部にラテン語"DEO JUVANTE"「神のご加護と共にあらん」という標語を黒字で記した白いリボンを配したもの。現在に至る。

1861～81

1861年 サルデーニャ王国よりモナコ公国として独立。主権を保持しながらフランスの保護下に入る。国旗制定。**国旗**は中央に国章を配した白旗。

1881～1942

1881年 モナコ公国の国旗変更。**国旗**は赤白の横二色旗。国旗の赤白二色はグリマルディ家紋章に由来する。

1911年 絶対君主制を改め、立憲君主国とする。

1942～43 イタリア国旗

1942年 第一次世界大戦（1939～45）中、イタリア軍により占領される。

1943～45 ナチス・ドイツ国旗

1943年 イタリアが降伏し、ドイツ軍により占領される。

1945～

1945年 第二次世界大戦が終結し、モナコ公国が主権を回復。1881年制定の**国旗**を使用、現在に至る。

1993年 国連に加盟。

モルドヴァ共和国
Republic of Moldova

国旗比率 1:2

データ	
首都	キシニョフ
面積	3.4万km²
	（九州よりやや狭い）
人口	406万人
人口密度	120人/km²
公用語	モルドヴァ語
通貨	レイ

モルダヴィア公国〜ベッサラビア州

1236年 モンゴルのバトゥ軍により席巻される。
1359年 モルダヴィア公国（現モルドヴァ共和国を含む）が成立。
1456年 オスマン帝国領となる。

1808〜12 オスマン帝国旗

1808年 オスマン帝国の国旗変更。トルコの項参照。

1812〜59 ロシア帝国旗

1812年 ナポレオンのロシア侵攻の直前、ロシアとトルコがブカレスト条約を結び、東半分がロシア帝国領となり、ベッサラビア州と名付けられる。

1859〜78 ルーマニア公国旗

1859年 モルダヴィア公国とワラキア公国が合併し、ルーマニア公国が成立、その領有とされる。

1878〜1914 ロシア帝国旗

1878年 露土戦争（1877〜78）の結果、ベルリン条約で再びロシア領となる。

1914〜17 ロシア帝国旗

1914年 ロシア帝国の国旗変更。ロシアの項参照。

モルダヴィア民主共和国
1917〜18

1917年 ロシア革命でロシア帝国が崩壊。モルダヴィアでボリシェヴィキ勢力が台頭し、モルダヴィア民主共和国成立。国旗・国章制定。**国旗**は中央に国章、上部にモルダヴィア語で国名を黒字で配した青黄赤の横三色旗。**国章**は青い盾型紋章で、赤い角を持つ黄色い牛の頭、黄色五角星、白い三日月とバラの花を配したもの。

1918〜24 ルーマニア王国旗

1918年 第一次世界大戦（1914〜18）後、ルーマニア王国がベッサラビアを併合。

1920年 パリ条約でルーマニアの領有を確認。

モルダヴィア・ソヴィエト社会主義自治共和国

1924〜37

1924年 ウクライナ・ソヴィエト社会主義共和国内にモルダヴィア・ソヴィエト社会主義自治共和国が成立。国旗制定。**国旗**はカントンに黄色い鎌とハンマー、葡萄の房と葉、トウモロコシ、小麦穂、キリル文字モルドヴァ語の国名略号を配した赤旗。

1927〜38

1927年 モルダヴィア・ソヴィエト社会主義自治共和国の国章制定。**国章**は社会主義国型紋章で、黄色い鎌とハンマー、昇る太陽、キリル文字モルドヴァ語の国名略号を入れた赤い盾、小麦穂のリース、キリル文字モルドヴァ語とウクライナ語で「万国の労働者、団結せよ」という標語を黒字で記した赤いリボンを配したもの。

1937〜38

1937年 モルダヴィア・ソヴィエト社会主義自治共和国の国旗変更。**国旗**はカントンに黄色の

鎌とハンマー、黄字キリル文字ウクライナ語とラテン文字モルドヴァ語でウクライナ・ソヴィエト社会主義共和国の略号を大きく、モルダヴィア・ソヴィエト社会主義自治共和国の略号を小さく記した赤旗。

1938〜40

1938 年 モルダヴィア・ソヴィエト社会主義自治共和国の国旗・国章変更。**国旗**はカントンの国名略号を、キリル文字ウクライナ語とキリル文字モルドヴァ語に替えたもの。**国章**は社会主義国型紋章で、黄色の鎌とハンマー、昇る太陽、ウクライナ・ソヴィエト社会主義共和国の国名略号とモルダヴィア・ソヴィエト社会主義自治共和国名を黒字で入れた赤い盾、小麦穂のリース、キリル文字モルドヴァ語とウクライナ語で「万国の労働者、団結せよ」という標語を黒字で記した赤いリボンを配したもの。

モルダヴィア・ソヴィエト社会主義共和国

1940〜52

1940〜90

1940 年 モルダヴィア・ソヴィエト社会主義共和国としてソ連邦に加盟。国旗・国章制定。**国旗**はカントンに黄色鎌とハンマー、黄字キリル文字モルドヴァ語の国名略号を配した赤旗。**国章**は社会主義国型紋章で黄色縁取りの赤い五角星、黄色い鎌とハンマー、昇る太陽、小麦穂のリース、ブドウの房と葉、トウモロコシのリース、リンゴ、キリル文字モルドヴァ語の国名略号と向かって左にモルドヴァ語、右にロシア語で「万国の労働者、団結せよ」という標語を白字で記した赤いリボンを配したもの。

1952〜90

1952 年 モルダヴィア・ソヴィエト社会主義共和国の国旗変更。**国旗**はカントンに黄色輪郭線の五角星、鎌とハンマー、中央に緑の横縞を配した赤旗。

モルドヴァ・ソヴィエト社会主義共和国／モルドヴァ共和国

1990〜91／1991〜

1990 年 モルドヴァ・ソヴィエト社会主義共和国に改称。国旗・国章制定。**国旗**は中央に国章を配した青黄赤の縦三色旗。青は過去と民主主義、黄は現在と伝統、赤は未来と平等を表す。**国章**は黄色縁取りのある盾型紋章で、黄色牛の顔、角の間に黄色八角星、三日月とバラの花を描いた盾を胸に付け、黄色十字架をくわえ、足でオリーブの枝と笏を持つ鷲を配したもの。

1991 年 モルドヴァ共和国に改称、ソヴィエト連邦から離脱し独立を宣言。国旗・国章は継続使用。

1992 年 国連に加入。

沿ドニエストル共和国

1992〜

1992 年 沿ドニエストル紛争。東部ドニエストル川東岸のロシア系住民が、モルドヴァ独立後の民族主義的政策に対して既得権益を維持するため、一方的な独立宣言を行い、中央政府と武力衝突した。沿ドニエストル共和国と称しているが、主権国家として国際的な承認は得ていない。1994 年大幅な自治を獲得。**国旗**は旧モルダヴィア・ソヴィエト社会主義共和国の国旗を使用。**国章**も旧モルダヴィア・ソヴィエト社会主義共和国の国章に酷似のもので、国名や細部の色が違う。

モンテネグロ
Montenegro

国旗比率　1：2

データ	
首都	ポドゴリツァ
面積	1.4万km²
	（福島県程度）
人口	63万人
人口密度	45人/km²
公用語	モンテネグロ語
通貨	ユーロ

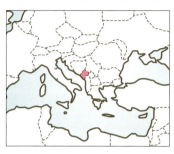

11世紀 セルビア王国の支配下となる。

オスマン帝国の支配

1499年 オスマン帝国領となる。

1844～1878 オスマン帝国旗

1844年 オスマン帝国の国旗変更。トルコの項参照。

モンテネグロ公国
モンテネグロ王国

1878～1910

1878年 モンテネグロ公国が成立。国旗・国章制定。**国旗**は中央に、胸部に君主ニコラ1世のキリル文字頭文字H.Iを赤字で入れた黄色縁取りの白い盾を付け、足で青い宝珠と黄色公爵笏をつかみ、公爵冠を被った双頭の白鷲、底部に前足を上げて歩く黄ライオン、周囲に白いボーダーを配した赤旗。**国章**は緑の大地を前足を上げて歩く黄ライオンを入れた黄色縁取りの付いた赤い盾を胸に付け、足で青い宝珠と黄色公爵笏をつかみ、公爵冠を被った双頭の白鷲、背後に公爵冠を載せた赤い位階服を配したもの。

1878～1910／1910～16

1910～16

1910年 モンテネグロ王国に改称。国章制定。国章は公国の国章を継続使用。**国旗**は中央に王冠と国王ニコラ1世のキリル文字頭文字を赤字で配した赤青白の横三色旗。

1913年 第2次バルカン戦争で領土を拡大。

オーストリア＝ハンガリー帝国領

1916～18 オーストリア＝ハンガリー帝国旗

1916年 第一次世界大戦（1914～18）で、オーストリア＝ハンガリー帝国に占領される。

セルビア人・クロアチア人・スロヴェニア人王国／ユーゴスラヴィア王国

1918～29／1929～41

1918年 第一次世界大戦後、セルビア人・クロアチア人・スロヴェニア人王国が成立し、国旗・国章を制定。モンテネグロはセルビアに編入される。**国旗**は青白赤の横三色旗。**国章**は赤い盾型紋章で、胸にセルビアを表す白十字と黄色オシラ章を入れた赤盾、クロアチアを表す赤白25個の市松模様盾、スロヴェニアを表す3個の黄色六角星と白い上向きの三日月を入れた青盾を付けた白い双頭の鷲、クレストに王冠、背後に白い双頭の鷲のビザンツ帝国紋章を付けた赤い位階服を配したもの。

1929年 セルビア人・クロアチア人・スロヴェニア人王国がユーゴスラヴィア王国に改称。国旗・国章は継続使用。

1941～43 イタリア王国旗

1941年 第二次世界大戦（1939～45）で、イタリア軍により占領される。

1943～45 ナチス・ドイツ国旗

1943年 イタリア降伏後、ドイツ軍が占領。

モンテネグロ人民共和国／モンテネグロ社会主義共和国

1945～63／1963～92

1945～46

1945年 ユーゴスラヴィア連邦人民共和国（セルビアの項参照）を構成するモンテネグロ人民共和国成立。国旗・国章制定。**国旗**は中央に社会主義を表す黄色い縁取りのある赤い五角星を配した、赤青白の横三色旗。**国章**は社会主義国型紋章

で、海に浮かぶロブチェン国立公園の山頂にある礼拝堂、社会主義を表す赤白の輪郭線を付けた赤い五角星、月桂樹の枝のリース、セルビア語キリル文字黒字でモンテネグロと記した白いリボン、連邦政府と白字で記した赤いリボンを配したもの。

1946〜63

1946年 モンテネグロ人民共和国の国章変更。国章は1945年制定の国章の標語リボンを、標語なしの国旗カラーのリボンに、青い山をグレーの山（モンテネグロ）に替え、赤い五角星を太く修正したもの。

1963〜74

1963年 ユーゴスラヴィア社会主義連邦共和国を構成するモンテネグロ社会主義共和国に改称。国旗は1945年制定のものを継続使用。国章変更。国章は1946年制定国章の赤い五角星の縁取りを、白から黄色に替えたもの。

1974〜92

1974年 モンテネグロ社会主義共和国の国章変更。国章は1963年制定国章の赤い五角星の縁取りを、再度黄色から白に替えたもの。

モンテネグロ共和国／モンテネグロ

1991年 ユーゴスラヴィア社会主義連邦共和国の構成共和国のうち、スロヴェニアとクロアチアが連邦から離脱したのをきっかけに、内戦に突入。

1992〜93

1992年 連邦解体の中でセルビアとともにユーゴスラヴィア連邦共和国を結成。モンテネグロ共和国に改称。国旗制定。国旗は赤青白の横三色旗。

1993〜2004

1993年 モンテネグロ共和国の国旗変更・国章制定。国旗は赤水色白の横三色旗。国旗の縦横比率は1：3と横長の旗。国章は前足を上げて歩く黄ライオンを描いた黄色縁取りの付いた赤い盾を胸に付け、足で青い宝珠と黄色笏をつかみ、冠を被った双頭の白鷲を配したもの。

2003年 国家連合セルビア・モンテネグロに改称。

2004〜07／2007〜

2004年 2年後の独立に先立ち、モンテネグロ共和国の国旗・国章制定。国旗は中央に国章、周囲に黄色いボーダーを配した赤旗。19世紀モンテネグロ公国がオスマン帝国と戦ったときに用いたボーダーのある赤い軍旗がモデル。国章は1876年制定モンテネグロ公国国章をモデルに緑の大地に前足を上げて歩く黄ライオンを描いた19世紀ペトロヴィッチ朝の青い盾を胸に付け、足に青い宝珠と黄色笏をつかみ冠を被ったビザンツ帝国に由来する双頭の黄鷲を配したもの。

2006年 モンテネグロ共和国として独立。国連に加盟。

2007年 モンテネグロに改称。国旗・国章は継続使用。

ラトヴィア共和国
Republic of Latvia

データ	
首都	リガ
面積	6.5万km²（東北地方より少し狭い）
人口	196万人
人口密度	30人/km²
公用語	ラトヴィア語
通貨	ユーロ

リトアニア・ポーランド連合領

1583〜1629 リトアニア・ポーランド連合国旗

1583年 バルト海東岸一帯のリヴォニアをめぐるロシアとスウェーデン・ポーランドとのリヴォニア戦争（1558〜83）により、リトアニア・ポーランド連合領となる。ポーランドの項参照。

スウェーデン王国の支配

1629〜63 スウェーデン王国旗

1629年 スウェーデン・ポーランド戦争によりスウェーデン領となる。

1663〜1721 スウェーデン王国旗

1663年 スウェーデン王国の国旗変更。

ロシア帝国の支配

1721〜1858 ロシア帝国旗

1721年 バルト海をめぐるスウェーデンとロシアとの北方戦争（1700〜21）により、ロシア帝国領となる。

1858〜1914 ロシア帝国旗

1858年 ロシア帝国の国旗変更。

1914〜18 ロシア帝国旗

1914年 ロシア帝国の国旗変更。

1917年 ロシア革命勃発。

ラトヴィア・ソヴィエト社会主義共和国

1918〜20

1918年 ボリシェヴィキ勢力が台頭し、ラトヴィア・ソヴィエト社会主義共和国成立。国旗・国章制定。**国旗**はカントンにラトヴィア語ラテン文字黄字で国名略号を配した赤旗。**国章**は黄色縁取りの付いた赤い円形紋章で、黄色歯車、円に黄色鎌とハンマーを入れた黒黄輪郭線を持つ赤い五角星、ラトヴィア語ラテン文字黒字で国名、黄字で「万国の労働者、団結せよ」という標語を配したもの。

ラトヴィア共和国

1920〜40

1920年 共和派によりラトヴィア共和国が成立。国旗・国章制定。**国旗**は中央に白い横縞を配した暗赤旗。**国章**は三分割盾型紋章で、青地に黄色太陽、グレー地に赤い立ち上がる赤ライオン、赤地にグレーのグリフィン、クレストに3個の黄色五角星、サポーターは赤いライオンとグレーのグリフィン、底部に樫の葉のリースと国旗カラーのリボンを配したもの。

ラトヴィア・ソヴィエト社会主義共和国

1940〜41

1940年 前年結ばれた独ソ不可侵条約の秘密議定書により、ラトヴィア・ソヴィエト社会主義共和国としてソヴィエト連邦に編入。国旗・国章制定。**国旗**はカントンに黄色鎌とハンマー、ラトヴィア語ラテン文字黄字で国名略号を配した赤旗。**国章**は社会主義国型紋章で、共産主義を表す金色輪郭線を付けた赤い五角星、黄色鎌とハンマー、小麦穂のリース、バルト海から昇る太陽、ラテン文字ラトヴィア語とキリル文字ロシア語で「万国の労働者、団結せよ」という標語と国名略号をラテン文字ラトヴィア語黒字で記した赤いリボンを配したもの。

1941〜45 ナチス・ドイツ国旗

1941年 第二次世界大戦（1939〜45）で、ドイツ軍により占領される。

1945〜53

1945〜90

1945年 第二次世界大戦が終結し、主権回復。**国旗・国章**は1940年制定のものが復活。

1953〜1990

1953年 ラトヴィア・ソヴィエト社会主義共和国の国旗変更。**国旗**はカントンに黄色鎌とハンマー、黄色輪郭線の五角星、下部に青いバルト海の白い波を配した赤旗。

ラトヴィア共和国

1990〜

1990年 ソヴィエト連邦よりラトヴィア共和国として独立宣言。国旗・国章制定。**国旗**は1920年制定の国旗が復活。暗赤色は国を守る国民の血、白は誠実さとバルト海を表す。**国章**は1920年制定の国章が復活。盾型紋章で、国の主権を表す青地黄色い太陽、西部ラトヴィア地区クルゼメ・ゼムガレを表すグレー地赤ライオン、東部ラト

ヴィア地区ビドゼメとラトガレを表す赤地剣を持つグレーのグリフィン、クレストに歴史的な3地方の統一を表す3個の黄色い五角星、サポーターは赤ライオンとグレーのグリフィン、底部に緑の樫の葉のリース、国旗カラーのリボンを配したもの。
1991年 独立がソ連に承認され、国連に加盟。
2004年 EUに加盟。

リトアニア共和国
Republic of Lithuania

データ	
首都	ビリニュス
面積	6.5万km²
	（東北地方よりやや狭い）
人口	285万人
人口密度	44人/km²
公用語	リトアニア語
通貨	リタス

国旗比率 3：5

12〜14世紀 ドイツ諸侯や騎士団がバルト海東南沿岸部へさかんに植民活動を行う。

リトアニア大公国
1251〜1569

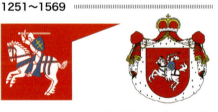

1251年 リトアニア大公国成立。国旗・国章制定。**国旗**は中央に白馬にまたがり黄色い二重十字を描いた青い盾を持ち、剣を振り上げる騎士を配した赤旗。**国章**は赤い盾型紋章で、中に国旗意匠、盾の背後に大公爵冠を載せた赤い位階服を配したもの。リトアニアは14世紀には、バルト海沿岸から黒海に達する大国となる。

リトアニア・ポーランド連合国
1569〜1795

1569年 リトアニア・ポーランドの同君連合が成立。リトアニアのポーランド化が進む。国旗・国章制定。**国旗**は中央に国章と金羊毛騎士団勲章を配した赤白赤の横三分割二重燕尾旗。**国章**は赤い四分割盾型紋章で第一・第四クォーターはポーランドを表す赤地王冠を被り翼を広げた白鷲、第二・第三クォーターはリトアニアを表す白馬にまたがり剣を振り上げ、黄色い二重十字を描いた青い盾を持つ騎士。中央にポーランドと同君連合のスウェーデンの四分割小盾があり、第一・第四クォーターはスウェーデンを表す青地3個の王冠、第二・第三クォーターはフォルクンガー王家を表す青白斜め帯に黄ライオン、さらに真中にスウェーデン・ウップランド地方のヴァサ王家を表す青白赤の斜め帯に黄色麦束、クレストに王冠を配したもの。**国章**

ロシア帝国の支配
1795〜1858 ロシア帝国旗

1795年 オーストリア・プロイセン・ロシアによるポーランド分割で、リトアニアはロシア帝国領となる。

1858〜1914 ロシア帝国旗

1858年 ロシア帝国の国旗変更。

1914〜1915 ロシア帝国旗

1914年 ロシア帝国の国旗変更。

1915〜18 ドイツ帝国旗

1915年 第一次世界大戦（1914〜18）で、ドイツ帝国軍により占領される。

1917年 ロシア革命が勃発。

リトアニア共和国
1918〜40

1918年 リトアニア共和国としてロシア帝国から独立。国旗・国章制定。**国旗**は黄緑赤の横三色旗。**国章**は黄色縁飾りを付けた赤い盾型紋章で、中に白馬にまたがり黄色い二重十字の付いた盾を持ち剣を振り上げる騎士を配したもの。

メメルランド自治区

1924〜39

1924年 メメルランド自治区が成立。首都はメメル。メメルはバルト海に面した海港で現クライペダ。ドイツ人が多い地区で、第一次世界大戦後、国際連盟管理下に置かれる予定だったが、リトアニアが反発し武力占拠。広範な自治権を持つ自治区が成立した。**自治区旗**はカントンに赤い円形紋章を付けた黄赤の横二色旗。**区章**は13世紀から使用されており、帆のない船、街を守る波止場の塔門を配したもの。
1939年 ドイツに併合される。

リトアニア・白ロシア・ソヴィエト社会主義共和国

1919

1919年 ボルシェヴィキ勢力が台頭し、2〜8月、リトアニア・白ロシア・ソヴィエト社会主義共和国が成立。**国旗**は無地の赤旗。12月に白ロシアを分離。
1920年 ボリシェヴィキ勢力を撃退して完全独立。

リトアニア・ソヴィエト社会主義共和国

1940〜41

1940年 リトアニア・ソヴィエト社会主義共和国が成立。国旗・国章制定。**国旗**はカントンに黄色鎌とハンマー、リトアニア語ラテン文字黄字で国名略号を配した赤旗。**国章**は社会主義国型紋章で、緑縁取りの付いた共産主義を表す赤い五角星、黄色鎌とハンマー、国の将来を表す昇る太陽、小麦穂と樫の葉のリース、向かって左にリトアニア語ラテン文字黄字、右にロシア語キリル文字黄字で「万国の労働者、団結せよ」という標語、真中に白字でリトアニア語ラテン文字国名略号を記した赤いリボンを配したもの。

1941〜44 ナチス・ドイツ国旗

1941年 第二次世界大戦（1939〜45）で、ドイツ軍により占領される。

1944〜53

1944〜78

1944年 ドイツ軍を撃退し、主権を復活。1940年制定の**国旗・国章**が復活。

1953〜89

1953年 リトアニア・ソヴィエト社会主義共和国の国旗変更。**国旗**はカントンに黄色鎌とハンマー、黄色輪郭線で五角星、下部に白縞と緑帯を配した赤旗。

1978〜89

1978年 リトアニア・ソヴィエト社会主義共和国の国章変更。**国章**は1940年制定国章の、標語リボンの文字を黄から白に、赤い五角星の縁取りを緑から黄に替えたもの。

リトアニア共和国

1989〜2004

1989年 リトアニア共和国の国旗制定。**国旗**は1918年制定国旗と同じ意匠で縦横比率が1：2の旗。
1990年 ソ連邦からの独立回復を宣言。

1991〜

1991年 リトアニア共和国の国章を制定。**国章**は赤い盾型紋章で、白馬にまたがり黄色二重十字の付いた青い盾を持ち、剣を振り上げる騎士を配したもの。1386年ポーランド女王との結婚によりカトリックに改宗したリトアニア大公国ヨガイラ大公のシンボルである。
1991年 国連に加盟。

2004〜

2004年 リトアニア共和国の国旗変更。**国旗**は縦横比率を1：2から3：5に修正した黄緑赤の横三色旗。黄は太陽と繁栄、緑は希望と森林、赤は勇気と愛国心を表す。
2004年 EUに加盟。

リヒテンシュタイン公国
Principality of Liechtenstein

データ	
首都	ファドーツ
面積	160㎢
	（小豆島程度）
人口	4万人
人口密度	236人/㎢
公用語	ドイツ語
通貨	スイス・フラン

国旗比率　3：5

神聖ローマ帝国

1342年 神聖ローマ帝国内にファドーツ伯爵領が成立し、現在の国の基礎ができる。

1401～1719 神聖ローマ帝国旗

1401年 15世紀から使われた神聖ローマ帝国旗。

1699年 リヒテンシュタイン家がファドーツ伯爵領を取得。

リヒテンシュタイン公国

1719～1806

1719年 神聖ローマ帝国の皇帝カール6世より公国自治権を付与され、リヒテンシュタイン公国成立。国旗制定。国旗は黄赤の横二色旗。

ライン同盟・ドイツ連邦

1806～15 ライン同盟旗

1806年 神聖ローマ帝国が滅亡。ナポレオン1世を盟主とする。ライン同盟（連邦）に加盟。国旗制定。ライン同盟の同盟旗は緑白青の横三色旗。

1815～66

1815年 ドイツ連邦に加盟。国旗制定。ドイツ連邦の国旗は黄色いカントンに双頭の黒鷲を配した黒赤黄の横三色旗。

リヒテンシュタイン公国

1866～1921

1866年 ドイツ連邦が解体し、正式に独立。1719年制定の国旗が復活。

1867年 永世中立宣言。

1921～37

1921年 リヒテンシュタイン公国の国旗変更。国旗は青赤の横二色旗。

1923年 スイスと関税同盟を締結、外交はスイスが代行。

1937～82

1937年 リヒテンシュタイン公国の国旗変更。国旗は1921年制定国旗のカントンに黄色い公爵冠を加えた旗。1936年のベルリン・オリンピックで同じ青赤の横二色旗を国旗としたが、ハイチ共和国と混乱したため、これと区別するため国旗が修正された。

1957～

1957年 リヒテンシュタイン公国の国章制定。国章は五分割盾型紋章で、第一クォーターはシレジア諸公国を表す黄地黒鷲、第二クォーターはザクセン王国を表す黄黒横縞に緑輪冠、第三クォーターはチェコ・オパヴァのトロッパウ公国を表す赤白盾、第四クォーターは東フリースラント・リートバーグのキルクセナ家を表す黄地女性の顔を持つ黒鳥、第五クォーターはイェーゲンドルフのクルノフ公国を表す青地金色ラッパ。中央にリヒテンシュタイン家を表す黄赤の盾、盾の背後に公爵冠を載せた赤い位階服を配したもの。

1982～

1982年 リヒテンシュタイン公国の国旗変更。国旗は黄色い公爵冠の形を修正した旗。青は空、赤は家庭の暖炉、黄色い公爵冠は公国を表し、国民との一体感を示す。

1990年 国連に加盟。

ルクセンブルク大公国
Grand Duchy of Luxembourg

国旗比率 3：5

データ	
首都	ルクセンブルク
面積	2586㎢（佐賀県程度）
人口	57万人
人口密度	223人/㎢
公用語	ルクセンブルク語、フランス語、ドイツ語
通貨	ユーロ

1354年 ルクセンブルク公国が成立。

オーストリアの支配

1715～92 オーストリア国旗

1715年 オーストリア領ネーデルラントとなる。

フランスの支配

1792～1804 フランス共和国旗
1804～14 フランス帝国旗

1792年 フランス革命軍が侵攻、フランス領ネーデルラントとなる。

1814～15 フランス王国旗

1814年 ブルボン朝から復活し、無地の白旗を使用。

ネーデルラント連合王国 オランダ王国

1815～30/1830～45

1815年 ナポレオン戦争が終結し、ルクセンブルク大公国に昇格。ネーデルラント連合王国と同君連合となる。

1830年 オランダ王国領となる。

1845～90 ルクセンブルク域旗

1845年 ルクセンブルク大公国の域旗制定。域旗は赤白水色の横三色旗。

1867年 ナポレオン3世のルクセンブルク買収計画が失敗。ロンドン会議で永世中立宣言。
1868年 立憲君主制確立。

ルクセンブルク大公国

1890～1914

1890年 オランダとの同君連合を解消し、独立。国旗は1845年制定の域旗を継続使用。

1914～18 ドイツ帝国旗

1914年 第一次世界大戦勃発。ドイツ帝国軍により占領される。

1918～40

1918年 第一次世界大戦が終結し、ルクセンブルク大公国の主権回復。1890年制定の国旗が復活。

1940～45 ナチス・ドイツ国旗

1940年 第二次世界大戦（1939～45）で、ドイツ軍により占領される。

1945～

1945年 第二次世界大戦が終結し、ルクセンブルク大公国が主権を回復。国旗復活。国旗は赤白水色の横三色旗。国旗は白と水色の横縞を背景とした赤いライオンを配したルクセンブルク大公国国章に由来する。
1945年 国連に加盟。
1948年 中立政策放棄、ベネルクス関税同盟に加盟。
1967年 ヨーロッパ共同体（現EU）に加盟。

1972～

1972年 ルクセンブルク大公国が国章制定。国章は盾型紋章で、白・水色の12本横縞に大公爵冠を被った赤い2尾のリンブルグ・ライオン、クレストに大公爵冠、サポーターは冠を被った2頭の黄色リンブルグ・ライオン、盾の周りにオーク冠勲章、背後に大公爵冠を載せた赤い位階服を配したもの。

ルーマニア
Romania

データ	
首都	ブカレスト
面積	23.8万㎢（日本の本州程度）
人口	1937万人
人口密度	81人/㎢
公用語	ルーマニア語
通貨	レイ

国旗比率 2：3

13～14世紀 現ルーマニア南部にワラキア公国、北東部にモルダヴィア公国が成立。

オスマン帝国の支配

1415年 ワラキア公国がオスマン帝国の自治公国となる。

1826～59 オスマン帝国旗

1826年 オスマン帝国の国旗変更。

ワラキア・モルダヴィア連合公国

1859～61

1859年 ワラキア公国とモルダヴィア公国が統合し、連合公国が成立。国旗制定。連合公国の**国旗**は青黄赤の横三色旗。

ルーマニア公国

1861～66

1861年 ルーマニア公国に改称。国旗・国章を制定。**国旗**は赤黄青の横三色旗。**国章**は盾型紋章で、モルダヴィア公国を表す赤青地に黒い六角星と野生牛の頭、ワラキア公国を表す青黄地に公爵冠を被り十字架をくわえた鷲、盾の周りに月桂樹の枝のリース、背後に公爵冠を載せた赤い位階服を配したもの。

1866～81

1866年 ルーマニア公国の国旗変更。国章制定。**国旗**は青黄赤の縦三色旗。モルダヴィア公国を表す赤青とワラキア公国を表す青黄を組み合わせた旗。**国章**は四分割盾型紋章で、第一クォーターはワラキア公国を表す青地黄色太陽と十字架をくわえた黒鷲。第二クォーターはモルダヴィア公国を表す青地白い三日月と六角星に黒い野生牛の頭、第三クォーターもモルダヴィア公国を表す赤地白い六角星と黒い野生牛の頭、第四クォーターはワラキア公国を表す黄地十字架をくわえた黒鷲。クレストに公爵冠、中央にルーマニア君主の出自南ドイツのホーエンツォレルン家を表す黒白の四分割小盾、サポーターは白い衣装のダキア人女性と黄ライオン、底部にラテン語"NIHIL SINE DEO"「神なくして何もなし」という標語を黄字で記した青いリボン、盾の背後に公爵冠を載せた赤い位階服を配したもの。

1866～72

1872～81

1872年 ルーマニア公国の国章変更。**国章**は四分割盾型紋章で、第一クォーターはワラキアを表す青地黄色太陽、十字架をくわえ、足で剣と公爵笏を持つ黄鷲、第二クォーターはモルダヴィアを表す赤地黄色三日月、野生牛の頭、角の間に六角星、第三クォーターはバナト・オルテニアを表す赤地黄色六角星を持つ黄ライオンと足元に冠、第四クォーターはドブロジャを表す青地2頭の黄色イルカ。中央に南ドイツのホーエンツォレルン家を表す黒白の四分割小盾、クレストに公爵冠、サポーターは2頭の黄ライオン、底部にラテン語"NIHIL SINE DEO"「神なくして何もなし」という標語を黄字で記した青いリボン、盾の背後に公爵冠を載せた赤い位階服を配したもの。

1877年 露土戦争（～78）でロシア帝国側で参戦。

1878年 ベルリン条約により、オスマン帝国より独立することが決まる。

ルーマニア王国

1881～1940

1881年 カロル1世を国王としてルーマニア王国が成立。**国旗**は1866年制定のものを継続使用。国章制定。**国章**は1872年制定の公国国章の盾の下にホーエンツォレルン王家勲章を加え、位階服の上の冠をルーマニア王冠に替えたもの。

1881～1921

1916年 第一次世界大戦（1914～18）では連合国側で参戦。

1920年 西部のトランシルヴァニアを併合。

1921〜40

1921 年 ルーマニア王国の国章変更。**国章**は 1881 年制定国章の盾にトランシルヴァニアを表す青地黒鷲と黄地 7 個の赤い城を加え、この盾自体を、ルーマニア正教の十字架をくわえ王冠を被り、ワラキアの聖ミカエル笏とモルダヴィアの聖ステファンの剣を持つ黄鷲の胸に付けた青い盾を追加したもの。

1940〜44 ソヴィエト連邦旗

1940 年 第二次世界大戦（1939〜45）で枢軸国側で参戦し、ソヴィエト連邦軍により占領される。

1944〜48

1944 年 ルーマニア王国が主権を回復。**国旗**は 1881 年制定の国旗が、**国章**は 1921 年制定の国章が復活（1948 年まで）。トランシルヴァニアの一部をハンガリーに割譲。

ルーマニア人民共和国

1947 年 王制が廃止され、ルーマニア人民共和国となる。

1948.1〜3

1948 年 国旗・国章を制定。**国旗**は中央に国章を配した青黄赤の縦三色旗。1 月に制定された**国章**は社会主義国型紋章で、昇る太陽、赤いトラクター、3 本の加熱炉、小麦穂のリース、ルーマニア語ラテン文字黒字でルーマニア人民共和国と記した国旗カラーのリボン、白字で国名略号 R P R を配したもの。

1948.3〜1952

1948 年 3 月に国旗・国章変更。**国旗**は中央に国章を配した青黄赤の縦三色旗。青は空、黄は国の富、赤は国民の勇敢さを表す。**国章**は社会主義国型紋章で、昇る太陽、小麦穂のリース、森林と山々、油井やぐら、国名略号 R P R を白字で記した国旗カラーのリボンを配したもの。

1952〜65

1952 年 ルーマニア人民共和国の国旗・国章変更。**国旗**は中央に国章を配した青黄赤の縦三色旗。**国章**は 1948 年制定の国章に、共産主義を表す赤い五角星を加えたもの。

1955 年 国連に加盟。

ルーマニア社会主義共和国

1965〜89

1965 年 ルーマニア社会主義共和国に改称。国旗・国章変更。**国旗**は中央に国章を配した青黄赤の縦三色旗。**国章**は 1952 年制定の国章リボンに付いた国名略号を、ルーマニア社会主義共和国とルーマニア語ラテン文字に替えたもの。

1967 年 チャウシェスクが初代大統領となり、独裁体制を確立（1989 年、処刑される）。

ルーマニア

1989〜

1989 年 共産党の一党独裁を廃止。ルーマニアに改称。国旗・国章制定。**国旗**は青黄赤の縦三色旗。青は澄んだ空、黄は鉱物資源、赤は国民の勇気を表す。

1992〜2016

1992 年 ルーマニアの国章制定。**国章**は青い盾型紋章で、ルーマニア正教の黄色い十字架をくわえ、ワラキアの聖ミカエルの笏とモルダヴィアの聖ステファンの剣を持つ黄鷲、胸の盾の中は、第一クォーターはワラキアを表す青地黄色三日月、太陽と十字架をくわえる黄鷲、第二クォーターはモルダヴィアを表す赤地グレー野生牛の頭、バラの花と三日月、角の間に黄色五角星、第三クォーターはバナト・オルテニアを表す 2 つのアーチを持つ黄色い橋の上で剣を振り上げる黄ライオン、第四クォーターはトランシルヴァニアを表す青地黄色太陽と三日月に黒鷲、黄地に 7 個の赤い城、第五クォーターはドブロジャを表す青地 2 頭の黄色イルカを配したもの。

2007 年 EU に加盟。

2016〜

2016 年 ルーマニアの国章変更。新**国章**は、王国時代の歴史を伝える目的で、共産政権時代以前に使われた国章のように、鷹に王冠を被せるように変更した。

ロシア連邦
Russian Federation

国旗比率　2：3

データ	
首都	モスクワ
面積	1710.0万km² (日本の45倍)
人口	1億4344万人
人口密度	8人/km²
公用語	ロシア語
通貨	ルーブル

862年 ノルマン人のリューリクがノヴゴロド公国を建国。
882年 ノルマン人のオレーグがキエフ公国を建国。
1237年 モンゴル軍のバトゥがロシアに侵攻。
1243年 バトゥがキプチャク・ハン国を建国。都はヴォルガ川河口のサライ。

モスクワ大公国

1263〜1547

1263年 モスクワ大公国成立。国旗制定。**国旗**は、ホイストに白い縁取りの付いた青十字を持つ黄円にキリストの顔を配した赤い二重燕尾旗。

1547〜1613

1547年 リューリク朝モスクワ大公国のイヴァン雷帝がツァーリを称する。国旗制定。**国旗**は中央に黄色二重十字と階段を配した赤色変形旗。

1613〜68

1613年 ミハイル・ロマノフがツァーリに選ばれ、ロマノフ朝を創始。国旗変更。**国旗**はホイストに青い輪郭線の中に青いマントを着て、白馬にまたがりドラゴンを槍で退治する聖ゲオルギィを配した赤い燕尾旗。

1668〜1705

1668年 ロマノフ朝モスクワ大公国の国旗変更。**国旗**は青い十字で仕切られた白赤の四分割旗。

ロシア帝国

1721〜1858

1721年 ピョートル1世が「全ロシア皇帝」を宣言し、ロシア帝国が成立。**国旗**は継続使用。国章制定。**国章**は赤い盾型紋章で、胸にドラゴンを退治している聖ゲオルギィを描いた赤い盾を付け、足で宝珠と皇帝笏を持ち頭上に3個の皇帝冠を持つ双頭の黄鷲と黄色盾飾りを配したもの。

1721〜30

1730〜1800

1730年 ロシア帝国の国章変更。**国章**は、胸に聖ゲオルギィの赤い盾を付け、広げた翼に向かって左上から反時計回りにカザンを表す白地黒鳥、アストラハンを表す青地黄色冠と剣、シベリアを表す白地2匹の黒テン、フィンランドを表す赤地黄ライオン、ヘルソン・タヴリダを表す黄地双頭の黒鷲、ポーランドを表す赤地白鷲の6領土の紋章を付け、足に宝珠と皇帝笏を持ち頭に皇帝冠を被り、さらに頭上に青いリボンを付けた皇帝冠を置く双頭の黒鷲と盾の周りに聖アンドレイ勲章を配したもの。(237頁に拡大図)

1705〜21

1705年 ロマノフ朝モスクワ大公国の国旗変更。**国旗**は白青赤の横三色旗。

1800〜30

1800年 ロシア帝国の国章変更。**国章**は胸に聖ゲオルギィの赤い盾、背後に白いマルタ十字、クレストに皇帝冠を配し、足に宝珠と皇帝笏を持ち、頭に皇帝冠、さらに赤いリボンを付けた皇帝冠を置いた双頭の黒鷲を配したもの。
1828年 露土戦争（〜29）でトルコに勝利。

1830〜58

1830年 ロシア帝国の国章変更。**国章**は1730年制定国章の黒鷲の翼の形を修正し、頭上の青いリボンを取り除いたもの。

1856年 クリミア戦争（1853〜56）で英仏などに敗れる。南下政策が挫折し、国内改革を進める。

1858〜1914

1858〜83

1858年 ロシア帝国国旗・国章変更。**国旗**は黒黄白の横三色旗。黒は双頭の黒鷲、黄は皇帝旗、白は聖ゲオルギイの白馬に由来する。**国章**は黄色い盾型紋章で、胸に聖ゲオルギイのドラゴン退治を描いた赤い盾を付け、足に宝珠と皇帝笏を持ち、頭に皇帝冠を被り、さらに青いリボンを付けた皇帝冠を置いた双頭の黒鷲、クレストに兜、サポーターは剣を持つ天使ミハイルと杖を持つ天使ガブリエル、盾の背後に皇帝旗と皇帝冠を載せた黄色い天幕、盾の周りに聖アンドレイ勲章、周囲の樫の葉のリースの中に9領土の盾紋章、上部に6領土の小盾合体紋章を配したもの。9領土は向かって左上から反時計回りに、1カザンを表す青地黒鳥、2ポーランドを表す赤地白鷲、3ヘルソン・タヴリダを表す黄地双頭の黒鷲、4①ウラジミールを表す赤地黄ライオン、②ノヴゴロドを表す青地2頭熊、③キエフを表す青地聖ミハイルの合体紋章、5ロマノフ王家を表す白地剣と盾を持つ赤グリフィン、赤地斧を持つ黄ライオン、黄地2頭の青ライオン、赤地3本白い矢、赤地白鳥、赤地白馬の騎士、6フィンランドを表す赤地黄ライオン、7ジョージアを表す白馬と赤ライオン、8シベリアを表す白地2匹の黒テン、9アストラハンを表す青地黄色冠と剣。上部小盾は向かって左から右へ、①北東地方：黄地弓矢のキーロフ、緑地白い羊のボルガ・ブルガリア、青地黒テンのサレハルド、緑地巨人のコンジンスキ、赤地シロクマのペルミ、②白ロシア・リトアニア地方：赤地白鷲と青地騎士のビャウィストク、黄地黒クマのジェマイティヤ、青地茶馬のポラック、赤地騎士のビィーツェブスク、赤地白馬騎士のリトアニア、白地赤テンのムスツィスラフの紋章、③ロシア大公国：青地赤いトナカイのニジノ・ノヴゴロド、青地2本槍のユゴラ、青地剣士のリャザン、青地大砲のスモレンスク、青地雪豹のプスコフ、赤地玉座のトヴェリ、白地黒クマのヤロ

スラブリ、赤地白トナカイのロストフ、青地魚2匹のベロゼロスク、黒地白テンのウドルスクの紋章、④南西地方：赤地白十字のヴォルーニ、青地黄十字と麦束のポドリスク、白地黒鷲のチェルニーヒウの紋章、⑤バルト地方：黄地青ライオンのエストニア、赤地白グリフィンのリヴォニア、白地赤ライオンと青地白ヘラジカのクールランド・ゼムガレ、赤地王冠と2本剣のカレリアの紋章、⑥黄地黒ユニコーンのトルキスタンの紋章。（237頁に拡大図）

1877年 露土戦争（〜78）でトルコに勝利。

1883年 ロシア帝国国章変更。**国章**は胸に聖ゲオルギイの赤い盾、盾の周りに聖アンドレイ勲章、広げた翼に向かって左上から反時計回りに1カザンの白地黒鳥、2ポーランドの赤地白鷲、3ヘルソン・タヴリダの黄地双頭の黒鷲、4ウラジミールの赤地黄ライオン、ノヴゴロドの白地2頭熊、キエフの青地聖ミハイルの合体紋章、5フィンランドの赤地黄ライオン、6ジョージアの黄地聖ゲオルギイ、7シベリアの白地2匹の黒テン、8アストラハンの青地黄色冠と剣、足で宝珠と皇帝笏をつかみ、頭に皇帝冠を被り、さらに青いリボンの付いた皇帝冠を置いた双頭の黒鷲を配したもの。

1883〜1917

1914〜18

1914年 ロシア帝国の国旗変更。**国旗**は黄色いカントンに国章を配した白青赤の横三色旗。

1917年 ロシア革命勃発。ロシア帝国が倒れ、世界初の社会主義国が誕生。

ロシア・ソヴィエト連邦社会主義共和国

1918〜20

1918年 ロシア・ソヴィエト連邦社会主義共和国成立。国旗・国章制定。**国旗**は、カントンにキリル文字ロシア語黄字で国名略号を十字形に配した赤旗。**国章**は白い円形紋章で、黄色鎌とハンマー、昇る太陽を描いた赤い盾、小麦穂のリース、底部にロシア語で「万国の労働者、団結せよ」という標語を黒字で記した黄色縁飾りの付いた赤い銘板、周りにロシア語国名を黒字で配したもの。

1920〜37　　**1920〜78**

1920年 ロシア・ソヴィエト連邦社会主義共和国国旗・国章変更。**国旗**は黄色輪郭線のカントンに古いスタイルのキリル文字黄字で国名略号を配した赤旗。**国章**は社会主義国型紋章で、黄色鎌とハンマー、昇る太陽、ロシア語国名略号を黒字で記した赤い盾、小麦穂のリース、底部にロシア語で「万国の労働者、団結せよ」という標語を黒字で記した赤いリボンを配したもの。

1937〜54

1937年 ロシア・ソヴィエト連邦社会主義共和国の国旗変更。**国旗**はカントンにロシア語キリル文字黄字で国名略号を横一列に配した赤旗。

1954〜91

1954年 ロシア・ソヴィエト連邦社会主義共和国の国旗変更。**国旗**はホイストに縦の青帯、カントンに黄色輪郭線の五角星、黄色鎌とハンマーを配した赤旗。

1978〜91

1978年 ロシア・ソヴィエト連邦社会主義共和国の国章変更。**国章**は1920年制定国章に共産主義を表す黄色縁取りを付けた赤い五角星を加えたもの。

ソヴィエト社会主義共和国連邦
Union of Soviet Socialist Republics

ロシア革命後、1922年に全連邦ソヴィエト第1回大会で、ソヴィエト社会主義共和国連邦（ソ連邦、ソ連）の樹立が宣言された。最初はロシア、ウクライナ、ベラルーシ（白ロシア）、ザカフカース（のちジョージア、アルメニア、アゼルバイジャンに分離）の4ソヴィエト共和国で始まり、ウズベク、トルクメン、タジク、キルギス、カザフ、モルダヴィア、リトアニア、ラトヴィア、エストニアが加わり、15共和国により構成された。1991年12月に解体された。

1922〜24　　1922〜46　　1946〜56

1922年 ソヴィエト社会主義共和国連邦が成立。国旗・国章制定。**国旗**は中央に国章を配した赤旗。**国章**は社会主義国型紋章で、共産主義を表す黄色縁取りの付いた赤い五角星、地球儀の上に黄色鎌とハンマー、昇る太陽、小麦穂のリース、「万国の労働者、団結せよ」という標語を白字で記した赤いリボンを配したもの。標語は向かって左上から下へ、ベラルーシ語、ジョージア語、ロシア語、右上から下へ、アルメニア語、アゼルバイジャン語、ウクライナ語の6カ国語で記したもの。

1924.4〜8

1924年 4月、ソヴィエト社会主義共和国連邦の国旗変更。**国旗**は黄色輪郭線のカントンに五角星、黄色鎌とハンマーを配した赤旗。

1924.8〜1955

1924年 8月、ソヴィエト社会主義共和国連邦の国旗変更。**国旗**はカントンに黄色鎌とハンマー、黄色輪郭線の五角星を配した赤旗。

1946年 ソヴィエト社会主義共和国連邦の国章変更。**国章**は1922年制定国章の6カ国語標語を、カレロフィン・ソヴィエト社会主義共和国を含む16カ国語に替えたもの。標語は向かって左上から下へ、エストニア語、リトアニア語、フィンランド語、カザフ語、ウズベク語、アルメニア語、アゼルバイジャン語、ウクライナ語、真中がロシア語、右上から下へ、ラトヴィア語、モルドヴァ語、キルギス語、タジク語、トルクメン語、ジョージア語、ベラルーシ語の16カ国語で記したもの。同年、国連に加盟。

1955〜91

1955年 ソヴィエト社会主義共和国連邦の**国旗**変更。1924年制定国旗のカントンにある鎌とハンマーを小さくした国旗。

1956〜91

1956年 ソヴィエト社会主義共和国連邦の国章変更。**国章**は、1956年にカレロフィン・ソヴィエト社会主義共和国がロシア・ソヴィエト連邦共和国に編入されたため、1946年制定国章の16カ国語標語からフィンランド語を取り除いた15カ国語標語に替えたもの。標語は向かって左上から下へ、トルクメン語、タジク語、ラトヴィア語、リトアニア語、ジョージア語、ウズベク語、ウクライナ語、真中はロシア語、右上から下へ、エストニア語、アルメニア語、キルギス語、モルドヴァ語、アゼルバイジャン語、カザフ語、ベラルーシ語の15カ国語で記したもの。

1940〜56 カレロフィン国旗

カレロフィン・ソヴィエト社会主義共和国の**国旗**は、カントンに黄色鎌とハンマー、黄色輪郭線の五角星、下部に青緑の横帯を配した赤旗で、1940年から1956年まで使用。首都はペトロザヴォーツク（カレリア共和国首都）。

極東共和国

1920〜22

1920年 極東共和国が成立。ロシア革命に続く内戦終結期に、シベリア出兵した日本軍との直接対決を回避すべくロシア共産党支持のもとに樹立された緩衝国家。首都はチタ（チタ州）。**国旗**は青いカントンにロシア語キリル文字赤字で国名略号を配した赤旗。**国章**は赤い盾型紋章で、錨とツルハシ、小麦束、白い五角星、トウモロコシのリース、ロシア語キリル文字白字で国名略号を配したもの。日本軍が1922年に同地域から撤退するとソヴィエト連邦に併合され消滅。

ロシア連邦

1991〜93

1991年 ソヴィエト社会主義共和国連邦が解体される。ロシア連邦成立。国旗制定。**国旗**は白青赤の横三色旗。縦横比率は1:2。

1993〜

1993年 ロシア連邦の国旗変更。国章制定。**国旗**は、1991年制定国旗の縦横比率1:2を2:3に替えた旗。白は高潔と素直さ、青は名誉と純粋さ、赤は勇気と寛大さを表す。国旗の3色は、ピョートル大帝が近代国家の模範としたオランダ国旗に由来するとも、ロシア・ツァーリ国国旗意匠である白馬にまたがり青マントを着た聖ゲオルギィの赤盾の色ともいわれる。**国章**は赤い盾型紋章で、胸に13世紀からモスクワ大公国の守護聖人である聖ゲオルギィの赤盾を付け、足で宝珠と笏をつかみ、頭に黄色冠を被り、さらに黄色いリボンの付いた冠を置いた双頭の黄鷲を配したもの。

チェチェン共和国

1991〜2004

1991年 チェチェン共和国が成立。ソヴィエト連邦が崩壊するとロシア・ソヴィエト連邦社会主義共和国の一部であったイスラム教徒の多い北カフカース地方のチェチェンが独立を宣言し、ロシア連邦と戦闘状態に突入。首都はグロズヌイ。**国旗**は下部に白赤白の横縞を配した緑旗。緑はイスラムと新しい生命、白は未来へ導く道、赤は自由を求めて流された血を表す。**国章**は円形紋章で、国土防衛を表す黒いオオカミ、金色の月、氏族数を表す9個の星を配したもの。2度にわたるチェチェン戦争が行われたが、ロシアが戦況を有利に運び、2004年に親ロシア政権が誕生し、戦争は終結した。

日本の樺太庁紋章

1907〜43

1907年 日露戦争後のポーツマス条約で北緯50度以南の南樺太が日本の統治となり、樺太庁が設置された。1943年に内地に編入されるまでこの地域を管理した。樺太庁紋章は樺太に生育する三つ葉樺をあしらったもの。

◆1730 ロシア帝国国章◆

◆1858 ロシア帝国国章◆

世界の**国旗・国章**歴史大図鑑

北アメリカ・中央アメリカ

- アメリカ合衆国…240
- アンティグア・バーブーダ…243
- エルサルバドル共和国…244
- カナダ…245
- キューバ共和国…247
- グアテマラ共和国…248
- グレナダ…250
- コスタリカ共和国…251
- ジャマイカ…253
- セントヴィンセント及び
  グレナディーン諸島…254
- セントクリストファー・
  ネーヴィス…255

- セントルシア…256
- ドミニカ共和国…257
- ドミニカ国…259
- トリニダード・トバゴ共和国…260
- ニカラグア共和国…261
- ハイチ共和国…263
- パナマ共和国…264
- バハマ国…266
- バルバドス…267
- ベリーズ…268
- ホンジュラス共和国…269
- メキシコ合衆国…271

North & Central America

アメリカ合衆国
United States of America

国旗比率　10：19

データ	
首都	ワシントンD.C.
面積	962.9万km²
	（日本の約25倍）
人口	3億2412万人
人口密度	34人/km²
公用語	英語
通貨	アメリカ・ドル

植民地時代

スペインの支配

1519〜80　スペイン国旗　1580〜1700

1519年　スペインが北アメリカにヌエバ・エスパーニャ副王領を建設。

1700〜85　スペイン国旗　1785〜1821

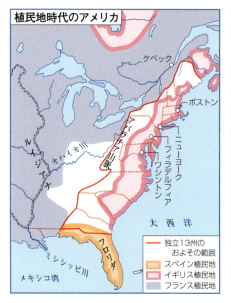

フランスの支配

1534〜1638　フランス国旗　1638〜1763

1534年　フランスが北アメリカに植民を開始、ヌーベル・フランス植民地を建設。
1763年　英・仏・西のパリ条約で、フランスはカナダとミシシッピ以東のルイジアナをイギリスへ、以西のルイジアナをスペインに割譲。

イギリスの支配

1607〜86 イギリス国旗

1607年　イギリスが北アメリカ東岸のヴァージニアに植民地を建設。
1620年　ピルグリム・ファーザーズがメイフラワー号でプリマスに到着。ニューイングランド植民地の基礎を築く。

1686 ニューイングランド植民地連合旗

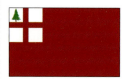

1686年　イギリスがニューイングランド植民地連合を統合。**連合旗**としてカントンに緑の松の木と赤い聖ジョージ十字を配した赤旗を使用。
18世紀前半　イギリスは東海岸に自治権を有する13植民地を形成。

オランダの支配

1616〜30　オランダ国旗　1630〜74

1616年　オランダが北アメリカ東岸にニューネーデルラント植民地（現在のニューヨーク州）を建設。
1625年　オランダがニューアムステルダムを建設。
1664年　イギリスがニューアムステルダムを奪い、ニューヨークと改名する。
1674年　英蘭戦争の結果、ニューネーデルラントはイギリスに割譲される。

スウェーデンの支配

1638〜55 スウェーデン国旗

1638年　スウェーデンが北アメリカ大西洋岸のデラウェア周辺にニュースウェーデン植民地を建設。
1655年　ニュースウェーデンがオランダに割譲される。

1773年　イギリス本国の植民地支配に反抗して、ボストン茶会事件が起こる。
1775年　イギリスからの独立を目指し、独立戦争が勃発する。

独立と建国の時代

独立まで

1776〜77

1776 ガズデン軍旗

1776年 東部13植民地によるイギリスからの独立宣言が出される。**国旗**としてカントンにイギリス国旗を配した赤白の横13縞旗制定。13縞は独立宣言に参加した13州（デラウェア州、ペンシルヴェニア州、ジョージア州、ニュージャージー州、コネチカット州、マサチューセッツ州、メリーランド州、ヴァージニア州、ニューハンプシャー州、ロードアイランド州、ニューヨーク州、ノースカロライナ州、サウスカロライナ州）を表す。さらに「俺を踏むな」という警告を黒字で記した黒いガラガラヘビを中央に配した黄旗の**ガズデン軍旗**を使用。ガズデンはサウスカロライナ州出身の軍人・政治家で、独立戦争の指導者の一人。

1777〜95

1777年 青いカントンに13個の白い五角星を配した赤白の13横縞旗。最初の**星条旗**。青は正義、忍耐、赤は勇気、耐久力、白は純粋さ、純潔を表す。

1782〜

1782年 アメリカ合衆国の国章制定。**国章**は盾型紋章で、盾は星なしの青地のチーフを配した白赤の13縦縞、サポーターは翼を広げた白頭鷲で平和を表す緑のオリーブの枝と戦闘を表す白い矢を足でつかんでいる。葉と弓の数はともに独立当時の州数を表す13。ラテン語"E PLURIBUS UNUM"「多数から一つへ」という標語を黒字で記した白いリボンを口でくわえている。頭上に黄色い光線と白い輪の中の青い地に13州を表す13個の白い五角星を配したもの。現在に至る。

1783年 イギリスが独立を承認。
1787年 世界初の成文憲法、合衆国憲法を制定。

建国〜現在

（以下の年代は国旗変更の年代を示す。州加入年代とは必ずしも一致しない。）

1795〜1818

1795年 ケンタッキー州、ヴァーモント州が加入、15縞、**15星旗**となる。

1803年 フランスからルイジアナを購入。

1818〜19

1818年 インディアナ州、ルイジアナ州、オハイオ州、テネシー州、ミシシッピ州が加入。13縞**20星旗**となる。縞数は13に固定することが定められた。

1819年 スペインからフロリダを購入。

1819〜20

1819年 イリノイ州が加入、**21星旗**となる。

1820〜22

1820年 アラバマ州、メイン州が加入、**23星旗**となる。

1821年 スペインはメキシコの独立を機に、北アメリカの植民地を失う。

1822〜36

1822年 ミズーリ州が加入、**24星旗**となる。

1836〜37

1836年 アーカンソー州が加入、**25星旗**となる。

1837〜45

1837年 ミシガン州が加入、**26星旗**となる。

1845〜46

1845年 テキサスをメキシコから併合。フロリダ州が加入、**27星旗**となる。

1846〜47

1846年 テキサス州が加入、**28星旗**となる。

1847〜48

1847年 アイオワ州が加入、**29星旗**となる。

1848年 メキシコからカリフォルニアを獲得。

1848〜51

1848年 ウィスコンシン州が加入、**30星旗**となる。

1851〜58

1851年 カリフォルニア州が加入、**31星旗**となる。

1858〜59

1858年 ミネソタ州が加入、**32星旗**となる。

1859〜61

1859年 オレゴン州が加入、**33星旗**となる。

1861〜63

1861年 カンザス州が加入、**34星旗**となる。

1863〜65

1863年 ウェストヴァージニア州が加入、**35星旗**となる。

アメリカ合衆国

1865〜67

1865年 ネヴァダ州が加入、**36星旗**となる。

南北戦争

1861年 南北戦争が勃発。南軍＝アメリカ連合国の首都はリッチモンド（ヴァージニア州）。

1863〜65 南軍軍旗

1863年 **南軍軍旗**としてアメリカ連合国軍旗を使用。13個の白い五角星と白い輪郭線を配した青いサルタイヤーを持つ赤旗。

1865年 南北戦争は北軍の勝利で終結。

アラスカ

1799〜1867 ロシア・アメリカ会社旗

1799年 よりアラスカではロシア・アメリカ会社旗を使用。極東および北アメリカでの植民地経営と交易を目的に設立された**ロシア・アメリカ会社旗**は、カントンに翼を広げ社名が書かれたリボンを持ち王冠を被った黒い双頭の鷲を配した白青赤の横三色旗。

1867年 ロシアよりアラスカを購入。

1867〜77

1867年 ネブラスカ州が加入、**37星旗**となる。

1877〜90

1877年 コロラド州が加入、**38星旗**となる。

1890〜91

1890年 アイダホ州、ワシントン州、モンタナ州、ノースダコタ州、サウスダコタ州が加入、**43星旗**となる。

1891〜96

1891年 ワイオミング州が加入、**44星旗**となる。

1896〜1908

1896年 ユタ州が加入、**45星旗**となる。

1898年 米西戦争で勝利、スペインからフィリピンとグアムを獲得。

ハワイ

1795〜1893 ハワイ王国国王旗

1795年 よりハワイではハワイ王国国王旗を使用。ハワイ王国の首都は1795〜1845年がラハイナ、1845〜93年がホノルル。**国王旗**は中央にハワイ王国国章を配した白赤青の横八縞旗。中央の国章は盾型紋章で、第一・第四クォーターに国旗で使われる8本の三色横縞、第二・第三クォーターに黄地にプロウロウと呼ばれる保護を意味する古くからの赤い飾り物、盾の中央には緑地に交差する槍と王国のシンボルである羽の飾り物カヒリを配した盾、クレストに王冠を配したもの。

1898年 ハワイを併合。

1908〜12

1908年 オクラホマ州が加入、**46星旗**となる。

1912〜59

1912年 アリゾナ州、ニューメキシコ州が加入、**48星旗**となる。

1945年 国連に加盟。

1959〜60

1959年 アラスカ州が加入、**49星旗**となる。

1960〜

1960年 ハワイ州が加入、**50星旗**となる。星条旗の青は正義、忍耐、警戒、赤は勇気、耐久力、白は純粋さ、純潔を表す。アメリカ合衆国国旗はこれまで27回変更されており、世界の国旗の中でも変更回数は最多。

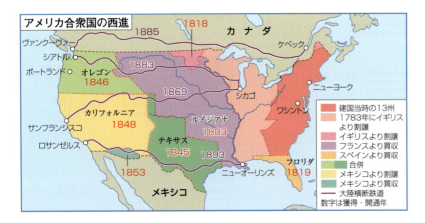

アンティグア・バーブーダ
Antigua and Barbuda

国旗比率 2：3

データ
首都	セントジョンズ
面積	442km²
	（種子島程度）
人口	9万人
人口密度	210人/km²
公用語	英語
通貨	東カリブ・ドル

1493年 コロンブスが第2回目の航海でアンティグア島に来航。

イギリスの支配

1628年 バーブーダ島がイギリスの植民地になる。

1632～1801 イギリス国旗

1632年 アンティグア島への植民が始まる。

1667年 アンティグア島がイギリスの植民地になる。

1801～71 イギリス国旗

1801年 イギリスの国旗変更。

1871～1958 リーワード諸島域旗・域章

1871年 イギリス領リーワード諸島に編入される。イギリス領リーワード諸島の総督府はセントジョンズ（アンティグア・バーブーダ）に置かれた。域旗・域章制定。**域旗**はフライに域章を配したイギリス青色船舶旗。**域章**は円形紋章で、海に浮かぶ2隻の帆船、4個のパイナップル、イギリス王室の略式紋章を配したもの。

1956～67 アンティグア・バーブーダ域旗・域章

1956年 内閣制度を導入。イギリス領アンティグア・バーブーダ域旗・域章制定。**域旗**はフライに白い円に入った域章を配したイギリス青色船舶旗。**域章**は盾型紋章で、海から見た島の風景で丘の上に立つ製糖工場とアロエを配したもの。

1958～62 西インド諸島連邦域旗・域章

1958年 イギリス領西インド諸島連邦に加入。域旗・域章制定。**域旗**は中央に太陽を表すオレンジの円とカリブ海を表す4本の白い波線を配した青旗。**域章**は盾型紋章で、チーフは赤地にイギリスを表す黄色のライオン、その下にカリブ海を表す青白8本の波線の上に西インド諸島連邦を構成する10諸島を表す10個のオレンジの玉、その上にオレンジの太陽と赤い輪郭線を付けた白いV字。クレストは国民の自由を表す赤い松明を持つ腕の兜飾り、底部に英語 "TO DWELL TOGETHER IN UNITY"「結束して共に暮らす」という標語を黒字で記した白いリボン、サポーターは2羽の翼を広げたカツオドリを配したもの。

1962年 イギリス領西インド諸島連邦が解消。

自治領アンティグア・バーブーダ
アンティグア・バーブーダ

1967～81／1981～

1967年 イギリス自治領に昇格。域旗・域章制定。独立後、国旗・国章として継続使用。**国旗**はV字形の中を黒青白に仕切り、黄色い太陽を配した赤旗。黄色い太陽は新時代の夜明け、赤は国民の活力、黒は国民と祖先のアフリカ人、青は希望とカリブ海、白は砂浜を表す。**国章**は盾型紋章で、チーフは国民の多数が黒人であることを示す黒地に独立を表す黄色い日の出、盾の中にカリブ海を表す青白5本の波線、国を表す製糖工場、クレストは白い兜、青と白の布のリースとリーワード諸島紋章にあったパイナップルと赤いハイビスカスの花、サポーターはバーブーダの観光名物である茶色の2頭の鹿で主要作物であるサトウキビとアロエを持って海に囲まれた草地に立っている。底部に英語 "EACH ENDEAVOURING ALL ACHIEVING"「個々の努力が全体の成功へ」という標語を赤字で記した黄色いリボン。

1981年 イギリスよりイギリス連邦の一員、アンティグア・バーブーダとして独立。国連に加盟。

エルサルバドル共和国
Republic of El Salvador

国旗比率　3：5

データ	
首都	サンサルバドル
面積	2.1万km² （九州の約半分）
人口	615万人
人口密度	292人/km²
公用語	スペイン語
通貨	アメリカ・ドル、コロン

スペインの支配

1524年 スペインの探検家アルバラドが来航する。

1525～80 スペイン国旗

1525年 スペイン人が入植し、グアテマラ総督領に編入する。

1580～1700 スペイン国旗

1580年 スペインの国旗変更。

1700～85 スペイン国旗

1700年 スペインの国旗変更。

1785～1823 スペイン国旗

1785年 スペインの国旗変更。

1811年 独立運動が本格化。
1821年 スペインからの独立を宣言。

中央アメリカ連邦

1823～24

1823年 エルサルバドル、グアテマラ、ホンジュラス、ニカラグア、コスタリカで中央アメリカ連邦を結成。1834～41年の中央アメリカ連邦首都はサンサルバドル（エルサルバドルの首都）。国旗・国章制定。**国旗**は中央に国章を配した青白青の横三分割旗。

国章は円形紋章で、海に浮かぶ黄色の輪郭線を持つ三角形の中に連邦構成5カ国を表す海から隆起した緑の5つの山、自由を表す光を放つ赤いフリギア帽、上部に虹、周囲に黒字で国名と黒い六角星を記した黄色い帯を配したもの。

1824～41

1824年 国旗・国章変更。**国旗**は中央に国章を配した青白青の横三分割旗。**国章**が楕円形になり、上部にオリーブの枝のリースが加えられた。

エルサルバドル共和国

1841～65

1841年 中央アメリカ連邦からエルサルバドル共和国として分離独立。国旗制定。**国旗**は中央アメリカ連邦の国旗の色から取られた青白青の横三分割旗。

1865

1865年 国旗変更、国章制定。**国旗**は当時の州数を表す9個の白い五角星を赤いカントンに配した青白の横九縞旗。アメリカ星条旗がモデルと考えられる。**国章**は円形紋章で、中に海から隆起した火山が日の出とともに噴火し、上部に9個の白い五角星を配し

1865～77

た盾、背後に交差した国旗と海軍旗。クレストに花と果物にあふれる2本の豊饒の角の間に太陽光線を背に赤いフリギア帽と独立日1821年9月15日を黒字で記し、底部に弓矢、周囲にオリーブの枝のリース、国名を黒字で記した白い帯を配したもの。

1865～69

1865年 **国旗**変更。カントンの星が11個となった。

1869〜73

1869年 国旗変更。カントンの星が12個になった。

1873〜77

1873年 国旗変更。カントンの星が13個になった。

1877〜96

1877年 国旗変更、国章変更。カントンの星が14個になった。国章の国旗の星も14個に、盾内上部の9個の星と周囲の国名が金色に替わった。

中央アメリカ共和国

1896〜98

1896年 エルサルバドルを中心にホンジュラス、ニカラグアで中央アメリカ共和国を結成。首都はホンジュラスのアマパラ。国旗・国章制定。中央に5個の山と、下部に5個の黄色い五角星、国名を配した国章を付けた青白青の横三分割旗。

エルサルバドル共和国

1898〜1912

1898年 結成後わずか2年で中央アメリカ共和国を解消。1877年制定国旗・国章に戻す。

1912〜

1912年 国旗・国章を変更。国旗は新国章を中央に配した青白青の横三分割旗。国旗の青はカリブ海と太平洋、白は2つの海に挟まれた国土と平和、繁栄を表す。国章は円形紋章で、法の下の平等と立法、行政、司法三権分立を表す黄色い輪郭線の三角形の中に中央アメリカ連邦構成国を表す5つの黄色い山、独立日である1821年9月15日と太陽光線の中に自由を表す赤いフリギア帽、その上に平和を表す虹、底部にスペイン語 "DIOS UNION LIBERTAD"「神、統一、自由」という標語を青字で記し、三角形の背後に5カ国を表す5本の国旗、周囲に青白のリボンで結ばれた州数を表す14枚の枝を付けた勝利の栄光を意味する月桂樹の枝のリースとスペイン語で「中央アメリカ・エルサルバドル共和国」と黄字で記されたもの。

1945年 国連に加盟。

カナダ
Canada

国旗比率　1：2

データ	
首都	オタワ
面積	998.5万km²
	（日本の26.5倍）
人口	3629万人
人口密度	4人/km²
公用語	英語、フランス語
通貨	カナダ・ドル

1497年 イタリア人の探検家ジョン・カボットがイギリス国王の援助で来航、イギリス領を宣言。最初に北アメリカに上陸したとされる。

1536年 フランスの探検家ジャック・カルティエがセントローレンス川河口を探検。

1608年 フランスの探検家シャンプランが東部にケベックを建設。フランス領カナダ植民の根拠地となる。

イギリスの支配

1763〜1801　イギリス国旗　1801〜68

1763年 イギリスとフランスの植民地戦争の結果、パリ条約で、カナダにおけるイギリスの支配権が確立。

1840年 イギリス系の住民地域とフランス系住民地域を統合した連合カナダ植民地が成立。

1867年 イギリス領北米法により4州が参加してカナダ自治領が成立。外交権、憲法改廃権を除く自治権を獲得。

カナダ

カナダ自治領／カナダ

1868〜1922 域旗・域章

1868年 カナダ自治領域旗・域章制定。**域旗**はフライに域章を配したイギリス赤色船舶旗。**域章**は盾型紋章で、第一クォーターは白地に赤い聖ジョージ十字と緑地に黄サトウカエデのオンタリオ州紋章、第二クォーターは黄地に2本の青いユリ、赤地に黄ライオンと黄地に緑サトウカエデのケベック州紋章、第三クォーターは黄地に3本のスコットランド国花のアザミと青波線に鮭のノバスコシア州紋章、第四クォーターは赤地に黄ライオンと黄地に海に浮かぶ帆船のニューブランズウィック州紋章を配したもの。

1922〜49 自治領域旗・域章
1949〜57 国旗・国章

1922年 カナダ自治領の域旗・域章変更。**域旗**はフライに域章盾部分を配したイギリス赤色船舶旗。**域章**は盾型紋章で、第一クォーターは赤地に3頭の黄ライオンでイングランドを表す、第二クォーターは黄地に赤い8本のユリとボーダーを付けた赤いライオンでスコットランドを表す、第三クォーターは青地に黄竪琴でアイルランドを表す、第四クォーターは青地に3本の黄ユリでフランスを表す、盾の底部は白地にカナダのシンボル緑のサトウカエデ。クレストは金色の兜、赤と白の布のリース、王冠を被り手に赤いサトウカエデを持つ黄色いライオン、その上にも王冠、サポーターはイギリス国旗を持つライオンとユリを描いた青旗のフランス・ブルボン朝国旗を持つユニコーン、台座はイングランド・ウェールズのチューダーローズ、スコットランドのアザミ、アイルランドのシャムロック、フランスのユリのリース、ラテン語 "A MARI USQUE AD MARE"「海から海へ」という標語を黄字で記した青いリボンを配したもの。

ニューファンドランド

1713年 カナダ東部の島ニューファンドランドはカナダとは別のイギリス植民地となる。

1870〜1907 イギリス植民地域旗

1870年 イギリス領ニューファンドランド**域旗**制定。フライの白い円に王冠とラテン語で "TERRA NOVA"「新大陸」という標語を赤字で配したイギリス青色船舶旗。

1907年 イギリス自治領ニューファンドランドに昇格。**域旗**制定。フライの白い円にローマ神話に登場する商人、旅人の守護神であるマーキュリーとイギリス国旗意匠の盾を持

1907〜33 イギリス自治領域旗

ち、兜を被った女神ブリタニアにひざまずく漁師、ラテン語で "TERRA NOVA"「新大陸」と "HAEC TIBI DONA FERO"「汝に贈り物を与えん」という標語を黄字と黒字で配したイギリス赤色船舶旗。

1933年 再びイギリス植民地となり、イギリス国旗を使用。

1949年 国民投票でカナダに加入する。

1926年 イギリスから外交権を獲得。
1931年 イギリス連邦に加盟。
1945年 国連に加盟。
1949年 国名から自治領を削除、主権国家となる。国旗・国章は1922年変更の域旗・域章を継続使用。

1957〜65

1957年 カナダの国旗・国章変更。**国旗**はフライに新国章の盾部分を配したイギリス赤色船舶旗。**国章**はサトウカエデの色が緑から赤に替わった。

1957〜94

1965〜

1965年 カナダの国旗変更。**国旗**は中央に赤いサトウカエデを配した赤白赤の縦三分割旗。1967年に建国100周年を迎えるにあたり、フランス系住民の強い要望を入れてイギリス国旗が付いた国旗を廃止し、現在の国旗を1965年に制定した。サトウカエデは建国以来の国のシンボルで赤白二色は1921年から国の公式カラーとなっている。赤は第一次世界大戦の犠牲者の血、白はカナダの雪を表す。左の赤が太平洋、右の赤が大西洋で、この国の位置を示す。

1982年 イギリスから憲法改廃権を獲得。名実ともに完全独立を果たす。

1994〜

1994年 カナダの国章変更。**国章**の盾の周りに赤いカナダ勲章のフレームが加えられた。勲章にはラテン語 "DESIDERANTES MELIOREM PATRIAM"「より良い国を願う」という標語が黄字で記されているもの。

ケベック独立運動

1995 独立運動旗

1995年 フランス系住民が多いケベック州の分離・独立を問う住民投票が行われ、否決される。ケベック**独立運動旗**はフランスのシンボルである4個の白いユリと白十字を中央に配した青旗で、1948年に制定された現ケベック州旗。

キューバ共和国
Republic of Cuba

国旗比率 1：2

データ	
首都	ハバナ
面積	11.0万km²（本州の2分の1よりやや狭い）
人口	1139万人
人口密度	104人/km²
公用語	スペイン語
通貨	キューバ・ペソ

1492年 コロンブスが第1回航海で来航。

スペイン領

1511～80 スペイン国旗

1511年 スペイン領となり、ヌエバ・エスパーニャ（メキシコ）副王の統治下となる。

1516～1860 ヌエバ・エスパーニャ副王領ハバナ域章

1516年 ヌエバ・エスパーニャ副王領ハバナ域章を制定。**域章**は黄色い縁飾りの付いた盾型紋章で、中に雲に囲まれた地球に乗る聖母マリアと上空を飛ぶ4人のセラフ天使、山に向かい馬上から槍を振る騎士、ＩＦＣという文字、クレストは城塞冠、底部に金羊毛騎士団勲章と2匹のワニ、サポーターは牛のくびきとカトリック王の矢束を配したもの。

1580～1700　スペイン国旗　1700～85

1580・1700年 スペインの国旗変更。

キューバ独立運動

1860～69 独立運動紋章

1860年 キューバ独立運動紋章を制定。**紋章**は盾型紋章で、日の出とアメリカとキューバをつなぐ鍵、アメリカ星条旗にある赤白の7本の斜縞、同じく星条旗にある13個の白い五角星を周りに付けた海岸に立つ緑のヤシの木と2つの山、底部にスペイン語 "PATRIA Y LIBERTAD"「祖国と自由」という標語を黒字で記した赤いリボンで結んだヤシの葉のリースを配したもの。

1868～69 独立運動旗

1868年 キューバ独立運動旗を制定。**運動旗**は白い五角星を配した赤いカントンを持つ白青の横二色旗。現在もキューバ海軍艦首旗として使用されている。

1869～1906 独立運動紋章

1869年 キューバ独立運動紋章制定。**紋章**は盾型紋章で、以前の紋章から標語リボンとリースを、ヤシの木の周りにあった13個の白い星を取り除き、赤白の斜縞を青白の縞に替え、アメリカ色を払拭したもの。

1785～1868 スペイン国旗

1785年 スペインの国旗変更。

1895年 第2次独立戦争を開始、アメリカが介入して独立を支援。
1898年 米西戦争でスペインが敗れ、スペインはキューバでの主権を放棄。

キューバ共和国

1902～

1902年 スペインよりキューバ共和国として独立。アメリカが内部干渉権と軍事基地保有権を得てキューバを事実上、保護下に置く。国旗制定。**国旗**はホイストに白い五角星を入れた赤い三角形を配した青白の横五縞旗。赤い三角形は平等、自由、友愛、白い五角星は国民の自由、青の三縞は当時の3地区、白は独立運動家の力強い理想、赤は独立闘争で流した血を表す。

1906～

1906年 キューバ共和国の国章制定。**国章**は盾型紋章で、チーフは新しい共和国を表す日の出、キューバの象徴でフロリダ半島とユカタン半島の間の地理的位置を示す2つの岩山の間に置かれた金の鍵、下部は青白の斜縞、緑

のヤシの木、盾の背後に権威を表す束桿斧と自由を表す赤いフリギア帽、周囲は国力を表す樫の枝と名誉、栄光を表す月桂樹の枝のリースを配したもの。

1933年 バティスタによる独裁政権が成立。経済的な対米従属が強まる。
1945年 国連に加盟。
1953年 カストロらがバティスタ打倒の武装蜂起するが失敗。
1956年 カストロらが再び武装蜂起。

キューバ革命

1959 革命旗

1959年 カストロらによるキューバ革命が成功。バティスタ政権崩壊。

キューバ**革命旗**は中央に1953年蜂起の記念日の7月26日を白字で記した赤黒の横二色旗。革命後も国旗は廃止せず継続使用。

1961年 アメリカはキューバと断交。アメリカが支援する反革命軍が侵攻したが失敗。カストロはキューバは社会主義国と宣言。
1962年 ソ連のミサイル基地の建設から、米ソ間でキューバ危機勃発。
2015年 アメリカ・キューバの国交が回復。

グアテマラ共和国
Republic of Guatemala

国旗比率 5：8

データ	
首都	グアテマラシティ
面積	10.9万km² （北海道と四国を合わせた程度）
人口	1667万人
人口密度	153人/km²
公用語	スペイン語
通貨	ケツァル

スペインの支配

1524年 スペイン人が金を求めてメキシコから侵入し、スペイン領となる。

1544〜80　スペイン国旗　1580〜1700

1544年 スペイン・グアテマラ総督領となる。

1700〜85　スペイン国旗　1785〜1821

メキシコ帝国の支配

1821〜23

1821年 スペインから独立するが、メキシコ帝国に併合される。

中央アメリカ連邦

1823〜24

1823年 メキシコ帝国が崩壊し、エルサルバドル、コスタリカ、ニカラグア、ホンジュラスと中央アメリカ連邦を結成。1823〜34年の中央アメリカ連邦首都はグアテマラシティ。国旗・国章制定。**国旗・国章**の解説はエルサルバドル共和国の項参照。

1824〜39

1824年 中央アメリカ連邦の国旗・国章変更。**国旗・国章**の解説はエルサルバドル共和国の項参照。

グアテマラ

グアテマラ国

1838年 中央アメリカ連邦内で集権派と分権派の抗争で、連邦を解体し、グアテマラ国が成立。

1839～43

1839年 グアテマラ国の国旗・国章制定。**国旗**は中央に国章を配した青白青の横三分割旗。**国章**は盾型紋章で、中の三角形に海から隆起した緑の5つの山、太陽光線、虹と自由を表す赤いフリギア帽、盾の背後に花にあふれる2個の豊饒の角、3本の矢の入った矢筒、台座に弓矢と国旗付きトランペット、周囲に国名を記した白い帯を配したもの。

グアテマラ共和国

1843～51

1843年 グアテマラ共和国に改称。国旗・国章制定。**国旗**は中央に国章を配した青白青の横三分割旗。**国章**は赤の輪郭線の入った青の盾型紋章で、中に太陽光線と緑の5つの山、中央アメリカ・グアテマラ1821年9月15日と独立日が記された白い帯、盾の背後に矢の入った赤い矢筒、周囲に緑の月桂樹の枝のリースを配したもの。

1851～58

1851年 グアテマラ共和国の国旗・国章変更。**国旗**は横三分割旗で上段が赤と青、中段が白、下段が黄と青に染め分けられた旗。**国章**は盾型紋章で、茶色い3つの山で構成される地峡と海から昇る日の出、国旗意匠の上に1821年9月15日と独立日を記した白い祭壇、盾の背後に矢の入った茶色の矢筒、周囲に月桂樹の枝のリースを配したもの。

1858～71

1858年 グアテマラ共和国の国旗・国章変更。**国旗**は上下に青白赤の細縞を配した黄旗。**国章**は盾型紋章で、海から隆起し噴火する3つの山、青白21本の縦縞、クレストは黄色い太陽、盾の背後に4本の国旗、周囲に樫とオリーブの枝のリース、スペイン語 "GUATIMALA RESPUBLICA SUB D.O.M. PROTECTIONE"「神の最大の庇護の下 グアテマラ共和国」という標語を金字で記した白いリボンを配したもの。

1871～1900

1871年 グアテマラ共和国の国旗・国章変更。**国旗**は中央に国章を配した青白青の縦三分割旗。青は太平洋とカリブ海で白は平和と純粋さを表す。**国章**は黄色い輪郭線の入った青い盾型紋章で、1821年9月15日の独立宣言書、自由のシンボルでフライを向いた国鳥のケツァール、背後に交差した剣付き銃とサーベル、周囲に青白のリボンで結んだ月桂樹の枝のリースを配したもの。

ベルギー領サント・トマス

1843～54 域旗

1843年 グアテマラ東部ドゥルセ川河口（現イサバル県）にベルギー国王レオポルド1世の命でベルギー人が入植。ベルギー領サント・トマスが成立。**域旗**は中央に茶色い蜂の巣を配した青白青の横三分割旗。11年後にマラリアなど疫病が流行し植民地は撤退。

1900～68

1900年 グアテマラ共和国の国旗・国章変更。**国旗**は中央に国章を配した青白青の縦三分割旗。**国章**は従来あった青い盾を取り除いたもの。

1945年 国連に加盟。
1954年 アメリカの干渉で、農地改革などを進めるグスマン政権が倒される。

1968～97

1968年 グアテマラ共和国の国旗・国章変更。**国旗**は中央に国章を配した青白青の縦三分割旗。**国章**は青白のリボンを取り除き、ケツァールがホイスト向きに替わった。

1997～

1997年 グアテマラ共和国の国旗・国章変更。**国旗**は中央に国章を配した青白青の縦三分割旗。**国章**は独立宣言書の9月のスペイン語綴りがSETIEMBREからSEPTIEMBREに替わった。

グレナダ
Grenada

国旗比率 3：5

データ	
首都	セントジョージズ
面積	345㎢
	（佐渡島の4割程度）
人口	11万人
人口密度	311人/㎢
公用語	英語
通貨	東カリブ・ドル

1498年 コロンブスが第3回航海で来航し、コンセプシオン（聖母受胎）島と命名。
1674年 フランス人が入植。

イギリスの支配

1783〜1801 イギリス国旗

1783年 アメリカ独立戦争後のパリ条約で、イギリス領グレナダとなる。

1801〜75 イギリス国旗

1801年 イギリスの国旗変更。

1834年 イギリス帝国内のアフリカ人の奴隷制が廃止され、インド人の移民が始まる。

1875〜1903 グレナダ域旗・域章

1875年 イギリス領グレナダの域旗・域章制定。**域旗**はフライに域章を配したイギリス青色船舶旗。**域章**は円形紋章で、牛を使ったサトウキビの圧搾場、底部にラテン語 "HAE TIBI ERUNT ARTES"「ここで諸君の能力が求められる」という標語を黒字で配したもの。

1886〜1958 ウィンドワード諸島域旗・域章

1886年 イギリス領ウィンドワード諸島（小アンティル諸島内）に編入される。1886〜1958年のイギリス領ウィンドワード諸島総督府はセントジョージズ（グレナダ）に置かれた。**域旗**はフライに域章を配したイギリス青色船舶旗。**域章**は白い円に入った盾型紋章で、盾は第一クォーターは赤地、第二クォーターは黄地、第三クォーターは緑地、第四クォーターはグレー地で、周囲にウィンドワード諸島総督と黒字で記し、底部にラテン語 "I PEDE FAUSTO"「幸福な足取りで進め」という標語を黒字で記した白いリボン、クレストに王冠を配したもの。

1903〜67 グレナダ域旗・域章

1903年 イギリス領グレナダの域旗・域章変更。**域旗**はフライに域章を配した青色船舶旗。**域章**は円形紋章で、1498年にコロンブスが来航し、コンセプシオン島（現グレナダ）と名付けた第3回航海の船、底部にラテン語 "CLARIOR E TENEBRIS"「闇から明るいところへ」という標語を黒字で記した白いリボンを配したもの。

1958〜62 西インド諸島連邦域旗・域章

1958年 イギリス領ウィンドワード諸島が解体し、イギリス領西インド諸島連邦に加入。**域旗**・**域章**の解説はアンティグア・バーブーダの項参照。

1962年 イギリス領西インド諸島連邦が解体。

自治領グレナダ／グレナダ

1967〜74 自治領グレナダ域旗

1967年 イギリス自治領グレナダとなる。域旗制定。**域旗**は中央に別名「スパイス諸島」と呼ばれるグレナダの主要産物であるナツメグを赤い輪郭線の付いた白い楕円に配した青黄緑の横三色旗。

1973年 自治領グレナダの**域章**制定。1974年の独立時より国章となる。**国章**は盾型紋章で、中央にコロンブスの帆船サンタマリア号を入れた黄十字で四分割され、第一・第四クォーターはイギリスとの関係を表す赤地に黄色いライオン、第二・第三クォーターはコロンブスが名付けたコンセプシオン島にちなみ聖母受胎を表す緑地に黄色い三日月とユリ。クレストに赤い

グレナダ／コスタリカ

1973〜74 自治領グレナダ域章
1974〜 グレナダ国章

五角星を付けた金色の兜、赤と白の布のリース、その上に国花のブーゲンビリアの花環と首都と6地区を表す7個の赤いバラ、サポーターはトウモロコシを支える茶色のアルマジロとバナナの木を支える青いグレナダ鳩、台座は大エタング湖とセント・キャサリン山、英語 "EVER CONSCIOUS OF GOD WE ASPIRE, BUILD AND ADVANCE AS ONE PEOPLE"「神に従い、大志を持って一人の民として進む」という標語を黒字で記した白いリボンを配したもの。

1974年 イギリスよりイギリス連邦の一員グレナダとして独立。国連に加盟。国旗制定。**国旗**は中央の赤い円に入った黄色い五角星、ホイストにナツメグ、6個の黄色い五角星を入れた赤いボーダーを配した緑黄の対角四分割旗。7個

1974〜 グレナダ国旗

の星は首都セントジョージズと6地区を表す。赤は勇気と活力、黄は知恵と国民の友情、緑は植物と農業、ナツメグは国の特産物を表す。

1979年 人民革命政府が樹立され、キューバとの関係が強化される。
1983年 アメリカほかカリブ海諸国の軍事侵攻により親米政権が樹立される。

コスタリカ共和国
Republic of Costa Rica

データ	
首都	サンホセ
面積	5.1万km²（九州と四国を合わせた広さよりやや狭い）
人口	486万人
人口密度	95人/km²
公用語	スペイン語
通貨	コロン

国旗比率 3：5

1502年 コロンブスが第3回航海で来航。

スペインの支配

1524年 スペイン人が入植を開始。

1544〜80 スペイン国旗

1544年 スペイン・グアテマラ総督領が成立。

1580〜1700 スペイン国旗

1580年 スペインの国旗変更。

1700〜85 スペイン国旗

1700年 スペインの国旗変更。

1785〜1821 スペイン国旗

1785年 スペインの国旗変更。

メキシコ帝国の支配

1821〜22

1821年 スペイン・グアテマラ総督領より独立、メキシコ帝国に併合される。

コスタリカ独立運動

1822〜23 独立運動旗

1822年 メキシコ帝国からの独立運動で、独立運動旗を使用。**運動旗**は青黄青の横三分割旗。青は太平洋とカリブ海、黄は黄金のアメリカ大陸を表す。

コスタリカ国

1823〜24

1823年 メキシコ帝国が崩壊し、コスタリカ国独立。**国旗**制定。中央に6地区を表す赤い六角星を配した白旗。

中央アメリカ連邦

1824

1824年 中央アメリカ連邦（ほかにエルサルバドル、グアテマラ、ニカラグア、ホンジュラス）に参加。**国旗・国章**制定。解説はエルサルバドルの項参照。

1824〜39

1824年 中央アメリカ連邦の**国旗・国章**変更。解説はエルサルバドルの項参照。

コスタリカ国

1839〜42

1839年 中央アメリカ連邦を離脱し、コスタリカ国となる。コスタリカ国の国旗・国章制定。**国旗**は中央に国章を配した白青白の横三分割旗。**国章**は円形紋章で、中に白い光線を放つ八角星、周囲に黒字で国名と緑のオリーブの枝のリースを入れた黄色い帯を配したもの。

コスタリカ自由国

1842〜48

1842年 コスタリカ自由国に改称。コスタリカ自由国の国旗・国章制定。**国旗**は中央に国章を配した青白青の横三分割旗。**国章**は円形紋章で、山々の中に人の腕を入れ、周囲に黒字で国名を記した黄色い帯を配したもの。

コスタリカ共和国

1848〜1906

1848年 コスタリカ共和国に改称。コスタリカ共和国の国旗・国章制定。**国旗**は中央に国章を配した青白赤の横五分割旗。青は空と理想、白は平和と知恵、赤は犠牲者の血と国民の温かさを表す。**国章**は盾型紋章で、3つの山の向こうから太陽の昇る海に浮かぶ2隻の帆船、空に旧中央アメリカ連邦構成5カ国を表す5個の白い五角星、盾の背後に交差した槍と斧、8本の国旗、底部に大砲と豊饒の角、オリーブの枝のリース、上部にスペイン語"AMERICA CENTRAL"「中央アメリカ」と白字で記した青いリボンと"REPUBLICA DE COSTA RICA"「コスタリカ共和国」と黄字で記した白いリボンを配したもの。

1906〜64

1906年 コスタリカ共和国の国旗・国章変更。**国旗**は国章の位置をホイスト寄りに移した旗。

国章は従来の国章から国旗、武器、豊饒の角笛とオリーブの枝のリースを取り除いたもの。

1945年 国連に加盟。
1949年 軍隊の保有を禁止した憲法を制定。

1964〜98

1964年 国旗・国章変更。国章をホイスト寄りに配した**国旗**。**国章**は星が5個から州数を表す7個に変更された。

1983年 モンヘ大統領が「永世的、積極的、非武装中立」を宣言。

1998〜

1998年 国旗・国章変更。**国旗**に配された**国章**は山々から煙が昇るよう修正された。

ジャマイカ
Jamaica

国旗比率　1：2

データ	
首都	キングストン
面積	1.1万km²
	（秋田県程度）
人口	280万人
人口密度	255人/km²
公用語	英語
通貨	ジャマイカ・ドル

1494年 コロンブスが第2回航海で来航。
1509年 スペイン領となる。

イギリスの支配

1655年 オリバー・クロムウェル護国卿が派遣したイギリス艦隊が来航し、スペインから奪う。

1670～1801 イギリス国旗

1670年 イギリスとスペインの植民地境界が合意され、イギリスの植民地となる。

1801～75 イギリス国旗

1801年 イギリスの国旗変更。

1834年 イギリス帝国内でアフリカ人奴隷制が廃止され、インド人や中国人の移住が始まる。
1867年 2年前の黒人反乱を契機に植民地議会が解散され、イギリス国王直轄植民地となる。

1875～1906 ジャマイカ域旗・域章

1875年 イギリス領ジャマイカの域旗・域章制定。**域旗**はフライに域章を配したイギリス青色船舶旗。**域章**は白い円に入った白い盾型紋章で、赤い十字の中に主要作物である5個の金色のパイナップル、クレストはグレーの兜、赤と白の布リースの上に緑のジャマイカ・ワニを配したもの。

1906～57 ジャマイカ域旗・域章

1906年 イギリス領ジャマイカの域旗・域章変更。**域旗**はフライに白い円に入った域章を配したイギリス青色船舶旗。**域章**は従来のものにサポーターとしてフルーツ籠と弓矢を持った男女のアラワク人、底部にラテン語 "INDUS UTERQUE SERVIET UNI"「二つのインドは共に奉仕する」という標語を黒字で記した白いリボン、ジャマイカ・ワニの赤と白の布リースの間に茶色の丸太を追加し、兜を取り除いたもの。

自治領ジャマイカ／ジャマイカ

1957～62 自治領ジャマイカ域旗・域章

1957年 イギリス自治領となる。域旗・域章変更。**域旗**はフライに白い円に入った域章を配したイギリス青色船舶旗。**域章**はクレストに黄色の兜と白と黄色の兜飾りを加えたもの。

1958～62 西インド諸島連邦域旗・域章

1958年 イギリス領西インド諸島連邦に加盟。域旗・域章使用。**域旗・域章**の解説はアンティグア・バーブーダの項参照。

1962～

1962年 イギリス領西インド諸島連邦が解体し、イギリスよりイギリス連邦の一員のジャマイカとして独立。国連に加盟。ジャマイカの国旗・国章制定。**国旗**は黄サルタイヤーを配した緑黒の対角四分割旗。黄は太陽と天然資源、緑は農業と将来の希望、黒は国民が克服すべき困難を表す。**国章**は従来のものにあった底部の標語が英語 "OUT OF MANY, ONE PEOPLE"「多数から一つの国民へ」に替わった。

セントヴィンセント及びグレナディーン諸島
Saint Vincent and the Grenadines

データ	
首都	キングスタウン
面積	389㎢（熊本市程度）
人口	11万人
人口密度	282人/㎢
公用語	英語
通貨	東カリブ・ドル

国旗比率 2：3

1498年 コロンブスが第3回目の航海で来航。

イギリスの支配

1783～1801 イギリス国旗

1783年 アメリカ独立戦争後のパリ条約で、イギリスの植民地となる。

1801～77 イギリス国旗

1801年 イギリスの国旗変更。

1834年 イギリス帝国内のアフリカ人の奴隷制が廃止され、インド人、ポルトガル人の移民が始まる。

1877～1958 ウィンドワード諸島域旗・域章

1877年 イギリス領ウィンドワード諸島に編入される。域旗・域章使用。域旗・域章の解説はグレナダの項参照。

1877～1912 セントヴィンセント域旗・域章

1877年 イギリス領セントヴィンセント域旗・域章制定。域旗はフライに域章を配したイギリス青色船舶旗。域章は円形紋章で、平和を表すオリーブの枝を持って立つ女性と、ひざまずき正義を表す祭壇の秤を持つ女性、底部に英語 "ST VINCENT"「セントヴィンセント」という域名を白字で配したもの。

1902年 スフリエール火山の噴火で、経済は壊滅的な被害を受ける。

1912～69 セントヴィンセント域旗・域章
1969～79 自治領セントヴィンセント域旗・域章

1912年 イギリス領セントヴィンセント域旗・域章変更。域旗はフライに域章を配したイギリス青色船舶旗。域章は2人の女性が古代ローマ風の服に身を包むように修正され、底部の標語がラテン語 "PAX ET JUSTITIA"「平和と正義」に黒字で替えられたもの。

1958～62 西インド諸島連邦域旗・域章

1958年 イギリス領ウィンドワード諸島が解体、イギリス領西インド諸島連邦に加盟。域旗・域章使用。域旗・域章の解説はアンティグア・バーブーダの項参照。

1962年 イギリス領西インド諸島連邦が解体。
1969年 イギリス自治領となる。域旗・域章は継続使用。

セントヴィンセント及びグレナディーン諸島

1979～85

1979年 イギリスよりイギリス連邦の一員セントヴィンセント及びグレナディーン諸島として独立。国旗・国章制定。国旗は2本の白い輪郭線と中央に国章を配した青黄緑の縦三色旗。青は空と海、黄は陽光、緑は植物、白は清純を表す。国章は周囲に金色の枠飾りのある白い盾型紋章で、中に平和を表すオリーブの枝を持って立つ古代ローマ風な服を着た女性と、ひざまずいて正義を表す金色の祭壇の秤を持つ女性。クレストに主要作物の綿花、

緑と白の布のリース、底部にラテン語 "PAX ET JUSTITIA"「平和と正義」という標語を記した白いリボン、全体を包む緑のパンノキの葉を配したもの。
1980 年 国連に加盟。
1985 年 国旗・国章変更。3月に国旗の2本の白い輪郭線を取り除いた。さらに10月、国旗中央の国章を3個の緑の菱形に替えた。菱形は国名頭文字のV字に並び、「アンティル諸島の宝石」と呼ばれることを表す。青は空と海、黄は陽光、国民の明るい気質、輝く砂浜、緑は豊

1985.3〜10

1985.10〜

1985〜

かな植物と農業、国民の活気を表す。国章は従来のものからパンノキの葉を取り除き、クレストに青と黄色と緑の布のリースを配したもの。

セントクリストファー・ネーヴィス
Saint Christopher and Nevis

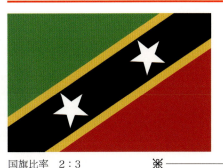

データ	
首都	バセテール
面積	262㎢（西表島よりやや狭い）
人口	6万人
人口密度	215人/㎢
公用語	英語
通貨	東カリブ・ドル

国旗比率　2：3

1493 年 クリストファー・コロンブスが第2回航海で来航。島名は彼の名にちなむ。

イギリスの支配

1623〜1801 イギリス国旗

1623 年 イギリス人が入植を開始。

1627 年 フランス人も入植を開始、セントクリストファー島中央部はイギリス、北部南部をフランスが分割統治。

1783 年 イギリス・フランスの熾烈な領有権争いの結果、パリ条約により全島がイギリス領に確定。

1801〜71 イギリス国旗

1801 年 イギリスの国旗変更。

1871〜1958 リーワード諸島域旗・域章

1871 年 イギリス領リーワード諸島へ編入される。域旗・域章の解説はアンティグア・バーブーダの項参照。

1958〜62 西インド諸島連邦域旗・域章

1958 年 イギリス領リーワード諸島が解体、イギリス領西インド諸島連邦に加盟。イギリス領西インド諸島連邦の域旗・域章の解説は、アンティグア・バーブーダの項参照。

1958〜67 セントクリストファー・ネーヴィス・アングィラ域旗・域章

1958 年 イギリス領セントクリストファー・ネーヴィス・アングィラ諸島の域旗・域章制定。域旗はフライに白い円に入った域章を配したイギリス青色船舶旗。域章は盾型紋章で、セントクリストファーを表す船上から望遠鏡で景色を見るコロンブス、ネーヴィスを表す滝のそばにいる3人の女性、アングィラを表すカヌーに乗り貝殻を持つ現地人、クレストは青と白の布リースと3頭のイルカ、イルカの尾を束ねる黄色い王冠を配したもの。

1962 年 イギリス領西インド諸島連邦が解体。

自治領セントクリストファー・ネーヴィス・アングィラ

1967.2〜5　　**1967.5〜1983**

1967〜83

1967年 イギリス自治領セントクリストファー・ネーヴィス・アングィラ諸島となる。域旗・域章制定。**域旗**は2月に制定され、緑黄青の縦三色旗。緑は植物、黄は太陽、青はカリブ海を表す。同年5月に域旗の中央に3島を表す3つの枝を持つ黒いヤシの木が加えられた。**域章**は白い盾型紋章で、赤い山形で仕切られ、国花のホウオウボクの赤い花が2つとコロンブスの帆船サンタマリア号、チーフは黒地にフランスを表す黄色いユリの花、現地人の頭、イギリスを表すバラの花、クレストにグレーの兜、黄色と黒の兜飾りと同色の布のリース、黒人と白人の手で支えられたたいまつ、サポーターはヤシの木とサトウキビを持つ2羽の白い国鳥ペリカン、底部に英語 "UNITY IN TRINITY"「3島の団結」という標語が赤字で記された白いリボンを配したもの。

1971年 アングィラが分離し、セントクリストファーとネーヴィスはイギリスの植民地に留まる。

セントクリストファー・ネーヴィス

1983年 イギリスからイギリス連邦の一員セントクリストファー・ネーヴィスとして独立。国連に加盟。国旗制定、国章変更。**国旗**は2個の白い五角星と黄色い輪郭線を配した緑黒赤の斜三分割旗。緑は肥沃な国土、黄は太陽、黒はアフリカからの伝統、赤は独立闘争で流された血、2つの五角星は希望と自由、2島を表す。**国章**は従来のものの標語を英語 "COUNTRY ABOVE SELF"「個人を超越する国家」に替えたもの。

1983〜

セントルシア
Saint Lucia

国旗比率　1：2

データ	
首都	カストリーズ
面積	540㎢（淡路島程度）
人口	19万人
人口密度	346人/㎢
公用語	英語
通貨	東カリブ・ドル

1502年 コロンブスが第4回航海で来航。
1638年 イギリス人が入植を開始。
1651年 フランス人が入植を開始。その後、英仏間で争奪戦が展開される。

イギリスの支配

1814〜38 イギリス国旗

1814年 ナポレオン戦争後、イギリス植民地として確定。

1838年 イギリス領ウィンドワード諸島に編入される。域旗・域章使用。**域旗・域章**の解説はグレナダの項参照。

1838〜58 ウィンドワード諸島域旗・域章

1875〜1939 セントルシア域旗・域章

1875年 イギリス領セントルシアの域旗・域章制定。**域旗**はフライに域章を配したイギリス青色船舶旗。**域章**は円形紋章で、海から見えるピトン火山など港の風景、底部にラテン語 "STATIO HAUD MALEFIDA CARINIS"「安全な停泊地」という標語を黒字で配したもの。

1939〜67 セントルシア域旗・域章

セントルシア／ドミニカ共和国　257

1939年 イギリス領セントルシアの域旗・域章変更。域旗はフライに域章の盾部分を配したイギリス青色船舶旗。域章は黒い盾型紋章で、中央の十字に組み合わせた黄色い竹で4つに仕切られ、第一・第四クォーターはイギリスを表すバラ、第二・第三クォーターはフランスを表すユリ、底部にラテン語で「安全な停泊地」という標語を黒字で記した白いリボンを配したもの。

1958～62 西インド諸島連邦域旗・域章

1958年 イギリス領西インド諸島連邦に加盟。域旗・域章使用。**域旗・域章**の解説はアンティグア・バーブーダの項参照。
1962年 イギリス領西インド諸島連邦が解体。

自治領セントルシア
セントルシア

1967～79 自治領セントルシア域旗・域章

1967年 イギリス自治領となる。域旗・域章制定。**域旗**は中央に白い輪郭線を持つ黒三角形と黄色三角形を配した青旗。青は忠誠、空、カリブ海と大西洋、黄は陽光と繁栄、黒と白は黒人と白人の文化的影響と調和、2個の三角形は2つのピトン火山で国民の希望と大志を表す。**域章**は黄色盾型紋章で、中央にアフリカからの伝統を表す椅子を入れた黒い十字に組み合わせた2本の竹で4つに仕切られ、第一・第四クォーターはイギリスを表すバラ、第二・第三クォーターはフランスを表すユリの花、クレストに黄色の兜、布リース、道を照らすたいまつを持つ腕、底部に英語 "The LAND The PEOPLE The LIGHT"「国土、国民、光」とい

う標語が黄字で記された黒いリボン、サポーターは黄色い2羽のセントルシアオウムを配したもの。

1979～2002

1979～

1979年 イギリスよりイギリス連邦の一員セントルシアとして独立。国連に加盟。国旗・国章制定。**国旗**は従来の黄色三角形を大きくし国旗比率を横長に修正した旗。**国章**は青い盾型紋章で、中央にアフリカからの伝統を表す茶色の椅子を入れた十字に組み合わせた茶色の2本の竹、クレストに兜、青と黄色の布リース、たいまつを持った腕、背後に交差したサトウキビの葉、底部に英語標語「国土、国民、光」を黒字で記した茶色のリボン、サポーターは緑のセントルシアオウムを配したもの。

2002年 国旗変更。**国旗**（冒頭参照）の青を明るいものに替えた。

ドミニカ共和国
Dominican Republic

データ	
首都	サントドミンゴ
面積	4.8万km² （九州よりやや広い）
人口	1065万人
人口密度	221人/km²
公用語	スペイン語
通貨	ドミニカ・ペソ

国旗比率　2：3

1492年 コロンブスが第1回航海で来航、イスパニョーラ島と命名する。

スペインの支配

1496～1580 スペイン国旗

1496年 スペイン人が入植を開始、サントドミンゴ市を建設。以降、スペインの国旗を使用。

1580～1700　スペイン国旗　1700～85

1580年 スペインの国旗変更。
1700年 スペインの国旗変更。

1785～95 スペイン国旗

1785年 スペインの国旗変更。

ドミニカ共和国

フランスの支配

1697年 イスパニョーラ島西部がフランス領サンドマングとなる。

1795〜1804 フランス国旗

1795年 フランス・スペイン戦争の結果、全島がフランス領サンドマングとなる。

ハイチ共和国／ハイチ帝国ハイチ共和国

1804〜05 ハイチ共和国

1804年 フランスよりハイチ共和国として独立し、のちハイチ帝国、ハイチ共和国に改称。それぞれの国旗の詳細はハイチ共和国の項参照。

1805〜06 ハイチ帝国　1806〜14 北部ハイチ国

スペインの支配

1814〜21 スペイン国旗

1814年 フランス軍が撤退し、東部が再びスペイン領となる。

独立とハイチの支配

1821〜22 スペイン人ハイチ共和国

1821年 スペイン人ハイチ共和国がスペインより独立を宣言。この国はシモン・ボリバルの指導する大コロンビア共和国への加入を求めたが、王党派と独立派で内戦。国旗は中央に5個の白い五角星を配した大コロンビア共和国国旗の地色と同じ黄青赤の横三色旗。5個の星は大コロンビア共和国を構成するコロンビア、ベネズエラ、エクアドル、パナマにドミニカを加えた5カ国を表す。

1822〜44 ハイチ共和国国旗

1822年 内戦の隙を突き再びハイチ軍が占領。ハイチ共和国の国旗が復活。

ドミニカ独立運動

1838〜44 独立運動旗

1838年 トリニタリアン結社による独立運動開始、独立運動旗使用。旗は中央に白い十字と周囲に10個の白い五角星を配した青赤の横二色旗。

ドミニカ共和国

1844〜49

1844年 ドゥアルテの指導でハイチ人を排除し、ドミニカ共和国として独立。国旗・国章制定。国旗は独立運動旗の白十字を引き延ばした旗。あるいはハイチ国旗に白十字を配した旗といってもよい。国章は交差した国旗、自由を表す赤いフリギア帽、聖書とそばに国旗、ラッパ、槍、サーベル、銃、月桂樹の枝のリース、底部にスペイン語の国名を黒字で記したベージュのリボンと2門の茶色い大砲と砲丸を配したもの。

1849〜61

1849年 ドミニカ共和国の国旗・国章変更。国旗はフライの青赤の色を替えた旗。青は自由、赤は愛国者の血、白は平和と尊厳を表す。国章は国旗意匠の盾型紋章で、中央に黄色十字架と聖書、背後に交差した6本の国旗、底部にスペイン語 "DIOS PATRIA LIBERTAD"「神、祖国、自由」という標語を黒字で記した赤いリボン、周囲に月桂樹の枝のリースとヤシの葉のリースを配したもの。

1861〜65 スペイン国旗・国章

1861年 継続する隣国ハイチの侵略の脅威から、再びスペインの支配下に入る。

1865〜1919

1865年 スペインよりドミニカ共和国として再独立。国旗・国章制定。国旗は中央に国章を配した旗。国章は国旗意匠の盾型紋章で、中央に黄色十字架と聖書、背後に交差した6本の国旗、底部にスペイン語 "DIOS PATRIA LIBERTAD"「神、祖国、自由」という標語を黒字で記した赤いリボン、周囲に月桂樹の枝のリースとヤシの葉のリースを配したもの。

1916年 ヨーロッパ諸国への債務返済に苦しみ、1924年までアメリカの占領下に入る。

1919〜

1919年 ドミニカ共和国の国旗・国章変更。国旗は新しい国章を中央に配した旗。国章は盾の形を修正し、クレストにスペイン語「神、祖国、自由」の標語を黄字で記した青いリボンと底部にスペイン語の国名を黄字で記した赤いリボンを配したもの。

1930年 トルヒーヨ大統領の独裁政権が成立。
1945年 国連に加盟。
1961年 トルヒーヨ暗殺で独裁体制終結。
1965年 進歩派政権が倒され、内戦が勃発。
1966年 アメリカの介入で内戦が終結。

ドミニカ国
Commonwealth of Dominica

国旗比率　1：2

データ	
首都	ロゾー
面積	750km²（奄美大島よりやや広い）
人口	7万人
人口密度	97人/km²
公用語	英語
通貨	東カリブ・ドル

1493年 コロンブスが第2回航海で来航、その日が安息日（ドミンゴ）であったのでドミニカ島と命名される。

イギリスの支配

1805〜33 イギリス国旗

1805年 イギリスの植民地となる。

1833〜1940 リーワード諸島域旗・域章

1833年 イギリス領リーワード諸島に編入される。イギリス領リーワード諸島の域旗・域章の解説はアンティグア・バーブーダの項参照。

1940〜58 ウィンドワード諸島域旗・域章

1940年 イギリス領ウィンドワード諸島に編入される。イギリス領ウィンドワード諸島の域旗・域章の解説はグレナダの項参照。

1955〜65 ドミニカ域旗・域章

1955〜61

1955年 イギリス領ドミニカの域旗・域章制定。域旗はフライに域章を配したイギリス青色船舶旗。域章は盾型紋章で、城のある緑の丘に夕陽が沈み、イギリス赤色船舶旗を翻す帆船が桟橋に着いた光景を配したもの。

1958〜62 西インド諸島連邦域旗・域章

1958年 イギリス領西インド諸島連邦に加盟。イギリス領西インド諸島連邦の域旗・域章の解説はアンティグア・バーブーダの項参照。

1961〜67 ドミニカ域章／1967〜78 自治領ドミニカ域章／1978〜ドミニカ国国章

1961年 イギリス領ドミニカ域章変更。域章は青黄の十字で仕切られ、第一クォーターは黄地に緑のヤシの木、第二クォーターは青地に緑のカエル、第三クォーターは青地に海に浮かぶ船、第四クォーターは黄地にバナナの木。クレストに青と白の布のリースと黄色いライオン、底部にクレオール語 "APRES BONDIE C'EST LA TER"「よき神の下、国土を愛す」という標語を青字で記した黄色のリボン、サポーターは国鳥である2羽のミカドボウシインコを配したもの。

1962年 イギリス領西インド諸島連邦が解体。

1965〜67 ドミニカ域旗
1967〜78 自治領ドミニカ域旗

1965年 イギリス領ドミニカの域旗変更。域旗はフライに域章を配したイギリス青色船舶旗。
1967年 イギリスの自治領となる。域旗・域章は継続使用。

ドミニカ国

1978〜81

1978年 イギリスよりイギリス連邦の一員のドミニカ国として独立。国連に加盟。国旗制定。国章は域章を継続使用。国旗は黄白黒の十字、中央に10個のライムグリーンの五角星とフライを向いた国鳥ミカドボウシインコを入れた赤円を配した旗。緑は豊かな森林、赤は社会主義、黄は陽光、主要作物の柑橘類と先住民のカリブ・アラワク族、白は国民の純粋さと清らかな滝と川、黒は農業の基盤となる豊かな土壌とアフリカからの伝統を表す。10個の五角星は国を構

成する 10 地区、3 本の縞はキリスト教の三位一体、国鳥のミカドボウシインコは高く志向する国民の願望を表す。以後、西洋紋章学の見地から 3 度、国旗意匠が修正された。

1981〜88

1988〜90

1981 年 国旗変更。ライムグリーンの五角星に黄色い輪郭線が付き、3 縞の順が黄黒白に替わった。

1988 年 国旗変更。ミカドボウシインコがホイスト向きに替わった。

1990〜

1990 年 国旗変更。ライムグリーンの五角星から黄色い輪郭線が取り除かれた。

トリニダード・トバゴ共和国
Republic of Trinidad and Tobago

国旗比率 3：5

データ	
首都	ポートオブスペイン
面積	5130㎢
	（千葉県程度）
人口	137万人
人口密度	266人/㎢
公用語	英語
通貨	トリニダード・トバゴ・ドル

1498 年 コロンブスが第 3 回航海で来航。

イギリスの支配

1802〜89 イギリス国旗

1802 年 トリニダード島がイギリス領となる。
1814 年 トバゴ島がイギリス領となる。
1834 年 イギリス帝国内でのアフリカ人奴隷制の廃止により、インド人が移住を開始。

1889〜1956 トリニダード・トバゴ域旗・域章
1956〜58 自治領トリニダード・トバゴ域旗・域章

1889 年 トリニダード島、トバゴ島を併合し、イギリスの植民地とする。イギリス領トリニダード・トバゴの域旗・域章制定。域旗はフライに域章を配したイギリス青色船舶旗。域章は円形紋章で、イギリスの海軍旗を翻し桟橋からのボートを待つ 2 隻の軍艦、イギリス青色船舶旗を付けた岸の建物と山などポートオブスペイン港の風景、底部にラテン語 "MISCERIQUE PROBAT POPULOS ET FOEDERA JUNGI" 「条約により国民を統一し満足する」という標語を黒字で配したもの。
1956 年 イギリス自治領となる。域旗・域章は継続使用。

1958〜62 自治領トリニダード・トバゴ域旗・域章

1958 年 域旗・域章変更。域旗はフライに域章を配したイギリス青色船舶旗。域章は従来の意匠を盾型紋章にし、盾の下に黒字でラテン語標語を記した黄色リボンを配したもの。

1958〜62 西インド諸島連邦域旗・域章

1958 年 イギリス領西インド諸島連邦に加盟。連邦首都はチャガラマス（トリニダード島ポートオブスペインの西）。域旗・域章の解説はアンティグア・バーブーダの項参照。

トリニダード・トバゴ
トリニダード・トバゴ共和国

1962年 イギリス領西インド諸島連邦が解体。イギリスよりイギリス連邦の一員トリニダード・トバゴとして独立。国連に加盟。国旗・国章制定。**国旗**は2本の白い輪郭線を配した赤黒の斜帯旗。赤は国民の寛容さ、太陽のエネルギー、国民の勇気と友情、白は海と平等、黒は国民の統一への努力と天然資源を表す。**国章**は

1962~76／1976~

盾型紋章で、白い山形線で仕切られ、黒地に2羽の金色のハチドリ、赤地に3隻のコロンブスの帆船であるサンタマリア号、ニナ号、ピンタ号、クレストに金色の兜、赤と白の布のリース、ヤシの木と茶色の船の舵、サポーターは赤いショウジョウトキとコクリコ、底部に英語"TOGETHER WE ASPIRE, TOGETHER WE ACHIEVE"「共に願い、共に達成する」という標語を黒字で記した白いリボン、台座は波間にトリニダードを表す3つの丘とトバゴを表す海から隆起した島を配したもの。

1976年 イギリス連邦の立憲君主国から共和制に移行。トリニダード・トバゴ共和国に改称。国旗・国章は継続使用。

ニカラグア共和国
Republic of Nicaragua

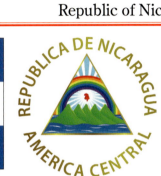

国旗比率 3:5

データ	
首都	マナグア
面積	13.0万㎢（北海道と九州を合わせた程度）
人口	615万人
人口密度	47人/㎢
公用語	スペイン語
通貨	コルドバ

1502年 コロンブスが第4回航海で来航。

スペインの支配

1570~80 スペイン国旗

1570年 スペインのグアテマラ総督領として、統合される。

1580~1700 スペイン国旗　1700~85

1785~1821 スペイン国旗

1580年 スペインの国旗変更。
1700年 スペインの国旗変更。
1785年 スペインの国旗変更。

メキシコ帝国の支配

1821~23 メキシコ帝国国旗

1821年 スペインより独立するが、メキシコ帝国に併合される。

中央アメリカ連邦

1823~24

1823年 メキシコ帝国が崩壊し、エルサルバドル、グアテマラ、ホンジュラス、コスタリカとともに中央アメリカ連邦を結成。国旗・国章制定。**国旗・国章**の解説はエルサルバドル共和国の項参照。

1824~38

1824年 中央アメリカ連邦の**国旗・国章**変更。解説はエルサルバドル共和国の項参照。

ニカラグア共和国

1838~54

1838年 中央アメリカ連邦を離脱し、ニカラグア共和国として独立。国旗制定。**国旗**は旧中央アメリカ連邦国旗の色を使った青白青の横三分割旗。

ニカラグア

1854～57

1854～96

1854年 ニカラグア共和国の国旗変更・国章制定。**国旗**は黄白真珠色の横三色旗。濃いベージュの真珠色を使用した国旗は他に例がない。**国章**は円形紋章で、2つの海に浮かぶ1つの火山、上部にスペイン語 "LIBERTAD ORDEN TRABAJO"「自由、秩序、労働」という標語を黒字で記した黄色い冠、周囲に緑の月桂樹の枝のリース、黄色の輪、スペイン語の国名を黄字で配したもの。

1856年 レオンの自由派とグラナダの保守派の対立が続き、内紛を利用したアメリカ人ウィリアム・ウォーカーがアメリカの支援で大統領に就任。黒人奴隷制を復活させ、英語を公用語とした。

1857～89

1857年 反ウォーカー大統領の国民戦争が勃発し、中央アメリカ各国の支援があり、ウォーカー政権は打倒された。ニカラグア共和国の国旗変更。**国旗**は青白青の横三分割旗。以前の青色より濃い青色を採用。

1889～93

1889年 ニカラグア共和国の国旗変更。**国旗**は青白赤の横五分割旗。

1893年 ニカラグア共和国の国旗変更。**国旗**を青白青の横三分割旗に戻した。セラヤ大統領はアメリカの支持のもと、イギリス領ミスキート海岸を併合。イギリス領ミスキートの総督府

1893～96

はブルーフィールド（南カリブ自治地域）。ニカラグアは太平洋、大西洋両方に面した国家となった。

中央アメリカ共和国

1896～98

1896年 エルサルバドル、ホンジュラスと中央アメリカ共和国を樹立。国旗・国章制定。**国旗**は中央に国章を配した青白青の横三分割旗。**国章**は円形紋章で黄色い三角形の中の陽光の中に自由を表す赤いフリギア帽、海に浮かぶ5つの山、周囲に5個の黄色い五角星とスペイン語の国名を黒字で配したもの。

ニカラグア共和国

1898～1908

1898年 中央アメリカ共和国を解消。ニカラグア共和国の国旗・国章制定。**国旗**は中央に国章を配した青白青の横三分割旗。**国章**は盾型紋章で、黄色い三角形の中に自由を表す赤いフリギア帽と平和を表す虹、旧中央アメリカ連邦構成5カ国を表す海に浮かぶ5つの山、盾の背後に交差した2本の槍、2本の槍付き銃、2本の斧、4本の国旗、底部に交差した大砲2門、周囲に赤いリボンで結ばれた樫の葉のリースと月桂樹の枝のリースを配したもの。

1908～71

1908年 ニカラグア共和国の国旗・国章変更。**国旗**は中央に国章を配した青白青の横三分割旗。青はカリブ海と太平洋、白は2つの海に挟まれた国土を表す。**国章**は従来のものから武器、国旗、リース、赤い帽子に付いた棒を取り除き、黄色い三角形の周囲に黄字でスペイン語国名「ニカラグア共和国」と「中央アメリカ」と配したもの。

1912年 内戦状態の中、保守派を支援してアメリカが軍事介入、占領を開始。

1926年 サンディーノ将軍による反乱にアメリカが軍事介入。保守政権を支援。

1933年 アメリカ海兵隊が撤退。

1937年 ソモサ大統領が独裁政権を樹立。1979年までソモサ一族が実質的に支配継続。

1945年 国連に加盟。

1961 サンディニスタ民族解放戦線党旗

1961年 左翼ゲリラ組織サンディニスタ民族解放戦線結成。**党旗**は中央に白字で Frente Sandinista de Liberacion Nacional の略名FSLNを配した赤黒の横二色旗。配色は1959年のキューバ革命旗をモデルにして作られた。

1971～

1971年 ニカラグア共和国の国旗・国章変更。**国旗**は国章を中央に配した青白青の横三分割旗。**国章**は虹と山の形を修正した。

1979年 サンディニスタ民族解放戦線がソモサ独裁政権を打倒。保守派武装勢力コントラと内戦に入る。

1988年 内戦が終結。

イギリス保護領ミスキート王国

1844～60

1844年 ニカラグア東部海岸に進出したイギリスは、傀儡王国ミスキートを樹立し保護領とする。イギリス保護領ミスキート王国の**国旗**は、カントンにイギリス国旗を配した青白横10縞旗。

1860～93 自治領ミスキート

1860年 ミスキートはイギリス支配から脱し、ニカラグアの自治領となり1893年にニカラグア領となる。**国旗**はカントンに青白青のニカラグア国旗とミスキート国章を配した青白横10縞旗。

ハイチ共和国
Republic of Haiti

国旗比率 3:5

データ	
首都	ポルトープランス
面積	2.8万km²
	（四国の約1.5倍）
人口	1085万人
人口密度	391人/km²
公用語	フランス語
通貨	グルド

1492年 コロンブスが第1回航海で来航、イスパニョーラ島と命名される。

フランスの支配

1697年 イスパニョーラ島西部にフランス植民地のサンドマングが成立。

1792～1803 フランス国旗

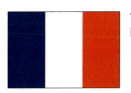

1792年 フランスの国旗変更。

サンドマング独立運動

1803 独立運動旗

1803年 フランス領サンドマングで独立運動開始。**独立運動旗**使用。旗は中央に白字でフランス語 "LIBERTÉ OU LA MORT"「自由かしからずんば死か」という標語を記した青赤の縦二色旗。

ハイチ共和国／ハイチ帝国

1804～05 ハイチ共和国

1804年 1月、ハイチ共和国として独立。世界初の黒人共和国となる。国旗制定。**国旗**は独立運動旗から標語を取った青赤の縦二色旗。10月、初代元首のジャン・ジャック・デサリーヌ総督はジャック1世として皇帝になり、ハイチ帝国に改称。

1805～06 ハイチ帝国

1805年 ハイチ帝国の国旗制定。**国旗**は黒赤の縦二色旗。

南北に分裂

1806～11 北部ハイチ国

1806年 ジャック1世が暗殺された後、ハイチは南北に分裂。北部ハイチ国はアンリ・クリストフが大統領に就任、首都はミロ。北部ハイチ国の**国旗**は青赤の横二色旗。南部ハイチ共和国はアレクサンドル・ペティオンが大統領に就任、首都はポルトープランス。南部ハイチ共和国の**国旗**は青赤の縦二色旗。

1806～20 南部ハイチ共和国

1808～11 北部ハイチ国

1808年 北部ハイチ国の国章制定。**国章**は青い円形紋章で、中に海から昇る人の顔をした太陽とその上に10個の黄色い五角星を配したもの。

1811～20 北部ハイチ王国

1811年 北部ハイチ国のクリストフ大統領がアンリ1世として王国となる。北部ハイチ王国に改称。北部ハイチ王国の国旗・国章制定。**国旗**は中央に国章を配した赤黒の縦二色旗。**国章**は青い盾型紋章で、中に茶色の火の中にいる不死鳥フェニックス、クレストに黄色い王冠、周囲に黄色い五角星とラテン語 "EX CINERIBUS NASCITUR"「我は灰から生まれる」という標語を黄字で記した青い帯を配したもの。

ハイチ共和国

1820～49

1820年 南部ハイチ共和国のジャン・ピエール・ボワイエ大統領が北部を統合し、ハイチ共和国を再統一。国旗・国章制定。**国旗**は青赤の横二色旗。**国章**は中央に自由を表す赤いフリギア帽を載せた緑のヤシの木、背後に6丁の剣付銃、交差した6本の国旗、緑の草地に2門の大砲、2本の斧、2本のトランペット、2本の錨、鎖、太鼓、砲丸、2本の赤旗、フランス語 "L'UNION FAIT LA FORCE"「団結は力なり」という標語を黒字で記した白いリボンを配したもの。

1821年 イスパニョーラ島東部(現ドミニカ共和国)を支配していたクリオーリョ(ラテンアメリカ生まれの白人)が独立を宣言。内戦勃発。
1822年 ハイチ軍は隣国ドミニカに侵攻、ドミニカを併合し、22年間支配。
1844年 ドミニカ共和国がハイチより分離独立。

ハイチ帝国

1849〜59

1849年 フォースタン将軍がフォースタン1世としてハイチ皇帝に即位。ハイチ帝国に改称。第2次ハイチ帝国の国旗・国章制定。**国旗**は中央に国章を配した青赤の横二色旗。**国章**は黄色い皇帝冠を被り翼を広げたナポレオン1世の鷲、背後に緑のヤシの木、底部に交差した大砲、フランス語 "DIEU MON DROIT ET MON EPEE"「我が神、我が祖国、我が剣」という標語が黒字で記された白いリボンを配したもの。

ハイチ共和国

1859〜1964/1986〜

1859年 ファーブル・ジェフラール将軍により帝政が打倒される。ハイチ共和国に改称。国旗・国章制定。**国旗**は中央の白い四角に国章を配した青赤の横二色旗。青と赤はフランス国旗から取られ青は黒人、赤は白人と黒人の混血のムラートを表す。**国章**は1820年制定のものが復活。

1915年 黒人とムラートの対立による混乱が続く。アメリカは権益保護を名目に、1934年まで占領する。
1945年 国連に加盟。
1957年 デュヴァリエ独裁政権が誕生。

1964〜86

1964年 ハイチ共和国の国旗・国章変更。**国旗**は中央の白い四角に国章を配した黒赤の縦二色旗。**国章**は従来のものから自由を表す赤いフリギア帽を取り、交差する6本の国旗の色を黒赤の二色旗に替えたもの。
1986年 デュヴァリエ大統領が亡命。ハイチ共和国の**国旗・国章**変更(冒頭参照)。1859年制定の国旗・国章が復活。現在に至る。

パナマ共和国
Republic of Panama

国旗比率 2:3

データ	
首都	パナマシティ
面積	7.5万km²
	(北海道よりやや狭い)
人口	399万人
人口密度	53人/km²
公用語	スペイン語
通貨	バルボア

1501年 スペインの探検家バスティダスが来航。
1513年 スペインの武将バルボアがパナマ地峡を探査し、ヨーロッパ人として初めて太平洋に達する。
1519年 スペインが入植し、パナマ市を建設。

スペインの支配

1542年 ヌエバ・カスティリャ副王領となる。
1580年 スペインの国旗変更。

1542〜80 スペイン国旗 1580〜1700

1698年 スコットランド・ダリエン会社がパナマ東部の現ダリエン州に植民地カレドニアを建設。**域旗**は海から昇る日の出を配した赤旗。

1698〜1700 スコットランド領カレドニア域旗

1700年 スペイン軍に駆逐され、スコットランド・ダリエン会社がカレドニアから撤退し、再びヌエバ・カスティリャ副王領となる。

パナマ

1700～17　　スペイン国旗　　1785～1821
1717～85

1717～1821 ヌエバ・グラナダ副王領紋章

1717年 ヌエバ・グラナダ（現コロンビア）副王領に編入される。**副王領紋章**は王冠を被り胸に盾を抱いた双頭の黒鷲で、盾の中はカスティリャ王国の城、レオン王国の赤ライオン、アラゴン王国の黄赤の縦縞、ナバラ王国の鎖、ナポリ王国の赤白8横縞とユリ、イェルサレム王国のイェルサレム十字、オーストリア大公国の赤白赤の横縞、シチリア王国の黄赤の縦縞と黒鷲、チロル伯領の赤鷲、フランドル伯領の黒ライオン、ブラバント公国の黄ライオン、グラナダ王国のザクロ、ブルゴーニュ公国の黄青の斜縞、盾の周りに金羊毛勲章、両側にヘラクレスの柱を配したもの。

大コロンビア

1821～31

1821年 大コロンビア共和国（コロンビア共和国の項参照）の一州としてスペインから独立。国旗・国章制定。**国旗**は中央に国章を配した黄青赤の横三色旗。**国章**は青い円形紋章で、中央に古代ローマの執政官が使った権威を表す束桿斧と弓矢、両脇に果物・穀物の入った2つの黄色い豊饒角、黒い五角星とスペイン語の国名を黒字で記したグレーの帯を配したもの。

ヌエバ・グラナダ共和国　グラナダ連合

1831年 大コロンビア共和国が解消され、コロ

ンビア、パナマ主体にヌエバ・グラナダ共和国建国。国旗・国章制定。**国旗**は中央に国章を配した黄青赤の横三色旗。**国章**は1821年制定の国章と同じ意匠で国名を替え、黒い五角星を2個に増やしたもの。

1831～34

1834～58

1834年 ヌエバ・グラナダ共和国の国旗・国章変更。**国旗**は赤青黄の縦三色旗。**国章**は草地に置いた盾型紋章で、青地に金貨が入った豊饒の角と果実、穀物が入った豊饒の角、その間にザクロ、白地に自由を表す棒に付いた赤いフリギア帽、2隻の帆船とパナマ地峡、盾の背後に交差した白い八角星の付いた商船旗と政府旗。クレストに月桂樹の冠、下向きで翼を広げたコンドル、スペイン語 "LIBERTAD Y ORDEN"「自由と秩序」という標語を黒字で記した黄色いリボンを配したもの。

1858～63　　　　　1858～63 グラナダ
グラナダ連合旗　　　連合パナマ州章

1858年 ヌエバ・グラナダ共和国を解消し、憲法を改正して中央集権から連邦国家となり、新たにグラナダ連合を建国。グラナダ連合の**国旗**は1834年制定のヌエバ・グラナダ共和国国章意匠を中央に配した赤青黄の縦三色旗。グラナダ連合パナマ**州章**はヌエバ・グラナダ共和国国章意匠を白い楕円形に収め、2個の白い八角星とスペイン語の国名を黄字で記した赤い帯を配したもの。

コロンビア合衆国　コロンビア共和国

1863～86コロンビア合衆国パナマ州旗・州章

1863年 グラナダ連合で内戦が勃発し、コロンビア合衆国と改称、パナマはコロンビア合衆国の一州となる。州旗・州章制定。**州旗**は中央に州章を配した黄青赤の横三色旗。黄縞が全体の半分を占める。**州章**は赤い楕円形に入れた盾型紋章で、グラナダ連合州章の盾意匠に槍を加えコンドルを正面向きに替え、背後の商船旗と政府旗を替え、上部に9個のグレーの八角星を配したもの。

1886～1903 コロンビア共和国国旗・国章

1886年 コロンビア合衆国を解消し、中央集権のコロンビア共和国に改称。パナマ州となる。コロンビア共和国の国旗・国章制定。**国旗**は黄青赤の横三色旗。**国章**はコロンビア合衆国国章から楕円形を取り除き盾の背後の国旗を替えたもの。

パナマ共和国

1903.11　　　　　1903.12～

1903年 コロンビアからパナマ共和国として分離独立。19世紀末、フランスのレセップスのパナマ運河の建設が失敗したのち、アメリカの強引な画策のもとで独立。独立半月後、アメリカと運河条約が結ばれた。11月、国旗制定。**国旗**は青赤の五角星を配した青赤の四分割旗。12月、**国旗**修正。制定からわずか1ヵ月後に旗の上下意匠を入れ替えた。赤はパナマの2大政党である自由党、青は保守党を表し、白は両党の協力と平和を表す。青い星は国民の誠実さと純粋さ、赤い星は法律と権威を表す。

パナマ／バハマ

1904～25

1904年 パナマ共和国の国章制定。**国章**は盾型紋章で、第一クォーターは白地に国家の防衛を表す交差したサーベルと銃、第二クォーターは赤地に鉱業を表す交差したシャベルと鍬、第三クォーターは青地に国の豊かさを表す金貨の入った豊饒の角、第四クォーターは白地に進歩を表す黄色い翼を持つ車輪。中央横帯に沈む太陽と昇る月を描いたパナマ運河、盾の背後に4本の交差した国旗、クレストに国を構成する州数を表す7個の黄色い五角星、ラテン語 "PRO MUNDI BENEFICIO"「世界の利便のために」という標語を黒字で記した白いリボンをくわえる茶色の鷲を配したもの。

1914年 パナマ運河が開通。運河地帯はアメリカ領とされた。

1925～

1925年 パナマ共和国の国章変更。**国章**の州数を表す黄色い五角星を9個に増やした。

1945年 国連に加盟。
1999年 パナマ運河がアメリカより返還される。

アメリカ領パナマ運河地帯

1915～79 知事旗

1915年 アメリカ領パナマ運河地帯**知事旗**制定。1979年まで使用。中央に白い円に入った盾型紋章を配した青旗。盾はパナマ地峡を航行する15世紀スペインのガレー船とアメリカを表す赤白13縞、盾の下に英語 "THE LAND DIVIDED THE WORLD UNITED"「陸地を分け世界を結ぶ」という標語を黒字で記したオレンジ色のリボンを配したもの。

バハマ国
Commonwealth of The Bahamas

国旗比率 1：2

データ	
首都	ナッソー
面積	1.4万km² （福島県程度）
人口	39万人
人口密度	28人/km²
公用語	英語
通貨	バハマ・ドル

1492年 コロンブスが第1回航海でサンサルバドル島に来航。コロンブス最初の到達地。
1782年 スペイン領となる。

イギリスの支配

1783～1801 イギリス国旗

1783年 イギリスの植民地となる。

1801～69 イギリス国旗

1801年 イギリスの国旗変更。

1869～1959 バハマ諸島域旗・域章

1869年 イギリス領バハマ諸島域旗・域章制定。**域旗**はフライに白い円に入った域章を配したイギリス青色船舶旗。**域章**は円形紋章で、2隻の海賊船を追跡する軍艦、クレストに王冠、周囲にラテン語 "EXPULSIS PIRATIS RESTITUTA COMMERCIA"「海賊を打ち破り、交易が確立される」という標語と英語の域名を黒字で記した白い輪を配したもの。

1959～64 バハマ諸島域旗
1964～73 自治領バハマ諸島域旗

1959年 イギリス領バハマ諸島域旗・域章変更。**域旗**はフライに域章を配したイギリス青色船舶旗。**域章**は楕円形紋章で、イギリス国旗を翻し2隻の海賊船を追跡する軍艦、クレ

ストに王冠、周りにラテン語の「海賊を打ち破り、交易が確立される」という標語と域名を記した黄色いリボンを配したもの。

1964 年 イギリス自治領となる。域旗・域章は継続使用。

バハマ国

1971～73 自治領バハマ諸島域章
1973～国章

1971 年 独立に備え域章制定、独立後国章となる。国章は盾型紋章で、チーフは藍緑色地に黄色い太陽、下部は白地に航行するコロンブスの帆船サンタマリア号、クレストに金色の兜、黄色と藍緑色の布リース、巻貝、5枚のヤシの葉、サポーターは波の上にマカジキと草地の上に国鳥のフラミンゴ、底部に英語"FORWARD UPWARD ONWARD TOGETHER"「前に上に先に共に進む」という標語を黒字で記した黄色いリボンを配したもの。

1973～

1973 年 イギリスよりイギリス連邦の一員バハマ国として独立。国連に加盟。国旗制定。国旗はホイストに黒い三角形を配した藍緑色黄藍緑色の横三分割旗。黒は国民の活力と団結、藍緑色はカリブ海、黄は2つの海に囲まれたバハマと美しい砂浜を表す。三角形は豊かな天然資源を開発する国民の決意を表す。

バルバドス
Barbados

国旗比率 2：3

データ	
首都	ブリッジタウン
面積	430km²
	（種子島程度）
人口	29万人
人口密度	660人/km²
公用語	英語
通貨	バルバドス・ドル

1518 年 スペインの航海者が来航。
1536 年 原住民を奴隷としてイスパニョーラ島に移住させたため、無人島となる。

イギリスの支配

1627～1801 イギリス国旗

1627 年 イギリスが居留地を建設、植民地となる。

1801～33 イギリス国旗

1801 年 イギリスの国旗変更。

1833～58 ウィンドワード諸島域旗・域章

1833 年 イギリス領ウィンドワード諸島に編入される。1833 ～ 85 年のイギリス領ウィンドワード諸島総督府はブリッジタウン（バルバドス）に置かれた。域旗・域章使用。域旗・域章の解説はグレナダの項参照。
1870 年 イギリス領バルバドス域旗・域章制定。域旗はフライに域章を配したイギリス青色船舶旗。域章は円形紋章で、海神ネプチューンの三叉鉾を持ち、2頭の海馬に引かせる乗り物で海を進む女王と青字で域名を配したもの。

1870～1961 バルバドス域旗
1961～66 自治領バルバドス域旗

1870～1961 バルバドス域章
1961～65 自治領バルバドス域章

1958～62 西インド諸島連邦域旗・域章

1958年 イギリス領西インド諸島連邦に加盟。域旗・域章使用。域旗・域章の解説はアンティグア・バーブーダの項参照。

1961年 イギリス自治領となる。自治領バルバドスの域旗・域章は1870年制定のものを使用。
1962年 イギリス領西インド諸島連邦が解体。

バルバドス

1965～66 自治領バルバドス域章/1966～国章

1965年 独立に備え域章制定、独立後国章となる。国章は黄色い盾型紋章で、国花の赤いオオゴチョウの花とヒゲイチジクの木、クレストは銀色の兜、黄色と赤の布のリース、製糖業を表す2本のサトウキビの枝をX字に握る手は11月30日の独立記念日が聖アンドリュース日であることを表す。サポーターは漁業を表すシイラと首都のブリッジタウン沖合にあるペリカン島を表すペリカン、底部に英語 "PRIDE AND INDUSTRY"「誇りと勤勉」という標語を黒字で記した白いリボンを配したもの。

1966～

1966年 イギリスからイギリス連邦の一員バルバドスとして独立。国連に加盟。国旗制定。国旗は中央に黒い三叉鉾の先端を配した青黄青の縦三分割旗。青は空と海、黄は砂浜、三叉鉾は民主主義の三原理、すなわち「国民の国民による国民のための政府」を表す。鉾の柄がないのは植民地からの訣別を表す。

ベリーズ
Belize

データ	
首都	ベルモパン
面積	2.3万km²
	（四国よりやや広い）
人口	37万人
人口密度	16人/km²
公用語	英語
通貨	ベリーズ・ドル

国旗比率 2：3

1502年 コロンブスが第4回航海で来航。
1524年 スペイン人のコルテスが征服。
1798年 イギリスとスペインの領有権争いでイギリスが勝利。

イギリスの支配

1862年 イギリス領ホンジュラスとしてジャマイカ総督府に編入される。

ポヤイス公国

1820

1820年 スコットランドの探検家グレゴール・マクレガーが来航。現ベリーズ南端地域を地元首長から購入し、ポヤイス公国を建てたという。ところがこの国は、マクレガーがでっちあげた架空の国。念のいったことに移民を募り国債まで売り出したが、国は影も形もなかったという。ポヤイス公国の国旗は黄色い鷲と青い輪郭線を持った白いサルタイヤーを描いた赤いカントンと中央に緑の十字を配した白旗。この国旗は天保11年（1840年）に我が国で作成された当時の世界国旗一覧表である「萬國國旗圖及檣號圖」にカラーで掲載されている。

1862～70 イギリス国旗

1870～1950 ホンジュラス域旗

1870～1907 ホンジュラス域章

1870年 イギリス領ホンジュラス域旗・域章制定。域旗はフライに域章を配したイギリス青色

船舶旗。域章は黄色の枠飾りを持つ白い盾型紋章で、中が3つに仕切られ、イギリス国旗、大小の斧とノコギリとボートの櫂、航行する軍艦を配したもの。
1884 年 ジャマイカから離れ、単独のイギリス植民地となる。

1907～1964 ホンジュラス域章
1964～73 自治領ホンジュラス域章
1973～81 自治領ベリーズ域章

1907 年 イギリス領ホンジュラスの域章変更。域章は3つに中を仕切った盾型紋章で、白地にイギリス国旗、交差したハンマーと櫂、黄地に交差した斧とノコギリ、航行する軍艦、クレストに青と白の布のリースと林業を表す緑のマホガニーの木、底部にラテン語 "SUB UMBRA FLOREO"「木陰の下で栄える」という標語を黒字で記した白いリボン、サポーターはそれぞれ、斧と櫂を肩に担ぎ、白いズボンをはいた2人の黒人を配したもの。

1950～64 ホンジュラス域旗
1964～73自治領ホンジュラス域旗
1973～81 自治領ベリーズ域旗

1950 年 イギリス領ホンジュラスの域旗制定。域旗は中央の白い円に1907年制定の盾型紋章からイギリス国旗を取り除き、独立運動開始年である1950年を表す50枚の葉を付けた月桂樹を周囲に配したもの。
1964 年 イギリス自治領ホンジュラスとなる。域旗・域章は継続使用。
1973 年 イギリス自治領ベリーズに改称。域旗・域章は継続使用。

ベリーズ

1981～

1981 年 イギリスよりイギリス連邦の一員ベリーズとして独立。国連に加盟。国旗・国章制定。国旗は中央に白い円に入った国章を配し、上下に2本の赤い横縞を配した青旗。青は人民連合党、赤は民主連合党の党旗の色から取り、青は隣国との友好、赤は独立を守る決意を表す。国章は従来のものからイギリス国旗を取り除き、サポーターの1人を黒人と白人の混血であるメスティーソに替え、マホガニーの木を修正し、50枚の葉を持つ月桂樹を加えたもの。

党旗 1981

人民連合党党旗　**民主連合党党旗**

1981 年 人民連合党、民主連合党でそれぞれ党旗を制定。**人民連合党党旗**は青白の横二色旗。**民主連合党党旗**はホイストに黒い三角形を配した赤青の横二色旗。

ホンジュラス共和国
Republic of Honduras

データ	
首都	テグシガルパ
面積	11.2万km² (日本の3分の1弱)
人口	819万人
人口密度	73人/km²
公用語	スペイン語
通貨	レンピーラ

国旗比率　1：2

1502 年 コロンブスが第4回航海で来航。

スペインの支配

1539～80 スペイン国旗

1539 年 スペイン・グアテマラ総督領コマヤグア（現・県名）となる。

1580～1700 **スペイン国旗** **1700～85**

1580 年 スペインの国旗変更。
1700 年 スペインの国旗変更。

1785～1821 スペイン国旗

1785 年 スペインの国旗変更。

ホンジュラス

メキシコ帝国の支配

1821～23 メキシコ帝国国旗

1821年 スペインから独立、メキシコ帝国に併合される。

中央アメリカ連邦

1823～24

1823年 メキシコ帝国が崩壊し、中央アメリカ連邦に加盟。国旗・国章使用。中央アメリカ連邦の国旗・国章の解説はエルサルバドル共和国の項参照。

1824～38

1824年 中央アメリカ連邦の国旗・国章変更。解説はエルサルバドル共和国の項参照。

中央アメリカ連邦

スペインの植民地グアテマラ総督領は、1821年に独立し、23年に中央アメリカ連邦が結成された。連邦には、グアテマラ、エルサルバドル、ニカラグア、ホンジュラス、コスタリカの5国が加入したが、分離主義勢力が台頭して、1838年から加盟国が徐々に離脱し、1841年にエルサルバドルが独立宣言し、正式に連邦は解体した。

ホンジュラス共和国

1838～66

1838～96/1898～1935

1838年 中央アメリカ連邦よりホンジュラス共和国として分離独立。国旗・国章制定。国旗は青白青の横三分割旗。国章は楕円形紋章で、陽光を背に火山と2つの赤い城、背後に茶色いピラミッド、周囲にスペイン語 "LIBRE SOBERANA INDEPENDIENTE" 「自由、主権、独立」という標語と独立日である1821年9月15日とスペイン語の国名が黒字で記された白い帯、その上に青いリボンで飾られた2つの豊穣の角、底部に3本の松と3本の樫の木、鉱山口に交差したハンマーを配したもの。

1866～96

1866年 国旗変更。国旗の中央に5個の青い五角星を加えた。
1871年 グアテマラと国境紛争。
1894年 ニカラグアと国境紛争。

中央アメリカ共和国

1896～98

1896年 ニカラグア、エルサルバドルと中央アメリカ共和国を結成。国旗・国章制定。国旗・国章の解説はエルサルバドル共和国の項参照。
1898年 中央アメリカ共和国が解体。

1898～1949

1898年 中央アメリカ共和国の解消で、ホンジュラス共和国の国旗制定。国章は1838年制定のものが復活。国旗は中央に5個の黄色い五角星を配した青白青の横三分割旗。
1907年 ニカラグアと国境紛争で敗北。

1935～

1935年 ホンジュラス共和国の国章制定。国章は従来の楕円形紋章の上に弓矢の入った矢筒を付け加え、城の色をグレーに替えたもの。

1945年 国連に加盟。

1949～

1949年 ホンジュラス共和国の国旗変更。国旗は中央の5個の五角星を青に替えた。青はカリブ海と太平洋、白は平和と繁栄、中央の5個の五角星は旧中央アメリカ連邦構成5カ国を表し、再統一への願いを表す。中央の星がホンジュラスで、左上グアテマラ、左下エルサルバドル、右上ニカラグア、右下コスタリカを示す。

メキシコ合衆国
United Mexican States

国旗比率　4：7

データ	
首都	メキシコシティ
面積	196.4万km²
	（日本の5倍強）
人口	1億2863万人
人口密度	66人/km²
公用語	スペイン語
通貨	ペソ

スペインの支配

14世紀～ アステカ文明が栄える。
1519年 コルテスの率いるスペイン人が侵入。
1521年 アステカ王国が滅亡、スペインの植民地となる。

1535～80 スペイン国旗

1535年 スペインのヌエバ・エスパーニャ副王領が成立。以後、独立までスペイン国旗を使用。

1580～1700 スペイン国旗　1700～85

1785～1821 スペイン国旗

1785年 スペインの国旗変更。

1810年 イダルゴ神父らが独立運動を開始。

メキシコ独立運動

1820～21 独立運動旗

1820年 メキシコ**独立運動旗**使用。黄色八角星3個を付けた白緑赤の斜三分割旗。白は宗教、緑は独立、赤は統一を表す。

メキシコ帝国／メキシコ合衆国

1821～23 メキシコ帝国

1821年 スペインより独立。メキシコ帝国建国。国旗・国章制定。**国旗**は中央に皇帝冠を被り湖の中央の岩に生えるサボテンの上で蛇をつかむ鷲を配し、首都創設のアステカ神話を伝える緑白赤の縦三色旗。緑は独立、白は宗教、赤は団結を表す。**国章**の盾の中の正面向きの鷲も帝国のシンボルである皇帝冠を被っていて、クレストは兜、皇帝冠、緑、白、赤の布のリース、スペイン語 "INDEPENDENCIA RELIGION UNION"「独立、信仰、団結」という標語を黄字で記した赤白緑国旗カラーのリボン、底部にグアドループ勲章、皇帝冠を載せた赤い位階服を配したもの。

1824～64 メキシコ合衆国

1824年 連邦共和制に移行。メキシコ合衆国に改称。国旗・国章制定。**国旗**は中央に国章を配したもの。**国章**は、共和制になり鷲から皇帝冠が取り除かれ、樫の枝と月桂樹の枝のリースが配されたもの。

メキシコの失った領土

1846年 アメリカ・メキシコ戦争勃発。2年後の条約でメキシコはニューテキサスとカリフォルニアの国土を失う。国土は半分以下となる。
1861年 外債利子支払停止に、フランスのナポレオン3世がメキシコ出兵を命じる。

1864～67 メキシコ帝国

1864年 フランス派遣のハプスブルク家マクシミリアン1世により第2次メキシコ帝国建国。国旗・国章制定。再び帝国となり**国旗**の四隅にナポレオンの金色の鷲が付けられた。**国章**は盾型紋章で、鷲は皇帝冠を被らず、クレストに皇帝冠を載せた。サポーターに2頭のグリフィン、背後に交差した剣と笏、

メキシコ

底部にメキシコ鷲勲章を配したもの。国章のリボンに記された標語はスペイン語 "EQUIDAD EN LA JUSTICIA"「法の下に平等」。

1867〜81 メキシコ合衆国

1867年 フアレス指揮下の自由主義者らが皇帝マクシミリアンを処刑し、共和制が復活。メキシコ合衆国に改称。**国旗・国章**制定。再びフランス・スタイルの鷲から皇帝冠が取られた。リースを赤いリボンが結ぶ。

1876年 ディアスが反乱を起こし政権を奪う。1911年まで独裁体制をしく。

1881〜99

1881年 メキシコ合衆国の**国旗・国章**変更。リースを白いリボンが結ぶ。

1899〜1917

1899年 メキシコ合衆国の**国旗・国章**変更。リースを結ぶリボンが除かれた。

1910年 自由主義者マデロや農民指導者サパタらによるメキシコ革命が勃発。

1911年 ディアス政権が倒される。

1917〜34

1917年 革命が終結。現行憲法を制定。メキシコ合衆国の**国旗・国章**変更。鷲は横向きとなり、リースを結ぶリボンが国旗カラーとなる。

1934〜68

1934年 ラサロ・カルデナス政権が成立。メキシコ合衆国の**国旗・国章**変更。リースが全体を包むように修正された。

1945年 国連に加盟。

1968〜

1968年 メキシコ合衆国の**国旗・国章**変更。リースの長さを半分にし、湖を青色で表現。国旗の緑は国民の希望、白は統一、純粋さ、赤は愛国者の血を表す。

サパティスタ民族解放

1994〜 軍旗

1994年 貧しい先住民の組織サパティスタ民族解放軍が南部チアパス州で武装蜂起。現在も政府と対立している。**軍旗**は社会主義を表す赤い五角星を中央に配した、大地と農民を表す黒旗。

南アメリカ

世界の**国旗・国章**歴史大図鑑

- アルゼンチン共和国…274
- ウルグアイ東方共和国…275
- エクアドル共和国…276
- ガイアナ共和国…278
- コロンビア共和国…279
- スリナム共和国…281
- チリ共和国…282
- パラグアイ共和国…283
- ブラジル連邦共和国…285
- ベネズエラ・ボリバル共和国…287
- ペルー共和国…290
- ボリビア多民族国…291

South America

アルゼンチン共和国
Argentine Republic

国旗比率 9:14

データ	
首都	ブエノスアイレス
面積	278万km² (日本の7.5倍)
人口	4385万人
人口密度	16人/km²
公用語	スペイン語
通貨	ペソ

スペインの支配

1516年 スペインの探検家フアン・ディアス・デ・ソリスがラプラタ川周辺を探検。

1580年 ブエノスアイレスが再建され、本格的な植民地化が始まる。

1776～85 スペイン国旗 **1785～1810**

1776年 スペインのリオ・デ・ラプラタ副王領となる。現在のボリビア、ウルグアイ、パラグアイの地域を含む。スペイン国旗を使用。

1806～07年 イギリス軍の侵攻を撃退し、独立意識が目覚める。

1810～12.5 革命旗 **1812 軍旗**

1810年 マヌエル・ベルグラーノ将軍による5月革命、ブエノスアイレス自治宣言。白赤横二色の**革命旗**を使用。ベルグラーノ将軍は白青白の横三分割の**軍旗**を使用。

1814年 ホセ・デ・サン・マルティン将軍が軍事指揮官に就任。

リオ・デ・ラプラタ合衆国

1816～18 **1816～52 / 1862～1944**

1816年 スペインよりリオ・デ・ラプラタ合衆国として独立。国旗・国章制定。**国旗**は青白青の横三分割旗。**国章**は青空と銀、ラプラタ川を表す青と白に染め分けた盾型紋章で、中央に自由を表す棒に付いた赤いフリギア帽、友愛と団結を表す握手する2本の腕、盾の背後に自治宣言を行った1810年5月25日にブエノスアイレスの空に現れた「5月の太陽」、周囲に赤いリボンで結んだ勝利を表す月桂樹の枝のリースを配したもの。

1817 アンデス軍旗

1817年 サン・マルティン将軍が指揮するアンデス軍創設。アンデス**軍旗**は、国章を中央に配した白青の横二色旗。将軍は1818年にチリ、1821年にペルーをスペインの支配から解放。

1818～20

1818年 リオ・デ・ラプラタ合衆国の**国旗**変更。青白青の横三分割旗の中央に国章にある「5月の太陽」を加えた。

1820～26 / 1826～29

1820年 ブエノスアイレス州と東方州で中央集権派と連邦派の対立で内戦が勃発し、中央政府崩壊。内乱状態が続く。リオ・デ・ラプラタ合衆国の**国旗**変更。三分割旗の中央の白幅を大きくした旗。

1825年 ウルグアイの領有をめぐりブラジルと戦争が勃発。

アルゼンチン国／アルゼンチン連合

1826年 リオ・デ・ラプラタ合衆国からアルゼンチン国に改称。国旗は継続使用。

1828年 ブラジル軍を破り、ウルグアイは独立する。

1829～52

1829年 アルゼンチン国の**国旗**変更。中央の白幅を元に戻し、青を紫紺に替えた旗。

1831～50

1831年 連邦派が内戦で勝利し、マヌエル・ロサスが主導するアルゼンチン連合が成立。アルゼンチン連合の**国旗**制定。中央に赤い太陽、四隅に直立する棒に付いた赤いフリギア帽を配した紫紺白紫紺の横三分割旗。

アルゼンチン／ウルグアイ

1850〜62

1850年 アルゼンチン連合の国旗変更。四隅の赤いフリギア帽の棒が取り除かれ、帽子が斜めに配置された。

1852〜62 ブエノスアイレス州

1852年 ウルキサ将軍がロサス軍を破り、ブエノスアイレス州がアルゼンチン連合から離脱。国旗・国章制定。**国旗**は中央に国章を配した青白青の横三分割旗。**国章**は盾型紋章で中央に棒に付いた赤いフリギア帽、握手する2本の腕、盾の上に「5月の太陽」、周囲に青いリボンで結んだ月桂樹の枝のリース、14本の交差した国旗、底部に2門の大砲を配したもの。

アルゼンチン共和国

1862〜

1862年 ブエノスアイレス州がアルゼンチン連合を併合し国家統一。アルゼンチン共和国に改称。国旗・国章制定。**国旗**は中央に「5月の太陽」を配した青白青の横三分割旗。青は青空、白はラプラタ川を表す。国章は1816年制定のリオ・デ・ラプラタ合衆国の国章を使用。

1944〜

1944年 アルゼンチン共和国の**国章**変更。月桂樹の枝のリースを結ぶリボンと楕円形盾の上半分地色を国旗カラーに替えた。

1945年 国連に加盟。

ウルグアイ東方共和国
Oriental Republic of Uruguay

国旗比率　2:3

データ	
首都	モンテビデオ
面積	17.4万km²
	（日本の約半分）
人口	344万人
人口密度	20人/km²
公用語	スペイン語
通貨	ウルグアイ・ペソ

スペインの支配

1516年 スペインの探検家フアン・ディアス・デ・ソリスが来航し、ラプラタ川周辺を探検。
1726年 バンダ・オリエンタルと呼ばれたウルグアイ川東岸地区にモンテビデオが建設され、スペイン領となる。

1776〜85　スペイン国旗　1785〜1813

1776年 スペイン領リオ・デ・ラプラタ副王領に編入される。スペイン国旗を使用。
1811年 独立指導者ホセ・アルティガスによる独立戦争が始まる。バンダ・オリエンタルが東方州となり、アルゼンチン東部の連邦派諸州との連邦同盟を結成。

1813〜15 東方州旗

1813年 アルゼンチンに支援を受けた東方州が、**州旗**を制定。青白の横七縞旗。

東方州連邦同盟

1814年 東方州がスペインより独立を宣言。

1815〜16 東方州旗　　東方州連邦同盟旗

1815年 東方州の**州旗**変更。青白赤の横三色旗。東方州連邦同盟の**同盟旗**制定。上下に赤い縞を配した青白青の横三分割旗。

1816〜17 東方州連邦同盟旗・国章

1816年 東方州連邦同盟の**同盟旗**変更。赤い斜帯を配した青白青の横三分割旗。東方州連邦同盟国の国章制定。**国章**は盾型紋章で、天秤を持つ手、顔の付いた太陽、盾の周囲にスペイン語 "CON LIBERTAD NI OFENDO NI TEMO"「自由があれば攻撃も恐怖もなし」という標語を黒字で記した茶色枠、クレストにスペイン語で "Provincia Oriental"「東方州」と黒字で記した青いリボンの上に6本の鳥の羽根で作られたインディオ冠、盾の背後に交差した2本の国旗と槍、2門の大砲、弾丸、太鼓、剣、弓と矢筒、底部にオリーブの枝とヤシの葉のリースを配したもの。

ブラジルの支配

1816〜22 ポルトガル・ブラジル連合王国国旗

1816年 ブラジルを支配するポルトガル軍が侵攻、全土を占領。ポルトガルの項参照。

1822〜25 ブラジル王国シスプラチナ州旗

1822年 ブラジルの独立にともない、ブラジルのシスプラチナ州となる。**州旗**は中央に赤い修道会十字と黄色い天球儀を配した緑白緑の横三分割旗。

1825〜28 リオ・デ・ラプラタ合衆国旗

1825年 アルゼンチンの支援を受け、ブラジルに対する独立闘争開始。リオ・デ・ラプラタ合衆国の**国旗**を使用。アルゼンチン共和国の項を参照。

ウルグアイ東方共和国

1828〜30

1828年 ウルグアイ東方共和国として完全独立を達成。**国旗**制定。白いカントンに顔の付いた黄色い太陽を配した白青19横縞旗。

1830〜 / 1830〜1908

1830年 ウルグアイ東方共和国の国旗変更。国章制定。**国旗**は白いカントンに16光線を放つ顔の付いた太陽を配した白青の横九縞旗。9縞は独立宣言当時の9州を表す。太陽はスペインからの諸州独立を目指した5月革命が勃発した1810年5月25日に現れた「5月の太陽」でインカの神を表す。**国章**は盾型紋章で、第一クォーターは青地に平等と正義を表す天秤、第二クォーターは白地に力を表すモンテビデオの丘、第三クォーターは白地に自由を表す走る黒い馬、第四クォーターは青地に豊饒を表す黄色い牛、盾の背後に顔の付いた太陽、交差した2本の国旗、槍、剣、大砲、マーキュリーの杖、ラッパ、短剣、砲丸、太鼓、月桂樹の枝のリースを配したもの。

ウルグアイ国民党

1836 ウルグアイ国民党党旗

1836年 ウルグアイ国民党結成。現在もなお与党である国民党**党旗**は国旗カラーの白青の横二色旗。

1908〜

1908年 ウルグアイ東方共和国の国章変更。**国章**は盾の背後にある武器を取り除き、青いリボンで結んだ平和を表すオリーブの枝のリースと勝利を表す月桂樹の枝のリースを加えたもの。

1945年 国連に加盟。

エクアドル共和国
Republic of Ecuador

国旗比率　2：3

データ	
首都	キト
面積	25.7万km²（本州と九州を合わせた程度）
人口	1639万人
人口密度	64人/km²
公用語	スペイン語
通貨	アメリカ・ドル

スペインの支配

15世紀以降 インカ帝国が栄える。
1533年 インカ帝国がスペインの征服者ピサロに滅ぼされ、スペインのペルー副王領となる。

1739～85 スペイン国旗 **1785～1820**

1739年 スペインのヌエバ・グラナダ副王領に編入される。スペイン国旗を使用。
1809年 エクアドル生まれのクリオーリョ（ラテンアメリカ生まれの白人）による、スペインに対する独立運動開始。

グアヤキル国

1820～22

1820年 グアヤキル国の独立宣言。国旗・国章制定。**国旗**は中央にグアヤキル、マチャラ、ポルトビエホの3地方を表す白い3個の五角星を配した青白の横五縞旗。**国章**は円形紋章で、青い円に「10月の星」と呼ばれる自由グアヤキルを表す白い五角星、赤いリボンで結んだ月桂樹の枝のリース、底部にスペイン語"POR GUAYAQUIL INDEPENDIENTE"「グアヤキル独立のために」という標語を黒字で配したもの。

1822

1822年 グアヤキル国の**国旗**変更。青いカントンに白い五角星を配した白旗。

大コロンビア共和国

1822～30

1822年 スペインより独立を果たし、コロンビア、ベネズエラからなる大コロンビア共和国に参加。大コロンビア共和国の国旗・国章制定。**国旗**は中央に国章を配した黄青赤の横三色旗。**国章**は青い円形紋章で、中央に古代ローマの執政官が使った権威を表す束桿斧と弓矢、両脇に果物・穀物の入った2つの黄色い豊饒角、黒い五角星とスペイン語の国名を黒字で記した白い帯を配したもの。

エクアドル国／エクアドル共和国

1830～35

1830年 エクアドル国として大コロンビア共和国より分離独立。国旗・国章制定。**国旗**は中央に国章を配した黄青赤の横三色旗。**国章**は大コロンビア共和国時代の楕円形国章にアサアイ、チンボラソ、グアヤス、インバブーラ、ロハ、マナビ、ピチンチャの7県を表す7個の黄色い五角星、顔付き太陽、白羊宮、双児宮、双魚宮、巨蟹宮の4つの黄道帯の印、周囲にスペイン語の国名を黒字で配したもの。

1835～45 **1835～43**

1835年 エクアドル共和国に改称。国旗・国章制定。**国旗**は黄青赤の横三色旗。**国章**は青い楕円形紋章で、塔、2羽のコンドル、白雪、3つの山、7県を表す7個の黄色い五角星、顔付き太陽、天蠍宮、天秤宮、処女宮、獅子宮の4つの黄道帯の印を配したもの。
1843年 エクアドル共和国の国章変更。**国章**は盾型紋章で、チーフは青地に黄色い顔付き太陽と白い黄道帯、下部の第一クォーターは黄地に開かれた本で憲法の条文を象徴する黒地で記したローマ数字の1234、第二クォーターは緑地に走る白馬、第三クォーターは青地に川を渡る船、第四クォーターは白地に白雪を被り噴煙を上げる火山。クレストに翼を広げホイストを向いたコンドル、盾の背後に交差した4本の国旗、6本の槍、2門の大砲を配したもの。

1843～45

1845 **1845～60**

1845～60

1845年 エクアドル共和国の国旗を2度にわたり変更、国章変更。**国旗**は中央に3個の白い五角星を配した白青白の縦三分割旗。同年に中央の五角星が7県を表す7個に増えた。**国章**は青い盾型紋章で、顔付き太陽と白羊宮、金牛宮、双児宮、巨蟹宮の4つの黄道帯の印、白雪をかぶるチンボラソ山と川を渡る船。クレストに翼を広げフライを向いたコンドル、盾の背後に交差した4本の国旗、月桂樹の枝のリースとヤシの葉のリース、底部に共和国を表す束桿斧を配したもの。

1860～1900

1860年 エクアドル共和国の国旗・国章変更。**国旗**は黄青赤の横三色旗。黄の幅が広い旗。黄は国土の豊かさ、青は海と空、赤は独立戦争で流した犠牲者の血を表す。**国章**は国旗を新国旗に替え、コンドルをホイスト向きに替えたもの。
1896年 憲法で政教分離を定め、近代化を推進する。

エクアドル／ガイアナ

1900〜2009　　**1900〜**

1900年 エクアドル共和国の国旗・国章変更。**国旗**は1860年制定国旗の中央に国章を入れた旗。**国章**はコンドルの首の角度を修正し、川を渡る船を国旗カラーに染めたもの。
1945年 国連に加盟。

2009〜

2009年 新憲法発布。基地からアメリカ軍撤退。国旗変更。**国旗**の縦横比率を1:2から2:3に変更した。

ガイアナ共和国
Republic of Guyana

国旗比率　3：5

データ	
首都	ジョージタウン
面積	21.5万㎢
	（本州の約9割）
人口	77万人
人口密度	4人/㎢
公用語	英語
通貨	ガイアナ・ドル

イギリスの支配

1498年 コロンブスが第3回目の航海で来航。
1621年 オランダ西インド会社が設立され、その支配下に入る。
1814年 イギリスの統治下に置かれる。

1831〜75 イギリス国旗

1831年 イギリス領ギアナとなる。

1834年 イギリスで奴隷貿易が禁止され、アフリカの黒人に替りインド人の移民導入が始まる。

1875〜1906 イギリス領ギアナ域旗・域章

1875年 イギリス領ギアナの域旗・域章制定。**域旗**はフライに域章を配したイギリス青色船舶旗。**域章**は円形紋章で赤い長旗を翻し、航海する3本マストの帆船を配したもの。

1906〜54 イギリス領ギアナ域旗・域章

1906年 イギリス領ギアナの域旗・域章変更。**域旗**はフライに域章を配したイギリス青色船舶旗。**域章**は黄色いベルトで枠取りした楕円形紋章で、赤い長旗とイギリス赤色船舶旗を翻し、航海する3本マストの帆船、ベルトの中にラテン語 "DAMUS PETIMUSQUE VICISSIM"「我々はたがいに与えもし、求めもする」という標語を黒字で配したもの。

1954〜66 イギリス領ギアナ域旗・域章

1954年 イギリス領ギアナの域旗・域章変更。**域旗**はフライに白い円の中に域章を配したイギリス青色船舶旗。**域章**は青い盾型紋章で、赤い長旗とイギリス赤色船舶旗を翻し、航海する3本マストの帆船、盾の下にラテン語標語「我々はたがいに与えもし、求めもする」を黒字で記した黄色いリボンを配したもの。

ガイアナ

1966〜70 ガイアナ
1970〜2008 ガイアナ協同共和国
2008〜 ガイアナ共和国

1966年 イギリスよりイギリス連邦の一員ガイアナとして独立。国連に加盟。国旗・国章制定。**国旗**は白い輪郭線を付けた黄色い三角形と黒い輪郭線を付けた赤い三角形を配した緑旗。緑は農業と森林資源、白は川と水資源、黄は鉱物資源、黒は国民の忍耐力、赤は国家建設への熱意を表す。ゴールデン・アロー旗と呼ばれる

この国旗の原案はアメリカの旗章学者のホイットニー・スミス博士が考案した。**国章**は白い盾型紋章で、オオオニバス、3本の青い波線、ツメバケイ、クレストに黄色い兜、青と白の布のリース、青白赤に染めた7枚の鳥の羽で作られたインディオの冠、サポーターは鶴嘴を持った豹とサトウキビの枝と稲穂を持った豹、底部に英語 "ONE PEOPLE ONE NATION ONE DESTINY"「一つの国民、一つの国家、一つの運命」という標語を黒字で記した白いリボンを配したもの。以降、国旗・国章とも、国名が変更されても継続使用。

ガイアナ協同共和国 / ガイアナ共和国

1970年 共和制に移行、ガイアナ協同共和国に改称。
2008年 ガイアナ共和国に改称。

コロンビア共和国
Republic of Colombia

データ	
首都	ボゴタ
面積	114.2万km²
	（日本の3倍）
人口	4865万人
人口密度	43人/km²
公用語	スペイン語
通貨	ペソ

国旗比率　2：3

スペインの支配

1499年 スペインの探検家アロンソ・デ・オヘダが来航。
1538年 ボゴタが建設され、スペインのヌエバ・カスティリャ（ペルー）副王領に編入される。

1717～85　スペイン国旗　1785～1810

1717年 スペインのヌエバ・グラナダ副王領に編入される。スペイン国旗を使用。

クンディナマルカ自由独立国

1810～15

 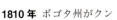

1810年 ボゴタ州がクンディナマルカ自由独立国としてスペインから独立を宣言。首都はボゴタ。国旗制定。**国旗**は中央に国章を配した青黄赤の横三色旗。**国章**は円形紋章で、自由を表す赤いフリギア帽を被り剣とザクロをつかむ黒鷲、千切れた鎖、スペイン語国名を黒字で配したもの。

カルタヘナ共和国

1811～15 カルタヘナ共和国国旗
1811～14 ヌエバ・グラナダ連合州旗

1811年 カルタヘナ州がカルタヘナ共和国としてスペインから独立を宣言。首都はカルタヘナ（ボリバル県）。**国旗**は中央に白い八角星、赤黄のボーダーを配した緑旗。

ヌエバ・グラナダ連合州

1811年 ヌエバ・グラナダ連合州が結成される。カルタヘナ共和国の国旗を使用。首都はトゥンハ（ボヤカ県）。

1814～16

1814年 ヌエバ・グラナダ連合州国旗変更、国章制定。**国旗**は黄緑赤の横三色旗。**国章**は円形紋章で、中の盾は第一クォーターは青地に雪を抱くアンデス山脈と噴火するチンボラソ火山、第二クォーターは紫地に翼を広げたコンドル、第三クォーターは緑地にクンディナマルカ県にあるテケンダマ滝、第四クォーターは白地にカリブ海と太平洋に浮かぶ2隻の帆船とパナマ地峡、中央の青い楕円にザクロ、盾の背後に槍、矢筒と矢、弓、周囲にザクロのリース、黄色い五角星とスペイン語の国名を黄字で記した赤緑黄の三色帯を配したもの。

スペイン領

1816～19 スペイン国旗

1816年 スペイン軍がボゴタを占領する。

大コロンビアの成立と発展

大コロンビア共和国

1819年 スペイン軍を破ったシモン・ボリバルのもとで、ベネズエラとヌエバ・グラナダを合併した大コロンビア共和国が成立する。首都は1820～21年はククタ（コロンビア・ノルテ・サンタンデール県）、21～31年にボゴタ（コロンビア首都）に置かれた。国旗・国章制定。**国旗**はカントンに国章を配した黄青赤の横三色旗。**国章**は盾型紋章で、海辺の岩に座り自由の

コロンビア

1819～20

赤いフリギア帽をかけた棒と緑の枝を持ち、鳥の羽で作られた冠を被り弓と矢入り矢筒を背負ったインディオ女性、3個の白い五角星、日の出、航行する帆船、鰐、盾の背後に交差した4本の国旗、月桂樹の枝のリース。クレストに握手する手と月桂樹の枝のリースを配したもの。

1820～21

1820年 大コロンビア共和国の国旗・国章変更。**国旗**は国章を中央に配した黄青赤の横三色旗。**国章**は盾型紋章で、剣とザクロをつかみ翼を広げたコンドル、10個の白い六角星、砲丸、炎。クレストに月桂樹の枝のリース、底部にシモン・ボリバル大十字勲章、周囲にラテン語"VIXIT ET VINCET AMORE PATRIAE"「祖国愛に生

大コロンビアの領域と分裂

きそして死ぬ」という標語を黒字で記した白いリボンを配したもの。

1821～31

1821年 パナマが大コロンビア共和国に参加。大コロンビア共和国の国旗・国章変更。**国旗**は中央に国章を配した黄青赤の横三色旗。**国章**は青い円形紋章で、中央に古代ローマの執政官が使った権威を表す束桿斧と弓矢、両脇に果物・穀物の入った2つの黄色い豊饒角、黒い五角星とスペイン語の国名を黒字で記した白い帯を配したもの。

1822年 エクアドルが大コロンビア共和国に参加。

大コロンビアの解消からコロンビア共和国へ

ヌエバ・グラナダ共和国

1831～34

1831年 大コロンビア共和国が解消され、ヌエバ・グラナダ共和国として独立。ヌエバ・グラナダ共和国の国旗・国章制定。**国旗**は中央に国章を配した黄青赤の横三色旗。**国章**は大コロンビア共和国時代の国章の国名を替え、黒い五角星を2個に増やしたもの。

1834～58

1834年 ヌエバ・グラナダ共和国の国旗・国章変更。**国旗**は赤青黄の縦三色旗。**国章**は盾型紋章で、青地に2個の豊饒の角とザクロ、白地に棒に付けた赤いフリギア帽、白地にパナマ地峡を進む2隻の帆船。クレストは翼を広げたコンドル、緑の月桂樹の枝の冠、スペイン語"LIBERTAD Y ORDEN"「自由と秩序」という標語を黒字で記した黄色いリボン、盾の背後に交差した商船旗と政府旗、台座に緑の草地を配したもの。

グラナダ連合／ヌエバ・グラナダ合衆国

1858～61

1858年 コロンビアとパナマとブラジルの一部でグラナダ連合成立。国旗・国章制定。**国旗**は中央に国章を配した赤青黄の縦三色旗。**国章**はヌエバ・グラナダ共和国時代のもの。

1861～63

1861年 ヌエバ・グラナダ合衆国に改称。国旗制定。**国旗**は中央に9個の白い五角星を円形に配した赤青黄の縦三色旗。

コロンビア合衆国

1863～86

1863年 ヌエバ・グラナダから新たに各州が権限を持つ連邦国家に移行し、コロンビア合衆国となる。国旗・国章制定。**国旗**は中央にアンティオキア、ボリバル、ボヤカ、カウカ、クンディナマルカ、マグダレーナ、パナマ、サンタンデール、トリマの9州を表す9個の白い八角星を入れた赤い輪郭線を持つ青い楕円形を配した黄青赤の横三色旗。**国章**は白い楕円形紋章で、ヌエバ・グラナダ共和国時代の国章の旗を替え、9個の銀色の八角星、スペイン語国名と9個の白い八角星を入れた赤い帯を配したもの。

コロンビア共和国

1886年 中央集権国家であるコロンビア共和国に改称。国旗・国章制定。**国旗**は黄青赤の横三色旗。黄は金、青は太平洋とカリブ海、赤は独立戦争で流した血を表す。**国章**はコロンビア合衆国時代の国章の国旗を替え、赤い帯と9個の銀色八角星を取り除いたもの。

コロンビア／スリナム

1886〜 　　　**1886〜1924**

が運河を支配するためコロンビアからのパナマの独立を図ったもの。

1924〜55

1903年 パナマが分離独立。19世紀末にパナマ運河の建設が失敗したのち、アメリカ合衆国

1924年 コロンビア共和国の国章変更。国章台座の草地を取り除き、2隻の帆船に国旗を付け、コンドルをホイスト向きに替えたもの。

1945年 国連に加盟。

1955〜

1955年 コロンビア共和国の国章変更。国章のパナマ地峡を緑、海を青に修正したもの。

スリナム共和国
Republic of Suriname

国旗比率　2：3

データ	
首都	パラマリボ
面積	16.4万km² （日本の約半分）
人口	55万人
人口密度	3人/km²
公用語	オランダ語
通貨	スリナム・ドル

スペイン・イギリスの支配

1499年 スペインの探検家アロンソ・デ・オヘダが来航。
1593年 スペインが領有宣言。
1650年 イギリスの植民地となる。

オランダの支配

1667〜1795 オランダ国旗

1667年 イギリスはオランダ領だった北アメリカのニューネーデルラント（ニューヨーク）と引き換えにオランダに譲渡。

1770〜95 オランダ領ギアナ域章

1770年 オランダ領ギアナの域章制定。域章は盾型紋章で、3個のX、王冠、2頭のライオンを配したアムステルダム市

紋章と3本マストの帆船を配したオランダ西インド会社紋章、ラテン語"JUSTITIA PIETAS FIDES"「正義、信心深さ、忠誠」という標語を記した白いリボン、サポーターに弓矢を持った2人のインディオを配したもの。

1795〜1954 オランダ領ギアナ域旗・域章
1954〜59 オランダ自治領スリナム域旗・域章

1795年 オランダ領ギアナの域旗制定・域章変更。域旗は中央に域章を配した赤白青の横三色旗。域章は盾型紋章で海を航海する3本マストの帆船、サポーターは弓矢を持った2人のインディオ、底部にラテン語の標語「正義、信心深さ、忠誠」を黒字で記した白いリボンを配したもの。
1863年 奴隷制が廃止され、インドやオランダ領ジャワからの移民導入が始められる。
1922年 オランダ王国領土の一部になる。

オランダ自治領スリナム

1954年 オランダ自治領スリナムに改称。域旗・域章は継続使用。

1959〜75 域旗・域章

1959年 オランダ自治領スリナムの域旗・域章変更。域旗は黒茶黄赤白の5個の五角星を黒線で繋いだ白旗。星の黒はクレオーリョ、茶はインド人、黄色は中国人、赤はインディオ、白は欧州人を表す。域章は盾型紋章で、青地にアフリカから奴隷がスリナムに連れて来られた過去の歴史を表す黄色い帆船、白地に正義と現在を表す緑のヤシの木、中央にスリナム人が五大陸からやって来たことを表す黄色い五角星を入れた愛情を表す緑の菱形、サポーターは弓矢を持つ2人のインディオ、底部にラテン語"JUSTITIA PIETAS FIDES"「正義、信心深さ、忠誠」という標語を黒字で記した赤いリボンを配したもの。

スリナム共和国

1975〜

1975年 オランダよりスリナム共和国として独立。国連に加盟。国旗・国章制定。**国旗**は中央に黄色い五角星を配した緑白赤の横五分割旗。緑は肥沃さと希望、白は正義と自由、赤は進歩、黄は犠牲、五角星は国の統一と輝ける未来を表す。**国章**は自治領時代の域章のインディオの肌の色を褐色に修正したもの。

チリ共和国
Republic of Chile

データ	
首都	サンティアゴ
面積	75.6万km² （日本の2倍）
人口	1813万人
人口密度	24人/km²
公用語	スペイン語
通貨	ペソ

国旗比率 2：3

スペインの支配

1536年 スペインの探検家アルマグロが来航。

1541〜1810 ヌエバ・カスティリャ副王領

1541年 サンティアゴ市が建設され、スペインのヌエバ・カスティリャ副王領となる。スペイン国旗が使用される。

1541〜80 スペイン国旗　1580〜1700

1700〜85 スペイン国旗　1785〜1810

チリ自治政府

1810〜14

1810年 スペインから独立を宣言し、自治政府が成立する。国旗制定。**国旗**は青白黄の横三色旗。

1812〜14

1812年 チリ自治政府の国章制定。**国章**は青い地球儀を載せた自由を表すグレーの柱、その上に白い五角星と交差した槍とヤシの葉、サポーターは槍と弓を持った男女のインディオ、上下に配したラテン語は"POST TENEBRAS LUX"「暗闇から光明へ」、"AUT CONSILIO AUT ENSE"「忠告によるか剣によるか」という標語を黒字で配したもの。

1814〜18 スペイン国旗

1814年 自治政府はスペイン軍による反撃でいったん敗北。スペインのヌエバ・カスティリャ副王領に。

1817〜18

1817年 再びチリ自治政府が成立。国旗・国章制定。**国旗**は青白赤の横三色旗。**国章**は白い楕円形紋章で、青い地球儀を載せたグレーの柱、その上に白い五角星、ラテン語"LIBERTAS"「自由」という標語を黒字で記した白いリボン、スペイン語"UNION Y FUERZA"「団結と力」という標語を黄字で配したもの。

チリ共和国

1818～1912

1818年 アルゼンチンのホセ・デ・サン・マルティン将軍の支援によりチリ共和国として独立を達成。国旗制定。**国旗**は青いカントンに傾いた白い五角星を配した白赤の横二色旗。

1819～34

1819年 チリ共和国の国章制定。**国章**は青い楕円形紋章で、青い地球儀を載せたグレーの柱、スペイン語 "LIBERTAD"「自由」という標語を黒字で記した白いリボン、サンチャゴ州、コキンボ州、コンセプシオン州を表す3個の白い五角星、周囲に国旗カラーのリボンで結んだ月桂樹のリース、交差した8本の槍、6本の銃剣、2本の斧、底部に2門の大砲と砲丸を配したもの。

1834～

1834年 チリ共和国の国章変更。**国章**は青赤横二分割の盾型紋章で中央にアンデス山脈の雪を表す白い五角星、クレストはチリ海軍の太平洋での勝利を表す青、白、赤のダチョウの羽冠、白い布のリース、サポーターは冠を被ったコンドルとチリ鹿、底部にスペイン語 "POR LA RAZON O LA FUERZA"「道理さもなくば力により」という標語を黒字で記した白いリボンを配したもの。

1860～62 アラウカニア・パタゴニア王国旗

1862年 1860年にフランスの冒険家が南部に建国したアラウカニア・パタゴニア王国を併合。アラウカニア・パタゴニア王国の首都はペルケンコ（ラアラウカニア州）。王国の**国旗**は青白緑の横三色旗。

1879～84年 ボリビア・ペルー連合との戦争に勝利し、北方に領土を拡大。

1912～

1912年 チリ共和国の**国旗**変更。国旗の青いカントンにある白い五角星の傾きを替えた。青は空と太平洋、白はアンデス山脈の雪、赤は独立闘争で流した血、五角星は進歩と名誉を表す。

1945年 国連に加盟。

1970～73 チリ人民連合党旗

1970年 チリ人民連合によるアジェンデ左翼政権成立。チリ人民連合**党旗**はＵＰ2文字を配し、黒Ｘ字で仕分けた青白赤の対角四分割旗。アジェンデ政権は1973年にアメリカの支援を受けた軍部のクーデターで倒された。

1973年 ピノチェト軍事政権成立。

パラグアイ共和国
Republic of Paraguay

データ	
首都	アスンシオン
面積	40.7万km²
	（日本の1.1倍）
人口	673万人
人口密度	17人/km²
公用語	スペイン語、グアラニー語
通貨	グアラニー

国旗比率　3：5

スペインの支配

1516年 スペインの探検隊フアン・デ・ディアス・ソリスがラプラタ川周辺を探検。
1537年 アスンシオンが建設され、スペインのヌエバ・カスティリャ副王領となる。

1776～85 スペイン国旗　1785～1811

1776年 リオ・デ・ラプラタ副王領に編入される。スペイン国旗を使用。

パラグアイ共和国

1811 独立運動旗　1811～12 国旗

パラグアイ

1811年 独立運動が高揚し、独立を宣言する。独立運動では、カントンに白い六角星を配した青旗の**運動旗**が使用された。また、独立宣言後、スペインからパラグアイ共和国として独立、国旗を制定。パラグアイ共和国初代**国旗**は赤黄青の横三色旗。

1812～26

1812年 パラグアイ共和国の**国旗**変更。赤白青の横三色旗。

1826～42

1826年 パラグアイ共和国の**国旗**変更。カントンに白い六角星を配した水色旗。国章制定。**国章**は水色円形紋章で、中央に白い六角星、周囲にヤシの葉とオリーブのリース、スペイン語国名を黒字で配したもの。

1842～1954

1842年 パラグアイ共和国の国旗・国章・国庫証印を制定。**国旗**は中央に国章を配した赤白青の横三色旗。赤は祖国愛、勇気、白は団結、平和、青は自由、寛大さを表す。**国章**は国旗カラー輪郭線を持つ白い円形紋章で中央に光線を放つ黄色い五角星、国旗カラーのリボンで結んだヤシの葉とオリーブのリース、周囲にスペイン語国名を黒字で配したもの。五角星は「5月の星」と呼ばれ1811年5月10日の独立日の夜空に出現した星を示す。国旗裏は**国庫印章**で同じく国旗カラー輪郭線を持つ白い円形紋章で中に棒に付いた自由を表す赤いフリギア帽とフライ向きに座るライオン、スペイン語国名と"PAZ Y JUSTICIA"「平和と正義」という標語を黒字で配したもの。

1842～1990 国章・国庫印章

　　　　　表　　　　　　　裏

コロラド党

1887～ コロラド党党旗

1887年 パラグアイ・コロラド党結成。現在もなお与党であるコロラド党**党旗**は、カントンに白い五角星を配した赤旗。

1864～70年 ブラジル、アルゼンチン、ウルグアイの3国同盟との戦争に敗北し、領土を半分失う。

1932～35年 国境紛争から起こったボリビアとのチャコ戦争に勝利し、チャコ地方の領土を確保。

1945年 国連に加盟。

1954～89

1954年 軍事クーデターでストロエスネル政権成立。**国旗**変更。比率を2:3から1:2に替えた。

1989～90

1989年 クーデターでストロエスネル政権が崩壊。**国旗**変更。比率を1:2から3:5に替えた。

1990～2013

　　　　　表　　　　　　　　　裏

国旗　表（上）・裏（下）　　国章・国庫印章

1990年 国章・国章変更。**国旗**は中央に新国章を配した赤白青の横三色旗。**国章**は白い円形紋章で、中に青い円に入った黄色い五角星、周囲にヤシの葉とオリーブのリース、スペイン語国名を黄字で記した赤い輪を配したもの。国旗裏の**国庫印章**は白い円形紋章で、棒に付いた自由を表す赤いフリギア帽、ホイストを向いて座るライオン、スペイン語 "PAZ Y JUSTICIA"「平和と正義」という標語を黄字で記した赤いリボンを配したもの。

2008年 ルゴ大統領就任、61年に及ぶコロラド党の支配が終わる。

2013～

　　　　　　　　　　　　　　　表

　　　　　　　　　　　　　　　裏

国旗　表（上）・裏（下）　　国章・国庫印章

2013年 カルテス大統領が就任、再びコロラド党が与党となる。国旗・国章変更。**国旗**は中央に新国章を配した赤白青の横三色旗。**国章**は白い円形紋章で、中央に黄色い五角星、周囲にヤシの葉とオリーブのリース、スペイン語国名を黒字で配した従来の国章を簡素化したもの。国旗裏の**国庫印章**は白い円形紋章で、赤いフリギア帽とフライ向きに座るライオン、スペイン語標語「平和と正義」を黒字で配した従来の国庫証印を簡素化したもの。

トルデシリャス条約

ヨーロッパ人による新大陸「発見」ののち、スペインとポルトガルが紛争を防ぐため、1494年にトルデシリャス条約を結んで勢力圏を定めた。ほぼ西経45度の西をスペイン、東をポルトガルの勢力圏とした。この条約により、現在のブラジルはポルトガルの植民地とされた。

ブラジル連邦共和国
Federative Republic of Brazil

国旗比率 7:10

データ	
首都	ブラジリア
面積	851.5万km²
	（日本の約23倍）
人口	2億957万人
人口密度	25人/km²
公用語	ポルトガル語
通貨	レアル

ポルトガルの支配

1494年 ポルトガルとスペインは、新発見の土地の勢力範囲を定めるトルデシリャス条約を結ぶ。南アメリカ大陸の東部はポルトガルの管轄地となる。

1500年 ポルトガルの探検家カブラルがインドに向かう途中、漂着する。

1549〜1616 ポルトガル国旗　　**1549〜1815 域章**

1549年 ポルトガルがサルバドルに総督府を設置する。域旗・域章を制定。域旗として中に5個の青い盾と11個の黄色い城、クレストに王冠を配した赤いボーダー付きの白い盾型紋章を配した白旗のポルトガル国旗を使用。域章は白い盾型紋章で、黒い十字を緑の木の上に配したもの。

1580年 ポルトガルが一時期、スペインに併合される。

1616〜40 域旗

1616年 ポルトガル領ブラジルの域旗変更。ポルトガルがスペインに併合されていた時代の域旗は、中に5個の青い盾と7個の黄色い城、クレストに王冠を配した赤いボーダー付きの白い盾型紋章、背後に16本のオリーブの枝を配した白旗。

オランダ領ブラジル

1630〜54 オランダ領ブラジル域旗・域章

1630年 オランダが北東部のオリンダ、レシフェに進出、オランダ領ブラジルが成立。オランダ領ブラジルの総督府はマウリッツスタッド（ペルナンブコ州レシフェ）。オランダ領ブラジルの域旗・域章制定。域旗は中央に王冠とオランダ西インド会社の黄色いモノグラムを配した赤白青の横三色旗。域章は盾型紋章で、第一クォーターは白地に草を持ち鏡を見る女性、第二クォーターは白地に葡萄3房、第三クォーターは青地に6個の黄色い窓、第四クォーターは黄地に青い波線とダチョウ、中央に海を航海する帆船、周囲にオレンジの実と枝のリース、クレストに王冠を配したもの。

1654年 オランダ領ブラジルがポルトガルに再征服され、消滅。

1640〜45 域旗

1640年 ポルトガルがスペインから独立。ポルトガル領ブラジルの域旗変更。域旗は5個の青い盾と7個の黄色い城、クレストに王冠を配した赤いボーダー付きの白い盾型紋章、青いボーダーを配した白旗。

ドン・ペドロ2世摂政

1667〜83 ドン・ペドロ2世摂政旗

1667年 ポルトガル領ブラジルのドン・ペドロ2世摂政旗。旗はカントンに白十字、中央に黒十字を配した赤白青の斜め18縞旗。

1645〜1815 域旗

1645年 ポルトガル領ブラジルの域旗変更。域旗はホイストに黄色い天球儀と赤い修道会十字を配した白旗。

ブラジル王国

1808年 ナポレオンに追われたポルトガル王家の摂政ジョアン（のちのジョアン6世）がブラジルに逃れ、リオデジャネイロに遷都。

1815年 ポルトガル王家によるポルトガル・ブラジル及びアルガルヴェ連合王国が成立。翌年、国旗・国章を制定。国旗は中央に国章を配した白旗。国章は5個の青い盾と7個の黄色い城、クレストに王冠を配した赤いボーダー付きの白い盾、背後に青地に黄色い天球儀を配したもの。天球儀はブラジルのシンボルである。

ブラジル

1816〜21

1821〜22 ポルトガル王国領ブラジル

1821年 王家がポルトガルへ帰国。王家領からポルトガル王国領へ。

ポルトガルから独立

ブラジル帝国

1822〜47

帯を入れた天球儀、背後に赤い修道会十字、周囲の青い輪に州数を表す19個の白い五角星、クレストに皇帝冠、周囲に赤いリボンで結んだコーヒーの枝とタバコの枝のリースを配したもの。

1847〜89

1822年 ポルトガルよりブラジル帝国として正式に独立。ブラジル帝国の国旗・国章制定。**国旗**は中央に国章を入れた黄色い菱形を配した緑旗。緑は皇帝ペドロ1世のブラガンザ家の紋章の色、黄は皇妃マリアのハプスブルク家の旗の色を表す。**国章**は緑の盾型紋章で、黄色い斜

1847年 ブラジル帝国の国旗・国章変更。**国旗**の州数を表す白い五角星が20個に増えた。**国**

フランス領クナニ

1886〜87

1886年 ブラジル北部(現アマパ州)にフランス領クナニ成立。**域旗**はカントンにフランス国旗を配した緑旗。緑はブラジルを表す。

1887〜91

1887年 フランス領クナニ**域旗**変更。ホイストに黒い縦縞、フライに白い五角星を配した赤旗。

1904〜12

1904年 フランス領クナニが再び成立。フランス人アドルフェ・プレセントにより設置。**域旗**は中央に白い五角星を配した赤旗。8年間使われた。

章は南十字星勲章、交差した皇帝杖、皇帝冠を載せた緑の天幕が加えられた。

共和制ブラジル

赤道連盟の独立蜂起

1824 赤道連盟旗

1824年 7月に北東部のペルナンブコ州、パライバ州、セアラ州で帝政に対する反乱が起こり、赤道連盟を結成して蜂起し、独立を宣言。首都はレシフェ(ペルナンブコ州)。3カ月で降伏した。**赤道連盟旗**はサトウキビと綿花のリースを飾った黄色い正方形盾を配した青旗。盾の中はポルトガル語で「宗教、独立、団結、自由」と記した白い帯を付け、赤い十字と白い帯で仕切られ中心に4個、底部に9個の白い五角星を配した青い円、クレストに6個の白い五角星と右手の甲、「連盟」と黒字で記した白いリボンを配したもの。

ブラジル合衆国

1889.11.15〜11.19　**1889〜1960**

1889年 皇帝が退位し、共和制に移行、ブラジル合衆国に改称。国旗・国章制定。最初、11月15日に青いカントンに21個の白い五角星を配した緑黄の横13縞旗が**国旗**に制定されたが、アメリカの星条旗に似すぎているため、4日間使用しただけで廃止された。**新国旗**は、黄色い菱形の中に共和制樹立日である1889年11月15日の朝8時30分のリオデジャネイロの空を外側から見た青い天球、実証主義者オーギュスト・コントの言葉「秩序と進歩」をポルトガル語 "ORDEM E PROGRESSO" と緑字で記した黄道を表す白帯を配した緑旗。緑は森

1889〜1967

林、黄は鉱物資源を表す。青い天球には21個の白い五角星が描かれているがブラジルを構成する20州と連邦特別都市を意味し、それぞれの星が象徴する州が厳格に定められている。

国章は青い円形紋章で中心に白い5個の南十字星、周囲に20個の白い五角星、背後に光線を放つ緑黄の五角星、周囲に青いリボンで結ばれたコーヒーの枝のリースとタバコの枝のリース、底部に黄色い五角星を付けた赤い四角い柄を持つ剣、ポルトガル語国名「ブラジル合衆国」と共和制移行日である1889年11月15日と黄字で記した青いリボンを配したもの。

1945年 国連に加盟。

1960～67／1967～68

1960 年 リオデジャネイロからブラジリアに遷都。ブラジル合衆国の国旗変更。国旗の天球にある星が 22 個に増えた。

ブラジル連邦共和国

1967～71

1967 年 ブラジル連邦共和国に改称。国旗は継続使用。国章変更。国章の国名が「ブラジル連邦共和国」に替わった。

1968～92

1968 年 ブラジル連邦共和国の国旗変更。国旗の天球にある星が 23 個に増えた。

1971～92

1971 年 ブラジル連邦共和国の国章変更。国章にある白い五角星が 22 個に増えた。

1992～

1992 年 ブラジル連邦共和国の国旗・国章変更。国旗の天球にある星が 27 個に増えた。国章にある白い五角星が 27 個に増えた。

ベネズエラ・ボリバル共和国
Bolivarian Republic of Venezuela

データ	
首都	カラカス
面積	91.2万km²
	（日本の2.4倍）
人口	3152万人
人口密度	35人/km²
公用語	スペイン語
通貨	ボリバル・フエルテ

国旗比率　2：3

スペインの支配

1498 年 コロンブスが第 3 回目の航海でオリノコ川河口に到着する。
1499 年 スペインの探検家オヘーダが来航し、内陸部を探検する。

1739～85 スペイン国旗

1739 年 スペインの植民地としてヌエバ・グラナダ副王領に編入される。

1777～1811 総督領域章

1785～1811 スペイン国旗

1777 年 ベネズエラ総督領となる。ベネズエラ総督領の域章制定。域章は水色の盾型紋章で、立ち上がったライオンと赤いサンティアゴ十字を配した金色の帆立貝。クレストは金色の王冠、背後に交差した 2 本の剣、槍、大砲、盾の周囲にスペイン語 "AVEMARIA SANTISIMA SIN PECADO CONCEBIDA EN EL PRIMER INSTANTE DE SU SER NATURAL"「アヴェマリア、生まれしより穢れなきもの」、"Santiago de Leon de Caracas 1567"「1567 年カラカス・サンタ・デ・レオン」という標語を黒字と赤字で記した白いリボンを配したもの。

1806～11 独立運動旗

1806 年 フランシスコ・デ・ミランダ将軍が近隣諸国の独立の動きに影響され、反乱を起こす。将軍が考案したベネズエラ独立運動旗を使用。黄青赤の横三色旗。
1810 年 カラカス市参事会がスペインのベネズエラ総督を追放。

ベネズエラ

独立して共和国を建設

ベネズエラ第一共和国
1811～12

1811年 シモン・ボリバルとフランシスコ・デ・ミランダがスペインよりの独立を宣言。ベネズエラ第一共和国を樹立、国旗・国章を制定。**国旗**は水色のカントンに海辺の岩に座り自由の赤いフリギア帽をかけた棒と緑の枝を持ち、鳥の羽で作られた冠を被り弓と矢入り矢筒を背負ったインディオ女性、日の出、鰐を配した黄青赤の横三色旗。**国章**は白い円形紋章で、中に19という数字、カラカス、クマナ、バリナス、バルセロナ、マルガリータ、メリダ、トルヒージョの7州を表す7個の白い五角星、太陽光線、スペイン語の国名と独立宣言の年である1811年、月桂樹の枝のリース、ラテン語 "LUX UNITAS CLARIOR"「明瞭な明かり」という標語を黒字で記した白いリボンを配したもの。
1812年 ベネズエラ大地震で打撃を受け、王党派の介入もあって共和国が崩壊。

ベネズエラ第二共和国
1813～14

1813年 ボリバルがカラカスを占領、ベネズエラ第二共和国が成立。国旗・国章を制定。**国旗**は白い菱形の中に黒い四角形を配した赤旗。**国章**は第一共和国国章にある円形紋章を胸に抱き、矢とマーキュリーの杖に付けた赤いフリギア帽をつかみ翼を広げた鷲、ラテン語 "CONCORDIA PARVAE RES CRESCUNT"「調和を作り上げる」という標語を黒字で記した白いリボンを配したもの。

1814～17 スペイン国旗

1814年 スペインのベネズエラ総督領が復活。

ベネズエラ第三共和国

1817年 ボリバルによりベネズエラ第三共和国が成立。国旗・国章制定。**国旗**は7州を表す7個の青い五角星を上段に配した黄青赤の横三色旗。**国章**は青い盾型紋章で、海辺の岩に座り赤いフリギア帽の付いた棒と緑の枝を持ち矢と矢筒、弓を背負ったインディオ女性、海と日の出、

1817～19

鰐、虹、VENEZUELA, COLOMBIA と黒字で配したもの。

大コロンビアから再び共和国へ

大コロンビア共和国
1819～20

1819年 シモン・ボリバルの指導の下に、現在のコロンビア、ベネズエラ、エクアドルを含む大コロンビア共和国が成立（コロンビアの項参照）。首都はベネズエラに置かれた。国旗・国章を制定。**国旗**はカントンに国章を配した黄青赤の横三色旗。**国章**は盾型紋章で、海辺の岩に座り自由の赤いフリギア帽をかけた棒と緑の枝を持ち、鳥の羽で作られた冠を被り弓と矢入り矢筒を背負ったインディオ女性、3個の白い五角星、日の出、航海する帆船、鰐、盾の背後に交差した4本の国旗、月桂樹の枝のリース、クレストに握手する手と月桂樹の枝のリースを配したもの。

1820～21

1820年 大コロンビア共和国の国旗・国章変更。**国旗**は国章を中央に配した黄青赤の横三色旗。**国章**は盾型紋章で剣とザクロをつかみ翼を広げたコンドル、10個の白い六角星、砲丸、炎、クレストに月桂樹の枝のリース、底部にシモン・ボリバル大十字勲章、周囲にラテン語 "VIXIT ET VINCET AMORE PATRIAE"「祖国愛に生きそして死ぬ」という標語を黒字で記した白いリボンを配したもの。

1821～30

1821年 ベネズエラのカラボボでスペイン軍を撃破し、独立を確保。ボリバルが大統領に就任する。大コロンビア共和国の国旗・国章変更。**国旗**は中央に国章を配した黄青赤の横三色旗。**国章**は青い円形紋章で、中央に古代ローマの執政官が使った権威を表す束桿斧と弓矢、両脇に果物・穀物の入った2つの黄色い豊饒角、黒い五角星とスペイン語の国名を黒字で記した白い帯を配したもの。

ベネズエラ第四共和国
1830～36　　1830～64

1830年 ボリバルが大統領を辞任。大コロンビア共和国がコロンビア、ベネズエラ、エクアドルの3国に分裂。ベネズエラは第四共和国として独立。国旗・国章を制定。**国旗**は中央に国章を配した黄青赤の横三色旗。**国章**は黄色い円形紋章で、国旗カラーのリボンで結んだ束桿斧、背後に弓矢、両脇に下向きの2個の豊饒の角、周囲の白い帯に黒い五角星、スペイン語の国名を配したもの。

1836〜59

1836 年 ベネズエラ共和国の国旗変更。国旗は中央に 7 州を表す 7 個の白い五角星をアーチ状に配した黄青赤の横三色旗。

1858 年 連邦派と中央集権派で内戦が勃発。

1859〜64

1859 年 ベネズエラ共和国の国旗変更。国旗は上段に 7 州を表す 7 個の青い五角星を配した黄青赤の横三色旗。

ベネズエラ合衆国

1863 年 連邦派の勝利で内戦が終結。

1864〜1905　　**1864〜1954**

1864 年 ベネズエラ合衆国に改称。国旗・国章を制定。国旗は中央に白い 1 個の五角星、周囲に 6 個の五角星を配した黄青赤の横三色旗。

国章は赤黄青の国旗カラーの盾型紋章で、第一クォーターは赤地に団結と 20 州を表す黄色い 20 穂からなる麦束、第二クォーターは黄地に勝利を表す交差した 2 本の国旗、月桂樹の冠の付いた独立を表す 2 本のサーベルと槍、第三クォーターは青地に緑の草地をフライを向いて走る自由を表す白馬。クレストは果実と花にあふれる 2 個の黄色い豊穣の角、周囲に月桂樹の枝のリースとヤシの葉のリース、底部にスペイン語 "5DE JULIO DE 1811 INDEPENDENCIA 28 DE MARZO DE 1864 LIBERTAD DIOS Y FEDERACION"「1811 年 7 月 5 日独立　1864 年 3 月 28 日自由　神と連邦」という標語を黒字で記した白いリボンを配したもの。

1905〜30

1905 年 ベネズエラ合衆国の国旗変更。国旗は中央に 7 個の白い五角星を円形に配した黄青赤の横三色旗。

1930〜54

1930 年 ベネズエラ合衆国の国旗変更。国旗は中央に 7 個の白い五角星をアーチ状に配した黄青赤の横三色旗。

1945 年 国連に加盟。

ベネズエラ共和国

1954〜99 ベネズエラ共和国
1999〜2006 ベネズエラ・ボリバル共和国

1954 年 ベネズエラ共和国に改称。国旗・国章を制定。国旗はカントンに国章、中央に 7 個の白い五角星をアーチ状に配した黄青赤の横三色旗。国章は 1864 年制定の国章の走る白馬をホイスト向きに振り返る形に替え、底部のリボンを国旗カラーに替え、スペイン語の標語も "19 DE ABRIL DE 1810 INDEPENDENCIA 20 DE FEBRERO DE 1859 FEDERACION REPUBLICA DE VENEZUELA"「1810 年 4 月 19 日　独立、1859 年 2 月 20 日　連邦、ベネズエラ共和国」という標語に替えたもの。

ベネズエラ・ボリバル共和国

1998 年 反米とボリバル主義を掲げるチャベス政権が成立。

1999 年 ベネズエラ・ボリバル共和国に改称。国旗・国章は継続使用。

2006〜

2006 年 ベネズエラ・ボリバル共和国の国旗・国章変更。国旗はカントンに国章、中央にボリバル革命を示す星を加え 8 個の白い五角星をアーチ状に配した黄青赤の横三色旗。黄は国の豊かさ、青は勇気とベネズエラとスペインを隔てる海、赤は独立闘争で流された血を表す。国章は白馬がホイスト向きに替えられ、先住民、アフリカ人、農民を表す弓矢、鉈、フルーツが加えられ、リボンに記された国名もベネズエラ・ボリバル共和国に替えられたもの。

ラテンアメリカ諸国の独立

ラテンアメリカは大部分がスペインとポルトガルの植民地とされたが、多くは 19 世紀の前半に独立した。独立運動を指導したのは、ラテンアメリカ生まれの白人（クリオーリョ）であった。メキシコのイダルゴ神父、大コロンビアを樹立しボリビアの国名を残したシモン・ボリバル、アルゼンチンやペルー、チリの独立に活躍したサン・マルティンなどである。

南アメリカ諸国の独立

ペルー共和国
Republic of Peru

国旗比率 2:3

データ	
首都	リマ
面積	128.5万km² (日本の3.4倍)
人口	3177万人
人口密度	25人/km²
公用語	スペイン語、ケチュア語、アイマラ語
通貨	ヌエボ・ソル

インカ帝国

15世紀 インカ族が勢力を伸ばし、クスコを中心に現在のチリやエクアドルにまたがる大帝国を築く。

1533年 スペイン人のフランシスコ・ピサロによりインカ帝国が滅亡。

スペインの支配

1542年 スペインのヌエバ・カスティリャ副王領とされる。スペイン国旗を使用。

1542〜80　スペイン国旗　1580〜1700

1700〜85　スペイン国旗　1785〜1821

1820〜21 ペルー独立運動旗

1820年 ペルー独立戦争開始。**運動旗**として中央に黄色い顔付きの太陽を配した青旗を使用。

ペルー共和国

1821

1821〜22

1821年 ホセ・サン・マルティンの指導の下、スペインよりペルー共和国として独立。ペルー共和国の国旗・国章制定。同年、国旗・国章の変更。最初の**国旗**は中央に国章を配した赤白の対角四分割旗。**国章**は青い楕円形紋章で、白雪を被る3つの山の背後から昇る顔付きの黄色い太陽、穏やかな海、周囲に黄色いリボンで結んだ月桂樹の枝のリースを配したもの。2番目の**国旗**は、中央に赤い顔付きの太陽を配した赤白赤の横三分割旗。

1821〜25

2番目の**国章**は黒い盾型紋章で、白雪を被る3つの山の背後から昇る太陽、穏やかな海、クレストはバナナの木、周囲に月桂樹の枝のリース、背後に14本の南米諸国の旗、大砲2門と砲丸、斧、サーベル、サポーターはコンドルとビクーニャ、底部にスペイン語"RENACIO EL SOL DEL PERU"「ペルーの太陽は再生する」という標語を白字で記した赤いリボンを配したもの。

1822〜25

1822年 ペルー共和国の国旗変更。**国旗**は中央に赤い顔付きの太陽を配した赤白赤の縦三分割旗。スペイン国旗と明瞭に区別するために国旗を横から縦三分割に替えた。

完全独立のペルー共和国

1824年 シモン・ボリバルの武将アントニオ・スクレがスペインのヌエバ・カスティリャ副王領軍を撃破し、完全独立を達成する。

1825〜36

＊1836〜39 北ペルー共和国、1839〜1950 ペルー共和国も同じ国旗・国章を使用

1825年 ペルー共和国の国旗・国章変更。**国旗**は中央に国章の盾部分と国旗カラーのリボンで結んだ月桂樹の枝のリースとヤシの葉のリースを配した赤白赤の縦三分割旗。**国章**は盾型紋章で、第一クォーターは青地にビクーニャ、第二クォーターは白地に緑のキナの木、第三クォーターは赤地に黄色い金貨があふれる豊穣の角、クレストに樫の枝のリース、盾の背後に交差した4本の国旗を配したもの。

ペルー・ボリビア連合

1836年 ペルーで発生した軍事クーデターをボリビアが収拾し、そのままペルーを支配する。ボリビアと統合し、ペルー・ボリビア連合を結

1836〜39 南ペルー共和国国旗・国章

1838〜39 ペルー・ボリビア連合国旗

1838年 ペルー・ボリビア連合の国旗制定。**国旗**は中央に南北ペルーとボリビア3カ国の国章、月桂樹の枝のリースを配した赤旗。

1950〜

成。クスコ、プーノ、アレキパ、アヤクーチョの南部4県から構成される南ペルー共和国と北ペルー共和国の南北に分裂。北ペルーはペルー共和国の国旗・国章を継続使用。南ペルーは固有の国旗・国章を制定。南ペルー共和国の首都はタクナ(タクナ県)。南ペルー共和国の**国旗**は、**国章**の黄色い4個の五角星と太陽を配した赤緑白の横T字旗。4個の星は南部4県、太陽はインカ帝国を表す。国旗の3色はペルーとボリビア両国の国旗から取られた。

ペルー共和国

1839年 ペルーはチリ、アルゼンチンの支援を得て連合戦争でボリビアに勝利し、ボリビアからの独立とペルーの再統一を実現、ペルー・ボリビア連合消滅、ペルー共和国復活。
1879年 硝石資源をめぐり、ペルーはボリビアと結んでチリと戦った太平洋戦争でチリに敗れ、南部2州を割譲する。
1945年 国連に加盟。

1950年 ペルー共和国の国旗・国章変更。**国旗**の赤は勇気と愛国心、白は平和を表す。国章は盾の第三クォーターの豊穣の角を大きく修正したもの。

ボリビア多民族国
Plurinational State of Bolivia

国旗比率 2：3

データ	
首都	ラパス
面積	109.9万km² (日本の3倍)
人口	1089万人
人口密度	10人/km²
公用語	スペイン語の他にケチュア語、アイマラ語など先住民言語
通貨	ボリビアノ

スペインの支配

15世紀 インカ帝国が現ボリビアの地を支配する。
1533年 インカ帝国がスペインのフランシスコ・ピサロにより滅ぼされる。
1535年 スペインのヌエバ・カスティリャ副王領が成立。
1559年 スペインの聴聞庁が設置され、現ボリビアはアルト・ペルー（高地ペルー）と呼ばれる。

1776年 アルト・ペルーはリオ・デ・ラプラタ副王領に編入される。
1809年 ラパスでクリオーリョ（ラテンアメリカ生まれの白人）による独立運動が始まる。

1824年 シモン・ボリバルとアントニオ・スクレが率いる大コロンビア共和国解放軍が副王軍に壊滅的打撃を与える。

1776〜85　スペイン国旗　1785〜1825

ボリビア共和国

1825〜26　　1825〜31

1825年 アルト・ペルーはシモン・ボリバルの名にちなんでボリビア共和国という国名にな

り、スペインより独立。国旗・国章を制定。**国旗**は月桂樹の枝とオリーブの枝のリースに囲まれた黄色い五角星を5個配した緑赤緑の横三分割旗。5個の五角星は当時ボリビア共和国を構成したポトシ、チュキサカ、コチャバンバ、サンタクルス、ラパスの5県を表す。**国章**は盾型紋章で青地に5県を表す5個の白い五角星、第一クォーターは白地に草原のパンノキ、第二クォーターは緑地に茶色のアルパカ、第三クォーターは黄地に草地とポトシ銀山、クレストは棒に付いた赤いフリギア帽、周囲に月桂樹

の枝とオリーブの枝のリース、盾の背後にスペイン語の国名を黒字で記した黄色いリボンを持つ2人の女性を配したもの。

1826～36

1826年 ボリビア共和国の国旗変更。国旗は黄赤緑の横三色旗。

1831～88

1831年 ボリビア共和国の国章変更。国章は楕円形紋章で、パンノキ、麦束、アルパカ、ポトシ銀山、日の出、周囲の青い輪にオルロ県を加え6県を表す6個の黄色い五角星、黄色い輪に赤字でスペイン語国名、盾の背後に斧に付いた自由を表す赤いフリギア帽、交差した4本の銃剣、交差した2門の大砲、交差した4本の国旗を配したもの。

ペルー・ボリビア連合

1836年 ボリビアがペルーを併合、ペルー・ボリビア連合を結成。ペルーの項参照。

1838～39

1838年 国旗制定。国旗は南北ペルー共和国とボリビア共和国3カ国の国章、月桂樹の枝のリースを配した赤旗。

1839～51

1839年 チリとアルゼンチンの攻撃で、ペルー・ボリビア連合消滅。旧国旗が復活。

ボリビア共和国

1851～1961

1851年 ボリビア共和国の国旗変更。国旗は赤黄緑の横三色旗。赤は勇気と独立闘争で流れた血、黄は国の資源、緑は肥沃な国土を表す。

1883年 硝石資源をめぐるチリ、ペルーとの太平洋戦争の結果、鉱山が豊富な太平洋岸のリトラル県をチリへ割譲する。

1888～1961

1888年 ボリビア共和国の国章変更。国章は楕円形紋章で、アルパカ、パンノキ、麦束、日の出、ポトシ銀山、周囲の青い帯にタリハ、バンド、ベニを加えた9県を表す9個の白い五角星、黄色い輪に赤字でスペイン語BOLIVIA、クレストに翼を広げたコンドル、月桂樹の枝とオリーブの枝のリース、自由を表す赤いフリギア帽、国の権威を表す斧、国の防衛を表す4丁のライフル銃、2門の大砲、交差した6本の国旗を配したもの。

アクレ共和国

1899年 アクレ県に入植したブラジル人ゴム労働者の反乱が勃発。アクレ共和国誕生。首都はアンティマリー。国旗は緑黄の斜二分割旗。黄は平和、緑は希望を表す。

1903年 アクレ紛争に敗北し、アクレ県をブラジルに割譲。

1932年 パラグアイと領土をめぐりチャコ戦争を始めるが敗れ、南東部のチャコ地方を割譲。

1945年 国連に加盟。

1961～2009／2009～

1961年 国旗・国章を変更。国旗は国章を中央に配した赤黄緑の横三色旗。国章は1883年にチリに割譲したリトラル県を表す黄色い五角星を1個加え10個の五角星を配したもの。

ボリビア多民族国

2009年 国名をボリビア多民族国に改める。国旗・国章は継続使用。

世界の**国旗・国章**歴史大図鑑

オセアニア

- ●ヴァヌアツ共和国…294
- ●オーストラリア連邦…295
- ●キリバス共和国…296
- ●クック諸島…297
- ●サモア独立国…298
- ●ソロモン諸島…300
- ●ツヴァル…301
- ●トンガ王国…302
- ●ナウル共和国…303
- ●ニウエ…304
- ●ニュージーランド…305
- ●パプアニューギニア独立国…306
- ●パラオ共和国…308
- ●フィジー共和国…309
- ●マーシャル諸島共和国…310
- ●ミクロネシア連邦…311

Oceania

ヴァヌアツ共和国
Republic of Vanuatu

国旗比率　3：5

データ	
首都	ポートヴィラ
面積	1.2万km²
	（新潟県程度）
人口	27万人
人口密度	22人/km²
公用語	ビシュラマ語、英語、フランス語
通貨	ヴァツ

1606年 スペインの探検家キロスが来航。
1774年 イギリスの海軍軍人ジェームズ・クックが来航、ニューヘブリデス島と命名。

英仏共同統治

1887年 イギリス・フランスでニューヘブリデス諸島の共同管理をする協定が結ばれる。

1889〜1906 英仏海軍合同委員会旗

1889年 英仏海軍合同委員会旗が採用される。中央に5個の白い五角星を配した青い四角形を付けた白、赤の縦二色旗。

1906〜80 英仏共同管理ニューヘブリデス諸島域旗

イギリス側

フランス側

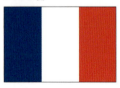

1906年 英仏共同統治領となる。イギリスは英仏共同管理ニューヘブリデス諸島の域旗を採用。フライに王冠と域名を黒字英語で記した白い円を配したイギリス青色船舶旗。フランスはフランス国旗を使用。

1978〜79 ヴァヌアツ臨時政府旗

1978年 与党ヴァヌア・アク党によりヴァヌアツ臨時政府が成立。臨時政府旗制定。旗は黄色い3個の三角形、真っ直ぐな棒、曲がった杖を配した緑のホイストとフライに2個の赤い三角形と1個の黒い三角形を配したもの。緑は島の自然、赤は血、黒はメラネシア人、黄色い3個の三角形は祖国、真っ直ぐの棒は男性の労働、曲がった杖は女性の労働を表す。

ベマラナ共和国
1980.5〜7

1980年 英語系住民政党ヴァヌア・アク党の主導で独立の機運が高まると、5月にエスピリツサント島でフランス語系住民がベマラナ共和国の分離独立を宣言。首都はルーガンヴィル。国旗は中央に新国家と希望を表す緑の五角星を配した太平洋を表す青旗を採用した。7月に鎮圧され、ヴァヌアツ共和国になる。

ヴァヌアツ共和国
1980〜

1980年 ヴァヌアツ共和国として独立。独立時に国旗・国章を制定。国旗はホイストの黒い三角形に豚の牙とナメレという原生シダを配し、黒縁取りした黄色い線で赤と緑に染め分けた横Y字旗。黒は国民メラネシア人、黄は太陽とキリスト教、赤は豚と人間の血、緑は国土の豊かさを表す。豚の牙は古くから宗教上の飾りで力と富を示す。シダの39の刻みは議会の議員数を、Y字は国の形を表す。国章は火山の前に槍を持って立つヴァヌアツの戦士を描き、背景に国旗にも使われた豚の牙とナメレの葉があり、底部にビシュラマ語で"LONG GOD YUMI STANAP"「神と共に立つ」という標語が黄色いリボンに記されたもの。
1981年 国連に加盟。

オセアニアの3文化圏

太平洋の島々は、ミクロネシア、メラネシア、ポリネシアの3つの文化圏に区分される。それぞれ、「小さな島々」、「黒い島々」、「多くの島々」の意味である。住民はいずれも東南アジアから来進し、拡散していった。これらの地域では、貿易風も海流もいつも東から西に向かっているものの、人々はこれにさからって生活圏を広げていったのである。

オーストラリア連邦
Australia

国旗比率　1：2

データ	
首都	キャンベラ
面積	769.2万km²
	（日本の20倍強）
人口	2431万人
人口密度	3人/km²
公用語	英語
通貨	オーストラリア・ドル

イギリスの支配

1770年 イギリスの海軍軍人ジェームズ・クックが来航して、イギリスの植民地と宣言。

1788～1801 **イギリス国旗** **1801～23**

1788年 イギリスはニュー・サウス・ウェールズ（現シドニー）に本格的に入植。第1次船団は11隻、1473名で、そのうち囚人が778名いた。その後、ホバート（タスマニア島）、ブリズベーン、スワン・リバー（現パース）、フォート・フィリップ（現メルボルン）などに入植が行われた。

1823～25 オーストラリア植民地旗

1823年 ジョン・ニコルソンおよびジョン・ビングル艦長による非公式旗が考案される。19世紀に入ると6つのイギリス領植民地内にもオーストラリアとしての一体感が芽生え始めた。中央に南十字星を表す4個の白い八角星を付けた赤い十字、カントンにイギリス国旗を付けた白旗で「**イギリス領オーストラリア植民地旗**」と呼ばれる。

1831～1900 オーストラリア連邦旗

1831年 ジェイコブ・グロナウ艦長による「**イギリス領オーストラリア連邦旗**」が考案される。非公式旗として1900年頃まで使用された。この旗は1823年の「イギリス領オーストラリア植民地旗」の赤十字を青十字に替え、星を5個に増やした旗。

ユーリカ反乱

1854

1854年 12月、メルボルンのゴールドラッシュ時代のイギリス当局の金採掘に関する不当な待遇や課税に対し、金鉱夫たちがユーリカ砦で武装蜂起した。この時に使われた**反乱旗**はカナダ生まれの鉱夫ヘンリー・ロスが考案した、南十字星を表す白い5個の八角星と団結を示す5個の星を結ぶ白い十字を描いた青旗であった。この旗はオーストラリア・ナショナリズムと民主主義のシンボルとなり、のちに制定される国旗意匠にも大きな影響を与えている。

オーストラリア連邦

1901～03

1901年 6つの自治植民地を統合し、イギリス自治領のオーストラリア連邦を結成。オーストラリア連邦旗制定。同年のデザイン・コンテストで**国旗**の原型が決まった。カントンにイギリス国旗、その下に6つの植民地を示す大きな白い六角星、フライには南十字星を表す白い5個の星を付けた青旗。5個の星は五角、六角、七角、八角、九角星で構成されていた。

1903～08

1903年 **国旗**の南十字星の形を、1個の五角星と4個の七角星に単純化した。

1908～

1908年 イギリス国旗の下の星が6植民地に準州を示す七角星に替えられ「連邦の星」と呼ばれるようになった。これが現在のオーストラリア連邦**国旗**である。

1908～10

1908年 オーストラリア連邦の国章制定。**国章**は、中央に南十字星を示す白い5個の六角星を付けた赤い聖ジョージ十字を置いた盾と、周りの青帯に6つの植民地を示す赤い幅の狭い山形帯（紋章学でいうカップル・クローズ）を持つ6個の白い小さなポーランド型盾。クレストに金色七角星の連邦の星、青と白の布のリース、サポーターに前進しかし

ないオーストラリア固有動物のカンガルーとエミュー。底部に英語で"ADVANCE AUSTRALIA"「前進せよ。オーストラリア」の標語リボンを配したもの。この国章は聖ジョージ十字を使った当時のニュー・サウス・ウェールズ植民地紋章の影響を受けていた。

1910年 第5代オーストラリア連邦首相に就任したスコットランド出身のアンドリュー・フィッシャーは、聖ジョージ十字を使ったイングランド色の濃いオーストラリア連邦国章を廃止する。

1912〜

1912年 オーストラリア連邦の新国章制定。イングランド色を薄め、連邦色を多く表現するために、盾の中に6植民地のシンボル、周りの白帯に14個の紋章学でいうアーミン(て

んの毛皮模様)、底部に英語で国名、背後に国花のワトル、クレストに連邦を表す黄色の七角星、青と黄色の布のリースを配したもの。6植民地のシンボルはニュー・サウス・ウェールズが白地に赤十字に4個の八角星とイングランド・ライオン、ヴィクトリアが青地に王冠と南十字星、クイーンズランドが白地に青いマルタ十字と王冠、サウス・オーストラリアが黄地に翼を広げたモズ、ウェスタン・オーストラリアが黄地に黒鳥、タスマニアが白地に前足を上げた赤いライオンがシンボル。

1931年 イギリスは自治領の地位を規定したウェストミンスター憲章を制定。
1942年 オーストラリアがウェストミンスター憲章を批准し、事実上の独立を達成。
1945年 国連に加盟。
1954年 オーストラリア連邦旗が正式に国旗として法制化される。
1973年 国際的な非難を受け、移民人種差別条項を撤廃し、白豪主義を放棄する。

新国旗の提案

1999

A  B

C

1999年 イギリス国王を元首とする政治体制から共和制移行の是非を問う国民投票が行われたが、反対票55%で否決。南十字星、カンガルー、ブーメランを配した共和制移行後の3つの国旗提案旗は日の目を見ずに終わった。

キリバス共和国
Republic of Kiribati

国旗比率 1:2

データ	
首都	タラワ
面積	730km²
	(奄美大島程度)
人口	11万人
人口密度	158人/km²
公用語	キリバス語、英語
通貨	オーストラリア・ドル

1788年 イギリスのトーマス・ギルバートが来航、彼の名にちなんで諸島名がつけられた。

アベママ王国

1840年頃 アベママ王国成立。現在のキリバス共和国の首都であるタラワの南東152kmに位置するアベママ環礁で、カロツ王によりアベママ王国が建国された。

1884.4〜6

1884年 4月、アベママ王国で国旗制定。アベママ王国の最初の国旗はアベママ環礁、クリア環礁、アラヌカ環礁、ノノウチ環礁を示す4個の白い五角星を付けた青地に白いサルタイヤー旗。

1884.6〜1889

1884年 6月、アベママ王国の国旗変更。ノノウチ環礁がイギリスに占拠されたため、星が3個に替えられた。

1889年 アベママ王国の国旗変更。スコットランド人作家のロバート・ルイス・スティーヴンがアベママに数ヶ月滞在し、その間にファニー・スティーヴン夫人が考案した新しい国旗が採用された。中央にホイストを向いた黒い鮫を描いた緑、赤、黄の縦三色旗で、3色はアベママ、

1889〜92

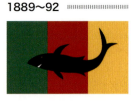

クリア、アラヌカの3環礁を表す。鮫はピノカ王の祖先が美しい女性と鮫から誕生したという言い伝えを示している。

1891年 アベママ環礁からクリア環礁、アラヌカ環礁と勢力を広げたが3代目のピノカ王が死亡する。

キリバス／クック諸島

イギリス保護領

1892〜1937 イギリス国旗

1892年 イギリスはアベママ環礁を含むギルバート諸島をエリス諸島とともにイギリス保護領とする。アベママ王国は消滅。
1900年 燐鉱石が発見されたバナバ島を併合。
1916年 イギリス直轄植民地ギルバート・エリス諸島となる。

1937〜41 ギルバート・エリス諸島域旗・域章

1937年 イギリス領ギルバート・エリス諸島の域旗・域章制定。域旗はフライに域章の盾の部分を付けたイギリス青色船舶旗。イギリス紋章院より授与された域章は、日の出の上を飛んでいる黄色い軍艦鳥と太平洋を表す青と白の波線が3本ずつ描かれた盾型紋章。日の出の17本の光線はギルバート諸島に属する16の島と燐鉱石の生産地として有名なバナバ島を示している。3本の波線はギルバート諸島、フェニックス諸島、ライン諸島を表す。盾の下部にはキリバス語で"MAAKA TE ATUA, KARINEA TE UEA"、ツヴァル語で"MATAKU I TE ATUA, FAKAMAMALU KITETUPU"「神を畏れ、王を崇めよ」という標語が書かれたリボンが付いている。

1941〜43 日本国旗

1941年 第二次世界大戦中、日本軍に占領される。

1943〜75 ギルバート・エリス諸島域旗
1975〜79 ギルバート諸島域旗

1943年 イギリスの領土として復活。域旗も復活。
1975年 エリス諸島（現ツヴァル）がイギリス領ギルバート・エリス諸島から分離・独立する。ギルバート諸島はイギリス領として、域旗を継続使用。

キリバス共和国

1979〜

1979年 キリバス共和国としてイギリスから独立、国旗・国章制定。国旗は国章のデザインを引き伸ばした旗。青は太平洋、軍艦鳥は自由と力を表す。国章はイギリス保護領時代の域章の標語をキリバス語で"TE MAURI TE RAOI AO TE IABOMOA"「健全、平和、繁栄」に替えたもの。
1999年 国連に加盟。

クック諸島
Cook Islands

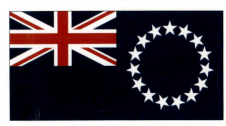

国旗比率　1：2

データ	
首都	アヴァルア
面積	240km²
	（石垣島よりやや広い）
人口	2万人
人口密度	89人/km²
公用語	マオリ語、英語
通貨	ニュージーランド・ドル

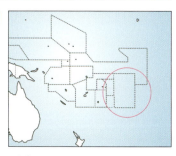

1773年 イギリスの海軍軍人ジェームズ・クックが来航。彼の名前にちなんで諸島名がつけられる。
1823年 ロンドン伝道協会によりマオリ人へのキリスト教の布教が開始される。

ラロトンガ王国

1858年 アリキ家によるラロトンガ王国が成立。ラロトンガ王国の国旗は中央にマオリ系、サモア系、タヒチ系の3民族を示す青い五角星を配した赤、白、赤の横三分割旗。

1858〜88

クック諸島／サモア

イギリスの支配

1888～93 イギリス保護領ラロトンガ王国域旗

1888年 ラロトンガ王国がイギリスの保護領となる。域旗はラロトンガ王国国旗のカントンにイギリス国旗が加えられた。

1893～1901 イギリス保護領クック諸島域旗

1893年 ラロトンガ王国が消滅する。他の島々とともにイギリス保護領クック諸島となり、域旗からラロトンガ島を表す3個の星が取り除かれ、替わりにカントンのイギリス国旗の中央にヤシの木が加えられた。
1900年 ラロトンガ島アリキ王家がニュージーランドへの帰属を請願。

1901～02 イギリス国旗

1901年 クック諸島はイギリス植民地となる。

ニュージーランドの支配

1902～73 ニュージーランド域旗

1902年 クック諸島はイギリス領ニュージーランドの支配下に置かれる。
1965年 外交、防衛を除き大幅な内政自治権を獲得し、ニュージーランドとの自由連合に移行した。

クック諸島

1973～79 国旗

1973 クック諸島党党旗

1973年 ニュージーランドとの自由連合終了権を確認。クック諸島はニュージーランドの合意なしに独立することが可能となった。国旗制定。**国旗**はフライに15個の黄色い五角星を配した緑旗が制定された。星はクック諸島を構成する15の島、緑は国民の活力と発展、黄は友情、希望、愛を表す。国旗は当時の与党クック諸島党の**党旗**がモデル。

1979～

1979年 国旗変更、国章制定。青と白の党旗を持つ民主党政権に替わり、フライに白い15個の五角星を配したイギリス青色船舶旗が新たな**国旗**となった。青は太平洋と平和を愛する島民を、イギリス国旗はイギリスとの歴史的な関係を表す。15の星が同じ大きさで輪になっているのは主要15島の平等と統一を表す。**国章**は、15個の白い五角星を輪に並べた青い盾を、キリスト教のシンボルである十字架を持ったシロアジサシの種類でカカイアという鳥と、島の伝統を表すラロトンガ櫂を持った飛魚マロロが支え、クレストに政府の委託で首長が地域を治める伝統的な階級制度の重要性を示す首長が被る赤い羽毛でできたアリキと呼ばれる髪飾り、底部に真珠とヤシの葉、黄色の国名リボンを配したもの。
2011年 日本政府が、クック諸島を国家として承認する。

サモア独立国
Independent State of Samoa

国旗比率　1：2

データ	
首都	アピア
面積	2840㎢
	（佐賀県よりやや広い）
人口	20万人
人口密度	69人/㎢
公用語	サモア語、英語
通貨	サモア・タラ

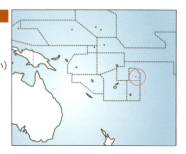

サモア

1768年 フランスの航海者ブーゲンビルが来航する。

サモア王国

1858～73

1858年 サモア王国が成立。国旗は中央に白い三日月と五角星を配した赤旗を使用。

1860年代 アピアが捕鯨船補給港として繁栄。ドイツ、イギリス、アメリカが勢力を競う。

1873～75

1873年 サモア王国の国旗変更。国旗は青いカントンに白い五角星を配した赤旗を使用。

1875～86

1875年 マリエトア・ラウペパ国王が国旗変更。国旗はカントンに白い五角星、中央に白い十字を配した赤旗。

1886～88

1886年 親ドイツのトゥプア・タマセッセ国王が国旗変更。ドイツ国旗と同じ白、赤、黒3色を使った国旗。

1888～99

1888年 トゥプア・マリエトア国王が国旗変更、国章制定。国旗は赤旗に戻す。国章はクレストに五角星を付けた王冠、サモア語で"LE FAAMOEMOE LELEI"「誠実であれ」という標語を記した赤いリボンを配し、ヤシの木と国旗を描いた盾型紋章。

1889年 アメリカ・イギリス・ドイツの共同保護領となる。

1898年 首長間の武力抗争を契機にアメリカ、イギリスが軍事介入し、王制を廃止。

ドイツの支配

1899～1914 ドイツ国旗

1899年 ドイツが西サモア(現サモア独立国)、アメリカが東サモア(現アメリカ領サモア)を分割領有。

1914 ドイツ領サモア提案域旗・域章

1914年 ドイツ領サモア域旗として、中央に波と3本のヤシの木を描いた赤い盾型紋章を配した黒、白、赤の横三色ドイツ国旗が提案された。同年に制定された域章は同盾型紋章のクレストに、胸にプロイセンの黒白四分割盾を抱き、羽を広げた黒鷲と域名リボンを配したもの。

ニュージーランドの支配

1919～22 ニュージーランド国旗

1919年 ドイツが第一次世界大戦(1914～18)に敗れ、サモアはニュージーランドの国際連盟委任統治領西サモアとなる。

1922～45 ニュージーランド委任統治領西サモア域旗
1945～48 ニュージーランド信託統治領西サモア域旗

1922～45 ニュージーランド委任統治領西サモア域章
1945～51 ニュージーランド信託統治領西サモア域章

1922年 ニュージーランド委任統治領西サモアの域旗・域章制定。域旗はフライに3本のヤシの木を描いた円形紋章(域章)を配したイギリス青色船舶旗が採用された。

1945年 第二次世界大戦(1939～45)後、引き続きニュージーランドの国際連合信託統治領西サモアとなり、域旗・域章は継続使用された。

1948～49 ニュージーランド信託統治領西サモア域旗

1948年 ニュージーランド信託統治領西サモアの域旗制定。域旗は青いカントンに南十字星を表すニュージーランド国旗に付いている4個の白い五角星を配した赤旗が採用された。青は自由、赤は勇気とサモアの伝統色、白は純粋さを表す。

1949～62 ニュージーランド信託統治領西サモア域旗/1962～97 西サモア国旗

1949年 ニュージーランド信託統治領西サモア域旗変更。カントンの星が1個加わり5個となった。

1951～62 ニュージーランド信託統治領西サモア域章

1951年 ニュージーランド信託統治領西サモアの域章制定。域章は、南十字星を盾の中央に置き、その上にヤシの木、クレストには昇る太陽、背後には国連と同じ子午線の入った地球とそれを囲む2本のオリーブの枝のリース、底部にサモア語の標語"FA AVAELI LE ATUA SAMOA"「神がサモアにあらんことを」を配したもの。

西サモア

1962～97

1962年 西サモアとして独立、国旗は1949年制定のものを継続使用。1951年制定域章の太陽をキリスト教を象徴する十字架に替えた国章を制定。

1976年 国連に加盟。

サモア独立国

1997～

1997年 西サモアからサモア独立国に改称。**国旗・国章**は継続使用。

ソロモン諸島
Solomon Islands

国旗比率　1：2

データ	
首都	ホニアラ
面積	2.9万km²
	（岩手県の2倍弱）
人口	60万人
人口密度	21人/km²
公用語	英語
通貨	ソロモン・ドル

1568年 スペインのメンダーニャがサンタ・イザベル島に来航。
1884年 北ソロモン諸島がドイツ領となる。

イギリスの支配

1893～1907 イギリス国旗

1893年 イギリスが南ソロモン諸島領有を宣言。
1900年 イギリスはサモアと引き換えにドイツより北ソロモン諸島を取得、全諸島を支配する。

1907～42/1945～47 ソロモン諸島域旗・域章

1907年 イギリス領ソロモン諸島の域旗・域章制定。**域旗**に、フライに王冠と域名を黒字で書いた白い円形**域章**を配したイギリス青色船舶旗を採用。

1942～43 日本国旗

1942年 第二次世界大戦下、日本軍が占領。
1943年 アメリカ軍に奪取され日本軍は撤退。

1945年 再びイギリス領となる。域旗・域章は1907年制定のものを継続使用。

1947～56 ソロモン諸島域旗・域章

1947年 イギリス領ソロモン諸島の域旗・域章変更。**域旗**はフライに白い円形域章を配したイギリス青色船舶旗。**域章**は立ち上がった亀を描き、チーフに8地区を表す黒地に白い8個の三角形を付けた赤い盾と下部に黒字で域名を配したもの。
1956年 イギリス領ソロモン諸島の域旗・域章変更。**域旗**はフライの白い円に域章を配したイギリス青色船舶旗。**域章**はチーフが赤地に金色のライオン、第一クォーターがマライタ地区を

ソロモン諸島／ツヴァル 301

1956〜77 ソロモン諸島域旗・域章

示す青地に海鷲、第二クォーターが西部地区を示す白地に茶色い亀、第三クォーターが中部地区を示す白地に2本の槍と弓矢と盾、第四クォーターが東部地区を示す青地に2羽の軍艦鳥を描いた盾型紋章。

ソロモン諸島

1976年 ソロモン諸島として自治政府を樹立。

1977〜

1977年 ソロモン諸島の国旗制定。**国旗**はカントンに5個の白い五角星、黄色い斜線で青と緑に染め分けた旗で、青は空と海、緑は肥沃な大地、黄は太陽と砂浜、5個の星は独立当時のマライタ、西部、中部、東部、東部諸島の5地区を表す。

1978〜

1978年 イギリスからソロモン諸島として独立。国連に加盟。ソロモン諸島の**国章**制定。鰐と鮫がサポーターの盾型紋章。チーフは青地に東部地区を示す2羽の軍艦鳥とマライタ地区を示す海鷲、下部黄地に緑のX字が描かれ、その中に白い槍が交差し、中央には中部地区を示す伝統的な盾、弓矢と槍、X字の左右には西部地区を示す茶色い2匹の亀が描かれている。クレストは赤く塗られた銀色の兜が飾られ、青と白の布のリース、兜飾りは戦闘用カヌーと昇る太陽、底部には軍艦鳥を模した文様と英語で「導き奉仕せよ」の標語リボンを配したもの。

ツヴァル
Tuval

国旗比率　1：2

データ	
首都	フナフティ
面積	25.9km²
	（伊丹市程度）
人口	1万人
人口密度	382人/km²
公用語	ツヴァル語、英語
通貨	オーストラリア・ドル

1568年 スペインのメンダーニャがエリス諸島のヌイ島に来航。
1819年 イギリスのエドワード・エリスがフナフティ環礁に来航。

イギリスの支配

1892〜1937 イギリス国旗

1892年 ギルバート・エリス諸島としてイギリスの保護領となる。
1915年 ギルバート・エリス諸島としてイギリスの植民地となる。

1837〜75 ギルバート・エリス諸島域旗・域章

1937年 ギルバート・エリス諸島の域旗・域章制定。**域旗**はフライに域章の盾の部分を付けたイギリス青色船舶旗。**域章**は日の出の上を飛んでいる黄色い軍艦鳥と太平洋を表す青と白の波線が3本ずつ描かれた盾型紋章。日の出の17本の光線はギルバート諸島に属する16の島と燐鉱石の生産地として有名なバナバ島を示している。3本の波線はギルバート諸島、フェニックス諸島、ライン諸島を表す。底部にはキリバス語で"MAAKA TE ATUA, KARINEA TE UEA"、ツヴァル語で"MATAKU I TE ATUA FAKAMAMALU KITE TUPU"「神を畏れ、王を崇めよ」という標語リボンが付いている。

1975年 ギルバート諸島と分離し、エリス諸島はツヴァルに改称。

1976〜78 ツヴァル域旗・域章

1976年 イギリス領ツヴァルの域旗・域章制定。

302　ツヴァル／トンガ

域旗はフライの白い円に域章を配したイギリス青色船舶旗。
域章は青空の下、草地に立つマニアパと呼ばれる伝統的な集会所と黄と青の7本の波を描き、それぞれ、自治と太平洋を表す。盾の周りの黄色い帯に肥沃な国土を表す8枚のバナナの葉と、海の幸を表す8個のホラ貝で、8は国名を意味する。盾の下にツヴァル語で"TUVALU MO TE ATUA"「神のためのツヴァル」という標語を書いた黄色いリボンを配したもの。1978年独立後も引き続き国章として使われている。

ツヴァル

1978〜95

1978〜

1978年 ツヴァルとしてイギリスより独立。国旗制定。カントンにイギリス国旗、フライに9個の黄色い五角星を配した水色旗を国旗に採用。9個の星は無人島も含めたこの国の島の数を表し、イギリス国旗はイギリスとの歴史的、政治的関係を表す。**国章**は1976年制定の域章を継続使用。

1995〜96

1995年 10月、**国旗**の星の数を有人島の数に合わせ8個に変更した。
1996年 パエニウ政権が国旗変更。従前の国旗からイギリス国旗を取り除き、替わりに国章を

1996〜97

入れた白い三角形と、フライに実際の有人島の配置を示す白い8個の五角星を配した赤、白、青、白、赤の横五分割旗の**国旗**が採用された。赤は勝利、白は平和、青は太平洋、三角形は民主主義に基づく平和で繁栄をもたらす政府を表す。この国旗は1年間使われただけである。

1997〜

1997年 政権交代により1978年独立当時の**国旗**が復活。
2000年 国連に加盟。

トンガ王国
Kingdom of Tonga

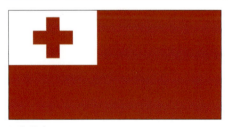

国旗比率　1：2

データ	
首都	ヌクアロファ
面積	750km²
	（対馬よりやや広い）
人口	11万人
人口密度	143人/km²
公用語	トンガ語、英語
通貨	パ・アンガ

1616年 オランダの探検家ルメールが来航。
1777年 イギリスの海軍軍人ジェームズ・クックが来航、フレンドリー諸島と命名。
1822年 キリスト教徒が伝道を開始。

トンガ王国

1845年 トゥポウ1世がトンガ王国を統一。

1850〜62

1850年 トンガ王国の**国旗**制定。中央に赤字Aと青字Mを組み合わせ、左右に4個の十字を配した白旗。AMは聖母アヴェ・マリアへの天使祝詞を表したものと考えられる。

1862〜66

1862年 トンガ王国の憲法発布。**国旗**を中央に赤十字を配した白旗に変更。しかし、1864年に欧州で同じ意匠の国際赤十字旗が制定されたため国旗変更を検討。

1866〜

1866年 国旗変更、国章制定。新**国旗**は旧国旗をカントンに配した赤旗。赤はキリストの血、白は純潔、十字はキリスト教を表す。正式な制定は1875年の新憲法で、国旗のデザインは決して変更しないことが定められている。**国章**は盾型紋章で、第一クォーターは黄地に主要3

群島であるトンガタプ島、ハアパイ諸島、ヴァヴァウ諸島を表す3個の白い六角星、第二クォーターは赤地に王国を表す王冠、第三クォーターは青地に平和、統一、キリスト教を表すオリーブの枝をくわえた白鳩、第四クォーターは黄地に歴史的なトンガ、タカラウア、カノクポルの3王家とその血を引く現トゥポウ王家の歴史を表す白い3本の剣、中央にある六角星の中に国民を表す赤十字、盾の背後に2本の国旗。クレストは王冠と司法権威を示す月桂樹のリース、底部にトンガ語で"KO E 'OTUA MO TONGA KO HOKU TOFI'A"「神とトンガは私の遺産」という標語を記したリボンを配したもの。

1875年 立憲君主国を宣言。
1900年 トゥポウ2世時代にイギリス保護領となる。保護領時代も誇り高いトンガ人は一度もイギリス国旗を使用せず。
1970年 イギリスからトンガ王国として独立。
1999年 国連に加盟。

ナウル共和国
Republic of Nauru

国旗比率　1：2

データ	
首都	ヤレン
面積	21㎢
	(東京都多摩市程度)
人口	1万人
人口密度	489人/㎢
公用語	ナウル語
通貨	オーストラリア・ドル

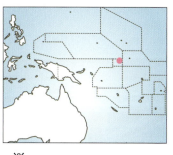

1798年 イギリスの捕鯨船が来航。

ドイツの支配

1888～1914 ドイツ植民地行政旗

1888年 ニューギニアの一部としてドイツ領となる。中央に金色の王冠と羽を広げたプロイセンの鷲を描いた白い円形紋章を配した黒、白、赤横三色のドイツ植民地行政旗が使用された。

イギリスの支配

1914～20 イギリス国旗

1914年 第一次世界大戦（～18）下、イギリス軍により占領される。戦後もイギリスの支配下に置かれる。

オーストラリアの支配

1920～42 オーストラリア国旗

1920年 第一次世界大戦でのドイツ敗北後、イギリス、オーストラリア、ニュージーランド3国を施政国とする国際連盟委任統治領ナウルとなり、3国を代表したオーストラリアの統治となる。

1942～45 日本国旗

1942年 第二次世界大戦で日本軍により占領される。

1945～68 オーストラリア国旗

1945年 戦後、再び3国を施政国とする国際連合信託統治領ナウルとなり、3国を代表するオーストラリアの統治となる。

ナウル共和国

1968年 ナウル共和国として独立、国旗・国章制定。**国旗**（冒頭参照）は中央に赤道を表す黄色い横線と赤道から42km南に位置する国を白い星で示している。星の12光芒はイアムウイット、イアムウィダット、イミア、イーノ、イマンガン、イアムウイッダラ、デイボエ、ラニボク、イルワ、イルチ、イウイ、イオアルの12部族を表し、青は太平洋を表す。**国章**（冒頭参照）はチーフが黄色の織物の上に主要産物の燐が錬金術シンボルで白く描かれ、下半分は波の上の止まり木に留まるナウル固有の黒いオオグンカンドリとカロフィルムの白い花で、周りを2枚のヤシの葉と首長が儀式で使うヤシのロープ、オオグンカンドリの羽根、鮫の歯、クレストに白い12光芒の星、ナウル語の国名 NAOERO そして底部に英語の標語 "GOD'S WILL FIRST"「神意を第一に」を配したもの。
1999年 国連に加盟。

ニウエ
Niue

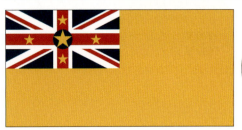

データ	
首都	アロフィ
面積	260㎢
	（徳之島と同程度）
人口	1612人
人口密度	6人/㎢
公用語	ニウエ語、英語
通貨	ニュージーランド・ドル

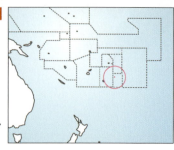

国旗比率　1：2

1774年　イギリスの海軍軍人ジェームズ・クックが来航。
1846年　サモア人のキリスト教宣教師が布教活動を開始。

イギリスの支配

1900〜01 イギリス国旗

1900年　イギリス保護領ニウエとなる。

ニュージーランド属領

1901〜02 イギリス領ニュージーランド域旗

1901 ニュージーランド総督旗

1901年　イギリス領ニュージーランド属領ニウエとなり、ニュージーランド総督が兼任。ニュージーランド域旗を使用。**域旗**はフライに4個の赤い五角星を配した白い円を付けたイギリス青色船舶旗。**総督旗**は中央に赤い4個の五角星と頭文字NZを花環に配したイギリス国旗。

1902〜75 イギリス領ニュージーランド域旗

1902年　ニュージーランドの**域旗**が変更される。フライに4個の白縁取りの赤い五角星を配したイギリス青色船舶旗。

1956〜 ニウエ域章

1956年　ニウエ**域章**制定。円形印章型紋章で、中にニュージーランド国章、周囲に黒字でニウエ公式印章と記したもの。この域章は1975年の国旗制定以降も継続使用。

1960年　立法議会設立。

ニウエ

1974年　外交、防衛を除く内政自治権を獲得。ニュージーランドとの自由連合に移行。

1975〜

1975年　ニウエ国旗制定。**国旗**はカントンにイギリス国旗、その中に大きな黄色い五角星を入れた青円と4個の小さな黄色い五角星を配した黄旗。黄はニウエを照らす明るい太陽とニウエ国民がニュージーランドとその国民に抱く温かい気持ちを表す。カントンのイギリス国旗は過去のイギリスとの保護関係を表す。4個の五角星は南十字星と1901年から続くニュージーランドとの友好関係、青円に入った大きな五角星は太平洋の離島ニウエの自治を表す。

2015年　5月、日本政府がニウエを国家承認。

キャプテン・クック

イギリスの海軍軍人ジェームズ・クックは、1768〜71年に金星の蝕観測のためタヒチ島に派遣されて以来、3回の航海で太平洋を南から北まで探検航海した。第1回目はタヒチ島からニュージーランドを回ってオーストラリア東岸を北上。1772〜75年の第2回は南太平洋から南極に到り、1776〜79年の第3回目は、ハワイを経て北方航海を求めてベーリング海に達した。その帰途、ハワイに寄ったとき、島民との争いで殺された。

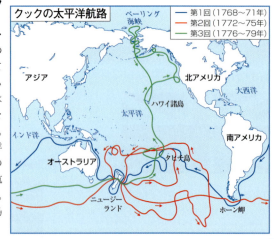

ニュージーランド
New Zealand

国旗比率　1:2

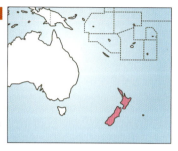

データ	
首都	ウェリントン
面積	26.8万km²
	（日本の4分の3）
人口	457万人
人口密度	17人/km²
公用語	マオリ語、英語
通貨	ニュージーランド・ドル

1642年　オランダの探検家タスマンが来航。
1769年　イギリスの海軍軍人ジェームズ・クックが来航。

ニュージーランド部族連合

1834～40 部族連合旗

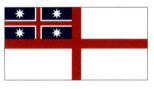

1834年　ニュージーランド**部族連合旗**を制定。青いカントンに白縁取りの赤い十字と4個の白い八角星を配した聖ジョージ十字旗。

イギリスの支配

1840～67 イギリス国旗

1840年　イギリスが先住民マオリの首長たちとワイタンギ条約を締結、領有を宣言。

マオリ戦争

1845～46 軍旗

1845年　土地紛争に起因するイギリスとマオリとの北島での戦争が勃発。マオリは白い三日月、十字、四角星を配した赤い**軍旗**を使用。

1852年　新憲法を制定。6州からなるイギリス連邦自治植民地となるが、マオリに選挙権は与えられず、大部分の土地を奪われる。

1867～69 ニュージーランド域旗

1867年　**域旗**としてフライに赤字でNZと記したイギリス青色船舶旗を採用。

1869～1900 ニュージーランド域旗

1869年　**域旗**変更。フライに4個の白縁取り赤い五角星を配したイギリス青色船舶旗を採用。

1900～02 ニュージーランド域旗

1900年　**域旗**変更。フライに4個の赤い五角星を入れた白円を配したイギリス青色船舶旗を採用。

1902～07 ニュージーランド域旗
1907～47 ニュージーランド自治領旗
1947～ ニュージーランド国旗

1902年　**域旗**変更。フライに4個の白縁取りの赤い五角星を配したイギリス青色船舶旗が復活。フライの4個の赤い星は南十字星、カントンのイギリス国旗はイギリスとの歴史的政治的関係を表す。この域旗は1907年の自治領昇格、1947年の完全独立以降でも**国旗**として使用され現在に至る。
1907年　ニュージーランドはイギリス自治領に昇格して事実上独立。

ニュージーランド

1911～56

1911年　ニュージーランドの国章制定。**国章**は盾型紋章で、盾は赤と青で4分割し、中央に交易を表す3隻のガレー船を描いた白い縦帯を持つ。第一クォーターは青地の赤い4個の星で国旗にもある南十字星、第二クォーターは赤地に黄色い羊で畜産、第三クォーターは赤地に黄色い麦束で農業、第四クォーターは青地に黄色い交差したハンマーで工業を表す。クレストにイギリス国旗を持つライオン、青と白の布のリース、底部に英語で"ONWARD"「前へ」の標語がある。サポーターは国旗を持つ白人女性とタイアハと呼ばれる儀式用槍を持つ先住民マオリ男性で、共に正面を向いている。
1915年　第一次世界大戦（1914～18）ではオーストラリアと連合軍を形成し、トルコ・ガリポリ半島上陸作戦に参加。
1945年　国連に加盟。
1947年　ウェストミンスター憲章（イギリス自治領の地位を定めた法律）を承認し、完全独立。

1956〜

1956年 ニュージーランドの国章変更。**国章**はクレストはライオンの替りに王冠、底部はシダの上に標語が英語の"NEW ZEALAND"に、またサポーターの男女が向き合う形に変更された。

新国旗提案

2016.3 提案旗

2016年 ジョン・キー首相の提案で新国旗のコンペが行われ、**提案旗**としてシダを斜めに配した最終候補作品が選ばれたが、3月の国民投票により現行国旗の維持が決まった。シダはニュージーランドのシンボルで多くの葉は多様な文化、右上に伸びる姿は国民の未来への成長を示す。南十字星は南半球に位置することを表し、4星は北島、南島、チャタム島、スチュアート島を示す。黒は国民、過去、力、誇り、達成、青は太平洋と澄んだ空を表す。

パプアニューギニア独立国
Independent State of Papua New Guinea

データ	
首都	ポートモレスビー
面積	46.3万km²
	（日本の1.2倍強）
人口	778万人
人口密度	17人/km²
公用語	トクピシン語、英語
通貨	キナ

国旗比率 3：4

1526年 ポルトガルの探検家メネセスがニューギニア島に来航。
1545年 スペインの探検家レーテスが来航。

ドイツ・イギリスの支配

1884年 ニューギニア島の北東部とビスマルク諸島はドイツ領、島の南東部はイギリス領となる（島の西部はオランダ領）。

ドイツ領

1884〜89 ドイツ・ニューギニア会社旗

1884年 ドイツ領は、カントンに黒白赤のドイツ国旗、フライに会社創業者アドルフ・ヘンセンマンの家紋の赤い百合を持った黒いライオンを配した白旗のドイツ・ニューギニア**会社旗**を採用。

1889〜1914 ドイツ国旗

1889年 ドイツ・ニューギニア会社からドイツ植民地へ移行。総督府はラバウルに置かれた。ドイツ国旗を使用。

1914 ニューギニア提案域旗・域章

1914年 ドイツ領ニューギニアの域旗提案、域章制定。**域旗**として、中央に極楽鳥を描いた緑の盾を配したドイツ国旗が提案された。さらにクレストに羽を広げたプロイセン鷲と皇帝冠を配した**域章**を制定。

イギリス領

1884〜88 イギリス領ニューギニア域旗

1884年 イギリス領ニューギニアでは、**域旗**としてフライに王冠と域名頭文字のNG（New Guinea）を黒字で記した白い円形域章を配したイギリス青色船舶旗を採用。

1888〜1906 イギリス領ニューギニア域旗

1888年 イギリス領ニューギニアの**域旗**変更。域名頭文字がB.N.G.(British New Guinea)に変更された。

オーストラリアの支配

1906～49 パプア域旗

1906 年 イギリス領はオーストラリア領へ移行、パプアと改名。オーストラリア領パプア域旗制定。域章の文字がPAPUAに変更された。

1914～21 オーストラリア国旗

1914 年 第一次世界大戦（～18）勃発にともない、オーストラリアがドイツ領ニューギニアを占領。域旗としてオーストラリア連邦国旗を使用。
1920 年 国際連盟はドイツ領ニューギニアの統治をオーストラリアに委任。

1921～42 委任統治領ニューギニア域旗

1921 年 域章の頭文字がＴ．Ｎ．Ｇ．（Teritory New Guinea）に変更された委任統治領ニューギニア域旗を採用。

1942～45 日本国旗

1942 年 太平洋戦争中、日本軍が進駐。

1945～49 ニューギニア域旗

1945 年 日本が降伏した後、オーストラリアの統治が復活。1921年制定の域旗が復活。
1946 年 オーストラリアを施政権者とする国際連合信託統治領となる。

1949～65 オーストラリア国旗

1949 年 北部・南部の両地域は一体化し、オーストラリア信託統治領パプアニューギニアとなる。オーストラリア国旗を使用。

1965～70 信託統治領パプアニューギニア域旗

1965 年 オーストラリア信託統治領パプアニューギニアの域旗制定。極楽鳥を配した緑旗を採用。

1970～71 信託統治領パプアニューギニア域旗

1970 年 オーストラリア信託統治領パプアニューギニア域旗変更。白い南十字星と極楽鳥を配した青黄緑の縦三色旗に変更。青は島々と海、黄は海岸、鉱物資源、統一、緑は本島と高地を表す。

1971～74 信託統治領パプアニューギニア域旗・域章

1971 年 オーストラリア信託統治領パプアニューギニアの域旗変更、域章制定。これらは独立を目指して同年制定された国旗・国章に受け継がれる。国旗は黄色い極楽鳥と白い南十字星を配した赤と黒の斜め二分割旗。これら3色は服や美術品によく用いられる伝統色で、極楽鳥は自由、統合、飛躍を表す。南十字星は南半球に位置することとオーストラリアとの関係を表す。国章は槍とクンドゥと呼ばれる太鼓の上で羽を広げている極楽鳥を描き、底部に英語国名を記したもの。

パプアニューギニア パプアニューギニア独立国

1973 年 内政自治に移行。

1975～2006／2007～

1975 年 パプアニューギニアとして独立。国連に加盟。国旗・国章は継続使用。
2007 年 パプアニューギニア独立国に改称。国旗・国章は継続使用、現在に至る。

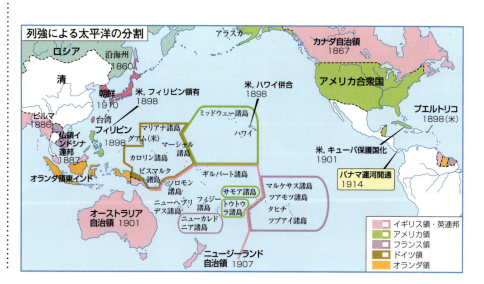

列強による太平洋の分割

パラオ共和国
Republic of Palau

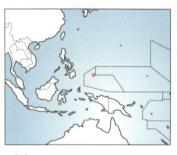

データ	
首都	マルキョク
面積	460km²（屋久島程度）
人口	2万人
人口密度	47人/km²
公用語	パラオ語、英語
通貨	アメリカ・ドル

国旗比率 5：8

スペインの支配

1543年 スペイン人が来航。

1886〜99 スペイン国旗

1886年 スペイン領カロリン諸島となる。スペイン国旗を使用。

ドイツの支配

1899〜1914 ドイツ国旗

1899年 米西戦争にスペインが敗れ、全域をドイツに売却。ドイツ領ニューギニア属領となる。ドイツ国旗を使用。

1914 ニューギニア提案域旗・域章

1914年 ドイツ領ニューギニアの域旗提案、域章制定（域旗・域章の解説は、パプア・ニューギニア独立国の項参照）。

日本の支配

1914〜44 日本国旗

1914年 第一次世界大戦（〜18）が勃発すると、日本軍が占領。

1920年 大戦後、日本が施政権者となり、国際連盟委任統治領南洋群島となる。

1922年 南洋群島全体を管轄する南洋庁がコロールに設置される。

アメリカの支配

1944〜47 アメリカ国旗

1944年 太平洋戦争で日本軍が敗北し、アメリカ軍が占領。アメリカ国旗を使用。

1947〜65 国際連合旗

1947年 国際連合信託統治領太平洋諸島としてアメリカの統治が始まる。アメリカ太平洋諸島信託統治領の総督府はサイパン（北マリアナ諸島）に置かれた。

1965〜81 信託統治領太平洋諸島域旗・域章

1965年 ミクロネシア議会が発足。アメリカ太平洋諸島信託統治領の域旗・域章を制定。**域旗**は、パラオ、トラック、マーシャル諸島、ヤップ、ポナペ、北マリアナ諸島を表す白い6個の五角星を中央に配した青旗。**域章**は白い印章型紋章で、中にヤシの木、快走船、統治領名を青字で配したもの。

1978年 ミクロネシア議会から離脱。

パラオ共和国

1981〜

1981年 憲法発布、自治政府発足。独立を目指し国旗・国章を制定。**国旗**は横幅の4分の1ホイスト寄りに黄色い円を配した青旗。黄色い円は満月で主権と統一、青は太平洋と独立を表す。**国章**は印章型で、中に自治政府が発足した年号1981年をローマ数字で表記し、外壁にパラオの戦いや神話を描いたバイと呼ばれる伝統的な集会所、公式印章と書いた旗、外側に国名を記したもの。

1994年 パラオ共和国として独立。国連に加盟。

フィジー共和国
Republic of Fiji

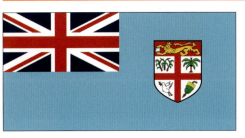

国旗比率　1：2

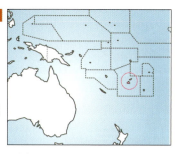

データ	
首都	スバ
面積	1.8万㎢
	（四国程度）
人口	90万人
人口密度	49人/㎢
公用語	英語、フィジー語
通貨	フィジー・ドル

1643年 オランダの探検家タスマンが来航。
1774年 イギリスの海軍軍人ジェームズ・クックが来航。

フィジー首長連合

1865～67 首長連合旗

1865年 フィジー首長連合が成立し旗を制定。バウ、ブワ、カカドローブ、マクアタ、ナドリ、ラケバの6部族から構成されるフィジー**首長連合旗**を採用。中央に白い五角星を配した青旗。

1867～71 バウ王国国旗

1867年 首長連合が分裂。カコバウ王が率いる反トンガ王国のバウ王国とコレナバヌア王の親トンガ王国のラウ王国に分裂。**バウ王国国旗**はカントンに王冠、底部に15の光線を持つ昇る太陽を配した青旗。**ラウ王国国旗**はトンガ国旗に似たカントンに赤い十字を配した白赤の横二色旗。

1867～71 ラウ王国国旗

フィジー王国

1871年 サコンバウ王により統一され、フィジー王国成立、国旗・国章制定。**国旗**は中央にキリスト教と平和を表すオリーブの枝をくわえた白い鳩を描いた赤い盾を配した青白の縦二色旗。**国章**は国旗と同じにオリーブの枝をくわえた白鳩が中央にいる白い縁取りのある赤い盾を

1871～74

2本のヤシの木が支え、クレストに王冠、背後に交差したオリーブの枝をくわえた鳩と十字の付いた儀式用杖、底部にフィジー語で"RERE VAKA NA KALOU KA DOKA NA TUI"「神を畏れ、王を敬え」という標語を記した白いリボンを配したもの。

イギリスの支配

1874～83 フィジー域旗・域章

1874年 イギリスの植民地となる。イギリス領フィジー域旗・域章制定。**域旗**は、フライに域章を配したイギリス青色船舶旗。**域章**は鏡とヤシの葉を持ち海上の岩に座っている人魚をヤシの枝と月桂樹のリースで囲み、背後に交差したカヌーの櫂と戦闘用棍棒を配したもの。

1879年 綿花とサトウキビのプランテーションの労働力として多くのインド人の移住を開始。

1883～1908 フィジー域旗・域章

1883年 イギリス領フィジー域旗・域章変更。**域旗**は、フライに域章を配したイギリス青色船舶旗。**域章**は、ライオンの乗った王冠と黒字でFIJIと記されたもの。

1908～70 フィジー域旗・域章

1908年 イギリス領フィジー域旗・域章変更。**域旗**はフライに域章を配したイギリス青色船舶旗。**域章**は盾型紋章で、チーフは赤地に手にカカオの実を持つ黄色いライオン、下部は白地に赤い聖ジョージ十字で4分割され、第一クォーターはサトウキビ、第二クォーターはココヤシの木、第三クォーターはフィジー王国国章にあったオリーブの枝をくわえた白鳩、第四クォーターはバナナの房が描かれている。クレストは浮材の付いたカヌー、底部にはフィジー語で"Rerevaka na Kalou ka doka na Tui"「神を畏れ、王を敬え」の標語が記された白いリボン、サポーターにクワの樹皮で作られた腰巻を付け、槍と棍棒を持った2人のフィジー戦士を配したもの。独立後も引き続き、国章として使われている。

フィジー／フィジー共和国
フィジー諸島共和国／フィジー共和国

1970〜87/1987〜98
1998〜2011/2011〜

1970年 フィジーとしてイギリス連邦内の独立国となり国旗を制定。**国旗**はフライに国章の盾部分を、カントンにイギリス国旗を配した水色旗。以後、国旗として継続使用。**国章**は、1908年制定域章を継続使用。
1970年 国連に加盟。

1987年 フィジー系軍人のクーデターで軍事政権が誕生。イギリス連邦から離脱しフィジー共和国として共和制に移行。国旗・国章は継続使用。
1997年 多民族主義を容認する憲法改正案が承認されイギリス連邦に再加盟。
1998年 新憲法発布、フィジー諸島共和国に改称。国旗・国章は継続使用。
1999年 初のインド系首相が誕生。
2000年 フィジー系により国会占拠が行われ戒厳令がしかれる。
2011年 フィジー共和国に改称。国旗・国章は継続使用。
2015年 国旗変更の検討を開始。

2016 新国旗提案旗

提案旗A 　提案旗B

2016年 水色、青、白、黄を使った新国旗が提案されたが、台風被害などの緊急課題が浮上し、新国旗のデザイン・コンテストが停止された。

ロトゥーマ共和国
1987.10〜12

1987年10月、フィジーが軍事政権となりイギリス連邦を脱退すると、フィジー諸島北端にあるサモア系、トンガ系住民が多いロトゥーマ島でヘンリー・ギブソン率いる独立派が単独でイギリス連邦加盟を目指し、ロトゥーマ共和国の独立を宣言。首都はアハウ。ロトゥーマ共和国の**国旗**は中央に黄色い円、周囲に4個の黄色い八角星と十字を配した赤旗。2カ月後にフィジー軍に制圧され消滅した。

マーシャル諸島共和国
Republic of the Marshall Islands

国旗比率　10：19

データ	
首都	マジュロ
面積	180㎢（利尻島程度）
人口	5万人
人口密度	293人/㎢
公用語	マーシャル語、英語
通貨	アメリカ・ドル

1529年 スペインの探検家サーベドラが来航。
1686年 スペインが領有を宣言するが実質統治せず。
1788年 イギリスのジョン・マーシャル船長が来航。マーシャル諸島と命名。

ドイツの支配
1859年 ドイツが本格的に植民を開始。
1878年 マーシャル諸島西側の**ラリック列島旗**を採用。当時のドイツ国旗の3色を使った横五分割旗。

1878〜85 ラリック列島旗

1887〜88 ヤルート会社旗　**1888〜1906**

1887年 ドイツ人のアドルフ・カペル創業の貿易会社ヤルート**会社旗**を採用。会社名 JALUIT GESELLSCHFT の頭文字 J.G. を白字で中央に記した赤旗。
1888年 会社旗変更。中央に国旗意匠の半球を配した白旗。

1906〜14 ドイツ国旗

1906年 マーシャル諸島はドイツ領ニューギニア属領となる。ドイツ国旗を使用。

マーシャル諸島／ミクロネシア連邦 311

1914 ニューギニア属領マーシャル諸島 提案域旗・域章

1914年 ドイツ領ニューギニア属領マーシャル諸島となる。域旗が提案され、域章が制定される（パプアニューギニア独立国の項参照）。

日本の支配

1914〜44 日本国旗

1914年 第一次世界大戦（〜18）が勃発、日本軍が占領。

1920年 第一次世界大戦でドイツが敗れ、国際連盟の委任統治領南洋群島として日本の統治が始まる。

アメリカの支配

1944〜47 アメリカ国旗

1944年 太平洋戦争で日本が敗れ、アメリカ軍が占領。アメリカ国旗を使用。

1947〜65 国際連合旗

1947年 国際連合信託統治領太平洋諸島としてアメリカの統治が始まる。

1965〜79 信託統治領太平洋諸島域旗・域章

1965年 ミクロネシア議会発足。アメリカ信託統治領太平洋諸島域旗・域章を制定。域旗・域章の詳細はパラオ共和国の項参照。

1978年 ミクロネシア議会より離脱。

マーシャル諸島共和国

1979〜

1979年 憲法制定、自治政府発足。独立を目指し国旗・国章制定。国旗はカントンに24光芒を持つ白い星、ホイスト下部よりフライ上部にかけオレンジ色と白の斜め帯を有する青旗。青は太平洋、白は平和、オレンジ色は勇気を、また、2本の帯はラタク列島（マーシャル諸島の東側）と朝日、ラリク列島と夕日を表す。星をキリスト教を示す十字に見せ、24は国の市町村の数で、4本の長い光はイーバイ島、マジュロ環礁、ジャルート環礁、ウォッジェ環礁の主要4地区を表す。国章は鎖で囲まれた印章型国章で、中央に翼を広げた平和の天使、上部に国旗にある24光芒の星とオレンジ色と白の帯2本、向かって左肩にどの家庭にもあるオオジャコ貝で作られた打ち棒（これでタコノキの葉を叩き、敷物、帆、服を作っていた）、向かって右肩に主食である魚を捕る網、下部には浮き材付きのカヌー、ココヤシの葉と貝殻で作った伝統的な海図の下には英語で「印章」と記したリボン、ヤシの木、諸島の統一を表す鎖は2本で構成され、それぞれラタク列島とラリック列島を示す。鎖の内側上部に英語国名、下部にマーシャル語で"JEPILPILIN KE EJUKAAN"「共に努力し遂行する」という標語が記されているもの。

1986年 マーシャル諸島共和国として独立。
1991年 国連に加盟。

ミクロネシア連邦
Federated States of Micronesia

国旗比率　10：19

データ	
首都	パリキール
面積	700㎢
	（奄美大島程度）
人口	11万人
人口密度	150人/㎢
公用語	英語
通貨	アメリカ・ドル

スペインの支配

1529年 スペイン人がポナペ島に来航。

1886～99 スペイン国旗

1886年 スペインがカロリン諸島の領有を宣言。スペイン国旗を使用。

ドイツの支配

1899～1914 ドイツ国旗

1899年 米西戦争でスペインが敗れ、島々をドイツに売却。ドイツ領ニューギニア属領となる。

1914 ニューギニア属領提案域旗・域章

1914年 ドイツ領ニューギニア属領の**域旗**を提案、**域章**制定（詳細はパプアニューギニア独立国の項参照）。

日本の支配

1914～44 日本国旗

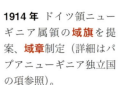

1914年 第一次世界大戦（～18）が勃発し、日本軍が占領。

1920年 第一次世界大戦でドイツが敗れ、国際連盟委任統治領南洋群島として日本が統治を開始。

アメリカの支配

1944～47 アメリカ国旗

1944年 太平洋戦争で日本が敗れ、アメリカ軍占領下のカロリン諸島となる。

1947～65 国際連合旗

1947年 国際連合信託統治領太平洋諸島としてアメリカが統治を開始。

1965～79 信託統治領太平洋諸島域旗・域章

1965年 ミクロネシア議会発足。アメリカ太平洋諸島信託統治領の域旗・域章制定。**域旗**は中央に6個の白い五角星を配した青旗。**域章**は白い印章型紋章で、中にヤシの木、快走船、統治領名を青字で配したもの。

1978年 パラオとマーシャル諸島がミクロネシア議会を離脱。

1979年 ヤップ、トラック、ポナペ、コスラエ4州で連邦を結成。

ミクロネシア連邦

1979～86

1979～

1979年 憲法発布、ミクロネシア連邦自治政府発足。独立を目指し、国旗・国章を制定。**国旗**は域旗の6個の星を連邦構成4州を表す4個に変更。これらを結ぶと十字になり、南十字星とキリスト教を表す。青は太平洋と自由、白は平和を示す。**国章**は印章型紋章で、中央に海に浮かびヤシの葉が萌え出しているココナッツの実、上部に連邦を構成する4州を表す4個の白い五角星、下部に英語で "PEACE UNITY LIBERTY"「平和、統一、自由」の標語が記された白いリボン、憲法発布年号の1979年、これらは黄色い縄で囲まれ、外側の青い縄との間に国名・政府の英語名が記されたもの。

1986～

1986年 ミクロネシア連邦として独立。この年に**国旗**を濃い青に変更。

1991年 国連に加盟。

アジア

掲載国 略史

アゼルバイジャン共和国

当地における国家の登場は前9世紀以降のこと。メディア、カフカース・アルバニア王国の成立ののち、アラブ、モンゴル帝国、ティムール朝、サファヴィー朝イランの支配下となる。

19世紀初頭にアゼルバイジャンの諸ハーン領に対するロシア帝国の併合が本格化すると、アゼルバイジャン地域は1828年、北のロシア領と南のイラン領に二分された。ロシア帝国の統治下におかれたバクーは、国際石油資本に主導され、20世紀初頭までに世界的な産油都市となった。

1917年の帝政崩壊後、ジョージア（旧グルジア）、アルメニアと形成したザカフカース連邦共和国は短命に終わり、18年5月にアゼルバイジャン民主共和国が誕生した。イスラム教徒による世界初の共和国であった。しかし20年、赤軍の侵攻によりアゼルバイジャンはソヴィエト化された。22～36年はジョージア、アルメニアとともにザカフカース社会主義連邦ソヴィエト共和国、その後は個別のアゼルバイジャン・ソヴィエト社会主義共和国として、ソ連邦の一部を構成した。

89年、共和国主権宣言。91年に現国名に変更。権威主義体制のもとで安定した政治運営が模索されている。

アフガニスタン・イスラム共和国

古来より東西交流の要衝として栄え、前3世紀半ばに、バクトリアがこの地を支配した。また前1世紀後半にはクシャーナ朝が興り、インド北部から中央アジアにまたがる帝国を築く。その後、遊牧国家エフタルの勢力下にはいる。

10世紀半ばにガズナ朝が、12世紀にはゴール朝が興りイスラム化が進行する。その後、モンゴル帝国、ティムール朝、サファヴィー朝の支配下にはいる。

1747年にアフマド・シャーによりアフガニスタン初の王朝ドゥッラーニ朝が建国され、現在のアフガニスタンの基礎が築かれる。そして19世紀中の英露のグレート・ゲームにより、現在の領域国家としての形ができあがる。1880年にイギリスの保護領になるが1919年に独立。70年代以来の内戦などにより国土が荒廃した。

内戦期の94年頃からイスラム原理主義を掲げるタリバンが勢力を拡大し、96年に首都カブールを制圧、国土の9割を支配するに至った。米英の空爆や反タリバン勢力の北部同盟の反撃により2001年タリバン政権は崩壊。国連主導下にハーミド・カルザイが暫定大統領となり、04年に国民大会議（ロヤ・ジルガ）を開催し憲法を制定。2014年には同国初の民主的政権交代が実現し、国家統一政府が発足した。

アラブ首長国連邦

歴史的には、オマーンおよびバーレーンの一部として当地が存在し、政治的統一体が出現した形跡はない。イスラム教が出現した7世紀以後はメディナ政府の支配下にはいり、以後ウマイヤ朝、アッバース朝の支配を受けた。ただし、地理的・政治的辺境という状況から、現在のカタール、バーレーンともども、イスラム教の異端宗派の拠点となることが多かった。

その後、オスマン帝国、ポルトガル、オランダの支配を受け、17世紀以降はインド支配の拠点獲得のため、イギリスが進出した。18世紀にはアラビア半島南部からアラブ諸部族が移住してくるようになり、これらの移住部族が現在の7首長国の基礎となった。

1892年、イギリスの保護領となるが、1968年のイギリスのスエズ以東からの撤退宣言を受けて独立を模索し、71年にアブダビ首長国、ドバイ首長国を中心とする6首長国により、アラブ首長国連邦を結成させた。翌年、ラアス・アル＝ハイマ首長国の加盟により、現在の7首長国の連邦体制が完成。

アルメニア共和国

この地には、旧ソ連領中最古の国であるウラルトゥが前9世紀～前500年まで存在した。前2～前1世紀にはアルタシェス朝が隆盛する。301年、アルサケス朝の時代に世界ではじめて公式にキリスト教を受容した国家となる。4世紀以降はローマ帝国とイランの支配下にはいった。

7～15世紀、アラブ、ビザンツ帝国、セルジューク朝、モンゴル帝国、ティムール朝の支配下にはいる。1639年にオスマン帝国とサファヴィー朝（イラン）の支配下にはいるが、イラン領カラバグ地方のアルメニア系諸領が半独立を保つ。

19世紀初頭、ロシア帝国がこの地への進出を開始し、1828年にはイラン領アルメニアの大半はロシア帝国領となる。19世紀後半にナショナリズムと社会主義がアルメニア知識人に普及した。ロシア帝国のアルメニア民族主義政党ダシナクによるオスマン帝国でのテロ攻撃に対し、オスマン帝国はアルメニア人抑圧で応え、第一次世界大戦中に虐殺・追放がおこなわれた。

ロシア帝国崩壊後、ザカフカース連邦共和国を経て、1918年5月にアルメニア共和国が成立した。20年末、赤軍の侵攻でソヴィエト化したが、22年にザカフカース社会主義連邦ソヴィエト共和国に、36年からはアルメニア・ソヴィエト社会主義共和国としてソ連邦の一部を構成。90年に現在の国名に変更し、91年にソ連邦崩壊で独立。

イエメン共和国

古来よりインド・東南アジアと地中海を結ぶインド洋航路の中継地点をして栄え、前8世紀頃にはサバサ王国が成立して貿易によって繁栄した。前1世紀頃には内陸オアシス地帯にヒムヤル王国が興り、3世紀にはサバサ王国を併合、イエメンを統一した。

イスラム教登場以後の897年にザイド派がイエメンに登場すると、ザイド派イマームに率いられたアラブ諸部族が山岳地帯を中心に割拠した。一方、海岸地帯は1174年にアイユーブ朝に征服され、1229年にはラスール朝が成立した。1538年にはオスマン帝国のグジャラート遠征艦隊がアデン港を攻略し、海岸部を支配した。オスマン朝とザイド派勢力の間でイエメン支配をめぐる抗争が繰り返された。

1839年にイギリスがアデンを占領し、オスマン帝国とザイド派勢力の抗争に加わった。1918年、イエメン王国がオスマン帝国より独立、62年の革命によりイエメン・アラブ共和国（旧北イエメン）が成立する。一方、67年にイエメン人民民主共和国（旧南イエメン）がイギリスから独立し、69年に共産党政権を樹立する。90年に5月に南北イエメンが統合され、イエメン共和国が成立した。

イスラエル国

「イスラエル」は、前13世紀末頃のヘブライ人の部族連合の総称。前1020年頃イスラエル王国が建国され、シリア南部からパレスティナにかけて支配地域を広げた。この際に首都がイェルサレムに定められた。ソロモンの代に王国は最盛期を迎えるが、彼の死後、北のイスラエル王国と南のユダ王国に分裂。なお、ユダ王国は前587年に滅亡させられ、住民はバビロンへ連行された。

1〜2世紀にかけてのユダヤ戦争以降、世界各地に散らばったユダヤ教徒は、19世紀後半に離散したユダヤ人をシオンの丘（パレスティナ）に帰還させようとするシオニズム運動が起こった。第一次世界大戦でユダヤ人の協力と引き換えにユダヤ人国家の建設を約束するバルフォア宣言がだされ、今日のイスラエル建国の起源となる。1947年、アラブ人とユダヤ人それぞれのためにパレスティナの地を分割する国連決議がだされ、翌年イスラエル国が建国。

93年にPLO（パレスティナ解放機構）とパレスティナ暫定自治協定を結び、領内にパレスティナ人自治区を設定。2000年以降、自治政府との関係が悪化し、パレスティナ自治区への軍事介入を繰り返している。

イラク共和国

前4千年紀後半、ウルクなどにシュメール人による世界最古の都市文明が築かれ、7世紀後半のアラブの大征服を迎えて、以後アラブ化・イスラム化が進んだ。

750年にアッバース朝が成立してのち首都バグダードが建設

されると、イラク一帯は政治・経済・文化の中心として繁栄した。しかし、10世紀以降、軍事勢力の覇権争いや反乱・天災などによりイラク一帯の衰退が進み、1258年のモンゴル軍のバグダード侵攻によりアッバース朝が滅び、以後は政治的中心としての役割を失った。

16世紀以降はオスマン朝の支配下におかれ、第一次世界大戦後はイギリスの委任統治領となった。1921年にファイサルを国王に迎え、32年にイラク王国として独立。58年にカーセム准将のクーデターが起こり共和制に移行、68年にはバアス党政権が樹立され、79年からはサダム・フセインによる一党独裁体制が2003年まで続いた。

イラン革命の影響を懸念したイラクとの間にイラン・イラク戦争が起こり、クウェートへの侵攻により1991年1月に湾岸戦争が勃発した。湾岸戦争以後は、北部にクルド人自治区が設定された。2003年にアメリカはイラクに侵攻、フセイン政権を崩壊させる。04年にイラク暫定政府への統治権委譲がおこなわれ、06年にはイラク新政府が発足した。

イラン・イスラム共和国

前2千年紀にインド・ヨーロッパ語族のイラン人が定住を開始し、その後イラン系メディア人が進出。前550年にはメディアから独立し、アケメネス朝ペルシャ帝国を建設した。メディア、リュディア、エジプトを征服し、アケメネス朝はオリエント世界を統一する大帝国となった。

アケメネス朝はアレクサンドロスの遠征により滅亡し、イランはセレウコス朝の支配下にはいる。パルティア、ササン朝が興る。

ササン朝の滅亡以後、イランはアラブの支配を受けた。11世紀初め頃から徐々にイスラム教シーア派信仰が広まる。16世紀初めにシーア派十二イマーム派を信仰するサファヴィー朝が興り、同地でのシーア派信仰がさらに進む。

1979年、急速な近代化政策をとるパフレヴィー朝への反動からイラン革命が起こり、ホメイニ師を首班とするイラン・イスラム共和国が成立。西側諸国との関係は険悪となるが、97年に就任したハタミ大統領は欧米諸国や近隣アラブ諸国との関係改善に努める。

インド

北インドではインダス文明が栄え、その後、バラモン教やヴァルナ制、古代国家や仏教、ジャイナ教が成立した。南インドでは巨石文化が栄え、前3世紀にマウリヤ朝が全インドをほぼ統一、中央集権国家を築いた。4〜6世紀に北インドをグプタ朝が再統一し封建的分権体制を築く。ヒンドゥー教もこの頃成立した。7〜10世紀にはカースト（ジャーティ）制度の発展、村落社会の再編がおこなわれた。

北インドでは11世紀にイスラム勢力の侵入が本格化し、13世紀にデリー諸王朝、16〜17世紀にムガール帝国が覇権を築い

た。南インドでは 14 世紀にヴィジャヤナガル王国が興る。19 世紀初頭にイギリスの支配下におかれたインドは、1857 ～ 59 年のインド大反乱後、イギリス王領となり、77 年にイギリス女王がインド皇帝に即位した。イギリスの導入した地租制度や司法制度で農村やカースト制度は変容し、社会改革立法はヒンドゥー復古主義を呼び覚ました。19 世紀末には国民会議が発足、第一次世界大戦後にはガンディーを中心に民族独立運動が高まり、1947 年にインドは東西パキスタンとの分離独立をはたした。

首相ネルーは政教分離などを理念に、一党優位体制のもと藩王国統合、憲法制定、普通選挙導入などを進める。80 年代には地方の民族主義と中央の強権政治の軋轢が深まり、地域紛争に発展した。

インドネシア共和国

インドネシアを構成する島々には、紀元前後からインド文化の影響がおよび、7 世紀頃から仏教やヒンドゥー教を信奉する王国が築かれた。13 世紀からイスラム教が伝播し、16 世紀にマタラム王国が建国されて、本格的なイスラム化の時代を迎えた。

同時期、ヨーロッパ諸国が香辛料を求めて到来し、内陸へ支配を拡大した。1824 年の英蘭条約によりオランダはスマトラ島の支配権を獲得、強制栽培制度が実施されジャワ社会が貨幣経済に組み込まれた。19 世紀を通じてオランダは支配を外島にも拡大し、20 世紀初頭にオランダ領東インドの版図が完成した。

太平洋戦争中の日本軍政期を経て、1945 年 8 月 17 日に独立が宣言された。49 年にハーグ協定が結ばれるまでオランダとの間で独立戦争があった。55 年、初の総選挙がおこなわれたが、短命な内閣が続き政情は安定しなかった。59 年、スカルノは軍と共産党の支持のもと政党への規制を強める。65 年に共産党は大弾圧を受け、スカルノの権威も失墜し、弾圧を指揮したスハルトが 68 年に大統領に就任した。

ウズベキスタン共和国

早くから農耕が発達し、前 1 千年紀中頃にはサマルカンドなどの都市の原型がみられた。都市文明を支えたイラン系住民は、東アジアにまで広がる巨大商業圏を築いた。6 世紀以降、チュルク系遊牧集団の流入でしだいにチュルク化した。7 世紀末以降、アラブの侵入によりイスラム教の受容が進んだ。

13 世紀にモンゴルが侵入、14 世紀後半にティムール朝が成立すると、首都サマルカンドはイスラム世界の中心として栄華を誇った。1507 年、遊牧ウズベク集団がブハラ・ハン国を築く。18 世紀には部族間抗争やイランの侵攻で荒廃したが、ロシアや清朝との交易で復興し、ヒヴァ、ブハラ、コーカンドの 3 ハン国が鼎立した。

1867 年、ロシア帝国はトルキスタン総督府を設置。ブハラとヒヴァは保護国とされ、76 年にコーカンドは併合された。98 年にはロシア人入植者の駆逐をめざす蜂起が起こる。

1917 年の帝政崩壊後、イスラム教徒主体のトルキスタン自治政府が成立したが、ソヴィエト政権により倒される。24 年には民族別国境画定でウズベク・ソヴィエト社会主義共和国が成立した。91 年、ソ連崩壊後に独立し、現在の国名となる。

オマーン国

紀元前より海洋交易の盛んな地域として栄える。イスラム教登場以後の 8 世紀には、イバード派が到来し、この地域の主要な宗派となった。750 年頃にはジュランダー・ブン・マスウードを支配者とする国家が誕生した。

1507 年にポルトガルの侵攻を受け占領されたが、1624 年頃に興ったヤアーリバ朝のイブン・サイフが、50 年に排除し、以後同王朝による海上交易や海外遠征が活発化した。

18 世紀中葉に成立したブー・サイード朝は、アフリカ東岸のザンジバル地方やパキスタン南部のマクラーン地方などへ進出する一大海洋国家として発展した。しかしザンジバル地方の独立や蒸気船の登場、スエズ運河開通による貿易への打撃などの要因でしだいに衰退し、1891 年以降オマーンは、事実上イギリスの保護国となった。

1970 年ブー・サイード朝王家のカブース・イン・サイードがイギリスの協力のもと、宮廷クーデターを起こし、国王として即位。翌年にはイギリスの保護下より独立し、国際連合に加盟した。その後カブース王は鎖国政策を改め、96 年には憲法に相当する国家基本法が制定された。

カザフスタン共和国

この地には紀元前から遊牧民が暮らし、東西交易路の主要な経路であった。15 世紀後半、ウズベク・カザフ、またはカザフ（放浪者）と呼ばれる遊牧集団がシル・ダリヤ川流域から西部天山北麓に移動、しだいにキプチャク草原に勢力を広げ、カザフ・ハン国を興した。のちに部族連合体として南東部に「大ジュズ」、中部に「中ジュズ」、西部に「小ジュズ」が形成された。

18 世紀前半に小ジュズと中ジュズの一部は、ロシア帝国に臣従した。スラヴ系入植者による土地の奪取はカザフ人の不満を強め、18 世紀末には反ロシア暴動が勃発した。ケネサル・カスモフの反乱（1837 ～ 47）鎮圧後、50 年代に全カザフスタンがロシア帝国領になった。1916 年には中央アジアで、労働動員令に反発した大反乱が起こった。

17 年の帝政崩壊後、自治政府アラシュ・クァラが成立した。20 年、ロシア・ソヴィエト連邦社会主義共和国の一部としてカザフ（キルギス）自治ソヴィエト社会主義共和国が成立。36 年にソ連邦を構成するカザフ・ソヴィエト社会主義共和国に昇格した。60 年代にはカザフ人幹部が台頭した。91 年、ソ連崩壊により独立した。

カタール国

18〜19世紀に形成された国家で、古代においてカタール地域を基盤とした政治勢力が存在したか否かについては不明。同地域は歴史的にはバーレーンと呼ばれた地域に属していた。3世紀前半にササン朝の遠征を受け、その支配下に入っていたと考えられる。イスラム登場以後の9世紀後半には、イスマーイール派から分かれたカルマト派の勢力範囲にはいり、10世紀後半まで同勢力の支配下にあった。

18世紀頃から、アラブ諸部族がカタールの地に移住し始め、その主要部族は、現在のカタール王家サーニ部族であった。1871年にオスマン帝国に征服され、1916年にイギリスの保護国となる。18世紀中葉に起こったワッハーブ派運動を受け入れ、現在に至るまでワッハーブ派国家として存在。

68年のイギリスによるスエズ以東からの軍事撤退宣言を受け、バーレーンやアラブ首長国連邦との連邦を模索したがかなわず、71年9月にカタール国として独立した。

国民の大半はワッハーブ派に属すが、先住のアラブはシーア派であり、79年のイラン革命以後、カタール国内のシーア派住民は政権に対する不安定要素となっている。

95年、皇太子ハマドが無血クーデターを起こし、首長に就任、自由化・民主化に努めている。

カンボジア王国

9世紀初めにアンコール朝が開かれる。14世紀、アユタヤの侵攻以降は、ロンヴェークを中心としたトンレサップ水系勢力とメコン川東岸勢力が勃興した。1863年フランスにより保護国化、87年フランス領インドシナに編入された。

1942年、日本軍による直接支配が始まり、名目的な独立がはたされるが、戦後はフランスの支配に復す。48年に国民議会が設立されるが、短命な内閣が続き政情が不安定だったため、52年に国王シハヌークが治安維持法を発動し全権を掌握した。

53年11月に独立、55年に結成された人民社会主義共同体（サンクム）は、総選挙で全議席を得る。60年代後半からサンクム右派が勢力を伸長し、70年にシハヌークを国家元首から解任しクメール共和国が成立する。シハヌークと結んだカンプチア共産党は武力闘争を開始し、75年にプノンペンを占領して、政権は崩壊した。民主カンプチア（ポルポト政権）の虐殺や困窮のため約170万人が犠牲となった。

79年、ベトナム軍がプノンペンを占領し、カンプチア人民共和国が成立。91年にパリ和平協定の調印で、翌年から国連カンボジア暫定統治機構が活動を開始し、93年の選挙で王国に復す。

キプロス共和国

紀元前より東地中海航路の要衝に位置し、前1500年以降にギリシャ人が入植した。その後、オリエント諸帝国の支配下にはい

り、キプロス島にイスラム教が広まることとなる。しかし11世紀末からの十字軍遠征期にはヨーロッパ側の拠点となり、キリスト教の影響が強まった。1192年には、フランスの貴族がイングランド王からキプロス島を購入し、以後1489年までリュジニャン家による支配がおこなわれた。その後、地中海商業網を発達させたヴェネチアが進出するが、1571年オスマン帝国に征服され、トルコ系ムスリムの入植が進められた。

1878年にイギリスの植民地となるが、1960年に独立。64年、ギリシャへの帰属をめぐりギリシャ系住民とトルコ系住民とのあいだで武力衝突が発生。国連平和維持軍が駐留を開始した。

74年、ギリシャ軍事政権の支援により治安部隊がクーデターを起こすと、トルコ系住民の保護を理由にトルコが軍事介入し、キプロス島北部を支配する。83年11月に北キプロス・トルコ共和国として独立するが、国際的承認は得られていない。

キルギス共和国

6世紀に中央アジア全域を支配した突厥の文字資料には、キルギス（クルグズ）人の存在が記されている。

17〜18世紀までに天山山脈では、チュルク系・モンゴル系・古代イラン系住民を構成要素として、キルギス人の基型形成が進展した。またフェルガナ盆地では、8世紀以降、アッバース朝の支配下で農耕民のイスラム化が進んだ。これらの接触から、天山山脈の遊牧民もイスラム化したと考えられる。

17世紀以降、モンゴル系遊牧民ジュンガル、ついでコーカンド・ハン国に支配された。1855〜76年に、ロシア帝国がこの地を併合した。

帝政崩壊後の1918年、ロシア・ソヴィエト連邦社会主義共和国内の自治国家、トルキスタン自治ソヴィエト社会主義共和国の一部となった。24年、中央アジアの民族別国境画定によりカラ・キルギス自治州が成立した。26年にはキルギス自治ソヴィエト社会主義自治共和国に昇格、36年にキルギス・ソヴィエト社会主義共和国となる。20年代末から30年代初頭にかけて、遊牧民を強制定住化させた。

91年、ソ連崩壊とともにキルギスタン共和国として独立。93年に現在の国名となる。

クウェート国

この地は、つねにオリエント・西アジア地域の大帝国の支配下にあり、政治勢力は現れなかった。「小さな丘」を意味するクラインと呼ばれていたが、18世紀初頭からクウェート（小さな城）の名称が用いられるようになる。イスラム登場以後、イラクに属す地域であったと考えられ、16世紀中頃にはオスマン帝国バスラ州の管轄下にあった。

18世紀初頭にアラビア半島内部から、ベドウィンのウトゥーブ族が同地に移住した。18世紀後半にはサバーフ家がクウェート一帯を支配する。1899年、オスマン朝の圧力に対抗するため、

サバーフ家はイギリスの保護を受ける。

1961年にはイギリスから独立をはたし、サバーフ家の首長を国家元首とする立憲君主制を採用。90年8月、独立当初よりクウェート領有権を主張するイラクに侵攻され、以後7カ月間イラクの占領下にはいる。91年1月、国連安全保障理事会の要求を拒否したイラクに対して、多国籍軍によるクウェート解放戦争（湾岸戦争）が始まり、2月末にイラク軍が撤退、クウェートは解放された。

2003年のイラク戦争終結以後はイラクとの経済交流も始まる。05年には女性参政権を認め、女性閣僚も誕生した。

サウジアラビア王国

聖地メッカ、メディナを擁し、イスラム法に基づく統治をおこなうイスラム国家。

7世紀初めにムハンマドによりイスラム教が布教され、半島西側のヒジャーズ地方が、政治的中心として、またイスラムの聖地としての役割を担った。アッバース朝、マムルーク朝、オスマン朝の支配下にはいったが、実際にはムハンマドの血を引くシャリーフ家によって統治されていた。

1744年、ディルイーヤに第1次サウード朝が興り、ワッハーブ派の信仰を受け入れたことにより、現在のサウジアラビアの基礎が築かれた。その後、第2次サウード朝を経て、1902年にアブド・アルアジーズ・ブン・サウードにより、現王国が建国された。82年のファハド国王即位を経て、普遍的なイスラムの立場に立脚した統治がおこなわれている。

32年にサウジアラビアの国名を採用、石油利益をもとに経済発展をとげた。その潤沢な資金を活用し、海外ムスリム（イスラム教徒）の活動支援や湾岸協力理事会などの本部の設置といったイスラム諸国における中心的役割をはたす。

その反面、湾岸戦争後の米軍駐留やイラク戦争、急激な近代化により、国内部族社会の混乱やイスラム過激派の台頭など、不安定要素が存在する。

ジョージア

前6世紀、ジョージア西部にコルキス王国が成立した。東部では前4～前3世紀にイベリア王国が成立し、4世紀にキリスト教を国教とした。6世紀にイベリアはササン朝に、西部のラジカ王国はビザンツ帝国に併合された。ついで7世紀後半、東ジョージアはアラブの支配下にはいった。11世紀初頭バグラト朝ジョージア王国が隆盛。12世紀、ダヴィド4世はセルジューク朝の支配を退け、タマラ女王の時代には文化・学術が栄えた。その後、モンゴル帝国、ティムール朝の支配を受け、諸王侯国に分裂した。16～18世紀にはイランとオスマン帝国に支配された。

1783年にロシア帝国は東ジョージアのカルトリ・カヘティア王国を保護国とした。10年までに西グルジアも併合、78年のアジャリア併合でカフカース全域が支配された。

1917年の帝政崩壊後、ザカフカース連邦共和国を経て、18年5月にジョージア民主共和国が独立した。だが21年2月にジョージアは赤軍に征服された。22年にはザカフカース社会主義連邦ソヴィエト共和国に編入された。36年、単独のジョージア・ソヴィエト社会主義共和国となった。90年にソヴィエト連邦より離脱し、91年のソ連崩壊により独立した。2015年、日本政府は国名表記を「グルジア」から「ジョージア」に変更。

シリア・アラブ共和国

歴史的な意味での「シリア」は現在のシリア・アラブ共和国を含め、ヨルダン、レバノン、イスラエル、パレスティナにまたがる地域をさした。古くから東西交渉の要衝として栄え、文化的・経済的に重要な地域であった。

前312年頃にセレウコス朝が誕生し、エジプトやギリシャ、イランとオリエントの覇権を争ったが、その後ローマ帝国、ビザンツ帝国の支配下にはいった。

636年にアラブの支配下にはいり、661年ダマスカスがウマイヤ朝の首都になって以後、シリアがアラブ帝国の中心として発展した。アッバース朝の登場以後、同朝とファーティマ朝、マムルーク朝とイル・ハン朝などの係争地に、11世紀末からは十字軍との主戦場ともなる。1516年にオスマン帝国の支配下にはいる。

第一次世界大戦後のサン・レモ会議で、シリアはフランスの委任統治領となり、1946年に独立した。58年にはエジプトと連合し、アラブ連合共和国となるが、61年に離脱した。その後63年にバース党が政権を掌握した。

2011年には反政府勢力との内戦が始まり、イスラム国（IS）の一部地域占領、クルド人の参戦、さらに米ソも介入して泥沼化した。また、多数の難民がヨーロッパに渡る事態となった。

シンガポール共和国

1819年、イギリス東インド会社のラッフルズは、シンガポール島の領主から商館建設の許可を得た。24年の英蘭条約で、両国の勢力範囲が定められ、シンガポールなどがイギリス領と確定した。自由貿易港とされ、貿易の中継地として栄えたことで、多数の中国人が来住し、明治時代には日本からの移民も増えた。

太平洋戦争に際して日本はただちにイギリス領への侵攻を開始し、1942年2月15日、シンガポールを占領し、「昭南島」と改名、軍政の中心地とした。日本軍上陸に際しては、現地の中国系住民による義勇軍の抵抗から、占領後に多くの住民が殺害された。

戦後、イギリスの支配下に戻るが、57年にイギリス領マラヤがマラヤ連邦として独立し、シンガポールでも59年に総選挙が実施され、リー・クアンユーが率いる人民行動党が勝利し、自治政府を組織した。63年、ボルネオ島のサバ、サラワクとともにマラヤ連邦に加わりマレーシアとなったが、経済権益・民族間の対立問題から、65年、シンガポール共和国として分離独立し、現在に至る。

スリランカ民主社会主義共和国

古代アヌラーダプラの王権は前5世紀頃に来島した集団が興したとされ、前3世紀頃に上座部仏教を受容、紀元前後や6世紀以降には南インドの王朝と覇権を争った。11世紀前半に北部が南インドのチョーラ朝に支配される。12世紀はポロンナルワを中心に王国が繁栄した。13世紀には北部ジャフナにタミル王国が出現、弱体化した王権は中部山地や南西部へと南遷した。

コーッテ王国が15世紀に勢力を拡大したのち16世紀に分裂し内陸のキャンディ王国が独立。沿岸部は16～18世紀末にかけてポルトガル、オランダ、イギリスの手にわたった。1832年に全島がイギリスの直接統治下におかれた。

1948年の独立後は、統一国民党（UNP）、スリランカ自由党（SLFP）の2大政党が交代で政権を担う。50年代後半から70年代には言語、教育、宗教などの面でシンハラ優遇策がとられ、反発したタミル人の間に連邦制・分離独立を求める運動が生じる。78年に憲法で大統領制を導入。83年7月の大暴動を機に政府軍とタミル過激派の内線が激化した。87～90年にはインド平和維持軍を受け入れるものの、南部で人民解放戦線（JVP）と治安機関との暗闘が続いた。90年にタミル・イーラム解放の虎（LTTE）と政府軍の内戦が再燃したのち、91年のインド元首相ラジブ・ガンディー、93年のプレマダーサ大統領らの暗殺が相次ぐ。2002年に停戦合意するも、和平交渉は進展せず06年には事実上崩壊。

タイ王国

チャオプラヤ川流域は11世紀からアンコール朝の支配下にはいっている。13世紀にスコータイ朝が建てられる。1351年にはアユタヤ朝が成立し、のちスコータイ朝を併合するなどして港市として繁栄した。1767年、ビルマの侵攻によりアユタヤ朝が滅びると、タークシンがトンブリー朝を開く。

82年にトンブリー朝のチャオプラヤ・チャクリが、バンコクにラタナコーシン朝を築く。5世王チュラロンコンにかけて中央集権的な領域国家が完成した。1932年、人民党が立憲革命に成功、王制が終焉を迎える。38年に首相となったピブーンは、翌年にタイへと国名を変更し、政策的に日本軍に追随したが、44年に退陣を余儀なくされた。その後、48年にピブーンが首相に復帰するが、57年にサリット元帥がクーデターを起こし、翌年に首相に就任した。

73年、民主化運動の高まりのなか、文民による政府が成立したが、76年のクーデターで軍による政治支配が復活。92年に大規模な市民運動が発生し、その後は連立内閣による政党政治が定着。

大韓民国

氏族国家の時代ののち、4世紀からの三国時代を経て、7世紀に唐の律令制度を取り入れた新羅に統一された。9世紀にはいると内乱が頻発し、分裂。936年に高麗によって再び統一された。

13世紀、モンゴル帝国の侵入を受けて服属する。明朝が興ると、1392年、親明派の李成桂により朝鮮王朝が成立した。1443年には訓民正音（ハングル）が制定された。また、支配エリートである知識人層「両班」の形成が進行した。16・17世紀、日本の豊臣秀吉の朝鮮出兵、清朝の侵入などで大きな被害を受けた。

19世紀、欧米諸国に対しては抗戦・鎖国政策で臨んだが、江華島事件を経て、のちに諸外国とも条約を締結する。その後、日清両国の介入が拡大し、1894年、甲午農民戦争の鎮圧を理由に両国が出兵、日清戦争が勃発する。以降、日本の影響力が強化され、97年、大韓帝国が成立。1910年の日本の韓国併合に至る。

日本による植民地政策がおこなわれ、19年に三・一独立運動が鎮圧された。45年の日本の敗戦後、北緯38度線以南をアメリカが管轄し、48年、南部のみで総選挙がおこなわれ大韓民国が成立した。50年に朝鮮戦争が勃発、53年に休戦協定に調印。現在でも休戦状態にある。91年には北朝鮮と国連に同時加盟。

タジキスタン共和国

タジク人の起源は、前2千年紀から前1千年紀初め頃、中央アジアのイラン系諸部族にさかのぼる。8世紀半ばまでにアラブの征服によりイラン系諸部族はイスラム教に改宗した。9～10世紀、イラン系サーマーン朝のイラン文化復興運動のなかからタジク語が生まれる。だが9世紀半ば以降のチュルク系遊牧民の定住化、16世紀以後のウズベク人の到来で、イラン系諸部族の多くがチュルク化した。

19世紀後半、現タジキスタン領北部はロシア帝国の統治下におかれ、南部のブハラ・ハン国も保護国化された。ロシア革命後の1924年、中央アジアの民族別国境画定に際して、タジク人ははじめて共和国を形成しうる「民族」として認証された。だがウズベク・ソヴィエト社会主義共和国内のタジク自治ソヴィエト社会主義共和国は、東ブハラの一部だけで、多数のタジク人居住地域はウズベク領となった。ソ連政府は29年にタジク自治共和国をタジク・ソヴィエト社会主義共和国に昇格させる。軽工業（綿花生産への集中）が発展するが、ソ連のなかでもっとも貧しい共和国であった。ペレストロイカ期には共産党派と反対諸派の対立が高まる。1991年、ソ連の崩壊により独立し、現在の国名となる。

中華人民共和国

前3000年頃から黄河・長江流域に大規模な集落があったとされる。前1000年頃には殷・周などの王朝が黄河流域に存在した。前221年、秦の始皇帝によりはじめて統一された。中国の領域は徐々に拡大していき、唐代には中央アジアにまでおよぶ世界帝国が出現した。宋～元代には商業経済が大きく発展した。17世紀以降、東北部の満州族王朝である清帝国によって支配された。新疆などの獲得により、清代中葉には現在の人民共和国にほぼ受け継がれる領域が確立した。

19世紀には太平天国などの反乱が頻発。アヘン戦争、清仏戦争、列強の利権獲得により、半植民地化に対する危機感が増大した。1911年、辛亥革命が起こり、翌年、中華民国が成立した。21年、中国共産党結成。27年、蔣介石により南京国民政府が成立した。32年、日本に占領された東北部に傀儡政権満州国が樹立された。45年以降は国共対立が激化し、敗れた国民党は台湾に移り、49年に中華人民共和国が成立した。66年から文化大革命が始まる。60年代に中ソ対立が深刻化、70年代に国連加盟。89年には民主化を求める学生を武力鎮圧する天安門事件が発生。近年は他の先進国にはみられない経済成長をとげている。

朝鮮民主主義人民共和国

朝鮮半島では3世紀終わり頃までに氏族国家が成立した。高句麗が半島北部を支配したのち、7世紀に唐の律令制度を取り入れた新羅が半島全体を統一。9世紀には内乱が頻発したが、936年、高麗によって再び統一された。13世紀、モンゴル帝国の侵入に服属し、半島北部は元朝支配下に編入される。14世紀、明朝が興ると、親明派と元派の抗争が激化。1392年、親明派の領袖の李成桂により朝鮮王朝が成立した。1443年には訓民正音（ハングル）が制定された。また、支配エリートである知識人層「両班」の形成が進行したが、官僚同士の粛清（「士禍」）がたびたび発生した。17世紀まで北方の女真族との抗争も絶えなかった。

19世紀、欧米諸国に対しては抗戦・鎖国政策で臨んだが、日朝修好条規ののち諸外国とも条約を締結する。その後、日清両国の介入が拡大し、1894年、甲午農民戦争の鎮圧を理由に両国が出兵、日清戦争が勃発する。以降、日本の影響力が強化され、97年、大韓帝国が成立。1910年の日本の韓国併合に至る。

19年に三・一独立運動が鎮圧された。45年の日本の敗戦後、北緯38度線以北はソ連が管轄し、48年、抗日ゲリラを組織したとされる金日成を首相とする朝鮮民主主義人民共和国が成立した。

トルクメニスタン

10世紀後半、トルクマーンと呼ばれるチュルク系遊牧集団が、中央アジアでイスラム教に改宗し、セルジューク朝の軍事的主力として西アジアに進出した。だが彼らと現トルクメン民族の直接的なつながりは確定できない。

トルクメン人の民族形成は15世紀以降と考えられる。大小の部族・氏族集団に分かれ、遊牧や半農半牧の生活を営みながら、ヒヴァ・ハン国やブハラ・ハン国、カージャール朝イランに対してときに臣従し、ときに抗争した。19世紀半ばすぎ、トルクメン諸部族の連合はヒヴァ・ハン国などを打破し、事実上独立した。

1869年、ロシア帝国軍がカスピ海東岸に上陸し、クラスノヴォーツクを築く。ロシア軍に西部諸部族は恭順したが、南部オアシスのテケ部族は果敢に抵抗した（ギョクデペの戦い）。この戦いは、ロシア帝国の中央アジア征服戦争の事実上の終結を意味した。ロシアはこののち、85年までにトルクメン併合を完了する。

1924年、民族別国境画定によりトルクメン・ソヴィエト社会主義共和国が成立、民族意識の形成が進んだ。90年、共和国主権宣言をし、91年のソ連崩壊によりトルクメニスタンとして独立し、現在に至る。95年に永世中立国となった。

トルコ共和国

前7千年紀頃アナトリア高原に初期農耕・牧畜村落が出現し、前3千年紀末にはヒッタイト人が侵入した。その後、リュディアが栄えたが、前546年にアケメネス朝の支配を受けることとなった。

7世紀後半、当時アナトリアを支配していたビザンツ帝国は、11世紀にセルジューク朝勢力が進出するまで、イスラム世界に対するヨーロッパの防波堤の役割を果たした。13世紀末、アナトリア中部に出現したオスマン朝勢力は西へと進出し、1453年にビザンツ帝国の首都コンスタンティノープル（現イスタンブル）を陥落させた。

18世紀末頃からバルカン半島の非ムスリム（イスラム教徒）諸民族にナショナリズムが浸透、また第一次世界大戦前後には西欧の植民地となるなど、オスマン帝国の領土がつぎつぎと削減されていった。そうしたなかギリシャの侵入を撃退したムスタファ・ケマル（ケマル・アタテュルク）により、1923年トルコ共和国が樹立された。ケマルは、政教分離や文字改革などの近代化を推進した。

46年に複数政党制を導入、50年の総選挙で民主党政権が成立したが独裁化し、軍部による政権交代がしばしば起こる。

日本国

7世紀後半、中国の律令制にならった国家制度をとり、対外的に「日本」と自称した。10世紀の遣唐使の廃止で国風文化が隆盛。12世紀には武士に実権が移った。その後鎌倉幕府成立により政局が安定するが、14世紀から再び政情が不安定化し、室町幕府が成立したのちも、各地で武力抗争が頻発する。

16世紀後半、織田信長、豊臣秀吉により統一され、検地と刀狩により、農民と武士の階級分化が進行。17世紀初には江戸幕府が成立した。

19世紀後半から諸外国と条約を締結。近代的国民国家をめざして明治政府が成立した。日清戦争（1894年）・日露戦争（1905年）などを経て、台湾・朝鮮を植民地化。32年には中国東北部を占領し、傀儡国家満州国を樹立し、日中戦争を引き起こした。さらに東アジアの利権をめぐり太平洋戦争を引き起こした。敗戦後、アメリカの占領下におかれた。

47年、新憲法を施行した。51年に西側陣営と講和し、冷戦下ではその後方基地となる。60年代以降、高度経済成長を経験。55年には自民党と社会党による55年体制が確立したが、93年に崩壊。以後連立政権時代となり、自民党は一時政権を失ったが、公明党と結び復活した。

ネパール連邦民主共和国

4世紀にネパール盆地に成立したリッチャヴィ朝は、グプタ朝など北インドの覇者の宗主権を認めつつ独立を保ち、6世紀にはチベットとの関係も深めた。9世紀末に成立したタークリ朝は弱体化し、11世紀中葉にはマッラ王国、11世紀末にはティルフット王国が成立した。ネパール盆地の勢力は14世紀末にマッラ王朝として再興したが、15世紀末には盆地内で3都王国に分裂し、16世紀以降は全土が群雄割拠された。

18世紀に中部ネパール山地のグルカ勢力がネパール盆地を攻め取り、統一国家ネパールを建国した。グルカ王朝は、インド支配を進めるイギリスと19世紀初頭に衝突、グルカ戦争に敗れて領土割譲と駐在官受け入れを強いられた。1846年にはジャンガ・バハドゥル・ラナが政敵を虐殺し世襲宰相体制を開始。ラナ専制下では親英政策がとられ、1923年の友好条約で完全独立が公式に認められた。

51年に反ラナ勢力の協力で王権が復活、政党政治が始まったが、安定せずに59年国王親政、62年にパンチャーヤト体制に移行。90年の民主化運動を経て政党政治が復活するが、96年以降のマオイスト（共産党毛沢東派）の武装闘争もあり政局の混迷が続いた。2008年マオイストが第一党となり、王制は廃止され連邦民主共和制に移行した。

パキスタン・イスラム共和国

国土中央に広がるインダス川流域平野では前25～前18世紀にインダス文明、前15～前11世紀にアーリア文化が繁栄した。

7世紀にシンド王国が成立したインダス下流域は、8世紀にアラブ・イスラム勢力に征服され、9世紀にはイスマーイール派の地方政権が分立した。上中流域には9世紀後半にヒンドゥー・シャーヒー朝が成立したが、11世紀にはガズナ朝、12世紀後半にはゴール朝などスンナ派の政権が勢力を拡大した。16世紀にムガール帝国が勢力を拡大し、一時はラホールが首都となった。ムガール帝国は18世紀に弱体化し、各地にスルタン国が分立、パンジャーブにはシク連合体が成立した。

19世紀半ば、シンドとパンジャーブはイギリス領インドの一部となり、カシミールやバルーチスタンは藩王国となった。ムスリム連盟は第一次世界大戦後、国民会議派との対立を深め、単一国家を構想、1947年に東西パキスタンがインドと分離して独立した。

独立後のパキスタンは、インドとの3度の戦争や、71年バングラデシュの独立、79年以降はアフガニスタンの内戦を経験。国内政治も不安定でクーデターのたびに軍事政権と民政の間を揺れ動いてきた。

バーレーン王国

ペルシャ湾南部、カタル半島西側の大小約30の島々で形成される首長国。本島のバーレーン島は古代においてはチュロス、ワルなどの名称で知られる。歴史的な意味でのバーレーンは、現在のクウェート以南、カタル半島に至るペルシャ湾岸一帯をさし、現在よりも広域をさす名称であった。

9世紀末に興ったイスラム教シーア派の一派カルマト派の一大拠点として、バーレーン一帯にシーア派信仰が広まった。988年のウカイル人の攻撃を受け、以後カルマト派の影響はうすれたが、住民の多くはシーア派信仰を保つ。

11世紀以降バーレーンは、サファヴィー朝ペルシャ、オスマン帝国、ポルトガルの勢力下にはいり、18世紀末にアラビア半島からスンナ派を信仰するハリーファ家がバーレーン島を征服、同地を支配し現在に至る。多数を占めるシーア派住民を少数のスンナ派支配層が統治する状況になった。1867年にイギリスの保護下にはいり、1971年に独立。

バングラデシュ人民共和国

前3世紀にマウリヤ朝が北西部を編入し、後4～5世紀には東南部を除く全域がグプタ朝の属州となった。6世紀の小国群立を経て、7世紀前半にシャシャーンカにより統一されたが、短期間に瓦解した。その後、仏教王国パーラ朝が9世紀に成立し、9世紀前半と11世紀に強大な権力を築く。13世紀にかけて東ベンガルはセーナ朝などの支配下にあったが、13世紀初頭にムスリム（イスラム教徒）勢力が進出を開始した。1576年には大半の地域がムガール帝国に征服され、17世紀にはダッカがベンガル州の州都となる。1757年にイギリス東インド会社がプラッシーの戦いで覇権を確立、18世紀後半に東ベンガルはイギリスの植民地に組み込まれた。

19世紀に東ベンガルではムスリム人口が急増し、ヒンドゥー教との習合的側面を排除しようとするイスラム原理主義運動も展開された。20世紀初頭、反英独立運動のなかでヒンドゥー・ムスリムの政治的対立は激化し、1947年にムスリム多数地域の東ベンガルがパキスタンに組み込まれることになった。

しかし東パキスタンの政治経済は西パキスタンに支配され、その不満から48年以降ベンガル語国語化運動、60年代後半の州自治権拡大運動となる。70年の総選挙結果を無視した政府の弾圧に抵抗し、71年に独立戦争が開始され、同年末にインドの介入を得てバングラデシュが独立した。

東ティモール民主共和国

植民地化以前のティモール島には小王国が分立していた。16世紀初頭以降ポルトガル人が到来し、東ティモールを活動拠点にした。西ティモールには17世紀にオランダ人が拠点を構築し、1910年代の反植民地運動の鎮圧を経て、ティモール島が東西に

分割される状況が確定する。第二次世界大戦中は日本の軍政下におかれたが、戦後は再びポルトガル領となる。

1974年に成立したポルトガルの民主革命政府は植民地の自決権を承認し、東ティモール独立革命戦線（フレテリン）が内戦に勝利し75年に独立を宣言した。しかしインドネシアが武力占領を進め、76年、東ティモールを併合した。独立派は、インドネシア軍によって全土が制圧されても、ゲリラ活動を続けた。

インドネシアのハビビ政権は、1999年1月に東ティモールの独立を容認。99年8月には住民投票が実施され、独立支持が8割を占めたが、統合派民兵の武力活動により治安が悪化。9月中旬頃から多国籍軍が派遣され、10月には国連東ティモール暫定行政機構の活動が始まった。

2001年の制憲議会選挙でフレテリンが圧勝。02年、憲法採択、大統領選挙を経て、正式に独立した。

フィリピン共和国

植民地化以前のフィリピン群島には、南部のホロ島を中心としたスールー王国のほか王朝国家は存在せず、バランガイと呼ばれる小集落が各地に点在していた。1565年にフィリピンへ到達したスペインは、17世紀後半までにルソン島・ビサヤ諸島の低地部を支配下においた。

1896年、秘密結社カチプナンが蜂起し、フィリピン革命が始まる。革命勢力は全国に拡大し、98年4月にアメリカが介入して、12月にはスペインからフィリピンの領有権を獲得した。99年、革命政府はマルロス共和国を樹立し、アメリカとの戦争が開始される。アメリカはフィリピンに自治権を徐々に与えたものの、経済はアメリカへの従属が維持・強化された。

第二次世界大戦下での日本軍の軍政に対し、反日ゲリラが活動をおこなう。1946年7月、フィリピン共和国として独立するが、経済や軍事面ではアメリカの影響下にあった。

ブータン王国

8世紀以前の歴史は不明。8世紀中期にインドから仏教が広まったという伝承がある。当時の住民は9世紀頃までにチベット軍に征服され、以後チベットの影響下で国家形成が進められる。17世紀にはチベットの高僧ガワン・ナムギェルが各地の群雄を征服して初代法王に即位し、法王が聖俗両界の実権を掌握する政教一致体制を築いた。

18世紀にチベットを征服した清朝の影響がおよぶ一方、ベンガル支配を進めるイギリスと衝突が続いた。1864年のブータン戦争後のシンチュウ条約で、イギリスにドゥアール地方を割譲した。

19世紀末には東部トンサ郡の領主ウゲン・ワンチュックが群雄を制し、1907年に現ワンチュック朝を創始した。49年のインドとの友好条約で、独立とデワンギリ地方の返還、補助金の増額を認めさせるが、外交・軍事面でインドの指導を受け入れること

になる。中印紛争では微妙な立場となるが、インドとの友好を維持し、その後の自主外交権の拡大につなげた。

60年代には3代国王が近代化と経済開発に着手し、70年代以降も4代国王が国王権限の縮小による民主化、「国民総幸福量（GNH）」の概念による近代化を進めた。2006年に現国王に王位が譲位された。

ブルネイ・ダルサラーム国

ブルネイ王国は、10世紀頃から歴史の記録に登場し、南シナ海における交易ネットワークの拠点として栄えた。16世紀頃からイスラム教への改宗が進み、布教の拠点となる。

17世紀半ば以降、現在のフィリピン南部に位置したスールー王国がボルネオ北部に勢力を拡大したことや、19世紀半ばにイギリス人ブルックがサラワクの支配権を得て、現在に至るブルネイ王国の領域が確定。1888年、イギリスの保護領化し、1906年にはイギリスが内政を完全に掌握した。第二次世界大戦中は日本軍政下におかれたが、戦後は再びイギリスの保護領となった。

61年、マレーシアがブルネイ王国を含めた新連邦構想を発表したが、交渉は決裂した。67年5月にイギリスとの間でブルネイの独立に関する協議が開かれたが、合意には至らなかった。同年10月、国王オマールは長男に譲位するが、以後も前国王が実権を握り続け、70年に立憲議会を解散して、国王による任命制の議会が成立した。

71年、イギリスはブルネイに内政自治権を付与することを決定。79年、ブルネイ・イギリス友好協力条約が締結され、83年末をもって全権限をブルネイに委譲することが決まり、84年1月1日、ブルネイ・ダルサラーム国として独立した。

ベトナム社会主義共和国

北部地域は、前2世紀以来、中国歴代王朝の支配下にあったが、10世紀に独立をはたした。15世紀初めに興った黎朝は、ベトナム中・南部のチャンパー王国を占領した。17世紀初め、広南阮氏はチャンパーを滅ぼし、カンボジアにも影響力を行使して、メコン・デルタの支配を確立した。1802年には阮福暎（のち嘉隆帝）が1771年からの西山阮氏による支配を倒してベトナム全土を平定し、阮朝を開いた。

19世紀半ば、ベトナムへと触手を伸ばしたフランスは、1862年の第1次サイゴン条約によりメコン・デルタを奪い、フランス領コーチシナを成立させた。その後、84年には北部がトンキン保護領、中部がアンナン保護国とされ、阮朝ベトナムの全土がフランスの植民地になった。

1940年、日本軍がインドシナに進駐し、日・仏二重支配が始まるが、30年にホーチミンによるベトナム共産党が抵抗運動を開始。日本の敗戦をうけ、45年9月、ホーチミンはベトナム民主共和国の独立を宣言するが、翌年からフランスとの戦争が始まる。54年のジュネーヴ会議で北緯17度線をもって、北の民主共和国

と南のベトナム国へと分かれる。55年に大統領となったゴ・ディンジェムは、ベトナム共和国を建国した。60年、南ベトナム解放民族戦線が結成され、共和国との間で内戦が勃発した。63年にアメリカの直接介入があったが、73年にパリ和平協定でアメリカ軍が撤退すると、解放勢力は75年にサイゴンを占領し、翌年、ベトナム社会主義共和国を成立させて南北の統一がなされた。

マレーシア

14世紀末に成立したマラッカ王国は、1511年、ポルトガルにより占領された。マラッカの王族はジョホールに王国を築き、17世紀にはオランダのマラッカ奪取に協力するが、18世紀には王国が分立する状況となった。

1786年、イギリス東インド会社はペナン島を領有し、マラッカも領有した。19世紀後半、イギリスはマレー半島各王国の王位継承に介入して、1896年にマレー連合州を成立させた。1909年にはジョホールもイギリスの支配下にはいり、ボルネオ島でも1888年にサラワクと北ボルネオがイギリスの保護領となる。

第二次世界大戦中の日本占領期を経て、1946年に統一マレー人国民組織（UMNO）はイギリスと交渉し、48年にマラヤ連邦が成立した。中国系住民はマラヤ共産党に合流してゲリラ戦を開始した。52年にはマラヤ中国人協会がUMNOと連合し、54年にマラヤ・インド人会議も参加して連盟党が設立された。57年8月、独立した。

63年には、北ボルネオ（サバ）、サラワク、シンガポールを加えたマレーシア連邦が成立するが、65年にシンガポールが分離した。

ミャンマー連邦共和国

11世紀中頃、アニルッダ（アノーヤター）王がパガン朝を開いた。16世紀のタウングー朝は、現在の上・下ビルマにほぼ匹敵する地域を支配し、18世紀半ばに建てられたコンバウン朝は、1767年にアユタヤ朝を滅ぼした。19世紀、イギリスとの3度の戦争の末、1885年にコンバウン朝が崩壊し、ビルマ全域がイギリス領となった。のちにアウン・サンやウー・ヌらを輩出するタキン党が、1930年に結成される。40年、日本軍はタキン党員らに軍事訓練を施し、ビルマ独立義勇軍を設立した。42年、独立義勇軍は日本軍とともにビルマに進軍し、翌年には名目的独立をはたす。44年に結成された反ファシスト人民自由連盟（パサパラ）は、抗日運動を進めた。

45年10月にイギリスの支配が回復されるが、パサパラはイギリスと交渉を進め、48年、ビルマ連邦として独立した。だが、62年、ネ・ウィンがクーデターを起こして議会を解散し、軍政を確立した。

74年に形式的な民政移管がおこなわれたが、88年6月から反政府運動が全国展開。アウンサン・スーチーを指導者とする民主化運動へと収斂していく。89年9月には国軍が治安回復を理由

に政権を奪取し、国名をミャンマー連邦に改め、2010年に現国名となる。2010年の総選挙後、民主化が進展している。

モルディヴ共和国

地名・言語・考古学遺跡・文化習俗の特徴から、古い時代に南西インドやスリランカの人々が移住したと推定されている。

6～7世紀、ササン朝の勢力拡大を背景にイラン系の人々が進出し、8～10世紀には活発なインド洋海域交易を背景にアラブやイスラムの人々も到来するようになったと考えられる。12世紀にはイラン出身のスーフィー聖者の導きで国王がイスラム教に改宗し、以後歴代スルタンは海外から渡来するイスラム知識人を多数要職に迎えた。

15世紀末以降は西欧列強のインド洋進出の影響を受ける。16世紀の一時期にはポルトガルの占領によりゴアへの朝貢を強いられ、17世紀には隣国セイロン（現スリランカ）を支配するオランダ、18世紀末（正式協定は1887年）にはセイロン支配を引き継いだイギリスの保護国となる。1948年のセイロン独立時には、改めて保護条約を締結。

65年に完全独立したモルディヴは、68年に共和制に移行した。2代ガユーム大統領は政治基盤を固め、2003年の選挙で連続6期という長期政権を維持した。04年以降複数政党制の導入など民主化改革が進められ、08年には民主的な新憲法が制定される。

モンゴル国

モンゴル高原には紀元前以来「匈奴」「鮮卑」などの遊牧民族がいた。12世紀末、一部族の族長テムジンが諸部族を征服し、1206年、部族長会議（クリルタイ）においてハンに推戴され、チンギス・ハンを頂点とするモンゴル帝国（大モンゴル・ウルス）が成立した。ユーラシア全土に版図を拡大するが、チンギス・ハンの死後に分裂し、中国本土には第5代のフビライが1271年に元を建国する。14世紀、元朝の後身の北元がモンゴル高原一帯を支配するが、その後、部族間抗争が激化した。

17世紀中頃までにモンゴル高原東部は清朝により制圧され、清朝の皇帝がモンゴルのハンとなった。18世紀にモンゴルの諸部族すべてが清の支配下にはいる。蒙古律例などにより漢人とは異なる統治がおこなわれた。

1911年の辛亥革命ののち、帝政ロシアの援助のもと、ボグド・ハン政権が外モンゴルの独立を宣言したが、15年には取り消され、自治権だけが認められた。19年、中華民国が外モンゴルを接収したが、白軍の侵入により21年2月にボグド・ハン政権が復活した。7月、これに抵抗したモンゴル人民党がソ連の援助のもと白軍を排除し、活仏による君主制人民政府が成立した。24年から社会主義国家モンゴル人民共和国に移行。中ソ対立期にも一貫して親ソ的であり、「ソ連の衛星国」とも呼ばれる。

80年代末、民主化運動が活発化。90年から複数政党制・大統領制を採用し、92年にモンゴル国憲法を施行し、国名をモンゴル

国に改めた。

ヨルダン・ハシェミット王国

前2世紀中頃、ペトラを都とするナバテア王国が成立するが、後106年にはローマ帝国の属州となる。その後7世紀に至るまで、ローマ帝国、ビザンツ帝国の支配下にあった。

こうしてヨルダン一帯にキリスト教が広まるが、アラブの大征服により、イスラム教が浸透する。十字軍時代には、フランクの支配を受けた。オスマン帝国下、ヨルダン渓谷一帯はダマスカス州の一部として存在した。

第一次世界大戦後、サイクス・ピコ協定に基づきイギリスの委任統治領とされ、1923年、ハシェミット家のアブドゥラを首班として、現在のヨルダンの前身トランス・ヨルダン首長国が誕生する。第二次世界大戦後の46年、トランス・ヨルダン王国として独立し、50年から現在の国名に改称。51年に国王アブドゥラが暗殺され、53年に孫のフサインが即位した。

1999年にアブドゥラ・ブン・フセイン国王が即位し、現在に至る。

ラオス人民民主共和国

14世紀半ば、ランサン王国が建国された。16世紀に勢力を伸張したものの、18世紀には3つの王国に分裂し、3王国ともシャム（タイ）の属国あるいは朝貢国となった。

1860年代からフランス人の踏査がラオスにもおよび、85年には副領事館が設置された。93年10月のフランス・シャム条約で、フランスはラオスに対する保護権を獲得して、領域国家としてのラオスが創出された。99年にはフランス領インドシナに編入される。

1945年3月からフランス領インドシナの直接支配を開始した日本軍は、4月にルアンプラバンのシーサワーンウォン王に名目

的な独立を宣言させた。10月にはラオ・イサラ（自由ラオス）が臨時政府を樹立したが、フランスが復帰し、臨時政府はタイに逃れた。

49年、フランス連合内の協同国として独立するが、その認否をめぐりラオ・イサラは分裂し、左派がパテト・ラオ臨時抗戦政府を樹立し内戦が始まる。第1次・第2次連合政府はともに崩壊し、ベトナム戦争中にはアメリカ軍によるパテト・ラオ支配地域への空爆も開始された。75年4月、サイゴン陥落以降、8月にパテト・ラオ軍がヴィエンチャンを制圧して、12月にラオス人民民主共和国が成立した。

レバノン共和国

古代より地中海貿易の中心として繁栄し、フェニキア人の都市が形成された。前1千年紀にはアッシリアの攻撃によりその支配下に、前6世紀にはバビロニアに征服された。その後、アレクサンドロス大王の征服、ローマ帝国、ビザンツ帝国を経て、アラブの支配下にはいった。

イスラム教浸透ののち、レバノン山地で7世紀からはマロン派キリスト教徒が、11世紀からイスラム教の異端ドルーズ派が活動拠点とするようになった。レバノン海岸部では十字軍の侵略にあい、1109年からは現シリア地中海沿岸とレバノンにまたがるトリポリ伯領が設置された。

その後、アイユーブ朝、マムルーク朝の支配下にはいり、16世紀初頭にオスマン帝国の征服を受けた。さまざまな宗派が入り乱れる状況下、西欧列強の進出にともない、独立した地域として存在するようになる。1920年にフランスの委任統治領となるが、43年に完全独立。大統領をマロン派、首相をスンナ派、国会議長はシーア派から選出する宗派制度を確立し、宗派間の協調を図る。75年に内戦に突入。90年に内戦は終結したが、2006年、イスラエル兵拘束事件を受けてイスラエルが侵攻。ベイルートは空爆のため多大な被害を受けた。

アフリカ

アルジェリア民主人民共和国

前8世紀頃に、現在のチュニジアに興ったカルタゴの支配を受け、カルタゴがローマに敗れると、今度はローマの支配下にはいった。5世紀にはヴァンダル王国、6世紀にはビザンツ帝国に征服された。7世紀末にはアラブの大征服を受け、先住ベルベル人のアラブ化・イスラム化が進んだ。8世紀後半にはハワーリジュ派王朝ルスタム朝が、アルジェリア中部の都市ターハルト（ティアレ）を拠点に形成され、東のアグラブ朝、西のイドリース

朝と対抗した。11〜13世紀に興亡したムラービト朝、ムワッヒド朝のベルベル系王朝のもとでスンナ派信仰が浸透することになる。16世紀にはオスマン帝国が進出し、マグリブ地域支配の拠点としてアルジェ州がおかれて現在の領域が確定した。

1830年にフランスの植民地となり、フランス語教育とキリスト教の布教が進められたが、第二次世界大戦終了までアブド・アルカディールによる対フランス抵抗運動も展開された。1954年に独立戦争が始まり、62年に独立を勝ち取った。以後、独立戦争の中心であったFLN（民族解放戦線）の主導のもと、社会主義的

な国家体制が敷かれ、アフマド・ベンベッラが初代大統領に就任した。しかし権力の腐敗と経済政策の挫折からイスラム主義勢力が台頭し、89年には複数政党制に移行、90〜91年の総選挙で野党 FIS（イスラム救済戦線）が勝利、92年には軍事クーデター勃発と、国内政治は混乱に陥っている。92年頃からイスラム原理主義のテロ活動が盛んとなり、国内情勢が悪化、95年に大統領に就任したゼルーアルは、テロ対策を含む内政・治安の正常化に努力し、民主化を推進した。99年にはそのあとを受けてブーテフリカが大統領に就任し、各種改革が進められて現在に至っている。

アンゴラ共和国

1884〜85年のベルリン会議でポルトガル領となり、ポルトガル支配の初期には諸民族の抵抗が頻発したが、共和国期（1914〜20）には強制労働と同化政策を基調とする植民地政策が定着した。サラザール政権期（1930〜68）には本国と植民地（海外州）との関係が強化された。しかし1960年代初めアンゴラ独立の武力闘争が起こり、全人民主義のアンゴラ解放人民運動（MPLA）、民族を基盤とするアンゴラ民族解放戦線（FNLA）、そしてアンゴラ全面独立民族同盟（UNITA）の3者が対立し、東西勢力の介入を招いた。最終的にはソ連・キューバが支援するMPLAが勝利、アンゴラは75年11月に独立した。しかし、独立後もマルクス・レーニン主義を掲げるMPLA政権と南アフリカ共和国とアメリカが支援するUNITAとの内戦が続いた。

80年代初めレーガン米政権のキューバ兵のアンゴラからの撤退を要求するリンケージ政策に対し、政府は内政干渉であると拒否した。88年のレイキャヴィク会談後、アンゴラ和平交渉がおこなわれ、91年エストリル合意により16年間続いた内戦は終結した。国連安全保障理事会はただちに停戦、武装解除、選挙を監視する国連検証団派遣を決議する。92年、新憲法が制定され、マルクス・レーニン主義を放棄、国名もアンゴラ共和国となった。同年9月には大統領・国政選挙が実施されたが、UNITAは選挙不正があったとし戦闘を再開、戦闘地域は中部・北西部に拡大した。93年初めに国連が介入して和平会議を呼びかけたが、UNITAは応ぜず、国連はUNITAに対し制裁措置を実施した。この結果、和平交渉は再開され、94年11月にルサカ合意が成立した。この合意にもかかわらず、UNITAは国民統合政府参加の条件をめぐりさまざまな要求をだし、ダイヤモンド生産地を占拠し、その密売益で戦闘を継続した。しかし、2002年サビンビUNITA議長が戦死し、27年間続いた内戦は終結した。08年に初の総選挙を実施した。

ウガンダ共和国

14世紀頃よりブニョロ・キタラ王国が栄え、17世紀頃よりブガンダ王国が台頭、アンコーレ、トロなどの王国も力をもつ。19世紀後半よりキリスト教宣教師が西欧より多く派遣され、1890年イギリスの勢力範囲とされてイギリス東アフリカ会社の統治を受けた。94年にイギリスはブガンダを保護領とし、しだいにその統治範囲を現在のウガンダ全体に広げた。

第二次世界大戦直後より民族主義運動が高まるが、ブガンダ王国とウガンダの他の地域との関係が複雑に絡み合って政党の分裂・融合を繰り返し、結局4王国に連邦の地位を与えて1962年に独立。66年ウガンダ大統領となっていたブガンダ王はオボテ首相によるクーデターにより追放されて共和制に移行。71年アミン将軍率いる軍部クーデターで軍事政権樹立。79年反アミン勢力を結集したウガンダ民族解放戦線がタンザニア軍とともに国境を越して参戦。アミンを国外追放したが、政局は定まらず内戦が続き、86年ようやくヨウェリ・ムセベニ大統領のもとで安定に向かった。94年の憲法議会選挙にあたり、伝統的な王の地位を復活させたが、それは政治参加をおこなわないという条件つきであった。95年に新憲法が制定され、96年に大統領と国会議員選挙がおこなわれたが、立候補者は政党別ではなく無所属で立つことを義務づけられた。政党の代わりに「運動（Movement）」という名の組織がつくられ、地方行政の民主化を進めた。90年代にはいってウガンダ経済は活気づき、またHIVエイズ対策が成功した例として国際的に注目された。2003年にムセベニ政権は複数政党制復活に踏み切り、05年7月に憲法改定の国民投票で成立した。06年2月の総選挙はムセベニ率いる国民抵抗運動が国会議席の大多数を占める結果に終わり、その後もムセベニ大統領による長期政権が続いている。

エジプト・アラブ共和国

ナイル川の氾濫がもたらす肥沃な土壌により、豊かな農業生産を誇り、巨大な文明と国家を生みだしてきた。前3000年頃、メネス王朝が下エジプトを統一し、第1王朝が成立。前2550年頃にギザの地にクフ王のピラミッドをはじめ、三大ピラミッドが建設された。前1645年頃には東方よりヒクソスの侵入を受け、前525年にはアケメネス朝ペルシャの支配下にはいったが、おおむね在地の王朝が支配した。前305年にプトレマイオス朝が成立し、同王朝は前30年にローマの攻撃を受け滅亡した。

395年以降はビザンツ帝国の支配を受けていたが、641年にアラブの将軍アムル・ブン・アルアースに征服され、以後イスラム化する。979年にチュニジアよりファーティマ朝の軍隊が到来し、アルカーヒラ（現カイロ）を建設した。アッバース朝とその首都バグダードの衰退により、しだいにエジプトは中東イスラム世界の中心地となっていった。1250年にマムルーク朝が成立すると、その地位は確固たるものとなった。1517年にエジプトはオスマン帝国に征服されたが、マムルークが支配層を占める社会状況は続いた。

ナポレオン軍撃退のためにオスマン帝国から派遣された将軍ムハンマド・アリーは1805年にエジプト総督の地位を獲得し、以後彼の子孫がエジプトを支配する。またこのムハンマド・アリー朝期に近代化政策を実施したが、経済破綻を招き、ウラービー革命の失敗を経て、イギリスの軍事占領を受けた。1922年にイギ

リスより独立し、52 年にナセル率いる自由将校団のクーデターを経て共和制に移行。第 4 次中東戦争後の 79 年にアンワル・サダト大統領が単独でイスラエルと和平したことにより、一時アラブ連盟の資格を剥奪され、サダト自身も暗殺された。その後、自由化路線を引き継いだムバラク大統領のもと、経済改革を推進するとともに、過激なイスラム運動を弾圧する政策に転じた。2005 年の大統領選において 5 度目の当選をはたしたが、アラブ民主化運動の高揚で 2011 年にムバラク政権は崩壊した。

エチオピア連邦民主共和国

3000 年の歴史を誇り、アクスム王国は紀元前後に成立したとされる。4 世紀にはキリスト教が伝えられた。その後オロモ人の進出、豪族間の争いなどで地方分権化し、19 世紀後半になって帝国としての統一化が進んだ。紅海沿岸のエリトリアはイタリアの植民地となったが、エチオピアは 1896 年にアドワの戦いでイタリアに勝って独立を保った。

1936 年にイタリアに占領されるが、41 年には連合軍支持のもとに独立を取り戻した。52 年に国連はエリトリアとの連邦化を決定したが、62 年にこれを併合。この頃よりエリトリア独立運動が内戦に発展。大規模飢饉が発生するなかで 74 年にはエチオピア軍部が反乱を起こし、しだいに旧支配層を排除し自ら政権を握り、ハイレ・セラシエ皇帝は追放されて 75 年には帝政に終止符が打たれた。軍部政権は社会主義化を宣言、土地改革など急進的な政策を推進した。

ソ連の軍事援助を受けた政権はエリトリアの軍事平定をねらったが、逆にエリトリアに加えてティグレ人民解放戦線（TPLF）やオロモ解放戦線が反政府闘争に立ち上がり、91 年首都を制圧し、軍部政権は崩壊した。TPLF は全国政党としてエチオピア人民革命民主戦線（EPRDF）に発展し、暫定政権を樹立した。94 年制憲議会選挙がおこなわれ、EPRDF が圧倒的な勝利を収めて、同党首メレス・ゼナウィが実権をもつ首相に就任、大統領は EPRDF を支持したオロモ人民民主機構（OPDO）から選ばれた。しかしオロモの他の政党は反政府運動を強め、96 年にはゲリラ闘争を起こした。98 年にはエリトリアとの間に国境紛争で軍事抗争を起こし、2000 年に停戦した。

エリトリア国

1 世紀から繁栄したことで知られるアクスム王国の領土の大きな部分を占め、4 世紀にはキリスト教が広まった。王国は 7 世紀以降、イスラム教徒が紅海貿易を支配するようになり衰えた。1882 年にイタリアの植民地となった。

第二次世界大戦後、一時イギリスの支配下におかれ、1952 年に国連決議のもとにエチオピアと連邦を形成したが、62 年にエチオピア議会が一方的にエリトリアを帝国の 1 州とすることを決議し、合併された。その後、独立をめざすゲリラ闘争が始まり、71 年に武装解放闘争の主導権を握ったエリトリア人民解放戦線

（EPLF）はエチオピア軍のたび重なる猛攻を撃破、90 年から近隣のエチオピア内のティグレ地方の反政府軍事闘争と連動してエチオピアの政権を倒した。93 年 4 月エリトリアの独立を問う住民投票が国連監視下に実施され、圧倒的賛成により同年 5 月 24 日に独立を達成した。現在 EPLF は、民主主義と正義のための人民戦線（PFDJ）と名を変えている。大統領には、EPLF の書記長であったイサイアス・アフェウェルキが選出され就任した。

97 年には新憲法案制定のための議会が召集され、地域代表なども加わり、全員一致で可決された。しかし、同年末よりエチオピア通貨ではなく独自の通貨ナクファを導入したことをきっかけとして、両国間の国境線の主張の違いもあって 98 年 5 月に国境紛争が始まり、新憲法制定は延期され、国会議員選挙も延期された。アフリカ統一機構（OAU）は停戦と国境調停に動き、両国代表は 2000 年 6 月に OAU が作成した平和協定議定書に署名、同時に国連軍が平和維持のため国境付近で停戦監視をおこなうことに同意した。03 年になり、地方議会の選挙がおこなわれた。

ガーナ共和国

中央部ではアシャンティ王国が 18 世紀頃栄えていたが、海岸部には 15 世紀にポルトガル人が進出し、ヨーロッパ諸国の商人が金、のちに奴隷を求めて貿易基地を建設した。アシャンティは 19 世紀にイギリスとしばしば交戦し、1874 年に海岸部をイギリス植民地とされたあと 1900 年に敗退、02 年には現在のガーナ全域がイギリスの植民地・保護領となった。

19 世紀末には民族運動が始まるが、第二次世界大戦期まではエリート層に限られた。1947 年に統一ゴールドコースト会議が、さらに 49 年エンクルマ指導の会議人民党が組織され、大衆的基盤をもった民族運動が誕生した。57 年 3 月 6 日に独立を達成し、エンクルマは社会主義とパン・アフリカ主義を基調として国家建設を進めたが、66 年 2 月のクーデターによりエンクルマ体制は崩壊した。ブシアとリマンによる民政の時期を短期間挟んだ後、81 年 12 月にはローリングスがクーデターを起こし、軍部支配が継続した。92 年 10 月・12 月の大統領・議会選挙では、ローリングスと国民民主会議が勝ち、93 年 1 月に民政に移行した。ローリングスは 96 年 12 月の大統領選挙でも勝利し再選されたが、2000 年 12 月の大統領選では、3 選を禁止する憲法条項から出馬せず、野党の親愛国党のクフォーが当選し、独立以来はじめて、選挙による与野党間の政権交代となった。

カーボヴェルデ共和国

カーボヴェルデ諸島に 1460 年にポルトガル人ディアゴ・ゴメスが来航し、95 年に入植が始まった。1587 年にはポルトガル領となり、ヨーロッパとアメリカを結ぶ航路の重要な中継地となった。

1956 年にはギニア・カーボヴェルデ独立アフリカ党（PAIGC）が結成され、両地域の独立・統合を求めて独立運動が進められ、

75年7月5日に独立した。80年11月、ギニア・ビサウとの統合計画が挫折、PAIGCはカーボヴェルデ独立アフリカ党(PAICV)と改称した。ベレイラ大統領・PAICV政権は、91年1月13日の議会選挙で「民主運動（MPD）」に、2月17日の大統領選挙でアントニオ・マスカレーナス・モンテイロに敗れ、複数政党制に移行した。

ガボン共和国

15世紀後半以降ポルトガルが進出し、奴隷貿易や通商活動をおこない、オランダ、イギリスがこれに続いた。19世紀にはいって奴隷貿易が衰退すると、フランスの進出が目立ち始め、1890年にはフランス領コンゴの一部となった。1903年に分離されて別個の植民地となり、10年にはウバンギ・シャリ（現中央アフリカ共和国）、中央コンゴ、チャドとともにフランス領赤道アフリカを形成して、その1州となった。第二次世界大戦後の58年11月にフランス共同体内の自治共和国となり、60年8月にはガボン共和国として完全独立を達成した。独立初期にはガボン民主ブロック（BDG）を中心とする複数政党制のもとで政情不安が続いたが、フランスの政治的・軍事的テコ入れによって政権の維持が図られ、67年には事実上BDGの一党体制となった。68年にはボンゴ大統領のもとでBDGの後継政党であるガボン民主党（PDG）の憲法上の一党体制が確立した。

ポスト冷戦時代の到来とともに民主化の波が押し寄せると、90年初めには労働者や学生などのデモが続発した。こうした状況下で、各界代表約2000人からなる国民会議が民主化プロセスを策定することとなり、ボンゴ大統領も承認した。90年9月には複数政党制への移行を定めた憲法改正がおこなわれ、同年10月から91年3月にかけての国民議会選挙により、PDGが過半数を制したものの、他の6政党も議席を獲得して、文字通りの複数政党制となった。しかし政局は安定せず、93年の大統領選挙ではボンゴが5選されたものの得票率は51%にとどまった。98年以降ボンゴ政権は再び支持率を高め、同年末の大統領選挙では66%の得票で6選、2005年には7選をはたした。2009年にボンゴ大統領が死去し、子息のアリ・ボンゴが大統領となった。

カメルーン共和国

15世紀以降ポルトガル人が沿岸地域に進出して奴隷貿易その他の通商活動に従事し始め、ついでオランダ、イギリスの進出もみられたが、ともに通商活動やキリスト教の布教活動にとどまった。1884年ドイツの探検家ナハティガルが政府の命を受けてこの地域の諸部族首長と保護条約を結んだ結果ドイツ保護領となったが、第一次世界大戦でのドイツの敗北により、1919年に東カメルーンはフランスの、西カメルーンはイギリスの委任統治領となった。60年1月東カメルーンが独立、西カメルーンも61年の住民投票の結果、北部がナイジェリアと合併し、南部は独立と同時に東カメルーンと合体して連邦共和国を形成した。

連邦の初代大統領は東カメルーンから、副大統領は西カメルーンから選ばれたほか、国民議会の議席配分も東の40に対して西は10と、面積、人口の違いを反映して東部優位であった。連邦はその後しだいに形骸化し、中央政府が地方に対して強い権限を行使しうる方向で制度改革が進められた。さらに66年にはカメルーン民族同盟の一党体制が確立するなど、独立以来のアヒジョ政権の基盤が強化されていった。結局72年に連邦制は廃止されて単一共和国となり、その後、国名もカメルーン連合共和国となり、84年に現国名となった。

アヒジョは80年の5選後、82年に辞任、ビヤ首相が大統領に就任した。キリスト教徒であるビヤは、アヒジョ時代に中枢部への進出が目立ったイスラム勢力をしだいに排除して南部のキリスト教勢力で周辺を固めたため、北部が激しく反発して反政府活動も活発化した。世界的な民主化の90年代にはいると複数政党制へ移行したが、ビヤ政権はいぜん強固で2004年まで6選された。与党のカメルーン人民民主連合も01年、06年の国民議会選挙で圧勝した。しかし英語圏（西部）の独立を推進する勢力も活発化しており、政情は不安定である。

ガンビア共和国

15世紀にポルトガル人が訪れ、16世紀後半にイギリス人が交易のために進出、ついでフランス人も進出したが、1843年にセントマリー島がイギリス領となり、89年に現在のガンビア全域がイギリスの支配下にはいった。

独立運動は、マンディンゴ人を基盤とする人民進歩党（PPP）、ウォロフ族の統一党（UP）とによって進められ、1965年2月18日に独立し、PPPのジャワラが首相に就任した。70年4月に共和制に移行し、ジャワラが初代大統領となった。81年7月、ジャワラ大統領不在中のクーデターが発生したが、防衛協定に基づいてセネガル軍が介入して鎮圧した。この事件によって、セネガルとの合邦計画が進展し、82年2月にセネガンビア国家連合が誕生したが、成果がなく89年9月に解体。91年1月に両国間に友好協力協定が結ばれた。92年4月にはジャワラ大統領が6選された。

94年7月にジャメ中尉による軍事クーデターが成功し、ジャワラ大統領は隣国セネガルに亡命した。民主化を確約したジャメ軍事政権は、96年の大統領選で勝利し、以来、クーデター未遂事件はあったものの野党や言論界を弾圧し、2011年11月の大統領選で4選をはたした。2016年12月の大統領選挙で野党統一候補のバロウが選出された。

ギニア共和国

19世紀後半にはサモリ・トゥレがこの地域を支配し、フランスの侵略に激しく抵抗したが、1881年にはフータジャロン地区がフランスの保護領となり、95年にはフランス領西アフリカにギニアとして組み込まれた。民族運動は、セクー・トゥレのギニア民主党によって進められ、1958年9月、ド・ゴール憲法に反対し、10月2日に独立を達成した。フランスの報復的措置に対し東欧諸国に接近し、「社会主義」による建設を図った。78年11月に国名をギニア人民共和国と改称し、一党体制を整備した。84年3月、セクー・トゥレの死後、4月3日にランサナ・コンテ大佐によるクーデターが起こり、憲法を停止し、国名をギニア共和国に変更した。コンテは経済の再建を図り、89年10月民政移管・複数政党を含んだ移行計画が示され、92年4月3日複数政党制が合法化された。93年12月19日の大統領選挙ではコンテが当選した。

96年には兵士による待遇改善デモが暴力化し、クーデターまで発展したが、コンテは未遂に終わらせた。以降、兵士の反乱は周期的に生じ、そのたびに政府と交渉するというパターンが定着した。コンテは98年、2003年の大統領選挙でも勝利した。しかし、コンテは健康が優れず、大統領の職務をはたせないにもかかわらず辞任しなかったことから政局は混乱した。07年初頭には大規模な生活改善要求のゼネストにみまわれ、治安部隊による介入で多くの死傷者をだした。08年のコンテの死後、クーデターによる軍事政権が誕生するが、09年にコナテ暫定大統領の下で暫定統一政府が発足。13年に民主化プロセス移行期間が終了した。

ギニア・ビサウ共和国

15世紀半ばにポルトガル人が渡来し、1879年にポルトガル植民地になり、86年5月のフランスとの協定によって国境を確定した。ポルトガル領の植民地支配に対する反対運動は1950年代に始まり、63年にはギニア・カーボヴェルデ独立アフリカ党（PAIGC）による武装闘争が始まった。PAIGCは70年代初頭に大半の地域を解放区として、73年9月24日に独立した。

PAIGCは、カーボヴェルデとの統合を目標としていたが、80年11月14日のヴィエイラによるクーデターによって、ルイス・カブラル政権は倒れ、統合計画は破棄された。ヴィエイラ大統領は91年5月に新憲法を制定し、複数政党制が導入された。94年の大統領選では、ヴィエイラが選出された。98年には、隣国セネガル南部のカザマンス地方での独立運動組織に武器を横流ししたかどで解任された元国軍参謀長マネが反乱を起こし、圧倒的軍事力で首都を包囲した。西アフリカ諸国経済共同体による停戦監視団のもとで、99年ヴィエイラが亡命し、同年末から2000年1月に大統領選挙が2回にわたり開催され、ヤラが大統領に選出されるが、03年のクーデターで辞任した。暫定政権のもとで、04年から05年にかけて議会選挙と大統領選挙が実施され、ヴィエイラが再び大統領に就任した。長びく政情不安定で、国内経済網は崩壊し、コロンビアなどからの麻薬中継基地となるなど、最貧国であり、破綻国家に近い状態ともなった。

ケニア共和国

内陸地域には長い間、狩猟民・農耕民が住み小規模の社会組織が数多く存在したが、17世紀頃より牧畜民の拡張が始まった。同時期にオマーンのアラブが沿岸部を支配、1886年ドイツとの協定によりイギリスの勢力範囲とされ、95年東アフリカ保護領となった。1902年モンバサよりキスムまで鉄道開通。白人入植を奨励して、中央高地の大部分がヨーロッパ人入植者保有地となった。20年ケニア植民地（沿岸部は保護領）となったが、この頃より民族主義運動が盛んになった。52年「マウマウ」の反乱が始まり、激しい武力抗争のすえ、イギリス軍の出動で鎮圧されるが、民族主義運動は著しい進展をみせ、ヨーロッパ人入植者の政治勢力は破られた。

63年、ジョモ・ケニヤッタに率いられたアフリカ人多数政党のもとに独立は達成された。82年与党のケニア・アフリカ人民族同盟（KANU）は法制上の一党制を導入して政権の権力集中を図ったが、大統領ダニエル・アラップ・モイの強権的な政治に反対する勢力が複数政党制の復活を要求、西欧援助国の援助停止もあり、91年末、複数政党制に踏み切った。

92年、総選挙を控えて政権担当の期待の高まっていた主要野党の「民主回復フォーラム」が内部分裂し、これによりモイ大統領が再選され、97年の総選挙でも同様の結果に終わった。経済汚職疑惑を払拭できないケニアに対し、IMFや世界銀行は援助を凍結し、経済状態は著しく低迷した。政界再編の動きは活発化し、KANU内部で分裂が起こり、2002年の総選挙を前に、野党「虹の連合」が実現し、統一大統領候補を立て、選挙で勝利してムワイ・キバキが大統領となった。しかし首相職を新設する新憲法案に大統領派は抵抗、手直しされた新憲法案は05年に国民投票に付されたが否決された。07年12月の総選挙では、キバキとその反対派のオディンガが争い、僅差でキバキが勝ったと発表されたが、反対派は選挙の不正を主張し、市民の暴動に発展、元国連事務総長コフィ・アナンの仲介で、オディンガを首相とする両者の連立内閣が発足した。13年、新憲法下で初の総選挙を実施。

コートジヴォワール共和国

19世紀末、フランスが内陸部に侵攻し始め、1893年に全地域の植民地化を宣言し、98年に全土がフランスに制圧された。民族独立運動は、ウーフェ・ボアニが組織したコートジヴォワール民主党（PDCI）によって進められ、1960年8月7日に独立を達成した。

独立以後、ウーフェ・ボアニ大統領・PDCIの一党制支配が続き、90年10～11月の選挙は複数政党制のもとに実施され、大統領は7選、PDCIが圧勝した。93年12月7日ウーフェ・ボアニが死亡、国会議長コナン・ベディエが暫定大統領として就任し

た。95年の選挙で正式に大統領となったが、ボワニ時代の利益誘導型バラマキ政治から脱出できず、97年末にコートジヴォワール独立以来はじめてのクーデターがゲイ元参謀総長によって成功を収めた。同クーデターは野党も受け入れたが、2000年の選挙では、開票をめぐり大規模な反ゲイ政権デモが展開され、ゲイは失脚し、野党コートジヴォワール人民党（FPI）のバグボが大統領に就任した。以降、クーデター未遂など政情不安定は続き、02年、一部の国軍の反乱で、同国は南部の政府軍地域と北部の反乱軍地域に支配地域が分断された。04年には国連のPKOも派遣され、たび重なる和平合意のやり直しのすえ、07年3月にはブルキナファソのワガデゥで、中断してきた大統領選挙と総選挙を実施するまでの暫定政権発足に合意し、一応持続的和平への道が開かれた。10年に大統領選挙が10年ぶりに実施された。

コモロ連合

1843年フランスはマヨット島を保護領化し、86年にはコモロ諸島全体を保護領化した。1912年にはフランス植民地マダガスカルの行政区に編入された。第二次世界大戦中、イギリスが一時海軍基地として占領したが、戦後フランスに返還された。58年コモロは国民投票でフランス共同体内の自治領となった。73年から独立交渉がおこなわれ、マヨット島を除き、残り3島は75年7月、アブダラー大統領のもとに独立した。独立直後の8月、野党連合国民戦線がクーデターを起こし、党首ソイリが大統領に就任した。78年、ソイリはフランス人傭兵のクーデターで暗殺され、アブダラーが復帰した。同年10月の国民投票で、コモロ4島からなるコモロ・イスラム連邦共和国となった。アブダラー政権はイスラム化政策を推進したが、同時に最大の島グランコモル中心主義となった。

89年、南アフリカ人傭兵部隊により大統領は暗殺され、90年ジョハルが大統領に就任した。92年に新憲法を採択、96年に大統領選挙が実施され、新大統領にタキが就任した。翌97年グランコモル島中心主義に反対するアンジュアン島、モヘリ島の分離運動が起こり、2島はフランス領への復帰か分離を要求した。これに対し、フランスは復帰を拒否しその解決をアフリカ統一機構（OAU）に委ねた。OAUは2島の自治権拡大、予算配分の公正化を提示した。98年11月タキ大統領が急死し、99年には軍がクーデターを起こし、憲法を停止してアザリ大佐が政権を掌握した。大佐は2000年4月に文民政権移管を発表したが遅れ、01年2月、OAUの調停のもとに新憲法採択の国民投票が実施された。コモロでは独立以来軍事クーデターが頻発してきたが、06年5月大統領選挙が実施され、モハメッド・サンビが新大統領に就任した。09年の憲法改正により大統領選出の輪番制など新政治体制が構築され、政治的には安定している。

コンゴ共和国

かつては南部がコンゴ王国やロアンゴ王国の版図に含まれていたが、これらの王国は17世紀までに衰微した。

15世紀末にポルトガル、17世紀にはフランスが進出して奴隷貿易や象牙の取引に従事した。19世紀末にフランス政府はド・ブラザを派遣してガボンのオゴウエ川流域およびコンゴを支配下に収め、1884〜85年のベルリン会議の結果この地域に対するフランスの領有権が欧米列強に認められた。1910年フランス領赤道アフリカが編成されると、コンゴはその一州となった。第二次世界大戦後の58年11月にフランス共同体内の自治共和国となり、60年8月にはコンゴ共和国として完全に独立を達成した。独立後数年はユールー大統領のもとで親仏路線が続いたが、60年代半ば近くからマサンバ・デバ大統領のもとで科学的社会主義への転換がおこなわれ、労働組合と軍部左派を主柱とする革命国民運動（MNR）の一党体制が打ち立てられた。しかし政権は不安定で暗殺、解任などによる政権の交代が頻繁に起こった。この間69年には新たにコンゴ労働党（PCT）の一党体制が確立し、70年には国名がコンゴ人民共和国へと変更された。

ポスト冷戦時代にはいると民主化プロセスが進み、91年には国名がコンゴ共和国に変更された。92年には複数政党制などを盛り込んだ新憲法が採択され、同年の国民議会選挙では社会発展パン・アフリカ連合（UPADS）が勝利し、PTCは第3党にとどまった。大統領選挙でもUPADSのリスバが当選したが、その後の政情は不安定で、リスバ派民兵組織（コヨーテ）と前大統領のサスヌゲソ派民兵組織（コブラ）の武力衝突が繰り返され、コレラ前首相派民兵組織（ニンジャ）も絡んで内戦状態にまで発展した。97年10月にサスヌゲソ派が首都を制圧し、サスヌゲソ大統領の国民統一政府が発足したが、国家再建は容易ではない。2002年に新憲法が施行され、約10年ぶりの大統領選挙でサスヌゲソが再選され、ニンジャも停戦に合意し、07年の国民議会選挙でPCTなど与党が圧勝したことから、政局の安定に向けて曙光がみえてきた。

コンゴ民主共和国

古くはコンゴ川河口周辺部にコンゴ王国が栄えたが、15世紀末にポルトガルが進出して奴隷貿易を開始し、同王国は衰退した。19世紀末に探検家スタンリーがベルギーのレオポルド2世の命を受けてこの地域の首長たちと一連の保護条約を結び、1884〜85年のベルリン会議を経て、レオポルド2世の私有植民地「コンゴ自由国」となり、1908年に移管されてベルギー植民地となった。コンゴ自由国時代の苛斂誅求ぶりは国際的な非難をあびた。60年6月に独立したが、その直後から2度の大動乱を経験した。65年11月のクーデターでモブツ将軍が政権を握り、71年に国名をザイール共和国へ変更するとともに、革命人民運動（MPR）の一党体制と「真正」イデオロギーを基礎に、政治・経済・社会・文化全般にわたり「真にザイール的なもの」の回復をめざす

独特の国造りに着手した。このザイール化政策は、第1次石油ショックや主要産品である銅の国際価値の下落などのために挫折した。

90年代の民主化の時代にはいると一党体制は放棄されるが、モブツ自身は任期満了後も大統領職を手放さず、民主化は遅々として進まなかった。97年コンゴ・ザイール解放民主勢力連合が首都を制圧し、ローラン・カビラ議長が政権を握った。カビラは国名をコンゴ民主共和国へと戻し、民主化の日程を発表したが、しだいに独裁色を強めたため98年にツチ人系バニャムレンゲなどコンゴ民主連合による武力攻撃を受け、周辺諸国も武力介入をおこなって「アフリカ大戦」と呼ばれた。2001年カビラは暗殺されるが、息子のジョセフ・カビラ新大統領のもとで02年に和平が実現し、03年カビラ大統領と各派の閣僚からなる暫定政府が発足した。06年後半には初の民主選挙が実施され、決選投票で勝利したカビラが大統領に就任した。しかし、北東部イトゥリの民族紛争など、不安定要素は尽きない。

サントメ・プリンシペ民主共和国

1470年代にポルトガル人がサントメ島に渡来し、コンゴ王国やベニン王国と交易をおこなう一方、ガボンやその他のギニア湾沿岸諸地域から強制的に移住させたアフリカ人の労働力を使ってサトウキビの栽培をおこなった。16世紀以降、奴隷貿易が盛んになると、サントメ島はその一大中継地となった。19世紀にはいって奴隷貿易が衰退すると、砂糖、カカオ、コプラなどの生産に一層力が投入された。

第二次世界大戦後アフリカにも解放運動が高まると、1960年にサントメ・プリンシペ独立運動党が設立され、解放をめざして活動を開始した。74年に宗主国ポルトガルでファシズム政権が倒れると、75年7月に独立を達成し、ダ・コスタ大統領のもとで国家建設が開始された。しかし経済の悪化から政治的不安定が深刻化し、78年以降は駐留アンゴラ軍によってダ・コスタ政権が維持される事態となった。

80年代半ば以降は経済の立て直しのため西側諸国に接近し、冷戦終結後の90年には複数政党制の導入、死刑廃止、人権保護、大統領多選制限規定を含む新憲法の採択・施行など、民主化が進行した。91年1月の国民議会選挙では、民主合同党が第一党となり、続く大統領選でも同党の支持するトロヴォアダ元首相が当選した。しかしトロヴォアダ政権は世界銀行の指導下に構造調整政策を導入し、耐乏生活を継続したため国民の不満が増大した。この結果94年の国民議会選挙では社会民主党が第一党になり、同党は98年、2002年と国民議会選挙に勝利し、内閣の中枢を占めた。なお、01年に大統領にはトロヴォアダ系のデ・メネゼスが選出され、ねじれ現象となった。06年の国民議会選挙では与党が第1党となったがねじれ現象は解消せず、苦しい議会運営が続いている。なお、同年の大統領選挙以降、平和裏に政権交代が行われている。

ザンビア共和国

19世紀末にイギリス南アフリカ会社がロジ王国のレワニカから鉱業採掘権を得て会社の支配が始まったが、1924年イギリス直轄植民地へ移行した。25年に銅鉱脈が発見され、南アフリカ共和国資本とアメリカ資本がその開発にあたった。この銅資源を目的に南ローデシアは北ローデシアとニヤサランドを合わせイギリス領中央アフリカ連邦（イギリス領ローデシア・ニヤサランド連邦）を53年に結成した。統一民族独立党（UNIP）のカウンダはこの連邦に反対し、63年末連邦は解体され、翌64年10月に北ローデシアが独立してザンビア共和国となった。独立後カウンダ大統領はヒューマニズム社会主義を標榜し、銅鉱業を含む主要産業を国有化するとともに、憲法改正をおこない73年にUNIP一党制とした。75年の銅価格の暴落により経済危機に陥り、85年にはIMF、世界銀行の構造調整計画を受け入れ経済危機の打開を図った。

一党制下での政治的腐敗は国民の不満を高め、90年には反政府勢力の複数政党制民主主義運動（MMD、チルバ党首）が結成された。91年10月、大統領選でチルバが圧勝、議会選挙でもMMDが勝ち、UNIP一党制は崩壊した。しかし、チルバ政権の政治運営のまずさから党内外から批判を招き、いったん政界からの引退を表明したカウンダは96年の大統領選再出馬を表明したため、チルバは憲法を改正してそれを阻止した。96年チルバは再選されたが、翌97年クーデター未遂事件が起こり、関与をささやかれたカウンダは自宅拘禁となった。この措置に対し、国際社会は援助の削減や停止をおこないザンビアの民主化をうながした。また、MMDは閣僚を含む議員の麻薬や汚職に対して国民の非難をあびた。2001年12月に大統領および議会選挙がおこなわれ、MMDの擁立したムワナワサ（前副大統領）が当選、麻薬・汚職の一掃に取り組み、外資導入政策など経済再建を図った。

概して内政は安定的に推移しているが、世界有数の産出量を誇る銅の輸出に依存する経済構造の改革を課題とする。

シエラレオネ共和国

17世紀には奴隷貿易の中心地であったが、1787年にイギリスの解放奴隷が移住してフリータウンを建設し、1808年にフリータウンはイギリスの植民地となり、奴隷貿易阻止のためのイギリス海軍基地となった。96年には内陸部がイギリスの保護領となった。

民族運動は最初、フリータウンに居住するクリオーリョ・エリート層によって始められ、第二次世界大戦後に内陸部を保護領に拡大し、1961年4月27日に独立した。78年6月、シアカ・スティーヴンス率いる全人民会議の支配する一党制国家に移行した。85年11月にモモ少将が大統領に就任し、91年には民主化要求に応えて、複数政党制を含む憲法改正案を採択した。しかし92年4月、軍人クーデターが起こり、国家暫定評議会議長にストラッサー大尉が就任したが、さらに96年1月のビオ准将による

無血クーデターを経て、翌2月に大統領選挙を実施した。カバが大統領に選出されたものの、97年5月の軍事クーデターで追放された。98年、西アフリカ諸国経済共同体の監視団が軍事介入し、クーデターによる政権を排除し、カバ大統領を復帰させた。以降、国連のPKOや西アフリカ諸国経済共同体の支援で2001年11月、政府とダイヤモンド生産地域を支配してきた反政府軍の革命統一戦線との和平合意が実現した。02年5月の大統領選でもカバが再選されたが、07年8月の大統領選ではカバは出馬せず、野党のコロマが新大統領となった。10年にわたる内戦において、少年兵や身体の切除などの戦争犯罪による多くの人権侵害が生じ、これらを裁くシエラレオネ特別法廷が設置された。

ジブチ共和国

1862年にフランスがオボク港を租借し、その近辺に勢力を広げて、96年にフランス領ソマリ海岸となった。20世紀初めにジブチ港からエチオピアの首都アディスアベバを結ぶ鉄道が建設され、ジブチはエチオピアの海外への出入り口として重要性を増した。

1967年住民投票がおこなわれ、フランス植民地としてとどまる意見が多数を占め、同年、住民グループの名をとって名称をフランス領アファール・イッサと変えた。75年にフランス大統領との会談で独立が決定、77年にジブチ共和国として独立を達成したが、フランス軍の駐留は継続された。91年アファールに基盤をおく統一民主回復戦線（FRUD）が政府に対して武力闘争を開始し、94年に政府とFRUD穏健派とが和平協定に調印して、与党の進歩人民連合（RPP）と連立内閣を組んだ。99年になってハッサン・グーレド大統領は引退を表明、4月の大統領選挙ではRPPは後継者としてイスマエル・ゲレを選び、選挙に勝ってゲレが大統領に就任した。2001年には、政府とFRUDの間に和平が成立した。

ジンバブエ共和国

19世紀末、イギリス南アフリカ会社がンデベレ人のローベングラ王から鉱業採掘権を得て以来、会社の支配が始まり、1923年自治植民地となった。53年南・北ローデシアとニヤサランドが合併して連邦をつくったがわずか10年間で解体した。ローデシアの白人入植者政権（スミス政権）は、イギリスとアフリカ人の反対を押し切り、65年11月一方的に独立を宣言。これを契機にアフリカ人の民族独立闘争が高まった。闘争はショナ人に基盤をおくジンバブエ・アフリカ民族同盟（ZANU-PF、ムガベ党首）、ンデベレ族の支持するジンバブエ・アフリカ人民同盟（ZAPU、ンコモ党首）ほかに分かれ、激しい武力闘争を展開したが、79年のランカスターハウス会議により、イギリスは独立を承認、総選挙の結果、ムガベZANU-PF政権が80年4月に誕生した。ムガベは社会主義を標榜し、ZAPUとの内戦に勝ち、87年両党は統合した。この間、国土の約40%を占める白人入植地の返還によるアフ

リカ人再入植計画を進めたが、進展しなかった。

党内の政治腐敗に対する国民の非難は高まり、また冷戦構造の崩壊の影響を受けて一党制批判が起こり、90年にはムガベ大統領はついに一党制を放棄した。2002年に大統領選挙がおこなわれたが、この選挙は元ゲリラ兵士たちの白人農場占拠を認めるムガベと長年の失政、政治腐敗を批判する野党民主変革運動（MDC）のツァンギライ議長との間で戦われた。結果、ムガベが再選（4期目）されたが、国際社会は公正な選挙とはいえないと非難、白人農場占拠に対する批判も含めてイギリス連邦はジンバブエの1年間の資格停止（のち無期延期）の措置をとり、ジンバブエはイギリス連邦を脱退した。ムガベ大統領の強引なやり方に対する国際社会の非難は高まったことから周辺国の仲介などにより暫定的枠組みとなる包括的政府が発足したが、2013年の大統領選挙でムガベが6選を果たし、包括的政府は解消された。

スーダン共和国

古代にクシュ王国、アクスム王国が栄えたスーダンは、1820年にエジプトの支配下となった。85年には全土がマハディー率いる革命政権の統治下にはいったが、98イギリス・エジプト連合軍に大敗し、2国統治の支配が続くこととなった。1953年イギリス・エジプト協定により独立の決定がなされ、56年に独立を達成した。軍政と民政を繰り返しながら、69年のクーデターで軍政にはいると、大統領となったニメイリの統治は85年まで続いた。また、83年にはニメイリ政権によりイスラム法全土適用が決定され、これに反対する南部のスーダン人民解放運動（SPLM）およびその軍事部門が武装蜂起し、以来20年あまり内戦が続くことになった。

ニメイリ政権後もほぼ軍部により政権は掌握されたが、この間、南部で石油が開発されたことで政府は外資の要請を受け、アフリカ諸国の仲介もあって91年にSPLMとの和平交渉に乗り出した。しかし南部の分裂もあって戦闘はやまず、政府は98年に新憲法を制定し、南部を除いて翌年総選挙をおこなった。政府に対する反乱は西部にまで広がりをみせたが、2002年7月にケニアでマチャコス合意が成立し、この合意に基づき05年1月に「包括和平協定」が成立、南部で長年の戦闘が終結するとともに自治政府が誕生した。しかし西部のダルフールでは03年に政府の支持を受けているといわれる住民の虐殺事件が起こり、200万人が難民化。04年の国連安全保障理事会で非難決議がなされ、アフリカ連合軍の介入に発展している。2011年に南部が分離して、南スーダン共和国が成立した。

スワジランド王国

19世紀初めスワジ人はズールー人の衝突の影響を受けて現在地に移住した。一時期、トランスヴァール共和国に併合されたが、南アフリカ（南ア・ブール）戦争後の1902年にイギリス保護領となった。イギリスは王制などスワジ人の伝統的制度を利用しな

がら支配したが、60年代アフリカ諸国の独立の影響を受け、64年の総選挙で国王を党首とするインボコドボ党が圧勝した。67年に自治権を獲得、68年9月には独立を達成し、立憲君主国となった。独立後、二院制議会で運営されたが、72年選挙で野党が3議席を獲得すると、国王は翌年に非常事態宣言を発令し、憲法廃止と議会解散をもって政治活動を禁止、族長会議の諮問のもと三権を独占した。77年には国王独裁に対して学生が反抗し、78年に新憲法が公布されたが、議会は国王任命議員と間接選挙による議員で構成され、事実上国王独裁が続いた。82年にソブラザ2世が死去すると、後継者争いの末、86年ムスワチ3世が即位したが、新国王と即位に反対の閣僚たちと確執が続き、87年、国王は間接選挙による議会を復活させた。

国王独裁政治に対する国民の不満は高まり、反政府組織が結成され、73年以来続く非常事態宣言の解除、王制の廃止、複数政党制の実施を要求した。91年国王は間接選挙制度の見直しに同意して委員会を設置、同委員会の勧告案に基づく議会選挙が93年に20年ぶりに実施されたが、いぜんとして政党活動が禁止されているなど民主化には程遠い。2006年、ムスワチ3世は新憲法を発布した。ただ、新憲法は基本的人権は認めているものの、政党の結成は禁じていて、市民団体・労働組合は反対している。

赤道ギニア共和国

15世紀後半ポルトガル人フェルナン・ド・ポーがビオコ島に渡来、やがてポルトガルの支配下にはいったが、1778年大陸部のムビニ地区とともにスペインに割譲された。スペインは1920年代後半からムビニ地区の内陸部へと勢力を広げ、植民地としての実質をつくりあげた。第二次世界大戦後の68年10月赤道ギニアは独立したが、79年まで続いたマシアス・ンゲマ大統領時代の恐怖政治により、全人口の3分の1が国外に逃れる異常事態を引き起こした。

79年8月の軍事クーデターでマシアス・ンゲマ政権は打倒され、オビアン・ンゲマ中佐が大統領職を継いで国の再建に取り組んだ。82年に再選されると、閣僚の一部に文民を起用するなど軍事政権色を薄めていった。民政復帰への歩みはクーデター未遂事件の多発などの影響から頓挫したが、87年に政党活動禁止措置が解除され、赤道ギニア民主党（PDGE）が唯一政党として創設された。89年のオビアン・ンゲマ大統領3選後、内外の民主化圧力が強まると、91年には複数政党制を実施、92年には集会やデモの自由を容認するなど、見かけ上は民主化が進行した。ンゲマ大統領は96年に4選、2002年に5選されたが、野党の不満解消のためもあって、03年には野党8党を含む挙国一致内閣を組織した。最大野党の社会民主主義集合（CPDS）はこれに参加せず、04年の国民議会でPDGEが100議席中68議席を獲得し、地方選挙でも圧勝した。11年に大統領の3選禁止などを定める改正憲法案が国民投票で可決されたが、16年の大統領選挙でもンゲマは再選された。

セーシェル共和国

18世紀中葉、当時フランス領だったモーリシャスの総督の命令で探検隊が出され、1756年正式にフランス領となり、島嶼全体を当時のフランス蔵相の名にちなみセーシェルと命名。94年にイギリス海軍に占領され、1815年のウィーン会議でイギリス植民地となった。1975年、セーシェル民主党（SDP、マンチャム党首）と完全独立をめざす社会主義的なセーシェル人民連合党（SPUP、ルネ党首）の連立が合意され、76年に憲法を採択、同年6月に独立した。独立後、マンチャムが大統領に、ルネが首相に就任して共和政が続いたが、77年大統領がイギリス連邦首脳会議に出席中、ルネがクーデターを起こし新大統領となった。翌78年社会主義路線をとり、セーシェル人民進歩戦線（SPPF、旧SPUP）一党制に移行した。

しかし、冷戦終結後の民主化の影響はセーシェルにもおよび、91年ルネ大統領は複数政党制を認め、新憲法が制定された。93年大統領および議会選挙がおこなわれ、ルネ大統領は4選、SPPFは圧勝した。ルネ大統領は社会主義路線を放棄、経済も自由化した。98年、2001年の大統領選挙でも勝利し6選をはたしたが、01年選挙の不正疑惑を指摘した野党セーシェル国民党（SNP、テムカラワン党首）に対し、政府は党員逮捕などの弾圧を加えた。02年議会選挙で、SNPは議席数を1から11に伸ばし、残り23議席を与党SPPFが確保したものの、ルネ大統領への不満は高まり、04年ミッシェル副大統領が大統領に就任。16年ミッシェルが退任し、フォール副大統領が大統領就任。

セネガル共和国

15世紀にポルトガル商人が渡来、フランス人がセネガル川河口にサン・ルイを1659年に建設した。19世紀にはジハードによって形成されたイスラム王国が内陸部でフランスの侵攻に抵抗したが、1895年には現在のセネガル全域がフランス植民地に組み込まれた。民族運動は、戦間期に少数のエリートによって進められ、第二次世界大戦後、黒人文化を強調するサンゴールを中心に発展し、1959年に「マリ連邦」を結成したが、60年8月20日に分離独立した。独立後、サンゴール大統領のセネガル社会党による一党支配が続いたが、76年に複数政党制を導入、80年12月にサンゴールは辞任し、副大統領ディウフが昇任した。ディウフは83年、88年、93年の大統領選挙で野党指導者ワドを破って当選した。83年から南部のカザマンス地域の分離主義運動が激化し、またワドのセネガル民主党（PDS）が都市部を基盤に発展し、社会の不満は高まった。89年にはモーリタニアとの関係が悪化し、8月に外交関係を断絶したが、91年7月に復交した。

1993年、ディウフは、野党セネガル民主党党首ワドを破り、3選をはたした。しかし経済停滞の長期化に不満を蓄積した都市若年層は選挙の公正さを疑い、暴動化した。2000年には、左翼政党を含む連立政権をめざすワドが大統領選に勝利し、独立以来の社会党政権は終焉した。12年の大統領選挙ではワド政権時代に首

相を務めたサル候補が当選、民主的な政権交代が行われた。

なお、南部のガンビアとギニア・ビサウとの国境に接し飛び地を形成しているカザマンス地方では、1980年代初頭から、ジョラ人によるカザマンス民主勢力運動が分離独立を求めてきた。セネガル軍と武力対立を続けた政府との間で和平合意が繰り返されたが、運動内部の分裂もあり、2007年1月にカリスマ指導者ディアリマン神父が死亡したことで和平への展望は一層不透明となった。

ソマリア連邦共和国

牧畜民である先住民に加えて、9〜10世紀にアラビア半島から渡来したアラヴ人が沿岸都市を建設していった。これらの都市は18世紀にはオマーンのアラヴ人の支配下にはいったが、19世紀後半になるとイタリアがオマーンのスルタンより租借権を得た。1887年にはアデン湾に面した地域をイギリスが保護領化し、南部は89年よりイタリアの保護領となった。第二次世界大戦中イギリス軍はイタリア領ソマリアを占領して1950年まで統治を続けた。同年イタリアはソマリアを10年の期限つきで信託統治することになり、60年にイギリス領ソマリランドとイタリア信託領ソマリアは合邦して単一の独立国家となった。

独立後の政権は大ソマリ主義を主張し、1977年にエチオピアのオガデン地方へ侵攻したが敗北、政府は弱体化した。88年にはソマリア北部の解放運動が起こり、ソマリ国民運動を創設して北部都市を占領したが、政府軍の激しい爆撃を受けた。90年には多数政党制の認める新憲法の国民投票が予定されていたが、91年に統一ソマリ会議のゲリラによって当時の大統領が追放された。この間、91年5月には北部でソマリランド共和国の名で独立を一方的に宣言したが、いまだにどの国の承認も得られていない。中・南部では内戦が激化し、92年国連安全保障理事会の介入決議により、国連平和維持軍が派遣された。05年に暫定連合政府（TFG）がケニアで樹立されたが、反政府勢力（ソマリア再解放連盟）の抵抗が続き、08年に双方による停戦合意が実現。国際社会の後押しを受けて11年に暫定憲法の下で新連邦議会が召集され、ハッサン・シェイク・モハマッド大統領の選出と新内閣発足により21年ぶりの統一政府が誕生した。

タンザニア連合共和国

海岸地帯は古くからザンジと呼ばれ、インド洋交易圏の一部をなしてきた。19世紀にはオマーン・アラブのスルタンがザンジバルに移住して沿岸一帯を支配した。1884年にドイツの内陸進出が始まり、90年ドイツ領東アフリカを設立。同年ザンジバルはイギリスの保護領となった。第一次世界大戦後、ドイツ領東アフリカはタンガニーカとなり、イギリスにより委任統治（のち信託統治）された。

1961年タンガニーカ、63年ザンジバル・スルタンが独立。64年、ザンジバルに革命が起こり、スルタンが追放され、タンガ

ニーカとザンジバルは合邦してタンザニア連合共和国となった。67年に唯一政党のタンガニーカ・アフリカ人民族同盟によるアルーシャ宣言採択により社会主義路線を明確にし、独特の共同体的社会主義「ウジャマー」を推進、また南部アフリカの民族主義運動を強力に支援した。85年に第2代大統領に就任したザンジバル出身のハッサン・ムウィニのもと、経済自由化を骨子とした構造調整政策を受け入れ、公社公団は解散させられ、価格統制は撤廃されて市場経済が進展した。

92年に単一政党の革命党（CCM）は複数政党制導入に踏み切り、国会で憲法改正が採択された。95年には新憲法下で初の総選挙がおこなわれ、CCMが勝利、ベンジャミン・ムカパが大統領に就任した。しかしザンジバルにおける選挙に不正があったとして野党の市民統一戦線（CUF）を中心にザンジバル議会のボイコットが続いた。98年にはCUFに属する17人が国家反逆罪に問われて拘束され、島では暴動が続いた。2000年の総選挙でムカパは再選され、05年の総選挙でもCCMが圧勝し、CUFは本土部での議席を失った。

チャド共和国

古くはチャド湖周辺にカネム・ボルヌ、バギルミ、ワダイなどの諸王国が栄えたが、19世紀以降しだいにフランス勢力が侵入し始め、1900年にラービフ帝国が敗れたのち、フランスの軍政下におかれた。10年にはウバンギ・シャリ、ガボン、中央コンゴとともにフランス領赤道アフリカを形成。58年11月にフランス共同体内の自治共和国となり、60年8月に完全独立をはたしたものの、南部のサラ族主導の政府に北部が反発し、66年以降チャド民族解放戦線（FROLINAT）の武装闘争が続いた。

79年に和平が実現したが、80年代にはFROLINAT系のグクーニ派とハブレ派の武力衝突が再発し、北北対立の様相を呈した。結局82年にハブレ政権が成立し、グクーニ派はリビアの支援を得て武力攻撃を続けた。90年代の内戦でハブレ政権は救済人民運動（MPS）に敗れ、代わってデビ政権が成立した。その後も発展民主主義運動（MDD）や連邦共和国武装勢力（SARF）など反政府勢力の激しい武力攻撃が続いたが、96年新憲法が施行され、初の複数政党制選挙でデビ大統領が当選した。97年の国民議会選挙では与党MPSが過半数を獲得。2001年の大統領選挙でデビが再選、02年国民議会選挙でもMPSが3分の2議席を獲得して、政権基盤は強化された。03年、東南部で1996年以来武装闘争を続けてきた国民抵抗同盟（ANR）もガボン政府の仲介で和平に合意した。2004年に大統領の多選禁止条項を廃止する憲法改正がおこなわれたため、06年にはデビが3選をはたした。同年スーダンを拠点とする反政府勢力との和平も実現した。16年の大統領選挙でデビは5選を果たし、長期政権を維持している。

中央アフリカ共和国

1890年代にフランスが進出し、94年に正式の植民地とされ、域内を流れる2つの川の名をとってウバンギ・シャリと呼ばれた。1910年にフランス領赤道アフリカが形成されるとその一部として組み込まれ、第二次世界大戦後の58年12月にフランス共同体内の自治国となった。60年8月完全独立を達成。その後65年12月のクーデターでダッコを失脚させ政権を握ったボカサは72年に終身大統領に就任、76年12月には共和制を廃止して帝制を宣言し、自ら皇帝となってボカサ1世と称した。しかし暴政は長く続かず、79年9月のクーデターで失脚した。復活したダッコは共和制を回復させたが、81年の軍事クーデターで再び失脚し、コリンバ参謀総長の国家再建軍事委員会が政権を握った。

コリンバは86年に中央アフリカ民主会議の一党体制を敷いたが、ポスト冷戦時代の92年には民主化のための憲法改正がおこなわれ、93年の大統領選挙では中央アフリカ人民解放運動（MLPC）のパタッセが当選、コリンバは4位に低迷した。国民議会選挙ではMLPCが第一党となったが、過半数にはほど遠く、政権基盤が脆弱であった。パセッタはダッコ元大統領派や他の政党との連立内閣を組織して多数派を形成したが、政局は安定しなかった。96年には内戦に陥ったものの、97年に和平合意が成立し、アフリカ6カ国の平和維持部隊が派遣された。99年には国民和解協定締結後の大統領選挙でパタッセが再選されたが、2003年には政敵ボジゼ元将軍派のクーデターで打倒された。ボジゼは暫定大統領に就任し、国家暫定評議会による政権運営を開始した。12年より反政府勢力セレカが諸都市を占拠し、13年3月には首都バンギを陥落してボジゼ政権は崩壊。16年に民政が回復し、トゥアデラ大統領が就任した。

チュニジア共和国

前9世紀後半に、フェニキア人都市国家テュロスの植民都市として建設されたカルタゴは、前2世紀半ばまでチュニジア一帯を中心に、スペイン、北アフリカ、シチリア西部にまで勢力をおよぼした。前146年にカルタゴは滅亡し、チュニジア一帯はローマの支配下にはいった。5世紀前半に東ゲルマン系のヴァンダルが北アフリカに侵入し、チュニジアを中心に強勢を誇ったが、534年にビザンツ帝国に滅ぼされた。

7世紀半ばのアラブの第1次遠征によりビザンツ帝国の影響が排除されると、軍営都市カイラワーンを中心にイスラム化が進んだ。800年にアッバース朝総督アグラブがアグラブ朝を建国、チュニスを首都に定めザイトゥーナ・モスクを建立した。909年、北アフリカ一帯に大勢力を築いたファーティマ朝が同地に建国され、同朝治下の11世紀にはヒラール部族とスライム人もそれぞれ移り住み、北アフリカのなかでは最もアラブ化が進んだ地域となった。

1229年にハフス朝が成立すると、地名が「イフリーキヤ」から「チュニス」となった。1574年にオスマン帝国に征服された

が、1705年に事実上オスマン帝国から独立したフサイン朝が成立し、その後、1881年にフランスの保護領となった。

1956年フランスより独立し、翌年共和制に移行。ブルギバ大統領のもと、シャリーア法廷の閉廷、ワクフ（ハブス）制度の廃止、宗教教育の縮小など近代化を推進する政策がとられた。87年クーデターでベン・アリーが大統領に就任し、23年に及ぶ長期政権となった。2010年12月のデモをきっかけに治安部隊の発砲もあり、抗議は全土に拡大、大統領は亡命した。この革命は「ジャスミン革命」と呼ばれ、民主化を求めるアラブ諸国に波及した。

トーゴ共和国

15世紀末から16世紀にポルトガルが進出したが、1885年にはドイツが進出し、保護領トーゴランドとした。第一次世界大戦後、東部はフランス領に、西部はイギリス領となり、それぞれ国際連盟の委任統治領に、第二次世界大戦後はそれぞれ国際連合の信託統治領となった。独立運動はエヴァ人の統一化を主張するオリンピオと親仏派であったグルニツキーによって進められ、1958年4月の国連監視下での選挙ではオリンピオが勝利し、60年4月27日に独立した。オリンピオは大統領に就任したが63年1月に暗殺され、グルニツキーが後継した。しかし汚職・経済不安のため67年1月に軍部クーデターが発生、国家元首となったエヤデマは69年にトーゴ人民連合を組織して単一政党を確立した。

90年代にはいるとエヤデマ体制の汚職や人権侵害に対する内外の非難と援助停止の圧力が一層強まった。91年エヤデマは複数政党制の導入に合意し、同年7月には民主化の枠組みを決める「国民会議」が開催されコフィゴーが暫定首相に選出された。93年に複数政党制による大統領選挙が実施されたが、野党ボイコットによりエヤデマが当選した。94年2月の国民議会選挙では野党が過半数を制し、大統領は野党を含む連立政権を発足させた。98年6月の大統領選挙でも再選され、さらに2002年12月には3選を禁止した大統領選挙法を改正して03年6月に3選を実現させた。やむことのない人権侵害に対し、欧米は援助を停止した。05年2月にエヤデマが急死すると、与党は過半数を占める議会で憲法修正案を可決させ、息子のニャシンベが大統領に就任した。政情不安で難民が出たが、06年8月に与野党和解が成立し、以降は民主的な政権交代が続く。

ナイジェリア連邦共和国

ヨーロッパ人の到着前、北部ではカネム・ハウサのイスラム諸王国が、南部のニジェール川デルタ地帯にはベニン王国が、そして西部ではヨルバ族の諸王国が栄えた。ニジェール川デルタ地帯は奴隷貿易の中心地であったが、1886年にイギリスはラゴスを植民地とし、1900年にはナイジェリア全域を植民地・保護領とした。民族運動は20年代から始められ、第二次世界大戦以後、東部、西部、北部（ハウサ・フラニ）の地域的性格を強くもちながら発展し、60年10月1日にナイジェリアとして独立した。独

立後、バレワ首相のもとで政情不安定のまま66年1月に軍部クーデターが起こった。70年1月には内戦が終結し、ゴオン・ムハマッド・オバサンジョの軍事政権ののち、79年10月にシャガリ大統領による第二共和制に移行。83年12月には軍部クーデターによってブハリ政権が生まれ、さらに85年12月にはババギンダの軍部政権に移行した。80年代後半から民政移管計画が進められ、93年8月にショネカンが暫定国民政府首班に就任したが11月に辞任、軍部のサニ・アバチャに交代し、軍事政権に戻った。アバチャ軍事政権は人権侵害や膨大な公金横領で内外の批判を浴びたにもかかわらず、アバチャ自身は民政移行の名のもとで大統領就任をねらったが、98年6月に急死した。後任の軍人アブバカールは本格的民政移管を内外に打ち出し、99年2月には元軍人国家元首のオルグセン・オバサンジョが大統領に就任、16年続いた軍事政権に終止符を打った。汚職追及を政治目標の一つに掲げるオバサンジョは2003年4月の選挙でも再選。07年4月の大統領選挙では、オバサンジョは3選を禁止した憲法を修正してまで出馬しようとしたが修正案を議会で否決され、与党の人民民主党（PDP）のウマル・ヤラデゥアが当選した。15年には同国史上初めてとなる民主的手続きによる政権交代が実現した。

ナミビア共和国

1884年、ドイツ領南西アフリカとなったが、第一次世界大戦中、南アフリカが占領し、戦後、国際連盟により南アフリカの委任統治領となった。第二次世界大戦後、国際連合は南西アフリカの信託統治領移行を主張したのに対し、南アフリカはそれを拒否し、国際司法裁判所もそれを認めた。これに対し、アフリカ人は1960年に北部オバンボを中心に反政府組織の南西アフリカ人民機構（SWAPO）を結成、武力闘争を開始した。一方、国連は66年に南西アフリカを国連管理下におくことを決め、68年には呼称もナミビアと改め、国連安全保障理事会も南アフリカ共和国のナミビア統治を不法とした。南ア政府は75年9月、オバンボを除く残りのホームランドと連邦を結成。SWAPOと国連はこれを拒否し、国連監視下での公正な選挙を主張し、国連安全保障理事会を構成する西側5カ国は南ア政府、SWAPOと交渉を重ねたが合意に至らなかった。

1978年南ア政府は国内解決のための選挙を一方的に実施し、傀儡的制憲議会をつくったが、SWAPOと国連は認めず、SWAPOのゲリラ闘争は激化した。その後、レーガン、ゴルバチョフのレイキャヴィク会談で、隣国アンゴラからキューバ兵の段階的撤退に基づき南ア軍のナミビアからの撤退が合意されたことで、ナミビア問題は解決に向けて動き始めた。89年4月、国連安保理決議435号がナミビアに適用され、国連監視下での選挙を11月に実施、SWAPOが勝利して翌90年3月にナミビアは独立した。初代大統領のヌジョマは、政治的には民族和解、経済面では自由経済路線をとった。しかし再選後、ヌジョマは3選を禁止する憲法を改正して野党の強い反対にもかかわらず3選を果たした（～2004年）。独立以来、一貫して複数政党制による民主的な政治運

営が行われている。

ニジェール共和国

17〜19世紀にトゥアレグ人、フラニ人が支配していたが、19世紀後半にフランスも進出し、1922年完全にフランス領西アフリカに編入された。第二次世界大戦後、独立運動はニジェール進歩党（PPN）とニジェール民主同盟（UND）によって進められ、親仏派のハマニ・ディオリ率いるPPNが政権を獲得、60年8月3日に独立を達成した。69〜74年に大旱魃にみまわれ、援助食糧の配分をめぐる腐敗によって政治的不満が拡大し、74年4月〜87年11月、クンチェによる軍事政権が続いた。クンチェの死後はアリ・セイブが議長に就任、89年12月の単一政党体制に基づく大統領選挙では「社会と発展のための国民運動（MNSD）」を率いたアリ・セイブが勝利した。90年には民主化要求が激化、複数政党制が導入された。翌年7〜11月に「国民会議」が開催され、自ら国権の最高機関とし、首相アマドウ・シェイフウに民主制移行期間の行政権が委任された。96年1月にマイナサラ参謀長による軍事クーデターが起こり、同年5月に新憲法を採択、7月の大統領選挙でマイナサラが選ばれたが、99年4月に暗殺された。同年7月に国民投票で新憲法が制定され、11月の大統領選挙と国民議会選挙が実施された。大統領に選ばれたタンジャは、2004年12月の大統領選挙でも再選された。10年にも軍事クーデターが発生したが、おおむね平和裏に政権交代が行われる。

サハラ砂漠にあたる北部では、1990年代から遊牧民族のトゥアレグ人社会のなかで中央政府の北部開発軽視に抗議して武装集団が形成され、国軍と衝突を繰り返してきた。2007年、08年とも北部のウラニウム鉱山からの収入の分配を求めるトゥアレグ人によるニジェール人正義運動が国軍と交戦した。

ブルキナファソ

モシ人の王国が15世紀頃から形成されていたが、1898年にフランス領オートヴォルタとなり、1904年にフランス領西アフリカに編入され、33年に近隣所領間に分割されたが、58年にオートヴォルタ自治国に昇格した。独立運動はモーリス・ヤメオゴのヴォルタ民主同盟によって進められ、60年8月5日に独立を達成した。独立直後、ヤメオゴが野党を抑圧する政策をとったため大衆は不満を募らせ、66年1月には軍部が秩序安定のために介入、ラミザナ中佐が国家元首となった。

70年の選挙で民政に復帰したが、74年2月には軍政となり、78年4月に再度民政に復帰して、ラミザナが大統領に就任した。しかし、80年代にはクーデターがあいつぎ、83年5月のクーデターでは左派のサンカラ大尉が民族革命評議会（NCR）議長に就任し、翌年8月に国名をブルキナファソ（高貴な人々の国）と改称した。民族主義的政策・緊縮経済政策をとったが、NRC内部に対立があらわれ、87年10月15日、コンパオレ法相のクーデターによってサンカラは暗殺された。コンパオレは現実路線に切

り替え、民政復帰に努め、91年12月の大統領選挙、92年5月の総選挙では、コンパオレ議長が当選、与党人民民主主義労働運動機構が107議席のうち78議席を占めた。97年の議会選挙でも与党が圧勝し、98年の大統領選挙でもコンパオレが再選された。しかし、同年末にコンパオレの実質的独裁体制を調査し、告発をいとわなかった独立系新聞のジャーナリストが乗用車で移動中に爆破されて死亡した。99年4月、同事件の徹底解明を求め大規模なデモが生じ、6月にはゼネストの指令まで出た。内閣改造で事態は一応収まったが、サンカラの暗殺に次ぐ同事件は、コンパオレ体制のもつ闇の部分としてその後尾を引いた。2014年に発生した反政府デモの暴徒化などからコンパオレは国外退避し、27年に及んだコンパオレ政権に終止符が打たれた。

ブルンジ共和国

14世紀頃ツチ人の侵入者がフツ人など先住民を従え、ルワンダとは別の王国をつくった。1889年ドイツ領東アフリカの一部となり、第一次世界大戦後ルアンダ・ウルンディとしてベルギーの委任統治領（第二次世界大戦後は信託統治領）とされた。

1959年、民族主義運動の高まりのなかで、ブルンジと名称を変え国連監視下で総選挙がおこなわれ、62年に王国として独立。66年には軍部クーデターが起こった。88年軍部のブヨヤ政権は自ら民主化を掲げ92年に複数政党制を許可したが、93年の総選挙の結果、野党のブルンジ民主戦線（FRODEBU）が勝ち、はじめてフツの大統領が誕生した。しかし軍部急進派のクーデター未遂事件で大統領は暗殺され、次期大統領も94年4月に殺され、さらに次の大統領も同年、92年憲法の事実上の停止を意味する「政府協約」締結を余儀なくされ、FRODEBUの影響力は完全に失墜した。この頃同党の中心メンバーが海外に逃れて民主主義擁護国民会議（CNDD）を創設、その軍事組織（FDD）によるゲリラ闘争を始めた。

96年、国連とアフリカ統一機構（OAU）は、タンザニア前大統領ニエレレを仲介者に周辺国による平和構築に乗り出した。ニエレレ死去後は南アフリカ共和国のネルソン・マンデラが後任調停者となり、2000年8月のアルーシャ会議で紛争を停止するよう説得、01年になってブヨヤ大統領は18カ月任期を務め、つぎの18カ月はFRODEBUのンダイゼィエが大統領に就き、その後総選挙をおこなうという合意をまとめた。南アフリカの国軍を中核として03年にアフリカ・ブルンディ派遣軍が結成されたが、同年後半に南アフリカ大統領タボ・ムベキの努力が実り、CNDD-FDDは武装闘争を放棄して政府に合流、04年には国連軍が平和維持にあたることとなった。05年2月、新憲法に対する国民投票がおこなわれ成立。同年5月の国民議会選挙ではCNDD-FDDがFRODEBUと国民統一進歩党を抑えて59%の議席を獲得し、ンクルンジザが大統領に選出された。

ベナン共和国

17世紀にフォン人が、ダホメ、ポルト・ノヴォなどの王国を形成し、ダホメ王国は18〜19世紀前半に栄えた。15世紀頃からフランスが海岸地帯に進出して奴隷貿易の基地とした。1894年にフランスはダホメ王国を攻撃して植民地とし、その後領土を拡大、1899年にフランス領西アフリカに編入した。

1960年8月1日、マガ大統領のもとに、ダホメ共和国として独立。60年代、クーデターがたび重なり、政治的不安定が継続し、72年10月にニケレクによるクーデターが起こり、軍部支配体制となった。74年11月、マルクス・レーニン主義に基づく社会主義建設を目標とし、翌年には国名をベナン人民共和国と改称した。89年12月、マルクス・レーニン主義の放棄を宣言。90年2月、ソグロ首相の民主主義再生勝利連盟が第一党となり、3月の大統領選挙では、ソグロとケレクの決選投票でソグロが勝利し、91年3月の大統領選でもソグロが勝利した。90年の国民革命評議会解散にともない、国名をベナン共和国に戻した。96年の大統領選挙では元世界銀行理事であったソグロの権威主義的統治に国民が不満を抱き、ケレクが大統領に選ばれ、2001年の大統領選挙でもケレクが再選された。06年の大統領選挙では、ケレク、ソグロとも3選禁止の憲法に従い出馬せず、開発銀行元西アフリカ総裁のボニが勝利した。ギニア湾に面する資源の少ない商業国だが、民主化が最も早く導入され、進展している国となった。

ボツワナ共和国

19世紀前半、南方のズールー人、トランスヴァールのブール人の侵略を受け、カーマ3世はイギリスに保護を求め1885年イギリス保護領ベチュアナランドとなった。95年ケープ植民地に編入され、1910年の南アフリカ連邦成立とともに、同連邦駐在のイギリス高等弁務官の管轄下におかれた。イギリスは間接統治方式によりツワナ人の伝統制度を残した。カーマ3世の孫セレツェ・カーマはイギリス留学中に白人女性と結婚し、50年に帰国したが、人種主義の南アフリカ共和国政府に拒否され追放された。56年最高首長位を捨てて帰国したカーマは62年に反人種主義を掲げるベチュアナランド民主党（現ボツワナ民主党、BDP）を結成し独立を要求した。65年自治を許され、総選挙でBDPが圧勝し、カーマは首相となった。66年制憲議会を経て、同年9月ボツワナ共和国として独立、カーマは初代大統領となった。

独立後、複数政党制が続いたが、実際は与党BDPが議会で圧倒的多数を占めた。80年カーマ大統領の死去後も、84年および89年の総選挙でもBDPが圧勝した。90年代初め、閣僚汚職が発覚してカーマの後任だったマシレ大統領は罷免され、94年の総選挙では、BDP長期政権の腐敗や経済の停滞などに対する都市住民の批判に応えた野党ボツワナ国民戦線（コマ党首）が、はじめて議席の3分の1を獲得した。99年、18年間大統領の座にあったマシレはモガエ副大統領にその座を譲り、カーマ中将（カーマ初代大統領の息子）が副大統領となった。

マダガスカル共和国

1884〜85年ののベルリン会議によりフランス植民地とされ、フランスの支配に対し住民は抵抗したが鎮圧された。第二次世界大戦中、ヴィシー政権を支持したため、一時イギリスが占領したが、1943年ド・ゴールの自由フランス政府に返還された。フランスは56年、植民地に大幅な自治を認める基本法を制定、58年10月フランス共同体内の自治国となり、60年6月に独立した。初代大統領には社会民主党のチラナナが就任した。独立後、チラナナの親仏政策に反対する動きが起こり、72年ラマナンツォア少将がクーデターを起こした。軍事政権は議会の代わりに人民国家開発評議会をおき、73年には駐留フランス軍の撤退を要求、社会主義路線をとった。75年、軍内部の抗争を経て軍評議会が設置され、ラチラカ少佐を国家元首に任命し、新憲法を制定。軍評議会を解散して国名をマダガスカル民主共和国に改め社会主義国家をめざした。

ラチラカは82年、89年の大統領選挙に圧勝、議会選挙では与党マダガスカル革命前衛党が大勝したが、経済不振でたびたび暴動が発生した。90年代、政治的民主化を求める反政府勢力の力が強まり、ザフィは行動する勢力党（FV）を結成、改憲を要求した。91年、政府とFVは暫定政府樹立に合意、新憲法下での選挙を約束し、92年マダガスカル共和国となった。ザフィが大統領に就任した新政府は市場経済政策を採択した。96年の大統領選挙で返り咲いたラチラカは2001年の大統領選挙でも再選をめざしたが、対立候補ラベロマナナと選挙結果をめぐり対立、ラベロマナナが一方的に大統領就任を宣言し、ラチラカはフランスに亡命した。ラベロマナナ大統領は貧困削減戦略文書を作成し、世界銀行の支援をあおいだ。09年に反政府勢力がラベロマナナを退陣させ暫定政府を樹立するが、国際社会の仲介で14年、民主化を達成。

マラウイ共和国

19世紀半ば、リヴィングストンがニヤサ湖に到着して以来、スコットランド伝道協会、アフリカ湖沼会社が入植・開発に乗り出した。1891年イギリスはニヤサランドを保護領化した。

第一次世界大戦中の1915年アフリカ人徴兵に反対したチレンブエの反乱が起き、44年にはアフリカ人民族主義組織ニヤサランド・アフリカ人会議（NAC）が結成された。53年にローデシア・ニヤサランド連邦が結成されたが、NACは58年に医師バンダの帰国とともに連邦を離脱、独立を主張した。翌59年NACは非合法化され、バンダは投獄されたものの、残った会員によってマラウイ会議党（MCP）が結成された。バンダ釈放後、62年には自治権を獲得、同年12月には連邦も解体し、翌64年7月ニヤサランドは独立してマラウイとなり、バンダは首相に就任した。さらに66年の共和制移行とともにマラウイ共和国に改称し、バンダは初代大統領となった。バンダ政権はMCP一党独裁体制をとり、内閣、議会は存在したが事実上は大統領の家父長支配をおこなった。外交面でも南アフリカ共和国、モザンビーク、ローデシアなど白人支配国と友好関係を維持し、71年憲法改正によりバンダは終身大統領となった。

冷戦終結後、マラウイでも民主化の動きが高まる。教会グループが複数政党制の是非を問う国民投票を政府に要求、これを契機に反政府組織民主同盟（AFORD、チハナ議長）、連合民主戦線（UDF、ムルジ議長）が結成された。93年6月の国民投票の結果、複数政党制が支持され、総選挙実施が約束された。94年5月大統領および議会選挙が実施され、大統領選挙ではムルジ、議会選挙ではUDFが圧勝した。ムルジ大統領はAFORDとの連合を呼びかけ、チハナは副大統領に就任した。99年選挙でもムルジ大統領は再選され、2004年大統領選挙でUDFのムタリカが大統領に就任した。12年にムタリカが急逝。14年の大統領選挙では故ムタリカの実弟アーサー・ピーター・ムタリカが大統領に選出された。

マリ共和国

ガーナ帝国、マリ王国などの古代アフリカ王国の中心地であり、11世紀頃からイスラム教が浸透した。19世紀末にフランスが侵略し始め、1904年にスーダンとしてフランス領西アフリカに編入された。民族独立運動は第二次世界大戦後、スーダン同盟（US）を中心に進められ、59年にセネガルとともにマリ連邦を形成したが崩壊し、60年9月22日に独立、USのモディボ・ケイタが大統領に就任した。

ケイタは社会主義路線をとったが、経済の不安定さもあって、68年11月軍部クーデターによってトラオレ中尉が政権の座に就いた。79年6月の民政移行後、トラオレは大統領に就任し、85年6月にも再選された。91年3月、クーデターに成功したトゥーレ中佐は「国民議会」を開催、民主化への移行を計画し、92年2〜3月の総選挙の結果、マリ民主同盟（ADEMA）が勝利し、4月の大統領選挙でADEMA党首のアルファ・コナレが当選した。2000年にはいっても、サハラ砂漠地域でのトゥアレグ人の帰順問題がくすぶり、06年5月以来、反政府武装活動が再燃した。13年にはイスラム系武装勢力が北部地域を実行支配するなどしたが、国際社会の仲介で15年に和平合意に至った。

南アフリカ共和国

17世紀中葉のオランダ人の入植以降、19世紀初めにイギリス植民地となり、オランダ人（ブール人）は内陸に移動してトランスヴァールとオレンジ自由国を建国。19世紀末、金鉱の所有をめぐって南アフリカ（南ア・ブール）戦争が起こった。第一次世界大戦後は工業化が進み、第二次世界大戦後はブール人系の国民党政権誕生以来、極端なアパルトヘイト政策がとられ、それに対するアフリカ人民族会議（ANC）の抵抗も高まった。1960年のシャープビル事件後、ANCとパン・アフリカニスト会議（PAC）は非合法化され、国外からゲリラ活動を開始した。一方、国内ではANCに代わって学生が中心となり76年ソウェト蜂起が起

焉した。84年7月に新憲法を制定し、86年1月にドウ議長が大統領に就任したが、89年12月、チャールズ・テーラー議長のリベリア愛国国民戦線（NPFL）が蜂起し、内戦状態になった。

90年9月ドウ大統領はNPFLの分派のジョンソン派に惨殺された。95年8月、内戦の当事者8派がナイジェリアのアブジャで和平合意に達し、97年、西アフリカ諸国経済共同体などの監視下で一連の選挙が実施され、テーラーが大統領に選ばれた。しかし、2003年には反政府武装勢力のリベリア和解・民主連合が本格的に首都モンロヴィアに侵攻し、6月、停戦が調印された。国際社会の圧力で、テーラーは、ナイジェリアに亡命し、8月に本格的和平合意が実現した。05年11月の大統領決選投票では、国際官僚畑の女性エコノミストのサーリーフが大統領に選ばれた。

ルワンダ共和国

14世紀にツチ人牧畜民が先住農耕民フツ人らを従え王国をつくった。1890年代にドイツの遠征隊により併合され、ドイツ領東アフリカの一部となった。第一次世界大戦後ルワンダ・ウルンディとしてベルギーの委任統治領（第二次世界大戦後は信託統治領）とされた。

ツチとフツの抗争が激化し、1959年よりフツ族の民族主義者が主導権を握って、61年にギタラマ宣言により王制の廃止を公約。国連監視下の総選挙を経てルワンダの名のもとに共和国として62年に独立した。のち73年に軍部によるクーデターで軍事政権が樹立され、75年には軍部が単一政党を樹立した。90年に民主化要求が高まるなか、ウガンダに亡命していたツチを主体としたルワンダ愛国戦線（FPR）が北部に侵入、内戦となり政府軍はフランス軍の支援で撃退した。91年に複数政党制を認めた新憲法が制定された。93年に挙国一致内閣や国軍の統合を決めたアルーシャ和平協定が調印されたが、94年4月に起こった大統領搭乗機撃墜事件を契機にフツ強硬派政府によって組織された民兵を主とする住民が、ツチや穏健派のフツを襲い、短期間で死亡者80万といわれる虐殺事件が起きた。同年7月にはFPRが政府軍を破って政権を奪取した。この際、150万人といわれる難民が隣国ザイール（現コンゴ民主共和国）に流出したが、96年にザイール反政府軍がザイール東部を制圧した際、彼らは大挙してルワンダに帰国した。

FPRを主体とした新政権の大統領ポール・カガメは、コンゴの内戦に介入して、98年にはコンゴ東部からの反政府活動を抑えるという名目でその大部分を支配下においたが、2002年にプレトリア合意に署名してコンゴから撤兵した。03年5月に新憲法が成立し、その8月には総選挙がおこなわれ、カガメが大統領に就任した。

レソト王国

19世紀初めにズールーの侵攻を受け、モシェシェ1世はタバ・ボシウ（マセル近郊）にたてこもった。1835年以降南アフリカのブール人グレート・トレックにより併合されそうになったため、王はイギリスに保護を求め、68年正式にイギリス保護領バストランドとなった。1950年代末、アフリカ人の政治組織 バストランド会議党（BCP、モケレ党首）、バストランド国民党（BNP、ジョナサン党首）が結成され、61年独立を要求、64年のロンドン・ランカスターハウス会議で独立が承認された。65年の総選挙でBNPが勝利し、ジョナサンが首相に就任、翌66年10月モシェシェ2世を国王とする王国として独立した。

独立直後、国王と首相の対立が起こり、国王は王宮に軟禁され、のちオランダに亡命した。70年、独立後初の選挙でBNPの敗北が明らかになるとジョナサンは憲法を停止し、モケレ党首を逮捕した。ジョナサンは国民の批判を恐れ、政治不介入を条件に国王の帰国を認めた。ジョナサンは新憲法制定を約束したがはたさず、BCPはレソト解放軍を組織して闘争を開始。ジョナサンはBNP独裁化を進め、反アパルトヘイト姿勢を強化したため、南アフリカ共和国から国境閉鎖を受けた。86年、この苦境下でレハンヤ少将のクーデターが起こり、国王を国家元首とする軍事政権が発足したが、国王はレハンヤと対立して91年にイギリスへ亡命した。レハンヤは国王の長男をレツィエ3世として即位させ。さらに91年4月には軍部内でクーデターが起こり、ラマエマ大佐が政権を掌握した。翌92年モシュシュ2世が帰国、93年軍政から民政移行への選挙が実施され、BCPが圧勝してモケレが首相となった。94年モシュシュ2世復位問題に取り組んだが、同年8月にレツィエ3世はクーデターを起こし議会を停止、その後周辺国の介入によりモケレ政権が復活した。98年および2002年の議会選挙ではBCPから脱退したレソト民主会議（LDC）が勝利し、モシシリが首相となった。

ヨーロッパ

アイスランド共和国

860年頃にヴァイキングがアイスランドに渡来し、874年からはノルウェー人が植民をおこなう。930年頃には全島的民主議会アルシングが組織され、豪族による統治がおこなわれた。1000年頃、カトリックを受容した。13世紀半ば以降はノルウェー国王に臣従。14世紀後半、ノルウェーがデンマークの支配下にはいると、アイスランドもデンマーク王の直接支配を受けた。その影響下に、アイスランドはカトリックからプロテスタントに改宗した。

19世紀初頭のウィーン会議の結果、民族意識が高まり、廃止されていたアルシングが諮問議会として1843年に復活し、54年には貿易自由権も得た。74年、デンマーク憲法に付随して発表されたアイスランド憲法では、アルシングに一定程度の自治を認め、アイスランドは自立への道を踏み出す。1918年、デンマークと連合条約を結び、同君連合の地位を獲得して主権をもつ。第二次世界大戦中、デンマーク本国がドイツ軍に占領されると、アイスランドには英米軍が進駐した。独立の是非を問う44年の住民投票では住民の97％が独立に賛成し、アイスランドは独立を宣言するに至った。

アイルランド

前7500年頃から先住民がいたが、前5世紀頃ケルト人が侵入・征服した。後5世紀頃にキリスト教が布教され、西欧のキリスト教の拠点となった。12世紀後半、ウェールズ地方のアングロ・ノルマン貴族がアイルランドに侵入し、一時全島の4分の3を支配した。16世紀前半、ヘンリ8世は諸制度の改革により支配を固める。17世紀半ば、クロムウェルは反革命派の拠点であるアイルランドを征服し、アイルランドへのプロテスタント入植を進めた。

1801年にアイルランド議会は閉鎖され、グレートブリテン王国に併合される。19世紀半ば、青年アイルランド党が民族自立運動を開始し、イギリス政府も抑圧的な政策を一部撤回した。

1914年にアイルランド自治法案が成立したものの、第一次世界大戦の勃発で実施は延期された。22年、アイルランド統治法でアイルランド自由国が成立したが、北部6州はイギリスの自治領のままであった。アイルランド自由国は、49年に完全独立を宣言、アイルランド共和国としてイギリス連邦から離脱した。プロテスタントが優勢な北アイルランドでは、20年に自治政府が形成される。だが、カトリック系住民とプロテスタント系住民との対立が激しくなると、72年以降イギリス政府が同地域を直接統治した。

アルバニア共和国

前3世紀、今日のアルバニア人の祖先とされるイリュリア人とトラキア人が南下し、国家を形成。その後、マケドニア、ローマ帝国の支配を受け、9世紀初めにはビザンツ帝国のテマ制（軍管区）が敷かれ、ビザンツ帝国とブルガリア帝国の勢力下におかれた。14世紀前半にはセルビア王国に併合されるが、同後半にはバルカン半島に侵入したオスマン帝国の支配下にはいった。

19世紀、オスマン帝国の弱体化にともない独立運動が起こる。1912年、第1次バルカン戦争後のロンドン会議で、アルバニアの独立が承認された。第一次世界大戦中、オーストリア＝ハンガリーとイタリア、フランスに占領されるが、20年に新政府の樹立が宣言された。25年に共和国宣言がされたが、28年にはアルバニア王国に変わった。39年にイタリアが併合し、第二次世界大戦下ではドイツに占領されたが、民族解放戦線によるレジスタンス運動も展開された。

44年11月に占領から解放され、共産党のホジャを首班とする政権が成立し、以後85年にホジャが亡くなるまで独裁体制が維持される。90年に一党独裁が放棄され、自由選挙が実施される。翌年に大統領制を導入する。

アンドラ公国

前1世紀に「アンドシニ」という名で歴史書に記載されている。819年にフランク国王はウルヘル司教にアンドラの主権を譲渡。その後、司教の封臣だったカンブエット家に委譲され、さらにフランスのフォア家が諸権利を引き継いだ。ウルヘル司教とフォア家の間で諸権利をめぐり紛争が発生したが、1278年に協定が結ばれ、以降ウルヘル司教とフォア家がアンドラの対等領主権をもった。フォア家の権利は、アルブレ家やブルボン家に移り、現在はフランス国家が行使している。15世紀初頭、議会が創設され、アンドラ全体にわたる行政機構がつくられる。近世以降、アンドラは厳格な中立政策をとる。1866年に現在の総評議会の原型がつくられ、選挙制度改革がおこなわれた。

1970年に普通選挙制が導入され、82年に立法と行政が分離した。90年の選挙で改革派により新憲法が作成される。新憲法は93年に国民投票により承認され、ここに主権国家としてのアンドラ公国が成立した。新憲法で、共同元首は残されたものの名目的な存在となり、主権はアンドラ人により行使されると規定され、司法の独立・公国の外交権も定められた。

イギリス

前6世紀頃にケルト人が侵入、先住民を征服し、その後、ローマがイングランド南部を支配した。5世紀以降はアングロ・サクソン人が小王国を形成した。1066年にはノルマンディー公ウィリアムがノルマン朝を形成した。のちプランタジネット朝期の王権の伸張に対して貴族により、1215年、王権を制限する「マグナ・カルタ」が定められる。13世紀には身分制議会が形成され、14世紀前半には上下二院制が始まった。16世紀、国王主導のもと宗教改革がおこなわれ、イギリス国教会が成立した。

17世紀半ば、ピューリタン革命により王制が廃止され、一時共和制が敷かれる。名誉革命後の1689年、「権利の章典」によって王権に対する議会の優位が明文化され、イギリスは議会が主権を有する立憲君主国となる。1707年、イングランドとスコットランドが合併し、グレートブリテン王国が成立。18世紀、イギリスはフランスとの植民地獲得競争に勝利し、綿産業を中心に発生した産業革命はイギリスを「世界の工場」の地位へと押し上げた。1801年、アイルランドを併合。19世紀前半に選挙法改革が進められ、自由主義的改革がおこなわれた。アフリカやアジアに広大な植民地を獲得し、19世紀後半はイギリスの絶頂期となる。

第二次世界大戦後、イギリス政府は福祉国家建設の道を歩み始める。1993年に欧州連合（EU）の成立とともに加盟したが、2016年の国民投票で離脱を決めた。

イタリア共和国

前1000年頃、イタリア半島に南下したイタリア人のなかで、ラテン人によりローマが建設される。前272年、ローマは全イタリア半島を支配する。前1世紀末、ローマは地中海全域を支配するが、後2世紀以降は衰退に向かった。395年にローマ帝国は東西に分裂し、ゲルマン人の侵入のため西ローマ帝国は476年に滅亡した。

中世から近世までのイタリアの歴史は分裂によって特徴づけられる。南部にはイスラム教徒の侵攻後、ノルマン人が両シチリア王国を建設する。海港商業都市が勃興した北部ではヴェネチア、フィレンツェ、ジェノヴァなどが繁栄した。16世紀、神聖ローマ皇帝とフランス王が勢力を競うと、イタリアは荒廃し、スペインの支配下におかれる。18世紀、北部と中部はオーストリアにより支配される。1861年、ガリバルディやカヴールによりイタリアは統一され、サルデーニャ国王が初代イタリア国王に即位した。

第一次世界大戦には最終的に連合国の一員として参戦、大戦後の1922年にはムッソリーニのファシスト政権が成立し、日独伊三国軍事同盟を結んで第二次世界大戦に参戦した。43年、ムッソリーニは失脚し、連合国軍に降伏した。

46年に王制は廃止され、翌年共和国憲法が成立した。

ヴァチカン市国

古代ローマ時代、使徒ペテロが処刑され、その墓の上に、349年、サン・ピエトロ聖堂が建設された。ローマ・カトリックはローマ帝国の国教となり、西欧世界に拡大した。カロリング朝ピピンがラヴェンナ地方を征服し、756年にローマ教皇に寄進したのが教皇国家の始まりであり、800年にローマ皇帝に戴冠したカール大帝の寄進により教皇国家はさらに拡大した。

18世紀末、ローマで共和政が宣言され、教皇は南フランスへと移される。ナポレオンのイタリア征服後、1808年にヴァチカンと教皇国家は分割され、フランスなどに併合されたが、ナポレオン没落後、ともに再建された。イタリア統一をなしとげたイタリア王国は、70年に教皇国家を併合したが、教皇はヴァチカンにとどまりイタリア王国を批判し続け、教皇はイタリアにとっての障害となった。

1929年、首相ムッソリーニはラテラノ条約の締結により主権国家としてヴァチカン市国の設立を認め、カトリックをイタリアの国教とする一方、ローマ教皇は1870年の併合を追認した。だが、1984年のラテラノ条約の大幅な見直しでカトリックは国教の地位を失い、付与されていた特権も廃止された。

ウクライナ

黒海北岸は前8〜前7世紀にギリシャ人が入植。ステップ地域は前6世紀以降、騎馬遊牧民族がこの地で活動した。

9世紀半ば〜13世紀半ば、キエフ・ルーシが繁栄した。その後、ガーリチ・ヴォルイニ公国が発展。14世紀にガーリチはポーランドに、ヴォルイニはリトアニアに併合された。1569年にウクライナはポーランドの支配下にはいり、正教徒は合同教会に改宗を迫られた。ステップ地方では15世紀以来、ポーランド、リトアニアからの逃亡農民によりコサックが形成された。1667年、ロシアとポーランドはウクライナをドニエプル川を境に分割、ロシア領にはコサックの自治体制が敷かれたが、18世紀後半に廃止。ポーランド領もポーランド分割後に一部を除いてロシア領となる。19世紀、ウクライナ民族文化が復興するが、ロシア帝国政府はこれを抑圧し、合同教会も1839年に正教会に編入した。

1917年のロシア帝国崩壊後、翌年ウクライナ人民共和国が独立した。内戦期を通じて幾多の政権が滅び、ウクライナ・ソヴィエト社会主義共和国が残った。第二次世界大戦により、ガリツィアの東半分がウクライナ領となる。大戦中に成立したウクライナ蜂起軍は対独闘争をおこない、50年代半ばまで反ソ闘争を続けた。ペレストロイカ期に民族主義運動が活発化。91年、ソ連崩壊後に独立した。

エストニア共和国

13世紀、現エストニア地域にドイツ騎士団が入植を始め、14〜15世紀にはハンザ都市が生まれ繁栄した。13世紀前半〜14

世紀前半、北部はデンマークの統治下にあったが、17世紀にポーランドとの戦争に勝利したスウェーデンにより、エストニア地域全体が編入された。18世紀の北方戦争（1700〜21）の結果、ロシア帝国の支配下にはいる。

19世紀になると、知識人による国民文化が形成された。1917年のロシアの二月革命により自治権が認められ、エストニア人による初の議会が誕生するが、続く十月革命で解散を強いられる。17年エストニア救済委員会が独立を宣言するが、第一次世界大戦中、ドイツ軍が首都を占領した。ロシア赤軍とも戦い、20年にはロシア・ソヴィエト連邦社会主義共和国とタルト条約を結んで独立した。1920年の憲法で民主主義体制が保障されたが、次第に権威主義体制に移行。独ソ不可侵条約の付属秘密議定書で、40年にソ連を構成する共和国となる。70年代にかけてソヴィエト化・ロシア化への反体制運動も起こる。

87年、ペレストロイカの進行にともなう抗議活動は、大衆へと拡大化。88年に主権宣言を、90年には独立移行宣言をおこなう。91年、ソ連でのクーデター未遂後、9月にソ連が独立を承認し、92年に新憲法が採択される。

オーストリア共和国

現在のオーストリア地域は、1世紀頃にローマ帝国の属州となった。976年にはバーベンベルク家がカロリング朝フランク王国の辺境伯家となる。12世紀半ばに大公領に格上げされる。1273年、ハプスブルク家のルドルフ1世が神聖ローマ帝国皇帝に選出され、以後、オーストリアを主要領土とした。1526年、ボヘミアとハンガリーの一部を併合した。18世紀になると、ドナウ諸地域で絶対主義体制を確立し、ヨーロッパの大国となる。1814年のウィーン会議で、翌年、オーストリア皇帝を首座とするドイツ連邦が結成された。48年に憲法の制定などを求める革命がウィーンで起こったが、皇帝軍に敗北した。66年にプロイセンとの戦いに敗北、67年にハンガリー王国との同君連合、オーストリア＝ハンガリー二重帝国が成立した。19世紀後半には、諸政党が結成され、世紀末文化が生まれた。

第一次世界大戦の敗北で二重帝国は解体。1938年にナチス・ドイツがオーストリアに進駐し、内閣が合邦（アンシュルス）を決議、ドイツの政治経済制度に編入された。第二次世界大戦下、反ナチスの抵抗運動も続いた。

45年、全土が連合国の分割占領下にはいる。55年に国家条約が調印され、独立を回復し、永世中立国となる。

オランダ王国

前1世紀半ば、カエサルがネーデルラントを征服し、3世紀にゲルマン諸民族が定住した。8世紀、ネーデルラントはフランク王国の一部となる。14世紀後半、ブルゴーニュ家が統一を進めるが果たせず、15世紀にハプスブルク家の支配下にはいる。宗教改革が波及してくると、16世紀後半にはカルヴァン派が浸透した。

ネーデルラントを支配するスペイン王がプロテスタント派貴族を弾圧すると、1568年にオラニエ公ウィレムに率いられた独立戦争が起こった。北部7州はユトレヒト同盟を結んで、1648年のウェストファリア条約によりネーデルラント連邦共和国として独立。

17世紀、オランダは東アジア地域に進出して、アムステルダムは中継貿易港、金融市場の中心地として栄える。しかし、数度の英蘭戦争などで18世紀には強国の座から退く。19世紀初めにフランスの侵攻で一時併合されるが、1814年にウィーン会議により独立を回復し、30年に現在のオランダ王国が確立した。48年に新憲法が制定され、議会制民主主義も確立。39年にベルギーの独立を認め、90年にルクセンブルクが分離し、現在の国土になる。第二次世界大戦中はナチス・ドイツ軍に占領される。大戦の終了後には、4世紀以上にわたり植民地支配を続けてきたインドネシアが独立した。

ギリシャ共和国

前2000年頃にギリシャ人が築いたミケーネ文化が衰退したのち、前8世紀以降、スパルタやアテネなどのポリス（都市国家）が形成された。前5世紀、アテネで直接民主政が完成。ギリシャは、前338年、マケドニアのアレクサンドロス大王の支配下にはいり、前2世紀半ばにローマの属州となる。395年にローマが分裂すると、ギリシャはビザンツ（東ローマ）帝国の一部となる。帝国ではギリシャ語が公用語化、ロシアや東欧にギリシャ正教が布教され、独自の文化圏も形成された。1453年にビザンツ帝国が滅亡、以後19世紀までオスマン帝国によってギリシャは支配される。

1821年、独立戦争を展開し、露・英・仏の支援をうけ、29年に独立が承認された。32年にはギリシャ王国が成立し、62年にデンマークから招聘された国王のもと、民主主義的憲法が制定された。

バルカン戦争で、ギリシャは領土を大幅に拡大した。第二次世界大戦中ナチス・ドイツにより占領され、国内では抵抗運動が活発化した。1967年に軍事政権が成立。73年に王制を廃止し共和制に移行した。74年、民制が復活し、議会制民主主義を定めた新憲法が公布される。近年、深刻な財政難に陥っている。

クロアチア共和国

6〜7世紀にかけて、クロアチア人の祖先が現在の地域に定住した。9世紀末に教皇から王国としての承認を得て、10世紀初めには、当地域が統一された。1102年に王位継承をめぐる内紛が生じ、ハンガリー王国の統治下にはいる。1526年のモハーチの戦い以後は、ハプスブルク家支配下におかれ、1918年のオーストリア＝ハンガリー帝国崩壊まで続いた。14世紀末以降、ヴェネチアが勢力を拡大すると、クロアチアと分断された。

第一次世界大戦後、1918年にセルビア人・クロアチア人・ス

ロヴェニア人王国が成立し、29年にユーゴスラヴィア王国に改称された。39年、スポラズム（協定）が調印され大幅な自治が与えられ、クロアチア自治州が設けられた。第二次世界大戦下には、ナチス・ドイツの傀儡クロアチア独立国が誕生した。戦後、ユーゴスラヴィア連邦人民共和国が再建され、構成国としてクロアチア人民共和国が形成された。70年から翌年にかけ、連邦からの独立を要求する運動「クロアチアの春」が起こり、74年の新憲法の採択に影響を与えた。

91年ユーゴスラヴィアからの独立を宣言し、それを阻止する連邦人民軍と大規模な内戦が展開され、98年に東スラヴォニアが返還されるまで、内戦は継続した。

コソヴォ共和国

前1000年頃、現代のアルバニア人の一部を形成するイリュリア人がバルカン半島に定着した。12世紀末以後、中世セルビア王国の中心地となる。1389年、コソヴォの戦いでセルビアがオスマン帝国に敗れると、以後はオスマン帝国が支配した。17世紀末、セルビア人のヴォイヴォディナ（ハンガリーとの国境地帯）への移住にともない、アルバニア人が入植した。

第1次バルカン戦争後、コソヴォはセルビアとモンテネグロに分割される。1918年のセルビア人・クロアチア人・スロヴェニア人王国建設以後は、コソヴォ地区としてセルビアに統治された。第二次世界大戦期には、イタリア保護下のアルバニアに併合された。

45年、ユーゴスラヴィア連邦人民共和国宣言後は、コソヴォ・メトヒア自治区となり、63年の憲法改正でコソヴォ自治州となる。74年成立の新憲法は、共和国とほぼ同等の権限を与えるものだったため、アルバニア人による共和国への昇格の要求が激化した。しかし、連邦政府はアルバニアとの合体を危惧・拒絶したため、コソヴォ問題と呼ばれる民族紛争が起こった。91年にアルバニア人議員が「コソヴォ共和国」樹立を宣言。セルビア政府とコソヴォ解放軍との武力闘争が激化した。99年、NATO軍によるユーゴ空爆を経て、国連による暫定統治が開始される。国連、米・露・EUらの仲介交渉も不調だったが、2008年コソヴォ議会がコソヴォ共和国の独立を宣言した。

サンマリノ共和国

世界最古の共和国。伝説では、ディオクレティアヌス帝の迫害を受けた石工マリヌスが宗教共同体を形成したのが、サンマリノ共和国の起源とされる。1263年に共和制国家が成立したが、中世を通じて近隣諸侯や教皇庁と対立した。1600年、憲法にあたる法の規約集が成立し、31年にローマ教皇によりその独立的地位が認められる。

サンマリノの独立は、ウィーン会議で国際的にも承認された。イタリア統一戦争に際してはサンマリノから義勇軍が派遣され、以来イタリア王国とは1862年の友好善隣条約もあり今日まで密接な関係にある。ただし、国防・外交・教育・医療などでイタリアに依存しており、事実上イタリアの被保護国である。19世紀前半、オーストリア統治下イタリアや教皇領からの亡命者を受け入れた。第二次世界大戦末期には、連合軍の空爆とナチス・ドイツ軍による破壊により大きな被害を受けた。

第二次世界大戦後、左翼連立政権が成立し、1980年代半ば以降、政権はキリスト教民主党と社会党により運営される。

スイス連邦

5世紀初頭にゲルマン系ブルグント人、アレマン人、ランゴバルト人がスイスに侵入し、現在の民族・言語構成の源流を形成した。11世紀、神聖ローマ帝国の一部となるが、13世紀、ヨーロッパを南北に通る交通路の要衝としてスイスは脚光を浴び始めた。1291年、ウリ、シュウィッツ、ウンターヴァルデンの3邦は「永久同盟」を結ぶ。この同盟が現在のスイスの起源である。14世紀に5邦が加わり、16世紀初頭までには13邦になる。1499年のバーゼルの和議で、スイスは神聖ローマ帝国からの自立を果たす。ドイツで宗教改革が発生すると、スイス国内でも改革派とカトリック派との間で宗教紛争が勃発したが、国外の宗教対立に対しては中立を守った。1648年のウェストファリア条約の結果、スイスの独立が国際的に承認された。

18世紀末、スイスに侵攻したナポレオンはヘルヴェティア共和国を建国した。共和国は短命に終わったが、このとき「邦」に代えて「州」が使用され始めた。1815年のウィーン会議で、永世中立を宣言。48年に憲法が制定され、22の州からなる連邦国家が誕生した。

第一次・第二次世界大戦で中立を維持し、戦後は多くの国際機関の本部がおかれたほか、外交交渉の舞台ともなる。

スウェーデン王国

スウェーデンとは、スヴェア人の支配地域を意味する。本来、スヴェアランドと南にイェータランドがあったとされる。9世紀にスヴェア人の国家が形成され、10世紀末以降、キリスト教化が進んだ。14世紀末以降には他の北欧諸国とともにカルマル同盟を形成したが、1523年に離脱した。グスタフ2世アドルフはドイツ三十年戦争に積極的に介入し、ウェストファリア条約で、スウェーデンはバルト海沿岸地域全体の支配者となる。17世紀後半には絶対王政が確立された。1700年の北方戦争において、デンマーク、ポーランドなどと戦ったが、敗れたためバルト海対岸の領土をほぼすべて失う。

1809年にクーデターにより国王が交代し、新憲法が制定され、議会の権力が強化された。14年、スウェーデンはフィンランドをロシアに割譲した。66年には身分制議会を廃止して二院制が導入されるなど、民主化が進む。1905年にノルウェーが独立し、現在のスウェーデン領が確定した。19世紀初頭以降、スウェーデンは戦争から身を引き、第一次・第二次世界大戦でも中立を守った。

スペイン

前205年にイベリア半島がローマの属州となる。5世紀初め、南フランスから勢力を伸ばした西ゴート王国が半島を支配した。8世紀初め、北アフリカから侵入したイスラム教徒が西ゴート王国を滅亡させ、イスラムの王朝を築く。

13世紀以降、国土回復運動（レコンキスタ）を展開していたアラゴン、カスティリャ両王国は、1479年に合同してスペイン王国を形成した。92年にレコンキスタは終了。16世紀初め、スペイン王カルロス1世は、神聖ローマ皇帝を兼任してドイツやオランダなども支配し、ヨーロッパ最強の帝国となる。スペインはアメリカ大陸を征服し、ブラジル以外の地域を植民地とし、フィリピンをも領有して「太陽の沈まぬ帝国」となる。しかし16世紀末には衰退が始まった。1588年に無敵艦隊がイギリス海軍に敗れ、17世紀初めに豊かなオランダが独立したことは国力の衰退を進めた。17世紀末、ハプスブルク家は断絶し、王家はブルボン家が継承した。19世紀初めのナポレオンによる侵攻に乗じて、アメリカ大陸における植民地の多くが独立を宣言。19世紀末には米西戦争で敗れ、最後の植民地キューバ、フィリピンを失った。

1931年に王制は廃止され、スペインは共和制に移行した。36年の人民戦線内閣に対しフランコ将軍が反乱を起こし、これを倒した。75年にフランコが死去するまで独裁体制が敷かれ、以後は王制が復活し、民主化がおこなわれた。

スロヴァキア共和国

5～6世紀頃、現在のスロヴァキア地域に西スラヴ人が移住した。アヴァール人の支配ののち、ニトラ公国が併合され、820年代にモラヴィア国が成立した。10世紀初めにモラヴィア国が崩壊、ハンガリー王国に組み込まれ、20世紀初めまでオーストリア＝ハンガリー帝国の支配下におかれた。

第一次世界大戦が起こると、在外スロヴァキア人とチェコ人との間で共同国家案が浮上し、1918年10月にチェコスロヴァキア国家の独立が宣言され、スロヴァキアでも「スロヴァキア国民の宣言（マルティン宣言）」が採択された。38年にチェコスロヴァキア共和国と改称される。39年3月、ヒトラーの圧力によりスロヴァキア議会が独立を宣言し、同7月にスロヴァキア共和国が成立し、ドイツの保護国となる。

第二次世界大戦の終了後、1945年にチェコスロヴァキア国家が復興し、48年に共産党が権力を掌握し、その後ソ連型の社会主義政策が導入された。68年の「プラハの春」民主化運動後、69年に連邦制に移行した。

92年7月、スロヴァキア国民議会が国家主権宣言を可決し、12月にチェコおよびスロヴァキア連邦共和国は解体し、翌年スロヴァキア共和国が誕生した。

スロヴェニア共和国

6世紀後半、スロヴェニア人の祖先がサヴァ川上流とその周辺に定住し、アヴァール人に従属した。8世紀中頃、フランク王国の支配を受け、カトリックを受容した。神聖ローマ帝国形成以後は、その支配を受け、ドイツ化が進行。13世紀後半以降、ハプスブルク家のオーストリア帝国下に編入され、第一次世界大戦期まで続いた。16世紀初めに宗教改革の影響からプロテスタントへの改宗が起こったが、プロテスタント指導者は追放された。18世紀末から19世紀初頭、スロヴェニア人意識が形成される。1848年の革命時、統一スロヴェニアの自治がはじめて要求される。

1918年、セルビア人・クロアチア人・スロヴェニア人王国が建国されたが、統合されたのはクライン、シュタイアーマルク、ケルンテンの一部で、ゴリツィアとイストリアはイタリアの領土に残った。第二次世界大戦中、イタリア、ドイツ、ハンガリーに占領され、共産党を中心とするパルチザン戦争が展開された。45年、ユーゴスラヴィア連邦人民共和国が宣言され、その一構成国のスロヴェニア人民共和国となる。

91年、スロヴェニア共和国議会はユーゴスラヴィア連邦からの独立を採択した。直後に連邦軍との間で一時的に戦闘が起こるが、ECの仲介で停戦合意が成立した。

セルビア共和国

バルカン半島のセルビア人は、長い間ビザンツ帝国とブルガリア帝国の勢力下におかれていたが、1168年にビザンツ帝国の支配から脱す。14世紀前半までに中世セルビア王国は領土を拡大した。しかし、1389年にコソヴォの戦いでオスマン帝国に敗れ、15世紀半ばにその支配下に入り、以後400年以上にわたり統治される。

1830年にセルビアはオスマン帝国宗主権下の自治公国となる。78年にセルビア王国の独立が正式に承認される。1918年にセルビア人・クロアチア人・スロヴェニア人王国が形成される。第二次世界大戦下では、ナチス・ドイツへのパルチザンの抵抗運動も展開された。

1945年にユーゴスラヴィア連邦人民共和国が宣言され、その構成国としてのセルビア人民共和国が成立する。50年代から自主管理社会主義建設を開始し、63年にセルビア社会主義共和国に改称。92年に連邦が解体すると、モンテネグロとユーゴスラヴィア連邦共和国を結成。2003年に国名をセルビア・モンテネグロと変更。しかし、国家連合はモンテネグロの独立で06年に解消され、08年にコソヴォが分離独立した。ユーゴスラヴィア連邦の解体の過程では、91年にセルビアとクロアチアの内戦、97年にコソヴォ地区の内戦など戦闘が続発した。

チェコ共和国

6世紀にスラヴ系諸族が現在のチェコに定住し、9世紀前半に大モラヴィア王国が建設された。10世紀末までにプシェミスル家がボヘミアを統一し、11世紀初頭にボヘミアは神聖ローマ帝国の領域となる。1212年にシチリアの金印勅書を獲得し、ボヘミア君主に王の称号が認められる。1804年にオーストリア帝国が成立すると、その領土に組み込まれた。

18世紀末から19世紀初頭にかけ、文化運動が展開される。1848年の三月革命時には、オーストリア帝国に対して、穏健派は帝国保護下でのボヘミア連邦の自治を、パラツキーらは連邦化を要求し、プラハではスラヴ会議も開催された。

1916年、パリで独立運動組織チェコスロヴァキア国民評議会が設立される。18年にチェコスロヴァキア共和国の独立が宣言される。38年のミュンヘン会議でスデーテンをナチスに奪われ、チェコは保護領としてナチス・ドイツの支配下にはいった。第二次世界大戦中は抵抗運動が続けられ、45年に領土はソ連軍により解放された。48年以降は社会主義化が進行。68年の「プラハの春」では、ソ連を中心とするワルシャワ条約機構軍により全土が占領される。69年から連邦制に移行。連邦が92年に解消されると、翌年スロヴァキアと分離してチェコ共和国が成立した。

デンマーク王国

9世紀以降、デンマーク人はヴァイキングとして活動し、グリーンランドや北米にも達した。ハーラル青歯王はデンマークとノルウェーを支配し、キリスト教化を進めた。11世紀初め、カヌート王はイングランド王、ノルウェー王、デンマーク王を兼任し、北海帝国を築いた。1397年、デンマークはスウェーデン、ノルウェーとカルマル同盟を結び、両国を事実上支配下におく。17世紀には重商主義政策をとる一方、1625年には三十年戦争（1618～48）に介入し、スウェーデンと北ヨーロッパの覇権を競った。ナポレオン戦争では、ノルウェーをスウェーデンに割譲した。

19世紀初頭以降、シュレスヴィヒ地方でドイツ人とデンマーク人との民族対立が強まる。2度にわたる戦争の結果、同地方をプロイセンに割譲し、領土の3分の1を喪失した。第一次世界大戦でデンマークは中立を守る。1920年の住民投票で、北部シュレスヴィヒ地方がデンマークに復帰した。第二次世界大戦中、デンマーク本国はナチス・ドイツに占領され、44年にアイスランドが独立した。戦後、海外属領のフェロー諸島とグリーンランドにそれぞれ48年、79年に自治権を与えた。

ドイツ連邦共和国

前500年頃から北部ドイツにゲルマン人が居住する。ゲルマン系フランク人が建国したフランク王国は、8世紀末から9世紀初めにカール大帝のもと大帝国に成長した。大帝死後、王国は分裂したが、東フランク王国がのちのドイツの母体となる。962年、オットー1世が神聖ローマ帝国を創設したが、ローマ皇帝はイタリア政策に没頭したため、ドイツでは諸領邦が林立した。

16世紀の宗教改革と宗教紛争のため荒廃。1648年のウェストフェリア条約により神聖ローマ帝国は形骸化し、ドイツは300余りの領邦がひしめく状況となる。一方、12世紀から15世紀にかけて東方植民もおこなわれ、ドイツ騎士団による征服地域はプロイセンとなる。プロイセンは絶対王政を確立し、徐々に諸領邦中の指導的役割を果たし始めた。

1806年に神聖ローマ帝国は解体され、ウィーン体制下で39邦からなるドイツ連邦が形成される。71年、プロイセン主導でドイツは統一され、ドイツ帝国が成立。第一次世界大戦で皇帝は退位し帝国は崩壊、ヴァイマール共和国が成立する。1933年にナチ党が政権を得て、独裁体制を確立した。39年、ドイツはポーランドに侵攻し、第二次世界大戦が勃発する。45年に連合国に降伏し、分割占領を経て、49年、ドイツ連邦共和国（西ドイツ）、ドイツ民主共和国（東ドイツ）があいついで成立。61年にベルリンの壁が築かれ、73年に東西ドイツの関係が正常化した。90年に西ドイツ主導で東西ドイツは再統一される。フランスとともに93年に発足したEUの中心国となっている。

ノルウェー王国

8世紀以降、ノルウェー人はヴァイキングとして西欧や南欧、グリーンランドやアイスランドに侵入し一部が定着した。899年にハーラル1世は沿岸部の統一を図るが、依然諸地域勢力の独立性が強かった。12世紀の内乱を経て、13世紀にスヴェッレ朝のホーコン4世ホーコンソンが全国統一を成し遂げる。14世紀に王家は断絶し、ノルウェーはスウェーデン、デンマークとカルマル同盟を結成。同盟解消後はデンマークとの連合王国が成立するが、事実上はデンマークに支配された。

ナポレオン戦争後一時独立を試みたものの、国際的認知を得られずに失敗する。デンマークからスウェーデンに割譲されたノルウェーは、スウェーデン国王のもとスウェーデンと連合王国を形成する。ノルウェーには高度な自治が認められた。

1905年、スウェーデンから独立し、新国王をデンマークから迎える。第一次世界大戦では中立を保つが、第二次世界大戦ではドイツの占領下におかれた。大戦後は従来の中立政策を転換し、NATOに加盟したが、独自の防衛策を構築するなどしている。

ハンガリー

9世紀末、マジャール人の祖先が定住する。1000年にハンガリー王国が成立した。15世紀後半のマーチャーシュ1世の頃、中央ヨーロッパ最大の強国となる。1526年のモハーチの戦いでオスマン帝国に大敗し、以後150年以上、国土は3分割された。1699年にハプスブルク家の支配下にはいる。

1848年の革命運動において、農奴解放とオーストリアからの

独立が宣言された。革命戦争には敗れたが、67年にはオーストリアとの間で妥協（アウスグライヒ）が結ばれ、オーストリア＝ハンガリー二重帝国が成立した。

第一次世界大戦後、二重帝国は崩壊し、1918年の民主主義革命により共和国樹立が宣言される。19年の革命で、ハンガリー評議会（タナーチ）政権が発足したが、まもなく崩壊。20年にナショナリズムが盛り上がり、右翼急進主義が成長してナチス・ドイツに接近した。第二次世界大戦下、40年に三国同盟に加盟しドイツ軍に占領されたが、45年、ソ連軍により全土が解放された。

46年に共和国が宣言され、49年以降に進んだ共産化に対し民衆が蜂起するが、ソ連軍に鎮圧される。89年6月に労働者党との政治協商会議（国民円卓会議）が開催され、同10月に社会党への改称・改組が決定され、国名が人民共和国からハンガリー共和国に改められ、2012年にハンガリーに改称した。

フィンランド共和国

1世紀頃以降、フィン人がエストニアからフィンランドに断続的に侵入したといわれ、先住民のサーミ（ラップ人）を追って北に拡大した。12世紀半ば、スウェーデン王エイリク9世がフィンランドに北方十字軍の名目で侵入、フィンランドのキリスト教化が進んだ。1284年にスウェーデン領となり、その影響下で1527年に宗教改革がおこなわれた。16世紀後半、フィンランドは大公国に昇格したが、事実上スウェーデンの一地方にすぎなかった。1809年、ロシア軍がフィンランドに進駐した結果、ロシアへと割譲されることとなった。フィンランドはロシア皇帝に忠誠を誓う大公国となり、特権的な地位を付与され、従来の制度を維持できた。19世紀末にロシア皇帝が自治権の一部を制限すると、それに対するフィンランド人の反発が強まり、1906年にフィンランドに国民議会が創設された。

ロシア革命に乗じ、17年に独立を宣言。39年にソ連軍が侵攻してくると、フィンランドは領土の1割をソ連に割譲した。第二次世界大戦ではソ連と戦い、44年に連合国軍に降伏。戦後はワルシャワ条約機構に参加せず、独自の中立平和政策を展開した。フィンランドは世界各地の紛争地域に平和維持軍を派遣している。

フランス共和国

前9世紀頃から、ケルト人が居住していた。前1世紀半ば以降500年におよぶローマ支配がおこなわれ、4世紀以降、ゲルマン人が侵入し、フランク人が定住した。こうしてケルト、ローマ、ゲルマンの諸要素がいりまじった地域となった。フランク王国は870年に3国に分裂したが、このうち西フランク王国がのちのフランスの源である。987年成立のカペー朝は、フランス初の国家統一を実現した。14世紀成立のヴァロワ朝は、15世紀後半にブルゴーニュを併合し王権を強化した。16世紀、宗教改革により紛争が頻発した。1598年のナントの王令は1685年に廃止され、フランスはカトリック国家へと回帰する。18世紀初頭、ブルボン朝

のルイ14世のもと、絶対王政は最盛期を迎える。

1789年からのフランス革命で王政は廃止され、ナポレオンが権力を掌握する。1848年の二月革命の結果、一時共和政が敷かれたが、52年、ナポレオン3世による第二帝政が成立した。ドイツ・フランス戦争に敗北し、71年に第三共和政が成立する。

第二次世界大戦で、フランスはドイツに降伏し、南フランスにヴィシー政権が形成された。解放後には第四共和政が始まるも、政権は不安定であった。1958年、ド・ゴールが大統領権限を強化した第五共和政をスタートする。

ブルガリア共和国

ブルガール人が670年代にドナウ川河口に到着し、スラヴ人を服従させた。681年、ビザンツ帝国との和平によりブルガリア帝国が誕生し、10世紀初めにはフランク王国と並ぶ一大勢力となる。1018年、ビザンツ帝国に併合され第1次ブルガリア帝国は滅亡したが、1187年に第2次ブルガリア帝国が成立した。しかし、侵略や介入のため国は分裂状態に陥り、14世紀末までにオスマン帝国の支配下にはいる。

1876年に反オスマンの一斉蜂起が起こるが鎮圧される。1908年にオスマン帝国で起こった青年トルコ革命を機に独立を宣言し、翌年国際的に承認された。第一次世界大戦では同盟国側に立ち敗北し、領土分割された。戦間期には共産党による蜂起も起こったが、30年代半ばには国王による独裁体制が成立した。第二次世界大戦には、当初中立、のち三国同盟に加盟した。

1946年、王制は廃止され、ブルガリア人民共和国が宣言された。冷戦が始まると、親ソ路線が強化された。89年に改革派共産党エリートが宮廷クーデターを断行、民主勢力同盟が結成され、90年初めには円卓会議が開催される。11月に国名をブルガリア共和国に改称。91年に非共産党政権が誕生した。

ベラルーシ共和国

ベラルーシは「白ロシア」の意味。6～8世紀に東スラヴ諸族が移住したとされる。9世紀以降、キエフ・ルーシが形成され、ベラルーシの地も徐々にその一部となる。11～12世紀にはポロツク公国、トゥーロフ公国、スモレンスク公国が伸張した。14世紀には「白ロシア」の語がみられるようになる。1569年のルブリン合同でポーランドの支配下にはいり、多くの正教徒が合同教会への改宗を強いられた。18世紀末のポーランド分割において、ベラルーシはロシア帝国領となった。1839年に合同教会は正教会に吸収され、40年にはベラルーシという地名の使用も禁止された。ベラルーシの民族意識が成長したのは、20世紀初頭のことだった。

1917年のロシア帝政崩壊後、18年にベラルーシ人民共和国が成立するが、後ろ盾のドイツ軍の撤退とともに瓦解した。19年、白ロシア・ソヴィエト社会主義共和国が成立。短期間リトアニアとも合同し、リトアニア・白ロシア・ソヴィエト社会主義共和国

を形成。ソヴィエト・ポーランド戦争で西ベラルーシはポーランド領となる。39年に第二次世界大戦が始まると西ベラルーシはソヴィエト・ベラルーシに再編入された。1991年、ソ連崩壊とともに独立。

ベルギー王国

　国名は、ローマ征服以前、当地に住んでいたベルガエ人に由来する。フランスと神聖ローマ帝国に挟まれていたため、領邦が林立した。14世紀後半にブルゴーニュ公がフランドル伯領を相続してのち、諸邦の統一が図られ始め、16世紀半ば、スペインのハプスブルク家がネーデルラントのほぼすべての諸邦の支配権を握る。16世紀後半、北部7州はオランダ共和国として独立したが、ベルギーはスペインの支配下に留まる。1713年のユトレヒト講和条約で、ベルギーはオーストリア領となった。

　1789年、独立運動ブラーバント革命が起こるが、オーストリア軍により鎮圧され、ベルギーはフランスに併合された。その後1815年にネーデルラント連合王国が成立して併合された。しかし、オランダ支配への反発は強まり、1830年のフランス七月革命に触発され、独立を宣言する。第一次・第二次世界大戦中はドイツ軍に占領される。

　ワロン人とフラマン人との間の分断が深刻である。1960年代に国土は4つの言語地域に分けられ、各地域で地域言語の使用が徹底された。93年の憲法改正でベルギーは連邦国家に移行した。

ボスニア・ヘルツェゴヴィナ

　6世紀末からスラヴ人が定住し、7世紀には北からセルビア人とクロアチア人が進出した。12世紀に北部と中部がハンガリーに併合され、南部は12世紀半ばから14世紀前半までネマニャ朝のセルビアに支配された。12世紀末からバン（首長・太守）がボスニアの統治を始め、14世紀末にボスニア王国は絶頂期を迎える。15世紀半ばから後半にかけて、オスマン帝国の支配下にはいり、以後400年にわたり統治される。

　1875年ヘルツェゴヴィナでの反乱がボスニアに波及し、オスマン帝国への宣戦布告となる。78年のベルリン条約で、ボスニア・ヘルツェゴヴィナはオーストリア＝ハンガリー二重帝国の行政下におかれ、1908年に併合された。

　18年、セルビア人・クロアチア人・スロヴェニア人王国が成立し、編入される。39年にクロアチア自治州が形成されると、ヘルツェゴヴィナが組み込まれ、41年にクロアチア独立国に支配が移る。第二次世界大戦期には激しいパルチザン戦争の舞台となる。45年にユーゴスラヴィア連邦人民共和国が宣言され、その一共和国となる。

　90年1月に一党独裁が終わり、11月に自由選挙を実施。91年スロヴェニアとクロアチアが独立宣言を採択すると、独立賛成派と反対派に分裂した。93年に内戦が激化。95年にデイトン合意により内戦は終結した。

ポーランド共和国

　7世紀にスラヴ人があらわれ、10世紀末までに各地方を支配下に収めた。1000年に神聖ローマ皇帝から独立して承認され、14世紀前半までにポーランド王国が統一された。1386年成立のヤギェウォ朝は、版図を広げる。18世紀末にはプロイセン、ロシア、オーストリアによる3度の分割のため、国家は消滅した。

　第一次世界大戦が勃発すると、ヨーロッパ列強間の対立と利害からポーランドの独立が現実的な課題となり、1918年11月に独立した。39年、第二次世界大戦の勃発となるドイツ軍の侵入、ソ連軍の侵攻により占領された。亡命政府は国内地下組織と連携し、抵抗運動を展開したが、44年のワルシャワ蜂起は敗北した。ついでソ連軍の軍事力によりドイツの占領から解放される。

　戦後は、共産党の独裁が進行した。56年、政治的経済改革（10月の春）が実施される。80年には労働者の抗議ストが全土に拡大し、独立自主労働組合「連帯」による運動が展開された。89年実施の自由選挙により「連帯」市民委員会は圧勝し、憲法を改正して国名をポーランド共和国に改めた。

ポルトガル共和国

　カスティリャ王が、対イスラム西方十字軍に遠征していたブルゴーニュ伯にポルトゥカレ伯領を与え、子アフォンソ・エンリケスが1143年にポルトガル王国を建設した。1385年、ブルゴーニュ家が断絶し、アヴィス家が王家を継承した。15世紀、ポルトガルは大西洋航海や植民を支援し、アメリカ、アフリカ、アジアにまたがる海洋帝国を形成した。1580年にアヴィス家は断絶。ポルトガルはスペインの支配下にはいるが、1640年に独立を回復した。18世紀後半、ポンバル侯爵が改革をおこない、国王専制支配体制を確立した。19世紀初頭にナポレオン軍が侵攻すると、王家はブラジルに逃れた。1820年にポルトガルで自由主義革命が発生すると、ジョアン6世はブラジルから帰国、立憲王制に移行した。この際ブラジルは独立し、ポルトガルは最大の植民地を失った。

　1910年、共和派と軍部のクーデターにより王制は廃止され、共和制に移行した。32年、サラザールが一党独裁体制を樹立し、組合主義的「新国家」の建設をめざした。76年に民政移管が決定する。

　1970年代にアンゴラ、モザンビークなどの植民地が独立をはたし、99年にはマカオを中国に返還した。

マケドニア旧ユーゴスラヴィア共和国

　6〜7世紀に現在のマケドニア地方にスラヴ人が定住して681年に第1次ブルガリア帝国を形成した。1018年にはマケドニア朝ビザンツ帝国が奪還した。1344年にセルビア帝国の統治下にはいるが、1430年にオスマン帝国支配下となり、1912年まで続く。マケドニア領有の問題は「東方問題」として、19世紀ヨー

ロッパ外交史上の重要な問題となる。

露土戦争後、大ブルガリア公国の領土となったが、1878年のベルリン条約で再度オスマン帝国の直轄領に戻される。90年代に自治を要求する組織が結成され、1903年に各地でいっせいに大規模な蜂起（イリンデン蜂起）が起こった。第2次バルカン戦争後、セルビア、ギリシャ、ブルガリアに分割される。18年にセルビア人・クロアチア人・スロヴェニア人王国が成立すると、その領域に含まれる。44年、マケドニア人民解放反ファシスト会議によりマケドニア国家が最高機関であることが宣言され、第二次世界大戦終了後、ユーゴスラヴィアを構成するマケドニア共和国が成立した。

90年11月に複数政党制に基づく自由選挙がおこなわれ、翌年1月には主権宣言を採択し、初代大統領が選出された。91年に新憲法の採択と独立宣言をおこない、92年に憲法を改正。

マルタ共和国

前5000年頃から人が居住。前800年頃にフェニキア人がマルタで交易をおこない、その後カルタゴがマルタに植民した。前218年、ローマ帝国がマルタを支配し、5世紀にビザンツ帝国の一部となる。9世紀にイスラム教徒による支配が成立。11世紀末にノルマン人によって征服される。イスラム教徒は13世紀にいたるまで所在した。1530年マルタ騎士団は、マルタ島を軍事拠点とし、オスマン軍を数度撃退する。1798年にナポレオンがマルタを征服し、1800年にはイギリス軍が占領した。マルタ国民議会は騎士団支配の復活を恐れ、主権がイギリスにあることを承認し、14年のパリ条約によりイギリスの植民地化した。

1947年にマルタ憲法が制定され、同時に自治政府が築かれる。64年にマルタはイギリスのもとで独立を達成する。74年には共和制に移行した。79年、マルタからイギリス海軍が完全撤退し、約180年にわたるイギリス支配が終了した。

モナコ公国

古代ギリシャ時代にフェニキア人、ギリシャ人、カルタゴ人が訪れ、建設されたヘラクレスの神殿モノイコスがのちのモナコという地名の起源となる。中世、ゲルマン人やアラヴ人の侵入を受け、のちジェノヴァの統治下におかれる。1297年、グリマルディ家がモナコを征服し、以来同家がモナコ元首の地位を世襲している。モナコは、16世紀初めにスペインの、同半ばにフランスの保護下におかれた。1814年のウィーン会議でフランス軍の占領から脱するが、次にサルデーニャ王国の保護下となる。周辺領土を失って、61年、フランス保護下でモナコは独立を果たしたが、当時の人口は1200人に過ぎなかった。

1911年に憲法を制定、モナコは立憲君主国となった。62年の新憲法は王権神授を削除して元首の権限を制限し、普通選挙に基づく議会が新たに発足した。2002年の諸改革では、王権の一部が議会に移されるなど、民主化が進んだ。行政は国務相（内閣総理大臣に相当）と顧問によりおこなわれる。国務相は、1930年の協定に基づきフランス政府が提案するフランス公務員の中から国王により指名されるが、この制度は国際社会においてモナコが他国と同等の地位を得ようとする際の障害となる。2002年の憲法改正で女子の王位継承が認められた。

モルドヴァ共和国

ソ連とルーマニアの角逐のなかで生まれた極めて人工的な国家である。1812年、露土戦争に勝利したロシア帝国は、モルドヴァ公国の東部、プルート川とドニエストル川に挟まれた地域をオスマン帝国から割譲して、ベッサラビア州と名づけた。宗主権をもつにすぎないオスマン帝国がこの地の割譲を認めたことは、ロシアとルーマニア間に領土紛争の火種を残した。

ロシア帝国崩壊後、1917年末から18年にかけてモルダヴィア民主共和国が独立し、ついでルーマニアと統合した。東隣に成立したソ連は、24年、ドニエストル川東岸の地にモルダヴィア・ソヴィエト社会主義自治共和国を創出した。40年、ソ連はベッサラビア南部・北ブコヴィナ・モルダヴィア自治共和国の一部をウクライナ領とし、ベッサラビアとモルダヴィア自治共和国の残りの部分からモルダヴィア・ソヴィエト社会主義共和国を創出した。

ペレストロイカ期にモルドヴァ民族主義が復活し、90年には国名もモルドヴァに改まり、91年にソ連邦より独立して現国名となる。一方で少数民族の対抗運動が起こり、ドニエストル川東岸には沿ドニエストル共和国、ガガウズ共和国が成立したが、92年に沿ドニエストル共和国との間に武力紛争が生じ、現在も同共和国の地位は未確定である。

モンテネグロ

6世紀から7世紀にスラヴ系民族がバルカン半島に南下し、その一部が今日のモンテネグロをなす山岳部に定住した。諸帝国の支配下におかれたが、11世紀ゼータ王国が成立した。コソヴォの戦い以後もモンテネグロは実質的に独立状態を維持した。16世紀にセルビア正教のブラディカが政治的支配権を手中にし、神政国家を形成した。17世紀末から第一次世界大戦までペトロヴィッチ家がブラディカを世襲し統治した。19世紀半ばにダニーロ2世が神政政治を終結させる。

1878年、ベルリン条約により、モンテネグロ公国の独立が正式に承認される。1910年に公国から王国となり、12〜13年の第2次バルカン戦争で勝利し領土を拡大した。第一次世界大戦後の18年、セルビア人・クロアチア人・スロヴェニア人王国が形成されると、セルビアに編入された。

第二次世界大戦中はイタリアに占領されるが、モンテネグロ人はパルチザンの主力となる。戦後45年にユーゴスラヴィア連邦人民共和国宣言では、最小の共和国を構成した。92年、セルビア共和国とともにユーゴスラヴィア連邦共和国を発足。2003年から国家連合セルビア・モンテネグロに移行し、06年、独立を問う

国民投票の実施により独立を宣言した。07年に現在の国名に変更。

ラトヴィア共和国

前2000年頃、現在のラトヴィア地域に、ラトヴィア人の祖先とされるバルト系諸族が定住した。13世紀初頭にドイツ人が進出し、諸都市はハンザ同盟に加盟して発展したが、地方はドイツ騎士団の封建的支配を受けた。17世紀前半からロシア帝国の支配下にはいり、ロシア化政策が強化された。

第一次世界大戦が始まると、ドイツ軍の占領に対してライフル団を編成し抵抗した。ロシア革命後にはボリシェヴィキの影響下にあった。1918年、ラトヴィア人民会議が独立を宣言するも、ボリシェヴィキ軍とドイツ軍の戦場となる。20年、ソヴィエト・ロシアとの和平条約により独立が承認される。40年に親ソ政権がソ連への加盟を求めて承認されたが、ドイツ軍の侵攻のため独ソ戦の戦場となる。45年に再度ソ連の占領下となり、ソ連を構成する共和国となる。

85年以降に始まる環境保護運動は、分離・独立運動へと発展した。90年、ラトヴィア最高会議が移行期を含む独立復活宣言をおこない、91年のソ連解体を機に移行期の終了を宣言し、独立国家としてソ連に承認された。

リトアニア共和国

前2000年頃にリトアニア人の祖先とされるバルト系諸族が定住した。1236年、シャヴレの戦いでドイツ人の刀剣騎士団の進出をくいとめ、長老公がリトアニア地域を統一し、53年リトアニア王として戴冠した。14世紀末にポーランドと王朝連合してポーランド化が進行。1569年のルブリンの合同で、ポーランド貴族の東方進出が進む。1795年の第3次ポーランド分割でロシア帝国の属州となる。

1905年、ロシアに革命が起きると、リトアニア人の自治権を求める決議が採択された。第一次世界大戦ではドイツ軍に占領されたが、18年に独立を宣言し、ボリシェヴィキ軍と戦い、20年に独立が承認された。39年、独ソ間の国境画定の線引交渉により、ソ連圏に組み込まれ、親ソ傀儡政権も誕生したため独立を喪失する。40年、ソ連邦に編入されたが、独ソ戦でドイツ軍に占領された。

第二次世界大戦後にソ連の一部となるが、反共産勢力のゲリラ戦が約10年間展開された。

88年に起こった改革運動サーユディスは、90年に複数政党による共和国最高会議選挙で圧勝し、独立の回復を宣言する。91年、ソ連軍によるリトアニア制圧は失敗し、ソ連解体により、独立を回復した。

リヒテンシュタイン公国

ローマ時代、ローマの属州の一部となり、5世紀頃、現在の住民の祖先アレマン人（ゲルマン民族の一部）が流入した。中世、ファドーツ伯爵領を形成し、現在のリヒテンシュタインの基礎を築く。ファドーツ伯爵領とシェレンベルク家の土地を得たリヒテンシュタイン家に、1719年、神聖ローマ帝国が自治権を与え、リヒテンシュタイン公国が成立。1806年までリヒテンシュタインは神聖ローマ帝国の一員だった。

帝国の解体後、ライン同盟に加入し、ナポレオン没落後の1815年にはドイツ連邦に加盟する。66年にドイツ連邦が解体されると、リヒテンシュタインは独立を宣言。67年、永世中立国宣言をし、現在に至るまで非武装中立を維持している。

1921年に制定された憲法が今日でも有効。公国元首の地位をリヒテンシュタイン家が世襲し、国王は外交に対して全権を有し、25名の議員からなる議会とともに立法権を行使する。議会は首相を選出するが、国王の権利が大きい。2003年の国民投票で、政府の解散や法律拒否権など国王権限の強化が承認された。

ルクセンブルク大公国

中世領邦国家に由来し、首都と領土を維持してきたまれな国家。国名は963年にはじめて古文書に登場する。ルクセンブルク伯領は12世紀にナミュール伯家により継承されたが、婚姻を通じルクセンブルク・リンブルフ家として領土を大きく拡大させた。1354年、ルクセンブルクは伯領から公領に昇格するも15世紀半ばにブルゴーニュ家の支配下にはいる。その後、ハプスブルク家の支配を受けた。18世紀末から19世紀初めにかけてフランスに併合され、このとき官僚や有力者にフランス語が浸透した。

ウィーン会議の結果、ルクセンブルクはオランダ王国に服属することとなる。1831年のロンドン会議では、国土の半分をベルギーに割譲し、現在の領土となる。48年に改正された憲法は大公ウィレム3世のクーデターにより廃止されるが、68年成立の新憲法で立憲君主制が確立され、現在に至る。67年にルクセンブルクは非武装永世中立国となり、90年にオランダとの同君連合を解消して、ルクセンブルク大公国として正式に独立した。

第一次世界大戦・第二次世界大戦期には、ドイツに併合される。大戦後、中立政策を廃止して、1949年にNATOに加盟し、のちEC（現EU）の原加盟国となる。

ルーマニア

ルーマニア人の祖先とされるダコ・ロマン人が民族大移動期を経て、ドナウ・カルパチア地域に分散・居住した。14世紀にワラキアとモルダヴィアの2つの公国がつくられた。14世紀末にワラキアが、15世紀半ばにモルダヴィアがオスマン帝国の宗主下にはいる。18世紀後半、ルーマニア人の代表者が提出した「ワラキア人請願書」により、ドイツ人らと同等の権利を要求しルーマニ

ア人意識が形成された。

1859年のモルダヴィアとワラキアの統一によって近代ルーマニアの国家形成が始まり、61年に国名がルーマニア公国と定められた。77年、露土戦争でオスマン帝国軍を破った結果、78年ベルリン条約によって独立が承認され、81年に王制に移行した。

1930年代、ファシスト組織「鉄衛団」が台頭する。38年に国王独裁体制が敷かれるが、40年には放棄され、軍事政権が誕生し日独伊三国同盟に加盟した。

47年、王制を廃止して人民共和国を宣言した。60年以降の中ソ論争では、自主外交を展開する。65年、新憲法を採択して国名もルーマニア社会主義共和国になった。89年に市民蜂起が拡大し、大統領夫妻の処刑を経て、現国名となる。

ロシア連邦

862年、リューリクがノヴゴロド公国を建国。882年、オレーグがキエフ公国を建国。989年頃、ビザンツ帝国から国教として正教を受容した。1237年にモンゴル軍が襲来し15世紀末まででロシアの地はキプチャク・ハン国の間接統治下におかれた。15世紀後半、モスクワ大公国が伸張し、モンゴル支配に終止符を打った。

16世紀中葉、モスクワ大公イヴァン4世（雷帝）は専制化に尽力、シベリア進出も開始。1613年、ロマノフ朝が成立。18世紀初頭、ピョートル1世（大帝）は改革を断行、1721年には皇帝を称してロシア帝政時代が始まる。18・19世紀、ポーランド、クリミア、カフカース、中央アジアを併合。政治的にはナポレオンを打破し、ウィーン体制を支える。

第一次世界大戦中の1917年に帝政が崩壊、ソヴィエト政権が成立し、18年にロシア・ソヴィエト連邦社会主義共和国となる。22年、4共和国とともにソヴィエト社会主義共和国連邦（ソ連）を結成。30年代にスターリンのもと、独特の社会主義体制を確立する。第二次世界大戦でドイツの侵略を撃退し、東ヨーロッパの社会主義国家群の中心となる。冷戦期にはアメリカに対抗する軸となる。80年代後半にペレストロイカが始まる。1991年ソ連は解体し、ロシア連邦が成立。中央集権国家の再建を進める。

北アメリカ・中央アメリカ

アメリカ合衆国

先住民が狩猟・採集・農耕などをおこなっていた大陸に、1492年コロンブスのアメリカ大陸到着を契機に、スペイン・フランスが植民地を形成した。イギリス人は18世紀前半までに大陸東部沿岸の13植民地を形成したが、本国の課税に反発、独立戦争に発展して1776年に独立を宣言した。87年には州政府と中央政府の二重構造となる連邦制の合衆国憲法を制定した。

合衆国成立後は、1803年にルイジアナ購入、19世紀半ばにテキサス、カリフォルニア、アラスカを獲得するなど領土を西へ拡大。奴隷制度や関税政策をめぐり南部諸州は合衆国から脱退、1861年に南北戦争が発生したが、北部諸州の勝利で合衆国の分裂は回避された。19世紀後半に工業化すると多数の移民を安価な労働力として受け入れた。フロンティア消滅後は海外市場に注目、1898年の米西戦争によってスペインからフィリピンとグアムを獲得、独立国のハワイを合併した。

第一次世界大戦参戦を契機に債務国から債権国へ転じ、ヨーロッパの安定に不可欠な経済力をもって大戦終結の主導権を握った。世界恐慌の際はフランクリン・ローズヴェルト大統領がニューディール政策を実施、資本主義経済を政府が統制した。第二次世界大戦時は連合国の中核を担い、戦後は孤立主義政策を転換して世界政治に関与、西側資本主義復興の原動力となり社会主義勢力と世界各地で対峙した。1950～60年代に市民権運動が活発化、黒人や先住アメリカ人（インディアン）、女性の地位向上が進んだ。

2001年9月にイスラム急進派による同時多発テロ事件が発生。それを契機にアフガニスタンへ侵攻、また2003年にはイラクのフセイン政権を倒すためイラクを攻撃した。こうした軍事力依存の外交政策はヨーロッパ諸国との間に亀裂を生じさせた。さらに、2017年に大統領に就任したトランプは「アメリカ第一主義」を掲げ、国際協調より自国優先政策を進めている。

アンティグア・バーブーダ

ヨーロッパ人の到来以前、南米大陸からアラワク系先住民が移り住んでいたが、カリブ系先住民に駆逐された。コロンブスが1493年にヨーロッパ人としてはじめてカリブ海北東部に到達し、アンティグア島と命名した。カリブ系先住民が好戦的なことから入植は進まず、スペイン人やフランス人による定着は実現しなかった。1628年にイギリス人たちがバーブーダ島に入植。67年にはアンティグア島もイギリス領植民地となった。

18世紀にはアンティグア島で黒人奴隷を労働力に砂糖プランテーションが発展、バーブーダ島はその食糧供給地となった。しかし1834年のイギリス国内での奴隷制廃止後、砂糖市場の落込みもありプランテーション経済は衰退した。

1958年にアンティグア島、バーブーダ島、レドンダ島の3島がイギリス領のひとつとして西インド諸島連邦に加盟したが、62年に同連邦は解体。67年に内政自治権を獲得し、81年にイギリ

ス連邦内の立憲君主国として独立した。

独立後、ヴェア・バードが1940年代に創設したアンティグア労働党が主導権を握り、長期政権で政情は比較的安定したが、2004年の選挙でスペンサー率いる統一進歩党が政権を奪取、独立以来のバード家支配に終止符が打たれた。

エルサルバドル共和国

征服以前はマヤ系先住民やレンカ人、ナワ系先住民が居住し、中でも最大勢力のナワ系ピピル人は現国土の西部から中央部を占める部族国家クスカトランを築いていた。1524年以降スペイン人の侵入を受け、25年にサンサルバドル市が建設されると、征服後にはグアテマラ総督領に編入された。

1821年スペインから独立するが、直後にメキシコに統合された。23年には他の中米諸州と中央アメリカ連邦を結成したが、連邦解体後の41年にエルサルバドル共和国として独立。保守派と自由派の対立から政情不安定となりクーデターが頻発、60年代に隣国グアテマラの武力侵攻を招いた。

20世紀にはいっても政治経済は一部の富裕な地主層「14家族」によって牛耳られ、反対派への厳しい弾圧もおこなわれた。1931年のクーデターでエルナンデス・マルティネスが大統領に就任し、32年の農民反乱に過酷な大虐殺で応じる一方、新通貨発行や国立銀行設立などの政策で世界恐慌の経済危機に対処した。

第二次世界大戦後もしばらくは政治状況の変化はみられなかったが、1969年隣国ホンジュラスへの移民問題をきっかけに両国間で紛争が勃発、さらに80年代までに反体制運動が武装闘争を選択し、ついに内戦状態に突入した。

83年には新憲法が制定され、84年以降は選挙を通じた政権移譲がおこなわれてきた。反政府組織ファラブンド・マルティ民族解放戦線（FMLN）との停戦交渉は難航したが、国連の調停のもと、92年に平和協定が調印されて内戦が終結すると、FMLNは合法政党化への道を選択した。

カナダ

15世紀末から16世紀前半にイタリア人カボットやフランス人カルティエが探検、17世紀前半にフランス国王直轄地となったが、18世紀初頭にフランスがニューファンドランドなどをイギリスに割譲し、フレンチ・インディアン戦争（七年戦争）後のパリ条約でカナダはすべてイギリス植民地となった。アメリカ合衆国成立後はアメリカから移住するイギリス人が急増し、フランス系住民地域のロワー・カナダとイギリス系住民地域のアッパー・カナダに分割され、その後1841年に両地域を統合した連合カナダ植民地が形成された。48年にカナダ議会に責任を有する責任内閣制が導入され、67年には4州からなるカナダ自治領が成立したが、周辺のイギリス植民地も参加して版図は拡大した。

第一次世界大戦時、イギリス側に立って参戦したことで地位を向上させ、1926年に主権国家となった。31年のウェストミンス

ター憲章でイギリスから外交的にも自立、46年のカナダ市民憲法によってカナダ市民の地位と資格がはじめて定められ、翌47年にはイギリス国王の大権もすべて総督に移管された。49年にはニューファンドランドがカナダに加盟し、現在の版図が確定した。世界各地から多数の移民を受け入れてきたカナダは英仏両語を中心とした多文化主義政策をとっている。82年制定のカナダ憲法により、植民地支配の政治制度上の名残は一掃された。99年、連邦政府は先住民イヌイットの自治を認めた。

キューバ共和国

征服以前にはアラワク系のタイノ人やシボネイ人が先住定着していたが、1492年にコロンブスが第1次航海で到達し、1511年にベラスケスが入植地を建設して以降、過酷な労働や疫病のため先住民はほぼ絶滅した。金資源の枯渇で入植の魅力がうすれると、ハバナは本国セビリアとアメリカ大陸を結ぶ貿易の要衝となった。

19世紀半ばまでに黒人奴隷を労働力とするプランテーションで砂糖生産が拡大をとげ、経済力をたくわえた農園主らはスペイン支配への不満を募らせる。1868年に始まる第1次独立戦争は失敗に終わったが、95年に第2次独立戦争が始まると、98年にはアメリカ合衆国の介入から米西戦争が勃発し、敗北したスペインはキューバの宗主権を放棄した。1902年に独立するが、米国は自らの干渉権などを明記したプラット修正条項を憲法に追加させ、実質的保護下においた。

29年の世界恐慌がキューバ経済を直撃。33年の民族主義的反乱でマチャド独裁政権は倒壊し、実権を掌握したバティスタのもと経済的対米従属が一層進んだ。53年の反乱に失敗したカストロが56年メキシコから帰国して再び反政府ゲリラ闘争を開始、59年ハバナに入城して革命政権を樹立した。

61年に米国との国交を断絶すると、62年の「キューバ危機」では地域の緊張が一気に高まった。ソ連など東側諸国との関係を深めたが、91年のソ連崩壊で経済は大きなダメージを受けた。2008年、病床にあったカストロ国家評議会議長は退任、権限を代行してきた弟のラウルが同職を引き継いだ。

グアテマラ共和国

古代マヤ文明の中心地であり、3〜10世紀にかけて北部低地のティカルが大祭祀センターとして隆盛を誇ったが、衰退後はマヤ文明の中心はユカタン半島北部へと移った。1524年以降スペイン人による征服を受け、49年にはアウディエンシアが移設されて中央アメリカ統治の中心として機能した。

1821年にメキシコに合併される形で独立。24年に他の中米諸州と中央アメリカ連邦を結成し、38年に内部対立で同連邦が解体すると独立してグアテマラ国となる。長らく保守派が政権を握り、独裁者カレラが30年近くにわたって国を支配した。カレラの死後、71年のクーデターで保守政権は倒れ、自由派のもとで自

由主義政策が推進された。

19世紀末から20年以上もエストラーダ・カブレラ独裁政権が続き、外資優遇政策を推進した。その後も軍人政権が続き、1931年に大統領に就任したウビコ・カスティェーダは世界恐慌の煽りを受けた経済再建に成功したが、その強権的手法に対して発生した反政府運動を前に44年に辞任を余儀なくされた。

51年に大統領に就任したアルベンス・グスマンは、アバレロ前政権の改革政策を引き継いで急進的な農地改革法を成立させ、米国資本の土地を収容したことから米国の介入を招き、反政府軍によって54年に政権は崩壊した。60年代以降は右派と左派との内戦状態が長く続き、軍事政権下で反政府活動への弾圧がおこなわれた。96年12月、和平協定が調印されたことでゲリラは武装解除され、その後は選挙を通じた民主的な政権交代がおこなわれている。

グレナダ

ヨーロッパ人の到来以前、南米大陸から移住したアラワク系についでカリブ系の先住民が居住していた。コロンブスが第3次航海中の1498年に到達。カリブ系先住民の抵抗にあって入植は進まなかったが、1674年にフランスが入植した。1762年にはイギリスが占領、79年にフランスが奪回したものの、83年のパリ条約によりイギリスの領有が確定した。

1866年に他の島々とイギリス領ウィンドワード諸島を形成し、77年にイギリスの直轄植民地となった。1958年に西インド諸島連邦に加わり、62年に連邦が解体されると、67年にイギリス自治領グレナダとして内政自治権を獲得、74年に独立をはたした。

独立後、初代首相ゲイリーの独裁体制が敷かれたが、79年に左派のビショップらの無血クーデターにより打倒された。新政府はキューバ寄りの社会主義路線を歩んでいたが、83年にビショップが急進派のクーデターで拘束・殺害され、政情悪化を懸念したアメリカ合衆国が軍事侵攻に着手して占領した。米軍は83年末までに撤兵、連合軍の平和維持部隊の駐留下で暫定政府による統治がおこなわれた。

84年に民主的選挙が実施され、新国民党（NNP）のブレーズを首班とする連立政権が発足。90年の選挙で国民民主会議（NDC）のブラスウェイト政権が誕生した。95年の選挙では再びNNPが政権を奪取、以来主にNNPが政権を維持している。

コスタリカ共和国

この地域には中部から南部に南米大陸まで広がるチブチャ系民族、カリブ海沿岸にカリブ系民族が首長制社会を形成し、北西部のニコヤ半島はメソアメリカ文化圏に属していた。1502年にコロンブスが到達してコスタリカと命名。乏しい鉱産資源や先住民の抵抗から征服は遅れたが、60年代にカルタゴなどの入植地が建設され、73年にグアテマラ総督領に編入されると、白人入植者の

もとで自給的農業に基づく閉鎖的な社会が形成された。

1821年のグアテマラ総督領からの独立後はメキシコ帝国に併合され、自由派と保守派との内戦を経て、サン・ホセの自由派のもとで24年に他の中米諸州と中央アメリカ連邦を形成したが、39年に連邦から離脱、48年に独立、共和国となった。

49年にはコーヒー農園主の支持を受けてモラが大統領に就任したが59年のクーデターで打倒され、その後は自由派の政権が続いた。

20世紀前半の政情は比較的安定し、1917年のティノコ将軍のクーデターを除けば民主的な手続きのもとで政権交代がおこなわれた。40年に大統領に就任したカルデロンが共産党と提携して急進的な改革を進めると、48年に保守派との内戦に発展したが、中道左派のフィゲレスのもとで収拾され、49年制定の憲法では常備軍の廃止が盛り込まれた。83年には非武装中立を宣言するなど、紛争絶えない中米地域において独自の道を歩んできた。87年には、中米紛争解決への功績を認められ、アリアス大統領にノーベル平和賞が贈られた。

ジャマイカ

島にはアラワク系のタイノ人が生活していたが、第2次航海中のコロンブスが1494年に到達、1509年にスペイン人による入植が始まったが繁栄には至らなかった。1655年にクロムウェルが派遣したイギリス艦隊によって占領され、70年のマドリード条約で正式にイギリス領となった。

18世紀に黒人奴隷を労働力にプランテーションでサトウキビ栽培が大きく成長したが、多数の逃亡奴隷（マルーン）の反乱にもなやまされた。1834年の奴隷制廃止後には労働力不足解消のためインド人や中国人の年季契約移民を導入したが、19世紀を通じて砂糖生産は縮小した。65年の黒人層の反乱を契機に植民地議会が解散されると、ジャマイカはイギリス国王直轄植民地となった。

20世紀前半に黒人民族主義の影響を受けた労働運動が高まり、1944年設置の下院議会でジャマイカ労働党（JLP）と民衆国民党（PNP）が2大政党を確立した。58年にカリブ海域の他のイギリス領植民地と西インド諸島連邦を結成して独立国家の建設を模索したが、植民地間の格差が障害となり、ジャマイカは連合からの脱退を決め62年に単独で独立を達成した。

独立以来、JLPとPNPの政権争いは激しく、72年の総選挙で勝利したPNPは貧困解消を訴えて左傾化しキューバに接近した。80年にJLPが政権を獲得したことでアメリカ合衆国との関係は改善されたが、経済再建の失敗から89年には再びPNPが政権を奪回、前政権による民営化などの自由主義経済路線を踏襲し、緊縮財政でインフレの抑制にも成功して2002年の総選挙でも勝利した。しかし、雇用創出や治安の悪化への対処が十分でなかったため、07年の総選挙ではJLPが勝利して政権交代を実現した。

セントヴィンセント及びグレナディーン諸島

ヨーロッパ人の到来以前、南米大陸から移り住んでいたアラワク系についでカリブ系の先住民が居住していた。1498年に第3次航海中のコロンブスがセントヴィンセント島に到達したとされるが、先住民の頑強な抵抗に直面、ヨーロッパ人による入植は進展しなかった。一方で沈没船や周辺の島々から脱出してきた黒人奴隷が島に定着し、カリブ系先住民との混血により「ブラック・カリブ」を形成した。

18世紀初めにフランス人が先住民の許可を得て最初の入植地を建設したが、1763年のパリ条約でイギリス領となる。79年にフランスが奪還したが、83年のパリ条約によりイギリスの領有が確認された。先住民の反乱とその鎮圧を経て、黒人奴隷労働力によるプランテーション経済が発展。1834年に奴隷制が廃止されるとポルトガルやインドから年季契約移民が導入されたが、1902年にスフリエール火山の噴火で島の経済は壊滅的なダメージを受けた。

1958年に西インド諸島連邦に加わり、62年に同連邦は解体された。69年に内政自治権を獲得し、79年にイギリス連邦内での独立を果たした。独立直後の選挙でセントヴィンセント労働党（SVLP）が勝利したが、84年の選挙では中道政党の新民主党（NDP）が勝利してミッチェル政権が発足し、以降4期連続で政権を担当するなど同国の政情は比較的安定している。2000年にはユースタス蔵相が首相に就任したが、01年の総選挙ではNDPが敗れ、中道左派の統一労働党（ULP）が勝利してゴンサルベス政権が発足し、05年の総選挙でもULPが勝利してゴンサルベスが首相に再任された。

セントクリストファー・ネーヴィス

南米大陸から移り住んでいたアラワク系についでカリブ系の先住民が居住していた。1493年に第2次航海中のコロンブスがヨーロッパ人としてはじめて到達したが、スペイン人による入植はおこなわれなかった。1623年にイギリス人がセントクリストファー島で入植を開始、28年にはネーヴィス島の入植にも着手した。27年にセントクリストファー島にあらわれたフランス人と連携してカリブ系先住民を駆逐し、島の中央部をイギリスが、北部と南部をフランスが分割統治したが、やがて両国は島の領有をめぐって激しく争い、1783年のパリ条約でイギリスへの帰属が確定した。

1871年に改組されたイギリス領リーワード諸島連邦にセントクリストファー、ネーヴィス、アングィラの3島が単一の属領として加わり、1958〜62年にかけての西インド諸島連邦への加盟を経て、67年に内政自治権を獲得した。しかしアングィラがセントクリストファーによる支配をきらい、71年にイギリス本国の直轄統治下にはいって80年に正式に離脱したことから、83年にセントクリストファーとネーヴィスの2島がイギリス連邦内で独立を果たした。

独立後は人民行動運動（PAM）とネーヴィス改革党（NRP）が連立政権を担っていたが、95年の選挙で野党の労働党（SKNLP）が勝利し、党首のダグラスが首相に就任した。ネーヴィスでも独立以前からセントクリストファーの優位に対する不満が強く、90年代にはいって分離に向けた動きが高まりをみせたものの、98年の住民投票では賛成票が必要とされる3分の2にわずかに届かず分離は実現しなかった。

セントルシア

ヨーロッパ人の到来以前、南米大陸から移り住んでいたアラワク系についでカリブ系の先住民が居住していた。15世紀末〜16世紀初めにスペイン人の探検家がはじめて到達したとされるが、スペイン人による入植は進展しなかった。17世紀半ばにはオランダ人、フランス人、イギリス人がそれぞれ入植を試みたが、カリブ系先住民の抵抗が根強く失敗に終わった。

1651年到来したフランス人が入植地建設に着手すると、60年には抵抗を続けていたカリブ系先住民と平和協定を結んだ。その後はイギリスとフランスとの間でたび重なる領有権の移動を経て、最終的には1814年のパリ条約でイギリスの領有が確定したが、地名や宗教などフランスの文化的影響が長らく維持された。1838年にはイギリスの属領としてイギリス領ウィンドワード諸島に組み込まれた。1958年には西インド諸島連邦に加盟、62年の同連邦解体を経て、67年に内政自治権を与えられ、79年にイギリス連邦内での独立を果たした。

独立後の選挙で与党の統一労働党（UWP）がセントルシア労働党（SLP）に敗北したが、1982年の選挙でUWPが勝利して政権復帰し、コンプトンが首相に就任した。その後96年までコンプトン政権は続いたが、97年の総選挙でSLPが勝利してアンソニーが首相に就任し、2001年の選挙でも勝利してアンソニーが首相に再任された。06年の総選挙ではUWPが勝利してコンプトンが再び首相に就任したが、コンプトンは翌年死去し、キングが首相に就任した。現在はSLPが政権を握るが、バナナ輸出に依存する経済構造の改革が課題。

ドミニカ共和国

コロンブスが1492年の第1次航海中に島に到達し、96年には南岸にサントドミンゴが建設された。当初アメリカ大陸征服の拠点として機能し、1511年にスペインの聴聞庁が設置されたが、メキシコやペルーの征服後は植民地統治の中心としての地位を失った。

17世紀に他のヨーロッパ諸国や海賊の侵入にさらされ、フランス人が占拠していた島の西部は1697年フランス領サンドマングとして割譲された。1795年には島の全域がフランス領となったが、1804年にフランス領がハイチとして独立を宣言すると08年の反乱を契機に東部からもフランス軍が撤退、14年に再びスペ

イン統治下におかれた。

1821 年に独立が宣言されたが、翌年には隣国ハイチに併合された。44 年にドゥアルテの指揮下でハイチの支配から脱してドミニカ共和国として独立を達成したものの、ハイチによる侵略の脅威に対して 61 年には再びスペインの支配下にはいり、65 年に再度共和国として独立した。

20 世紀初頭までにヨーロッパ諸国が債務返済圧力を強めると、1916 年に調整役として介入したアメリカ合衆国の占領下におかれることになり、占領統治は 24 年まで続いた。30 年にはトルヒーヨがクーデターで政権を掌握し、30 年あまりにおよぶ長期独裁政権を確立、自らの一族で国家経済を私物化し、秘密警察を用いて反対派を徹底的に弾圧した。

トルヒーヨ暗殺後の 62 年に民主的な選挙で進歩派政権が成立したがクーデターで倒れ、65 年の内戦では共産化を恐れたアメリカが軍事介入した。66 年の内戦終結後、バラゲールが大統領に就任して強権的支配体制を敷くと、政権への不満から 78 年に野党ドミニカ革命党が政権を奪取した。しかし深刻な経済危機に直面したことで 86 年にバラゲールが大統領に復帰、10 年間にわたって政権を担当した。96 年にはフェルナンデスが大統領に就任、その後いったんは政権を手放すが 2004 年の選挙で返り咲き、08 年の選挙でも再選された。12 年からはメディーナ大統領就任。

ドミニカ国

島には南米大陸から移り住んでいたアラワク系についでカリブ系の先住民が定住していた。1493 年に第 2 次航海中のコロンブスがはじめて到達し、その日が安息日（ドミンゴ）であったことからドミニカ島と命名されたが、スペイン人の入植は先住民の抵抗で進展しなかった。1635 年に領有を主張したフランス人による入植も同様の抵抗に直面、60 年にフランスはイギリスとの間で島を先住民のものとする合意を交わし、たがいに領有権を放棄した。しかしその後もフランス人は入植を継続、18 世紀後半になるとイギリスとの領有争いは激化した。1763 年のパリ条約ではフランスがイギリスに島を譲渡することに同意したが、その後も両国の争いは収まらず、1805 年にようやくイギリス領有が確定した。

1833 年に形成されたイギリス領リーワード諸島に加わったが、1940 年にウィンドワード諸島に所属を移し、58 年にカリブ海地域の他のイギリス領植民地とともに西インド諸島連邦に加盟した。62 年の同連邦解体後、67 年に内政自治権を獲得し、78 年に大統領を国家元首とする共和国として独立をはたした。

独立後の政情は不安定で、当初はドミニカ労働党（DLP）が政権の座にあったが、1980 年の選挙の結果、ドミニカ自由党（DFP）のユージニア・チャールズがカリブ海で初の女性首相となり、83 年のグレナダ侵攻ではアメリカ軍を中心とする連合軍に参加した。95 年の選挙では統一労働党（UWP）が勝利しジェームスが首相に就任したが、2000 年の総選挙で UWP が敗北して DLP と DFP の連立政権が発足し、05 年の選挙ではスケリット首相の DLP が勝利を収めた。

トリニダード・トバゴ共和国

トリニダード島とトバゴ島には、アラワク系やカリブ系の先住民が居住していた。1498 年に第 3 次航海中のコロンブスが到達したがスペイン人の関心は薄く、他のヨーロッパ諸国の侵入にさらされた。長らくスペイン統治が維持されていたトリニダード島は 1797 年のイギリス占領後、1802 年アミアンの和約で正式にイギリス領となり、トバゴ島もオランダやフランスの占領を経て 14 年イギリス領となった。

トリニダード島にはスペイン統治下で入植を認められていたフランス人が 80 年代以降ハイチなどから黒人奴隷とともに移り住み、砂糖プランテーションを経営していたが、89 年にトバゴ島と併合され単一の植民地となった。

20 世紀初めに石油生産が始まると、労働運動とともに自治・独立への要求が高まり、1958 年の西インド諸島連邦への参加を経て 62 年に独立をはたした。独立後はアフリカ系住民を主な支持基盤とする民衆国民運動（PNM）が政権を担い、76 年には大統領を元首とする共和制に移行した。

1986 年の選挙では民族宥和を唱える国民再建同盟（NAR）が勝利したが、90 年に黒人イスラム教徒過激派によるクーデター未遂を経験し、91 年の選挙では再び PNM が勝利してマニングが首相に就任した。PNM は 95 年の選挙で敗北し、代わってインド系を支持基盤とする統一国民会議（UNC）が NAR との連立政権を樹立、UNC 党首のパンディがインド系初の首相となった。しかし UNC が分裂して少数与党となり、2001 年の選挙で UNC と PNM が議席を分け合うと、大統領が野党のマニングを首相に任命したことで政局が混乱したが、02 年に再度実施された選挙で PNM が勝利した。PNM は 07 年の総選挙でも勝利してマニングが首相に再任された。現在は PNM のローリー政権。

ニカラグア共和国

東部にチブチャ系の民族、西部に北方からナワ系の文化的影響を受けた民族が移り住み、現在のリバス付近に定着した後者のニキラノ人首長ニカラオがニカラグアの語源ともされる。1502 年に第 4 次航海中のコロンブスが東海岸に到達したが、本格的な征服は 22 年に始まり、拠点としてグラナダとレオンが建設され、征服後は管轄権をめぐる混乱を経て最終的にグアテマラ総督領に編入された。16 世紀末からは沿岸部が海賊による襲撃を幾度も受け、18 世紀にはミスキート人と同盟を結んだイギリス人がこの地域への侵略を試みた。

1821 年、スペインからの独立直後にメキシコ帝国に併合された。23 年に他の中米諸州と中央アメリカ連邦を結成し、連邦から離脱した 38 年に独立してニカラグア共和国となったが、その後はレオンの自由派とグラナダの保守派との対立が続いた。56 年にはアメリカ人のウォーカーが大統領に就任する事態を招いたが、

収拾後に政権を握った保守党のもとで一応の平穏を得た。

20世紀にアメリカ合衆国が影響力を強め、しばしば内戦に介入して海兵隊を派遣したが、事実上の保護国化に対して反米武装闘争が発生し、自由派の指導者の一人サンディーノは徹底抗戦を唱えた。米海兵隊撤退後、アナスタシオ・ソモサが権力を掌握し、1937年に大統領に就任すると、40年以上にもおよぶソモサ一族の独裁的支配の時代にはいった。反ソモサ勢力は61年結成のサンディニスタ民族解放戦線（FSLN）のもとで武装闘争に着手、78年のラ・プレンサ紙編集長暗殺を機に広範な反政府連合が形成され、79年に独裁政権は崩壊した。

革命後の左翼政権のもとで米国との関係は悪化、同国の支援を受けた反政府武装勢力コントラとの間で再び内戦に突入した。1988年暫定停戦合意が成立し、90年国連監視下の選挙で大統領に選出されたチャモロがコントラ解体や軍の縮小を実現して内戦は終結したが、深刻な貧困など社会不安の解消には至っていない。2007年にはFSLNのオルテガが大統領に復帰し、現在にわたって長期政権を維持する。

ハイチ共和国

アラワク系のタイノ人が居住していたこの島には、1492年の第1次航海中にコロンブスがはじめて到達したが、島の西部は長らく放置されたままで、やがてフランス人に占拠された。1697年にスペインがフランスに譲渡してサンドマング植民地となり、18世紀にはカリブ海地域で最大の砂糖生産地となっていた。

本国での革命に呼応して1791年に大規模な奴隷反乱が起こると、反乱軍は革命政府と結んで白人支配層が支持するイギリス軍を撃退し、1801年には反乱指導者トゥサンが東部のスペイン領に侵攻して全土を掌握した。ナポレオンの派遣部隊によりトゥサンが捕らえられたあとも反乱は続けられ、フランス軍撤退後の04年ハイチ共和国として独立した。

独立後はデサリーヌが帝政による独裁を始め、その暗殺後は2人の大統領が南北に分裂して統治したが、20年に南北が統一され、22年には独立宣言直後の隣国ドミニカに侵攻して44年まで支配した。その後は黒人とムラートの対立による政治的な混乱が20世紀初頭まで続いた。

混乱の続くなか、ハイチにおけるドイツ人の影響力拡大をきらったアメリカ合衆国が1915年に軍事占領下においたが、34年に米軍が撤退すると再び政情が不安定となり、57年以降はデュヴァリエ親子が29年間にわたってハイチを支配した。

86年の独裁政権崩壊後も混乱は続き、民主化を求める国際社会の監視下で実施された90年の大統領選挙でカトリック神父のアリスティドが当選したが、同政権は翌年軍事クーデターで倒れ、その後軍政が敷かれた。94年の国連決議に基づく米軍の侵攻を前に軍事政権が退陣し、復権したアリスティドのもとで民政が回復されたものの、長引く政治的混乱と深刻な貧困問題が克服されるには至らず、2001年から大統領に復帰したアリスティドは04年の武装反乱を前に国外へ逃れた。以降は国連ハイチ安定化

ミッションなどで国内情勢は安定化している。

パナマ共和国

チブチャ系などの多様な先住民が定住していた。1501年にスペイン人のバスティダスが初上陸して以来、翌年には第4次航海中のコロンブスが到来するなど、この地域への探査が継続された。アメリカ本土最初の町ダリエンの総督バルボアが13年に地峡を横断して太平洋岸に到達すると、19年には太平洋岸にパナマ市が建設された。2度のスペイン聴聞庁設置を経て、67年にペルー副王領の管轄下に入り、ペルーとスペイン本国とを結ぶ重要な中継地として栄えたが、16～17世紀には海賊の襲撃になやまされた。

1821年スペインから独立したのちに大コロンビア共和国の一州となり、共和国解体後の30年には分離独立の動きもみられたものの、最終的にはコロンビア内の州のひとつに収まった。

中央アメリカを横断する運河の建設構想は植民地時代以来のものであったが、1903年にコロンビア政府とアメリカ合衆国が運河建設権を定めた条約に調印すると、コロンビア議会はその批准を拒否し、パナマは分離独立を宣言して独立を承認したアメリカとの間で運河地帯の永久租借権を付与する条約を締結した。04年に着工した運河の建設は、14年に開通に至った。

独立後のパナマの政治経済は運河に大きく依存し、36年には運河地帯の主権がパナマに帰属することが確認され、トリホス将軍のもとで77年締結の新パナマ運河条約では99年末にアメリカの権利失効が定められた。89年には実権を握っていたノリエガ将軍が米国の軍事侵攻によって逮捕されるなどしたが、条約通り99年11月までに米軍撤退が完了し、同年末に運河の完全返還が実現した。2004年に就任したトリホス大統領のもとでは運河の拡張計画が国民投票により承認された。

バハマ国

ヨーロッパ人の到来以前、島々にはアラワク系の先住民が居住していた。1492年にコロンブスが「新世界」で最初に上陸したのが同諸島のサンサルバドル島であったとされるが、サマナ岩礁であったとする説もある。17世紀半ばにバミューダ諸島のイギリス人ピューリタンが入植を開始、のちのナッソーにも入植地が建設されたが、18世紀初めまでは主に海賊の巣窟となっていた。

バハマ諸島は1718年イギリス国王直轄植民地となり、総督に任命されたロジャーズのもとで海賊の排除が進められた。アメリカ独立革命中の76年にナッソーが短期間ながらアメリカ海軍に占領され、82年にはスペインの占領下におかれたが、83年のパリ条約によりイギリス領有が確定した。

80年代、アメリカ独立革命に敗れた王党派が黒人奴隷とともに移り住み、綿花プランテーションを経営したが、1834年の奴隷制廃止を受けて農園は衰退、19世紀後半は経済が停滞した。しかし1919年アメリカ合衆国で禁酒法が制定されるとラム酒の密

輸基地として栄え、第二次世界大戦後には観光業が主要産業となった。

観光業に基づく繁栄のなかで、利益を享受する少数の白人と多数派の黒人との対立が政治問題に発展。1964年に内政自治権を与えられたのち、67年の総選挙で黒人系の進歩自由党（PLP）が政権を獲得して白人支配に終止符を打った。72年の選挙でも圧勝したPLPが独立に向けた交渉に着手し、73年にイギリス連邦内での独立をはたした。

独立後もPLPが長らく政権を担ったが、経済の悪化や麻薬密輸疑惑から政権は信用を失い、92年の選挙では自由国民運動（FNM）が勝利して四半世紀ぶりに政権交代を実現した。

バルバドス

アラワク系やカリブ系の先住民が居住していたと考えられるが、1536年にブラジルへ向かう途中のポルトガル人が上陸した際に先住民の姿はなかった。1627年にイギリス人が初の入植地ジェームズタウン（現ホールタウン）を建設すると、39年には議会が設置され、63年に直轄植民地となった。

1640年代以降にブラジルを追われたオランダ人の指導のもとでプランテーションにおけるサトウキビ栽培が急速な発展をとげた。1834年の奴隷制廃止後も製糖業が島の基幹産業として維持された。33年に設立されたイギリス領ウィンドワード諸島に加わったが、85年の離脱までバルバドス総督が同植民地の総督を兼任していた。

世界恐慌後の経済的困窮から黒人系労働者の不満が高まり、1937年の暴動で多数の死傷者をだす一方、38年アダムズらを中心にバルバドス労働党（BLP）が結成され、40年代以降、徐々に政治改革が進展した。51年、初の成人普通選挙でBLPが多数を占め、54年にアダムズが初の首相に就任した。アダムズは58年に結成された西インド諸島連邦の首相を務めたが、62年に連邦は解体された。61年に内政自治権を獲得したバルバドスは、66年にイギリス連邦内で独立をはたした。

独立前の61年から民主労働党（DLP）がバロウ首相のもとで政権を担っていたが、76年の選挙でBLPが勝利して15年ぶりの政権交代が実現した。しかし86年の選挙でDLPが政権を奪回、バロウが再び首相を務めた。87年、バロウ死去後、サンディフォードが首相に就任したが、国際通貨基金（IMF）主導の緊縮政策を導入したことで政局は不安定となり、94年に不信任決議が議会で可決されて実施された選挙ではBLPが勝利した。94年に経済協力の強化を目的とするカリブ諸国連合（ACS）に加盟し、99年の総選挙でも再び勝利を収めた。

ベリーズ

マヤ系先住民が定住していたが、16世紀初めにスペイン人が探索を開始、続いて軍事征服にも着手した。しかし先住民の激しい抵抗を受け、ユカタン半島を征服したあとにも完全な支配下におくには至らず、定住も進展しなかった。

17世紀にはいってイギリス人が侵入を試み、当初は海賊が主体であったが、のちに入植者によるログウッドの伐採がさかんにおこなわれた。18世紀にはいるとスペインとイギリスとの間で領有権争いが激化し、1763年のパリ条約でイギリス人に木材伐採権が認められる一方で、スペインも自らの領有権を譲らなかったが、98年セントジョージズ・キーの戦いで勝利したイギリスによって事実上の植民地とされた。

他の中米諸国がスペインから独立するなかで、中央アメリカ連邦の解体によって1839年に分離したグアテマラ国がこの地域の領有を主張したものの、59年には自国とカリブ海を結ぶ道路の建設を条件にイギリスの権利を認めた。62年にイギリス領ホンジュラスとしてジャマイカ総督府に編入される形で直轄植民地になると、84年には単独の植民地になった。

第二次世界大戦後、1950年に人民統一党（PUP）が結成されるなど自治権拡大への要求が高まりをみせ、54年に普通選挙が導入されると、64年憲法のもとで国防や外交を除く内政自治権を獲得した。

グアテマラが再び領有を主張し始めたことから独立は遅れ、73年にイギリス自治領ベリーズと改称する一方でグアテマラとの軍事的緊張は高まったが、80年の国連総会でベリーズの独立を求める決議が可決されると、81年にイギリス連邦の一員として独立が実現した。独立の承認を拒否していたグアテマラも91年に自らの主権を放棄してベリーズと国交を樹立した。94年にはイギリス軍の段階的な撤退が完了し、その後はPUPと統一民主党（UDP）の2大政党が民主的な政治プロセスを維持している。2008年の総選挙ではUDPが政権交代を実現し、党首バロウが首相に就任している。

ホンジュラス共和国

ホンジュラス西部はマヤ文化圏の最東端に位置しており、隣国グアテマラに近い都市コパンは9世紀初めまで大祭祀センターとして栄え、暦に基づいた正確な年代をマヤ文字で記した石碑が数多く残されている。

1502年に第4次航海中のコロンブスがこの地に到達、24年スペイン人による征服が始まり、37年にはレンカ人の首長レンピーラに率いられた先住民反乱が鎮圧された。その後グアテマラ総督領の管轄下におかれ、40年代には一時的ながらスペインの聴聞庁が設置された。当初は金や銀の生産で栄えたが、17世紀以降は農牧業中心の辺境にすぎなくなり、18世紀に始まる北部沿岸のイギリス占領は1859年まで続いた。

1821年の独立直後に一時メキシコ帝国に併合されたものの

23 年に他の中米諸州と中央アメリカ連邦を形成し、ホンジュラス出身の自由主義派モラサンが延べ 10 年近く大統領を務めた。38 年に連邦を離れて独立した共和国となり、その後は保守派の政権が続いたが、76 年に自由主義派が政権を奪取して国家の近代化や外資を用いた輸出産業の振興に努めた。

20 世紀にはバナナが主要な輸出産業に成長、アメリカ合衆国の果実会社が栽培から輸送までを支配した。保守派と自由主義派の対立にバナナ資本が介入することで国政の混乱がさらに深まる一方、1933 年大統領に就任した保守派のカリーアスは 49 年まで長期独裁体制を敷いて親米的な政策を推進した。

57 年自由党のビィェダ・モラレスが大統領に就任、農地改革や労働立法などの進歩的な政策を打ち出したが、63 年に軍部保守派によるクーデターで倒れ、69 年には移民問題をめぐって隣国エルサルバドルとの間に「サッカー戦争」が勃発した。82 年に民政移管がおこなわれて自由党スアソ政権が誕生して以降、自由党と国民党の 2 大政党の間で民主的な形で政権交代がおこなわれており、2006 年には自由党のセラヤが大統領に就任した。一方で、00 年に重債務貧困国に指定される（05 年に解除）など、経済改革を通じた貧困の解消が歴代政権の課題となっている。

メキシコ合衆国

紀元前 1200 年頃からメキシコ湾岸にオルメカ文明が栄え、中央高原のテオティワカンが巨大な宗教都市に成長する一方、南東部からユカタン半島にかけての地域にはマヤ文明の祭祀センターが数多く点在していた。14 世紀にアステカ人がテスココ湖上のテノチティトランを首都に定めると、同盟と征服を通じて勢力を周囲に拡大し、16 世紀までに中南部に覇を称えるに至った。

1519 年ユカタン半島に初上陸したスペイン人は、アステカに反感をいだく部族を味方に首都に迫り、21 年には完全に陥落、35 年ヌエバ・エスパーニャ副王領を設置した。

16 世紀には先住民のキリスト教化が精力的に進められる一方、銀鉱山の開発がスペイン人の関心を集め、鉱山地帯であった北部への征服事業も進められた。過酷な労働や疫病によって先住民人口の激減を招いたが、17 世紀に植民地社会の一応の安定期を迎え、18 世紀にはブルボン朝のもとで植民地統治の抜本的な改革が行財政面で実施された。

本国出身者と植民地生まれとの軋轢により独立への機運が高まると、イダルゴ神父やモレーロスの反乱を経て 1821 年に保守層のもとで独立を達成した。24 年、憲法により連邦共和制が採用されたが、保守派と自由派の権力闘争による政治的混乱が長く続いた。40 年代のアメリカ合衆国との戦争で広大な領土を失い、64 年にフランスの干渉により帝政が敷かれたが、67 年に自由党のフアレスが権力を掌握して近代化を推進した。その後のディアス政権による独裁への不満から 1910 年には民族主義的な革命が勃発した。革命後は 17 年憲法に基づく農地改革や石油産業の国有化など急進的な改革が推進され、制度的革命党による長期政権が続いたが、82 年に金融危機が発生するなど経済の停滞にみまわれる一方、94 年には南部チアパス州で先住民の武装蜂起が起こった。長年の政治腐敗や経済的不平等に対する不満を背景に 2000 年の大統領選挙で野党国民行動党のフォックスが政権交代を実現し、06 年の大統領選挙でも与党候補のカルデロンが中道左派の民主革命党候補に僅差で勝利を収めた。12 年からは制度的革命党のニエトが大統領。

南アメリカ

アルゼンチン共和国

征服以前は狩猟民が住み、北西部はインカの影響下にあった。1516 年にスペイン人がラプラタ川河口に到達したのち、ペルー副王領の管轄下にはいった。ラプラタ地域は 1776 年に副王領に昇格、本国との直接貿易が可能になるとブエノスアイレスが中継貿易港として成長した。

1806 年に始まるイギリス軍の侵略を市民軍が撃退すると独立意識が高まり、16 年に独立を宣言。その後、中央集権派と連邦派が対立して内乱、連邦派ロサスの独裁政権を経て 62 年に国内統一を実現した。

近代化の過程で都市中間層が成長、1891 年には急進市民同盟（急進党）が結成され、1916 年にイリゴーイェン急進党政権が誕生した。しかし、世界恐慌下の不況に無策であった急進党政権は 30 年に軍部に打倒され、保守寡頭勢力の支配が続いた。30 年代の対英従属的政策に対し民族主義が高まると、労働者層を中心に民衆に支持されたペロンが 46 年に大統領に就任するが、経済的自立を目指しながらも経済の停滞を招き、55 年の軍事クーデターで政権は崩壊。ペロン派と反ペロン派の対立から政情は不安定化、軍部の介入を招き、66 年から 83 年まで軍政が続いた。民政移管後は累積債務やインフレが続き、2001 年末に対外債務の不履行を宣言。03 年に就任したキルチネル大統領のもと IMF への債務は完済され経済は回復基調へ、軍政下での人権侵害の過去も清算されつつある。

ウルグアイ東方共和国

1516年にスペイン人がはじめて上陸したが、採取狩猟生活を送る先住民の抵抗が続き入植は容易ではなかった。1680年ポルトガル人によるブエノスアイレス対岸での入植地建設以降、両国はこの地域の利権をめぐって争い、スペインが1726年にモンテビデオを建設すると、76年には新設のリオ・デ・ラプラタ副王領に同地域を編入、77年に帰属を確定させた。

1811年にブエノスアイレスでの独立運動に呼応してアルティガスが蜂起、14年には王党派が駆逐されたが、独立後の体制をめぐる混乱から21年にポルトガルに併合され、22年以降ブラジルの一州となった。しかしアルゼンチンの支援で独立運動が始まり、イギリスの調停を受け入れた両国間の緩衝地として28年に独立が確定した。しかし独立後の主導権争いから形成されたブランコ党とコロラド党の対立は激化、諸外国も巻き込み内戦状態が長期にわたった。

20世紀初めにコロラド党のバッジェが改革の一環として、政治的安定を目的に大統領制の廃止と与野党による共同統治を提唱した。1918年憲法のもとある程度は実践され、第二次世界大戦後の52年憲法では大統領制が廃止され国民執政委員会が設置されたが、経済危機などに迅速に対応できず、67年に大統領制が復活した。

73年以降ゲリラ組織掃討で主要な役割を担った軍部が政治の実権を握り、経済的には自由主義政策を導入する一方で、市民を含む反体制派を弾圧した。85年に憲法改正が否決されると民政に復帰し、2005年には拡大戦線のバスケスが大統領に就任、同国初の左派政権が誕生した。

エクアドル共和国

征服以前は海岸部や山岳部でさまざまな部族が首長制社会を形成していたが、15世紀末までにインカ帝国の支配下となり、スペイン人到来時にはインカの王位継承をめぐって争っていたアタワルパ派の拠点であった。

1526年にスペイン人が海岸部に初上陸し、34年にはカニャリ人の助けを得たベナルカサルがインカ軍を破ってキトを再建した。その後はペルー副王領の管轄下にはいり、63年にはキトにスペインの聴聞庁が設置されたが、1739年には再建されたヌエバ・グラナダ副王領に編入された。

独立への動きは1809年に始まり、ペルー副王軍の激しい弾圧にさらされたが、ボリバルとその副官スクレによって22年に解放された。その後、大コロンビア共和国への合併を経て、30年に独立を果たした。

独立後は地主や教会を支持基盤とするキトの保守派とカカオなどの輸出産業を基盤とするグアヤキルの自由派とが激しく対立。61年にはガルシア・モレノ率いる保守派が政権を握り独裁を強化したが、96年自由派のアルファロが大統領に就任すると政教分離を規定、以降は金融寡頭勢力を背景に自由派の支配が続いた。

しかし輸出経済の低迷から1925年のクーデターで倒れると保守派のベラスコ・イバラが大衆を動員したポピュリズム政治を展開、34年以降自由派との間で政権交代が繰り返されながら大統領を5度にわたり務めた。

1950年代にはアメリカ合衆国の企業進出によりバナナ経済が繁栄し、政治的安定をみたが、60年代には経済が低迷し再び政情不安定となった。72年にはクーデターがおこり、民族主義的な軍事政権のもとで石油部門への国家関与が強化されたが、80年代に債務危機に陥るなど、79年の民政移管後の政府も困難な政権運営を迫られてきた。2006年の大統領選挙では左派のコレアが勝利し、南米における他の反米左派政権との関係を深めた。

ガイアナ共和国

15世紀末にスペイン人が試みた入植は進まず、16世紀にイギリス人とオランダ人が積極的な活動を開始、1616年にエセキボ川流域に入植地が建設されると、21年にはオランダ西インド会社の支配下におかれた。以降18世紀半ばまで各地域で入植地建設やプランテーションが進み、植民地として大きな成長をとげた。

ナポレオン戦争後の1814年にはオランダがイギリスの領有を認め、31年に3つの入植地を統合してイギリス領ギアナが成立した。34年の奴隷制廃止後は、労働力不足を補うため主にインドからの契約移民が1917年まで導入された。

28年にオランダ統治時代の行政制度からイギリス式直轄植民地へと移行し、自治権を拡大した憲法のもとで53年に実施された初の普通選挙では、インド系のジェーガン率いる人民進歩党（PPP）が勝利したが、社会主義化を警戒したイギリス政府は憲法を停止した。55年、PPPから分裂してアフリカ系のバーナムが人民国民会議（PNC）を結成した。両党の対立はインド系とアフリカ系の人種抗争を引き起こした。64年の選挙ではバーナムが連立政権下で首相に就任し、66年にイギリス連邦内で独立をはたすと、70年に「協同共和国」と国名が改められ社会主義政策が推進された。80年の総選挙でもPNCが勝利、新憲法で大統領権限が強化されたが、85年のバーナム死去後は自由主義経済へと路線変更された。92年以降はPPPが政権を担当し、2006年には同党のジャグデオが再選をはたした。15年総選挙で野党連合が勝利し、23年ぶりの政権交代が実現した。

コロンビア共和国

征服以前、アンデス高地ではチブチャ系の民族が集約的農業に基づく首長制社会を形成していた。1499年にスペイン人がグアヒラ半島に初上陸後、海岸部にサンタマルタやカルタヘナが建設され、1538年にはチブチャ系先住民の首都近くにボゴタが建設された。49年にはボゴタにスペインの聴聞庁が設置され、その後ペルー副王領の管轄下にはいったが、1717年にブルボン朝のもとで新設されたヌエバ・グラナダ副王領に編入された。1810年にクンディナマルカ自由独立国の独立が宣言されたが国内の統一

には至らず、19年にボヤカの戦いでスペイン軍に勝利したボリバルのもとでベネズエラとヌエバ・グラナダを含む大コロンビア共和国が成立した。30年に大コロンビア共和国が解体すると、31年、ヌエバ・グラナダ共和国として独立した。

19世紀中頃、連邦制を支持する自由党と中央集権制を支持する保守党が結成された。1849〜80年までは自由党政権が続き、自由主義政策を推進するとともに63年憲法のもとで連邦制を導入した。19世紀後半、コーヒー輸出経済の繁栄による強力な国家のもとで秩序回復が求められ、保守党政権下で制定された86年憲法では連邦制が廃止され、国名もコロンビア共和国に変更された。

20世紀にはいると2大政党の対立は暴力にまで発展し、99年に始まる「千日戦争」では10万人以上の死者を生み、1948年には自由党指導者の暗殺をきっかけにボゴタ暴動（ボゴタソ）が発生した。58〜74年まで2大政党が交互に大統領を選出する協定が結ばれ暴力状況は収束、協定解消後もこの協力関係は維持されたが、80年代以降は麻薬カルテルや左翼ゲリラと右派民兵組織があらたな暴力の源となっている。2002年に就任したウリベ大統領は国内の治安対策を重視、武装勢力に強硬な姿勢で臨み、安定した経済成長を実現した。

スリナム共和国

この地域には、アラワク系についでカリブ系の民族が沿岸部で生活していた。1499年にスペイン人が到達したが、入植に成功したのはイギリス人であった。17世紀半ばにはスリナム川流域などに入植地が形成され、黒人奴隷を労働力とするプランテーションがおこなわれた。しかし第2次英蘭戦争中にオランダ軍による占領を受けると、1667年のブレダの和約によってニューネーデルラント（現ニューヨーク）との交換のもとでオランダの統治下にはいった。

オランダ領となってからもプランテーションでの砂糖生産で繁栄したが、1863年の奴隷制度廃止を受けて労働力不足に陥り、70年代以降はイギリス領インドやオランダ領ジャワから年季契約移民が導入された。

1922年にオランダ領ギアナ植民地からオランダ王国の領土の一部となり、54年に軍事・外交を除く完全な自治権が付与された。75年には共和国として独立したが、独立を前に多数の住民がオランダ本国に脱出する事態も招いた。

80年に軍部がクーデターを起こしてボータッセが政治の実権を握ると、82年に起きた人権抑圧に対してオランダが経済援助を停止したことから経済は停滞し、ゲリラ活動が発生するなど政情は不安定化した。87年の総選挙で野党連立政権が誕生したが、90年に軍部が再び起こしたクーデターで倒れた。翌91年の民主的な選挙でフェネツィアーンが大統領に選出され、経済の構造調整を進めたがインフレを招き、96年に軍部が支持するウェイデンボスが大統領に就任した。2000年の選挙ではフェネツィアーンが勝利。10年からはボータッセ大統領。

チリ共和国

中部から南部にかけての地域にはスペイン人からアラウコと呼ばれていたマプーチェ人が小集団で農業を基盤に生活していたが、北方のインカやスペイン人の侵略を受けた際には強硬に抵抗し、「アラウコ戦争」と呼ばれる対立が19世紀末まで続いた。

1520年にはマゼランが南端の海峡を通過していたが、スペイン人による本格的な進出は35年にはじまり、41年にサンティアゴが建設された。その後スペインのヌエバ・カスティリャ副王領の管轄下で聴聞庁による統治が続き、植民地再編によって1778年に副王領から独立して軍事総督領に格上げされた。

本国の政変を受けて1810年に成立した自治政府はスペインのヌエバ・カスティリャ副王領に鎮圧されたが、アルゼンチンのサン・マルティンの支援を得て18年に独立を宣言した。独立後に内部抗争が発生したが保守派の勝利で決着し、中央主権的な33年憲法のもとで政治的安定が維持された。

61年以降は自由派が政権を握り、79年に始まる「太平洋戦争」に勝利してペルーとボリビアから北部硝石地帯を獲得するなど経済的繁栄を享受したが、86年に就任したバルマセーダ大統領の民族主義的政策はイギリス資本と結びついた寡頭支配層の離反を招き、91年に政権は崩壊した。

世界恐慌による深刻な経済危機を経験したのち、1938年に左派を含む人民戦線内閣が成立したが、50年代後半に経済が行きづまると、政治勢力は右派・中道・左派に三極化した。70年に誕生したアジェンデ人民連合政権は社会主義政策を推進したが、経済悪化を招いて73年の軍事クーデターで崩壊。その後のピノチェト軍事政権は自由主義政策を採用して経済成長を実現したが、軍の人権侵害が国際的な非難をあびて90年に民政に復帰した。民政化で経済も安定し、2006年には初の女性大統領としてバチェレが就任した。

パラグアイ共和国

ラプラタ川河口からやってきたスペイン人によって1537年にアスンシオンが建設され、ラプラタ地域の拠点として42年に本国から総督が派遣された。地域の中心はブエノスアイレスに移り、1617年にはラプラタ総督領から独立した行政区となったが、1776年に新設されたリオ・デ・ラプラタ副王領に編入された。

1810年に成立したブエノスアイレス政治委員会の権威を否認しつつ、11年には自ら独立を宣言した。14年以降、大衆の支持を得て終身の独裁権を与えられたフランシアのもとで極端な鎖国政策が採用されたが、40年に彼が死去したあとには外交関係が復活し、開放政策に基づいた国家の近代化が進められた。しかし、64年にソラノ・ロペス大統領のもとでブラジル、アルゼンチン、ウルグアイからなる3国同盟と無謀な戦争に突入。結果、70年の終戦を迎えるまでに領土の半数以上を喪失し、戦後復興をとげるまでに長い年月を要した。

87年にコロラド党と自由党の両党が結成されて民主化への道

を歩み始めたが、政情は不安定なままであった。1932年にはボリビアとの国境争いがチャコ戦争へと発展し、最終的にはチャコ地方に広範な領土を確保したが、再び国力の甚大な損失をこうむった。

第二次世界大戦後も政情は安定せず、1954年の軍事クーデターでストロエスネルが政権を掌握し、軍部とコロラド党の支持のもとで89年に崩壊するまで長期独裁政権を維持した。しかし民主化を求める声が高まるなかでクーデターによって打倒され、93年に民政移管を実現したものの、軍部の影響力はいぜん強く、クーデター未遂や副大統領の暗殺事件が発生するなど政情不安は解消されていない。2008年の大統領選挙では、中道左派の野党連合候補で元カトリック司教のルゴが勝利し、61年におよぶコロラド党の支配に終止符を打った。

ブラジル連邦共和国

1500年にカブラルが沿岸に到達して正式にポルトガル領となり、30年代にカピタニアと呼ばれる行政区を導入して統治を民間人に委託したが失敗し、49年サルバドルに総督府が設置された。16世紀後半、北東部でサトウキビ栽培が軌道に乗り、先住民や黒人の奴隷労働力による砂糖プランテーション経営がおこなわれた。1630〜54年までオランダ人に北東部を占領されたが、撤退したオランダ人がカリブ海の島々に精糖技術を持ち込んだことはブラジルの糖業衰退の一因となった。17世紀末に内陸で金鉱が発見されると再び活況を呈し、1763年には金産地の外港のリオデジャネイロに首都が移転された。

ナポレオン軍の侵略を逃れて1808年にポルトガル王室がリオデジャネイロに遷都したのち、22年に王子ペドロが初代ブラジル皇帝として独立を宣言した。摂政統治を経てペドロ2世が即位した40年以降は政治的安定と経済発展を享受したが、周辺国との戦争により軍部の影響力が増し、88年の奴隷制の廃止が地主層の離反を招くと、89年の無血革命で帝制は廃止された。

20世紀にコーヒー栽培がサンパウロ州で盛んになると、南東部に大量の移民が流入。同州の政治的発言力が強まったことで、ミナス・ジェイラス州との2州で大統領職を独占した。世界恐慌によるコーヒー経済の低迷を背景に1930年のクーデターでヴァルガスが政権を握り、37年には「新国家」体制を樹立して独裁的統治をおこなったが、45年軍部の圧力から辞職を余儀なくされた。

その後の政権のもとで経済開発が進み、60年にはブラジリアへの遷都がおこなわれたが、不健全な財政がインフレを招いた。64年に成立した軍事政権はインフレ抑制と経済成長に努めたが、石油危機が経済悪化を再燃させた。85年の民政移管後も経済が大きな懸念材料であったが、95年に誕生したカルドーゾ政権下で経済の安定が実現され、その後は新興経済国の一角を担うまでになった。

ベネズエラ・ボリバル共和国

アラワク系、カリブ系、チブチャ系などの民族が小規模な集団で生活していた。1498年にコロンブスがパリア半島でアメリカ大陸本土への初上陸を果たすと、1520年代にはスペイン人による入植も始まったが、貴金属に恵まれなかったためにこの地域への関心は低く、18世紀にはいるまで辺境に位置づけられた。

16世紀以来サントドミンゴの聴聞庁の管轄下にはいっていたが、17世紀にカカオの密貿易が盛んになるなどしてこの地域の経済的重要性が高まると、1739年にヌエバ・グラナダ副王領に編入され、77年にベネズエラは単独の総督領に昇格した。

1811年に共和国の独立が宣言され、王党軍の反撃により崩壊したあとにはボリバルのもとで独立戦争が継続された。19年に創設された大コロンビア共和国の一部として、21年に正式な独立を果たすと、30年には分離独立を実現。独立戦争の英雄パエスが初代大統領となって保守寡頭支配体制を確立したが、反パエス勢力を中心に自由党が結成され、58年には連邦制導入をめぐる内戦が勃発した。70〜88年まで自由派のグスマン・ブランコが独裁体制を敷くと、19世紀末までコーヒー輸出経済の繁栄に支えられる形で近代化が推進された。

1908〜35年まで続くゴメス長期独裁政権のもとでは、石油開発が積極的な外資の導入によって推進され、その豊富な石油収入が道路や通信網などの整備に投資され、都市化も進展した。

第二次世界大戦後も軍人の独裁体制が続いたが、58年以降は中間層を支持基盤とする民主行動党とキリスト教社会党の2大政党制が定着した。98年、反米とボリバル主義を掲げるチャベス政権が成立、翌年、現国名に改称した。

ペルー共和国

中央アンデスには先住民の高度な文明が栄え、汎アンデス的なチャビンやワリの文化や、モチェ、ティワナク、ナスカ、チムーなどの地域文化が宗教を中心にはぐくまれていたが、15世紀末までにインカ人がタワンティンスーユ（4つの地方）と呼ぶ広大な領域をかかえる国家を建設した。

ピサロ率いるスペイン人が王位継承争いに乗じて1533年にインカ帝国を征服すると、42年にペルー副王領が設置され、第5代副王トレドの時代にようやく植民地体制が確立した。一方、過酷な植民地統治に対する先住民の不満は強く、1780年にはトゥパク・アマルによる反乱が発生した。

保守派の牙城であったペルーの独立は最後まで残され、1821年の独立宣言ののちも副王軍は健在であったが、24年アヤクーチョの戦いで解放軍が勝利して独立を果たした。独立後はボリビアとの連合結成など混乱が続いたが、45年に大統領に就任したカスティーヤが混乱を収拾し、硝石資源の輸出を経済基盤に国家体制の基礎を築いた。79年に始まる南部の硝石地帯をめぐる太平洋戦争ではチリに敗れて領土を割譲する一方、19世紀末のピエロラ政権は外資導入による経済近代化を推進した。

その後の輸出経済の繁栄下で寡頭支配体制が定着するなか、1924年に反米民族主義を掲げてアヤ・デ・ラ・トーレによって結成されたアメリカ革命人民連合（APRA）が民衆の幅広い支持を獲得し、寡頭支配層の後ろ盾となった軍部と対立した。しかし第二次世界大戦後のAPRAは政権の一翼を担う一方で穏健化し、革新勢力としての力を喪失した。

68年にベラスコ将軍がクーデターを起こし、農地改革法の制定や基幹産業の国有化などの急進的な改革を進めたが失敗に終わり、80年の民政移管後に再び採用された経済自由化路線のもとではインフレや左翼ゲリラになやまされた。90年に就任したフジモリ大統領は憲法停止など強引な手法でこれらの問題に対処して成果をあげたが、強権的手法への不満の高まりや汚職の疑いなどにより2000年の選挙後に辞職した。

ボリビア多民族国

15世紀にインカ人による征服を受ける以前、ティティカカ湖南東岸のティワナクにみられる石造物を主な特徴とする宗教文化が栄えていた。

1533年のスペイン人によるインカ征服後、アルト・ペルーと呼ばれるこの地はペルー副王領の管轄下におかれ、1559年にはラプラタに聴聞庁が設置された。45年に銀鉱が発見されたポトシは植民地経済の心臓部として機能し、17世紀半ばまでに16万人もの人口をかかえるアメリカ大陸最大の都市に成長した。1776年には大西洋側のラプラタ副王領に編入され、1809年に起こった独立運動は当局に鎮圧されたが、ペルー解放後の25年にボリバルの副官スクレにより独立が達成された。

国境をめぐるパラグアイとのチャコ戦争の敗北後、寡頭支配層の利益を代弁する既成政党への不信感が高まり、1941年に国家社会主義を標榜する国民革命運動（MNR）が結成された。52年には軍事クーデターに対してMNRが武装蜂起し、鉱山労働者らの支持を得て政権を握った。MNR政権は普通選挙法を制定したほか、錫鉱山の国有化や農地改革などの社会改革を打ち出したものの、経済の悪化を招いたのちに穏健化し、64年の無血クーデターに倒れた。

軍政下で70年代前半には経済成長を享受したものの、80年代には経済危機に直面し、国内外からの圧力を受けて82年に民政移管がおこなわれた。その後も政治的安定は得られず、新自由主義経済に基づく民営化やコカ畑の削減などの施策が労働者や農民の反発をあび、2006年には天然資源の国有化などを公約に掲げた左派のモラレスが先住民として初の大統領に就任した。モラレスは反米を掲げるベネズエラのチャベスとの関係を深める一方で、憲法改正や地方自治権をめぐる深刻な対立に直面した。09年、新憲法が定められ、現国名に改称した。

オセアニア

ヴァヌアツ共和国

前1000年頃には独特の鋸歯状文様のラピタ土器を用いるオーストロネシア集団が定住していた。離島部には今から2000年前にサモア方面から引き返し、移住したポリネシア系の子孫が存在する。この地を初めて訪れたヨーロッパ人はスペインの探検家キロスで、1606年のことである。19世紀前半には白檀が発見され、交易が盛んになり宣教師も入植した。19世紀後半には多くのヴァヌアツ人が年季契約労働者としてフィジー、ニューカレドニア、オーストラリアの農園へ駆り出された。1887年に英仏協定が結ばれ、両国がおのおのの入植者の利権保護にあたることとし、1906年からはニューヘブリディーズ諸島として英仏の合意に基づく2カ国共同統治が開始した。

イギリス系・フランス系の分立・対立はさまざまな方面に影響し、戦後の独立をめぐる動きのなかでも顕在化した。イギリス系政党のヴァヌア・アク党は着実に支持基盤を得て、79年の総選挙に勝ち、翌年の独立に導いた。各地域の政治リーダーの代表が集まり審議をおこない、国会に進言する全国首長評議会が設けられている。

オーストラリア連邦

約5万年前、東南アジアから当時の陸棚を経て渡来してきた人々が、オーストラリアの先住民アボリジニーである。1770年にキャプテン・クックがオーストラリア南東岸を「発見」し、イギリス政府は88年に現在のシドニーで最初の入植を始める。当初流刑地だったニューサウスウェールズ植民地は、19世紀には捕鯨業や牧羊業が発達し19世紀中葉までには不法定住者が進出し、現在のクインズランドやヴィクトリア、南オーストラリアが植民地として発展した。こうした過程でアボリジニーは奥地に追われていく。

1850年代のゴールドラッシュによる経済発展と自治権の獲得を経て、91年に連邦憲法が作成され、1901年に6つの植民地による連邦政府が樹立。有色人の移住制限や保護貿易政策など白豪主義のヨーロッパ系の同質的な国民国家形成が進む。42年にウェストミンスター憲章を批准し完全立法機能を取得（司法権の独立

は 86 年）。戦間期を通して対英依存の経済から、戦後には対米依存に変化し、政治的にもアメリカとの関係が強められた。有色人種の移民制限は 1973 年に撤廃された。

キリバス共和国

ギルバート諸島、ライン諸島、フェニックス諸島からなる独立共和国。大統領制と議院内閣制が結合した政治形態をとる。全人口の 93% がギルバート諸島に住む。

住民は主にメラネシア・ポリネシア地域から北上してきたオーストロネシア集団で、今から 2000 年前頃には居住していたとされる。16 世紀にイギリス海軍ギルバート大佐により「発見」され、19 世紀初頭に捕鯨船の寄港が盛んになり、ビーチコーマー（脱走水兵や船乗り）が増加し、ヨーロッパとの本格的な関係が始まる。1857 年にアメリカ海外伝道団の来島でキリスト教の布教が始まる。イギリスが 92 年に保護領化し、1916 年以降、ギルバート・エリス諸島植民地という単一の行政区にまとめ統治した。

太平洋戦争では日本軍が一時占領するが、アメリカ軍により奪還された。戦後は再びイギリスの施政下におかれる。55 ～ 65 年には旱魃や人口過剰への対策にソロモン諸島への移住計画を実施。クリスマス島では数十回に及ぶ核実験がおこなわれた。74 年にギルバート自治政府が発足し、75 年にエリスと分離し、79 年に独立した。

クック諸島

クック諸島にオーストロネシア集団が定住し始めたのは 10 世紀頃とされる。クック諸島の文化は各島において異なる。称号や地位に基づき階層化された社会では首長間の争いが頻繁に生じていた。18 世紀後半にキャプテン・クックの航海で「発見」された。1823 年、ロンドン伝道協会は現地人説教師を登用・派遣し、現在のクック諸島キリスト教会の基礎を築き、部族戦争を平定し布教活動を展開した。19 世紀中葉以降、多くのヨーロッパ人が寄港し、マオリとの混血が進む。88 年にイギリスが南部の島々を保護領化し、20 世紀初頭にニュージーランドがイギリス領を含む 15 の島々を「クック」という名のもとに併合した。15 年には統一法典・クック諸島法が成立。65 年ニュージーランドに外交と軍事防衛を依存する自由連合協定に合意し、自治政府を樹立。2001 年に主権独立国家を表明、11 年に日本が国家承認。

サモア独立国

前 8 世紀中葉頃には、ラピタ式土器を携えた新石器集団（オーストロネシア集団）がすでにサモア諸島で居住を始めていたものとみられる。18 世紀の探検家たちにより「発見」されていたものの、西欧との本格的な接触は 1830 年にロンドン伝道協会ジョン・ウィリアムズがサバイイ島に来島したことに始まる。19 世紀中葉には、宣教師や商人などの西欧人コミュニティがウポル島北岸中央部アピア港あたりに成立していた。1898 年、首長間の武力闘争にイギリスとアメリカが軍事介入し、翌年の協定でサモア諸島の分割がおこなわれる。ドイツは現在のサモア（西経 171 度を境にした西側諸群島）を領有し、アメリカは東サモアを領有した。第一次世界大戦が始まりニュージーランドがドイツ領西サモア諸島群を領有し、国際連盟委任統治領となる。1920 ～ 30 年代、植民地支配への抵抗が高まり、マウ運動が発生。第二次世界大戦後にニュージーランドの国連信託統治領となり、独立の準備が進む。60 年に憲法の最終原案が完成し、62 年に太平洋で初の独立を達成した。97 年、国名がサモア独立国に変更された。

ソロモン諸島

ソロモン諸島には前 12・13 世紀頃に移住してきたオーストロネシア語を話すメラネシア系の人々、パプア諸語を話す人々、1000 年頃東方から引き返してきたポリネシアを起源とする人々などが存在する。1568 年スペイン人メンダーニャが「発見」し、ソロモン王が財宝を得た伝説の地と信じられた。19 世紀中葉までには捕鯨船以下、交易商人が寄島するようになる。1871 ～ 1904 年まで多くのソロモン諸島民がブラックバーディング（奴隷狩り）や年季労働契約でフィジーやオーストラリア・クィンズランド州の農園に駆り出された。1884 年に諸島北部がドイツ領となり、93 年に南部がイギリス領化。1900 年に一部の島を除いたイギリス領ソロモン諸島保護領が成立した。太平洋戦争以後、対英不信・不満から反植民地運動や自治権要求運動が起こる。60 年憲法により行政・立法委員会が設立され、64 年に議員公選制の採用、70 年に初の総選挙を実施。76 年にソロモン諸島として自治制政体を樹立、78 年に独立した。

ツヴァル

エリス諸島として知られる 9 つの環礁からなる立憲君主国。ツヴァルの住民はサモアをはじめ、ギルバート諸島、トンガ、北部クック諸島から移住してきたといわれる。そのためそれぞれの間で戦争、交易や通婚をおこない、文化的な影響を受けている。1568 年、スペイン人メンダーニャが中部のヌイ島を「発見」し、19 世紀になると捕鯨船や商人が多く訪れるようになる。エリスの名は、1819 年にフナフティ環礁を「発見」したイギリス船レベッカ号の所有者エドワード・エリスに由来する。60 年代にサモア経由でキリスト教が伝来。63 年にはペルーのブラックバーディング（奴隷狩り）により約 400 人が連れ去られ、人口が激減する。92 年にイギリスが保護領化し、1915 年から現在のキリバスとともに「ギルバード・エリス諸島植民地」に統一された。第二次世界大戦では、アメリカ軍がフナフティ環礁を対日反攻基地として利用した。

1960 年代にギルバート諸島との分離独立をめぐる対立、緊張が高まる。74 年の住民投票をおこない、75 年にギルバート諸島と政治的に分離。78 年にツヴァルとして独立。

トンガ王国

前850年頃にはオーストロネシア集団が西方から移住していた。トンガは身分制に基づく階層社会を発展させ、10世紀半ばには最初の王朝が成立したと推定されている。1616年にオランダ人スホーテンとルメールが北部諸島を通過・望見し、43年にタスマンが南部諸島を訪れ、1773年、74年、77年にキャプテン・クックが訪れた。

1845年にトンガ王家の傍系首長ツイ・カノクポルとなったタウファアハウはトンガ全土を統一することに成功し、トゥポウ1世として即位した。22年に来島したウェズリー派宣教団は、トンガの統一を助けるだけでなく、ヴァヴァウ法典（39年）や解放令（62年）、そして「1875年憲法」の制定を通じて中央集権的な近代政治体制の確立に重要な役割をはたした。1900年のトゥポウ2世時、外交権のみについてイギリスの保護領化。18年に即位したサローテ女王（トゥポウ3世）はトンガの自治と王の権威を保持した。70年に外交権を回復し、イギリス連邦の一員として独立した。1990年代以降、非民主的な政体への抵抗、憲法見直しを求める民主化運動が展開。

ナウル共和国

ナウル島には南方のメラネシアからオーストロネシア集団が移住し、世襲的に首長をいただく階層制社会を発達させた。1798年にイギリス人ジョン・フェーン船長率いる捕鯨船が来航し、1830年代に捕鯨船の寄港地となりヨーロッパ人との本格的な接触が始まる。19世紀後半に首長間の争いが激化。88年にドイツはナウルをマーシャル諸島とともに領有・保護領化した。第一次世界大戦でオーストラリア軍が占領し、1920年からオーストラリア・ニュージーランド・イギリスの3カ国共同統治による国際連盟委任統治領となる。太平洋戦争下の42年に日本軍が占領すると、翌年には住民約1200人をトラック島（現チューク）へ強制連行して労役を課した。戦後は再び前記3国の国連信託統治領となる。51年に首長会議は地方政府評議会に取って代わり、66年の立法議会の設立を経て、68年に独立。地方政府評議会の首席は、財政運営を担当し大統領を兼務するという傾向がある。

ニウエ

ニウエへのオーストロネシア集団の移住は10世紀頃にサモア方面よりおこなわれ、のちトンガからもおこなわれた。1774年にキャプテン・クックが来島し、敵意のある対応にちなみ「野蛮島」と命名した。1830年にロンドン伝道協会のジョン・ウィリアムズがクック諸島から来島したが、宣教は失敗した。46年に同じくロンドン伝道協会が送り込んだサモア人宣教師パウロは受け入れられ、54年までに住民のほとんどが改宗したとされる。66年には、6教会が建設されていた。62～63年にかけ、ペルーによるブラックバーディング（奴隷狩り）がおこなわれ、数百人が連れ去られ、人口が減少。1900年に正式にイギリスが併合し、翌年にはニュージーランドに施政権が委譲された。当初、クック諸島の一部として統治されたが、04年に別に駐在弁務官を立て、島評議会を設けて、独自の保護領となる。60年に立法議会が設立され、「1966年ニウエ法」が成立。駐在弁務官の権限は立法議会に移された。74年、住民投票でニュージーランドに外交と軍事防衛を委ねる自由連合協定が承認され、自治政府が樹立された。2015年5月、日本はニウエを国家として承認。

ニュージーランド

先住民マオリは、13世紀中葉頃にソシエテ諸島やクック諸島あたりから渡来・移住したとされる。1642年にタスマンが最初に「発見」し、「新しい海の土地」と命名。1769年のキャプテン・クックの航海で地理的全貌が明らかとなる。その後、1830年代にイギリス人が組織的に植民活動を開始。イギリス政府は40年にマオリの首長たちとワイタンギ条約を締結し、ニュージーランドを植民地化した。ヨーロッパ人は19世紀後半までに大部分の土地を奪い、積極的な移住政策と農地開発を進めた。「1852年基本法」のもと北島・南島の計6州からなる連邦自治植民地が発足し、1907年には植民地から自治領に格上げされた。第一次世界大戦ではオーストラリアとの連合軍アンザック（ANZAC）を結成し、独立路線を強め、47年ウェストミンスター憲章を批准し、事実上独立。

第二次世界大戦後から太平洋諸島民、アジア系移民が急増し、70年代には同化・統合から多文化主義路線へ移行した。先住民マオリについては、75年にワイタンギ審判所が設立され、これまでに奪われた土地の権利回復をはじめ社会・文化的な復権運動が展開された。

パプアニューギニア独立国

約5万年前、東南アジア方面から旧石器集団（パプア諸語を話す現在のニューギニア高地人）が渡来・移住し、3500年前頃には新石器集団（オーストロネシア集団）が断続的に拡散・定住。島の存在は16世紀以降の探検航海でヨーロッパ人に知られるようになり、18世紀末までには諸島の輪郭がほぼ明らかになった。19世紀には捕鯨業者をはじめ、商人や宣教師がニューギニア島沿岸部や島嶼部で活動した。

1884年、ドイツ（北東部）とイギリス（東南部）を保護領とする。99年に現在の国境線が確定。イギリス領ニューギニアは1906年からオーストラリア施政権下に移り、パプアと改名された。第一次世界大戦中、ドイツ領ニューギニアは、20年からオーストラリアによる国際連盟委任統治領となる。太平洋戦争では日本軍に侵攻・占領されたが、46年から再びオーストラリアの国連信託統治領となる。2地域の統治は、オーストラリア・ニューギニア統治機構を経て、49年のパプアニューギニア法で一元化された。73年に内政自治へ移行し、75年に正式に独立を遂げた。

パラオ共和国

前2000〜前1500年頃には人間が居住していたとされる。ヨーロッパ人との本格的な関係は、1783年にイギリス東インド会社のアンテロープ号がパラオで座礁したことから始まる。19世紀初頭には捕鯨船や商船の来港が盛んになり、1886年にスペインがパラオを領有した。米西戦争で敗れたスペインはパラオを含むスペイン領ミクロネシアをドイツに売却し、ドイツ統治時代となる。第一次世界大戦時に日本に占領され、1920年から日本の国際連盟委任統治領南洋群島となる。多くの日本人が移住するとともに殖産興業と皇民化教育が組織的に展開された。

47年からアメリカの国連信託統治領太平洋諸島となる。パラオはアメリカ軍基地のほか漁業資源・観光による独自収入を目論み、ミクロネシア連邦には参加しなかった。独自の憲法を制定し、81年に自治政府を樹立するが、アメリカ軍基地使用や非核条項を原因に護憲派・改憲派および派内での抗争が勃発。非核憲法は凍結され、住民投票の結果、94年に独立した。2006年に現在の地へ(マルキョク)と遷都した。

フィジー共和国

フィジー諸島には前900年頃、新石器集団(オーストロネシア集団)が西方より移住したとされる。のちに渡来したポリネシア系との混血が進んだ。タスマン(1643年)やキャプテン・クック(1774年)の探検航海により「発見」され、19世紀には交易商人が進出して西欧社会との接触が本格化した。1840年代にはウェズリー派宣教師の来島で、キリスト教化が進む。71年にサコンバウが政府をつくるが支配権を保持できずにイギリスに主権委譲を請願した。イギリスは74年にフィジーを植民地化した。労働力不足のため、1879〜1916年に6万人人余のインド人が移民・定住化した。1970年にイギリス連邦の一員、立憲君主国として独立した。

国内政治はフィジー系とインド系の民族対立を背景に不安定な状態。87年にインド系を基盤とする連立政権が発足すると、フィジー人至上主義の軍人がクーデターを起こし、軍事政権を樹立。イギリス連邦から離脱し共和制に移行した。97年に連邦に再加入し、憲法改正を承認。99年にインド人首相が誕生すると翌年には武装勢力が議会占拠事件を起こす。2001年にガラセを首班とする新政府が誕生し、インド系が再び政権から排除された。

マーシャル諸島共和国

2000年前にポリネシアや他のミクロネシアから北上した人々(オーストロネシア集団)がマーシャル諸島に居住し始めた。1529年、スペイン人アルバロ・デ・サーベドラにより「発見」され、諸島名は1788年に来島したイギリス人船長ジョン・マーシャルに由来する。1860年代にはアメリカ海外伝道団が来島しキリスト教化が進む。87年にドイツが進出・占領。1914年に日本が占領し、20年から日本の国際連盟委任統治領となる。第二次世界大戦時にクワジャリン環礁は激戦地となる。

戦後、アメリカを施政権国とする国連信託統治領太平洋諸島の1地区となる。ビキニ環礁、エニウェトック環礁などで核実験が繰り返された。1969年から本格化した将来の政体交渉で、マーシャル諸島は軍事施設から巨額の使用料を見込み、独自にアメリカと自由連合協定を結ぶこととし、78年のミクロネシア連邦憲法は採択せず、連邦から分離した。79年、独自の憲法を制定し自治政府を樹立。82年自由連合協定に合意し、86年に独立した。

ミクロネシア連邦

カロリン諸島には東南アジア、メラネシアから移住があり、2000年前頃には人間が居住し始めたとされる。1529年にポナペ(現ポーンペイ)島が「発見」されるが、ヨーロッパ人は長らく忌避していた。1830年代に捕鯨船の寄港地となり、52年にアメリカ海外伝道団が来島し、キリスト教化が進んだ。86年にスペイン人がカロリン諸島を領有し、カトリックの布教に努めた。第一次世界大戦後は日本の国際連盟委任統治領南洋群島となり、多くの日本人が居住した。トラック(現チューク)島は天然の良港を持ち、旧帝国海軍連合艦隊司令基地がおかれたため、第二次世界大戦では激戦地となる。戦争の損害賠償が1969年に日本とアメリカによりおこなわれる。

47年からアメリカの国連信託統治領「太平洋諸島」となる。65年に将来の政治的地位交渉の母体としてミクロネシア議会を設置し、69年から政体交渉が本格化。70年、アメリカとの自由連合協定案が提出された。79年に自治政府が発足し、86年に自由連合協定が発効し独立した -。

参 考 文 献

Vlaggen van Aller Natien, Steenbergen（1862　オランダ）

Les Drapeaux Francais, Le Comte L.Bouville（1875　フランス）

Wappenrolle, Hugo Gerard Strohl（1900　オーストリア）

Flags of All Nations, His Majesty's Stationery Office（1907　英国）

世界国旗大鑑、須基浩（1910　日本）

British & Colonial Flags, E.W.Cole（1912　英国）

National Geographic Magazine, National Geographic Society（1917　米国）

The Flag of the United States, Harrison S. Kerrick（1925　米国）

列国旗章集、帝国海軍省教育局（1928　日本）

Wapens,Vlaggen en Zegels van Nederland, T.Van der Laars（1930　オランダ）

National Geographic Magazine, National Geographic Society（1934　米国）

萬國旗、吉川晴帆（1938　日本）

Turk Bayragi Ve Ay Yildiz, Fevzi Kurtoglu（1938　トルコ）

Flaggen Buch, Ottfried Neubecker（1939　ドイツ）

Fahnen und Flaggen, Ottfried Neubecker（1939　ドイツ）

Vort Flag, Forlaget Codan（1943　デンマーク）

American and French Flags of the Revolutio 1775-1783, Frank Earle Schermerhorn（1948　米国）

National Geographic Magazine, National Geographic Society（1951　米国）

The Book of Flags, Gordon Campbell（1953　英国）

Flags of the World, H.Gresham Carr（1956　英国）

Nederlands Vlaggenboek, K.L.Sierksma（1962　オランダ）

Lions and Virgins, C.Pama（1965　南アフリカ）

旗指物、高橋賢一（1965　日本）

Flags of the World1669-1670, K.L.Sierksma（1966　オランダ）

Boutell's Heraldry, J.P.Brooke Little（1966　英国）

European Civic Coats of Arms, Jiri Louda（1966　英国）

Flags of the World, E.M.C.Barraclogh（1969　英国）

International Heraldry, L.G.Pine（1970　英国）

国のシンボル、藤沢優（1970　日本）

The Flagbook of the United States, Whitney Smith（1970　米国）

International Flag Book, Christian Fogd Pedersen（1971　デンマーク）

National Heraldry of the World, Geoffrey Briggs（1973　英国）

Heraldry of the World, Carl Alexander von Volborth（1974　英国）

Flags Through the Ages and Across the World, Whitney Smith（1975　米国）

Flags & Standards of The Third Reich, Brian Leigh Davis（1975　米国）

Flaggen Wappen Daten, Karl Heinz Hesmer（1975　ドイツ）

Militaria Austriaca, Franz Kaindel（1977　オーストリア）

Military Flags of the World1618-1900, Terence Wise（1977　英国）

Wappen und Fahnen der Schweiz, Louis Muhlemann（1977　スイス）

A History of Irish Flags from earliest times, G.A.Hayes McCoy（1979　アイルランド）

ヨーロッパの紋章、森護（1979　日本）

Heraldry, Carl Alexander von Volborth（1981　英国）

The Arms, Flags and Emblems of Canada, Government of Canada（1981　カナダ）

Flags, Eric Inglefield（1981　英国）

Banderas de Espana, Jose Luis Calvo Perez（1983　スペイン）

Suomen Lippu, Kautta Aikojen（1983　フィンランド）

La Estrella de Chile, Gaston Soublette（1984　チリ）

Flags & Coats of Arms, William Crampton（1985　英国）

Histoire du Drapeau Haitien, Odette Roy Fombrun（1986　ハイチ）

Heraldic Symbols, William Leaf（1986　英国）

Flagget, Hans Cappelen（1987　ノルウェー）

The Complete guide to Flags, William Crampton（1989　英国）

Heraldik, Ottfried Neubecker（1990　ドイツ）

Lines of Succession, Michael Maclagan（1991　英国）

Flaggen Wappen Hymnen, Derk William Visser（1991　オランダ）

基準がわかる世界の国旗カード、久保照子（1991　日本）

The World of Flags, William Crampton（1992　イギリス）

Flaggen und Wappen der Welt, Karl Heinz Hesmer（1992　ドイツ）

Observers Flags, William Crampton（1992　英国）

The Fenians, Michael Kenny（1994　アイルランド）

Wapens van de Nederlanden, Hubert de Vries（1995　オランダ）

Heraldika, Bartol Zmajic（1996　クロアチア）

The State Coat of Arms of Russia 500 year, G.V.Vilinbakhov（1997　ロシア）

Latvijas Karoga Krasa, Talis Pumpurins（1998　ラトビア）

Lexikon Flaggen und Wappen der Welt, Ales Brozek（1998　チェコ）

紋章学辞典、森護（1998　日本）

Flags at Sea, Timothy Wilson（1999　米国）

Symbols of Canada, Government of Canada（1999　カナダ）

Eesti Lipp, Ivo Manfred Rebane（1999　エストニア）

Pavillons Nationaux, SHOM（2000　フランス）

A Bandeira do Brasil, Raimundo Olavo Coimbra（2000　ブラジル）

Flags of the Civil War, Philip Katcher（2000　米国）

La Bandera en Mexico, Ricardo Vega Garcia（2000　メキシコ）

Fahnen und Flaggen, Harry D.Schurdel（2000　ドイツ）

Maailman maat ja Liput, Kimmo Kiljunen（2000　フィンランド）

Flag Lore of All Nations, Whitney Smith（2001　米国）

The Complete Book of Heraldry, Stephen Slater（2002　英国）

I Stand for Canada, Rick Archbold（2002　カナダ）

Flags and Emblems of Australia, Jill B.Bruce（2002　オーストラリア）

The Australian Flag, Geoff Hocking（2002　オーストラリア）

La Guerra Civil y sus Banderas1936-1939, Juan Manuel Pena Lopez（2002　スペイン）

A Vilag Zaszloi, Horvath Zoltan（2002　ハンガリー）

Atlas of Flags in China, Huang Ming Yan（2003　中国）

Insygnia,Symbole I Herby Polskie, Alfred Znamierowski（2003　ポーランド）

Illustrated Guide to Flags, Jos Poels（2003　オランダ）

British Flags & Emblems, Graham Bartram（2004　英国）

The Iranian Banner from Ancient, N.Bokhtourtash Time to Today（2005　イラン）

Militaria, Giovanni Santi Mazzini（2005　イタリア）

Flag and Nation, Elizabeth Kwan（2006　オーストラリア）

Deutsche Flaggen, Jorg M.Hormann（2006　ドイツ）

Dannebrog, Hans Christian（2006　デンマーク）

Lietuvos Valstybes Simboliai, Jonas Vaicenonis（2006　リトアニア）

Baltisches Wappenbuch, Carl Arvid（2006　スウェーデン）

Amazing Africa, Dawid van Lill（2007　南アフリカ）

Stamps of Burma, Min Sun Min（2007　ミャンマー）

The South African Flag Book, A.P.Burgers（2008　南アフリカ）

Symbols of the Czech Republic, Pavel Sedlacek（2008　チェコ）

Grbi Zastava Republike Hrvatske, Zeljko Heimer（2008　クロアチア）

The Heraldry of Lithuania, Edmundas Rimsa（2008　リトアニア）

Svenska Flagans Historia, Leif Tornquist（2008　スウェーデン）

Faninn, Horour Larusson（2008　アイスランド）

Flaggen und Wappen der Welt, Karl Heinz Hesmer（2008　ドイツ）

Slovenska Grb in Zastava, Zmago Jelincic（2009　スロベニア）

Symbols of Australia, Melissa Harper（2010　オーストラリア）

The Complete Guide to National Symbols and Emblems, James Minahan（2010　米国）

Flaggenlexikon, Ralf Stelter（2010　ドイツ）

Wappen und Flaggen der Deutschen Kolonien, Jorg M.Karuschevski（2011　ドイツ）

Magyar Zaszlok, Kottra Gyorgyi（2011　ハンガリー）

Magyar Hadizaszlok, Somogyi Gyozo（2011　ハンガリー）

Stemmi, Sylvie Bednar（2011　イタリア）

Wappen Lexikon, Michael Gobl（2013　オーストリア）

Australian Flags and Emblems, Karen Taylerer（2013　オーストラリア）

The Double Eagle, David F.Phillips（2014　米国）

世界各国ハンドブック、山川出版社（2014　日本）

世界の国情報2015、リブロ（2015　日本）

印度藩王国、ウィリアム・バートン（1943　日本）

西洋史辞典、東京創元社（1979）

東洋史辞典、東京創元社（1980）

大百科事典、平凡社（1984－1985）

日本史年表、岩波書店（1987）

クロニック日本全史、講談社（1991）

クロニック世界全史、講談社（1994）

世界史年表、岩波書店（1994）

世界史大年表、山川出版社（1998）

日本史年表、東京堂（2001）

世界史小辞典、山川出版社（2007）

世界史図録ヒストリカ、山川出版社（2014）

日本史小辞典、山川出版社（2016）

〔著者紹介〕

苅安　望（かりやす のぞみ）

1949年、千葉県生まれ。早稲田大学政治経済学部政治学科卒業。
三菱商事(株)に入社し東京本店、ニューヨーク支店、メルボルン支店食品部門勤
務を経て、ヤマサ醤油(株)の取締役国際部長、顧問を歴任し2015年退職。
2000年より旗章学協会国際連盟(FIAV)の公認団体である日本旗章学協会会長。
北米旗章学協会、英国旗章学協会、オーストラリア旗章学協会、各会員。
2009年7月横浜で海外研究者を招致してアジア初の国際旗章学会議開催。
旗章学協会国際連盟には「太極旗の歴史」ほか投稿論文多数。

著書：
「歴史と共に進化する国旗—世界の国旗図鑑」偕成社（2007年）
「世界の軍旗、翼章、国旗図鑑」彩流社（2007年）
「世界海事旗章図鑑」彩流社（2008年）
「列強植民帝国旗章図鑑」彩流社（2009年）
「世界旗章図鑑番外編」彩流社（2011年）
「世界の国旗と国章大図鑑」平凡社（2003年、2006年、2008年、2012年）
「こども世界国旗図鑑」平凡社（2009年、2011年、2012年、2014年）
「世界地方旗図鑑」えにし書房（2015年）
「決定版　国旗と国章図鑑」世界文化社（2016年）
「日本地方旗図鑑—ふるさとの旗の記録」えにし書房（2016年）
「歴史と共に進化する国旗—世界の国旗図鑑改訂版」偕成社（2016年）　他

編集協力／洛思社
装丁・本文デザイン／グラフ
組版／横田右近（ココンブレンド）、梅沢博、安田桂子（RAFT design）

世界の国旗・国章 歴史大図鑑

2017年8月1日　第1版第1刷印刷　　2017年8月10日　第1版第1刷発行

著　者　**苅安　望**
発行者　**野澤伸平**
発行所　株式会社　**山川出版社**
　　　　〒101-0047　東京都千代田区内神田1-13-13
　　　　電話　03(3293)8131(営業)　03(3293)1802(編集)
　　　　https://www.yamakawa.co.jp/
　　　　振替　00120-9-43993

企画・編集　**山川図書出版株式会社**
印刷所　　**株式会社東京印書館**
製本所　　**株式会社ブロケード**

©2017　Printed in Japan　ISBN978-4-634-16004-0 C0022
●造本には十分注意しておりますが、万一、落丁・乱丁などがございましたら、
　小社営業部宛にお送りください。送料小社負担にてお取り替えいたします。
●定価はカバー・帯に表示してあります。